Das Buch

Der legendäre Bergsteiger und Entdeckungsreisende Heinrich Harrer blickt in dieser spannend erzählten Autobiographie auf ein Leben zurück, das seinesgleichen sucht. Seine spektakulären Expeditionen führten ihn in die entlegensten Gegenden der Welt, wo er fremden Kulturen mit der Neugier des Wissenschaftlers, aber immer auch mit menschlichem Verständnis begegnete. Neben seinen Jahren in Tibet schildert er hier erstmals auch viele unbekannte Erlebnisse seiner abenteuerlichen Reisen.

Der Autor

Heinrich Harrer wurde am 6. Juli 1912 in Kärnten geboren. Nach frühen sportlichen Erfolgen als Skifahrer machte er sich als Bergsteiger einen Namen, etwa bei der Erstbesteigung der Eiger-Nordwand. Die Bücher und Filme über seine Expeditionen, die ihn in alle Weltteile führten, machten ihn berühmt – vor allem die Verfilmung seines Buches »Sieben Jahre in Tibet« mit Brad Pitt in der Hauptrolle.

Von Heinrich Harrer sind in unserem Hause außerdem erschienen:

Sieben Jahre in Tibet
Die Weiße Spinne
Wiedersehen mit Tibet

Heinrich Harrer

Mein Leben

Ullstein

Besuchen Sie uns im Internet:
www.ullstein-taschenbuch.de

Umwelthinweis:
Dieses Buch wurde auf chlor- und säurefreiem Papier gedruckt.

Ullstein Verlag
Ullstein ist ein Verlag des Verlagshauses
Ullstein Heyne List GmbH & Co. KG.
1. Auflage Dezember 2003
© 2002 by Ullstein Heyne List GmbH & Co. KG/Ullstein Verlag
Sämtliche Abbildungen sind aus dem Archiv von Heinrich Harrer
Lektorat: Margret Plath
Umschlaggestaltung: Thomas Jarzina, Köln
unter Verwendung einer Vorlage von Atelier 59, München
Titelabbildung: privat
Satz und Lithos: LVD GmbH, Berlin
Druck und Bindearbeiten: Ebner & Spiegel, Ulm
Printed in Germany
ISBN 3-548-36498-5

Inhalt

Vorwort 7

Jugendträume 9

Das Wunder in der Weißen Spinne 31

Auf dem Weg in den Himalaja 43

Gefangen hinter Stacheldraht 53

Die Flucht 69

Das Dorf der Glückseligkeit 91

Im Niemandsland des Tschangthang 109

Die »verbotene Stadt« Lhasa 127

Audienz beim Dalai Lama 156

Abschied von Tibet 171

Kalimpong 182

Rückkehr nach Europa 197

Ein Quellfluss des Amazonas 211

Auf Vortragsreise 230

Alaska 242

Ewiges Eis am Äquator 265

Der Sturz in den Wasserfall 279

Abenteuer Steinzeit 298

Bei den Indianern am Xingufluss 316

König Leopold von Belgien 331

Malaria 351

Kriegerische Hadendoa 359

Im Reich der Ahnen 374

Die letzten Fünfhundert 385

Auf dem »dunklen Kontinent« 402

Von Menschen und Tieren 417

Familienabenteuer 434

Der Ganges hat viele Quellen 443

Das andere »Dach der Welt« 472

Verlorene Heimat Tibet 483

Im »Land des Drachen« 492

Ladakh – Klein Tibet 508

Begegnungen 517

Heimkehr 533

Anhang 543

Chronik der wichtigsten Expeditionen und Reisen 545

Verzeichnis der Bücher Heinrich Harrers 547

Register 549

Vorwort

Mein Leben begann in einem kleinen Dorf in den Bergen Kärntens. Behütet von einer großen Familie, entstanden meine Jugendträume, die sich im Laufe vieler Jahre erfüllen sollten. Während meiner Expeditionszeit, die mich rund um die Erde führte, hatte ich verschiedene Begleiter, mit denen der Kontakt bis heute andauert. Diesen Zeitzeugen möchte ich sagen, dass ich mir in diesem Buch mehrmals die Freiheit genommen habe, Erlebnisse und Aufzeichnungen zusammenzufassen und die Zeitabläufe nicht immer chronologisch genau festzuhalten. Leider kann ich auch nicht alle meine Begleiter namentlich erwähnen oder alle unsere gemeinsamen Erlebnisse aufzählen – es sind einfach zu viele.

In den aktiven Jahren dachte ich nicht an eine Autobiographie und hielt die Expeditionen in Tagebüchern minuziös fest. Jetzt, da ich aufgrund meines Alters körperlich nicht mehr so einsatzfähig bin, möchte ich auch den jüngeren Generationen von meinen wichtigsten Expeditionen und Reisen erzählen und von meinem langen Leben mit seinen gelungenen und weniger gelungenen Unternehmungen rückblickend berichten. Die guten Ereignisse sind leicht zu beschreiben, die unangenehmen, durch eigene Verirrungen hervorgerufen, werden zuerst verdrängt – aber nach längerem Nachdenken müssen sie ebenfalls, weil lehrreich, mit dem vorhandenen Abstand festgehalten werden. Das Wort Glück verwende ich selten, denn im Spiel suche ich es nicht, und wenn ich sage, ein glückliches Leben gehabt zu haben, dann war es auf Vorbildern und Seilschaften aufgebaut. Ich kann mich auch nicht auf Pech berufen: Wenn ich Pech hatte oder mir ein Unglück widerfuhr, war ich es selber, dem ein Fehler unterlaufen war.

Dies ist die gewissenhafte Chronik meines Lebens. Es gibt in der Erinnerung viele große Abenteuer und interessante Begegnungen. Meine Entwicklung verlief folgerichtig, nach dem, was ich gelernt und an Veranlagung geerbt hatte. Es gab weder Überfluss noch Mangel.

Wenn betagte Menschen gefragt werden, was sie getan haben, um solch ein hohes Alter zu erreichen, antworten sie meist, dass sie vernünftig gelebt haben. Das kann ich von mir nicht behaupten, es wäre mir auch zu langweilig gewesen. Es geht um die Freude und die Lebensqualität, und selbst wenn man allen Genüssen entsagen würde, hätte man keine Garantie für ein langes Leben. Schließlich ist es so, wie ein Schamane am Ruwenzori einmal sagte: Alles liegt in der Hand des »Gottes, der alle Welt kennt«.

Viele Ratschläge habe ich in diesem Buch an junge Menschen weiterzugeben versucht, nicht als Besserwisser, sondern um sie zu warnen und zu ermutigen. Meine Expeditionsberichte sind stets mit »Understatement« geschrieben, so dass meine Freunde und Begleiter sie bestätigen können. Vielleicht war es meine Entschlossenheit, die dazu beigetragen hat, mir meine Jugendträume zu erfüllen. Die Worte des schlesischen Dichters Angelus Silesius »In Gefahr und in der Not ist der Mittelweg der Tod« habe ich häufig so erlebt und weiß aus Erfahrung, dass sich Halbherzigkeit und Unentschlossenheit des Expeditionsführers auf Teilnehmer, Träger oder feindlich gesinnte Stämme überträgt, während Entschiedenheit das Gegenteil bewirkt. Die gefährliche Situation wird entschärft und wendet sich zum Guten.

In einer Autobiographie ist es nicht zu vermeiden, auch von den verdienstvollen Erlebnissen zu berichten, auch wenn es den Beigeschmack von Selbstgefälligkeit haben kann. Nicht verschweigen aber möchte ich bedrückende und oft verletzende Erfahrungen; auch sie gehören zum Leben, denn sie haben zur Wandlung und Läuterung beigetragen. Wenn es mir gelingt, all dies dem Leser zu vermitteln, hätte die Beschreibung meines Lebens ihren Sinn erfüllt.

Jugendträume

Die Kärntner Berge und Täler waren die Welt, in die ich geboren wurde. Das kleine Fenster unseres Häuschens eröffnete einen weiten Blick auf die Julischen Alpen, und allein diese zu erforschen, würde mein Leben nicht ausreichen – so wenigstens glaubte ich als Kind. Meine Geburtsurkunde liegt in der Kirche der Marktgemeinde Hüttenberg im Görtschitztal. Fünfhundert Meter über dem engen Talboden verteilt sich die Siedlung Knappenberg, und noch einmal höher, in Obergossen, befindet sich mein Geburtshaus, wo ich am 6. Juli 1912 auf die Welt kam. Es war ein einfaches Heim, eines von jenen Bergarbeiterhäusern, die zahlreich am Hang standen. Es hatte keine Wasserleitung und keinen elektrischen Strom, und eine alte Petroleumlampe spendete am Abend das spärliche Licht, um das wir herumsaßen.

Der einzige Wohnraum des Hauses war das Zimmer neben der Küche. Hier spielte sich das ganze Familienleben ab. Da stand das schmale Bett, in dem die Großmutter ihre Kinder geboren hatte und in dem sie, umsorgt von der Familie, einen friedlichen Tod starb. Im selben Bett brachte meine Mutter auch uns Kinder zur Welt. An der Wand stand ein Schrank, mit den Initialen meines Großvaters zwischen bunten Bauernblumen, der aus dem Dorf Penk im Kärntner Mölltal stammte. Die Versuchung, diesen Penkerschrank zu öffnen, war für uns Kinder groß. Schon die Innenseiten der Türen vermittelten eine kleine Märchenwelt. Sie waren gespickt mit lustigen Abzeichen von Kirchtagen, bunten Bildchen von der Feuerwehr und dem Erste-Mai-Fest; alte verdorrte Blumensträußchen hingen dazwischen und verströmten immer noch ihren zarten süßen Duft. Nur dunkel kann ich mich an das Innere des Schranks erinnern, aber ich sehe noch die »Heferln« vor mir, wie die hübschen bunten Becher, die mit Blumenranken bemalt und den Namen von Wallfahrtsorten oder Familienangehörigen trugen, genannt wurden.

Mehrere kleine Spanschächtelchen mit teerhaltigen Steinen und Salben von rotem Holunder, Balsambäumen oder der von Ringelblumen, die zum Erweichen der Euter beim Melken gebraucht wurden, lagen daneben. Hoch oben auf dem Schrank, für uns Kinder unerreichbar, lagerten leuchtende Kristalle und bunte Steine, die der Großvater aus dem Stollen mitgebracht hatte. Auch heute noch findet man in fast jedem Haus unserer Bergbaugegend diese bescheidenen Sammlungen von Pyriten, Kalziten, Kalzedonen, Amethysten und Granaten, die aus den umliegenden Gruben stammen. Auch die Hausapotheke wurde hier aufbewahrt, und von den Kräutern hatten wir viele selbst gesammelt: Arnika, Augentrost, Tausendguldenkraut, Balsam, Baldrian, Kümmel, dazu Verbandzeug, das aus Streifen alter Leintücher bestand, die für große Wunden vorher mit dem heißen Bügeleisen »sterilisiert« wurden.

Gleich neben dem Schrank gab es ein kleines Tischchen. Darauf stand ein Grammophon mit riesigem Trichter, einem aufgemalten Hund und den Worten »His masters' voice«. Wir hatten nur zwei Schallplatten. Auf einer krächzte eine Frauenstimme: »Wer uns getraut«, und auf der anderen wurde »Der Schneewalzer« von Thomas Koschat gespielt, die wohl bekannteste Melodie eines Kärntner Komponisten.

Bergseitig an das Häuschen angebaut, befand sich die Speisekammer. Von der Decke hingen fette Schweinestücke, und in einem Korb wurden große Brotlaibe aufbewahrt. Nur einmal im Monat wurde gebacken, und erst dann schnitt man das Brot vom vorangegangenen Monat an. Das frische, duftende Brot hätten wir wohl lieber gleich gegessen, aber dann wäre sicher der ganze Laib unserem Heißhunger zum Opfer gefallen, der doch für viele Tage reichen musste.

Getrennt vom Wohngebäude lag die Scheune. Oft zog ich es vor, im Heu zu schlafen anstatt mit vielen Leuten im Häuschen. Eine steile Holzstiege führte auf eine Plattform, wo ein Apparat stand, mit dem man Wind erzeugen konnte, wodurch die Spreu vom Weizen oder die Blättchen von den Preiselbeeren getrennt wurden. Im Parterre lag der Stall mit einer Kuh, einer Ziege und einem Schwein. Gleich daneben im Hang gab es einen Keller, vom Großvater gegraben und an den Wänden mit »Stempen«, Stützen aus Rundholz, wie sie auch in den Stollen verwendet wurden, gesichert. Mein Großvater hatte ein besonderes Geschick in der Anfertigung von Stempen entwickelt und es zu einer wahren Kunstfertigkeit im Verzieren der Stützen durch Schnitzereien gebracht. Hier lagerten wir in kleinen Fässchen Birnenmost und den starken Johannisbeerwein.

Ich kannte nicht das fragwürdige Glück des Wohlstands, dafür aber die Geborgenheit und Harmonie in einer großen Familie. Großvater Penker, der Vater meiner Mutter, war 1880 aus Penk nach Hüttenberg gekommen, denn nur eines der vielen Geschwister konnte den großen Penkerhof übernehmen, auf dem er aufgewachsen war. Er fand Arbeit im Stollen, wo das ortsansässige Industrieunternehmen Alpine die zweitausend Jahre alte Mine Ferrum Norikum betrieb. Schon die Römer hatten hier Eisenerz abgebaut. Riesige Wälder waren angelegt worden, um den Bedarf an Holzkohle zur Eisenschmelze zu decken. Noch heute sind die Hänge bewaldet, und viele können nicht bebaut werden, weil sie große Stollen bergen. Alle Einwohner des Orts arbeiteten für die Alpine und gingen im Schichtdienst in den Stollen. Unvergesslich sind für mich die Zeiten in der Nacht, wenn Schichtwechsel war und die Bergleute mit ihren rhythmisch hin- und herpendelnden Karbidlampen zur Arbeit in die Grube oder nach Hause zogen. Ein märchenhafter und geheimnisvoller Anblick, dieses Leuchten am dunklen Waldesrand. War das Karbid in der Lampe verbraucht, schüttete man den Rest in den Straßengraben; damals dachte niemand an die Umweltverschmutzung.

Meine Großmutter Maria wurde von allen verwöhnt, denn sie war fast hundert Jahre alt und saß die meiste Zeit im warmen Winkel des Ofens. Alle sprachen sie ehrfurchtsvoll mit »Sie« an, und wenn ich die Ferien im Häuschen verbrachte, trank sie mit mir ein Glas Johannisbeerwein. Dabei sagte sie: »Hundert Jahre sollst du werden!« Immer wieder nickte sie ein und starb schließlich wenige Tage vor ihrem hundertsten Geburtstag.

Zur Familie gehörte auch die wieselflinke, klein gewachsene Tante Marianne. Von Zeit zu Zeit durfte ich sie zum Forstamt begleiten, um die Erlaubnis für »Klaubholz« zu erbitten. Fünfzig Groschen mussten wir dem Besitzer Graf Henkel von Donnersmark bezahlen, bevor wir den Waldboden nach herumliegendem Holz absuchen und es als Feuerholz mit nach Hause nehmen konnten. Der Forstmeister erschien mir unnahbar und Angst einflößend wie der Direktor vom Hüttenberger Bergwerksamt; froh verließen wir sein Büro, wenn wir unser Anliegen genehmigt bekommen hatten.

Tante Marianne war unverheiratet, und auf ihrem Türschild stand: »Schneidermeisterin«. Sie nahm mich als Kind mit, wenn sie zum Schneidern auf die umliegenden Höfe begüterter Großbauern zog. Noch im Dunkeln mussten wir aufbrechen, denn der Weg war weit vom Häuschen in Obergossen bis nach Sankt Johann am Zirbitzkogel, wo die Bauern wohnten. Auf diesen frühmorgendlichen Fußwegen lernte ich zum ersten Mal die Angst kennen – ein Gefühl, das mich später im weglosen Dschungel oder angesichts eines unbekannten Stamms noch öfter befallen sollte. Ich hatte Angst, wenn im dunklen Wald die Zweige knarrten und ein Käuzchen unheimlich schrie. Wie glücklich war ich dann, wenn meine Tante in der Finsternis ihren dunklen Wollrock hochschlug und ich hinter dem Weiß ihres langen Unterrocks herstolpern konnte. Später, als Erwachsener, habe ich mich manchmal nach solch einem Lichtblick gesehnt, der mir die Richtung weisen sollte.

Und dann gab es noch Onkel Andreas, der Geige und Klarinette spielte und bei dem ich mit der großen weiten Welt Bekanntschaft machte. Bei ihm hörte ich Musik, und auch das Zeichnen brachte er mir bei. Am spannendsten aber waren für mich die Zeitungen, die er auf dem Dachboden sammelte. Gemeinsam stöberten wir in den Papierstapeln, und ich betrachtete fasziniert die Bilder von fernen Ländern, dunkelhäutigen

Menschen und Eisriesen am Äquator. Als eines Tages auf einer Wiese im acht Kilometer entfernten Guttaring ein Zirkus seine Zelte aufschlug, gab es für mich kein Halten mehr. Es waren nicht die Clowns oder die dressierten Pudel, die mich magisch anzogen, sondern die geheimnisvollen Fremden, die der Zirkusdirektor bei der so genannten »Völkerschau« anpries. Ein Gruseln verursachten der Indianer, der in der Unterlippe einen gar nicht so kleinen Teller trug, und ein Eskimo mit schmalen Augen und Schmuck aus Elfenbein, das aber nicht von einem Elefanten, sondern von großen Säugetieren stammte, die im kalten Nordmeer lebten. Unwiderstehlich angezogen fühlte ich mich von zwei Papua – ob es ihr Name war oder ihr prächtig gekräuselter Haarschopf. Aber das Los dieser Menschen in einer Welt, die nicht die ihre sein konnte, erschien mir traurig. Ich malte mir aus, wie anders sie sich in ihrer Heimat bewegten, wenn sie als Jäger und Sammler die Spur eines Wildes im Dschungel verfolgten. Jetzt standen sie steif und unbeweglich vor dem Wohnwagen, bis der Zirkusdirektor sie freiließ, sie wieder an ihre Arbeit gingen und wir Besucher von der Menschenschau zur Tierschau wechselten. So bekam ich eine Ahnung von der großen weiten Welt, noch bevor ich lesen und schreiben konnte.

Wenige Tage nach meinem achten Geburtstag starb Onkel Andreas, der seit langem kränklich gewesen war. Als ich nach Hause kam, empfingen mich meine Mutter und die Tante mit ernsten Gesichtern. Es musste etwas Außergewöhnliches geschehen sein. »Onkel Andreas ist gestorben«, sagten sie traurig. Ich konnte mir unter »Tod« noch nichts vorstellen und empfand keine Tragik. Ich sehe noch vor mir, wie der Sarg aus dem Häuschen getragen wurde und man mir um den rechten Arm eine schwarze Binde legte. Sie war für mich das Eindrucksvollste an dieser ersten Begegnung mit dem Tod, und solange ich sie tragen durfte, bemühte ich mich, stets so zu stehen, dass jeder sie sehen konnte.

Meine Eltern Josef und Johanna Harrer hatten sich am Semmering kennen gelernt, wo meine Mutter als Kindermädchen arbeitete. Mein Vater stammte von einem kleinen Bauernhof in der Steiermark. Er war Postbeamter und hatte eine Anstellung in Bruck an der Mur. Vater war gütig, pflichtbewusst und verschlossen und hatte wenig Verständnis für meine Sehnsüchte und Träume. Anders meine Mutter. Sie war einsichtig, wissensdurstig und geprägt von der Wärme und dem Zusammenhalt in ihrer bäuerlichen Familie. Sie verstand und unterstützte mich immer, und ihre Fürsorge und ihr Geschichtenreichtum waren liebe Begleiter durch meine Kindheit.

Vater war viel unterwegs, denn seine Aufgabe bestand darin, im Postwagen des Zuges mitzufahren, die Briefe zu sortieren und sie in jeder Station hinauszureichen. Da sich auch Wertsendungen und Bargeld darunter befanden und er allein im Wagen fuhr, hatte man ihn ausgewählt, denn er war zuverlässig und von kräftiger Statur. Im Turnus seiner Fahrten kam es oft vor, dass er auswärts übernachtete. So war ich viel allein mit meiner Mutter, besonders im Krieg, als Vater fortzog, verwundet wurde und lange im Lazarett lag.

In unserer Wohnung in Bruck gab es keine Heizung, und oft saßen Mutter und ich am Abend auf der noch warmen Herdplatte. Wir schälten Äpfel für Kompott und trockneten die Schalen für den Tee. Dabei wetteiferte ich mit ihr, wer den längsten Schalenstreifen hinbekam. Er konnte bis zu einem Meter lang sein, und in der Regel war ich der lachende Sieger. Erst später wurde mir klar, dass Mutter mit Absicht verloren hatte. Sie war eine kluge Pädagogin.

Gerne erinnere ich mich auch noch an die langen Bibelstunden mit meiner Mutter. Sie war eine fromme Frau. Schon früh hatte sie sich der Kirche der Adventisten angeschlossen, einer kleinen religiösen Gemeinschaft, die in Österreich damals nicht mehr als zwanzig, dreißig Glaubensgenossen hatte. Sie kochte vegetarisch und hielt den Samstag als Feiertag. Einmal im Monat kamen die Adventistenbrüder zum Beten zu uns nach Hause. Bei dieser

Gelegenheit entrichtete meine Mutter dann auch den Beitrag an ihre Gemeinde, immerhin zehn Prozent des Verdienstes, den mein Vater jeden Monat nach Hause brachte. Obwohl er über die »nichtsnutzigen feinen Brüder im schwarzen Zwirn« schimpfte, tolerierte Vater, was Mutter tat. Um gelegentlich mit Kollegen eine Virginia zu rauchen, Tee mit Rum zu trinken oder die Jause für unsere Ausflüge zu finanzieren, hatte er die Tantiemen für die Reisen im Postwagen, die er als Taschengeld für sich behielt.

Ich war der Älteste in einer Reihe von vier Geschwistern, und das mit Abstand, denn zwischen mir und der nachfolgenden Schwester Lydia lag der Krieg. Sie kam erst neun Jahre nach mir auf die Welt, gefolgt von Josef, genannt Pepperl, 1924, und Ruth, 1931. Auf die drei lebhaften Geschwister aufzupassen galt als selbstverständlich. Wenn ich dann die kleine Ruth die glatten Steinstiegen hinauftrug, war die Angst, sie fallen zu lassen, groß. Denn wenn ich etwas angestellt hatte, folgte die Bestrafung auf dem Fuß. Und das übernahm dann in der Regel mein Vater. Aber hinterher tat es ihm immer Leid, und er fragte mich, ob ich ihn auf einer Wanderung begleiten würde. Aus dem Rucksack packte er dann beim Rasten einen ganzen Kranz Fleischwurst aus, dem ich mächtig zusprach. Den Emmentaler Käse genoss ich mit Salz und Pfeffer, aber ohne Brot.

Bruck ist mir auch deshalb lieb in Erinnerung, weil wir einen kleinen Schrebergarten besaßen. Vater erledigte die schwere Grabarbeit, Mutter das Setzen der zarten Gemüsepflanzen. Neben einer Laube für das Werkzeug stand ein kleines Pfirsichbäumchen, dessen Früchte so saftig waren, dass man sie beim Essen hochhalten musste.

Die liebsten Äpfel waren mir Schafnasen und Goldrenetten, Sorten, die man heute nur noch selten in kleinen Bauerngärten findet. Als ich später in Vaduz Apfelschnaps kaufte, duftete er nach Gravensteinern, und seither ist diese Apfelsorte für mich die beste; leider gibt es sie nur wenige Wochen im Jahr. Zwetschgen holten wir beim Pfarrer der kleinen Wallfahrtskirche, die etwa zehn Kilometer entfernt lag. Der Weg führte über eine von

Apfelbäumen gesäumte staubige Landstraße. Ich zog ein kleines Leiterwägelchen, und Mutter wusste genau, wo es die Bäume mit den besten Sorten zu holen gab. Es war gestattet, für den Eigenbedarf Fallobst zu sammeln. Mutter wusste auch, wo man zu jeder Jahreszeit die schönsten wild wachsenden Blumen pflücken konnte. Wenn der Winter mild begann, konnten wir schon zu Weihnachten die rosa Knospen der Christrose finden, wenn sie durch die dünne Schneedecke hervorschauten.

Die Ferien verbrachten wir in Obergossen, und häufig hütete ich die Kühe des ganzen Ortes. Da jede Familie nur eine Kuh hatte, geschah diese Arbeit reihum, manchmal waren wir zwei oder drei Buben, die zehn Tiere zusammenhielten. Jede Kuh hatte ihren Namen und ihre Glocke. Am Klang der Glocken konnte ich feststellen, ob sich alle Kühe in Reichweite befanden. Eines Tages, als ich die Herde frühmorgens zur Weide trieb, fand ich im Wald einen verwaisten Bienenstock. An den bunten Blumen auf der Vorderseite erkannte ich sogleich, dass er aus unserem Besitz stammte, denn mein Onkel hatte sie gemalt. Ich lief zurück und erzählte aufgeregt von meinem Fund. Vater reagierte sofort und wollte zur zwanzig Kilometer entfernten Gendarmerie laufen, doch Mutter hinderte ihn daran und meinte, es seien sicher Leute gewesen, denen es nicht so gut ging wie uns, es wäre wohl Mundraub und nicht strafbar.

Wenn es Meinungsverschiedenheiten und Unstimmigkeiten gab und wir Kinder nichts davon hören sollten, ging entweder Mutter hinaus oder sie schickte mich, um Wasser zu holen. Wir hatten keine sprudelnde Quelle, sondern einen zehn Meter langen Stollen, den Großvater am Berghang etwa hundert Meter vom Haus entfernt, gegraben hatte; er hatte ihn mit Stempen gegen Einsturz gesichert und den Eingang gegen Tiere mit einem Tor abriegelte. Es tropfte von allen Seiten, und so hatte sich ein Tümpel gebildet, aus dem ich kniend mit einer Kelle das klare Wasser in den Eimer füllte. Als Bub empfand ich die Geräusche als unheimlich und war froh, wenn sich das Tor krächzend wieder hinter mir schloss.

Mit Vater und unseren Nachbarn ging ich gern zum Holzfällen. Sie verwendeten eine lange Zugsäge, die an beiden Enden einen Holzgriff hatte. Kniend zogen sie abwechselnd das Blatt hin und her, und wenn die Krone zu wackeln begann, hackte Vater eine Kerbe in den Stamm, und der Baum fiel krachend in die gewünschte Richtung. Ich genoss vor allem die Jause, wenn ich mit dem eigenen Klappmesser vom gelb-weißen Speck ein Stück abschneiden durfte. Da Mutter vegetarisch kochte, hatte ich das Bedürfnis, hin und wieder Fleisch zu essen, wenn es auch ranziger alter Speck war. Schon in Bruck hatte ich diesen Mangel beobachtet.

Es war die Nachkriegszeit, und wir bekamen Hilfspakete aus Amerika, deren Inhalt, lauter nützliche Lebensmittel, wir sehr glücklich und dankbar annahmen. Unvergessen bleibt mir eine Sendung, die als Besonderheit ein Stück leuchtend grünen Samt enthielt. Unglücklicherweise reichte die Menge genau für einen Kinderanzug, und Tante Marianne machte sich gleich mit großem Eifer an die Arbeit. Das Produkt ihrer Mühen waren eine kurze Hose und eine Jacke mit Gürtel. Man stelle sich vor, ich mit meinen roten Haaren in diesem grünen Anzug! Verzweifelt marschierte ich so angezogen in den Kindergarten und musste Hohn und Spott der anderen Kinder über mich ergehen lassen.

Da mein Vater der sozialistischen Partei angehörte, schickte man mich im Alter von elf Jahren in den Verein der Kinderfreunde, der nach den Idealen von Friedrich Engels geführt wurde. Man konnte ein Handwerk erlernen und wanderte am Wochenende mit dem roten Wimpel durch die Wälder. Als mir eines Tages ein junger Bursche, der die Buchbinderei erlernte, als dummen Scherz den ganzen Staub der Feilarbeit am Buch in die Augen blies, torkelte ich unter Schmerzen aus dem Hort und wechselte, nicht zur Freude meines Vaters, in den Deutschen Turnverein, bei dem ich als Zögling bis zur Übersiedlung nach Graz 1927 blieb.

Bei einem Ausflug mit dem neuen Verein zu einem Bergturnfest geriet ich in ein schweres Gewitter. Ich rannte über eine letzte

Almwiese vor der Schutzhütte, aber der Luftdruck eines Blitzes hob mich in die Höhe und schleuderte mich zu Boden. Die anderen hatten alles mit angesehen und trugen meinen leblosen Körper in die schützende Berghütte, wo ich mich bald von dem Schrecken erholte.

Mit sechs Jahren kam ich in die Brucker Volksschule, an die ich nur glückliche Erinnerungen habe. Bei einer Feierstunde 1999, bei der auch eine Bronzetafel enthüllt wurde, auf der zu lesen steht, dass ich in dieser Schule fünf Jahre verbracht habe, erhielt ich die Kopie eines alten Klassenbuchs, aus dessen Eintragungen hervorgeht, dass ich in den meisten Fächern eine Eins gehabt hatte. Ich wusste nicht mehr, dass ich solch ein Musterschüler gewesen war, aber der Einzige, inzwischen alte Herr, der aus meiner Klasse noch lebte, bestätigte, dass ich immer in der ersten Reihe gesessen sei.

Auf die Volksschule folgten vier Jahre Realschule. Mein Lieblingslehrer hieß Franz Musger, ein sportlicher, junger Mann, der uns in Turnen und Sport unterrichtete, Fächer, die mir besondere Freude bereiteten. Als er eines Montags nicht zur Stunde erschien, teilte uns sein Kollege mit, dass der Professor im neuen Stausee ertrunken sei. Wir konnten es nicht glauben: dieser gute Schwimmer – ertrunken! Er hatte sich an einem Betonpfeiler unter Wasser lebenswichtige Arterien verletzt und war verblutet.

Alle Schüler nahmen am Begräbnis des verehrten Lehrers teil. Ich wollte ihm so gerne Rosen auf sein Grab legen, aber woher sollte ich sie bekommen, ohne einen Schilling in der Tasche? Ich nahm all meinen Mut zusammen und ging zu den Villen neben der Forsthochschule, in deren Gärten die schönsten Blumen blühten. Schüchtern erbettelte ich mir ein paar Rosen für meinen verunglückten Lehrer. Gern erfüllten die Hausbesitzer meine Bitte, und dankbar zog ich mit einem großen Strauß Heckenrosen zum Friedhof.

Jeden Tag auf dem Schulweg kam ich an der Hochschule für Forstwesen vorbei. Schon als Kind hatte ich davon geträumt,

Förster zu werden, und nicht etwa Lokomotivführer oder Bahnhofsvorsteher mit leuchtend roter Kappe. In meiner Klasse gefiel mir ein Mädchen mit blonden Zöpfen besonders gut, und ich verliebte mich in sie. Ihr Vater war Förster. Es schien wie im Bilderbuch, und der Beschluss, auch Förster zu werden, wurde endgültig. In meinen Träumen verteidigte ich die Försterstochter unter Einsatz meines Lebens gegen Wilderer und Bären. Natürlich hatte sie keine Ahnung von meiner Zuneigung und von meinem Schmerz, als ich sah, dass ein junger Mann sie zum Bahnhof begleitete. Sie fuhr jeden Tag mit dem Zug ins neunzehn Kilometer entfernte Mixnitz, wo ihr Vater seinen Beruf ausübte. Als ich zu meinem fünfundachtzigsten Geburtstag Glückwünsche von einer älteren Dame mit der Bemerkung erhielt, dass ich mich sicher nicht an sie erinnern könne, aber sie sei mit mir zur Schule gegangen und wohne immer noch in Mixnitz, brachte ich nach mehr als siebzig Jahren den Mut auf und gestand ihr in meinem Antwortschreiben meine erste Liebe.

Auch der Berufswunsch Förster verging, und ich beschloss, es war 1924, Lehrer zu werden. Eine sportliche Frau unterrichtete so lebendig Geographie, dass es mein Lieblingsfach wurde. Sie begleitete meine Klasse auf Wanderungen und erklärte uns immer wieder, dass, wer die Welt sehen will, zuerst seine Heimat kennen lernen muss. Schon damals hatte ich den Wunsch, etwas zu lernen, das mit der Natur zu tun hat, und was gibt es Schöneres als die Geographie oder, wie ich lieber sage, Erdkunde? Sie enthält so viel Wissen über Biologie, Fauna, Flora, Geologie, Klima und Erkenntnisse von der Gletscher- bis zur Völkerkunde.

Meine Naturbegeisterung hatte auch mit meinen frühen Bergsteigererfahrungen zu tun und sollte mich fortan nicht mehr loslassen. Was hatte ich nicht alles entdeckt auf meiner ersten Bergtour! Meine Sehnsucht nach allem Neuen, Fremden war genährt worden, ich wollte weiße Flecken auf der Landkarte suchen und erforschen.

Mit fünfzehn ging ich zum ersten Mal in die Berge. Ich unternahm die Besteigung des steilen Kalkgipfels Mangart in den Julischen Alpen. Eine unglaubliche, eine neue Welt eröffnete sich mir hier. Zunächst ging es durch einen wunderschönen alten Wald und tiefes Moos hinauf zu den zwei Weißenfelser Seen. Ich stapfte weiter, vorbei an einer Alm und über eine Schutthalde, die sich einen Kilometer bis zu einem zweitausend Meter hohen Pass hinaufzog. Die Wirklichkeit schien mir unwirklich, Angst und Freude überstürzten sich. Natürlich musste ich auch die Schmetterlinge im Bauch überwinden, die Aufregung, die sich bei gefährlichen Stellen bemerkbar machte. Am Mangart empfand ich sie besonders stark, weil ich ja noch keinen Partner hatte und mit meinen Ängsten allein war.

Ich sah die ersten Adler, die über der steilen Schutthalde kreisten, und entdeckte eine abgestürzte Gemse, deren Aas sie witterten. Als ich dann den schmalen Grat zwischen Großem und Kleinem Mangart erreichte, tat sich für mich eine andere Welt auf, und ich bewunderte den Adler, wie er hinübersegelte ins nächste Tal: Er konnte in Sekunden über Täler und Bergrücken gleiten, wozu ich Tage brauchte. Der schmale Pfad hatte an einer Seite die senkrechte Wand und an der anderen den Abgrund. Bis heute erinnere ich mich an die gruselige Votivtafel für einen Jäger, der dort seinen Tod gefunden hatte. Hier entdeckte und pflückte ich auch das erste Edelweiß.

Nachdem ich den Großen und dann den etwas schwierigeren Kleinen Mangart erklommen hatte, führte der Abstieg tausend Höhenmeter hinunter über die lange Schutthalde vorbei an dem Kadaver der Gemse. Ich kam zur Alm und steckte meinen Kopf unter das kalte Wasser des Brunnens. Jäh erwachte ich aus diesem Tagtraum, denn von hinten versetzte mir jemand einen heftigen Schlag auf den Kopf. Es war der Senn, der zu mir sagte: »Du kannst doch nicht hier dieses kalte Wasser trinken, die Hütte ist voll von saurer Milch, Buttermilch und anderen Köstlichkeiten.« Er hatte mich geschlagen, um mir etwas Gutes zu tun. Der achtzigjährige weißhaarige Alte war ein hochinteressanter Mann; er sprach acht Sprachen, war jahrzehntelang als Schiffskoch um die Welt gereist und hatte sich dann als Senner zurückgezogen. Das war etwas Unvergessliches für mich, die Geschichten dieses lebensklugen, bewanderten Mannes.

Schon als Bub interessierte ich mich für internationale Sportereignisse. Um informiert zu sein, baute ich mir einen Kristallempfänger. Auf einer Schießstätte noch aus dem Ersten Weltkrieg lagen im Hügel hinter den Zielscheiben noch Bleikugeln, für die ich in der Eisenwarenhandlung genug Geld bekam, um mir das Zubehör für einen Detektor zu kaufen. Nach Vorlage in einem Bastlerheftchen wickelte ich einen dünnen Draht um eine Pappkartonrolle, verband ihn mit einem Antennendraht und erwarb als wichtigstes und teuerstes Teil einen Pyritkristall. Mit einer feinen Metallspitze suchte ich den Sender, den ich dann über Kopfhörer am Kristalldetektor empfangen konnte.

Zum Herauskratzen der Bleikugeln hatte ich morgens den Schürhaken aus der Küche mitgenommen, und als ich dann anstatt mittags erst gegen Abend nach Hause kam, wurde ich eisig empfangen. Vater bestrafte mich so streng, wie er es selbst als Junge erlebt hatte.

Auch viele Jahre später hörte ich die Sportnachrichten noch mit meinem Radiodetektor. Max Schmeling war inzwischen Weltmeister im Boxen geworden, und als ich am 22. Juni 1938 um vier Uhr morgens endlich am Kristall den richtigen Punkt gefunden hatte, hörte ich die Stimme des Reporters nur noch mehrmals rufen: »Es ist aus!« – Schmeling hatte bereits in der ersten Runde den Revanchekampf gegen Joe Louis verloren.

1927 wurde Vater von Bruck nach Graz versetzt, und in dieser schönen Stadt eröffnete sich mir eine neue Welt. Ich wurde Zögling des Alpenvereins. Vor allem die Vereinsbibliothek fand mein Interesse, denn hier gab es Berichte von Reisen und Expeditionen, die ich begierig verschlang. Und hier war es auch, wo ich die Bücher des großen schwedischen Expeditionsreisenden und Asienforschers Sven Hedin entdeckte, die mir später so viel bedeuten sollten. Bergsteigen und Skilaufen wurden meine bevorzugten Sportarten, in denen ich bald auch Erfolg haben sollte.

Um mir ein paar Ski leisten zu können, sparte ich jeden Groschen, denn meine alten aus Fassdauben, den gebogenen Brettern eines Weinfasses, mit Lederriemen reichten für mein Können bald nicht mehr aus. Die Summe von fünfunddreißig Schilling hatte ich mir nur sehr langsam verdient. Ich pflückte Schneeglöckchen und Narzissen, die ich für wenige Groschen verkaufte. Von Onkel Andreas hatte ich die Kunst gelernt, gotische Buchstaben zu schreiben, und mit Geduld frischte ich die Inschriften auf alten, verwaschenen Grabkreuzen auf, die ich noch mit Engeln und Blumenranken verzierte. Für das Schuheputzen in der Familie bekam ich einen Schilling pro Person im Monat, und wenn ich beim Wirt die Kegel aufsetzte, gab es pro Tag auch einen Schilling Trinkgeld. So wuchs der Münzenberg in meiner alten Blechdose an, bis ich mir das ersehnte erste Paar Ski kaufen konnte. Im Haus in Obergossen gab es einen bunten Katalog des Versandhauses Kastner & Öhler, in dem ein paar wunderschöne Eschenski für fünfunddreißig Schilling angepriesen wurden, mit Huitfeldbindung und Haselnussskistöcken und einer einjährigen Garantie im Falle eines Bruchs. Als ich sie zum ersten Mal benutzte, brachen die Spitzen ab, und der Winter war längst vorbei, als die gescheftelten Ski zu mir zurückkamen.

Mit sechzehn wurde ich Mitglied in einem Ski- und Kletterklub, wo ich ein Paar guter Ski bekam und an kleinen, lokalen Skiwettkämpfen teilnahm. Den Austragungsort zu erreichen stellte schon eine körperliche Leistung dar. In der Morgendämmerung brach ich auf, um nach Stunden pünktlich am Start zu sein, denn Aufstiegshilfen gab es nicht. Häufig kam ich als Sieger zurück, und auch wenn meine Eltern nicht immer die angemessene Begeisterung zeigten, so waren sie doch stolz, wenn in der Zeitung mein Name stand und die Kollegen Vater darauf ansprachen. Oft bekam ich als Preis einen grünen Lorbeerkranz, der in der Küche aufbewahrt wurde. Nur einmal zeigte Mutter wenig Anteilnahme, als ich nämlich mit einem für mich besonders schönen Eichenlaubkranz mit weiß-grüner Schleife, den Landesfarben der Steiermark, nach Hause kam. Sie streifte meine Errungenschaft nur mit einem enttäuschten Blick und meinte, leider könne sie diese Blätter nicht für ihr Erdäpfelgulasch verwenden. Sie war eine praktisch denkende Frau.

Seit meinem Ausflug zum Mangart war das Zauberwort für mich die Geographie. Zum Glück gab es in der Realschule in Graz kluge und einsichtige Pädagogen, die meine Mutter davon überzeugten, dass ich studieren sollte. Man dachte an Sport, den ich als Hauptberuf ausüben könnte, und da man an der Philosophischen Fakultät ein zweites Fach belegen musste, gab es für mich keinen Zweifel: Es konnte nur Geographie sein. So durfte ich mich neben der körperlichen Ertüchtigung mit Völker- und Naturkunde befassen, was mir später bei meinen Expeditionen sehr zu Nutze kam.

Ich hatte eine glückliche Studienzeit in Graz. In idealer Weise ließen sich hier meine kulturellen und sportlichen Interessen miteinander verbinden. Oft besuchte ich Theater und Oper, erreichte immer als Erster die billigen Stehplätze und erwischte den einzigen Platz im obersten Rang, wo man sich an ein Geländer lehnen konnte. Von Himbeerwasser und den köstlich aussehenden Schinkensemmeln, die es in der Pause zu kaufen gab, konnte ich nur träumen. Bei jedem Wetter trainierte ich am Schlossberg und genoss danach die Dusche in der Jahnhalle. Zum Schwimmen ging ich ins Militärbad oder in die Mur, auch wenn das Wasser nur zwölf Grad hatte. An den Wochenenden nahm ich nie an den Feiern der Studenten teil. Lieber ging ich hinaus in die Natur und hing in den Bergen meinen Phantasien nach. Ich liebte die Einsamkeit, die mich zum Pläneschmieden und Träumen anregte.

Wenn ich zum Klettern ins steirische Gesäuse kam, besuchte ich die Admonter Benediktinerabtei, vor allem den einzigartigen Barocksaal der neunhundert Jahre alten und größten Klosterbibliothek der Welt. Der dicke Mönch kannte mich schon und öffnete für mich die Schränke mit den alten Landkarten. Ich erinnere mich auch, wie der Bibliothekar bei jeder Führung schilderte, dass bei einem Großbrand des Klosters dieser kostbare Gebäudeteil wie durch ein Wunder verschont geblieben sei; mit verschmitztem Gesicht meinte er, das Wunder seien die schmiedeeisernen Gitter gewesen, die aus Sicherheitsgründen vor den riesigen Fenstern angebracht waren und die bei dem Brand wie ein Faradaykäfig gewirkt hatten.

Jedes Jahr fuhr ich für eine Woche nach Kitzbühel zum Skilaufen. Ich wohnte für einen Schilling in einem ungeheizten Zimmer des Rauchfangkehrers und ging zum Training zu Fuß zum Start am Hahnenkamm. In der Wochenmitte fuhren wir die Rennen der deutschen Akademiker, und am Wochenende fand dann die Österreichische Akademische Meisterschaft mit über hundert Teilnehmern statt. Um Meister zu werden, mussten wir Abfahrt, Slalom, Langlauf und Springen mitmachen. 1937 wurde ich Abfahrtssieger bei den Akademischen Skiweltmeisterschaften in Zell am See. Als Einziger fuhr ich die steile Ebenbergalm im Schuss herunter und kam acht Sekunden früher als der Zweite ins Ziel. Ich gehörte auch zum Kader der österreichischen Nationalmannschaft für Abfahrt und Slalom und hatte 1936 als Vorbereitung für die Olympischen Winterspiele in Garmisch-Partenkirchen am Großglockner trainiert. Doch zur Teilnahme an den Wettkämpfen kam es dann nicht, denn unser Kader wurde am Vorabend der Spiele nach Österreich zurückbeordert. Wie die Schweizer hatte sich auch unsere Regierung zu diesem Schritt entschlossen, um sich gegen die Politik der Nationalsozialisten auszusprechen. Wir respektierten die Entscheidung und fuhren heim, ein bisschen enttäuscht, denn schließlich waren wir die Favoriten gewesen. Die Spannungen bestanden nur zwischen den Politikern, wir Skiläufer wollten Rennen fahren. Schließlich war der Trainer der deutschen Nationalmannschaft der Österreicher Toni Seelos, der den Parallelschwung erfunden hatte und amtierender Weltmeister war.

Ich machte das Skilehrerdiplom und die Bergführerprüfung und finanzierte mit der Abhaltung von Ski- und Kletterkursen mein weiteres Studium. In der Geographie spezialisierte ich mich auf Völker- und Gletscherkunde. Während des Studiums für Leibesübungen mussten wir die vorgeschriebenen zwei Sommer- und zwei Winterlager belegen. Mit großer Begeisterung zogen wir, etwa fünfzehn Teilnehmer beiderlei Geschlechts, im Sommer an einen See oder ins Gebirge; im Winter mussten wir als Selbstversorger schwere Rucksäcke zur Hochgebirgshütte tragen. Lebhaft in Erinnerung geblieben ist mir, dass ich bei der Besteigung des 3360 Meter hohen Geiger in der Venedigergruppe der Hohen Tauern das erste Mal in eine Lawine geriet. Nach anfänglichem Schwindelgefühl konnte ich mich »schwimmend« an der Oberfläche halten und ohne Schaden zu nehmen eine Lehre daraus ziehen.

Weniger glimpflich verlief der Skikurs in den Niederen Tauern unter der Leitung der Abfahrtsweltmeisterin Inge Lantschner. Wegen Schlechtwetters fuhr ich mit meinem Freund Fredl Rössner von der Triebentalhütte zu seinen Eltern in Sankt Johann am Tauern. Ich wollte mich nützlich machen und begann Holz zu spalten. Dabei sprang die Axt vom vereisten Klotz ab und durchtrennte die Schlagader an meinem linken Handgelenk. Den Blutstrahl stoppte ich mit der anderen Hand, und Fredl brachte mich sofort zum nächsten Arzt. Mit sechs Nähten und der Bemerkung, die Hand zu schonen, entließ er mich.

Wir gingen beide zurück zum Kurs, wo zwei Tage später ein abschließender Abfahrtslauf gewertet wurde. Ehrgeizig, wie ich war, wollte ich auch die mitfahrende Lehrerin schlagen und tauchte mit den Stöcken im Flachstück kräftig an. Am Abend schwoll nicht nur die Hand, der ganze Arm wurde lahm, und die Drüse in der Achselhöhle schmerzte. Eilig packte ich am Tag darauf den Rucksack und fuhr auf Skiern zum Arzt. Natürlich konnte ich die Strecke nur zurücklegen, indem ich beide Skistöcke in die rechte Hand nahm und zwischen den Beinen damit antauchte. Den linken Arm hatte ich mit einem Tuch an den Körper gebunden. Als der Arzt meinen Zustand sah, verweigerte er mir wegen meines Leichtsinns die Behandlung, und so fuhr ich kurz entschlossen auf Skiern die immer breiter werdende Landstraße bis zum Bahnhof Judenburg. Ich hatte zweiundvierzig Kilometer zurückgelegt.

Mit dem Zug ging es dann nach Graz, wo ein erster so genannter Sportarzt, Professor Pauluzzi, praktizierte, der durch seinen Idealismus allseits bekannt war. Auch ich hatte mitgeholfen, als er auf unserem Hausberg eine Hütte baute, die den vielen Skiverunfallten als Erstehilfestation diente, indem ich an mehreren Wochenenden Ziegel die tausend Meter hinauftrug. Professor Pauluzzi begann mit Bädern und Massagen die klaffende Wunde zu behandeln, sodass die Narbe nicht zu groß wurde. Als ich zwei Jahre später von der Eiger-Nordwand zurückkam, kurierte er meine erfrorenen Zehen.

Für Studenten hatte ich eine Skischule auf der Tauplitz gegründet. Meine Mutter rettete einen Prospekt von damals über den Krieg: Eine Kurswoche kostete fünfzig Schilling, Eisenbahnfahrt dritter Klasse, Matratzenlager, ein reiches Frühstück mit Kakao und Polenta, eine Mittagssuppe, ein Abendessen und mein Gehalt als Skilehrer eingeschlossen. Meine Tätigkeit war immerhin so einträglich, dass ich mir ein Motorrad, eine Puch 250, absparen konnte, die mir im Sommer für meine Kletterausflüge sehr von Nutzen war. Im Winter 1937/38 übernahm ich eine größere Skischule in Sexten in den Dolomiten.

Anfang März, es begann gerade die schönste Zeit in den Dolomiten, erkrankte ich schwer. Der Arzt vor Ort wusste die großen Schmerzen nicht zu deuten und verabreichte mir Belladonnatropfen, die ich nicht wie vorgeschrieben in Tropfen dosierte, sondern gleich aus dem Fläschchen trank. Mit letzter Kraft fuhr ich mit dem Zug nach Graz, wo man eine schwere Ruhr feststellte. Ich erhielt Shiga-Kruse-Injektionen, die Erfindung eines Koreaners, die mich sofort von den großen Schmerzen befreiten. Dann half meine Mutter mit Kompressen, indem sie mich wie eine Mumie in große nasse Leintücher einwickelte, was mir weitere Erleichterung brachte. Nur am Rande bekam ich mit, dass in diesen Tagen deutsche Truppen in Österreich einmarschiert waren. In der Rekonvaleszenzzeit ging ich zu Fuß die drei Kilometer zur Uni, spielte Tennis und besuchte Gymnastikstunden im Turnlehrerinstitut.

Eines Tages meldete sich in meiner Skischule auf der Tauplitz Else Wegener mit ihren beiden Töchtern Lotte und Käthe. Die Familie des berühmten Polarforschers Alfred Wegener lebte seit 1924 in Graz, wo er eine Professur an der Universität innegehabt hatte. 1930 war Wegener auf einer Grönlandexpedition verschollen, und seine Frau Else, eine gebildete, sehr energische Ostpreußin, war den Kindern nun Vater und Mutter. Sie brachte sie zu mir in den Kletterkurs. Lotte war ein hübsches siebzehnjähriges Mädchen und sehr sportlich. Sie spielte Cello und fuhr mit mir auf dem Motorrad zur Unterrichtsstunde. Wenn ich sie dann vor der Schule abholte und sie mit dem riesigen Kasten im Arm auf dem Sozius Platz nahm, trafen uns die neidischen Blicke ihrer Freundinnen. Lotte und ich unternahmen viele Berg- und schwierige Klettertouren, und unter den wohlwollenden Blicken von Frau Professor Wegener verliebten wir uns. Es dauerte nicht lange, da drängte die zukünftige Schwiegermutter, dass wir uns verlobten.

Die Doppelbelastung von Sport und Geographiestudium auf der philosophischen Fakultät hatte mir keine Schwierigkeiten bereitet. Im Gegenteil, ich widmete mich voller Eifer meinem Studium und hatte das große Glück der Begegnung mit ganz hervorragenden Lehrern. Aber die schönen Studienjahre in Graz gingen zu Ende. Unvergesslich wird mir immer der bekannte deutsche Geograph Otto Maul bleiben, dessen Schüler ich während zehn Semestern war. Damals gab es noch nicht das Gedränge der Studierenden an den Universitäten, und man wird es kaum glauben, dass wir gerade ein Dutzend Studenten waren, die seine amüsanten Vorlesungen besuchten. Entsprechend vertrauensvoll gestaltete sich auch der Kontakt zum verehrten Lehrer. Meine Abschlussarbeit schrieb ich zum Thema: »Über die Entstehung der Blaubänder in den Gletschern«. Durch meine enge Beziehung zur Familie Wegener stand mir jede Art von Unterlagen zur Verfügung, die mir natürlich sehr hilfreich waren und einen großen Vorteil brachten. Für das Fach Leibesübungen musste man auch vier Semester Medizin belegen. Gelegentlich kam der weltberühmte Professor Anton von Eiselsberg. Wenn man seine Vorlesungen besuchen wollte, musste man schon Stunden früher im Hörsaal sein, um einen Platz zu bekommen. Sein Enkel Christoph von Minutillo schenkte mir kürzlich die Biographie seines Großvaters.

Bei meinen Fahrten in die Dolomiten in den Semesterferien hatte ich einige Erstbesteigungen und alle klassischen Routen gemacht. Hier hatte ich auch Fritz Kasparek kennen gelernt, der bald zu meiner wichtigen Seilschaft werden sollte. Als ich einmal die Sellatürme hinaufgeklettert war und mich oben angekommen auf der schmalen Felsspitze ausruhte, erschien zu meinen Füßen plötzlich der blonde Schopf eines jungen, aufgeweckt dreinschauenden Mannes. Er hatte mich von unten beobachtet und wollte nun nachsehen, wer das war, der die Wand so schnell durchstiegen hatte. Ich hatte von Fritz schon gehört, denn er war als guter Kletterer bekannt und hatte die schwersten Ostalpenwände gemacht. Trainiert hatte er dafür, indem er auf der Fensterbank biwakierte. Schon einen Tag nachdem wir uns kennen gelernt hatten, fuhren wir gemeinsam zur Civetta und durchstiegen ihre berühmte elfhundert Meter hohe Nordwestwand in einem Tag.

Als Bergsteiger und mit meinen sportlichen Leistungen hatte ich nun schon einiges geschafft, und das gab mir eine große Befriedigung. Aber ich war immer auf der Suche nach neuen Herausforderungen. Hatte ich ein Ziel erreicht, dann war da schon ein neues, das ich mit ganzer Kraft und vollem Ehrgeiz verfolgte.

Der Himalaja war damals in aller Munde. Die Pionierzeit des Alpinismus war zu Ende gegangen, und die Aufmerksamkeit der Bergsteigernationen richtete sich auf den Himalaja und seine Achttausender. Die Engländer waren schon in den zwanziger

Jahren am Mount Everest aktiv gewesen und hatten mit dem Unglück von George Mallory 1924 tragische Erfahrungen gemacht. Da sie die Höhe der Berge in Fuß messen, kannten sie die am europäischen Kontinent geltende Schallmauer von achttausend Metern nicht. Doch die Nanga-Parbat-Tragödie der deutschen Expedition des Jahres 1934, bei der neun Menschenleben zu beklagen waren, beschäftigte auch die Engländer und im Besonderen den bekannten Bergsteiger und Dichter Frank Smythe. Jedenfalls plante er für 1935 eine Expedition. Der Nanga Parbat war zum »Schicksalsberg« der Deutschen geworden, und die Nachricht von Smythes Absichten alarmierte München, den Sitz der neu gegründeten Deutschen Himalaja-Stiftung.

Auch ich träumte vom Himalaja. Aber für meinen Wunsch, dorthin zu fahren, waren noch andere Gründe maßgebend. Ich hatte zum ersten Mal durch die Bücher Sven Hedins von dem fernen Gebirgsmassiv in Tibet und Nepal erfahren. Hedin hatte seit Ende des 19. Jahrhunderts mehrere große Expeditionen nach Asien unternommen und war auch im Transhimalaja gewesen. Seine berühmte Reise im Jahr 1904 hatte er mit hundert Tragtieren und zwanzig Helfern begonnen. Er hatte als Erster die Weiten Westtibets erforscht, und als er nach zwei Jahren abgerissen wie ein Bettler mit zehn Tragtieren zurückkehrte, konnte er zufrieden sein; sein Bericht wurde ein Welterfolg. Hedin war mein Vorbild, und als er einmal in unserer Nähe einen Vortrag hielt, erbat ich mir ein Autogramm, das einzige, das ich mir je beschaffte.

Doch wie sollte ich zum Himalaja kommen? Ich hatte kein Geld und war ein unbekannter junger Bergsteiger. Da besann ich mich auf einen Ausspruch eines englischen Forschers, der mir Mut und Hoffnung gab: »Have a plan and stick to it« – einen Plan haben und dabeizubleiben sollte eines meiner Leitmotive werden. Ich musste etwas leisten, womit ich die Aufmerksamkeit auf mich lenken konnte.

Die großen Kletterprobleme der Alpen hatten tüchtige Bergsteiger gelöst, alle steilen Wände durchstiegen, nur die größte und schwierigste, die Eiger-Nordwand, war noch übrig geblieben. Kein Wunder, dass sich das Augenmerk aller guten Bergsteiger und Kletterer auf diese Wand konzentrierte. Viele Unglücksfälle waren passiert, und Tote hatte der Eiger leider auch gefordert; keinem war es bisher gelungen, die Nordwand zu durchsteigen. Mein Klettergefährte Fritz Kasparek und ich fühlten uns stark genug, sodass wir beschlossen, es zu versuchen. Im Juli 1938 machte ich in großer Eile meine letzten Lehramtsprüfungen und fuhr mit meinem Motorrad nach Grindelwald am Nordrand der Berner Alpen.

Das Wunder in der Weißen Spinne

Am 21. Juli 1938, um zwei Uhr früh, stiegen Fritz Kasparek und ich in die Eiger-Nordwand ein. Dunkelheit hüllte uns ein. Wir sprachen nichts, jeder hing seinen Gedanken nach. Bis unterhalb der Roten Fluh hatte Fritz sicher geführt. Nun baute sich eine Hunderte Meter hohe glatte Feuermauer über uns in den Himmel auf. Am Morgen, gefesselt vom Nachtfrost, schlafen die Wände, aber die Eigerwand hält sich nicht an diese Spielregel. Steine kamen. Man sah sie über den oberen Rand der Felswand in die Luft fliegen und in weitem Bogen heruntersausen. Zügig ging es zum »Hinterstoisserquergang«. Hier waren die Felsen wie glasiert. Fritz kämpfte sich Zoll um Zoll, Meter um Meter voran. Immer wieder schlug er mit dem Beil Schnee und Eisbelag von den Felsen. Er schob und tastete sich weiter nach links, kletterte, hing weit zurückgelehnt im Seil, fand wieder Stand und erreichte schließlich den jenseitigen Rand des Quergangs. Dann folgte ich. Fritzens Rucksack schob ich, mit einem Karabiner in das Geländeseil gehängt, vor mir her.

Frühstücksrast am »Schwalbennest«, dem berühmten Biwakplatz von Wiggerl Vörg und Hias Rebitsch. Das Wetter war schön geblieben, aus dem Morgen war ein prächtiger Tag geworden. Wir fühlten uns in ausgezeichneter Form und zweifelten nicht an der Möglichkeit des Erfolgs. Aber wir wussten, dass auch die Besten schon zum Umkehren gezwungen worden waren.

Dann schnallte sich Fritz die Steigeisen an die Schuhe und begann den Aufstieg über das Erste Eisfeld. Wir hatten nach gründlicher Überlegung beschlossen, dass nur Fritz seine zehnzackigen Steigeisen mitnimmt, ich hatte keine. Wir dachten, dass es sich bei der Eiger-Nordwand um eine Felswand mit eingebetteten Eis- und Firnfeldern handelte. Das zusätzliche Gewicht von einem weiteren Paar Steigeisen – die Leichtmetalleisen kannten wir noch nicht – schien uns vermeidbar. Ich hatte an meinen Schuhen den Grazer Klauennägelbeschlag, der im Firn gut greift und auch im Fels Halt bietet. Wir planten, dass Fritz in den Eisstellen und ich im Fels führen würde. Doch wir sollten auf weitaus mehr vereiste Flächen treffen als vermutet.

Im Ersten Eisfeld war nicht Firn, sondern blankes Eis, spröd und wässrig. Schon hier merkten wir, dass das Zurücklassen der Steigeisen eine Fehlkalkulation war. Ich musste das fehlende Gerät durch erhöhte Muskelbeanspruchung wettmachen. Doch mein Training in den vielen Sportarten kam mir sehr zugute. Auch hier erwies sich Fritz als Meister, aber wir brauchten Stunden, bis wir zu der Stelle kamen, an der sich das Zweite Eisfeld weit und hoch über uns dehnte und Hunderte Meter weiter die Schneerutsche, Steinschläge und Wasserfälle aus der Spinne zu befürchten waren. Es war mittlerweile früher Nachmittag geworden.

Unter keinen Umständen wollten wir am Nachmittag das Eisfeld queren, deshalb stiegen wir rechts gegen ein kleines Felsköpfel und brachten dort zwei Sicherheitshaken an. In stundenlanger Arbeit pickelten wir uns aus dem Eis einen Sitzplatz. Wir rüsteten zum Biwak, auch wenn es noch immer Tag war. Wir hängten uns und unsere Sachen zur Sicherung an die Haken, legten Seilschlingen auf unseren Sitz und begannen Tee zu kochen. Wir waren durch den Fels vor Stein- und Eisschlag geschützt. Die Nacht war kalt, lang und ungemütlich, aber jede Nacht geht einmal zu Ende.

Am nächsten Tag stießen Anderl Heckmair und Wiggerl Vörg zu uns, und gleich stellte sich ein Zusammengehörigkeitsgefühl ein. Wir schafften es bis zur Rampe, wo wir das zweite Biwak in der Wand verbrachten. Am Morgen gegen sieben Uhr begannen wir wieder zu klettern. Schwierig mit den noch steifen Gliedern. Anderl und Wiggerl hatten die Verschneidung in der Rampe nach einer kunstfertigen Kletterei des gewieften Heckmair schon gemacht. Dem stand Fritz in nichts nach und führte unsere Seilschaft nach oben, als wäre er in den Dolomiten. Wir überwanden den zehn Meter hohen Wulst, der sich über uns auftürmte, in einer großen Anstrengung. Ich hatte noch nie etwas Derartiges gesehen. Aber Anderl wagte den direkten Anstieg und schaffte es tatsächlich. Wir folgten, nachdem endlich der erlösende Ruf: »Nachkommen!« ertönt war.

Kurz vor der Spinne zog plötzlich ein Gewitter auf. Es trieb uns zur Eile. Schnell und ohne große Schwierigkeiten kamen wir durch den »Götterquergang«. Der Himmel war mittlerweile blauschwarz, Nebelfetzen jagten um den Berg und hüllten uns ein. Graupel, Schnee – wir begannen den Aufstieg in der Spinne, diesem steilen Eisflecken inmitten der lotrechten Gipfelwand, von dem weiße Streifen wie Beine oder Fangarme nach allen Seiten ziehen. Was wir noch nicht wussten, war, dass die Spinne zur Falle werden kann, wenn vom steilen Gipfelfeld Hagel und Schnee als Lawinen abgleiten und in den Rinnen kanalisiert mit Druck durch die Spinne schießen.

Ich stand schon im Eis der Spinne und hatte mir einen erträglichen Stand ausgepickelt und mit einem Haken und Seil Fritz gesichert. Der arbeitete sich im dichter werdenden Schneefall zwanzig Meter über mir empor. Erst sah ich ihn noch verschwommen, dann gar nicht mehr. Das unheimliche Heulen des Sturms wurde stärker und bekam einen seltsamen anschwellenden Klang. Eine Lawine! Ich riss den Rucksack über den Kopf und presste mich gegen die Eiswand, eine Hand ans Seil geklammert. Steine prasselten auf meinen Rucksack, bevor das Tosen und Sausen der Schneemassen alles andere verschluckte. Es zog und zerrte an mir mit unheimlicher Kraft. Ich rang nach Luft und versuchte zu verhindern, dass sich der stürzende Strom zwischen mich und die Eisflanke schob.

Doch was war mit Fritz? Er stand frei dort oben, ich war entschlossen, ihn zu halten. Der Druck der Lawine ließ nach, aber ich hatte keine Zeit aufzuatmen, zu rufen, denn schon war die nächste Lawine da. Ihre Wucht übertraf die erste. Ich war sicher, dass sie das Ende bringen würde, doch dann – nach einer Ewigkeit – kam die Erlösung: Der Schnee und die Eiskörner verrieselten in der Tiefe. Selbst das Brausen des Sturms schien jetzt sanft. Alle lebten und ich auch. Das Wunder in der Eigerwand war geschehen. Die Weiße Spinne hatte kein Opfer gefordert.

Fritz hatte im letzten Moment einen langen Haken ins Eis getrieben, der ihn gerettet hatte. Nur seine Hand, die er schützend über den lockeren Haken gelegt hatte, damit er nicht von den Schneemassen herausgerissen würde, war arg geschunden und blutete. Anderl und Wiggerl waren schon weiter oben gewesen, als die Lawine sie überraschte. Ihnen war keine Zeit geblieben, einen Haken einzuschlagen, die ohnehin alle bei mir gelandet waren, sodass Anderl sich nur mit dem Eispickel in der Wand gehalten und mit der anderen Hand noch seinen Kameraden am Kragen gefasst hatte.

Am oberen Rand der Spinne wieder vereint, überkam uns ein unglaubliches Glücksgefühl. Als Zeichen unserer Freundschaft setzten wir als eine, geschlossene Seilschaft den Aufstieg fort bis hinauf zum Gipfelgrat. Am 24. Juli, nach einem weiteren Biwak, um 15.30 Uhr, hatten wir die Spitze des Eiger erreicht und die Wand als Erste durchstiegen.

Uns war als Viererseilschaft gelungen, was keiner zuvor geschafft hatte, und aus Konkurrenten waren Freunde geworden, wie Anderl später einmal sagte. Fritz Kasparek lebt heute nicht mehr, er ist 1957 mit einer Wächte in den Anden abgestürzt, ein ähnliches Unglück, wie es auch Hermann Buhl widerfuhr. Auch Wiggerl Vörg starb; er ist am ersten Tag des Russlandfeldzugs gefallen, vermutlich bekam er ein so genanntes Himmelfahrtskommando erteilt – so wurde es mir später erzählt. Meine Verbindung zu Anderl Heckmair jedoch ist bis zum heutigen Tag nicht abgebrochen. Er ist mittlerweile sechsundneunzig Jahre alt, und jedes Jahr schenke ich ihm zum Geburtstag einen Karton mit den schwärzesten Zigarillos aus der Schweiz namens Toscanelli. Als er sich einmal dafür bedankte, sagte er mir: »Stell dir vor: Zur gleichen Zeit mit deinen Stumpen erreichte mich ein Karton mit Schnaps meines Leibarztes aus Oberstdorf mit der Bemerkung: ›Damit das Nikotin von deinem Freund Harrer neutralisiert wird, schenke ich dir den entsprechenden Schnaps dazu‹«, und mit seinem trockenen Humor fügte Anderl hinzu: »Siehst, das ist ein Doktor!«

Waren wir Abenteurer? Sind alle, die in die Eiger-Nordwand gehen, Abenteurer? Sicher ist es für alle ein Abenteuer, aber deshalb sind sie noch keine Abenteurer, denn sie haben sich gut vorbereitet und kennen die Gefahren. Abenteurer sind jene Glücksritter, die leichtsinnig ein Risiko eingehen und sich, wenn es schief geht, gar als Helden fühlen. Die wahren Helden sind aber dann die Rettungsmänner.

Der Eiger hat ein ganz besonderes Eigenleben, das man unbedingt respektieren muss. Man darf dem Berg nicht »wehtun«, indem man zum Beispiel im Sommer am Nachmittag klettert. Das ist seine Zeit, die Zeit, die er braucht, um sich von losen Steinen, Eis und Schnee zu befreien, die er pausenlos die Wand hinunterschießt. Aber die Eiger-Nordwand lässt eine Überbeanspruchung ohnehin nicht zu, das Wetter regelt die Freizeit des Berges, Verbote sind überflüssig.

Schon ein Kind kann Abenteuer erleben, wenn es einen Feuersalamander entdeckt, und selbst als Forscher muss man nicht unbedingt einen Steinbruch aus dem Paläolithikum gefunden haben oder als Erster auf einem Gipfel gestanden sein. Auch der Zweite oder der Zehnte kann immer noch Neues entdecken. Deshalb soll heute keiner von den jungen Leuten resignieren, es gibt noch genügend Dinge zu erforschen. Vielleicht werden eines Tages Gipfelrekorde nicht mehr attraktiv sein, und die Abenteurer nehmen sich Buddhisten in Tibet oder Hindus in Indien als Vorbild: Die Gipfel bleiben als »Thron der Götter« tabu, und die Umrundung des Berges ist das Ziel. Dann gehört auch das hoffnungslose Ansinnen des Siegens, Eroberns und Bezwingens von Bergen der Vergangenheit an.

Als wir auf dem Gipfel des Eiger standen, waren wir zu erschöpft, unsere Sinne zu abgestumpft, um realisieren zu können, was uns vieren gelungen war. Erst der Ansturm der Journalisten nach dem Abstieg ließ uns ahnen, was nun kommen würde. Wir waren junge Burschen, die bisher in der Anonymität gelebt hatten, plötzlich mussten wir lernen, berühmt zu sein. Nachdem wir in Grindelwald von den lokalen Bergführern bei einem Abendessen beglückwünscht worden waren, fuhren wir mit den Autos der bayrischen Bergfreunde nach Sonthofen. Kasparek und ich ließen unser kleines Zelt am Fuß der Nordwand zurück, und ich vergaß im Trubel sogar mein Motorrad im Heustadel eines Bauern. In Sonthofen empfing uns der Verantwortliche für alle politischen Schulen, der Reichsorganisationsleiter der NSDAP Robert Ley, mit den Worten, dass wir in dieser heroischen Zeit symbolisch und beispielgebend für den Führernachwuchs seien. Dabei hatten wir vier die Nordwand wahrhaftig für niemand anderen als für uns passionierte Bergfexe durchstiegen, von niemandem geschickt, aufgefordert oder finanziert. Nun aber begannen sich die Politiker in unserem Erfolg zu sonnen.

Doch dies sollte erst der Anfang sein. Nach ärztlicher Behandlung unserer Erfrierungen und Blessuren fuhren wir im Zug zum Deutschen Turn- und Sportfest in Breslau, wo uns Reichssportführer Hans von Tschammer und Osten gleich in das volle Stadion führte. Die Wettbewerbe wurden unterbrochen, und wir begrüßten einige der berühmten Leichtathleten, die bei den Sommerspielen in Berlin olympisches Gold gewonnen hatten. Ich empfand es als besondere Anerkennung, dass sie unserer Besteigung der Wand im Schneesturm Anerkennung zollten und meinten, im Gegensatz zu uns bekämen sie ihre Titel und Medaillen in der Sicherheit des Stadions. Wir wurden aufgefordert, eine Runde im Stadion zu gehen. Immer wieder sprangen Zuschauer über die Barriere auf die Aschenbahn, um uns zu berühren oder zu fotografieren. In unseren dicken Curlingschuhen, die wir wegen der erfrorenen Füße in Grindelwald bekommen hatten, konnten wir in der Sommerhitze die Ehrenrunde nur langsam beenden. Wir hinterließen mit den weiten Hosen und den Verletzungen keinen sehr sportlichen Eindruck, aber es war offenkundig, dass der Beifall keine politische Demonstration, sondern die Anerkennung der sportbegeisterten Zuschauer für unsere bergsteigerische Leistung war.

Die anschließende Begegnung mit Adolf Hitler im Hotel Monopol war sachlich und nüchtern. Der Reichssportführer stellte uns vor und erklärte kurz die Besteigung des Eiger. »Kinder, Kinder, was habt ihr geleistet!«, war Hitlers Reaktion. Jeder von uns bekam ein in Silber gerahmtes Bild mit Widmung, dann gab Hitler dem wartenden Fotografen Heinrich Hofmann das Zeichen zum Gruppenbild. Auf die Frage Hitlers, was man zu unserer Erholung plane, sagte der Reichssportführer, dass wir bereits am nächsten Tag nach Bremerhaven gefahren würden, wo uns eine KdF-Reise zu den Fjorden an der Westküste Norwegens erwarte.

Damit war die Audienz beendet. Zum Gruppenbild stellte sich noch der Reichsinnenminister Frick, der offensichtlich schon ungeduldig darauf wartete, mit Hitler aktuelle politische Fragen zu besprechen. Nur wenige Wochen später erhielt Deutschland im Münchener Abkommen das Sudetenland zugesprochen – mit Einverständnis Frankreichs und Großbritanniens.

Jahrzehnte später wurde mir vorgehalten, ich hätte in einem Buch über den Eiger unsere Leistung mit den Worten kommentiert: »Wir haben die Eiger-Nordwand durchklettert über den Gipfel hinaus bis zu unserem Führer!« Dieser Text stammt jedoch nicht von mir. Noch in Breslau war ein Mann zu mir gekommen und hatte gesagt, er habe den Auftrag, für den Eher-Verlag der NSDAP in München meine Geschichte sozusagen als Ghostwriter zu schreiben. Er legitimierte sich mit der Bemerkung, dass er auch für den legendären Piloten Hans Bertram den »Flug zur Hölle« geschrieben hatte. Der Text, den er dann unter meinem Namen verfasste, hatte nichts mit meiner Sprache zu tun, und ich hatte das Manuskript weder zur Korrektur bekommen, noch den Text je autorisiert. Ich habe später, als diese unseligen Worte immer wieder zitiert wurden, in München versucht, den Nachlass des NSDAP-Verlags zu finden, um über eine

Honorarabrechnung den Namen des Ghostwriters festzustellen. Aber meine Nachforschungen waren leider erfolglos.

Es ist eine absurde Idee, zu glauben, dass jemand sein Leben riskiert, um anderen zu imponieren, einen Gefallen zu tun oder etwas zu beweisen. Nur die Leidenschaft für die eigene Sache kann die Kraft aufbringen, solche Strapazen zu überstehen. Die unsinnige Idee, dass ich die Nordwand des Eiger über den Gipfel hinaus für Hitler bestiegen habe, kann sich nur ein Ghostwriter, ein völlig unbedarfter Verfasser ausgedacht haben, der nie die Gelegenheit hatte, in Naturgewalten zu bestehen, um dabei seine eigenen Gefühle kennen zu lernen.

Auch die Frage, ob ich bei der Durchsteigung der Eiger-Nordwand eine Hakenkreuzfahne mitgeführt hätte, erregte 1997 Aufsehen in der Presse. Ein Salzburger Journalist des Österreichischen Rundfunks hatte die Behauptung aufgestellt, dass ich eine solche Fahne im Rucksack dabeigehabt hätte in der Absicht, sie auf den Gipfel des Eiger zu stecken. Diese Behauptung »stützte« der Journalist auf einen angeblichen Bericht meines Gefährten Anderl Heckmair. Bezeichnend ist, dass ein Brief Heckmairs, in dem er diese Darstellung ausdrücklich bestreitet, nicht in der Presse abgedruckt wurde.

Nach der Schiffsreise gingen wir vier getrennte Wege. Ich fuhr nach Graz und besuchte zuerst meine Eltern, die nur durch die Zeitung und das Radio von unserer Durchsteigung der Wand gehört hatten. Sie waren überglücklich, dass ich wohlbehalten zurück war, und erzählten mir von einem Journalisten, der am 20. oder 21. Juli bei ihnen gewesen war und sich erkundigt hatte, wo ich sei. Meine Mutter zeigte ihm eine Karte mit dem Poststempel von Grindelwald. »Dann ist er in der Wand!«, hatte er gesagt und war davongeeilt, um seine Vermutung als aufregende Nachricht zu veröffentlichen.

Mein nächster Besuch galt dem Großvater meiner Braut, Wladimir Köppen. Professor Köppen, der Vater von Else Wegener, war vierundneunzig Jahre alt und eine eindrucksvolle Erscheinung mit seinen schlohweißen Haaren, dem gepflegten Bart und den hellen, forschenden Augen. Er war Klimatologe, hatte in Heidelberg Naturwissenschaften gelehrt und später mit Alfred Wegener an der Klimageschichte unserer Erde gearbeitet. Nie werde ich den Augenblick vergessen, als ich sein Zimmer betrat und er sich mühsam aus einem für den alten Herrn viel zu niedrigen, weichen Sofa erhob. Grußlos schaute er mich an und sagte die Worte Schillers: »Ja, ja … und setzet Ihr nicht das Leben ein …«

Heute, selber fast neunzig Jahre alt, denke ich über die Worte des alten Herrn nach. Ich habe auf all meinen Expeditionen nie mein Leben wissentlich eingesetzt oder große Ängste überwinden müssen, um eine Leistung zu vollbringen. Habe ich Mut gebraucht, um Gefahren zu bestehen? In der Jugend reizen eher Äußerlichkeiten zum Draufgängertum, man will einmal der Beste sein und braucht dafür keine Begründung. Die Frage, warum man etwas Ungewöhnliches unternimmt, stellt sich gar nicht. Erst wenn Außenstehende eine Antwort verlangen, beginnt man zu überlegen. Die Begründung könnte ganz einfach die Lust am großen Abenteuer sein.

Der Wunsch, die Freiheit zu haben, meine alpinistischen Träume verwirklichen zu können und nicht durch meine berufliche Tätigkeit einschränken zu müssen, stand für mich ganz oben. Viele Angebote, die ich nach meiner akademischen Abschlussprüfung in Geographie und Leibesübungen bekommen hatte, kamen für mich dieser Freiheit wegen nicht in Frage. Erst als mir der steirische Gauleiter eine Lehrstelle in meinem alten Gymnasium in Graz mit der Zusicherung anbot, jederzeit meine Pläne verwirklichen zu können, sagte ich zu. Voraussetzung war, dass ich Mitglied der NS-Lehrerschaft und damit auch der NSDAP wurde. Ich verfasste ein Gesuch, setzte meine Unterschrift darunter und schickte es ab. Die Antwort hat mich jedoch nie erreicht, da ich bald danach an der Expedition zum Nanga Parbat teilnahm.

1952 suchte mich ein Mann auf, der vorgab, ein Schulkamerad von mir gewesen zu sein, und behauptete, im Besitz meines NS-Parteibuchs zu sein. Für zehntausend Schilling, so bot er an, würde er es vernichten. Ohne Zögern empfahl ich ihm, das Parteibuch zur Polizeidirektion am Paulustor bei uns in Graz zu bringen. Dass ein solches Buch vorhanden sein konnte, erschien durchaus möglich, aber ich hatte aus meinem Gesuch um die Parteimitgliedschaft auch nie ein Geheimnis gemacht. Der Mann ließ nie wieder von sich hören.

Genau zu der Zeit, als ich meine Unterschrift leistete, um Parteimitglied zu werden, wurde das Münchener Abkommen unterzeichnet. Ich erinnere mich noch an die »Wochenschau«-Bilder von der Heimkehr des britischen Premierministers Arthur Neville Chamberlain nach London – als er triumphierend den Vertrag hochielt und »Peace!« rief. Der französische Ministerpräsident Edouard Daladier wurde in Paris ebenfalls bejubelt. Auch Joseph P. Kennedy, der Vater des späteren US-Präsidenten John F. Kennedy, unterstützte die Politik des britischen Premiers und sprach von der Harmlosigkeit Hitlers. Lediglich der machtlose Unterhausabgeordnete Winston Churchill wetterte und protestierte gegen die Anbiederungen seines ersten Ministers. Wenn es auch einige Skeptiker gab, so wollten die Menschen nach den Erfahrungen des Ersten Weltkriegs doch lieber einen schlechten Vertrag als einen neuen Krieg. Auch ich glaubte damals an den großen, eben besiegelten Frieden. Später erklärte mir der große Gelehrte und Menschenfreund Viktor Frankl das so: Im Gegensatz zum Tier sagen dem Menschen keine Instinkte, was er tun soll oder muss, deshalb tut und will er das, was die anderen auch tun.

Schon 1937 hatte ich im österreichischen Skiverband die Trainerfunktion für die Damen-Nationalmannschaft übernommen. Jetzt bat man mich, auch die steirische SS als Sport- und Skilehrer zu betreuen. Ich sagte zu und war plötzlich Scharführer mit Uniform, auch wenn ich wegen meiner Teilnahme an der Nanga-Parbat-Expedition keine einzige Trainerstunde abhielt.

Ein Vertrag, die Hauptrolle im Film »Osterskifahrt« von Ludwig Lantscher zu spielen, lag ebenfalls vor, er sollte auf unserer Hochzeitsreise gedreht werden. Lotte Wegener und ich heirateten Anfang Dezember 1938, ich in der SS-Uniform eines Scharführers. Da ich hoffte, bald in den Himalaja fahren zu können, hatten wir es mit dem Heiraten eilig. Als frisch gebackener SS-Mann bedurfte es dazu einer besonderen Erlaubnis, die sehr viel Zeit brauchte. Um diese Genehmigung zu beschleunigen, schlug uns der Beamte damals vor, einfach eine alte Parteimitgliedschaft anzugeben. Wir fanden diese Idee großartig, weil sie uns das Warten ersparte. Und so stimmte ich zu, obwohl ich ja erst 1938 um Mitgliedschaft in der NSDAP angesucht hatte, um meinen Lehrerberuf ausüben zu können. Wenn ich ein »altes« Parteimitglied gewesen wäre, hätte es wohl kaum Sinn gemacht, 1938 ein weiteres Mal um die Mitgliedschaft anzusuchen. Es stimmt auch nicht, dass ich bei der SA gewesen sein soll, wie später behauptet wurde. Wenn das der Fall gewesen wäre, hätte ich nicht 1938 um Parteimitgliedschaft ansuchen müssen.

War es jugendlicher Opportunismus oder die blinde Entschlossenheit, alles den sportlichen Zielen unterzuordnen, was mich dazu bewog, mich als »altes« Parteimitglied auszugeben? Ein Fehler war es in jedem Fall. Über mein Verhalten im Jahr 1938 habe ich viel nachgedacht. Die Mischung aus politischem Leichtsinn, Zeitgeist und Leidenschaft als Alpinist ist heute für Außenstehende schwer nachvollziehbar. Es blieb ein kurzes Zwischenspiel. Der Mangel an klarer Haltung, verbunden mit einer – aus heutiger Sicht – vielleicht mangelhaften Distanz zu den Entwicklungen von damals, ist mir im Alter von Menschen, die nicht zu meiner Zeit gelebt haben, schwer angekreidet worden. Wenn ich heute, sechzig Jahre später, meine Motivation von damals überdenke, dann tue ich es aus der Erfahrung, dass man in der Jugend anders agiert als im Alter. Handlungsfreiheit war für mich das höchste Gut – die Freiheit, durch mein künftiges Berufsleben nicht meine alpinistischen Träume, vor allem der erhofften Himalaja-Expedition, einschränken zu müssen.

Noch am Abend der Eheschließung traten Lotte und ich unsere Hochzeitsreise an und fuhren zur Schutzhütte auf die Gerlosplatte, wo bereits das Filmteam mit Ludwig Lantscher für Regie und Kameraführung wartete. Die SS-Uniform war in Graz eingemottet worden. Noch während der Drehtage erreichte mich das ersehnte Telegramm von der Himalaja-Stiftung in München: ob ich bereit sei, an einer Nanga-Parbat-Expedition teilzunehmen. Ich müsse mich schnell entscheiden, denn das Schiff nach Indien würde schon in einer Woche in Antwerpen ablegen. Für mich gab es kein Überlegen – der Filmvertrag wurde gebrochen, Lehrerberuf und Hochzeitsreise waren vergessen.

Seit dem Einmarsch der deutschen Truppen in Österreich war nicht einmal ein Jahr vergangen. Nun zahlten sich meine Bemühungen aus, für den Himalaja frei zu sein. Diese Einladung war mir mehr wert als jede Medaille, jeder Orden für die Eiger-Nordwand. Noch ahnte ich nicht, welch schicksalhafte Bedeutung diese Expedition für mich haben sollte. Mein Leben änderte sich von Grund auf. Ich sollte neue Werte kennen lernen, die mich bis zum heutigen Tage prägen.

Auf dem Weg in den Himalaja

Mein erstes Zusammentreffen mit Peter Aufschnaiter fand in München, in der Weinstraße 4 statt, wo der Notar Paul Bauer sein Büro hatte. Bauer war Vorsitzender der Deutschen Himalaja-Stiftung (DHS) und Aufschnaiter sein Geschäftsführer. Für mich war die Begegnung mit den beiden Männern ein aufregendes, ja freudiges Ereignis, denn hier war mein Himalajatraum der Erfüllung schon sehr nah. Bauer und Aufschnaiter schienen mein inneres Feuer nicht zu teilen. Mit ernster Miene bestätigten sie, dass die fünftausend Mark von der steirischen Landesregierung als Voraussetzung für meine Teilnahme eingegangen waren. Alle Gespräche wurden per Sie geführt. Erst beim Erscheinen der anderen beiden Teilnehmer, Lutz Chicken und Hans Lobenhoffer, mit denen ich, wie unter Bergsteigern üblich, das Du verwendete, ließ die Spannung nach.

Peter Aufschnaiter war dreizehn Jahre älter als ich, geboren 1899, und ich fragte mich, wie ein vierzigjähriger »alter« Mann die Expedition zu einem Berg, der bereits sechsundzwanzig Menschenleben gefordert hatte, überhaupt leiten konnte. Ich wusste, dass Aufschnaiter 1929 und 1931 dabei gewesen war, als Bauer eine vorbildliche Expedition zum Kangtschendzönga geführt hatte. Typisch für einen jungen Mann, dachte ich nur ans Klettern, nur an die neuen Zwölfzacker Steigeisen und die Handhabung von kurzen Eisäxten in steilen Flanken und hatte keine Ahnung, dass es noch auf andere Dinge ankommt und die Zeit am Berg lediglich den Bruchteil einer Expedition ausmacht. Natürlich konnte ich auch nicht ahnen, dass Peter Aufschnaiter und ich über drei Jahrzehnte, bis zu seinem Tod im Jahr 1973, Freunde sein würden, dass wir auf Gedeih und Verderb zusammenstecken und Erlebnisse haben würden, die einer allein nicht überlebt hätte.

Die Aufgabe der Expedition bestand darin, einen Weg durch die Diamirflanke am Nanga Parbat zu erkunden als Vorbereitung für eine für 1940 geplante große Expedition unter der Leitung von Willi Luft, einem der Überlebenden der Katastrophe von 1934 an der Rakhiotseite. Die Zusammensetzung der Expeditionsmannschaft konnte ich vorerst nicht durchschauen. Die Wahl Peter Aufschnaiters als Führer war wegen seiner Himalaja-Erfahrung und seiner Sprachkenntnisse einleuchtend, aber warum hatte man neben mir nicht noch andere Eiger-Nordwand-Erstbegeher gefragt? Ausgewählt hatte man Hans Lobenhoffer, Leutnant in einem bayerischen Gebirgsjägerregiment, und Lutz Chicken, einen cand. med. aus Bozen, der in München studierte und ein junges Mitglied des berühmten deutschen Bergsteigervereins Akademischer Alpenverein München (AAVM) war. Allein elf Männer aus diesem Verein hatten am Nanga Parbat ihr Leben verloren. Dass man zwei international unbekannte Bergsteiger in die Mannschaft einreihte, musste taktische Gründe gehabt haben; möglich war auch, dass die DHS von politischer Seite beeinflusst und zu diesem Schritt gezwungen worden war.

Nach einem Gesundheitstest in einer Unterdruckkammer durch den Höhenphysiologen Willi Luft fuhren wir mit dem Zug von München nach Antwerpen, und am 6. April 1939 verließen wir auf dem deutschen Frachtdampfer »Lindenfels« Europa. Zehn Tage später hatte Peter Aufschnaiter eine willkommene Unterbrechung eingeplant. In Port Said gingen wir an Land, besuchten das berühmte Museum in Kairo und die Cheopspyramide. Wir waren die einzigen Touristen weit und breit, und mehrere Führer mit Kamelen freuten sich aufs große Geschäft. Als wir den Weg hinauf suchten, meinten sie, der Aufstieg sei sehr gefährlich, und wir würden uns ohne Führer verirren. Mit unserer Dolomitenerfahrung hatten wir längst verschmierte Stellen an den Felsblöcken entdeckt und meinten, dass wir keine zehn Minuten für die hundertvierzig Höhenmeter zur Spitze brauchen würden. Einer der Führer bot sein Kamel zur Wette an. Nach achteinhalb Minuten hatten wir die vielen eineinhalb Meter hohen Stufen zur Spitze erklettert und jodelten zu den davonreitenden Ägyptern hinunter.

Für die nächste Etappe nahmen wir die Bahn, während die »Lindenfels« durch den 164 Kilometer langen Kanal nach Suez schipperte, wo wir dann wieder zustiegen. Auf der ereignislosen Schifffahrt fetteten wir die Bergschuhe ein, Peter Aufschnaiter verteilte Filme, jeder bekam eine Rolex-Armbanduhr. Die Uhren blieben Eigentum der DHS, so auch das ausgewertete Filmmaterial. Kisten und Packsäcke hatten Nummern, waren gebraucht und trugen noch von den vorherigen Nanga-Parbat-Unternehmen die Bezeichnung D. H. E., Deutsche Himalaja-Expedition. Lutz als Arzt musste die Kiste mit den Medikamenten prüfen. Der kleinste Kasten war besonders schwer, kein Wunder, er enthielt Bücher und Landkarten. Jeder konnte sich Lesematerial ausleihen, aber Peter Aufschnaiter behielt die Kiste in seiner Kabine.

Am letzten Apriltag erreichten wir Bombay. Wir legten am Gate of India an, wo wir von Freunden der DHS empfangen wurden. Im Deutschen Klub erlebten wir staunend die Lebensart der Europäer in einem Kolonialland. Trotz der Hitze – Mai ist der heißeste Monat in Indien – spielte man Tennis, löschte den Durst mit Magnumflaschen Beck's Bier oder trank mehrere Gimlets.

Die Reise mit dem Zug über Karatschi und Lahore dauerte vier Tage und war nicht anders als in der Gründerzeit der Schienenbahn. Für die riesigen Distanzen des Subkontinents Indien gab es nur eingleisige Strecken. Bewunderns- und nachahmenswert war, wie man Zusammenstöße verhinderte: Es gab einen großen Metallring, den der Lokführer bei der Einfahrt in die Station dem wartenden Lokführer des Gegenzugs zuwarf, welcher ihn mit dem Arm auffing und erst dann losfahren durfte. Für Essen und Trinken war gesorgt. Weiß gekleidete Kellner mit Turban sprangen auf den langsam durch die Station fahrenden Zug auf und fragten nach den Wünschen. Zwei Stationen weiter brachte man die für Europäer weniger scharf zubereiteten Gerichte. Alles war perfekt organisiert, natürlich nur für wohlhabende Inder und Sahibs gedacht; die Reisenden, die im kühlenden Fahrtwind auf den Dächern der Waggons saßen, bekamen erheblich preiswerteren und viel schmackhafteren Curry auf grünen Blättern von Gummi- oder Teakbäumen mit Tschapati, gebackenen Teigfladen, gereicht.

Peter Aufschnaiter achtete sehr auf unsere Gesundheit, alle Früchte mussten gewaschen werden. Das Wasser wurde mit Kaliumpermanganatkristallen keimfrei gemacht. Unser Zug trug den Namen »Express«, aber die Fahrt durch die heiße Sindhwüste dauerte doch geraume Zeit. In Stationen, wo oft lange auf den Gegenzug gewartet werden musste, vertraten wir uns die Beine, wobei wir stolz unsere leichten Tropenhelme aus Korkeiche aufsetzten. Wir drei Jungen machten es den Indern nach und ließen unsere Hemden über den Hosenbund flattern, bis uns Peter Aufschnaiter mit der Bemerkung zurechtwies, uns wie Sahibs zu benehmen.

Zur Abkühlung brachte man uns eine Blechkiste mit einem Block Eis von etwa vierzig Kilo ins Abteil, die wir zwischen uns stellten – ein wunderbares Mittel gegen die Hitze, wahrscheinlich auch gesünder als die moderne Aircondition. Aufschnaiter hatte den Indern alle Anordnungen in ihrer Muttersprache gegeben, und aus unserem Respekt für ihn wurde Bewunderung. Die Inder sprachen ihn längst als »Bara Sahib«, »Großer Herr«, an. Der Abstand zwischen uns bestand unverändert; während aus Chicken »Lutz«, aus Lobenhoffer »Hans« und aus Harrer »Heini« geworden war, blieb Peter Aufschnaiter »Herr Aufschnaiter«.

Am Abend des 6. Mai erreichten wir Rawalpindi, die Endstation der Eisenbahn und damals die provisorische Hauptstadt Pakistans. Für Europäer gab es hier nur eine Herberge: Kuhn's Park Hotel. Der Schweizer Besitzer kümmerte sich mit seiner Dienerschar um das Expeditionsgepäck und empfing uns mit einer Engadiner Nusstorte. Obwohl wir erst zwei Monate von zu Hause fort waren, genossen wir die Schweizer Gastfreundschaft. Auf der kühlen Veranda wurden die Lasten für die Träger abgewogen, das Gewicht von dreiundzwanzig Kilo war zwar vorgeschrieben, aber auch das Volumen spielte ein große Rolle. Drei aus Darjeeling angereiste Scherpa-Hochträger halfen uns dabei.

Auch ein Koch aus Kaschmir mit dem schönen Namen Ramona erwartete uns in Rawalpindi. Er hatte schon an anderen deutschen Expeditionen teilgenommen und war für seine Kaiserschmarrn und Pfannkuchen bekannt.

Der Marsch mit der Trägerkolonne durch das Kaghantal bleibt unvergessen. Anfangs erfreuten uns die Wälder mit den gewaltigen Zedern, dann wurden die Dörfer kleiner, und nach einer Woche sahen wir die ersten eisbedeckten Gipfel des Himalajagebirges. Ramona war wie jeden Tag vorausgeeilt und erwartete uns mit heißem Tee. Im Dorf kaufte er ein Huhn, und für den nächsten Tagesmarsch bereitete er harte Eier – in Gegenden, die nicht immer unserem hygienischen Standard entsprachen, eine gute Idee.

Über den 4145 Meter hohen Babusarpass mussten wir in tiefem Firnschnee für die barfuß gehenden Träger eine Spur treten, und zu unserer Überraschung erwartete uns auf der Passhöhe ein Europäer mit frischen Früchten. Es war Leutnant Strower, ein blutjunger Engländer, der in Chilas im Industal stationiert war. Er war genau so, wie ich die Engländer in Büchern beschrieben gefunden hatte, und sein Leben erschien mir beneidenswert: schon als junger Mensch hinaus in die Welt, Beruf mit Verantwortung, und noch dazu konnte er alle Hobbys ausüben. Strower bewohnte eine Burg in einer Festungsanlage, deren Tore am Abend verschlossen wurden. Er war Offizier, Richter, Jäger und vor allem Forscher und sammelte Mineralien und Blumensamen; er machte Skizzen, besaß eine kleine erlesene Bibliothek und konnte mit Morsezeichen Verbindung zur nächsten Station aufnehmen. Er wusste längst, dass vier Deutsche kommen würden und die Erlaubnis für das Diamirtal hatten, welches zu seinem Verwaltungsgebiet gehörte. Zum Ausüben seiner Macht befehligte der Leutnant eine kleine Truppe Gurkhasoldaten.

Ich hatte von Peter Aufschnaiter den Auftrag bekommen, vorauszugehen und die beste Route für die Träger zu erkunden. Dann folgten die anderen, und nach vier Tagen erreichten wir das Hauptlager. Ein Steinhaus für die Ausrüstung und die Lebensmittel wurde errichtet. Wieder imponierte uns Aufschnaiter mit seinen Kenntnissen, vor allem aber auch damit, dass er mit unseren Hochträgern tibetisch sprach.

Wir bestaunten den Nanga Parbat und suchten mit dem Fernglas die gewaltige Nordwestflanke nach Möglichkeiten eines sicheren Aufstiegs zum 8126 Meter hohen Gipfel ab. Schon bei einem höher gelegenen Zeltlager bekamen wir eine Ahnung von den dort herrschenden Naturgewalten. Vom westlich gelegenen Mazenokamm beobachteten wir den Abgang einer gewaltigen Lawine. Wir sahen fasziniert die weißen, mit Eis gefüllten Wolken, wie sie sich beim Übergang von der steilen Flanke zum flachen Diamirgletscher aufbäumten. Kurze Zeit später drückte der Luftdruck unser Zelt zu Boden, und das gesamte Lager war wie weiß gezuckert. Die Entfernung zum Abbruch musste immerhin einen Kilometer betragen haben.

Mit unseren Zwölfzacker-Steigeisen machte es uns großes Vergnügen, die steilen Eisrinnen zwischen den verschiedenen Rippen zu erkunden. Einmal nahmen Aufschnaiter und ich unsere Träger mit, um ein höheres Zeltlager zu errichten. Wir konnten im letzten Augenblick ihre Absicht verhindern, beim Abstieg die tausend Höhenmeter auf dem Hosenboden zurückzulegen. Unsere Vorstöße reichten nur wenig über sechstausend Meter hinaus und konzentrierten sich auf eine Route zum Nordgipfel. Lutz und Hans hatten auch die historische Route erkundet, die 1895 der britische Alpinist Alexander Mummery mit zwei Gurkha versucht hatte. Dabei machten sie einen interessanten Fund: ein kleines Stück Holz, das nur von Mummery stammen konnte. Dieser mutige Mann hatte wohl einsehen müssen, dass seine Route zu schwer war. Auf der Suche nach einer anderen Möglichkeit querte er Richtung Rakhiot und verlor dabei sein Leben.

Die DHS hatte in London um Erlaubnis angesucht, auch einen Versuch auf den 7780 Meter hohen Rakaposchi unternehmen zu können. Leutnant Strower brachte jedoch die Nachricht, dass dies nicht möglich war, und so bestiegen wir zwei Gipfel, um Fotos von der gesamten Flanke zu machen. Zum Abschluss musste ich noch eine Messung vornehmen. Bei der Ankunft hatte ich an beiden Moränenseiten Fixpunkte angebracht und an drei weiteren Stellen auf dem Gletscher Steinmänner mit Holzstangen errichtet. Jetzt, zwei Monate später, konnte ich die Veränderung der Distanz messen und die Fließgeschwindigkeit des Gletschers ausrechnen. Lange nach dem Krieg erhielt ich einen Brief des bekannten Glaziologen Wolfgang Pillewitzer mit der Mitteilung, dass meine bescheidene Messung für ihn von Nutzen gewesen war.

Die Aufgabe unserer Erkundungsfahrt hatten wir erfüllt, aber um ein endgültiges Urteil über eine mögliche Anstiegsroute zu fällen, untersuchten wir noch die klassische Rakhiotseite. So erlebten wir das berühmte Bild des gewaltigen, weiß glänzenden Nanga-Parbat-Massivs mit dem Silbersattel, viertausend Meter über der grünen »Märchenwiese« und den dunklen Zedernbäumen. Ein passender Name für einen der schönsten Erdenflecken.

Wir besuchten noch die Gedenkstätte für die elf Bergsteiger und fünfzehn Träger, die ihr Leben auf deutschen Expeditionen zum Nanga Parbat verloren hatten. Aufschnaiter meinte abschließend, dass er in München für die große Expedition 1940 mit gutem Gewissen die Diamirflanke würde empfehlen können, denn mit fünf Kilometern betrage die Distanz zum Gipfel bloß ein Drittel des fünfzehn Kilometer langen, bisher genutzten Weges über die Rakhiotseite.

Doch zu der Expedition 1940 sollte es nicht kommen, denn inzwischen war der Zweite Weltkrieg ausgebrochen. Erst 1962 gelang die Durchsteigung der Diamirflanke durch Toni Kinshofer und Anderl Mannhardt, die feststellen mussten, dass dieser Weg doch mehr von ihnen forderte als angenommen. Als ich 1952 nach Europa zurückkehrte, war der Nanga Parbat unter Bergsteigern in Deutschland und Österreich wieder im Gespräch. Auch ich war von dem Leiter der Expedition K. Herrlighoffer gefragt worden, ob ich Buhl zum Nanga Parbat begleiten und vom Basislager aus den Gipfelsturm anführen wollte. Zum gemeinsamen Training hatte Buhl eine Route in den Grubreißentürmen der Nordkette von Innsbruck vorgeschlagen. Doch was er spielerisch elegant meisterte, fiel mir schwer, er musste mir kräftig Seilhilfe geben. Den Abstieg, die tausend Meter vom Hafelekar bis ins Tal, legten wir gemeinsam in weiten Sprüngen zurück. So verzichtete ich auf eine Teilnahme an der Nanga-Parbat-Besteigung, und meine Aufgabe übernahm Peter Aschenbrenner.

Die Expedition von 1953 zählte zu den erfolgreichen Unternehmungen, dank Hermann Buhl und seiner außerordentlichen Fähigkeiten als Bergsteiger. Im Alleingang erreichte er den neunthöchsten Gipfel der Weltberge. Das Foto nach der Besteigung ist erschütternd. Die Engländer, die wenige Wochen zuvor den Mount Everest bestiegen hatten, meinten, dass Buhl ein Platz unter den größten Bergsteigern aller Zeiten gebühre.

Auch für den Nanga Parbat gilt die Tatsache, dass Hermann Buhl zwar als Erster auf dem Gipfel stand und Kinshofer als Erster die Diamirflanke bestieg, aber auch sie wie alle anderen den Vorgängern zu danken haben, auf deren Schultern sie den Erfolg verbuchen konnten. Der Geograph Adolf Schlagintweit, der mutige Alexander Mummery, wahrscheinlich der erste Bergsteiger im Himalaja, dann die Kundfahrt und die Expeditionen, die sechsundzwanzig Opfer gefordert hatten – sie bildeten die Basis.

Nach den Monaten in Eis und Schnee genossen wir in Gilgit die vielen Früchte und das frische Gemüse. Auf den flachen Dächern lagen Unmengen von orangefarbenen Aprikosen – getrocknet habe ich sie Jahre später auf der Flucht und in Lhasa sehr geschätzt. Für den langen Rückmarsch hatte Peter Aufschnaiter eine neue Route geplant. Es war Spätsommer, und die Blumen auf den hohen Passwiesen standen in voller Pracht. Wir hatten uns akklimatisiert und erreichten schnell Srinagar, die Hauptstadt der berühmten Provinz Kaschmir.

Heute habe ich unsere Wege im Himalaja lebendiger und schöner in Erinnerung als die Tage am Berg. In Srinagar wohnten wir in einem auf dem Wularsee schwimmenden Hausboot, wo uns Major Hadow, ein Mitglied des Himalaja Clubs, half, wenn wir zum Beispiel Safran mitnehmen wollten; aber »bitte nicht von einem Kaschmiri kaufen«, er würde dieses teure Gewürz selbst besorgen. Mit seinem Auto fuhr er uns zur zweitausendfünfhundert Meter hoch gelegenen Bergstation Gulmarg, von der aus wir noch einmal »unseren« Nanga Parbat bewundern konnten.

Bequem erreichten wir Mitte August Karatschi, von wo aus uns der Frachter zurück nach Europa bringen sollte. Täglich gingen wir zum Hafen, doch es kamen keine Schiffe mehr an. In den Zeitungen hatten wir gelesen, dass alle Ausländer Meldepflicht hatten. Ferner wurde es Fremden untersagt, die Hauptverkehrsadern zu verlassen, und die Strafe für Zuwiderhandelnde betrug bis zu zehn Jahre Gefängnis.

Wir drei Jungen sagten Peter Aufschnaiter, dass es nach Krieg aussähe, und schlugen vor, Indien über irgendeinen Landweg zu verlassen. Aufschnaiter regte sich auf und erwiderte, es gebe kein Volk, das schon wieder Krieg führen wollte; er war als junger Soldat im Einsatz gegen Italien in den Dolomiten gewesen.

Vom Taxifahrer, der uns täglich zum Hafen fuhr, hatten wir in Erfahrung gebracht, dass Richtung Afghanistan der kleine Maharadschastaat Las Bela lag, dessen Herrscher angeblich antibritisch eingestellt wäre. Las Bela gehört zu Belutschistan, eine einsame Gegend, durch die bereits Alexander der Große auf seinem legendären Feldzug auf dem Weg zum Indus hindurchgekommen war. Aufschnaiter hielt die Idee für sinnlos und weigerte sich mitzukommen, aber uns erschien die Aussicht, über Las Bela einer Route nach Westen entlang des Golfs Richtung Persien zu folgen oder über Kandahar Afghanistan zu erreichen, vielversprechend. Damals war es ziemlich naiv gedacht, doch später, als ich erfahrener war, wusste ich, dass es ein guter Plan gewesen war.

Obwohl wir auf Schritt und Tritt beschattet wurden, gelang es, unsere Bewacher zu überlisten, und so fuhren wir mit einem uralten Auto durch Steppe und Wüste, praktisch ohne Straße, nach Las Bela. Im Dak Bungalow, einem in den Kolonien üblichen Rasthaus, bezogen wir Quartier. Durch Boten erfuhren wir, dass »His Highness« uns Audienz gewährte. Der »Palast« entpuppte sich als kleiner burgähnlicher Bau auf einem Hügel, und die Wachen empfingen uns mit aufgepflanztem Bajonett. Der Maharadscha, mehr Bub als Mann, konnte offensichtlich kein Englisch, und sein Sprecher teilte uns höflich mit, dass bereits ein Auto bereitstünde, um uns zurück nach Karatschi zu fahren. Es waren die letzten Augusttage, wir wurden nicht verhaftet, aber einige Soldaten saßen mit uns im Auto.

Unser Ausreißen war schmerzlos und von kurzer Dauer gewesen, aber es hatte bei uns allen ein ungutes Gefühl hinterlassen. Während der Rückfahrt schwiegen wir die meiste Zeit und fanden keine Strategie, um uns herauszureden. Dann standen wir vor dem Polizeipräsidenten, der von bulliger Statur war, und bevor wir ein Wort der Entschuldigung herausbrachten, sagte er: »Well, gentlemen, you lost your way while hunting, didn't you?« Zwar nicht schlagfertig, aber doch noch rechtzeitig, antworteten wir: »Yes, Sir!« Mit der Bemerkung, dass er uns nach Dienstschluss im Hotel besuchen würde, waren unser Verhör und das Bauchweh zu Ende. In unserem Quartier wartete der schweigsame Peter Aufschnaiter. Was hinter seiner hohen Stirn vorging, konnten wir erahnen; er hielt unseren Ausreißversuch für einen Bubenstreich.

Als wir Tage später wieder einmal mit dem freundlichen Polizeipräsidenten im Hotelgarten unter riesigen Mangobäumen kühles englisches Bier tranken, marschierten plötzlich fünfundzwanzig Soldaten heran und bezogen an der niedrigen Gartenmauer Stellung. Ein indischer Offizier betrat den Garten. Den Polizeipräsidenten konnten wir nur mit Mühe davon abhalten, ihn zurechtzuweisen. Zum ersten Mal verabschiedeten wir uns mit einem Händedruck. Diese kurze Begegnung mit einem Gentleman wird mir immer in Erinnerung bleiben. Es war der 3. September 1939, und der Zweite Weltkrieg hatte gerade begonnen.

Gefangen hinter Stacheldraht

Außerhalb von Karatschi, dort, wo die Sindhwüste beginnt, lag unser erstes Gefangenenlager. Es war ein provisorisches Lager mit nur wenigen Insassen. Der Zensor beschlagnahmte das ganze Expeditionsgepäck und gab Peter Aufschnaiter eine Bestätigung. Später brachten uns die Engländer nach Ahmednagar in das Central Internment Camp (CIC), zweihundert Kilometer östlich vom heißen und feuchten Bombay in den Bergen der Western Ghats. Für die Kolonialmacht diente der Ort als Garnisonsstadt, und einen Teil davon hatte man als Lager abgetrennt und mit doppeltem Stacheldraht umgeben.

Die sechzehn Baracken hatten hohe Räume, und ein elektrischer Motor schwang ein kompliziertes Eisengestänge mit Matten hin und her, um wie ein Föhn die heiße Luft zu bewegen. Fünfhundert Deutsche und etwa dreißig Österreicher waren hier untergebracht. Alle großen Firmen hatten in Indien ihre Vertreter: AEG, Siemens, I.G.-Farben, darunter auch viele Ingenieure, die Papier- und chemische Fabriken errichteten. Unter den Österreichern waren neben einigen Professoren hauptsächlich Musiker, Köche und Yoga-Studenten und sogar ein Schlangenfänger, der das Gift von Kobras an pharmazeutische Firmen verkauft hatte.

Zwei Bayern teilten unser Schicksal: Wiggerl Schmaderer und Herbert Paidar mussten nach ihrer Erstbesteigung des 7363 Meter hohen Tent Peak in Sikkim hinter Stacheldraht, während ihr Expeditionsführer Ernst Grob als Schweizer nach Europa zurückkehrte. Mit Wiggerl freundete ich mich an, und wir berieten, welche Wände wir nach dem Krieg gemeinsam durchsteigen könnten. Eine fröhliche Bereicherung waren über dreißig Seeleute, die in der Kantine mit ihren Liedern für Stimmung sorgten. Da wir keine Soldaten waren, wurden wir als Zivilinternierte eingestuft; die Behandlung erfolgte gemäß der Genfer Konvention für »Prisoners of War« (POW).

Die vielen Deutschen aus Bombay hatten sich längst etabliert, und als Lagerführer, der die Gefangenen gegenüber den Briten vertrat, hatten sie Oswald Urchs gewählt. Er verteilte uns auf die noch freien Plätze in seiner eigenen Baracke. Urchs war als Arzt nach Indien gekommen und hatte sich auf Malaria spezialisiert und mit dem Medikament Atibrin aus seiner Firma großen Erfolg. Er forderte uns wie alle anderen dazu auf, die Anophelesmücken, Überträger von Malaria, erkennbar an den schwarzen Beinstrichen, zu sammeln. Für die Nacht, wenn die krächzende Föhnmaschine abgestellt wurde, hatte jeder sein Moskitonetz. Um zehn Uhr abends gingen alle Lichter aus, und nur der Stacheldraht blieb hell erleuchtet. Die große Ruhe im Saal wurde von Plagegeistern abgelöst, die wir bisher nicht kannten: Wanzen. Sie gehören zwar zu der Sorte von Ungeziefer, die man leicht fangen kann, aber nur einmal zerquetscht man sie mit den Fingern, denn der Gestank ist penetrant. Am Morgen konnte man feststellen, wessen Blut ihnen schmeckte und wer die Glücklichen waren, die sie mieden. Von der Lagerleitung bekam man Lötlampen, wie sie Klempner verwenden, mit denen man versuchte, die Biester in den Fugen der Metallbetten zu verbrennen.

Die deutsche Lagerführung organisierte die notwendigen »Dienste«. Kartoffelschälen und Zwiebelschneiden waren beliebt, denn für fünfhundert Insassen waren große Mengen notwendig, und wenn die zwanzig Männer im Kreis saßen, konnten sie ihre Erlebnisse im Gespräch austauschen. Als Sportlehrer hatte ich die Möglichkeit, meinen Beruf auszuüben. Morgengymnastik fand großen Zuspruch, es gab einen Fußball- und einen Tennisplatz, aber die häufigste körperliche Betätigung war das schnelle Gehen, heute Walking genannt. Die längste Strecke führte an der Innenseite des Stacheldrahts unseres Lagers entlang, und vor allem ältere Semester marschierten gegen Abend, wenn es kühler wurde, sich mit Gleichgesinnten unterhaltend auf der etwa einen Kilometer langen Strecke.

In meiner Baracke, gegenüber von meinem Bett, hauste der Berliner Edi Krämer. Er zeigte mir verschiedene Zeitungsausschnitte, aus denen ich entnahm, dass er Europameister im »Catch as catch can« war. Er hatte in Indien auf Einladung eines reichen Maharadschas gelebt, der es liebte, starke Männer um sich zu haben. »Von Krämer«, wie er in Indien genannt wurde, hatte sogar den lokalen Meister, einen taubstummen Koloss namens Gunga, besiegt. Krämer hatte eine mit Kokosfasern gefüllte Ringermatte konstruiert, wobei ihm Hanne Kopp, ein anderer Berliner, geholfen hatte, der allgemein wegen seiner Oberkörpermuskulatur den Spitznamen »Brust und Beine« trug. Das größte Interesse zeigten die Seeleute für diesen ausgefallenen Sport. Bei den Trainingsstunden gab es immer Zuschauer aus dem Lager, aber auch von den britischen Bewachern kamen Neugierige. Berühmt war die Geschichte von Edes Glanznummer, mit der sein Maharadscha eine hohe Wette kassierte. Er hatte einen über tausend Kilogramm schweren Brahmanenbullen umgelegt, indem er ihn von vorne ansprang, die Spitzen der gewaltigen Hörner erfasste und mit seinen Beinen dem Tier die Unterschenkel wegschlug. Dann drehte er gleichzeitig die Hörner auf die andere Seite und brachte so den Riesen aus dem Gleichgewicht und zu Fall. Ähnlich unsanft ging er auch mit seinen Trainingspartnern um.

Wir waren bereits einige Monate in Ahmednagar, als mir mit Ede Krämer ein schreckliches Missgeschick passierte. Neben unregelmäßigen, nicht angesagten Kontrollen eines Majors wurde jeden Samstagvormittag die große Inspektion vom Lagerkommandanten, einem Oberst, persönlich vorgenommen. Der Auftritt, mit Gefolge, war ähnlich wie die Visite des Chefarztes in einem Krankenhaus. Wie bei Soldaten üblich, musste alles militärisch genau gefaltet und ausgerichtet sein. In der erwartungsvollen Stille sah ich, wie sich unter meiner straff gespannten Bettdecke etwas bewegte.

Ich ahnte gleich, dass es nur der zahme Mungo von Ede Krämer sein konnte. Um ihn zu verscheuchen, warf ich meine Sandale hinüber, dann regte sich nichts mehr. Was in mir während der Inspektion vorging, kann ich nicht schildern. Dieses possierliche kleine Tierchen war nicht nur das Maskottchen von Ede, sondern alle anderen in der Baracke liebten das ulkige, immer zu Streichen aufgelegte katzenähnliche Wesen. Es war wohl auch typisch, dass dieser grobe Ringkämpfer, der mit bösen Gebärden seine Gegner einschüchterte, seine weiche, herzliche Seite diesem zutraulichen Tier schenkte. Als ich die Decke wegzog, wurde meine Befürchtung Wahrheit: Ein paar Blutstropfen aus dem Ohr auf meinem Bettlaken ließen keinen Zweifel, der Liebling Edes war tot. Meine Worte der Entschuldigung registrierte Ede nicht, er war wohl mit sich selbst beschäftigt und kämpfte mit der Beherrschung seiner Gefühle. Für mich war es eine Begegnung mit dem Unglück.

Später in Lhasa besaß ich eine Bronze, die in der Mythologie Asiens eine große Rolle spielt. In Tibet als Tseten und in Indien als Kubera bekannt, stellte sie den Heiligen des Wohlstands dar. Er hält einen Mungo, der Dukaten speit, im Schoß, und bei Zeremonien kann man seine Hilfe anflehen. Aber nur wenn die Wünsche des Bittstellers aufrichtig und in Maßen gehalten sind, werden sie erfüllt. Hegt er aber Hintergedanken, werden ihn Flöhe und Wanzen befallen.

Schon seit dem ersten Tag in Gefangenschaft erregte mich der Gedanke, dass ich so plötzlich meine Freiheit verloren hatte. Nur weil ein Verrückter einen Krieg begonnen hatte, musste ich hinter Stacheldraht. Ich hatte nichts Unrechtes getan und wurde trotzdem bestraft. Ich hatte kein Gesetz gebrochen und musste nichts bereuen, im Gegenteil, ich fühlte mich im Recht, alles zu versuchen, um zu entkommen. Im Laufe der Monate verschwand auch die anfängliche Hoffnung, dass der Krieg schnell zu Ende sein würde. Wenn ein Straftäter zu einem Jahr Haft verurteilt wird, malt er 365 Striche an die Zellenwand und weiß, wann die Zeit vorbei ist; unsere Ungewissheit trug dazu bei, immer wieder über Fluchtpläne nachzudenken. Die Behandlung im Lager war nicht zu beanstanden; wir hatten reichlich zu essen, konnten uns sportlich betätigen, es gab Bücher, und die für die Tropen wichtige Hygiene wurde bei uns wie alles andere genauso gehandhabt wie bei den englischen Soldaten. Einen Grund, wegen schlechter Verhältnisse zu flüchten, gab es nicht. Es war also nicht so, dass ich einer unerträglichen Situation entfliehen wollte, im Gegenteil, ich wollte zu etwas Neuem hinkommen. Doch das war nicht so einfach.

Inzwischen war das Jahr 1940 angebrochen, und die Hoffnung, ohnehin bald wieder frei zu sein, verflogen. Langzeitprojekte wie der Bau einer Bäckerei wurden begonnen, und die Berufsmusiker übten in einer Kapelle, geleitet von Hertrampf, einem ehemaligen Lehrer am Konservatorium. Er besaß eine große Konzertharmonika, auf der er professionell Gershwins »Rhapsody in Blue« zum Besten gab. Ihm war es sogar gelungen, von der englischen Lagerleitung ein Klavier für das Orchester zu bekommen.

Die Betten in den großen Baracken waren inzwischen voll belegt, Neuankömmlinge wurden in Zelten untergebracht. Ich hatte guten Kontakt zu den Vertretern von I.G.-Farben, darunter Rolf Magener, zu dem ich bald ein freundschaftliches Verhältnis entwickelte. Er war auf einer Studienreise für die Finanzabteilung seiner Firma in Bombay vom Kriegsausbruch überrascht worden und hier gelandet.

Eines Tages saßen wir gemeinsam mit seinen Kollegen am Tisch, als wir einen Zettel von dem sudetendeutschen Zuckerbäcker, ein ehemaliger Konditor aus dem Grand Hotel Calcutta und nun unser Bäckermeister, gereicht bekamen. Darauf bot er »Mohrenköpfe« an und fragte an, wie viele jeder essen wolle, damit er die Zutaten vom Lieferanten ordern könnte. Ich bestellte lediglich zwei Stück, da ich als Expeditionsteilnehmer von den Engländern nicht mehr als zwanzig Rupien im Monat bekam, was gerade für Zahnpasta und Seife ausreichte. Meine Tischnachbarn dagegen hatten monatlich achtzig Rupien zur Verfügung, denn das Geld der Vertreter von großen Firmen war zwar eingefroren worden, aber sie durften jeden Monat diesen stattlichen Betrag abheben. Als Rolf Magener meine bescheidene Bestellung sah, meinte er, ich könnte doch wohl mehr essen. »Wie viele kannst du vertragen?« fragte er mich. »Ein Dutzend leicht!« gab ich zur Antwort. Als Urchs, der Arzt am Tisch, einwand, dass dies kein Magen vertrage, fragte Magener zurück, ob er denn die zwölf Stück finanzieren würde, was dieser bejahte. Ich hatte keine Schwierigkeit, und Urchs musste zahlen.

Die englische Lagerleitung bemühte sich um uns. Wir bekamen Tageszeitungen, und wenn vom Zensor etwas ausgeschnitten war, dauerte es nur wenige Stunden, und der Inhalt der verbotenen Zeilen kursierte im Lager. Die Gerüchteküche verbreitete die unglaublichsten deutschen Erfolgsgeschichten über den Kriegsablauf.

Anfang Herbst 1940 erreichten uns regelmäßig Nachrichten aus Deutschland. Die Post war bis dahin ein großes Problem gewesen und spielte sich erst jetzt langsam ein; es war für beide Seiten eine große Erleichterung. Briefe und Pakete – alles lief über das Rote Kreuz und wurde vorher von einem Zensor geprüft. Immer wieder kamen Pakete aus Europa, und wir Lagerinsassen versuchten wiederholt, diese Sendungen zu verhindern, denn sie waren völlig überflüssig. Den Umständen entsprechend fehlte es uns an nichts. Anfang 1941 überbrachte mir eines Tages unser Schutzmachtvertreter, der Schweizer Generalkonsul in Bombay, die Nachricht, dass mein Sohn Peter im Dezember 1939 geboren worden war.

Von den deutschen Klubs in Indien kam die ganze Bibliothek, nachdem sie der Zensor geprüft hatte. Auch unsere schwere Expeditionskiste mit Büchern erreichte das Lager. Aufschnaiter erhielt vom Zensor die Liste einiger Karten und Bücher, die er zurückbehalten hatte, darunter sämtliche Unterlagen für die Nanga-Parbat-Region. Es zeigte sich später, dass der Zensor bei uns in Ahmednagar, also fast am Indischen Ozean, saß und nicht ahnen konnte, dass wir eines Tages in einem Lager am Fuße des Himalaja landen würden. Er sah keine Notwendigkeit, unsere Landkarten und Bücher, wie zum Beispiel Sir Charles Bells »Coloquial Tibetan«, zurückzubehalten, und Aufschnaiter war wieder im Besitz der Bücher, die ihm alles bedeuteten.

An Neujahr 1941 kam die Nachricht, dass wir vier Wochen später in ein anderes Camp transferiert würden. Unser Spieß, Sergeant Whitacker, hatte erzählt, dass unter den britischen Soldaten in der großen Garnison immer wieder die Rede davon sei, dass die »Bloody Germans«, wie er sich ausdrückte, ein sehr viel schöneres Lager hätten als die eigene Armee. Dieser Klage hatte die britische Führung nachgegeben.

Das neue Lager Deolali war im Vergleich zu Ahmednagar nur als katastrophal zu bezeichnen. Dazu der Bericht der schweizerischen Schutzmacht vom 4. März 1941: »Unterkünfte völlig mangelhaft, kein Sportgelände, Abwässerung unhygienisch, Verpflegung mangelhaft …« Die heiße Vormonsunzeit hatte begonnen, und aus den Duschen tröpfelte es nur spärlich. Mittags kam der Sandsturm, und da die Wände der Baracken aus Bambus und Schilfblättern bestanden, waren Betten und andere Gegenstände wie Zahnbürsten mit Sand bedeckt.

Urchs ordnete Hungerstreik an. Mehrere Leintücher wurden aneinander genäht, und jedes Mal, wenn auf der Bahnstrecke in etwa zweihundert Meter Entfernung der Personenzug vorbeifuhr, wurde das Transparent »Deutsche Gefangene wegen inhumaner Behandlung im Hungerstreik« hochgehalten. Die Wirkung sollten wir bald spüren: Ein General nach dem anderen kam mit Gefolge, um sich zu informieren. Da die Briten am Anfang nicht ganz an den Ernst des Hungerstreiks glaubten, kontrollierten sie Abfälle und Mülltonnen nach leeren Konserven. Vergeblich, denn wir hungerten wirklich, und am dritten Tag war das Hospital mit geschwächten Lagerinsassen voll belegt. Anfangs machte ich noch Fitnessübungen, aber am vierten Tag lag auch ich schwitzend unter meinem Moskitonetz. Die Gespräche mit den Kameraden kreisten ausschließlich um das Thema Essen. Der Hunger plagte mich inzwischen so sehr, dass ich einen Schwur geleistet hätte, in Zukunft täglich mit einer Portion Bratkartoffeln zufrieden zu sein. Am fünften Tag kam ein General vom Hauptquartier, der bevollmächtigt war, Entscheidungen zu treffen. Einer der Lagerinsassen, ein Architekt, der vorher für den reichen Maharadscha von Darbhanga gebaut hatte, bekam den Auftrag, in einem Ort namens Dehra-Dun ein komplettes Lager nach unseren Wünschen zu entwerfen. Dort sollte das neue Zentralinternierungslager entstehen.

Dehra-Dun – das klang wie ein Zauberwort nach der Misere von Deolali. Aufschnaiter wusste, dass die kleine Stadt im Norden Indiens lag, siebenhundert Meter über dem Meeresspiegel und etwa zweihundert Kilometer nordöstlich von Delhi, und als Ausgangspunkt für Gharwal-Expeditionen in den Himalaja diente; im botanischen Garten standen die Institute für Forstwesen und Kartographie. Mit seiner Berglage war der Ort für Europäer geradezu ideal. Der kühlere Norden würde sicher auch unseren Geist wiederbeleben, denn das indische Klima ließ ihn träge werden.

Bis zur Fertigstellung wurden wir in ein Militärcamp aus alten Kasernen gebracht, und im Oktober, acht Monate nach unserer Ankunft, verließen wir Deolali. Die Bahnfahrt im Sonderzug über Delhi dauerte vier Tage. Obwohl streng bewacht, hätte es reichlich Fluchtmöglichkeiten gegeben, aber die Aussicht, bequem wieder in die Nähe des Himalaja zu kommen, ließ uns ruhig bleiben.

In Dehra-Dun erwarteten uns rote Ziegelbaracken mit überhängenden Strohdächern, die uns die Vision eines niedersächsischen Dorfes gaben; es fehlten lediglich die Pferdeköpfe als Giebelzeichen. In den langen und schmalen Hütten standen je vierzig Betten. Entlang beider Außenwände schützten überdachte Veranden vor Sonne und Regen. Für sportliche Aktivitäten gab es ausreichend Gelände.

Die mit ewigem Eis und Schnee bedeckten höchsten Gipfel der Erde im Norden konnten wir nicht sehen, denn eine Kette von zwei- bis dreitausend Meter hohen Bergen verdeckte sie. Aber am Abend sahen wir die vielen Lichter von Mussoorie, einer Bergstation in zweitausend Meter Höhe, wo Engländer und wohlhabende Inder die heißen Sommermonate verbrachten. Für die wenigen, die ans Ausreißen dachten, entstand eine völlig neue Situation. Die alten Ziele wie Persien, Afghanistan oder die portugiesischen Enklaven kamen nicht mehr in Frage, aber nur zweihundert Kilometer entfernt lagen die fünf- bis sechstausend Meter hohen Pässe des Himalaja und dahinter das geheimnisvolle Tibet. Natürlich erinnerte ich mich an die faszinierenden Expeditionsberichte Sven Hedins. Als wir Europa zum Nanga Parbat verließen, hatte niemand, nicht einmal Peter Aufschnaiter, im Entferntesten die Idee gehabt, dass einmal die Gelegenheit kommen könnte, in die Nähe des Mönchstaats auf dem Dach der Welt zu gelangen. Doch die Lage des Camps forderte uns geradezu auf, alle Möglichkeiten zu sondieren, um das »verbotene« Tibet zu erreichen, das selbst die in Indien stationierten Engländer nur mit besonderer Erlaubnis bereisen durften.

In den folgenden Wintermonaten beschäftigte ich mich mit dem Ausbau der Sportstätten. Die Temperaturen fielen auf bis zu zwei Grad. Um den Fußballplatz planierten wir mit einer handgezogenen Steinwalze die Laufbahn. Für Hoch- und Weitsprung wurde eine Grube mit Sägespänen gefüllt, und die begeisterten Hockeyspieler bekamen ihren eigenen Platz. Fachmännisch bauten Handwerker aus Heidenheim eine Bäckerei. Meister war Wiggerl Schmaderer, und die frischen Brötchen mundeten auch den Briten. In einer großen Hütte neben der Küche, genannt »Falscher Friese«, installierten wir eine Kantine mit alkoholischen und nichtalkoholischen Getränken. Zwischen den Baracken gab es neben Blumenbeeten mit Bougainvilleen und Hibiskus noch Platz für verschiedenes Gemüse. Ich setzte Papayasamen in die Erde, denn ich liebte diese Frucht und hörte, dass die Pflanze bereits nach neun Monaten ihre kürbisähnlichen Früchte trägt. Unter einem riesigen Laubbaum errichtete ein Handwerker eine richtige Schmiede mit einem Felsblock als Amboss. Die Bibliothek war reich bestückt mit klassischer Literatur, und auf einer Liste konnte man seltene Exemplare aus Privatbesitz leihen. Eine andere Liste führte Schallplatten mit klassischer Musik.

Die Erlaubnis, »Parole«-Ausflüge zu machen, wurde zweifellos zur schönsten Einrichtung meiner Gefangenschaft. Man unterzeichnete ein Papier, auf dem man sein Ehrenwort gab, nicht in die Stadt zu gehen – Mussoorie oder Dehra-Dun –, keine Verkehrsmittel zu benutzen und natürlich zur vorgeschriebenen Zeit wieder zurück zu sein. Selbstverständlich unterschrieb man damit auch das Versprechen, diese Freiheit nicht zur Flucht zu nutzen. Einige, die besonders fit waren, kamen bis zum dreitausend Meter hohen Gipfel Nag Tibba und konnten von dort sogar den Siebentausender Nanda Devi sehen.

Während sich die meisten der Lagerinsassen in der Gruppe sicher und aufgehoben fühlten und jegliches Risiko einer Flucht ablehnten, beschäftigten Peter Aufschnaiter und ich uns ständig mit diesem Gedanken, auch wenn wir wieder gefangen genommen werden sollten. Die vorherrschende Meinung war, dass keine Chance auf Erfolg bestand. Auszubrechen würde nur Probleme bringen, denn nach jedem Fluchtversuch verbot man für einige Zeit Paroleausflüge und Kinobesuche; außerdem würde man ohnehin als Weißer in Indien sofort entdeckt. Zwischen April und Mai gab es eine Art Saison für Fluchtunternehmen in Richtung Himalaja. Der Kleine Monsun war vorüber, und bis zum Großen lagen einige Wochen, die als besonders geeignet für die Überquerung der hohen Pässe galten. Doch trotz der günstigen Schnee- und Wetterverhältnisse bedurfte es großer Anstrengung, in der dünnen Luft mit schwerem Rucksack und ohne genaue Orientierung einen Weg zu finden. Aber wir ließen uns davon nicht abschrecken. Als Bergsteiger hatten wir mehr Erfahrung und brachten alle Voraussetzungen für die zu erwartenden Probleme mit. Wenn sich nur ein Plan und die passende Gelegenheit zur Flucht bieten würden.

Der Krieg dauerte immer noch an. Von den Nachtkästchen verschwand das eine oder andere Bild der Braut oder Ehefrau. Diese Entwicklung wurde lediglich still registriert, man merkte es aber doch, wenn man so eng zusammenleben musste. Auch meine Frau hatte sich inzwischen scheiden lassen und wieder geheiratet. Eines Tages war ein Brief angekommen mit der Bitte: Gib mich frei. Lotte hatte einen deutschen Offizier kennen gelernt, der sie heiraten wollte, doch scheiden lassen konnte sie sich nur mit meinem Einverständnis, so wollte es das Gesetz der Deutschen. Ich war ihr nicht gram, denn die vergangenen Jahre waren sicher auch für sie schwer gewesen. Wir hatten jung geheiratet, und unsere Ehe hatte nur wenige Monate wirklich bestanden. Dann war ich weggegangen, und sie hatte das Kind, den Sohn, den ich noch nie gesehen hatte. Je länger ich fortblieb, desto mehr schwand wohl ihre Hoffnung, dass ich, wenn überhaupt, bald zurückkommen würde. Und doch war für mich mit der Scheidung die Entfernung zur Heimat wieder ein Stückchen größer geworden.

Wir hatten uns in der Gefangenschaft eingerichtet. Ich wohnte in Baracke Nummer 23, die fünf Zimmer hatte; das erste war fast ausschließlich mit Vertretern der I.G.-Farben belegt. Gleich daneben befand sich mein Raum, den ich mit Lobenhoffer und einigen Ingenieuren teilte. Natürlich gab es auch Probleme. Zwei Schnarcher zogen freiwillig aus. Wenn sich jemand rücksichtslos ausbreitete, zog man auf einem der Zweiertische einen Strich in der Mitte. Ein Bleistift, der über die »Demarkationslinie« rollte, wurde mit strafendem Blick zurückgelegt.

Besonders erregte es die Gemüter, wenn vor Beginn des »großen Regens«, wie der Monsun genannt wurde, selbst in unserer Höhenlage das Thermometer über vierzig Grad im Schatten stieg. Der Himmel färbte sich grau, die Luft füllte sich mit Staub, die Sonne stand hinter Schleiern, und sogar die nahen Berge konnte man nicht sehen. In der Nacht trugen wir unsere Betten hinaus aufs Fußballfeld, aber auch da drückte die Schwüle, denn ohne das Moskitonetz konnte man nicht schlafen.

Aber alles in allem herrschte Harmonie und ein umtriebiges Leben. Ein Innenarchitekt hatte in der Kantine des »Falschen Friesen« die Wände dekoriert und eine Bühne errichtet. Die Theaterleute mussten »Hokuspokus« von Kurt Goetz mehrmals aufführen, so groß war das Interesse. Die Berufsmusiker gaben Konzerte, und ein Streichquartett spielte Haydn, Mozart und Schubert. Die Engländer kollaborierten vorbildlich. Mit Gentlemen's Agreement marschierten wir ohne bewaffnete Bewachung zum außerhalb des Stacheldrahts gelegenen Kino, wo wir unter anderem »They Shall Have Music« mit dem Violinvirtuosen Sascha Heifetz und später »Vom Winde verweht« sehen konnten.

Um noch mehr Ruhe zu haben, beschloss ich, mir auf der Veranda der Nordseite eine Koje zu bauen. Mit Bastmatten und einer Pferdedecke als Tür und Vorhang fand ich die Lösung, das Bett und ein kleiner Tisch schufen meine eigene Welt. Hier lernte ich Hindi und Tibetisch, später auch Japanisch. Von Aufschnaiter bekam ich die Unterlagen für Landkarten und kopierte alles zweimal: ein Exemplar für die Flucht, ein anderes versteckte ich im Schilf des Strohdachs. Von Magener erhielt ich Literatur, deutsche und englische, die zu lesen ich nun Zeit fand, denn während meiner Studienzeit war jede freie Stunde dem Sport gewidmet gewesen. Mein »Bunk«, wie dieses Refugium genannt wurde, fand bald Nachahmung, und später hatte man sämtliche Veranden mit Kojen verbaut.

Dehra-Dun war mehr als doppelt so groß wie unser vorheriges Lager, und durch den Kriegseintritt Japans kamen auch die deutschen Männer aus dem damaligen Niederländisch-Indien zu uns. Das Lager hatte sieben Flügel, die von doppeltem Stacheldraht umgeben waren, der nachts beleuchtet wurde. Ich lebte nun das dritte Jahr in »Wing« eins; für die Neuankömmlinge aus Java, Sumatra und Bali schaffte man Unterkunft in sechs und sieben. Zwischen den sieben Wings hatte man eine Art Niemandsland frei gelassen, das nur gelegentlich kontrolliert wurde. Der Stacheldraht dazwischen wurde nicht bewacht. Ich hatte mir zwei Haken gemacht, klemmte einen nach oben, den anderen nach unten und konnte mühelos in der Nacht hindurchschlüpfen.

Zwischen unserem Wing und den beiden aus Niederländisch-Indien erlaubten die Engländer Fußball- und Feldhandballspiele, ja sogar ein Zehnkampf wurde ausgeschrieben. Als Favoriten galten zwei 1,95 Meter große Jungen aus Java. Spielend leicht gewannen sie den Hochsprung. Obwohl ich in keiner Einzelwertung an der Spitze stand, gewann ich zum Schluss doch den Zehnkampf in der »Allgemeinen Klasse«. Die nächste Altersstufe, über zweiunddreißig, gewann Rolf Magener. Da wir beide in der gleichen Baracke wohnten, gab es in der Kantine großes »Durstlöschen«.

Der Sport ermöglichte neue Bekannte und Freundschaften. So traf ich auch Heins von Have, dessen Geschichte uns allen aus der Zeitung bekannt war. Er hatte Schreckliches erlebt. Ein Schiffskonvoi der Alliierten war auf der Überfahrt von japanischen Flugzeugen beschossen worden. Eines der Boote war gesunken und über fünfhundert Deutsche hatten ihr Leben verloren, darunter auch Freunde von Heins von Have. In Indien angekommen, unternahm er zwei Fluchtversuche mit seinem Freund Hans Peter Hülsen, die beide scheiterten. Als sie beim zweiten Versuch wieder gefangen genommen und in einem Bus mit Polizisten zurückgebracht wurden, sprang Have während der Fahrt ab. Als Hülsen folgen wollte, wurde er von der zurückschlagenden Tür tödlich getroffen. Die nüchternen Worte, in denen uns Heins von dem Unglück berichtete, sollten seine innere Erregung verbergen, aber es war vergeblich.

Schon bald hatte ich begonnen, auf den Parole-Ausflügen im Dschungel, etwa zehn Kilometer vom Lager entfernt, ein Depot zu errichten, und hatte dort auch einen Satz meiner Landkarten versteckt. Depots zu errichten war nicht erlaubt, aber auch nicht ausdrücklich verboten. Trotzdem musste man vorsichtig sein, denn man konnte beim Verlassen des Lagers jederzeit kontrolliert werden. Jedes Jahr im Juni gab es Dschungelbrände, meist von Einheimischen mit der Absicht gelegt, in der Asche frisches Grün für die Ziegen zu gewinnen. Eines Nachts beobachtete ich vom Lager aus mit Sorge die Ausbreitung eines solchen Brandes in der Gegend meines Depots. Auf meine Bitte hin verzichtete am nächsten Tag ein Freund auf seinen Platz in der Liste der Ausflügler, damit ich zu meinem Versteck konnte. Leider bestätigte sich meine Ahnung. Ich rannte wie verrückt durch den Dschungel und sah schon von weitem, dass der Baum, unter dessen Wurzeln meine Kostbarkeiten verborgen lagen, lichterloh brannte. Kein Wunder, die Dose mit Fett war explodiert, der Zucker geschmolzen, die wertvollen Landkarten und die tibetische Grammatik verkohlt. Übrig blieben nur die Silbermünzen, verstreut im Schotter des Hanges, und das wertvolle Gold, ein Sovereign, den ich vom Lagerschuster in den Absatz meiner Bergschuhe hatte einarbeiten lassen. Aus dem brennenden Schuh konnte ich die Münze gerade noch retten. Völlig verschwitzt und schwarz wie ein Rauchfangkehrer, badete ich auf dem Rückweg im Tümpel eines ausgetrockneten Flusses und war pünktlich um siebzehn Uhr am Lagerzaun. Ich war völlig gebrochen, aber Rolf Magener tröstete mich, es gäbe im italienischen Lager einen General, der ebenfalls Fluchtgedanken hegte und vielleicht schnellen Ersatz für Kompass und Militärschuhe schaffen könnte.

Inzwischen war Hans Lobenhoffer von uns getrennt worden. Da er Offizier war, musste er eines Tages seine Sachen packen und Dehra-Dun mit unbekanntem Bestimmungsort verlassen. Erst nach dem Krieg erzählte er mir seine Odyssee: Über Bombay, dann per Schiff über Durban und Kapstadt wurde er nach Halifax in Kanada gebracht. Dort meldete er sich in der Tischlerei des Gefangenenlagers, spielte erfolgreich den Verrückten und wurde ausgetauscht.

Mit zunehmender Dauer des Krieges mussten einige Lagerinsassen Einschränkungen auf sich nehmen. Da gab es Raucher, die schworen, wenn es keine US-Zigaretten wie Camel mehr geben sollte, wollten sie das Rauchen lieber aufgeben, und andere sagten dasselbe von englischem Tabak wie Black & White. Ähnliche Meinungen gab es auch über Bier. Aber schon 1942 waren alle Raucher auf die kleinen indischen Bidis umgeschwenkt, und in der Kantine trank man Bier aus einer indischen Brauerei.

Für bessere und stärkere alkoholische Getränke sorgten wir selbst. Ich produzierte illegal Wein. Vom Lieferanten konnte man einen Sack süßer Rosinen aus Kaschmir kaufen; vierzig Kilo waren für ein geringes Entgelt zu bekommen. Durch den Fleischwolf gedreht, begann der Brei im warmen Klima schon nach wenigen Stunden zu gären. Auf allen Veranden hingen runde, poröse Tongefäße, so genannte Tschatnes, die das Trinkwasser durch die Verdunstungskälte angenehm temperierten. Ich kaufte zehn Tschatnes mit etwa fünfundzwanzig Liter Volumen. Mit Hilfe flüssigen Bienenwachses machte ich die Innenseite des Tongefäßes wasserdicht. Bevor ich den engen Hals verschloss, brachte ich ein zweimal u-förmig gebogenes Röhrchen an. So konnte das Gas entweichen, und damit keine Luft zum Rosinenbrei kam, endete die Öffnung des Röhrchens in einem mit Wasser gefüllten Gefäß, meist einer Dose für fünfzig Zigaretten.

Das Blubbern des entweichenden Gases war Musik in meinen Ohren. Nach drei Wochen konnte ich mit einem kleinen Gummischlauch als »Weinheber« etwa zwanzig Flaschen abfüllen. Durch die süßen Rosinen entstand eine Trockenbeerenauslese, die reißend Absatz fand. Da keine Steuern aufgeschlagen wurden und die Arbeit kostenloses Vergnügen bereitete, konnte die Fluchtkasse mit einem Gewinn von über zweihundert Prozent profitieren. Einmal im Jahr gehörte der Inhalt eines Tschatne ausschließlich den Bergsteigern. Wenn Lutz Chicken und Wiggerl Schmaderer vom süßen Wein beschwingt im Gebälk des Dachstuhls im »Falschen Friesen« halsbrecherisch balancierten, waren die Fenster außen dicht von Zuschauern besetzt. Heute würde man sagen, es war ein jährlich erwartetes Event im Lager.

Andere Lagerinsassen, die Chemiker waren, betätigten sich als richtige Schwarzbrenner. Sie kauften einen Sack Zuckerrohrmelasse und leiteten den Dampf, nachdem die Masse vergoren war, destilliert durch Rohre, die in der Wand der Baracke versteckt waren. Der farblose Schnaps wurde als Gin, Weißer Rum oder Arrak verkauft; mit gebranntem Zucker gefärbter Schnaps wurde als Whisky oder Cognac angeboten. Da auch die

Engländer Einschränkungen hinnehmen mussten, kauften sogar sie bei uns Gin und Whisky. So gut und billig war Alkohol noch nie gewesen, eine 0,7-Liter-Flasche kostete eine Rupie. Die Kommandantur tat etwas sehr Kluges: Sie erlaubte fast alles, Hauptsache, es herrschte Ruhe im Lager und die Deutschen machten keine Probleme.

Die Flucht

Eines Nachts krochen Magener und ich durch die Stacheldrahtzäune des Niemandslands zum Nachbarflügel, in dem vierzig italienische Generäle lebten, die in Nordafrika in Gefangenschaft geraten waren, und besuchten Marchese, der mein Fluchtbegleiter werden sollte. Er war nicht von italienischem Adel, aber seine angenehmen Manieren, seine Kleidung und seine Eleganz glichen denen eines Grafen. Er schien in guter körperlicher Verfassung zu sein, die wichtigste Voraussetzung für eine anstrengende Flucht über die hohen Pässe des Himalaja. Er bezog das Gehalt eines englischen Generals, daher war Geld für ihn kein Problem. Auch sonst hatte er die Möglichkeit, Sachen für die gemeinsame Flucht zu beschaffen, an die ich nicht einmal im Traum zu denken gewagt hatte. Was er brauchte, war ein Partner, der im Himalaja Bescheid wusste. Mehrmals in der Woche kletterte ich nun durch die Stacheldrahtzäune, um mit Marchese weitere Details zu besprechen. Im Mai 1943 waren alle unsere Vorbereitungen beendet. Geld, Nahrung, Kompass, Schuhe und ein kleines Bergsteigerzelt gehörten zu unserer Ausrüstung.

In der Nacht vom 20. Juni beschlossen wir, einen Versuch zu wagen. Eine Leiter, die ich bei einem kleinen Lagerbrand beiseite gebracht hatte, lehnten wir griffbereit an die Wand einer Baracke und warteten im Schatten. Es war kurz vor Mitternacht, in zehn Minuten mussten die Wachen wechseln. Träge und sichtlich ablösungsreif gingen sie noch hin und her. Mehrere Minuten verstrichen, bis sie an die von uns ausgesuchte Stelle kamen. Gerade ging der Mond langsam über den Teeplantagen auf. Die großen elektrischen Lampen warfen kurze Doppelschatten. Es war so weit.

Beide Wachtposten hatten die größtmögliche Entfernung von uns erreicht, als ich mich aus meiner gebückten Stellung aufrichtete und, die Leiter in der Hand, zum Stacheldraht lief. Ich lehnte sie gegen den nach innen überhängenden Teil des Zauns, stieg hinauf und klemmte die zusätzlich angebrachten Drähte auseinander, die das Überklettern des Strohdachs verhindern sollten. So konnte ich auf das Dach schlüpfen.

Wir hatten ausgemacht, dass Marchese sofort nachkommen sollte, während ich die Drähte für ihn offen hielt. Aber er kam nicht, er zögerte einige grässliche Sekunden lang und meinte, es sei für ihn schon zu spät, die Wachen näherten sich bereits ... Tatsächlich, ich hörte ihre Schritte! Da ließ ich ihm keine Zeit mehr zum Überlegen, packte ihn kurzerhand am Kragen und zog ihn aufs Dach. Wir krochen oder besser wälzten uns über den First und ließen uns in die Freiheit plumpsen.

Das Ganze hatte nur zehn, fünfzehn Sekunden gedauert, aber in der Stille der Nacht war das Singen des Drahtes unüberhörbar. Die Wachen waren alarmiert. Doch während ihre ersten Schüsse ungezielt durch die Nacht peitschten, hatte uns schon der dichte Dschungel verschluckt. Leuchtraketen stiegen auf, und nahe Pfeifsignale verrieten, dass man uns bereits verfolgte. Wir rannten um unser Leben und kamen auch rasch vorwärts, auf Abkürzungswegen, da ich ja den Dschungel von meinen Erkundungsausflügen her gut kannte.

Unsere Rucksäcke spürten wir am Anfang kaum, erst später machte sich die schwere Last bemerkbar. Außerdem reist in Asien der Sahib immer in Begleitung von Dienern und trägt nie auch nur das kleinste Gepäckstück selbst – wie musste es da auffallen, wenn zwei schwer bepackte Europäer zu Fuß durch die Gegend eilten! Wir beschlossen also, nur die Nächte zum Marschieren zu benutzen, auch weil die Inder sich fürchten, den Dschungel in der Dunkelheit zu betreten – der Raubtiere wegen. Sehr wohl fühlten auch wir uns nicht, denn wir hatten in den im Lager zugelassenen Zeitungen immer wieder Berichte von menschenfressenden Tigern und Panthern gelesen.

Die erste Nacht ging zu Ende, und als der Morgen graute, versteckten wir uns erschöpft in einer Bodenrinne, in der wir den ganzen Tag verbrachten. Mit Schlafen und Essen verging ein glühend heißer, endlos langer Tag. Das Schlimmste war, dass wir jeder nur eine Wasserflasche besaßen, mit der wir einen ganzen Tag auskommen mussten. Kein Wunder, dass wir am Abend, vor lauter Sitzen und Stillhalten, unsere Nerven kaum mehr beherrschen konnten. Die Nächte allein schienen uns viel zu kurz, um vorwärts zu kommen. Wir wollten auf dem kürzesten Weg über den Himalaja nach Tibet, und das würde uns in jedem Falle noch Wochen anstrengendsten Marschierens kosten, bevor wir uns in Sicherheit fühlen konnten.

Immerhin, den ersten Höhenrücken hatten wir schon wenige Stunden nach Überwindung des Stacheldrahts hinter uns gebracht, aber wir waren in einem Seitental des Dschamnatals auf eine Schlucht gestoßen und nicht weitergekommen. Der Platz lag so einsam, dass ich es ohne Bedenken wagen konnte, meine hellen Kopf- und Barthaare schwarz zu färben; auch meinen Händen und meinem Gesicht gab ich mit einer Mischung aus Kaliumpermanganat, brauner Farbe und Fett eine dunkle Tönung. Dadurch bekam ich immerhin eine gewisse Ähnlichkeit mit einem Inder, und das war wichtig, denn wir wollten uns ja im Falle einer Entdeckung als Pilger auf der Wallfahrt zum heiligen Ganges ausgeben. Was meinen Kameraden betraf, so sah er schon von Natur wie ein heller Inder aus und fiel zumindest aus einiger Entfernung nicht auf.

Der größte Teil der Strecke, die wir bisher zurückgelegt hatten, war ohne Weg und Steg gewesen, nur gelegentlich konnten wir, den Flussläufen entlang, Fischerpfade benutzen. An einem Morgen, wir waren nun schon einige Tage unterwegs, fühlte sich Marchese bereits sehr erschöpft. Gegen Abend erwachte der Unternehmungsgeist meines Kameraden zwar von neuem, doch bald nach Mitternacht verließen ihn seine Kräfte. Er war der enormen Anstrengung physisch einfach nicht gewachsen. Da kam uns beiden mein hartes sportliches Training sehr zustatten: Ich trug auch noch seinen Rucksack, aufgeschnallt über meinem.

Die nächsten beiden Nächte irrten wir weiter flussaufwärts, immer wieder den Aglar, einen kleinen Nebenfluss des großen

Dschamna, durchwatend, wenn Dschungel oder Felsabbrüche den Weg versperrten. Endlich weitete sich das Tal und der Weg führte uns durch Reis- und Kornfelder. Aber es wurde immer schwerer, ein gutes Versteck für den Tag zu finden. In den darauf folgenden Nächten marschierten wir durch wenig bewohnte Gegenden und sollten leider früh genug erfahren, warum es hier so einsam war: Es gab so gut wie kein Wasser. Wir kämpften erbärmlich mit dem Durst. Auch die nächsten drei Tage und Nächte brachten kaum Linderung. Es ging durch trockene Föhrenwälder, die erfreulicherweise so einsam waren, dass wir nur ganz selten auf Inder trafen.

Am zwölften Tag unserer Flucht kam endlich der große Augenblick: Wir standen am Ufer des Ganges! Auch der frömmste Hindu konnte nicht ergriffener beim Anblick des heiligen Stroms sein als wir. Freilich war seine Bedeutung für uns keine religiöse, sondern eine praktische. Nun konnten wir die Pilgerstraße, den Ganges aufwärts bis zu seiner Quelle, verfolgen, und das würde die Strapazen erheblich verringern.

Es war mir gelungen, einige Lebensmittel in einem Laden an der Pilgerstraße zu kaufen. Meine Verkleidung hatte sich bewährt, und vor allem die Geldscheine hatten überzeugt. Wir verbrachten einen glücklichen Tag. Endlich gab es genügend zu essen. Doch auch jetzt waren die Tage im Versteck häufig noch anstrengender als die Nächte. Vor allem für die Nerven, die in ununterbrochener Spannung blieben. Mittags war die Wasserflasche gewöhnlich schon leer, und der Rest des Tages dehnte sich dann endlos. Jeden Abend marschierte Marchese heroisch weiter, und bis Mitternacht ging es, so erschöpft er auch war. Dann aber brauchte er zwei Stunden Schlaf, um noch ein Stück weiterzukönnen. Gegen Morgen biwakierten wir, und von unseren versteckten Lagerplätzen aus konnten wir meist auf die große Straße hinuntersehen, auf der in fast ununterbrochenem Strom die Pilger dahinwanderten.

Aus den vielen Expeditionsbüchern, die ich gelesen hatte, wusste ich, dass wir nun bald die so genannte »innere Grenzlinie«

überschreiten mussten. Sie verläuft in einem Abstand von etwa zweihundert Kilometern parallel zur wirklichen Landesgrenze. Zum Betreten des ganzen Gebiets zwischen diesen beiden Linien muss jeder – mit Ausnahme der dort ansässigen Bevölkerung – einen Pass besitzen. Da wir den nicht hatten, mussten wir nun besonders darauf achten, den Polizeistellen auszuweichen. Das Gangestal war, je höher wir kamen, immer spärlicher besiedelt. Tagsüber hatten wir keine Schwierigkeit, geeignete Lagerplätze zu finden. Meist konnte ich unbesorgt unser Versteck verlassen, um Wasser zu holen. Einmal machte ich sogar ein kleines Feuer und kochte Haferflocken; es war die erste warme Mahlzeit seit vierzehn Tagen.

Wir befanden uns bereits in ungefähr zweitausend Meter Höhe, und in der Nacht passierten wir oft Lager der Bhutia. Das sind tibetische Händler, die im warmen Sommer in Südtibet ihre Geschäfte betreiben und im kalten Winter nach Indien gehen. Viele von ihnen verbringen den Sommer in kleinen, drei- bis viertausend Meter hoch gelegenen Dörfern, wo sie Gerste anbauen.

Und dann geschah das Unglück. Marchese war beim Versuch, einen Bach zu überqueren, ins Wasser gefallen. Als er völlig durchnässt und erschöpft wieder neben mir stand, konnte ich ihn nicht dazu bewegen, weiterzugehen. Trotz meines Drängens, mit mir doch bis in den Wald zu kommen, breitete er seine Sachen zum Trocknen aus. Zum ersten Mal bereute ich, seinen wiederholten Bitten, die Flucht alleine fortzusetzen, nicht gefolgt zu sein. Denn da stand auch schon ein Inder vor uns, und mit einem Blick auf die europäischen Gegenstände, die auf dem Boden lagen, begann er uns auszufragen. Jetzt erst begriff Marchese, wie gefährlich unsere Lage war. Rasch packte er seine Sachen zusammen, aber wir hatten kaum ein paar Schritte getan, als ein zweiter, stattlicher Inder uns entgegentrat, dem zehn handfeste Männer folgten. In perfektem Englisch verlangte er unsere Pässe. Wir taten, als ob wir ihn nicht verstünden, und gaben uns als Pilger aus Kaschmir aus. Er überlegte eine Weile und traf dann eine sehr kluge Entscheidung, die für uns leider das Ende bedeutete. Zwei Kaschmiri, sagte er, seien im nächsten Haus. Wenn wir uns mit ihnen verständigen könnten, dürften wir weitergehen. Welcher verteufelte Zufall musste gerade jetzt zwei Kaschmiri in diese Gegend führen? Ich hatte diese Ausrede nur benutzt, da es äußerst ungewöhnlich war, bei den Hindus im Gangesgebiet einen mohammedanischen Kaschmiri anzutreffen. Die zwei, von denen er sprach, waren als Fachleute für Überschwemmungsschäden gerufen worden. Als wir ihnen gegenüberstanden, sahen wir ein, dass der Augenblick unserer Entlarvung gekommen war. Wie für diesen Fall ausgemacht, begann ich mit Marchese Französisch zu sprechen. Sofort fiel uns der Inder ins Wort und forderte uns auf, unsere Rucksäcke zu öffnen. Als er meine englisch-tibetische Grammatik sah, meinte er, es wäre besser, uns zu erkennen zu geben. Wir gaben nun zu, Flüchtlinge zu sein, verrieten jedoch unsere Nationalität nicht und sprachen Englisch mit ihm. Obwohl wir bald darauf in einem gemütlichen Zimmer der Forstverwaltung beim Tee saßen, konnte ich meine Enttäuschung nicht verbergen. Es war der achtzehnte Tag unserer Flucht, und alle Entbehrungen und Strapazen, die wir durchgemacht hatten, sollten umsonst gewesen sein.

Wenn ich heute das Zusammentreffen aller Umstände bedenke, die zu unserer Festnahme führten, muss ich sagen, dass wir wirklich großes Pech hatten, dem wir machtlos gegenüberstanden. Trotzdem zweifelte ich keine Minute daran, dass ich wieder fliehen würde. Marchese war jedoch zu erschöpft, um mitzukommen. Kameradschaftlich überließ er mir einen Teil seines Geldes. Ich aß den ganzen Tag über und ließ immer die Hälfte von dem, was der Koch des Forstmeisters heranschleppte, im Rucksack verschwinden. Es war noch früh am Abend, als wir vorgaben, müde zu sein und schlafen zu wollen. Die Tür unseres Zimmers wurde hinter uns zugesperrt, und auf der Veranda vor unserem Fenster ließ der Forstmeister sein Bett aufstellen. Als er einen Moment fort war, inszenierten wir einen Streit, den wir vorher genau besprochen hatten: Marchese polterte laut im Zimmer und schrie und schimpfte abwechselnd mit hoher und tiefer Stimme, als ob wir beide wild miteinander stritten. Währenddessen schwang ich mich mit dem Rucksack durch das Fenster auf das Bett des Forstmeisters und lief ans Ende der Veranda. Inzwischen war es dunkel geworden. Ich wartete einige Sekunden, bis die patrouillierende Wache um die Hausecke verschwand. Dann sprang ich die vier Meter hinunter, den schweren Rucksack in der Hand. Der Boden war nicht sehr hart und der Aufprall nicht allzu heftig. Ich erholte mich rasch und verschwand über die Gartenmauer im dunklen Wald.

In meiner Aufregung rannte ich in eine rastende Schafherde, und ehe ich zurückkonnte, hatte mich auch schon ein Hund am Hosenboden gefasst und ließ erst los, als er ein Stück davon herausgerissen hatte. In meinem Schreck lief ich den erstbesten Weg entlang, merkte aber bald, dass er viel zu steil aufwärts führte. Nein, hier konnte es nicht weitergehen. Also zurück, um die Schafherde herumgeschlichen und auf dem anderen Weg weiter. Bald nach Mitternacht aber musste ich feststellen, dass ich mich wiederum verirrt hatte. Also nochmals in atemloser Eile ein paar Kilometer zurück. Durch diese Irrwege hatte ich vier Stunden verloren, und es begann bereits zu tagen. Ich versteckte mich wieder, obwohl die Gegend keine Spur von einer menschlichen Besiedlung zeigte. Ich wusste, dass vor der tibetischen Grenze ein Dorf kommen musste, erst dahinter lag die Freiheit! Ich marschierte die ganze folgende Nacht und war schon auf dreitausend Meter Höhe, aber kein Dorf war in Sicht. Nach meinen Aufzeichnungen musste es am anderen Flussufer liegen, und eine Brücke sollte hinüberführen. Sorglos marschierte ich weiter, auch als es heller wurde.

Das war mein Unglück. Als ich um den Schuttkegel einer Geröllhalde bog, stand ich direkt vor den Häusern des Dorfes und vor einer ganzen Schar wild gestikulierender Menschen! Der Ort war auf der Karte falsch eingezeichnet gewesen, und durch mein zweimaliges Verlaufen in der Nacht war es meinen Verfolgern gelungen, mich zu überholen. Sofort wurde ich umringt und aufgefordert, mich zu fügen, dann führte man mich in ein Haus und bewirtete mich.

Hier traf ich zum ersten Mal mit tibetischen Nomaden zusammen, die mit ihren Schafherden Salz nach Indien bringen und dafür Gerste eintauschen. Zum ersten Mal wurde mir der Buttertee mit Tsampa gereicht, die Hauptnahrung der Tibeter. Diesmal protestierten Magen und Darm noch ziemlich energisch gegen die ungewohnte Speise. Zwei Nächte verbrachte ich in diesem Dorf, das Nelang hieß. Obwohl ich mit neuen Fluchtgedanken spielte und sich auch manche Möglichkeit dazu bot, war ich zum ersten Mal viel zu müde und entmutigt, um sie in die Tat umzusetzen.

Der Rückweg war, verglichen mit den vergangenen Strapazen, ein Vergnügen. Ich brauchte nichts zu tragen und wurde sehr gut verpflegt. Unterwegs traf ich auch wieder mit Marchese zusammen, der noch immer Gast des Forstmeisters war. Und wer beschreibt meine Überraschung, als wenige Tage später zwei weitere Lagerinsassen dazukamen, die ausgebrochen waren, und sich mein alter Expeditionskamerad Peter Aufschnaiter unter ihnen befand. Gemeinsam begann der Rückmarsch ins Lager.

In dieser Zeit bemühte sich einer der Forstarbeiter besonders um mich. Er trug meinen Rucksack, sorgte für Tee und half, wenn Gebirgsbäche durchwatet werden mussten. Er hieß Padam Chand und erzählte mir, dass ihm vor Jahren die Kamera eines blonden »German Sahibs«, dem er als Bursche zugeteilt war, entglitten und auf den Felsen gefallen war. »Er hat mich nicht geschlagen, nicht einmal gescholten. Da du dem Sahib ähnlich siehst, will ich mich dankbar zeigen.« Er hätte bei Harsil einen kleinen Bauernhof und würde vorauseilen, damit am nächsten Tag, wenn wir vorbeikämen, seine Frau Kartoffeln für mich kochen könnte. Kartoffeln waren wie Äpfel etwas kostbar Neues, das die Engländer ins obere Gangestal gebracht hatten, um zu versuchen, ob sie hier gediehen.

Ich wollte den guten Mann nicht verdächtigen, war aber auf der Hut. Im Rucksack, den er für mich trug, seien einige Sachen, die mir viel bedeuteten, ob er sie für mich aufheben würde, fragte ich ihn. Im Bauernhof, der direkt an der Pilgerstraße lag, entnahm ich meinem Rucksack Landkarten, die tibetische Grammatik von Charles Bell, Kompass und etwa hundert Silberrupien. Alles Dinge, die der Zensor mir am Lagereingang abnehmen würde.

»Ich komme meine Sachen Anfang Mai nächsten Jahres abholen, genau um Mitternacht, und ich werde zweimal deinen Namen rufen«, sagte ich zu Padam Chand.

»Ja, aber es könnte sein, dass ich Tage entfernt Holz schlagen muss«, meinte er.

»Kannst du Urlaub nehmen? Was ist dein Monatsgehalt?«
»Zwanzig Rupien.«

Die gab ich ihm sofort und dazu einen weiteren Monatslohn. Er versprach, auf die Sachen zu achten und auf mich zu warten.

Nun ging es zurück ins Camp – ein bitterer Weg, den ich nur im Gedanken an einen neuerlichen und baldigen Fluchtversuch ertrug. Marchese war noch immer krank und konnte die Reise nur mit dem Pferd zurücklegen. Zum vierten Mal misslang mir ein Fluchtversuch. Zuerst 1939 Richtung Afghanistan, dann sprang ich vergeblich vom Geleitzug, als wir nach Deolali verlegt wurden, und nun, 1943, hatten die Engländer mich gleich zweimal eingefangen.

Eine sichtbare Spur hatte diese Fluchtepisode an mir hinterlassen: Als wir an einer heißen Quelle vorbeikamen und ein Bad nahmen, hielt ich plötzlich meine Kopfhaare büschelweise zwischen den Fingern. Die Farbe, die ich benutzt hatte, um mich in einen Inder zu verwandeln, war offenbar schädlich gewesen. Nach dieser unfreiwilligen Enthaarungskur und den Spuren der Strapazen fiel es manchem von meinen Kameraden schwer, mich wiederzuerkennen, als wir im Lager eintrafen.

»You made a daring escape, I admire you, however, Geneva Convention means twentyeight days solitary confinement«, begrüßte mich der Lagerkommandant Colonel Williams. Diese »Anerkennung« meiner »kühnen Flucht«, wie er es nannte, hatte ich noch im Ohr, als ich in die Zelle gebracht wurde. Meine Liegestatt, das einzige Möbelstück, waren erhöhte Bretter ohne Bettzeug. Der Raum lag direkt am »Chicken run«, einem Streifen, in dem die Wachtposten auf und ab patrouillierten. Essen brachte ein Kamerad aus meinem Wing. Der Henkelmann war besonders gut gefüllt, sodass ich bald wieder zu Kräften kam.

Die vier Wochen Einzelhaft waren keine wirkliche Strafe, eher körperliche und geistige Erholung. Ich hatte viel Zeit, ungestört nachzudenken, konnte planen und überlegen, welche Fehler ich gemacht hatte. Gelegentlich konnte ich mit den Wachtposten, die gelangweilt vor meinem Fenster stehen blieben, ein Gespräch führen und dabei meine Hindi-Sprachkenntnisse verbessern. Bücher und Zeitungen waren nicht erlaubt, aber mit dem Essen konnten mir die Kameraden einiges hereinschmuggeln. Vom hell erleuchteten Zaun erhielt ich Licht, um auch in der Nacht lesen zu können. Für den Fall einer Inspektion hatte ich mir mit einer Schnur unter dem Schlafbrett ein Versteck eingerichtet.

Jeden Morgen kam ein Sergeant Major namens Whitacker, reichte mir einen Spaten, den ich wie ein Gewehr schulterte, und marschierte mit mir aus dem Lager zu einem Platz, an dem ich einen Graben ziehen sollte. Er setzte sich in den Schatten eines großen Mangobaums, und nach einiger Zeit befahl er mir, den Graben wieder zuzuschütten. Meinen Arbeitseifer versuchte er mit der Bemerkung zu stoppen: »Mr. Harrer, schuften Sie nicht so, das hier ist doch reine Formsache.« Und ich antwortete: »Aber ich trainiere doch für meine nächste Flucht!« Wegen seiner schlecht sitzenden dritten Zähne hatte man Whitacker den Spitznamen »Nutcracker« verliehen. Er hatte keine Ähnlichkeit mit einem sprichwörtlich strengen Feldwebel, wollte nichts mehr vom Krieg wissen und sprach das auch offen aus.

Zurück im Lager, holte ich die im Strohdach versteckten Landkarten hervor, machte Kopien und schrieb auch das kleine Büchlein »Tibetische Umgangssprache« wieder ab. Dass ich die Sachen, die bei Padam Chand deponiert waren, wiederbekommen würde, darauf konnte ich mich nicht verlassen.

Kontrollen im Lager, angekündigt oder überraschend, führte der zweite Kommandant, Major Taylor, durch. Um ihn in Sicherheit zu wiegen, begann ich bei Hertrampf Geigenunterricht zu nehmen. Als Bub hatte ich bereits auf Wunsch meiner Mutter einige Stunden bekommen, und es reichte gerade für die »Kleine Nachtmusik«. Mittlerweile war auch Heins von Have in unseren Flügel gezogen und war eine willkommene Verstärkung bei den Mannschaftswettbewerben.

Das Lagerleben ging weiter – die Ungewissheit, wie lange es noch dauern würde, war schwer zu ertragen. Eines Morgens beim Appell las oder besser leierte der Sergeant Major wie üblich die Nummern der Gefangenen herunter, jeder schrie: »Hier«, »Hier.« Bei meiner Nummer 1084 hielt er inne und sagte: »In der vergangenen Nacht habe ich Schüsse gehört, ich dachte, sicher wieder Harrer!« Mit den Bewachern konnten wir offen über Fluchtabsichten sprechen, denn natürlich wurden einmal benutzte Fluchtwege verstärkt gesichert. Aber wir, die wir Tag und Nacht die Lage sondierten, hatten wieder eine neue Möglichkeit zur Flucht in Planung.

Vom Gelingen des nächsten Fluchtversuchs war ich fest überzeugt. Diesmal wollte ich alleine gehen. Marchese versprach mir behilflich zu sein, selber wollte er nichts mehr davon wissen. »Du bist ein Superhuman«, war sein Kommentar. Mit Vorbereitungen beschäftigt, verging der Winter rasch, und die neue Fluchtsaison fand mich wohl gerüstet. Ich wollte diesmal früher starten, um das Dorf Nelang zu passieren, solange es noch unbewohnt war.

Aber ich war nicht der Einzige, der ausreißen wollte. Meine zwei besten Freunde Rolf Magener und Heins von Have bereiteten ebenfalls ihre Flucht vor. Beide sprachen fließend Englisch und wollten den Weg zur Burmafront nehmen. Für das Zusammentreffen mit japanischen Soldaten hatte ich ihnen ein kleines Heft mit einigen Redewendungen vorbereitet. Auch andere Lagerinsassen hatten Fluchtabsichten: Peter Aufschnaiter, der diesmal den Salzburger Bruno Treipel zum Partner hatte, und die Berliner Hans Kopp und Kurt Sattler wollten wie ich nach Tibet fliehen. So waren wir schließlich sieben und beschlossen, den Ausbruch aus dem Lager gemeinsam zu unternehmen, denn bei mehreren Einzelversuchen wäre der Alarmzustand verschärft und die Flucht für die Nachfolgenden erschwert worden. War der Ausbruch erst geglückt, dann konnte jeder seine eigenen Pläne verfolgen.

Am 29. April 1944 nach dem Mittagessen sollte es losgehen. Wir wollten versuchen, als Stacheldraht-Reparaturgruppe verkleidet, die Sperren zu überwinden. Solche Arbeitsgruppen waren ein gewohnter Anblick, denn die weißen Ameisen nagten ständig an den zahllosen Pfosten, die unser Lager umgaben, und die Umzäunung musste daher immer wieder ausgebessert werden. Ein Arbeitstrupp bestand aus einigen Indern und einem Engländer, der die Aufsicht hatte.

Zum besprochenen Zeitpunkt trafen wir uns in einer kleinen Hütte in der Nähe eines – wie wir genau erkundet hatten – meist unbewachten Stacheldrahtkorridors, und Schminkexperten aus dem Lager verwandelten uns im Nu in dunkelhäutige Inder. Have und Magener erhielten englische Offiziersuniformen, die heimlich im Lager angefertigt worden waren. Uns »Indern« wurden die Köpfe geschoren und Turbane aufgesetzt. Trotz des Ernstes der Situation mussten wir lachen, als wir uns gegenseitig betrachteten, denn wir sahen wie Maskierte auf dem Weg zum Faschingsball aus. Zwei von uns trugen eine Leiter, die schon in der vorangegangenen Nacht in den unbewachten Stacheldrahtkorridor geschafft worden war. Außerdem hatten wir ein langes Stück Stacheldraht organisiert und auf einen Pfosten aufgerollt. Unsere Habseligkeiten verstauten wir in unseren weiten Gewändern und in Bündeln. Das fiel nicht weiter auf, denn die Inder schleppten immer irgendetwas mit sich herum.

Täuschend echt wirkten unsere beiden »englischen Offiziere«. Sie hatten Rollen mit Bauplänen unter dem Arm und spielten arrogant mit ihren Offiziersstäbchen. In die Umzäunung hatten wir schon vorher ein Loch gemacht, durch das wir jetzt der Reihe nach in den unbewachten Gang zwischen den Flügeln schlüpften.

Von hier aus waren es noch ungefähr dreihundert Meter bis zum Haupttor. Wir fielen in keiner Weise auf. Nur einmal machten wir Halt, und die »Offiziere« inspizierten fleißig den Stacheldraht, als am Haupttor der englische Hauptfeldwebel auf seinem Fahrrad vorbeifuhr. Doch dann passierten wir ungehindert die Wachen. Stramm salutierten sie vor den »Offizieren« und würdigten uns »Kulis« keines Blickes. Kurt Sattler hatte seine Baracke verspätet verlassen und kam, höchst drastisch einen Teertopf schwingend und schwarz beschmiert, nachgelaufen. Erst außerhalb des Tores holte er uns ein. Kaum waren wir außer Sichtweite, schlugen wir uns in die Büsche und entledigten uns rasch der Verkleidung. Darunter trugen wir das übliche Khaki, unsere Kleidung auch bei Ausflügen. Ohne viele Worte verabschiedeten wir uns voneinander. Have, Magener und ich rannten noch einige Meilen weit zusammen, dann trennten sich auch unsere Wege.

Der Abschied fiel uns allen schwer, denn schließlich wussten wir nicht, ob wir uns je wiedersehen würden. Außerdem machten sich Rolf und die anderen Sorgen darüber, dass ich mir ein zu hohes Ziel gesteckt haben könnte. Sich nach Tibet durchzuschlagen war sicher kein einfacher Plan, aber ich glaubte an mich und meine gute körperliche Verfassung, die tatsächlich weit besser war als die meiner Freunde. Außerdem hatte ich auf der ersten Flucht wertvolle Erfahrungen sammeln können, und die Möglichkeit, das geheimnisvolle Land auf dem Dach der Welt, das plötzlich zum Greifen nah war, kennen zu lernen, erschien mir zu verlockend. Notfalls würde ich mich mit meiner Apotheke als Medizinmann durchschlagen; ich hatte zwei Kilo Medikamente im Gepäck und sah mich also gut vorbereitet.

Als Route wollte ich wieder durch das Aglartal gehen, mich aber diesmal an den Vorsatz, nur in der Nacht zu marschieren, halten. Die vier Kameraden, die sich gleichfalls Tibet zum Ziel gesetzt hatten, benutzten ganz frech den Hauptweg, der über Mussoorie ins Gangestal führte. Nicht weniger als vierzigmal musste ich in der ersten Nacht den Aglar durchwaten; trotzdem lagerte ich, als es Morgen wurde, an derselben Stelle, die wir im

Vorjahr erst nach vier Tagen erreicht hatten. Ich war glücklich, frei zu sein, und zufrieden mit meiner Leistung, wenn ich auch mit Schrammen und Wunden bedeckt war.

Die nächsten Tage verliefen ohne bedeutende Zwischenfälle, und schwierige Stellen konnte ich nach meiner Erfahrung vom Vorjahr problemlos überwinden. So erreichte ich sicher den Bauernhof meines indischen Freundes Padam Chand. Das Timing war perfekt, denn es war Anfang Mai, genau die Zeit, die wir im Jahr zuvor verabredet hatten. Vorsicht war geboten, deshalb versteckte ich meinen Rucksack hoch über dem Talboden.

Was ich vor allem brauchte, war Proviant, denn alles andere hatte ich ohnehin dabei. Pünktlich um Mitternacht näherte ich mich dem in helles Mondlicht getauchten Bauernhof. Ich hatte mir genau ausgerechnet, wann Vollmond war. Ich versteckte mich im Schatten eines Nebengebäudes und rief zweimal leise seinen Namen. Da ging auch schon die Haustür auf, und Padam Chand kam auf mich zu, warf sich mir zu Füßen, Tränen der Freude rannen über seine Wangen, und dann zog er mich durch die knarrende Scheunentür in den Heustadel. Aus einer Truhe, die mit einem riesigen Eisenschloss verschlossen war, holte er ein in Leinenstoff eingenähtes Paket und überreichte es mir. Er verließ mich mit den Worten, seine Frau würde einen großen Topf Kartoffeln kochen. Im Schein einer Kienspanflamme öffnete ich mein Paket, und voller Freude und Überraschung sah ich alle ihm anvertrauten Dinge vor mir liegen. Auch von den wertvollen Silberrupien fehlte keine einzige Münze.

Nachdem ich die Kartoffeln mit viel Salz gegessen hatte, bat ich Padam Chand, mir einige Lebensmittel zu besorgen. Je fünf Kilo Mehl, Zucker und Fett erschien ihm unmöglich, da alles rationiert war. »Offeriere dem Kaufmann den doppelten Preis«, war mein Rat. Ich gab ihm das nötige Geld und machte mit ihm aus, die Sachen in der darauf folgenden Nacht abzuholen. Beschwingt von so viel Treue und Zuverlässigkeit, stieg ich in die Berge zu meinem Versteck. Zehn Stunden schlief ich, um mich erneut, jetzt mit meinen Habseligkeiten, auf den Weg zu Padam

Chands Hof zu machen. Stolz und glücklich zeigte er mir alles, was er beschafft hatte. Als Geschenk legte er noch den Pashminaschal seiner Frau gegen die Kälte dazu, den sie selbst gestrickt hatte. Ich verabschiedete mich von einem Menschen, dem zu begegnen eines meiner berührendsten Erlebnisse war. Viele Jahre später, auf Expedition in den Gharwal Himalaja, versäumte ich es nie, mit Geschenken in seinem Hof einzukehren.

Trotz der über dreißig Kilo schweren Last marschierte ich zügig durch die immer enger und steiler werdende Schlucht des Ganges. Ich war befreit, brauchte keine Rücksicht zu nehmen, konnte mich gehen lassen, rasten, wann ich wollte, konnte stöhnen oder einen Ohrwurm mehr murmeln als singen. Ich freute mich über die Kräfte, die mich beflügelten, genoss die Situation, das pure Abenteuer. Ich hatte das Gefühl, endlich genauso zu leben, wie ich es mir schon immer gewünscht hatte. Eigentlich hätte ich damit zufrieden sein müssen, dieses Glücksgefühl für einen Augenblick erlebt zu haben; aber nun galt es, diesen Zustand beizubehalten.

Ich war bereits in einer Höhe von über dreitausend Metern, und die Luft wurde dünner. Ich nahm mir vor, mindestens fünfzig Schritte zu gehen, bevor ich den Rucksack absetzte. Ein weiteres, bereits in den Westalpen praktiziertes Ablenkungsmanöver bestand darin, ein Ziel ins Auge zu fassen und die Schritte abzuschätzen, die zu dessen Erreichen benötigt würden. In der Regel waren es immer mehr. Die Orientierung nach den Sternen war im Dom der hohen Himalajazedern nicht möglich, aber ich kannte den Weg vom Vorjahr und ersparte mir Irrwege.

Zehn Tage war ich bereits marschiert, als ich wieder Nelang erreichte, das mir im Jahr zuvor zum Verhängnis geworden war. Diesmal war ich einen Monat früher dran, und das Dorf war noch unbewohnt. Aber wer beschreibt meine Freude, als ich hier auf meine vier Lagerkameraden stieß! Sie hatten mich während meines Aufenthalts bei meinem indischen Freund überholt. Sattler bekam einen Anfall von Bergkrankheit, er fühlte sich elend und den Strapazen nicht mehr gewachsen. Er entschloss sich zur Umkehr, versprach aber, sich erst nach zwei Tagen bei den Engländern zu melden, um uns nicht zu gefährden. Kopp, der im Vorjahr mit dem Ringkämpfer Krämer über dieselbe Route bis nach Tibet vorgedrungen war, schloss sich nun mir an, und wir zogen zu viert weiter. Aber es sollte noch sieben lange Marschtage dauern, bis wir endlich die Grenze zwischen Indien und Tibet erreichten.

Es war der 17. Mai, als wir auf der Passhöhe des Tsangtschokla standen, ein denkwürdiger Tag. Aus den Karten wussten wir, dass dieser Übergangspass fünftausenddreihundert Meter hoch lag. Hier also hatten wir die Grenze zu Tibet erreicht, hier konnte uns kein Engländer mehr verhaften, und zum ersten Mal genossen wir das ungewohnte Gefühl der Sicherheit. Wir wussten nicht, wie die tibetische Regierung uns behandeln würde, doch da sich unsere Heimat nicht im Kriegszustand mit Tibet befand, hofften wir zuversichtlich auf gastliche Aufnahme.

Die Passhöhe war durch Steinhaufen mit Gebetsfahnen gekennzeichnet, die fromme Buddhisten ihren Göttern geweiht hatten. Obwohl es sehr kalt war, hielten wir lange Rast und überdachten unsere Lage. Wir besaßen fast keine tibetischen Sprachkenntnisse, nur wenig Geld, vor allem aber waren wir nahe am Verhungern und mussten daher so bald als möglich eine menschliche Siedlung aufsuchen. Doch so weit unser Blick reichte, gab es nichts als Öde und Berge.

Nach einem eiskalten Biwak ohne Feuer erreichten wir das erste tibetische Dorf: Kasapuling. Die Türen waren verschlossen, nichts rührte sich. Dann entdeckten wir, dass alle Bewohner emsig dabei waren, Gerste auf den Feldern anzubauen. In gebückter Haltung setzten sie schnell wie Maschinen jedes einzelne Korn in den Boden. Wir sahen ihnen mit ähnlichen Gefühlen zu, die einst Kolumbus bewegt haben mögen, als er in Amerika vor den ersten Indianern stand. Würden sie uns freundlich oder feindlich empfangen? Vorläufig nahmen sie überhaupt keine Notiz von uns. Die Schreie einer alten Frau, die wie eine Hexe aussah, waren die einzigen Laute, die wir vernahmen. Aber auch sie galten nicht uns, sondern den zahllosen wilden Tauben, die sich auf die frisch gesetzten Körner stürzen wollten. Bis zum Abend wurden wir kaum eines Blickes gewürdigt. So schlugen wir schließlich in der Nähe eines Hauses unser Lager auf, und als bei hereinbrechender Nacht die Leute vom Feld kamen, versuchten wir, Handelsbeziehungen mit ihnen anzuknüpfen. Wir boten ihnen Geld und wollten damit eines ihrer Schafe oder eine Ziege erstehen. Sie verhielten sich aber äußerst ablehnend und wollten uns nichts verkaufen. Da Tibet keine Grenzposten hat, ist die ganze Bevölkerung in der Abwehr gegen Fremde erzogen, und keiner darf, unter Androhung strengster Strafen, einem Ausländer etwas verkaufen. Uns blieb nun keine andere Wahl, als sie einzuschüchtern, wenn wir nicht verhungern wollten. Wir drohten, ein Tier mit Gewalt zu nehmen, ohne dafür zu bezahlen, wenn sie uns nicht freiwillig eines verkaufen wollten. Da wir alle vier nicht gerade schwächlich aussahen, hatten wir mit dieser Methode schließlich Erfolg. Es war stockfinster geworden, als sie uns endlich für eine unverschämt hohe Summe den ältesten Ziegenbock überließen, der aufzutreiben war.

Auch in den nächsten Dörfern waren die Tibeter abweisend. Es war so, wie wir es in einigen Büchern gelesen hatten. Vergeblich bemühten wir uns, einen Beamten ausfindig zu machen, der unser Anliegen verstanden hätte; selbst Peter Aufschnaiters Tibetkenntnisse halfen nicht weiter. Doch die ersehnten Beamten waren bereits unterwegs. Eines Tages vernahmen wir Schellengeklingel, und zwei bewaffnete Männer auf kleinen Pferden kamen uns in der einsamen Landschaft entgegen. Als sie uns erreicht hatten, machten sie Halt und forderten uns in der Landessprache auf, sofort auf demselben Weg, den wir gekommen waren, nach Indien zurückzukehren. Wir wussten, dass wir mit Worten nicht viel erreichen würden, und schoben deshalb mit energischen Gesten die verblüfften Männer beiseite. Zum Glück machten sie keinen Gebrauch von ihren Waffen, wohl in der

Annahme, dass auch wir bewaffnet seien. Nach ein paar schwachen Versuchen, uns zurückzuhalten, ritten sie wieder davon. Ungehindert erreichten wir die nächste Siedlung, in der der Bezirksgouverneur seinen Sitz hatte.

Der Gouverneur war gerade dabei, seine Sachen zu packen, um auf seinen Sommersitz nach Schangtse zu übersiedeln, und wir waren nicht wenig erstaunt, in ihm einen der beiden bewaffneten Männer wiederzufinden, die uns zur Umkehr aufgefordert hatten. Seine Haltung war daher nicht gerade entgegenkommend, und er war nur schwer dazu zu bewegen, uns ein wenig Mehl im Tausch gegen Medikamente zu überlassen. Meine kleine Apotheke erwies sich jetzt als unsere Rettung.

Schließlich wies uns der Gouverneur eine Höhle zum Übernachten zu und forderte uns noch einmal auf, das Land auf demselben Weg, den wir gekommen waren, zu verlassen. Wenn wir einwilligten, wollte er uns Proviant und Transportmittel umsonst bereitstellen. Wir lehnten ab und versuchten zu erklären, dass Tibet als neutrales Land uns wenigstens die Durchreise gewähren müsse. Doch weder seine Intelligenz noch seine Kompetenz reichten aus, das zu genehmigen. Nun schlugen wir ihm vor, die Entscheidung einem Beamten von hohem Rang zu überlassen, einem Mönch, der seinen Amtssitz in Thuling, nur acht Kilometer entfernt, hatte.

Doch auch dieser wies uns wütend zurück. Immerhin erreichten wir, dass wir anstelle des Rückwegs in anderer Richtung nach Indien gehen durften. Plötzlich gab es Esel als Tragtiere, Fleisch und Butter, so viel wir wollten. Trotzdem waren wir ziemlich deprimiert, denn die Aussicht, am Ende wieder in Gefangenschaft zu landen, war wenig verlockend. Bruno Treipel, der an dem Land keinen Gefallen finden konnte, gab auf und kehrte ins Lager Dehra-Dun zurück. Von uns sieben Ausbrechern waren nur noch Peter Aufschnaiter, Hanne Kopp und ich übrig geblieben. Wir waren fest entschlossen, nicht hinter Stacheldraht zurückzugehen.

Wir verließen ein unfreundliches Tibet, hatten aber doch über drei Wochen einen der geschichtsträchtigsten Teile des Landes erlebt und unter anderem den Roten Tempel von Tsaparang und andere Klosterruinen gesehen, die unter dem Namen Guge im Buddhismus eine große Rolle gespielt hatten. Der Schipkipass bildete die Grenze, aber weder tibetische noch englische Posten waren zu sehen. Neben einigen Gebetsfahnen signalisierte ein Stein: »Simla 200 Meilen«. Damit waren wir wieder auf britischem Hoheitsgebiet und in Reichweite von Dehra-Dun. Der tibetische Soldat, der uns begleitete, verabschiedete sich und meinte: »Vielleicht sehen wir uns in Lhasa wieder, dort gibt es viele schöne Mädchen und besonders gutes Bier.«

Im ersten indischen Dorf gaben wir uns als amerikanische Soldaten auf Urlaubsreise aus, übernachteten im offiziellen Rasthaus, kauften Proviant und fielen überhaupt nicht auf. Um wieder nach Tibet zurückzukommen, folgten wir dem Spitital und mussten eine dünn besiedelte Gegend durchqueren, die ein Jahr später für Wiggerl Schmaderer zum Schicksal werden sollte. Als Aufschnaiter und ich 1944 nicht mehr nach Dehra-Dun zurückkehrten, beschlossen Wiggerl und Herbert, unserem Beispiel zu folgen und auch zu fliehen. Es gelang ihnen zu entkommen, und auf unseren Spuren kamen sie ins Spitital. Hier hatten sie sich in einem Dorf für den Weitermarsch mit Lebensmitteln eingedeckt, stellten bei einer Rast jedoch fest, dass ihr Proviant nicht ausreichen würde. Ermutigt durch die Mühelosigkeit, mit der sie hatten einkaufen können, ging Schmaderer zurück, und Paidar blieb beim Gepäck. Das war der verhängnisvolle Fehler, denn sie hatten nicht daran gedacht, dass es sowohl auf englischer als auch auf tibetischer Seite verboten war, ohne Genehmigung zu reisen. Beim ersten Einkauf ließen sich wohl noch Ausflüchte finden, die Dorfbewohner konnten behaupten, die Fremden nicht gesehen zu haben, aber bei einem zweiten Besuch war eine Ausrede kaum noch glaubhaft. Wahrscheinlich haben die beiden diese Gefahr unterschätzt. Traurige Tatsache ist jedenfalls, dass Schmaderer hinterrücks ermordet wurde. Man hatte ihn mit Steinen erschlagen und seine Leiche in einem Flussbett zurückgelassen.

Wir folgten dem Spitifluss aufwärts, vorbei an tibetischen Klöstern. Da es sich um britisches Hoheitsgebiet handelte, querten wir nach Nordosten über zwei fünftausendsechshundert Meter hohe Pässe. Bei einer fröhlichen Nomadenfamilie erklärte man uns, dass wir längst wieder in Tibet waren. So erreichten wir das viertausend Meter hohe Industal bei Traschigang. Die Karawanenstraße war belebt, und wir fielen nicht auf, bis wir die wenigen Lehmhütten Gartoks, der »Hauptstadt« Westtibets, vor uns liegen sahen. Die Verhandlungen waren höflich, denn der Garpön, wie man Beamte nannte, war von tibetischem Adel und hatte bereits mit Engländern Verhandlungen geführt. Nach einigen Tagen teilte er mit, dass er uns nur für seine Provinz Ngari Reisepässe und Transportmittel geben könne. Auf keinen Fall jedoch dürften wir weiter ins Landesinnere vordringen. Wir berieten und schlugen ihm vor, uns einen Pass bis zur nepalischen Grenze auszustellen. Nach einigem Zögern ging er darauf ein und versprach auch, einen Brief an die Zentralregierung in Lhasa zu schicken, in dem er unsere Wünsche darlegen wolle. Da mit einer Antwort erst Monate später zu rechnen war, beschlossen wir weiterzuziehen. Wir hatten unseren Plan, nach Osten vorzudringen, nicht aufgegeben, aber da Nepal ein neutrales Land war und außerdem in der gewünschten Richtung lag, konnten wir mit dem Erfolg der Verhandlungen zufrieden sein.

Freundlich forderte uns der Garpön auf, noch einige Tage als seine Gäste zu bleiben, da erst Tragtiere und ein Begleiter für uns gesucht werden mussten. Nach drei Tagen bekamen wir unseren Pass ausgehändigt, in dem die Reiseroute mit folgenden Ortsnamen festgelegt war: Ngakhyü, Sersok, Möntshe, Barka, Thoktschhen, Lhölung, Schamtshang, Truksum, Gyabnak. Weiter stand darin, dass wir berechtigt waren, zwei Yaks zu beanspruchen. Besonders wichtig aber war die Klausel, dass uns die Bevölkerung zu den ortsüblichen Preisen Lebensmittel verkaufen müsse. Brennmaterial und Diener für den Abend sollten wir frei haben. Wir waren froh, so viel erreicht zu haben. Als wir am 13. Juli aufbrachen, bildeten wir eine stattliche kleine Karawane: Unser

Gepäck trugen zwei Yaks, die von einem Nomaden getrieben wurden, dann folgte mein kleiner Esel, der nur mit einem Teekessel beladen war. Unser Begleiter, ein junger Tibeter namens Norbu, war hoch zu Ross; wir drei Europäer gingen weniger feudal zu Fuß.

Die nächsten Wochen verliefen sorglos, wir hatten Zeit, die Farben und die Weite der tibetischen Landschaft zu betrachten. Ein sanfter Pass brachte uns zur Quelle des Brahmaputra, in Tibet Tsangpo genannt, eine Gegend, die durch Sven Hedin auch in der westlichen Welt bekannt geworden war. Der 6714 Meter hohe heilige Berg Kailas mit dem See Manasarowar ist für Hindus und Buddhisten gleichermaßen begehrtes Ziel einer Pilgerreise. Herbert Tichy hatte ihn über den 5636 Meter hohen Drölma-la 1936 erreicht und Bilder mitgebracht, auf denen zu sehen ist, wie die frommen Pilger die ganze Strecke mit ihrer Körperlänge ausmessen, indem sie sich hinlegen. Die Mühsal auf dem steinigen Boden in der dünnen Luft wird durch eine höhere Wiedergeburt im nächsten Leben belohnt. Die Umrundung des heiligen Berges ist das beste Beispiel dafür, dass der Weg wichtiger ist als die Besteigung des Gipfels.

Gern hätten auch wir den Abstecher gemacht, aber das war in unserem Begleitbrief nicht vorgesehen, deshalb begnügten wir uns mit einem kühlen Bad im See. Stundenlang marschierten wir Richtung Osten und sahen im Norden die stupaähnliche Spitze des Kailas, im Süden die Gletscher des siebentausendeinhundert Meter hohen Gurla Mandhata. Dann wechselten weite Ebenen mit niedrigen Pässen, oft mussten wir durch reißende Bäche waten, während unsere Begleiter auf den Pferden trocken blieben. Für asiatische Verhältnisse war es eine verkehrte Welt.

Einmal begegneten wir einer großen Karawane mit einem Distriktgouverneur. Als wir angehalten wurden, erstarrte unser tibetischer Begleiter in einer tiefen Verbeugung, den Hut in der Hand und die Zunge zum Gruß herausgestreckt – ein Bild vollkommener Ergebenheit. Er erklärte unser Hiersein, die schussbereiten Waffen wurden wieder eingesteckt, und man reichte uns gnädig getrocknete Früchte und Nüsse aus der Satteltasche.

Wir lebten wie Nomaden, schliefen schon seit drei Monaten zumeist im Freien, und unser Standard war schlechter als jener der einheimischen Bevölkerung. Dennoch waren wir glücklich und zufrieden. Nur wenige Europäer hatten diese Gegenden betreten, und wir wussten, dass jede Beobachtung später wertvoll sein konnte. Damals glaubten wir noch daran, in absehbarer Zeit wieder mit der Zivilisation in Berührung zu kommen. Gemeinsame Gefahren und Strapazen hatten ein festes Band um uns geschlossen, einer hatte des anderen Vorzüge und Fehler kennen gelernt, und so halfen wir uns gegenseitig über Schwierigkeiten hinweg.

Zu dieser Zeit war die Flucht von Magener und Have zu Ende. Sie hatten in vierunddreißig Tagen erfolgreich Indien und die Kampflinien der Alliierten überwunden. Anfangs von den Japanern als Spione in Rangun festgehalten, landeten sie vier Monate nach unserem gemeinsamen Ausbruch bei der Deutschen Botschaft in Tokio.

Wir näherten uns Gyabnak, dem Ort, der auf unserem Reisepass den letzten Platz einnahm; hier endete der Machtbereich unseres Gartoker Freundes. Die Entscheidung darüber, was wir nun tun sollten, wurde uns abgenommen, denn am dritten Tag unseres Aufenthalts erreichte uns ein Bote aus Tradün, der uns aufforderte, so schnell wie möglich dorthin zu kommen, zwei hohe Beamte aus Lhasa wollten uns sprechen.

Das Dorf der Glückseligkeit

Der folgende Tag wird mir als einer der schönsten meines Lebens in Erinnerung bleiben. Schon nach einem kurzen Marsch sahen wir in weiter Ferne die winzigen goldenen Türmchen eines Klosters auftauchen. Darüber erhoben sich wahrhaft grandiose, in der Morgensonne glitzernde Eiswände. Langsam begriffen wir, dass es die Achttausender des Dhaulagiri, Annapurna und Manaslu sein mussten. Wir waren überwältigt, und sogar Kopp, der kein Bergsteiger war, stimmte in unsere Begeisterung ein. Da Tradün mit seinen Klostertürmchen am anderen Ende der Ebene lag, genossen wir viele Stunden lang den Anblick der Giganten, und selbst das Durchwaten des eiskalten Tsatschuflusses konnte unsere Laune nicht trüben.

Es war Abend geworden, als wir Tradün erreichten. Das rote Kloster mit den goldenen Dächern lag auf einem Hügel und leuchtete in den letzten Strahlen der sinkenden Sonne wie im Märchen. Dahinter versteckten sich, vor dem Wind geschützt, die Häuser, die wie üblich aus luftgetrockneten Lehmziegeln erbaut waren. Hier stand schon die gesamte Einwohnerschaft und erwartete uns schweigend. Wir wurden sofort in ein Haus geführt, das für uns vorbereitet war. Kaum hatten wir unsere Lasten abgesetzt, als zwei Diener eintraten und uns höflich baten, sie zu ihren Herren zu begleiten.

Durch eine wispernde Menge von Bediensteten schritten wir in einen größeren Raum, in dem auf den höchsten Sitzen ein lächelnder Mönch und neben ihm der gleichrangige weltliche Beamte saßen. Etwas tiefer hatten ein Abt, der Mönchsbeamte von Gyabnak und ein nepalesischer Kaufmann Platz genommen. Der Kaufmann sprach einige Worte Englisch und sollte als Dolmetscher dienen. Für uns war eine Bank aus Kissen vorbereitet, sodass wir nicht wie die Tibeter mit gekreuzten Beinen auf dem Fußboden sitzen mussten. Man nötigte uns zu Tee und Keksen und schob vorerst alle Fragen höflich hinaus. Endlich verlangte man unseren Pass zu sehen. Er machte die Runde, und alle studierten ihn sorgfältig. Dann herrschte bedrücktes Schweigen. Zögernd brachten die beiden Beamten ihre Zweifel vor: Ob wir denn wirklich Deutsche seien? Sie konnten es einfach nicht glauben, dass wir aus englischer Gefangenschaft entkommen seien, und vermuteten in uns eher Russen oder Engländer. Wir mussten unser Gepäck holen, und es wurde gründlich untersucht. Ihre Hauptsorge war, dass wir einen Sendeapparat und Waffen besäßen, und es war schwer, sie davon zu überzeugen, dass wir nichts dergleichen dabeihatten. Das einzige, was ihre Beachtung fand, war unsere tibetische Grammatik.

Da unser Pass angab, dass wir nach Nepal wollten, versprachen sie uns umgehend jede Hilfe. Wir könnten schon am nächsten Morgen aufbrechen und Nepal über den Korelapass in zwei Tagen erreichen. Doch wir wollten alles daransetzen, weiter in Tibet zu bleiben, und waren entschlossen, darum zu kämpfen. Wir baten um Asylrecht, pochten auf die Neutralitätsbestimmungen und verglichen die Stellung Tibets mit jener der Schweiz. Die Beamten jedoch bestanden hartnäckig, wenn auch höflich, auf den Bestimmungen unseres Passes. Genauso hartnäckig blieben wir. Wir hatten in den Monaten, die wir in Tibet weilten, die Mentalität der Asiaten schon etwas besser kennen gelernt und wussten, dass man nicht gleich aufgeben darf. Die ganze Unterredung verlief weiterhin in größter Ruhe, und bei immer neuen Tassen Tee erzählten sie uns bescheiden, dass sie sich auf einer Steuererhebungsreise befänden und in Lhasa nicht den hohen Rang einnähmen, wie es hier den Anschein habe. Sie reisten mit zwanzig Dienern und einer Unzahl von Tragtieren, und man bekam den Eindruck, sie müssten mindestens Minister sein. Endlich verabschiedeten wir uns mit der Erklärung, dass wir einige Tage bleiben wollten.

Am nächsten Tag überbrachten uns die Diener eine Einladung der Bönpos, wie in Tibet alle hohen Herren genannt werden, zum Mittagessen. Ein herrliches Nudelgericht erwartete uns! Wir müssen einen hungrigen Eindruck gemacht haben, denn man setzte uns ungeheure Mengen vor. Auch als wir beim besten Willen nichts mehr essen konnten, nötigten sie uns immer weiter zuzugreifen, und wir lernten, dass man sich angewöhnen muss, zu danken, bevor man satt ist. Auf uns machte die Geschicklichkeit, mit der sie die Essstäbchen handhabten, großen Eindruck, und unsere Bewunderung erreichte den Höhepunkt, als sie die Reiskörnchen einzeln aufgriffen. Dieses gegenseitige Bestaunen trug viel zur guten Stimmung bei, und oft gab es herzliches Gelächter auf beiden Seiten. Anschließend wurde tibetisches Bier gereicht, wodurch die Stimmung noch besser wurde.

Allmählich kam das Gespräch auf unser Problem, und wir hörten, dass sie sich dazu entschlossen hatten, unsere Bitte um Aufenthaltsbewilligung für Tibet der Zentralregierung in Lhasa zu unterbreiten. Wir sollten sofort ein entsprechendes Gesuch in englischer Sprache abfassen, das die beiden Beamten ihrem eigenen Brief beilegen wollten. Gemeinsam verfassten wir das Schreiben, und es wurde in unserer Gegenwart dem schon vorbereiteten Brief beigelegt. Mit allen Zeremonien wurde er versiegelt und einem Boten übergeben, der sich sofort auf den Weg nach Lhasa machte.

Wir konnten es kaum fassen, dass man sich unser so freundlich annahm und wir in Tradün bleiben durften, bis die Antwort aus Lhasa käme. Da unsere Erfahrungen mit den niederen Beamten nicht die besten waren, baten wir um eine schriftliche Bestätigung dieser Erlaubnis, die wir auch bekamen. Über alle Maßen glücklich und zufrieden mit unserem Erfolg, kehrten wir in unser Quartier zurück. Wir waren kaum dort, als eine Prozession schwer beladener Diener hereinkam. Je ein Sack Mehl, Reis und vier geschlachtete Schafe wurden abgegeben. Wir wussten erst gar nicht, was das zu bedeuten hatte, bis der Bürgermeister uns zu verstehen gab, dass es ein Geschenk der beiden Beamten sei. Zum Abschied gab uns der behäbige Tibeter einige Worte mit, von deren Weisheit ich in diesem Lande noch lange profitieren sollte. Er meinte, dass die Eile der Europäer hier nicht angebracht sei und wir lernen müssten, Zeit und Geduld zu haben, denn nur so kämen wir ans Ziel.

Zeit hatten wir genug, und Geduld hofften wir zu erlernen. Es war Sommer, und es gab genug Abwechslung. Große und kleine Karawanen machten Station. Ganze Familien hoher Distriktbeamter nutzten das warme Wetter zum Reisen. Nachdem sie das von Dienern vorbereitete Quartier bezogen hatten, kam bald die Einladung. Die Neugierde beruhte auf Gegenseitigkeit. Gepflegte junge Frauen mit rot lackierten Fingernägeln und stark geschminkten Gesichtern fanden wir alle hübsch und bedauerten es, wenn die attraktive und fröhliche Gesellschaft am nächsten Morgen abgereist war.

Eines Tages traf eine ungewohnte Karawane ein; es fehlten die fröhlichen Schellenklänge, und die Waffen waren moderne Karabiner. Ein Regierungsbeamter aus Nepal reiste unter dem Vorwand einer Pilgerfahrt nach Tradün, um uns zu besuchen. Wir hatten das Gefühl, dass er uns überreden wollte, nach Nepal zu kommen. In der Hauptstadt Kathmandu würden wir Aufnahme und Arbeit finden, sagte er, und die Reise dorthin würde von der Regierung organisiert werden, auch lägen bereits dreihundert Rupien für die Reisespesen bereit. Das alles klang verlockend – vielleicht zu verlockend.

Nach drei Monaten fingen wir an, ungeduldig zu werden; unsere persönlichen Beziehungen begannen darunter zu leiden. Kopp deutete wiederholt an, dass er der Einladung nach Nepal Folge leisten wollte; Aufschnaiter ging seine eigenen Wege. Er kaufte vier Schafe als Lasttiere und wollte ins Tschangthang ziehen, ein unwirtliches Gebiet zwischen den beiden großen Handelsstraßen. Dies war zwar entgegen unserem Plan, den Brief aus Lhasa abzuwarten, doch wir zweifelten bereits an einer positiven Antwort.

Eines Nachmittags marschierte er mit seinen beladenen Schafen los. Kopp begann gleichfalls zu packen, und die lokalen Behörden versprachen ihm eine Transportmöglichkeit, denn sie waren froh über seinen Entschluss, nach Nepal zu gehen. Weniger gefiel ihnen Aufschnaiters Plan. Von diesem Tag an schliefen Wachen vor unserer Tür. Aber schon am nächsten Tag kehrte Aufschnaiter zu unserem Erstaunen zurück. Seine Schafe waren in der Nacht von Wölfen angefallen und zwei von ihnen mit Haut und Haar gefressen worden. Dies bewegte ihn zur Umkehr, und so waren wir noch einmal alle drei für einen Abend vereint.

Am nächsten Tag nahm Kopp unter Beteiligung des ganzen Dorfes Abschied. Nun blieben nur noch Aufschnaiter und ich übrig von uns sieben Ausreißern. Wir waren als Bergsteiger körperlich und seelisch wohl am besten für das einsame und an Strapazen reiche Leben in diesem Land gerüstet. Inzwischen war es Ende November geworden, und die Karawanenstraßen waren nicht mehr sehr belebt. Der Mönchsbeamte aus Gyabnak sandte uns einige Schafe und zwölf Lasten Yakmist zum Heizen. Wir konnten es gut brauchen, denn die Temperatur war bereits auf minus zwölf Grad gesunken.

Trotz des Winters waren wir fest entschlossen, von Tradün fortzukommen, mit oder ohne Brief. Wir horteten Proviant und kauften einen zweiten Yak. Da erhielten wir Nachricht, dass ein Brief für uns angekommen sei. Was wir befürchtet hatten, war eingetroffen: Man verwehrte uns die Reise ins Landesinnere. Wir könnten über den Ort Kyirong gehen, von dort waren es nur acht Meilen bis zur Grenze Nepals und sieben Tagesmärsche bis zur Hauptstadt Kathmandu. Für diese Strecke sollten wir Transporttiere und Diener bekommen. Wir willigten sofort ein, denn die Route brachte uns wieder ein Stück tiefer ins Land hinein, und je länger wir uns hier legal aufhalten konnten, desto weniger Schwierigkeiten würden wir haben.

Am 17. Dezember verließen wir Tradün, den Ort, der uns mehr als vier Monate lang Aufnahme gewährt hatte. Dass wir nicht nach Lhasa durften, hat uns nie gegen die Tibeter eingenommen, denn allein schon für diese acht Monate in Tibet ohne

Stacheldraht waren wir ihnen dankbar. Der Weg nach Kyirong führte uns wieder über den Hauptkamm des Himalaja; es war sehr kalt, und der Tsangpo war zugefroren. Nach einer Woche erreichten wir Dzongkar. Hinter einer dicken Mauer inmitten von Ruinen versteckten sich etwa hundert Lehmhäuser. Ein Kloster und ein größerer Bau daneben bildeten den Regierungssitz eines Dzongpön, eines hohen Distriktsbeamten.

Obwohl kein längerer Aufenthalt geplant war, blieben wir wegen schwerer Schneefälle fast einen Monat in Dzongkar. Es schneite tagelang in dichten Flocken, und jeder Verkehr war unterbrochen. Wir genossen die Zeit und besuchten einige Veranstaltungen des Klosters und den Auftritt einer Tanzgruppe. Eine Anzahl adeliger Beamter lebte hier, und sie wurden bald unsere Freunde. Wir sprachen bereits gutes Tibetisch und führten lange Diskussionen. Der Silvesterabend 1944 verging sang- und klanglos, aber unsere Gedanken weilten mehr denn je in der Heimat. Was machten die Eltern, die Geschwister? So ganz ohne Nachricht von uns.

Am 19. Januar 1945 waren die Straßen so weit gangbar, dass wir zusammen mit einer riesigen Yak-Karawane losziehen konnten. Voran gingen unbeladene Yaks, die wie Pflüge durch den tiefen Schnee stapften und sich dabei sehr wohl zu fühlen schienen. Das Tal schloss sich bald zu einer Schlucht, und allein in den ersten zwei Tagen zählten wir siebzehn Brücken. Meinem Yak, der aus der öden Region des Tschangthang stammte, waren sie höchst unheimlich, und er sträubte sich mit aller Kraft, eine Brücke zu betreten. Er benahm sich wirklich wie ein »Ochs vorm neuen Tor«, und erst als uns die Karawanentreiber zu Hilfe kamen, gelang es, ihn – von hinten geschoben und von vorn gezogen – hinüberzubringen. Man warnte mich schon damals davor, ihn nach Kyirong mitzunehmen, da er das warme Klima im Sommer nicht aushalten würde. Ich wollte mich aber nicht von ihm trennen, denn wir waren nach wie vor fest entschlossen, uns nicht aus Tibet vertreiben zu lassen und notfalls erneut zu fliehen. Dann könnte er von Nutzen für uns sein.

Einen tiefen Eindruck machte ein Felsenkloster in der Nähe des Dorfes Longda auf uns. Zweihundert Meter über dem Tal klebten rote Tempel und Klosterzellen am Felsen. Aufschnaiter und ich konnten nicht widerstehen und stiegen die lawinengefährdeten Hänge hinauf. Wir trafen einige Mönche und Nonnen und erfuhren, dass dies das Kloster Milarepas sei, jenes berühmten Heiligen und Dichters, der hier im 11. Jahrhundert gelebt hatte. Das Kloster trug den Namen Drakar Taso. Wir konnten gut verstehen, dass die herrliche Umgebung und die einmalige Lage wie geschaffen dafür waren, ein empfängliches Gemüt zur Meditation und zum Dichten anzuregen. Der Schnee wurde nun täglich spärlicher, bald erreichten wir die Baumgrenze, und unsere Winterkleidung wurde zu warm.

Kyirong heißt wörtlich »Dorf der Glückseligkeit«, und es verdient diesen Namen. Ich werde nie aufhören, mich dahin zurückzusehnen, und wenn ich mir aussuchen könnte, wo ich meinen Lebensabend verbringen wollte, würde ich Kyirong wählen. Ich würde mir ein Haus aus rotem Zedernholz bauen und einen der zahllosen, von den Bergen herabstürzenden Bäche durch meinen Garten leiten. In diesem Garten würden fast alle Früchte gedeihen, denn der Ort liegt zwar 2770 Meter hoch, doch beinahe auf dem 28. Breitengrad, also auf gleicher Höhe mit Nordafrika.

Da es in Tibet keine Hotels und Gasthöfe gibt, bekamen wir auch hier wieder Quartier in einem kleinen Bauernhof. Das Haus hatte Grundmauern aus Stein und darüber einen Holzaufbau; gedeckt war es mit Schindeln, die mit Steinen beschwert waren. Es erinnerte sehr an unsere Tiroler Häuser, wie überhaupt das ganze Dorf ebenso gut in den Alpen hätte liegen können. Statt der Rauchfänge schmückten bunte Gebetsfahnen den First.

Im Erdgeschoss des Hauses waren Kühe und Pferde untergebracht. Eine dicke Holzdecke trennte die Ställe vom ersten Stock, wo der Wohnraum der Familie lag. Man konnte ihn nur über eine steile Holzstiege erreichen, die vom Hof hinaufführte. Ein offenes Feuer beleuchtete im Hintergrund den Hausaltar, vor dem sieben Butterlampen brannten.

Das Zimmer, das wir zugewiesen bekamen, war sehr klein. Zwei mit Stroh gefüllte Matten bildeten Sitz und Schlafgelegenheit. Nur eine kleine Luke gab Tageslicht zum Schreiben, und so zog ich es vor, im daneben liegenden Heustadel zu schlafen, wo eine Öffnung in der Holzwand ebenfalls für Licht und Luft sorgte. Gekocht und gegessen wurde gemeinsam mit der Familie am offenen Feuer. Auch bei unseren neuen Wirtsleuten führten wir einen ständigen Kampf gegen Mäuse, Wanzen und Flöhe, und es gelang uns nie, Herr über das Ungeziefer zu werden. All dies erschien uns jedoch unerheblich, denn allein der Blick auf die nahen Gletscher der Siebentausender war überwältigend. Aufschnaiter, der sonst eher schweigsame Tiroler, meinte, hier könnten wir bleiben, ein Leben lang.

Wir blieben zwar nur neun Monate, aber was wir dort alles erlebten, würde leicht ein ganzes Buch füllen. Gleich zu Beginn unseres Aufenthalts machten wir unseren Antrittsbesuch bei den Distriktsverwaltern und teilten ihnen mit, dass wir gern einige Zeit in Kyirong bleiben wollten. Sie nahmen unseren Entschluss gelassen hin und versprachen auf unsere Bitte hin, Lhasa davon zu berichten. Auch dem Vertreter Nepals statteten wir einen Besuch ab, blieben aber immun gegen seine Annäherungen, denn inzwischen hatten wir in Erfahrung gebracht, dass Kopp nach wenigen Tagen in Kathmandu nach Indien ins Lager abgeschoben worden war. So fassten wir den Entschluss, uns so lange in diesem Märchendorf aufzuhalten, bis wir einen neuen Fluchtplan ausgearbeitet hatten.

Langeweile gab es nicht. Wir füllten dicke Tagebücher mit unseren Beobachtungen über Sitten und Gebräuche der Bauern, und es verging kaum ein Tag, an dem wir nicht Ausflüge in die nähere und weitere Umgebung machten. Den größten Anziehungspunkt bildeten für uns natürlich die Berge und neben ihnen die Heilquellen um Kyirong. Es gab mehrere von ihnen, und die heißeste lag inmitten des Bambusdschungels am Ufer des eiskalten Kosiflusses. Das Wasser sprudelte beinahe kochend aus der Erde, wurde in ein künstlich angelegtes Bassin geleitet und hatte dort noch immer ungefähr vierzig Grad. Im Frühling war Badesaison. In Scharen wanderten die Tibeter hinaus, Bambushütten wuchsen aus dem Boden, Männlein und Weiblein tummelten sich nackt im Bassin, und es gab viel Gelächter, wenn jemand besonders schamhaft war. Auch die Adeligen reisten mit ihren Dienern zu den Quellen. Aber der ganze Rummel dauerte nicht lange, denn im Sommer, zur Zeit der Schneeschmelze, verschwindet die Quelle im reißenden Fluss.

Mitte Februar feiern die Tibeter Neujahr, denn ihre Zählung richtet sich, anders als bei uns, nach dem Mondkalender. Gleich sind jedoch viele Bräuche rund um das Fest. Für uns war es das erste tibetische Neujahrsfest, und wir beobachteten erwartungsfroh die Vorbereitungen. Der Sohn unserer Gastfamilie befestigte eine kleine frisch geschlagene Tanne mit bunten Gebetsfahnen auf dem First unseres Hauses. Nachdem den Göttern einige Naturprodukte geopfert worden waren, gingen wir gemeinsam zum Tempel des Phawa-Klosters, um die großen Butterlampen, die ohnehin randvoll waren, nachzufüllen, denn nur das Überfließen stimmte die Götter zufrieden. Das Phawa-Kloster erinnerte mit seiner pagodenartigen Bauweise an ähnliche Bauten im nahe gelegenen Nepal und pflegte bereits seit dem 7. Jahrhundert enge Verbindungen mit Lhasa. Aus diesem Grund war Kyirong ein heiliger Ort und eine bedeutende Pilgerstätte.

Teil der Feierlichkeiten war ein Sportfest mit Pferderennen, Bogenschießen und Steinheben. Auch ich beteiligte mich zum allgemeinen Gaudium an einigen Übungen. Beim Wettlauf wäre ich beinahe Sieger geworden, da ich nach dem Massenstart die ganze Zeit führte. Im letzten und steilsten Stück holte mich einer der Teilnehmer ein und hielt mich am Hosenboden fest. Ich war darüber so verblüfft, dass ich stehen blieb. Darauf hatte der Schelm nur gewartet, er überholte mich und berührte vor mir den Zielstein. Auf solche Tricks war ich nicht gefasst gewesen, und unter allgemeinem Gelächter erhielt ich nur eine weiße Glücksschleife anstelle eines Schafes.

Leider sollte in unserem Hause die Festfreude getrübt werden. Eines Tages rief man mich in das Zimmer der jüngsten Schwester unserer Hausfrau. Es war verdunkelt, und erst als heiße Hände nach mir griffen, bemerkte ich, dass ich neben ihrem Lager stand. Als meine Augen sich an das Dunkel gewöhnt hatten, wich ich mit Entsetzen, das ich kaum verbergen konnte, zurück. Im Bett lag völlig entstellt das noch vor zwei Tagen gesunde, hübsche Mädchen. Selbst mir als Laien war sofort klar, dass sie an Blattern erkrankt war. Auch Kehlkopf und Zunge waren bereits angegriffen, und nur lallend konnte sie klagen, dass sie sterben müsse. Hilfe gab es keine mehr, und ich konnte nur hoffen, dass keine Epidemie ausbrach. Zwei Tage später starb sie.

Die wärmer werdenden Tage mit frühlingshaften Schneeverhältnissen brachten uns auf die Idee, Skier zu basteln. Aus Birkenstämmen, die bis zu einer Höhe von viertausend Metern zu finden waren, hackten wir Bretter, bogen sie am Holzkohlenfeuer und erfanden eine Art Langriemenbindung. Unsere Freude wurde gedämpft, als der Bönpo Ausflugsverbot in die Berge erließ: »Reiten« auf Schnee würde die Geister und die Ernte stören. In den folgenden Wochen hielten wir uns an die Vorschrift, doch dann gingen wir eines Nachts im Mondlicht in die Berge. Am nächsten Tag genossen wir mitten im Himalaja den herrlichen Firnschnee. Beide waren wir überrascht, wie gut das Skifahren nach der langen Pause noch ging. Dann zerbrachen wir die Skier und versteckten die Reste dieser für die Tibeter so unheimlichen Gegenstände. So haben die Leute in Kyirong nie erfahren, dass wir auf dem Schnee »geritten« sind.

Je wärmer es wurde, desto schlechter ging es meinem Yak. Er hatte Fieber, und der lokale »Veterinär«, Traba Ongdi, meinte, dass ihm nur eine Bärengalle helfen könnte. Mehr um ihm Recht zu geben als aus Überzeugung kaufte ich die teure Galle und wunderte mich nicht, dass die Kur keinen Erfolg hatte. Ich musste den treuen Yak schlachten lassen, um wenigstens noch etwas Fleisch zu retten. Mit dem Verlust des Tragtiers waren unsere Möglichkeiten zur Flucht deutlich eingeschränkt worden.

Unser Verhältnis zum Dzongpön von Kyriong war normal zu nennen, nur die langen Ausflüge, so meinte er, sollten wir unterlassen, es gäbe viele Bären, Leoparden und sogar gefährliche wilde Hunde. Seine Sorgen waren berechtigt, denn wir hatten schon mehrmals tiefe Spuren im Schnee gefunden, die von Bären stammen mussten. Leute mit mehr Phantasie, als ich sie besitze, hätten daraus wohl auf einen der sagenhaften Schneemenschen geschlossen. Die Tibeter erzählten sich Sagen über den Migö, ein freundliches Wesen, das sich manchmal zu ihnen gesellte, die Bezeichnung Yeti kannten sie nicht. Sie stammt aus dem Norden Nepals, wo Stämme leben, die wie die Sherpas vor Jahrhunderten aus Tibet einwanderten. Aufsehen erregte eine Kappe, die angeblich aus Yetifell gefertigt sein sollte, das die Zoologen jedoch als Fell einer seltenen Wildziege bestimmten. Später in Lhasa traf ich einen Bettelmönch mit einer solchen Kopfbedeckung. Als Abwehrmittel gegen Bären hatten Peter und ich immer eine Dose mit fein gestoßenem rotem Paprika dabei, es war nichts anderes als der heutige Pfefferspray. In Kyirong gab es zwei Bauern mit entstellten Gesichtern, verursacht durch Bärentatzen, einer war völlig erblindet.

Mitten im Sommer, als wir bei der Ernte des Buchweizens mithalfen, bestellten uns die Bönpos in die Festung. Diesmal forderten sie uns energisch auf, unseren Aufenthalt zeitlich zu begrenzen; sie verlangten sogar so etwas wie einen Eid. Mit gutem Gewissen versprachen wir, im Herbst zu gehen – sie hatten nicht gefragt, in welche Richtung. Der Krieg war zu Ende, das erfuhren wir vom nepalesischen Händler, und wir dachten nicht daran, nach Süden ins Gefangenenlager zurückzugehen. Die Entscheidung war gefallen, nun ließen wir uns nicht mehr auf Einschränkungen ein und begannen systematisch, die langen Täler zu durchforschen. Oft blieben wir tagelang fort und nahmen Proviant, Zeichenmaterial und Kompass mit. Dann wieder lebten wir auf Almen, zusammen mit den Sennen, die ganz wie bei uns während der Sommermonate auf den üppigen Bergwiesen das Vieh betreuen. Yaks grasten zu Hunderten auf den grünen Almen inmitten der Gletscherwelt. Oft half ich beim Butterrühren und freute mich auf die goldgelbe, frische Belohnung. Damit die Butter schneller fest wurde, holte man von den nahen Gletschern Eis und warf es in die riesigen Buttermilchbottiche.

Auf den Almhütten traf man scharfe und angriffslustige Mastiffs, die die Tibeter Dokyi nannten. Sie waren mit Stricken aus Ziegenhaar angeseilt und beschützten in der Nacht durch ihr Bellen die zusammengedrängte Herde vor Leoparden, Wölfen und wilden Hunden. Von Natur aus stark gebaut, gab ihnen ihre übliche Nahrung – Milch und rohes Kälberfleisch – Riesenkräfte und machte sie besonders gefährlich. Ich hatte manch unliebsame Begegnung mit ihnen. Einmal riss sich ein Dokyi los und sprang mir an die Kehle. Ich wehrte ihn ab, er verbiss sich in meinem Unterarm und ließ erst nach heftigem Ringkampf los. Die Kleider hingen mir in Fetzen vom Leib, dafür aber lag der Hund reglos am Boden. Mit den Resten meines Hemdes verband ich meine Wunden, die tiefe Narben hinterließen. Meine Verletzungen heilten indes rasch durch ständiges Baden in einer der Heilquellen, die um diese Jahreszeit nicht mehr von Tibetern, sondern nur noch von Schlangen besucht wurden. Wie mir die Sennen später erzählten, hatte nicht nur ich bei diesem Kampf mein Teil abbekommen, sondern auch der Hund, der eine Woche lang in einem Winkel lag und die Nahrungsaufnahme verweigerte.

Das Ergebnis unserer Ausflüge war ein reiches Material an Karten und Skizzen, doch wir fanden keinen Pass, der unsere Flucht ermöglicht hätte. Zwanzig Kilometer entfernt von Kyirong auf dem Weg nach Dzonga errichteten wir ein Depot. Der Count-down begann, es war Herbst, und unsere Aufenthaltsfrist lief ab. Hätten wir uns nach Nepal gewendet, wären keine Heimlichkeiten notwendig gewesen. Doch da die Bönpos selbst Angst hatten, von Lhasa bestraft zu werden, wenn es uns gelingen sollte, ins Landesinnere vorzudringen, hetzten sie die Bevölkerung gegen uns auf, falls wir uns widersetzten. Das Volk wiederum lebte in ständiger Furcht vor den örtlichen Vorgesetzten.

Am 6. November 1945 zog Peter Aufschnaiter frech bei Tageslicht mit gefülltem Buckelkorb aus dem Dorf. Aus taktischen Gründen sollte er zuerst aufbrechen und einen Ausflug vortäuschen. Mit ihm lief mein Hund Kartru, den mir ein Adeliger aus Dzongkar geschenkt hatte, ein langhaariger, mittelgroßer tibetischer Rassehund, an den wir uns sehr gewöhnt hatten.

Nun begann eine fieberhafte Suche nach Aufschnaiter, und ich wurde wiederholt ins Verhör genommen, wohin er denn gegangen sei. Meine schwachen Versuche, die ganze Angelegenheit als harmlosen Ausflug hinzustellen, fanden nicht viel Glauben. Am Abend des 8. November war ich entschlossen, mit oder ohne Gewaltanwendung wegzukommen. Im und um das Haus herum waren Aufpasser verteilt, die mich nicht aus den Augen ließen, und sie machten auch um zehn Uhr nachts noch keine Anstalten, zu verschwinden. Ich markierte einen Tobsuchtsanfall, schrie wütend, dass ihr Benehmen mir den Aufenthalt hier verleide und dass ich nun zum Schlafen in den Wald gehen müsse. Vor ihren Augen begann ich zu packen. Entsetzt kamen meine Wirtin und deren Mutter und verhielten sich rührend, als sie sahen, was los war. Sie warfen sich vor mir auf die Knie und flehten mich an, nicht fortzugehen, sonst würden sie ausgepeitscht und Haus und Hof verlieren. Die alte Mutter überreichte mir eine weiße Schleife zum Zeichen der Verehrung und Bitte, und als dies alles mein Herz nicht erweichte, fragten sie, ob ich Geld haben wolle. Dieses Angebot war nicht beleidigend gemeint, denn Bestechung ist in allen Kreisen Tibets das übliche Mittel, etwas zu erreichen. Mir taten die beiden Frauen Leid. Ich redete ihnen gut zu und versuchte sie davon zu überzeugen, dass sie wegen meines Fortgehens nichts zu befürchten hätten. Aber ihr Schreien und Jammern hatte schon ganz Kyirong auf die

Beine gebracht, und ich musste handeln, wenn es nicht endgültig zu spät werden sollte.

Heute noch sehe ich die butterbeschmierten Mongolengesichter im Schein der Kienspanfackeln zu meinem Fenster heraufstarren, und nun kamen gar beide Bürgermeister angekeucht und riefen mir eine Botschaft der Bönpos zu, dass ich nur noch bis morgen früh warten solle, dann könne ich gehen, wohin ich wolle. Ich wusste, dass dies nur eine List war, und stellte mich taub. Meine Wirtin klammerte sich wieder an mich und rief weinend, dass sie mich doch immer wie ihr eigenes Kind behandelt habe und ich ihr nicht solchen Kummer bereiten solle.

Meine Nerven waren zum Zerreißen gespannt. Jetzt musste etwas geschehen! Entschlossen schulterte ich meinen Sack und trat aus dem Haus. Ich war selbst überrascht, dass mir die Menge, die sich vor der Tür angesammelt hatte, keinen Widerstand entgegensetzte. Wie ein dumpfer Chor murmelte sie zwar: »Jetzt geht er, jetzt geht er«, aber niemand rührte mich an. Man muss mir angesehen haben, dass ich zum Äußersten entschlossen war. Ein paar Burschen riefen sich gegenseitig zu, mich doch aufzuhalten, aber es blieb bei den Worten. Ich schritt unangetastet durch die Menge, die vor mir zurückwich.

Trotzdem war ich froh, als ich aus dem Schein des Fackellichtes ins Dunkel entkommen war. Ich rannte ein Stück den Weg entlang, der nach Nepal führt, um eventuelle Verfolger zu täuschen. Dann schlug ich einen großen Bogen um das Dorf und erreichte noch vor Morgengrauen den zwanzig Kilometer entfernten Treffpunkt. Aufschnaiter saß am Wegrand und wartete auf mich, mein Hund sprang freudig an mir empor. Gemeinsam gingen wir noch ein Stück weiter, um ein gutes Versteck für den Tag zu suchen.

Zum letzten Mal für lange Jahre lagerten wir im Wald. Wir hatten ein gutes Versteck gefunden und verbrachten gemütlich den ersten Fluchttag. Neun glückliche Monate im Dorf der Glückseligkeit lagen hinter uns, es war buchstäblich der Ort, wo Milch und Honig fließen. Nun aber musste es weitergehen. Vor uns erstreckte sich die Schlucht des Kosiflusses. Diese Strecke wollten wir nur in den Nachtstunden gehen, denn die Tibeter hatten in der Dunkelheit ebenso viel Angst vor Gespenstern und Dämonen wie die Jnder. Die Brücken über den Kosi waren von gefrierendem Gischt mit einer Eisschicht überzogen. Auf allen vieren kriechend, schoben wir den Rucksack vor uns her, was viel Zeit kostete. Noch einmal mussten wir uns verstecken.

In der Nacht darauf verirrten wir uns mehrere Male. Vor kleineren Flüssen zogen wir die Schuhe aus, am anderen Ufer klebten Kiesel und Steine sofort wie von Leim gehalten an den Fußsohlen fest. Es ist einfach unvorstellbar, wie es wirklich war. Wir stürzten über die mit Eis verglasten Geröllsteine, rutschten in der Dunkelheit einen Hang hinunter, der schwere Rucksack machte sich selbständig, Blasen und Frostbeulen quälten uns, aber wir zogen weiter. Da wir alle Lebensmittel aus dem Depot mitgenommen hatten, lag das Gewicht unserer Rucksäcke nur wenig unter vierzig Kilo. Es nur mit den schmalen Schulterriemen zu heben war unmöglich, und so hatten wir von den Sennen breite Tragegurte mitgenommen, die rund um Stirn und Rucksack gelegt wurden.

Nach zwei weiteren Nachtmärschen erreichten wir Dzongkar, schlichen vorbei und fanden Schutz in einer Höhle, die offensichtlich einmal einen Eremiten beherbergt hatte, denn sie war voller Devotionalien. Steil ging es weiter aufwärts, immer öfter mussten wir rasten. Zur Stärkung aßen wir Knollen gefrorener Butter mit einigen Knoblauchzehen. Die schwere Last und die dünne Luft machten sich bemerkbar. Kein Wunder, wir befanden uns in 5180 Meter Höhe. Auf der Passhöhe lagen die üblichen Steinhaufen mit vom Wind zerfetzten Gebetsfahnen. Wie eine düstere Mahnung erschien uns ein Stupa, das Grabmal eines als Heiligem verehrten Lama.

In dieser verschneiten Einöde, in die sich selten ein Mensch verirrte, wagten wir es nun auch, bei Tag zu marschieren. Wir kamen gut voran, und für unser nächstes Nachtlager, in dem wir entsetzlich froren, belohnte uns am Morgen ein herrlicher Ausblick. Tiefblau lag der riesige Pelgu-Tsho-See vor uns. Das ganze Plateau umrahmte eine leuchtende Kette von Gletschern. Zwei der Gipfel kannten wir beim Namen: den 8013 Meter hohen Gosainthan und den etwas niedrigeren Laptschi Kang. Beide warteten noch auf ihre Bezwinger, wie alle anderen Riesen des Himalaja. Obwohl unsere Finger steif vor Kälte waren, hielten wir ihre Formen in wenigen Strichen fest. Aufschnaiter peilte mit dem klapprigen Kompass die wichtigsten Gipfel an und trug die Zahlen ein.

Dann zogen wir durch die Winterlandschaft das Seeufer entlang, stießen auf ein verfallenes Karawanenhaus und mussten wieder einmal im Schnee übernachten. Eigentlich waren wir selbst überrascht, wie gut wir uns an die Höhenlage gewöhnt hatten und trotz unserer Lasten vorwärts kamen. Nur unseren Hund bedauerten wir. Tapfer hielt er mit uns Schritt, obwohl er halb verhungert war. Seine einzige Nahrung bestand aus unserem Kot. In der Nacht legte er sich treu über unsere Füße und half sie wärmen, für uns und für ihn eine kleine Hilfe, denn hier zeigte das Thermometer minus zweiundzwanzig Grad.

Wie froh waren wir, am nächsten Tag wieder auf eine Spur von Leben zu stoßen! Eine Schafherde kam uns langsam entgegen, Hirten folgten, in dicke Pelze vermummt. Sie wiesen uns die Richtung, in der die nächste Siedlung lag, und noch am selben Abend erreichten wir das Dorf Traktschen. Höchste Zeit, dass wir wieder unter Menschen kamen. Aufschnaiter meinte, dass es in viertausendsechshundert Meter Höhe lag und die höchste Siedlung der Welt sein könnte. Da man uns für Inder hielt, konnten wir problemlos einkaufen. Nach langem Feilschen erstanden wir einen Yak und einen gebrauchten Schafpelzmantel; wir hatten seit Kyirong eine gemeinsame Kasse.

Eines Tages kamen wir am Mount Everest vorbei. Wir skizzierten ihn aus einem Blickwinkel, aus dem ihn noch kein Europäer zuvor erblickt hatte. Am 2. Dezember 1945 erreichten wir den großen Tsangpo. Tage zuvor plagten uns Sorgen, wie wir ihn überqueren konnten. In Tschung Riwotsche, so hieß der Ort am jenseitigen Ufer, stand ein gewaltiger Stupa, so groß, wie wir ihn nur von Bildern kannten. Der Tsangpo war mit riesigen Eisblöcken bedeckt, und ihn zu durchschwimmen war wegen der starken Strömung völlig undenkbar. Ein Nomade, der unsere Ratlosigkeit bemerkt hatte, zeigte flussaufwärts, wo eine Hängebrücke mit zwei Pfeilern den Strom überspannte. Es war eine – wahrscheinlich die letzte – von hundertacht Brücken, die Thangdong Gyalpo vor fünfhundert Jahren geschmiedet hatte. Gyalpo war ein großer Heiliger, der vom Westen auch als Leonardo da Vinci Asiens bezeichnet wird. Nachdem wir unsere Sachen abgeladen hatten, ging der Yak gemächlich ins kalte Wasser. Die Wellen schlugen über ihm zusammen, nur sein gewaltiger Kopf ragte zwischen dicken Eisschollen heraus, die Strömung erfasste den offensichtlich exzellenten Schwimmer, und etwa einen Kilometer weiter erreichte er das andere Ufer.

Natürlich hatten wir keine Zeit, die geniale Konstruktion der Brücke zu bewundern. Wir kletterten auf den erhöhten Brückenpfeiler, wobei unser Hund mit seinen Beinen sofort durch das Geflecht von Drähten und Riemen fiel. Jetzt erst bemerkten wir, dass es überhaupt keinen Boden gab. Man musste den Fuß gezielt aufsetzen und durfte nicht nach unten schauen, damit einem nicht schwindlig wurde. Ich wartete, bis Aufschnaiter den nächsten Brückenpfeiler erreicht hatte, dann begann auch ich den Balanceakt. Den zitternden Hund trug ich unter einem Arm, mit der anderen Hand musste ich mich an der Seite fest halten, um die Schwankungen der schmalen Hängebrücke auszugleichen. Es war abenteuerlich, und der Gedanke, dass ich diesen Gang noch zweimal machen musste, entmutigend. Damit die Finger nicht am Eisen kleben blieben, hatten wir Socken als Handschuhe angezogen. Die bittere Kälte von sicher zwanzig Grad minus machte uns zu schaffen. Wir manövrierten stundenlang, und der Tag ging zu Ende. Wir hatten das große Hindernis auf dem Weg nach Norden überwunden.

Tschung Riwotsche hatte mehrere Karawansereien, und es gab keine Schwierigkeit, eine warme Nacht zu verbringen. Mit uns am Feuer saß ein Tibeter, der sich auf Pilgerfahrt befand und mehrere Jahre in Indien gelebt hatte. Er verkaufte uns ein Schreibheft und zwei Bleistifte, die wir dringend für Tagebuchaufzeichnungen brauchten. Am Morgen fragte uns ein Mann, ob der Yak unterhalb des Dorfes nicht uns gehöre. Und tatsächlich, mit Eiszapfen behangen, stand unser Yak stoisch am Flussufer und schien über die Wiedervereinigung genauso froh zu sein wie wir, denn er ließ sich ohne den sonst üblichen Widerstand sofort satteln.

Auf dem normalen Karawanenweg war Lhasa in wenigen Wochen zu erreichen, doch das kam für uns nicht in Frage. Direkt nach Norden zu ziehen und das Tschangthang zu durchqueren sei im Winter völlig unmöglich, meinte ein Einheimischer. Tagelang würde man auf keine Menschenseele treffen und später dann Räubern begegnen. Doch wir schlugen die Warnungen in den Wind. Wir hatten beschlossen, den Transhimalaja zu überqueren, denn das war der einzige Weg, um den Behörden auszuweichen.

Im Niemandsland des Tschangthang

Wir wussten, dass wir uns auf ein Abenteuer mit ungewissem Ausgang einließen, und hatten ein flaues Gefühl im Magen. Überschätzten wir unsere Kräfte? Was, wenn auch nur einer von uns nicht mehr weiterkonnte? Doch als wir die Wasserscheide des Transhimalaja bei leichtem Schneetreiben überschritten, war die Beklemmung wie fortgeblasen. So ging es mir meistens. Wenn ich erst einmal zu handeln begonnen hatte, verflogen die Zweifel.

Wir bewegten uns in einer Höhe von fünftausendvierhundert Metern mit grenzenloser Weite. Außer uns beiden, dem Yak und dem Hund war weit und breit kein Lebewesen zu entdecken. Sogar Schneeleoparden und Wölfe schienen die Unendlichkeit der eintönigen Landschaft zu meiden. Dass wir einen Pass überschritten hatten, war nur daran zu erkennen, dass das Rinnsal unter der Schneedecke nicht mehr gegen, sondern mit uns floss. Schon eine Steinmauer, die den Nomaden im Sommer Schutz gab, war hier eine freudige Begegnung. Dort fanden wir dann auch genug trockenen Yakmist zum Feuermachen.

Eines Tages erschien am Horizont ein schwarzer Punkt, den wir erst für eine Fata Morgana hielten. Da man in der klaren dünnen Luft sehr weit sehen konnte, brauchten wir Stunden, um herauszufinden, dass es sich um ein Nomadenzelt handelte. Den Ansturm mehrerer großer langhaariger Mastiffs musste unser kleiner Kartru mit eingezogenem Schwanz erst heldenhaft abwehren, ehe die Nomaden aus dem Zelt kamen. Am warmen Feuer erzählten sie, dass sie seit Wochen eingeschneit seien und dass bereits einige Tiere ihrer Herde verloren gegangen waren. Wir hatten den Eindruck, dass unsere freundlichen Gastgeber selbst froh waren, menschliche Gesichter zu sehen. Sie hielten uns für Inder und bewirteten uns mit riesigen Fleischmengen. Als Krönung nahm der Mann eine tiefgefrorene Schafsleber und röstete sie im offenen Feuer. Dann hielt er ein Ende mit den Zähnen fest und schnitt mit einem Dolch kleinere Stücke ab, um sie zu verteilen. Wir kauften für wenig Geld einen großen Yakschenkel, einen Teil davon kochten wir gleich, und auch Kartru konnte sich satt essen.

Als unsere netten Gastgeber hörten, welche Route wir einschlagen wollten, waren sie entsetzt und rieten uns dringend davon ab. Begründung gaben sie keine; das Wort »Khampa« sagte uns nichts. Als wir am nächsten Tag gestärkt weitermarschierten, gerieten wir in heftiges Schneetreiben. Das Gehen mit unserem unzulänglichen Schuhwerk wurde bald zur Qual. Die Schneedecke trug schlecht, und manchmal brachen wir mit unserem Yak tief ein. Außerdem musste es unter dem Schnee versteckte Bachläufe geben, wir bekamen nasse Füße, und unsere Hosenbeine und Schuhe waren bald steinhart gefroren. Es war ein mühseliges Weiterkommen, und wir legten an diesem Tag nur wenige Kilometer zurück.

Früher als gewohnt hörten wir auf zu marschieren, und als wir die Schuhe mühsam von den schmerzenden Füßen zogen, entdeckten wir die ersten Anzeichen von Erfrierungen – das alles gab uns doch zu denken. An diesem Abend hatte ich mit Aufschnaiter eine lange und ernsthafte Aussprache. Noch konnten wir umkehren. Wir massierten die Füße, rieben die blauen Zehen, und ich erinnerte mich an den Eiger, wo meine Füße von der Kälte angeschwollen waren – und Peter Aufschnaiter? 1929 stand er am Kangtschendzönga auf siebentausend Metern. Sein Seilgefährte Ernst Beigel war bei der Querung eines Grates ausgerutscht und in die Wand gestürzt. Aufschnaiter rettete die Situation, indem er geistesgegenwärtig auf die andere Seite sprang. Beigel hatte Erfrierungen an den Füßen, für seine Zehen kam jede Hilfe zu spät. Es war Zeit, die Expedition abzubrechen.

Und jetzt, in Tibet, waren wir uns einig, aufzugeben. Weihnachten stand kurz bevor, und die Vernunft gewann die Oberhand über unseren Willen und die Opferbereitschaft. Doch am nächsten Morgen lagen die Dinge anders. Wie am Abend zuvor waren wir einer Meinung: Wir packten die wenigen Sachen und marschierten weiter nach Nordosten in Richtung Lhasa, ohne ein Wort zu verlieren. Polarstern und Orion waren weiterhin unsere Wegweiser.

Jetzt, über fünfzig Jahre später, kann ich unser Verhalten vielleicht erklären. Am Abend schien ein Weitergehen aussichtslos; wir fürchteten, die Füße zu verlieren, und verzagten. Am Morgen war das seelische Gleichgewicht wiederhergestellt, wir hatten die Fassung, den Gleichmut und das Selbstvertrauen zurückgewonnen. Wie soll das jemand verstehen, der in der Geborgenheit ein Urteil über eine Situation fällt, die er sich gar nicht vorstellen kann? Wir haben vielleicht geschwiegen, um keine falsche Sentimentalität aufkommen zu lassen.

Mit Peter Aufschnaiter gab es nie Differenzen, je schwieriger unsere Lage war, umso fester bildeten wir eine Seilschaft, waren wir Freunde. Wenn nach dem Krieg Kritiker andeuteten, dass es zwischen uns auch Unstimmigkeiten gegeben hätte, dann kann ich sie in ihrer Vermutung nur bestätigen. Sie haben nicht die geringste Ahnung, was Menschen unter solch extremen Strapazen mit ihren Gefühlen durchmachen müssen. Da gibt es Flüche und Schimpfworte, aber nie und nimmer hätte sich einer von uns gegenüber Dritten über unsere Probleme geäußert.

Der Weiterweg blieb schwierig. Trotzdem peilte Aufschnaiter unverdrossen die unbekannten Gipfel mit dem Kompass an und machte Routenskizzen. Noch am selben Tag überquerten wir im Schnee einen etwa fünftausendsiebenhundert Meter hohen Pass, aber die vor uns liegenden, sanft geformten Berge waren wundersamerweise völlig schneefrei. Unser wortloser Entschluss am Morgen war richtig gewesen. Oder, wie es in meinem Tagebuch vom 11. Dezember 1945 steht: »Die Vorsehung hatte entschieden.«

Zwanzig bis dreißig Kilometer betrugen unsere Tagesmärsche, je nachdem, ob wir auf Zelte trafen. Oft genug mussten wir im Freien schlafen. Dann beanspruchte das Sammeln von Yakmist unsere ganze Energie, und jedes Wort wurde dabei zu viel. Am meisten litten wir an unseren Händen. Sie waren immer steif vor Frost, denn wir besaßen keine Handschuhe und hatten nur ein Paar Socken übergezogen, die wir beim Arbeiten natürlich ablegen mussten. Einmal am Tag kochten wir Fleisch, wenn wir welches hatten, und löffelten die Suppe gleich aus dem brodelnden Topf. Der Siedepunkt war hier infolge der Höhe niedrig, und die Außentemperatur kühlte den Löffel so schnell ab, dass man sich nie die Zunge verbrannte.

Unvergessen in ihrer trostlosen Länge sind die Nächte. Wir konnten stundenlang nicht schlafen und lagen eng aneinander gepresst, um nicht zu erfrieren. Eingekuschelt zu unseren Füßen schlief das Hündchen, nur der Yak kümmerte sich nicht um die Kälte und graste gemütlich in der Nähe unseres Lagerplatzes. Aber dann gab es ein neues Problem. Kaum wurden wir warm, da erwachten auch die unzähligen Läuse zum Leben, die sich auf uns angesiedelt hatten und sich erschreckend vermehrten. Es war eine Qual! Rücksichtslos nährten sie sich von unserem Blut. Nach der ersten Hälfte der Nacht waren sie offensichtlich satt und gaben Ruhe. Dann schliefen wir vor Erschöpfung einige Stunden. Doch schon kam die Kälte des Morgens – zitternd lagen wir Rücken an Rücken und harrten der ersehnten ersten Sonnenstrahlen.

Über zwei Wochen zogen wir nun schon durch das unwirtliche Tschangthang. Einmal hatten wir die Route Sven Hedins gekreuzt, auf der er Anfang des 20. Jahrhunderts vergeblich versucht hatte, Lhasa zu erreichen. In seinem Bericht schreibt er, dass er Temperaturen von minus vierzig Grad zu ertragen hatte. So kalt war es wohl auch bei uns. Aber da wir uns im ariden Hochland befanden, immer in einer Höhe von über fünftausend Metern, war die Kälte bei passender Kleidung absolut erträglich, wenn nur nicht die Nächte gewesen wären. Allein aus diesem Grund waren wir froh, von Zeit zu Zeit Nomaden zu treffen, die uns zum Übernachten in ihr warmes Zelt ließen.

Als wir wieder einmal den Ansturm der schwarzen großen Hunde überstanden hatten und mit der Nomadenfamilie am

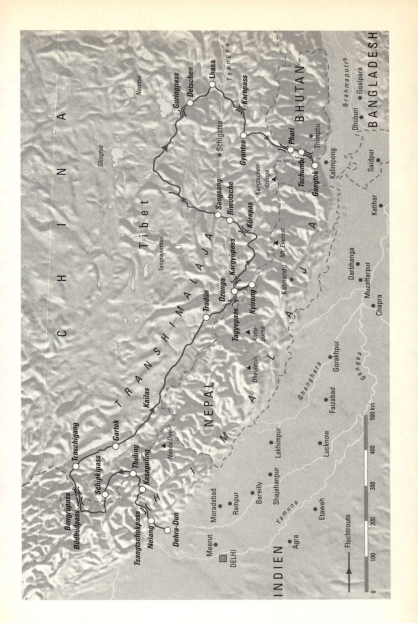

Feuer saßen, nachdem wir gegen ein Nähzeug zwei Hammelkeulen getauscht hatten, fragte unser freundlicher Gastgeber, ob wir bewaffnet seien. Auf dem Weg, den wir gehen wollten, gäbe es viele Khampas. Da war wieder die Warnung. Wir begriffen noch nicht, warum wir sie immer wieder hörten, denn die Khampas, die Bewohner der östlichsten tibetischen Provinz Kham, waren in allen Büchern als mutige Krieger, tüchtige Kaufleute und große Künstler bei der Herstellung sakraler Gegenstände beschrieben. Als unser Nomade erzählte, dass er vor einiger Zeit den Khampas einen Yak und zwei Schafe gegeben hätte, um seinen Frieden zu haben, da hatten wir die Erklärung. Viele hundert Kilometer von ihrer Heimat entfernt, übten Angehörige vom Volk der Khampas in Gruppen organisiert illegale Gewalt aus. Es war nichts anderes als Schutzgelderpressung, nur ging es hier nicht um Bares, sondern um Naturalien. So waren Khampas für die Nomaden dieser Gegend gleichbedeutend mit Dieben, Räubern und Erpressern.

Als mein Buch »Sieben Jahre in Tibet« in tibetischer Sprache und Schrift erschien, bat ich meinen Freund Rakra Rinpotsche, den ehemaligen Rektor des höchsten tibetischen Mönchsordens, bei der Übersetzung auf die korrekte Deutung des Wortes Khampa zu achten. Mehrere sehr honorige und im Westen geachtete Khampas hatten sich bei mir beklagt, dass ich geschrieben hätte, überall im Tschangthang werde der Ausdruck Khampa als Synonym für Räuber gebraucht. Da es in der Welt jetzt mehrere hundert Tibetologen gibt, wäre es eine interessante Aufgabe, etwas mehr über diese »Khampas« in Erfahrung zu bringen, denn sie haben weder optisch noch charakterlich Ähnlichkeiten mit den Männern aus Kham.

Als wir am nächsten Morgen aufbrachen, fühlten wir uns nicht wohl. Wir hatten Zweifel, ob wir weitergehen sollten, beschlossen dann aber nach kurzer Beratung, an unserem Plan festzuhalten. Wir hatten beide das Gefühl, den »Point of no return« schon überschritten zu haben. Und tatsächlich kamen wir noch an diesem Tag zu einem Zelt, vor dem nicht die üblichen Mastiffs, sondern kleine, unbehaarte Hunde schwanzwedelnd auf Kartru zusprangen. Wir waren nicht wenig überrascht, überschwänglich freudige Aufnahme zu finden. Viele junge Leute und Erwachsene kamen heraus und begannen mit dem Abladen unseres Yaks, was bei den Nomaden, die wir bis dahin getroffen hatten, nicht üblich gewesen war. Die Kinder betasteten uns, die Männer öffneten das spärliche Gepäck, eine Frau griff nach unserem einzigen Teekessel und lief fort. Es bestand kein Zweifel, trotz Warnung waren wir den räuberischen Khampas geradezu in die Arme gelaufen. Jetzt mussten wir gute Miene zum bösen Spiel machen. Jedenfalls waren wir auf der Hut und hofften durch Höflichkeit, Vorsicht und Diplomatie einen Ausweg aus der unangenehmen Lage zu finden.

Kaum saßen wir am Feuer, als das Zelt sich zu füllen begann. Von überall kamen sie, um die Fremden zu sehen: Männer, Frauen, Kinder und Hunde. Wir hatten alle Hände voll zu tun, unser Gepäck beisammen zu halten. Die Leute waren zudringlich und neugierig. Als sie unsere Pilgergeschichte gehört hatten, pries man uns in auffälliger Weise einen der Männer als besonders guten Führer nach Lhasa an. Er wollte uns einen Weg weisen, der etwas südlich unserer Route lag und viel geeigneter wäre. Der Mann war kräftig, untersetzt und trug ein riesiges Schwert im Gürtel. Er sah nicht gerade Vertrauen erweckend aus. Doch wir nahmen seinen Vorschlag an und vereinbarten seinen Lohn. Mehr konnten wir nicht tun, denn hier waren wir den Khampas vollkommen ausgeliefert.

Nach und nach zogen sich die neugierigen Besucher wieder in ihre eigenen Zelte zurück. Wir legten uns zum Schlafen nieder, wobei ich Aufschnaiter lautstark aufforderte, den Rucksack mit der Pistole als Kopfkissen zu verwenden. Das war als Bluff gedacht, denn er besaß gar keine Feuerwaffe. In der Nacht versuchte einer der Männer mehrmals den Rucksack wegzuziehen, aber wir waren auf der Hut und blieben wach. Obwohl wir sehr müde waren, fiel uns das nicht schwer, denn die Frau murmelte ständig Gebete vor sich hin; mir kam es vor, als bitte sie bereits jetzt um Vergebung der Missetaten, die ihre Männer an uns begehen wollten. Jedenfalls waren wir froh, als der Morgen anbrach.

Vorerst blieb alles friedlich. Für einen Taschenspiegel erstanden wir das Hirn eines Yaks und bereiteten es gleich als Frühstück zu. Dann begannen wir zum Aufbruch zu rüsten. Mit lauernden Blicken verfolgten unsere Gastgeber jede unserer Bewegungen und wurden fast aggressiv, als ich Aufschnaiter unser Gepäck aus dem Zelt herausreichte. Aber wir schüttelten sie ab und beluden unseren Yak. Als wir nach unserem »Führer« Ausschau hielten, war zu unserer Erleichterung nichts von ihm zu sehen. Die Khampafamilie legte uns noch ans Herz, nur ja die Südroute zu wählen, denn dort würden wir bald auf Nomaden treffen, die gleichfalls eine Pilgerfahrt nach Lhasa machten. Wir versprachen es und machten uns auf den Weg.

Nach wenigen hundert Metern merkte ich, dass mein Hund nicht bei uns war. Er kam sonst immer von selbst nachgelaufen, und als wir uns nach ihm umblickten, sahen wir die Bescherung: Drei Männer kamen uns nach und hatten uns bald eingeholt. Sie erzählten, dass sie auch zu den Zelten der Pilger unterwegs seien, und deuteten auf eine ferne Rauchsäule. Das kam uns recht verdächtig vor, denn noch nie hatten wir solche Rauchsäulen aus Zelten aufsteigen sehen. Als wir nach Kartru fragten, sagten sie, er sei beim Zelt zurückgeblieben; einer von uns könne ihn ja holen. Nun war uns ihr Plan klar. Es ging um unser Leben. Sie hatten den Hund zurückgehalten, um Aufschnaiter und mich zu trennen, denn so viel Mut besaßen sie doch nicht, uns beide gemeinsam anzugreifen. Und wahrscheinlich warteten dort, wo die Rauchsäule aufstieg, ihre Kumpane. Dann waren sie in der Überzahl und konnten uns leicht erledigen. Kein Mensch hätte jemals etwas von unserem Verschwinden erfahren. Wir bereuten jetzt sehr, dass wir die vielen gut gemeinten Warnungen der Nomaden nicht ernst genommen hatten. Als ob wir nichts ahnten, gingen wir noch ein Stück in derselben Richtung weiter und beratschlagten, was wir tun sollten. Die Männer hatten uns jetzt bereits in ihre Mitte genommen; der halbwüchsige Junge ging hinter uns. Wie es bei den Räubern Sitte ist, trugen sie doppelte Pelzmäntel, um gegen Hieb und Stich geschützt zu sein; riesige Schwerter steckten in ihren Gürteln, und die Gesichter waren alles andere als lammfromm.

Etwas musste geschehen. Aufschnaiter meinte, wir sollten erst einmal die Richtung ändern, um nicht blindlings in die Falle zu laufen. Gesagt, getan. Noch im Sprechen machten wir eine plötzliche Kehrtwendung. Die Khampas blieben verblüfft stehen. Aber schon waren sie wieder da, verstellten uns den Weg und fragten mit nicht allzu freundlichen Gesten, wohin wir denn wollten. »Den Hund holen!« antworteten wir kurz und energisch. Sie blieben einen Moment stehen und schauten uns nach, dann setzten sie ihren Weg fort. Wahrscheinlich wollten sie rasch ihre Helfershelfer informieren.

Als wir in die Nähe der Zelte kamen, führte uns die Frau schon den Hund an einem Strick entgegen. Es gab eine freudige Begrüßung, aber dann machten wir, dass wir weiterkamen. Natürlich den Weg zurück! Ein Weitergehen hätte für uns, unbewaffnet, wie wir waren, den sicheren Tod bedeutet. Nach einem Gewaltmarsch erreichten wir noch am selben Abend die freundliche Familie, bei der wir tags zuvor übernachtet hatten. Über unsere Erlebnisse waren sie nicht erstaunt. Sie erzählten uns, dass die Gegend, in der Khampas ihr Unwesen trieben, Gyak Bongra heiße und von Karawanen gemieden würde. Nach diesem Abenteuer schätzten wir es doppelt, wieder einmal ruhig schlafen zu können. Mit unserer Entscheidung, entschlossen umzukehren, waren wir der Gefahr entkommen.

Am nächsten Morgen kauften wir noch Fleisch, wandten uns dann nach Osten, und über einen steilen Hang ging es in völlig unbewohntes Land. Wir waren an das langsame Tempo unseres braven Yak gebunden und mussten bald schon wieder rasten. Kein Zweifel, da waren sie wieder. Aufschnaiter und ich hatten denselben Gedanken: unser Leben so teuer wie möglich zu verkaufen. Wir suchten einen Platz mit Rückendeckung und gingen in Position, ich bewaffnet mit den Zeltstöcken, um Finten zu schlagen, Aufschnaiter mit Steinen in der Hand, die er gegen die zweischneidigen scharf geschliffenen Schwerter der Verfolger einsetzen sollte. Da sahen wir, wie die beiden Männer stehen blieben und sich berieten und schließlich umkehrten. Wir atmeten erleichtert auf und trieben unseren Yak an, um den langen Aufstieg hinter uns zu bringen.

Als wir auf dem Kamm standen, verstanden wir, warum die Männer umgekehrt waren. Vor uns lag die einsamste Landschaft, die ich je erblickt hatte. Ein Meer aus verschneiten Bergen, ein wellengleiches Auf und Ab dehnte sich in die Unendlichkeit. Um sicherzugehen, dass die Khampas die Verfolgung wirklich aufgegeben hatten, marschierten wir weiter, auch als die Nacht hereinbrach. Der Schnee leuchtete im Mondlicht, es war so hell, dass man sogar die fernen Gipfel des Transhimalaja erkennen konnte.

Diesen Nachtmarsch werde ich nie vergessen. Er blieb die härteste Anforderung an Geist und Körper, die ich je durchgestanden habe. Dass die Gegend so unwirtlich war, sollte unsere Rettung werden. Stundenlang trotteten wir dahin, immer weiter durch den unberührten Schnee. Unser Geist ging inzwischen selbständig auf Wanderschaft. Visionen begannen mich zu quälen – ein behaglicher Raum, warme Speisen zur Auswahl, dampfend heiße Getränke, alles Erinnerungen an meine Studentenzeit in Graz, als das erste Automatenbuffet eröffnet wurde. Aufschnaiters Gedanken gingen andere Wege: Er fluchte vor sich hin, verbohrte sich in Rachepläne und schwor bewaffnete Rückkehr.

Es war schon nach Mitternacht, als wir uns erschöpft in den Schnee setzten. Auf dem langen Marsch hatten wir kein Lebewesen gesehen, nur einmal schlich ein Schneeleopard in der Ferne durch die weiße Landschaft. Aussichtslos, trockene Kuhfladen zum Feuermachen zu finden. Wir hätten auch nicht mehr die Energie dazu gehabt, denn es ist eine Kunst, mit Yakmist Feuer zu machen. So luden wir den Yak ab und machten uns heißhungrig über den Proviant her, der aus Tsampa und einer rohen

Hammelkeule bestand. Aber kaum hatten wir den Löffel mit dem trockenen Mehl zum Mund geführt, da stießen wir beide einen Fluch aus. Wir brachten ihn nicht mehr los! Das Metall war an Zunge und Lippen festgefroren, und das Losreißen kostete einige Hautfetzen. Der Appetit war uns vergangen. Wir rollten uns zusammen und fielen trotz der schneidenden Kälte in den bleiernen Schlaf der Erschöpfung.

Wenig erfrischt brachen wir am Morgen auf. Unser Yak hatte vergeblich die ganze Nacht nach Gras geschwarrt und fraß jetzt in seiner Verzweiflung Schnee, denn wir hatten den ganzen gestrigen Tag auch kein Wasser gefunden. Die Quellen, an denen wir vorbeikamen, waren zu bizarren Eiskaskaden erstarrt.

So ging es mühselig tagelang weiter. Wir stapften in den Spuren unseres tapferen Yak dahin und blickten nicht einmal mehr auf. Deshalb glaubten wir eine Vision vor uns zu haben, als wir Zelte sahen. Ihre Bewohner schienen sehr wachsam zu sein, denn noch bevor wir uns dem ersten näherten, traten uns ein paar wild aussehende Männer entgegen, die schwer bewaffnet waren. Barsch riefen sie uns zu, uns schleunigst zum Teufel zu scheren. Wir blieben stehen, hoben unsere Hände zum Zeichen, dass wir keine Waffen hatten, und erklärten ihnen, wir wären harmlose Pilger. Wir müssen recht Mitleid erregend ausgesehen haben, und nach kurzer Beratung lud uns der Besitzer des größten Zeltes zum Übernachten ein. Wir konnten uns wärmen und bekamen gleich eine Schale dampfenden Buttertee.

Es war der 24. Dezember 1945, und als ob die Nomaden es gewusst hätten, schenkten sie jedem von uns ein kleines Brötchen aus Weizenmehl. Diese Seltenheit im Tschangthang bedeutete für uns mehr als Kuchen am Weihnachtsabend, und wir hoben sie auf. Erst Tage später, während eines besonders schweren Marsches, knabberten wir an den harten Brötchen und dachten an die guten Menschen. Nach weiteren entbehrungsreichen Tagen erreichten wir die nördliche große Karawanenroute. Endlich hatten wir den unwirtlichen Teil des Tschangthang hinter uns gelassen.

Langsam verwandelten wir uns von indischen Pilgern in Europäer und begannen zu bluffen. Dazu holte ich unverfroren den alten Pass hervor, den uns der Garpön in Gartok eineinhalb Jahre zuvor ausgestellt hatte. Dieser Brief hatte schon eine Geschichte: Wir hatten ihn damals unter uns verlost, und Kopp hatte gewonnen. Als er sich dann von uns trennte, kaufte ich ihn ihm ab, und nun war seine Stunde gekommen.

Die nördliche Karawanenroute war keine Straße, aber es gab in gewissen Abständen Stationen, so genannte Tasams, wo man in festen Häusern oder Zelten übernachten, Tragtiere wechseln und Feuerungsmaterial kaufen konnte. Ihr Verwalter war im Feudalwesen ein kleiner Pfründenträger. Voraussetzung für die Benutzung der Tasams war der Lamyig, der »Wegbrief« einer Regierungsstelle. Obwohl unser Brief eine andere Route mit anderen Ortsnamen angab, genügte das Siegel des Gouverneurs, um uns Quartier zu geben.

Wir folgten den Spuren der Karawanentiere und kamen durch eine hügelige Steppenlandschaft. Die Sterne brauchten wir nicht mehr als Orientierung, denn nun ging es nach Osten und nicht mehr nach Norden. Geblieben aber waren Wind und Kälte als unsere ständigen Begleiter. Es schien nichts anderes mehr auf der Welt zu geben als orkanartige Stürme und Temperaturen um minus dreißig Grad. Wie kalt es war, wussten wir aus den Büchern von Sven Hedin, der auf seinen Tibetreisen Temperaturmessungen vorgenommen hatte. Wir litten sehr unter der unzulänglichen Kleidung, und ich war glücklich, als ich von einem der Zeltbewohner noch einen alten Schafspelz erstehen konnte. Er war mir zwar zu klein, und ein halber Ärmel fehlte, aber er kostete nur zwei Rupien. Das Schlimmste freilich war unser Schuhwerk, das sichtlich zerfiel. Aufschnaiter hatte Erfrierungen an den Händen, und ich hatte noch immer mit den Füßen zu tun. Am meisten Kummer machten uns die Tiere. Mein treuer Hund bestand nur noch aus Haut und Knochen. Da wir selbst kaum noch etwas hatten, fiel auch für ihn nicht viel ab. Seine Pfoten waren wund gelaufen, und oft holte er uns erst Stunden später am Lagerplatz ein, so langsam schleppte er sich dahin. Dem Yak ging es nicht viel besser. Seit Wochen hatte er nicht genug Gras gefunden und war erschreckend abgemagert. Und obwohl wir aus der verschneiten Zone mittlerweile heraus waren, war das Gras spärlich und trocken und die Weidezeit kurz.

Unseren zweiten Silvesterabend in Tibet verbrachten wir in einem Tasam und überdachten unsere Lage. Was hatten wir bisher erreicht? Noch immer zogen wir illegal durchs Land, zwei heruntergekommene, halb verhungerte Vagabunden, die sich vor jedem kleinen Bönpo verstecken mussten, und noch immer war Lhasa, die »verbotene Stadt«, ein illusorisches Ziel. Man konnte schon den Mut verlieren, und unsere Gedanken wanderten in die Vergangenheit, zu Heimat und Familie.

An Neujahr wollten wir erst einmal einen Rasttag einlegen, um wieder neue Kraft zu schöpfen. Umso schwerer fiel es uns, das Angebot eines freundlichen Karawanentreibers anzunehmen, der unseren abgemagerten Yak kopfschüttelnd betrachtet hatte und vorschlug, unser geringes Gepäck auf einem seiner Tragtiere mitzunehmen. So konnte unser Yak ohne Last die nächsten zwanzig Kilometer in der großen Herde mitgehen, wir aber mussten auf den Tag der Ruhe und Besinnung verzichten. Unserem Kartru ging es wohl ähnlich. Ich rief ihn und pfiff, aber er wedelte nur matt mit dem Schwanz und blieb liegen. Es war zu viel für ihn. Was sollte ich mit ihm tun? Wie gern hätte ich ihn jemandem übergeben, der ihn gut behandeln würde, da wir uns nun doch trennen mussten! Es war mir ein kleiner Trost, dass er bei einer Siedlung zurückblieb. Als Eindringling würde er es zwar schwer haben, sich gegen die anderen Hunde zu behaupten, aber eine weitere Etappe mit uns hätte er sicher nicht mehr überstanden.

Es sollte noch ärger kommen. Die nächste Tasamstation hatte kein Haus, sondern viele Zelte. Verdächtige Gestalten trieben sich herum und interessierten sich für unsere Sachen. Wir waren müde und gleichgültig, denn bei uns gab es nichts zu stehlen. Am nächsten Morgen bemerkten wir zu unserem Schrecken, dass der Yak nicht da war. Auch von dem Gesindel am Abend zuvor fehlte jede Spur, und es war nicht schwer zu erraten, was geschehen war. Der Verlust des Yaks traf uns empfindlich, aber aller Protest beim zuständigen Bönpo verhallte. Im Tasam sei jeder selbst für seine Sachen verantwortlich, beschied er uns.

Wir hatten keine Zeit, lange um unseren treuen Gefährten zu trauern. Schon seit ein paar Tagen marschierten wir auf eine ungeheure Bergkette zu. Wir wussten, dass es sich um das Nyentschenthanglagebirge mit über siebentausend Meter hohen Gipfeln handelte, über das ein einziger Pass namens Guring-la führt – direkt nach Lhasa. Der Aufstieg begann an einem Tasamplatz mit dem Namen Tokar, die nächste Station würden wir erst in fünf Tagen erreichen. Wir wagten nicht daran zu denken, wie wir das durchhalten sollten.

Die Tage, die nun kamen, waren endlos und die Nächte noch länger. Wir zogen durch eine typisch tibetische Landschaft und passierten einen der größten Seen der Erde, den Nam Tsho oder Tengri Nor, für dessen Umrundung man elf Tage benötigte. Der Aufstieg in der dünnen Luft hatte uns völlig erschöpft, und die Höhe von sechstausend Metern lähmte unser Denken. Dann und wann warfen wir einen staunenden Blick auf die noch höheren Gipfel der Umgebung. Endlich standen wir auf der Passhöhe Guring-la, in 5972 Meter Höhe. Der Engländer Littledale hatte im Jahr 1895 als erster und einziger Europäer vor uns diesen Pass überschritten, und Sven Hedin hatte ihn als den höchsten Übergang im Transhimalaja in seine Karten eingezeichnet. Ich glaube mich nicht zu irren, wenn ich sage, dass er der höchste das ganze Jahr über begangbare Pass der Erde ist.

Pilger kamen aus Lhasa, befestigten bunte Gebetsfahnen, riefen »Lha gye lo«, »Die Götter werden siegen«, und eilten weiter in ihre Heimat, den Tschangthang. Während wir auf der Passhöhe rasteten, holte uns eine hübsche junge Frau mit roten Wangen und dicken, schwarzen Zöpfen mit ihrem Mann ein. Ihre Geschichte erschien uns wie eine tibetische Variante von »Romeo und Julia«: Die junge Frau hatte fröhlich und zufrieden in einem

Nomadenzelt im Tschangthang gelebt und ihren Männern – drei Brüdern – die Wirtschaft geführt. In der tibetischen Gesellschaft waren sowohl Polygamie als auch Polyandrie üblich. Eines Abends war ein junger Fremder gekommen und hatte um Nachtquartier gebeten. Von diesem Augenblick an war alles anders, es muss die berühmte Liebe auf den ersten Blick gewesen sein. Heimlich hatten sie sich verständigt, und schon am nächsten Morgen verließen sie gemeinsam das Zelt. An die Gefahren einer Flucht über die winterlichen Berge dachten sie nicht. Nun waren sie glücklich bis hierher gekommen und wollten in Lhasa ein neues Leben beginnen.

Die junge Frau ist mir wie ein Lichtblick aus diesen schweren Tagen in Erinnerung geblieben. Sie griff in ihre Brusttasche und reichte jedem von uns lächelnd eine getrocknete Aprikose. Diese kleine Gabe war für uns genauso köstlich wie das Weizenbrötchen des Nomaden am Weihnachtsabend. Wir hatten solche goldgelben Früchte schon 1939 in Gilgit gesehen, und nun war es Januar 1946. Wie viel Zeit war seitdem vergangen, wie lange waren wir schon unterwegs. Wieder kamen die Erinnerungen.

Drei Tage marschierten wir, ohne auf Zelte zu stoßen. Immer wieder sahen wir tief unter uns die weißen Gerippe abgestürzter Karawanentiere, die von der Gefährlichkeit des Passes zeugten, und die Treiber erzählten, dass hier jeden Winter Pilger im Schneesturm ums Leben kamen. Wir dankten Gott für das gute Wetter, so konnten wir schon in den ersten Tagen zweitausend Meter absteigen.

Da sahen wir in der Ferne eine riesige Rauchsäule zum Himmel steigen. Kam sie von einer Siedlung? Beim Näherkommen sahen wir, dass es der Dampf heißer Quellen war. Bald standen wir vor einem Bild unerwarteter Naturschönheit: Mehrere Quellen brachen aus dem Boden, und mitten aus der Dampfwolke, die sie verhüllte, schoss ein Geiser vier Meter hoch in die Luft. Wir waren überwältigt von dem Anblick. Unser nächster Gedanke war baden. Das Wasser kam kochend aus dem Boden, wurde aber durch die Außentemperatur von minus fünfzehn Grad erträglich abgekühlt. Wir vergrößerten einen der natürlichen Tümpel zu einem komfortablen Warmwasserbecken. Welch ein Genuss! Seit den heißen Quellen von Kyirong hatten wir nicht mehr baden können. Unsere Bart- und Kopfhaare waren infolge der niedrigen Lufttemperatur gleich bocksteif gefroren. Aus Kyirong hatten wir ein Stück Seife mitgenommen, das ich auf den erhöhten Bachrand legte. Noch bevor wir uns waschen konnten, erfasste ein Rabe im Sturzflug unser kostbares Stück, und fort war die Seife.

Im nächsten Biwak hatte ich zum ersten Mal einen bösen Ischiasanfall. Für diese schmerzhafte Alterserscheinung, wie ich immer angenommen hatte, gab es einen Grund: Seit Wochen lagen wir ohne Unterlagen auf dem gefrorenen Boden, immer auf der gleichen Seite, Rücken an Rücken, genau dort, wo der Nerv aus dem Becken in den Oberschenkel hineintritt.

Nur noch wenige Tage trennten uns von Lhasa, die Temperaturen waren angenehm geworden, und der dicke Schafpelz wurde zu warm. Wir wanderten dem Frühling entgegen. Frisch gepflügte Äcker, dazwischen grüne Flächen mit Wintersaat, und zwitschernde Vögel begleiteten uns. Wir hatten es tatsächlich geschafft, uns mit List und Tücke bis hierher durchzuschlagen, und eines Abends sahen wir das Tal von Lhasa. In dieser Nacht fanden wir wenig Schlaf und versuchten uns Klarheit über unsere Lage zu verschaffen. Wir hatten noch eineinhalb indische Rupien und sahen aus wie Bettler. Wie sollten wir in die Stadt kommen? Was wir uns nun ausdachten, war die größte nur denkbare Lüge: Wir behaupteten, die Vorhut eines hohen britischen Botschafters zu sein und sofort ein Tragtier haben zu müssen. Immerhin bekamen wir einen Esel; wäre das nicht gelungen, wir hätten unsere Tagebücher genommen und alles Übrige einfach liegen gelassen. Noch lange nach unserer Ankunft in Lhasa amüsierten sich die hohen tibetischen Beamten über diese Geschichte, mit der wir ihre Bönpos derart an der Nase herumgeführt hatten. Schadenfroh bogen sie sich vor Lachen.

Es war der 15. Januar 1946, als wir zur letzten Etappe aufbrachen. Wir bogen um einen Bergsporn – und in der Ferne leuchteten die goldenen Dächer des Potala, der Wintersitz des Dalai Lama, das berühmte Wahrzeichen von Lhasa! Dieser Augenblick entschädigte uns für vieles. Am liebsten wären wir niedergekniet und hätten gleich den Pilgern mit der Stirn den Boden berührt. Fast tausend Kilometer hatten wir seit Kyirong zurückgelegt. Siebzig Tage waren wir marschiert, allein fünfundvierzig davon hatte die Durchquerung des Tschangthang gedauert mit ihrer schmerzlichen Mühsal, dem Kampf gegen Hunger, Kälte und Gefahren. Wir hatten viele Begegnungen mit guten Menschen, die uns halfen, und mit Bösen, die uns beraubten und unser Leben in Gefahr brachten. Aber was hatte das alles jetzt noch für eine Bedeutung beim Anblick der goldenen Tempelspitzen? Ängste und Strapazen waren vergessen – zehn Kilometer noch, und das Ziel war erreicht.

Wir setzten uns neben einen der Steinhaufen, welche die Pilger an jenen Stellen errichten, die den ersten Blick auf die Heilige Stadt gewähren. Unser Treiber verrichtete seine Gebetsübungen. Für die letzten Kilometer mischten wir uns unter die Pilger und Karawanen. An wichtigen Plätzen der Straße standen offene Verkaufsstände. Die Augen gingen uns über beim Anblick der lang entbehrten Leckerbissen: Süßigkeiten, weiße Brötchen, in Butter gebacken ... Aber wir hatten kein Geld. Die letzten eineinhalb Rupien gehörten dem Eseltreiber.

Und schon erkannten wir all die anderen Wahrzeichen der Stadt, die wir so oft in Büchern bewundert hatten, ohne uns träumen zu lassen, dass wir einmal selbst davor stehen könnten. Das dort musste der Tschagpori sein, der Berg, auf dem eine der beiden berühmten Medizinschulen steht. Und hier, vor uns, Drepung, das größte Kloster der Welt, in dem etwa zehntausend Mönche lebten; es war eine ganze Stadt aus vielen Steinhäusern und Tempeln. Etwas tiefer lagen die Terrassen des Klosters Netschung, das seit Jahrhunderten das größte Mysterium Tibets beherbergte. Die Manifestation eines buddhistischen Schutzgottes hatte hier ihren Sitz, und sein geheimnisvolles Orakel lenkte die Geschicke des Staates, denn es wurde von der Regierung vor jeder großen Entscheidung um Rat gefragt. Jetzt waren es noch acht Kilometer bis Lhasa, und jeder Schritt erschloss neue Eindrücke. Vor uns lagen die Weidegründe der Pferde des Dalai Lama, ausgedehnte Wiesen, umsäumt von Weidenbäumen. Danach begleitete uns eine lange, hohe Steinmauer, und wir hörten, dass der Norbulingka, der berühmte Sommerpalast des Gottkönigs, dahinter liegt. Dann kamen wir zum Anwesen der Handelsmission Großbritanniens, die sich am Stadtrand hinter hohen Pappeln versteckte. Unser Treiber bog ein, hielt es für selbstverständlich, dass wir dorthin wollten, und nur mit Mühe brachten wir ihn dazu, weiterzugehen. Einen Augenblick erwogen wir tatsächlich, uns an die Engländer zu wenden, zu groß war unsere Sehnsucht nach Zivilisation und das Verlangen, wieder einmal mit Europäern zu sprechen. Aber das Internierungslager war nicht vergessen, und wahrscheinlich war es auch klüger, in Tibet die Tibeter um Aufnahme zu bitten.

Kaum fassten wir es, dass uns niemand anhielt. Man kümmerte sich gar nicht um uns. Hin und wieder sah sich ein Reiter nach uns um, reich gekleidet, auf schönem, wohlgenährtem Tier, ganz anders als die kleinen Pferde Westtibets. Später erfuhren wir, dass keiner Verdacht schöpfte, auch wenn man uns als Europäer erkannte, da noch niemand ohne Pass bis nach Lhasa gekommen war.

Plötzlich sahen wir ein Tor, gekrönt von drei Tschörten. Es war die einzige Öffnung in der Mauer, die Pforte zur »verbotenen Stadt«. Unsere Spannung erreichte ihren Höhepunkt. Jetzt musste es sich entscheiden. Beinahe jedes Buch über Lhasa wusste zu berichten, dass das Tor von riesigen Mönchsposten bewacht wurde. Mit Herzklopfen kamen wir näher. Nichts, bis auf einige Bettler, die ihre Hände nach Almosen ausstreckten – kein Soldat, keine Kontrolle. Wir mischten uns unter eine Gruppe von Pilgern und zogen ungehindert durch das Tor in die Stadt.

Die »verbotene Stadt« Lhasa

Wir schauten und schauten und konnten nicht fassen, dass wir mitten in Lhasa waren. Es gelingt mir heute nicht mehr, die richtigen Worte zu finden für das, was ich damals sah und empfand. Wir waren überwältigt. Unsere Sinne waren überempfindlich geworden, zermürbt durch die Strapazen und nicht mehr fähig, die Eindrücke zu verarbeiten, die jetzt auf uns einstürmten.

In der Abendkühle frierend, wollten wir Quartier suchen. Aber hier konnte man nicht einfach ein Haus betreten wie im Tschangthang ein Zelt. Versuchten wir es, so flehten uns die Bewohner an, weiterzuziehen, oder sie jagten uns mit Geschrei davon. Schließlich kamen wir zu einem großen Haus, das vornehmer und geräumiger zu sein schien als alle anderen und im Hof sogar Unterstände für Pferde hatte. Aber wieder waren gleich Diener da, die uns schimpfend und schreiend vertreiben wollten. Doch diesmal ließen wir uns nicht abschütteln und luden einfach das Gepäck von unserem Esel. Unser Treiber drängte schon zum Gehen, denn er hatte längst bemerkt, dass mit uns etwas nicht stimmte. Wir gaben ihm sein Geld, und er zog erleichtert davon.

Todmüde und halb verhungert setzten wir uns neben unserem ärmlichen Bündel auf den Boden. Es war uns gleichgültig, was nun mit uns geschah – nur sitzen, rasten, schlafen. Das zornige Geschrei verstummte, als die Umstehenden unsere geschwollenen und blasenbedeckten Füße sahen. Mitleid regte sich in diesen gutmütigen, offenen Menschen. Eine Frau machte den Anfang und brachte eine irdene Kanne Buttertee. Nun schleppten alle etwas herbei: Tsampa, Trockenkäse, sogar Kuhfladen zum Feuermachen. Heißhungrig stürzten wir uns auf das Essen, vergessen war alles andere.

Plötzlich hörten wir uns in perfektem Englisch angesprochen und erkannten einen reich gekleideten Tibeter vor uns, der einem vornehmen Stand angehören musste. Wir erzählten ihm unser Schicksal, sagten ihm, dass wir Deutsche seien und um Aufnahme baten. Er überlegte kurz und meinte dann, dass er uns nicht ohne Bewilligung des Stadtmagistrats in seinem Haus unterbringen dürfe. Aber er machte sich sofort auf den Weg, um die Erlaubnis zu erbitten.

Nun wurden wir von den anderen, die flüsternd im Kreis herumgestanden waren und dem Hausherrn ehrerbietig Platz gemacht hatten, aufgeklärt: Der Herr hieße Thangme und sei ein hoher Bönpo; später erfuhren wir, dass er ehrfürchtig Kungö, »Hoheit«, genannt wurde. Wir merkten uns die Anrede und sprachen ihn auch so an.

Thangme rief uns zu sich und erklärte, der Magistrat habe ihm gestattet, uns für eine Nacht aufzunehmen, alles Weitere müsse natürlich vom Kabinett entschieden werden. Ein Zimmer stand für uns bereit – ein richtiges, sauberes, gemütliches Zimmer. Wir wagten es kaum, uns in unseren Lumpen auf den Teppich der Liegestätten zu setzen. Wie hässlich und schäbig kamen wir uns in dieser Umgebung vor! Unsere Sachen, jahrelang als wertvollstes Gut mitgeschleppt, hatten plötzlich ihren Zweck verloren, und wir wären sie am liebsten los gewesen. Ein köstliches Nachtmahl wurde gebracht, und ganz benommen begannen wir zu essen, immer wieder zum Zugreifen genötigt. Die Gegensätze konnten nicht krasser sein: Zwei heruntergekommene Europäer mit verlausten, zerrissenen Pelzmänteln wurden im gepflegten Haus einer tibetischen Familie aufgenommen und verwöhnt. Wir genierten uns und verbargen die ungepflegten Hände. Unsere Gastgeber konnten es kaum glauben, dass wir im Winter durch das Tschangthang und über den Nyentschenthangla gekommen waren.

Todmüde und verwirrt fielen wir endlich auf das Lager, konnten aber nicht einschlafen. Zu viele Nächte hatten wir auf dem harten und vereisten Boden verbracht, nur durch unseren Schafpelz vor der ärgsten Kälte geschützt, nun hatten wir eine weiche Unterlage, ein geheiztes Zimmer! Der Körper konnte sich nicht so schnell umstellen, und die Gedanken gingen wie ein Mühlrad in unserem Kopf herum.

Noch ehe wir am anderen Morgen richtig wach waren, stand ein Diener mit süßem Tee und Keksen an unserem Lager. Dann brachte man warmes Wasser, und wir brauchten viel Mühe und Geduld, um die alten Bärte loszuwerden. Endlich schauten wir etwas manierlicher aus.

Thangme sahen wir erst mittags wieder, er war im Außenamt gewesen und brachte uns gute Nachricht: Wir würden nicht an die Engländer ausgeliefert. Vorläufig dürften wir in Lhasa bleiben, wurden jedoch höflich ersucht, das Haus unserer Gastgeber bis zur Stellungnahme des Regenten nicht zu verlassen. Am selben Tag noch bekamen wir Besuch von einem Bönpo des Stadtmagistrats. Er bat uns sehr freundlich, unser Gepäck visitieren zu dürfen. Wir wagten die Frage, ob denn wirklich alle Beamten bestraft würden, durch deren Distrikte wir gekommen waren. Der ganze Fall komme vors Kabinett, meinte er bedächtig, und die Bönpos müssten schon mit einer Strafe rechnen. Das tat uns furchtbar Leid, und zu seiner Erheiterung erzählten wir ihm, wie wir gebluff hatten und auf welche Art wir den Begegnungen ausgewichen waren. Lachen mussten wir, als er uns berichtete, dass er am Abend unserer Ankunft schon an eine deutsche Invasion in Lhasa geglaubt habe, als alle Leute, die wir angesprochen und um Quartier gebeten hatten, sofort zum Magistrat gelaufen kamen und meldeten, dass zwei »Germans« in der Stadt seien. Österreich war in Tibet kaum bekannt, und deshalb galten wir hier als Deutsche, wie schon in Dehra-Dun. Außerdem war das Wort »German« zumindest den gebildeten Tibetern ein Begriff, denn deutsche Produkte hatte man hier immer schon wegen ihrer Qualität geschätzt.

Die nächsten Tage waren wir das Stadtgespräch von Lhasa. Viele Besucher kamen, und das nicht nur aus Neugierde; sie hatten Mitleid mit uns und brachten nützliche Geschenke. Immer wieder bewunderten sie unsere tibetischen Sprachkenntnisse, warfen sich aber schmunzelnd Blicke zu, die wir uns nicht erklären konnten. Erst viel später verstanden wir den Grund: Peter Aufschnaiter und ich sprachen den Dialekt der Bauern im fernen Himalaja oder gebrauchten Worte der Nomaden, während man sich in Lhasa in reinem Hochtibetisch mit vielen Respekts- oder Höflichkeitsformen ausdrückte. Humorvoll, wie sie waren, verwendeten sie auch später noch, als wir längst das Lhasa-Tibetisch benutzten, unsere derben Redewendungen vom Land, nur um uns zu necken.

Während des »Hausarrests« wurde uns nie langweilig. Immer wieder kamen Besucher, die von unserer Gastgeberin mit dem üblichen Butter- oder auch mit Darjeelingtee bewirtet wurden. Thangme war ein Adeliger fünften Ranges, und dass nun auch Beamte vierten Grades oder angesehene Mönche uns besuchten, war für sein Haus eine große Ehre. Frau Thangme zog sich dann bescheiden mit unterwürfigen Verbeugungen zurück. Man brachte englische Zeitungen, die zwar Monate alt waren, aber doch ein Bild vom Nachkriegseuropa gaben, das uns in dem Wunsch, in Tibet zu bleiben, bestärkte. Unsere Heimat machte schwere Zeiten durch, und dann waren da Bilder von deutschen Kriegsgefangenen in England und Frankreich.

Inzwischen waren acht Tage vergangen. Wir hatten unser Ausgehverbot befolgt und das Haus nicht verlassen. Welch Überraschung, als eines Tages Diener kamen und uns eine Einladung in das Elternhaus des Dalai Lama brachten! Wir sollten gleich mitkommen. So zogen wir Kleider und Schuhe an, die uns von der Regierung geschenkt worden waren; Thangme gab jedem eine Kata, eine weiße Glücksschleife, wie sie die Tibeter zur Begrüßung überreichen, damit wir der Sitte gemäß auftreten konnten.

Das Haus der Eltern des Dalai Lama Yabschi Sarpa lag kaum einen Kilometer entfernt. Vor einem riesigen Tor wartete schon ein Angestellter und verbeugte sich ehrerbietig vor uns. Wir folgten ihm durch einen großen Garten mit Gemüsebeeten und Gruppen von Weidenbäumen zum Palast. Als wir im zweiten Stock ankamen, öffnete sich langsam eine Tür, und wir standen

Das Kloster Trakar Taso in Kyirong.

Das Stadttor in Lhasa mit dem Potala im Hintergrund.

Der Potala, in dem der Dalai Lama die Wintermonate verbrachte.

vor der Mutter des Gottkönigs. In einem großen, hellen Raum, auf einem kleinen Thron, saß würdevoll und erhaben diese imposante Frauengestalt, umgeben von ihren persönlichen Dienern. Die Gya-yum Tschenmo, die Große Mutter, lächelte uns an und war sichtlich erfreut, als wir ihr mit einer Verbeugung die weißen Schleifen überreichten. Sie strahlte über ihr gutmütiges Gesicht, als sie uns, anders als es in Tibet Sitte ist, die Hand zum Gruß reichte.

Einige Zeit später kam der Vater des Dalai Lama, ein stattlicher älterer Mann, der uns freundlich anlächelte. Wieder machten wir unsere Verbeugungen, überreichten nach dem Zeremoniell unsere Schleifen und wunderten uns, wie ungezwungen auch er uns begrüßte. Diener kamen und gingen, schenkten Tee ein, erst dem Vater, dann der Mutter und zuletzt uns. Der Tee überraschte uns durch sein Aroma und die andere Zubereitung. Sie erzählten uns, dass sie die alte Sitte ihrer Heimat Amdo beibehalten hatten, nach der dem Tee nur Milch und Salz zugefügt werden, nicht aber, wie sonst üblich, Butter. Und noch etwas erinnerte an Amdo: der Dialekt der beiden sympathischen Menschen. Beide sprachen das Tibetisch der hiesigen Zentralprovinzen nur gebrochen, und so musste der vierzehnjährige Bruder des Dalai Lama, Lobsang Samten, als Dolmetscher helfen. Er war schon als Kind nach Lhasa gekommen und sprach fließend Hochtibetisch.

Lobsang Samten übernahm gleich lebhaft die Unterhaltung. Aufgeweckt und voller Neugierde überfiel er uns mit seinen Fragen und wollte jedes Detail unserer Erlebnisse erfahren. Sein jüngerer Bruder, der Dalai Lama, hatte ihn beauftragt, ihm alles genau zu berichten. Aber auch wir stellten bescheiden einige Fragen, und so erfuhren wir, dass der Name Dalai Lama aus dem Mongolischen kommt und »Weiter Ozean« bedeutet. Doch Dalai Lama nennt ihn in Tibet niemand, für sein Volk ist er Gyalpo Rinpotsche, was »Geschätzter König« heißt. Eltern und Brüder gebrauchen eine intimere Form, wenn sie vom jungen Gottkönig sprechen, und nennen ihn Kundün, was »Gegenwart« bedeutet.

Als wir aufbrachen, schleppten Diener Säcke mit Gerstenmehl und Reis herbei, dazu einen großen Knollen Butter und zwei flauschige Wolldecken. »Auf persönlichen Wunsch des Kundün«, sagte die Gottmutter lächelnd und drückte jedem von uns noch hundert Sang in die Hand, die höchste Geldnote Tibets.

Auf dem Rückweg hatten wir das Gefühl, dass jeder erkennen würde, welche Ehre uns zuteil geworden war. Und der Erfolg unseres Besuchs ließ nicht lange auf sich warten. Schon am nächsten Morgen kam der Bescheid vom Außenamt, dass wir uns frei in Lhasa bewegen dürften. Damit begann unser legitimer Aufenthalt in der verbotenen Stadt, der erst Jahre später mit dem Einmarsch chinesischer Truppen in Tibet zu Ende gehen sollte.

Tagelang machten wir Höflichkeitsbesuche. Zuerst bei den vier Kabinettsministern und dem mächtigen Chikyab Khenpo, dem alle Mönchsbeamten unterstanden. Nach den tibetischen Behörden besuchten wir die außerhalb der Stadt in einer wunderschönen parkähnlichen Anlage gelegene britische Handelsmission. Rot livrierte Diener führten uns in den Garten, den Dekyi Lingka, und weiter ins Haus. Der Chef der »British Mission«, Arthur Hopkinson, begrüßte uns herzlich. Wie viele Jahre waren vergangen, seitdem wir zuletzt auf einem Sessel gesessen hatten? Ein Tischtuch, Blumenvasen, Bücher in einem freundlichen, europäisch eingerichteten Zimmer. Der Gastgeber zeigte Verständnis für unsere Gefühle; lächelnd folgte er unseren Blicken, und als sie an den Büchern hängen blieben, stellte er uns freundlich seine Bibliothek zur Verfügung. Er war über alle Einzelheiten unserer Flucht aus dem Lager informiert und war wie die Tibeter voller Bewunderung.

Zum Tee gab es warme Hörnchen, die wir entgegen jeder guten Sitte sofort verschlangen. Zu einem Drink wurden Pralinen auf den Tisch gestellt, wir konnten einfach nicht widerstehen. Hopkinson ließ mit einem Lächeln nachfüllen, und nach so viel Güte brachten wir noch unsere größte Bitte vor: Er möge den Kontakt mit unseren Familien ermöglichen. Die Verwandten in

Europa hatten seit Jahren nichts von uns gehört, und Hopkinson versprach, über das Rote Kreuz in Indien Nachrichten zu vermitteln. Ob wir noch immer als Kriegsgefangene galten und ob das Lager Dehra-Dun noch existierte, wusste er nicht.

Es war der Anfang glücklicher Jahre in einem freien glücklichen Land mit fröhlichen und liebenswerten Menschen. Heute, mehr als ein halbes Jahrhundert später, läuft vieles aus dieser Zeit wie ein Film an mir vorüber – das Langzeitgedächtnis, typisch für das hohe Alter, ist offensichtlich noch gut intakt. Und so erinnere ich mich deutlich an Erlebnisse von damals, auch wenn sie in meinen Tagebüchern nicht alle festgehalten sind. Als mein Leben zur Routine wurde, habe ich aufgehört, die alltäglichen Begebenheiten gewissenhaft aufzuführen. Auch erschienen mir viele Gedanken und Begegnungen damals unwichtig, die heute von Bedeutung sind, waren wir doch die letzten Zeugen einer großen Kultur, die in der katastrophalen Vernichtung endete.

Wir lebten uns immer besser ein und gehörten bald zu ihnen. Entscheidend für unseren problemlosen Aufenthalt in Lhasa war, dass wir wie Tibeter lebten und ihre Sitten achteten. Eine Erklärung dafür, warum das Verhalten der Tibeter uns gegenüber völlig anders war als in den Büchern der wenigen Besucher beschrieben, lag sicher darin, dass wir im Gegensatz zu ihnen bettelarm und schlechter ausgerüstet als der ärmste Tibeter, mitten im kalten Winter unerkannt in Lhasa angekommen waren. Wir waren nicht aufgefallen, auch hatten wir keine Waffen und kamen ohne Auftrag einer fremden Regierung. Wir waren in keiner Weise verdächtig, wir waren einfach alles das nicht, was die Tibeter an Fremden misstrauisch machte. Dass wir monatelang Kälte und Strapazen überstanden hatten, machte uns in ihren Augen zu mystischen Yogis oder eher noch zu Lung Gompas, Läufern, die in Trance handeln. Wären wir als Europäer aufgefallen, hätte das Missfallen erregt, und vor allem der mächtige Regent war bekannt dafür, dass er alles »Ausländische« verabscheute und Zuwiderhandelnde streng bestrafte.

Die Tibeter hatten für ihre Skepsis gegenüber Fremden vielerlei Gründe. Mit der großen Ausnahme der Berichte von Engländern, wie Charles Bell oder Hugh Richardson, hatten Bücher über Tibet zumeist großen Ärger in Lhasa erregt. »Tibeter waschen sich nicht, leben in Polygamie oder Polyandrie und verfüttern ihre Toten an die Geier«, sind einige Eigenschaften, die als besonders typisch betont wurden. Als interessant schilderte man die große Verbreitung von Aberglauben, die Fähigkeit zur Levitation oder das Sehen mit dem dritten Auge – alles mysteriöse, nicht durchschaubare, irreale Erscheinungen für den Westen. Nur nebenbei oder überhaupt nicht wurde bemerkt, dass Tibet auf eine zweitausend Jahre alte Kultur zurückblicken konnte, dass die tibetische Medizin mit ihrer Kenntnis der Kräuter fast ebenso alt war und dass in Tibet Blockbücher wie bei uns im Mittelalter hergestellt wurden. Am Fuß des Potala stand ein Haus mit über hunderttausend aus Magnolien- oder Birkenholz geschnitzten Druckstöcken.

Während der sieben Jahre in Tibet habe ich nie erlebt, dass ein Eremit oder ein als heilig betrachteter Mönch übernatürliche Dinge ausüben konnte. Nie habe ich überprüft, ob ein Tibeter seinen Geist vom Körper trennen konnte, nie die Wirksamkeit von Amuletten angezweifelt oder geleugnet, dass die Kugel eines Feindes den Körper des Trägers tödlich treffen kann, geschweige denn ein Experiment versucht. Meine Vernunft ließ mich keine Wunder erleben, und doch geschehen in Tibet immer wieder Dinge, die man nicht erklären und sehen kann. Ich glaube, auch das gehört zum Geheimnis und der Faszination des Landes.

Oft habe ich versucht, Farben und Schönheit der Landschaft in Worte zu fassen, immer wieder stellte ich jedoch fest, dass alles viel prächtiger war, als ich es schildern konnte. Zur korrekten Darstellung des Landes liegt es mir als Geographen ganz besonders am Herzen, zu betonen, dass Tibet zwar das Dach der Welt ist, dass es dort aber nicht nur eisbedeckte Berge, Steppe und spärlich bewohntes Nomadenland gibt. Wer weiß schon, dass südlich des Himalaja-Hauptkamms, auf dem Breitengrad der Sahara oder Floridas, die tibetische Provinz Pemakö liegt, in der noch Stämme leben, die keine Schrift kennen, und wo tropische Früchte in reicher Fülle gedeihen? Dort gibt es Niederschlagsmengen, welche fast die Weltrekordzahlen vom nahen Cherrapunji erreichen. Die klimatischen Gegensätze in Tibet zwischen dem ariden Norden mit fünf bis zehn Zentimetern und dem Süden mit fast zehn bis sechzehn Metern Niederschlag sind ungewöhnlich.

Auch das kleine Königreich Sikkim war einmal ein Teil Tibets. Die Tibeter nennen es Dredschong, was »Reisland« heißt. Nicht zu vergessen die steilen Hänge rund um Darjeeling, wo der feinste und teuerste Tee der Welt wächst. Von den Engländern phonetisch als Darjeeling festgehalten, ist es nichts anderes als das tibetische Dordscheling, »Donnerkeilgarten«.

Zu dieser Vielfalt des Landes eine kleine Betrachtung von mir, ein Loblied auf die Heimat des Dalai Lama: Als die Erde im Lauf der Schöpfung aufgeteilt wurde, hat man Tibet mit besonders großen Vorzügen bedacht. Diese Mannigfaltigkeit von Schönheit und Schätzen der Natur wurde dem kleinen Volk der Tibeter zuteil, weil man wusste, dass sie mit den Gaben behutsam und sorgsam umgehen würden und Sorge trügen, dass die Beziehung aller Lebewesen zu ihrer Umwelt im Gleichgewicht bleiben müsse. Man schürfte nicht nach Erzen, auch nicht nach dem schwarzen oder weißen Gold, wodurch Luft und Wasser sauber blieben. Die Wunder der Schöpfung wurden seit Jahrtausenden geachtet und sorgsam verwaltet. Die Tibeter waren schon immer die größten Tierschützer, einfach weil die Jagd verboten war. Die ausgedehnten Wälder mit ihren edlen Hölzern, die nur sparsam geschlagen wurden, sorgten für den Wasserhaushalt und ein gutes Klima. Ohne Kenntnis des Begriffs war ökologisches Verhalten immer selbstverständlich.

Nachdem wir uns frei in der Stadt bewegen konnten, staunten wir über die Aufmerksamkeit, die die Tibeter uns zwei Flüchtlingen entgegenbrachten. Einer unserer ersten Besucher war der Sohn des berühmten Ministers Tsarong. Er überbrachte nicht nur nützliche westliche Geschenke, sondern auch die Einladung seines Vaters, in Zukunft bei ihm zu wohnen. So verließen wir das gastliche Haus von Thangme, das uns als gemütliches Heim und als unsere erste Begegnung mit einer Lhasa-Familie in dankbarer Erinnerung blieb. In einem geräumigen Bungalow im großen Garten des Tsarong-Anwesens hatte nun jeder von uns sein eigenes Zimmer.

Wir genossen unsere gemütliche Wohnung mit einem kleinen Innenhof, den wir mit der jüngeren Schwester unseres Gastgebers teilten. Da sie in erster Ehe mit dem König von Kongpo verheiratet gewesen war, wurde sie von allen respektvoll mit Königin angesprochen. Wir, als ihre Nachbarn, durften diese lebhafte und lustige Frau bei ihrem Mädchennamen Drölma-la nennen. Ihr neuer Mann war Kuscho Tsenam-la, und eines Tages lud er uns ein, die Güter, die seine Frau geerbt hatte, zu besuchen.

Es war für uns der erste größere Ausflug, und er führte uns in eine Region, die eineinhalb Tagesreisen von Lhasa entfernt lag. Bequem mit Pferden und Dienern reisten wir wie die Bönpos, die wir auf der Flucht so oft beneidet hatten. Das Landgut war wie ein Dzong, wie eine Festung, von einem Wassergraben umgeben. Ringsherum dehnten sich weite Felder, und Peter Aufschnaiter, der ja von Beruf Landwirtschaftsingenieur war, konnte sofort mit Ratschlägen für Anbau und Ernte helfen. Schnell hatte sich dieser Besuch in Lhasa herumgesprochen, und Aufschnaiter wurde vom höchsten Mönchsbeamten, dem Chikyab Khenpo, beauftragt, auch für Lhasa Verbesserungen vorzuschlagen.

Auch für mich hatten sich mittlerweile Betätigungen ergeben. Ich war häufig bei Surkhang, einem der vier Kabinettsminister, zu Gast gewesen, und sowohl er als auch sein Vater, Surkhang Dzasa, der als weltlicher Vertreter neben dem Mönchsaußenminister Liuschar Dzasa fungierte, wurden bald zu meinen wichtigsten Arbeitgebern. Zunächst übersetzte ich im Außenamt den Inhalt einiger in Englisch verfasster Reisebücher. Dabei entdeckte ich auch eine Anzahl Pilgerkarten, die wie bunte Gemälde aussahen. Sie waren anschaulich und leicht zu lesen, denn alle Berge waren als richtige Berge dargestellt, Pässe erkannte man an den bunten Gebetsfahnen, und Fähren waren durch ein Boot markiert. Nur der Maßstab fehlte völlig, aber den tibetischen Pilger interessierte lediglich, wo er auf einen Pass treffen würde oder wo ihn eine Fähre ans andere Ufer übersetzen konnte – wie weit es bis dahin war, spielte keine Rolle, der Zeitbegriff war ein anderer. Eine der Landkarten faszinierte mich besonders. Sie zeigte das Gebiet, in dem der gewaltige Brahmaputra durch den Himalaja bricht. Gekerbte Baumstämme als Leitern über steile Felsen, darunter die tosenden Stromschnellen, erweckten in mir den Wunsch, diese Schlucht zu erforschen. Ich machte mir zur Aufgabe, diese einmaligen Landkarten maßstabgetreu zu übertragen, damit sie auch im Westen gelesen werden konnten.

Bald waren Aufschnaiter und ich Angestellte der Regierung und bekamen feste Gehälter. Auch in der Hierarchie der tibetischen Gesellschaft erhielten wir unseren Platz. Wir wurden als Letsempa, also Adelige fünften Ranges, eingestuft und saßen bei offiziellen Empfängen in tibetische Mäntel gekleidet unter den vielen anderen Letsempas, deren weltliche Vertreter zusätzlich eine runde gelbe Wollmütze tragen mussten. Aufschnaiter hatte sich inzwischen eine Unterkunft außerhalb Lhasas gesucht, um näher an seiner Arbeitsstelle als Landwirtschaftsingenieur zu sein. Er besaß ein Pferd und kam nur noch zu besonderen Ereignissen in sein Zimmer im Hause Tsarong.

Es wurde Weihnachten, wir waren beinahe schon ein Jahr in Lhasa. Wie gut hatten wir uns eingelebt, und wie freundlich hatte man uns aufgenommen. So oft war ich eingeladen gewesen und hatte so viel Gastfreundschaft erfahren, dass ich nun meinen Freunden einmal eine Freude machen wollte. Ich beschloss, ein Fest zu geben, ein richtiges Weihnachtsfest mit Christbaum und Geschenken.

Mein Freund Trethong, der Sohn eines verstorbenen Ministers, stellte mir für ein paar Tage sein Haus zur Verfügung, in dem ich die Vorbereitungen traf. Ich engagierte geschulte Diener und Köche, besorgte Geschirr und kaufte für meine Gäste kleine Geschenke: Taschenlampen, Federmesser, Tischtennisschläger und Gesellschaftsspiele, die ich alle weihnachtlich verpackte. Und dann kam die Hauptattraktion, der Christbaum! Frau Tsarong lieh mir einen Wacholderbaum in einem schönen Topf, und ich schmückte ihn mit Kerzen, Äpfeln, Nüssen und Süßigkeiten.

Das Fest begann schon am Vormittag, wie es hier bei Partys üblich war. Wangdü-la, mein engster Freund, stand mir als Zeremonienmeister zur Seite, denn ich fürchtete immer noch, ich könnte irgendeinen Verstoß gegen die Etikette begehen. Neugierig kamen die Gäste, bewunderten den »Tannenbaum« von allen Seiten, staunten über die Päckchen, die darunter lagen, und waren voller Spannung und Vorfreude. Mit Essen, Spielen und Trinken verging der Tag, und als es dunkel wurde, bat ich alle in ein anderes Zimmer. Wangdü-la zog seinen Pelz verkehrt herum an und spielte den Weihnachtsmann, während ich die Lichter am Baum anzündete. Das alte Grammophon spielte die Platte »Stille Nacht, Heilige Nacht« in Englisch, die Tür ging auf, und mit großen, erstaunten Augen standen meine Gäste vor dem Lichterbaum.

Es war eine merkwürdige Stimmung: diese so unterschiedlichen Menschen im Herzen Asiens und das vertraute alte Weihnachtslied aus der Heimat. Bisher hatte ich alle weichen Gefühle beherrscht, aber jetzt kamen mir die Tränen, schmerzlich überfiel mich die Sehnsucht nach der Familie und dem Zuhause. Aber die fröhliche Stimmung der Gäste, ihre Freude an den Geschenken und ein bisschen Alkohol halfen mir dann auch über mein Heimweh hinweg. Als meine Gäste aufbrachen, beteuerten sie immer wieder, wie gut ihnen unser »deutsches Neujahr« gefallen habe. Vor einem Jahr waren es zwei weiße Brötchen gewesen, die uns mitten im einsamen Tschangthang die köstlichste

Weihnachtsgabe bedeutet hatten. Heute saßen wir zufrieden und sicher im Kreise uns wohlgesinnter Menschen an einer reichen Tafel.

Bei den seltenen Treffen mit Peter Aufschnaiter war die Freude immer aufrichtig und groß. Erst jetzt in der Geborgenheit begriffen wir, wie tief unsere Freundschaft durch die Schwierigkeiten und Gefahren während der gemeinsamen Flucht geworden war. Für ihn hatte ich an Weihnachten eine besondere Überraschung vorbereitet. Eines Tages sprach mich im Basar ein älterer Mann an: »Henrig-la, du kannst doch alles reparieren, gib mir bitte fünfzig Sang.« Er öffnete seine Faust, und sofort erkannte ich, dass das demolierte Ding in seiner Hand einmal die wertvolle Rolex-Expeditionsuhr gewesen war, die Peter Aufschnaiter in Westtibet hatte verkaufen müssen. Fünfzig Sang kostete zum Beispiel eine Taschenlampe, und das war für eine kaputte, wenn auch einst berühmte Markenuhr ein hoher Preis. Ohne zu zögern bezahlte ich und ging zu einem der Kaschmir-Kaufleute, die wirklich alles reparieren konnten. Er legte das Uhrwerk einige Wochen in Petroleum, und die Räder drehten sich wieder. Deckel, Ziffernblatt und Armband kamen dazu, und das Weihnachtsgeschenk für meinen Freund war fertig. Langsam öffnete er das kleine Päckchen und betrachtete sprachlos das wertvolle Erinnerungsstück. Seine stille Freude beglückte auch mich.

Derselbe Mohammedaner, der Peters Uhr repariert hatte, lieh mir auch seine Kamera und verkaufte mir Film und Magnesium für das Blitzlicht. So konnte ich das erste Weihnachtsfest in Lhasa auch im Bild festhalten. Später bot er mir zwei deutsche Petroleumlampen an. Sie hatten einen Glühstrumpf, und das Anzünden musste geübt werden. Für Peter und mich bedeuteten sie eine große Verbesserung, und bald wollten auch wohlhabende Tibeter dieses Licht, damit sie besser tibetisches Schach, Madschong oder Karten spielen konnten. Ich war sehr stolz darauf, erzählen zu können, dass ich aus demselben Bezirk wie der

Erfinder des Glühstrumpfs, Carl Freiherr Auer von Welsbach, stammte und ihm 1929 nach seinem Tod wie Hunderte andere die letzte Ehre erweisen durfte.

Nun hatten wir das helle Licht mit dem Glühstrumpf, aber das nötige Petroleum war nur schwer und sündhaft teuer zu bekommen. Inzwischen hatte ich einige Kaufleute kennen gelernt, die regelmäßig zwischen Kalimpong in der indischen Provinz Bengalen und Lhasa Handel betrieben. Eine Bestellung brauchte Monate, und nur im Winter konnte man sicher sein, dass sie ihren Bestimmungsort auch erreichte. Im Sommer, während und nach den schweren Monsunregen, blieben die Karawanenrouten im Süden meist unpassierbar. Die Blechkanister für Petroleum konnten außerdem nur mit Maulseln transportiert werden, denn die störrischen Yaks wollten keine schwappenden Lasten tragen, bockten oder rissen einfach aus, und die Behälter flogen die steilen Hänge hinunter. Die Petroleumkanister durfte man wegen der großen Temperaturunterschiede und der Luftdruckdifferenzen zwischen 1600 und 5600 Metern nicht ganz füllen, daher schwang die Flüssigkeit hin und her, und das erzeugte das ungewohnte Geräusch – nur für die stoischen Mulis war das kein Problem. Wichtiger noch als die Lampen war für mich die Kamera gewesen, die ich von dem Mohammedaner geliehen bekam. Von nun an konnte ich etwas von den reichen Eindrücken auch im Bild festhalten; bisher hatte ich nur gezeichnet.

Über ein Jahr lebten Peter Aufschnaiter und ich bereits glücklich in Lhasa, als wir ins Außenamt gerufen wurden. Da das POW-Lager in Dehra-Dun immer noch existierte und die Tibeter nie eine Entscheidung über unseren Verbleib getroffen hatten, vermuten wir, dass unser Besuch im Außenamt damit zu tun haben könnte. Aber selbst unsere ärgsten Befürchtungen wurden von den Bildern übertroffen, die man uns vorlegte. Zwei in Braun gedruckte Ausgaben der *London Illustrated News* zeigten grausame Aufnahmen aus den nach Kriegsende vorgefundenen Konzentrationslagern der Deutschen. Weitab unserer Heimat wurden wir erstmals mit dem ganzen Ausmaß nationalsozialistischer Verbrechen konfrontiert.

Wir waren sprachlos – wie konnte so etwas im 20. Jahrhundert geschehen, trotz Internationalem Roten Kreuz und Genfer Konvention? Der Schock war groß, und mich bedrückte die Tatsache, dass ich vor dem Verlassen Europas um die Mitgliedschaft in der NSDAP angesucht hatte. Aufschnaiter und ich waren überzeugt – und sagten dies auch den Ministern –, dass keiner aus unserem Bekanntenkreis an solch schrecklichem Geschehen beteiligt gewesen sein konnte. Tatsächlich hatten die Bilder auch keinen Einfluss auf das Verhalten der Tibeter uns gegenüber, denn sie waren ja Zeugen, dass wir während der Zeit der Verbrechen bei ihnen gelebt hatten, weit weg von Deutschland, am anderen Ende der Welt.

Meine Lebensphilosophie hatte sich während der Jahre im friedlichen Tibet verändert. Europas materialistische, von reinem Nützlichkeitsdenken geprägte Einstellung lag für mich nun ein Jahrzehnt zurück. Ich hatte gelernt, dass selbst ein Wurm im Erdreich als Lebewesen geachtet und geschützt werden muss. In mir war eine Sensibilität gewachsen, die zehn Jahre zuvor, in jenem Schicksalsjahr 1938, noch völlig gefehlt hatte. Nichts von der kommenden Gefahr hatte ich damals geahnt – und alles um mich dem großen Gedanken meiner Himalaja-Reise untergeordnet. Nun aber begann ich mich zu befragen, ob ich den Lauf der Geschichte nicht doch hätte erahnen können, erahnen müssen, wäre ich schon damals mit einer »tibetischen Seele« ausgestattet gewesen. Später, mit fortschreitendem Alter, war mir die Intuition, kommende Gefahren zu ahnen, eine große Hilfe. Bei Expeditionen trug sie dazu bei, dass Träger und Teilnehmer vor fatalen Schäden bewahrt blieben.

Trotz einiger Fingerzeige, dass schon 1938 nicht alles seine Ordnung hatte, fehlte mir damals das Gespür, um wachsam und aufmerksam zu reagieren. Jetzt, 1948, erinnerte ich mich unter anderem an den Tod von Frau Köppen, der Mutter von Else Wegener. Bei ihrer Einäscherung war dem Streichquartett untersagt worden,

Mendelssohn Bartholdy zu spielen. Ich wusste damals nicht, dass der Komponist Jude war, und mir war nicht verständlich, warum seine Musik nicht wie gewünscht gespielt werden durfte.

Den Anblick der Bilder in den Zeitungen konnten Peter Aufschnaiter und ich nicht vergessen, und er bestärkte uns immer mehr in dem Wunsch, nicht mehr in die Heimat zurückzukehren. Meine leidenschaftliche Liebe zu den Bergen hatte mich nach dem Erfolg am Eiger in die Nähe dieser unheilvollen Politik gebracht. Aber diese Leidenschaft zu den Bergen wurde mir letztendlich doch zum Segen, denn sie hatte mich in den Himalaja, auf das Dach der Welt, geführt.

Inzwischen behandelten uns die Bewohner von Lhasa, ob adelige Beamte oder Ladenbesitzer, wie Tibeter. Wir waren auch nicht mehr die »Germans«, denn zumindest im Außenamt wusste man mittlerweile, dass wir Kontakt mit der Österreichischen Botschaft in Neu-Delhi pflegten. Zur selben Zeit bekamen wir ein lang entbehrtes Dokument ausgehändigt: einen österreichischen Pass, der Lhasa als unseren Wohnsitz auswies. Zehn Jahre waren vergangen, seit ich in Wien von den Engländern ein Visum für Indien bekommen hatte, um zum Nanga Parbat zu reisen.

Eines Tages traf ich in der Innenstadt, im so genannten Barkhor, wo sich alle Läden konzentrieren, auf das Paar, dem ich auf der Flucht am Guringpass begegnet war. Sie befanden sich in einem jämmerlichen Zustand, klagten über die große Stadt und wollten zurück in ihre Heimat. Dort bei den Nomaden gab es Fleisch, Käse und Milch im Überfluss, hier in Lhasa mussten sie schwer arbeiten, um das Geld zum Einkaufen zu verdienen. Ich konnte ihnen nun für die kostbare getrocknete Aprikose danken und half ihnen, die Rückkehr zu erleichtern.

Und noch einmal wurden wir an unseren langen Weg vom Gefangenenlager bis nach Lhasa erinnert. Der unfreundliche Beamte aus Tsaparang, der uns statt in seinem Haus in einer kalten Höhle hatte übernachten lassen, kam unterwürfig mit herausgestreckter Zunge, einer Glücksschleife und einem großen Knollen Butter zu uns, um sich zu entschuldigen. Die Schleife und den Briefumschlag, in dem wie üblich eine Geldnote enthalten war, gab ich ihm mit der Bemerkung zurück, dass er ja nur seine Pflicht getan hatte. Ich dachte an die Bemerkung des Steuereinhebers in Tradün, der meinte, nur außerhalb Lhasas sei er ein großer Bönpo.

Einmal versuchte ich das Gerstenbier in einem Lokal, das den Ruf hatte, besonders guten Tschang zu produzieren, als mich ein gut gekleideter alter Bekannter ansprach. Es war der Soldat, der uns in Westtibet zur indischen Grenze eskortiert hatte und beim Abschied meinte, »vielleicht sehen wir uns in Lhasa wieder, da gibt es viele schöne Mädchen«. Als Botengänger der Regierung hatte er von uns gehört, wagte es aber nicht, das Haus des berühmten Ministers Tsarong zu betreten, um uns zu besuchen.

Mindestens einmal im Jahr gingen Peter und ich auf den sechstausend Meter hohen Mindrutsari, um die schneebedeckten Gipfel des Himalaja und Nyentschenthanglha-Gebirges zu sehen. Wir waren so gut akklimatisiert, dass wir am selben Tag wieder zurück nach Lhasa gelangten. Unseren tibetischen Freunden schien es völlig unverständlich, dass man die Strapazen auf sich nimmt, einen Berg zu besteigen, nur um einen anderen Berg sehen zu können; sie bezweifelten, ob wir überhaupt oben waren. Um unserem Vergnügen auch für die Tibeter einen Sinn zu geben, entzündeten wir beim nächsten Mal ein Weihrauchfeuer aus Azaleen, die es auch in diesen großen Höhen noch gab.

Im Elternhaus des Dalai Lama war ich oft zu Gast. Mit Peter Aufschnaiter nahm ich an der Geburtsfeier des jüngsten Sohnes der fünfzehn Kinder teil, von denen nur noch sieben lebten. Der Dalai Lama gab ihm den Namen Tenzing Tschögyal, doch ein Jahr später wurde er als Wiedergeburt erkannt und hieß fortan Ngari Rinpotsche. Mehrere bedeutende Klöster in Zanskar und Ladakh kamen in seinen Besitz. Es war etwas Außergewöhnliches, dass die bescheidene Bauersfrau aus Amdo drei Reinkarnationen das Leben geschenkt hatte: Tagtsel Rinpotsche, der ältere Bruder des Dalai Lama, der von Familie und Freunden

Norbu genannt wurde, dem Dalai Lama und nun noch Ngari Rinpotsche. Ich erfreute die Familie mit einigen besonders netten Kinderbildern, aufgenommen auf dem Dach des Palastes mit dem nahen Potala im Hintergrund.

Auch im Hause Tsarong gab es freudigen Anlass zu Festlichkeiten. Tsarong junior, von seinen Freunden mit »George« angesprochen, jenem Namen, der ihm von seinem Saint-Joseph-College in Darjeeling geblieben war, hatte die hübsche Tochter des Kabinettsministers Ragaschar zur Frau, die ihm ein fünftes Kind schenkte. Georges Vater, der alte, berühmte Tsarong, war stolz und glücklich, dass dieser Knabe als eine besonders hohe Reinkarnation erkannt wurde. Drigung Kyabgön Tschetsan Rinpotsche wurde im Alter von drei Jahren in seinem Elternhaus abgeholt, um in einem Kloster, hundertsechzig Kilometer von Lhasa entfernt, erzogen zu werden. Sein abenteuerliches Leben konnte ich von seiner Geburt im Jahr 1946 bis heute verfolgen. Es war nicht das zurückgezogene Dasein eines Mönchs, sondern ein aufregendes, führte es ihn doch rund um den ganzen Erdball. Die Eltern George und Yangtschen-la betrachteten die Trennung von dem kleinen Kind mit zwiespältigen Gefühlen: Zum einen war es eine hohen Ehre, einen Rinpotsche in der Familie zu haben, zum anderen schmerzte sie der Abschied von ihrem geliebten Kind.

Inzwischen wechselte Peter Aufschnaiter seinen Arbeitsplatz und zog nach Schangdab Risur, fünf Kilometer östlich von Lhasa, wo ein Damm für einen Kanal gebaut werden sollte. Bei den Grabungen machte er wertvolle archäologische Funde, die ich später in meiner großen Karawane nach Kalimpong mitnahm, da er vor dem Verlassen Tibets einen Umweg über Kyirong machen wollte.

Meine Tätigkeit war vielfältig. Für die Familie des Kabinettministers Kabschö baute ich ein Haus, wobei die Neuheit für sie ein großer Raum ohne die üblichen vielen Säulen war. Die langen Balken erhielt ich aus einer Provinz südlich des Tsangpo, wo Kabschö große bewaldete Besitzungen hatte. Beim Dammbau zum Schutz des Norbulingka übernahm ich für Peter Aufschnaiter die Aufsicht. Daneben fand ich noch genug Zeit, Sport zu treiben. Mehrere tibetische Freunde machten begeistert mit. Wir liefen auf einem zugefrorenen Seitenarm des Kyitschu auf »Messern«, wie die Tibeter die Schlittschuhe nannten, und amüsierten uns dabei köstlich, vor allem, wenn jemand hinfiel. Im Sommer war Schwimmen im kalten Kyitschu besonders beliebt, während man zum Picknick in die neben dem Fluss liegenden, offenen Parkanlagen zog. Einmal war Dschigme, der Sohn des Außenministers Surkhang Dzasa, in einen Wasserstrudel geraten und untergegangen. Es gelang mir, ihn zu retten und den Ohnmächtigen zum Staunen der Anwesenden durch Mund-zu-Mund-Beatmung wieder ins Leben zurückzuholen. Die Freude des Vaters war groß, und impulsiv schenkte er mir das leer stehende Haus Polingka, dessen Garten zu verschönern er mich schon vorher gebeten hatte.

So übersiedelte ich vom Bungalow Tsarongs zum Polingka und hatte dort so viel Platz, dass mein Diener Nyima seine Familie vom Lande nachkommen lassen konnte. Glücklich zog er in ein kleines Wirtschaftsgebäude neben dem Pferdestall. Ich konnte mich nun ausbreiten und zum ersten Mal richtig einrichten. Der Zeichentisch stand vor einem hellen großen Fenster, und sogar eine lang entbehrte Dusche konnte ich installieren. Der geschickte Nyima füllte einen Reservekanister für Benzin aus US-Beständen mit warmem Wasser und hängte ihn verkehrt herum an die Zimmerdecke. Ich brauchte nur den Deckel halb zu öffnen, und langsam flossen die zwanzig Liter Wasser herunter. Es war für meine Freunde eine neue Attraktion, sich bei mir nach einer Bergtour unter der »Dusche« warm waschen zu können. Nyima liebte es, wenn ich Gäste mitbrachte, und war dann ganz in seinem Element. Er bereitete köstliche Fleischlaibchen für jede Anzahl Gäste zu, schleppte Wasser für die Dusche herbei und wurde gelobt und entlohnt. Aus dem Gemüsegarten kamen Selleriestangen, Frühlingszwiebel und später Tomaten bis zum Rekordgewicht einer Frucht von vierhundertfünfzig Gramm. Die gute Bewässerung, Dünger und die Höhensonne brachten ungewöhnliche Erfolge. Da ich gerne Gemüse esse, sagte ich zu meinen Freunden, dass ich vielleicht die Wiedergeburt einer Kuh sein könnte, worüber zu lachen sie nicht aufhören konnten.

Das Interesse der Tibeter am Sport und ihre Ausdauer brachten mich auf eine Idee. Zwischen Schigatse und Gyantse lag das Kloster Schalu Gompa. Dort gab es eine streng abgeschirmte Schule für die in Tibet berühmten Lung Gompa, die Tranceläufer. In völliger Abgeschiedenheit trainieren sie ihre Beinmuskeln, indem sie gegen einen Getreidekörnerhaufen anrennen. Strenge Lehrer sorgen für das mentale Training. Zu besonderen religiösen Festen wird im Kloster ein Mann auserkoren, der über die geistigen und körperlichen Fähigkeiten verfügt, um ohne Essen und Trinken, Tag und Nacht die über hundert Kilometer bis Lhasa zurückzulegen. Beim Erreichen der heiligen Stadt wird er von einem Spalier von Menschen ehrfurchtsvoll empfangen. Trotz der Müdigkeit und der Strapazen springt er dann noch die vielen Steinstufen des Potala hinauf, um auch vom Dalai Lama mit einer weißen Glücksschleife bedacht zu werden. Anschließend wird er in die großen Adelshäuser eingeladen, reich beschenkt und wie ein Yogi, der seine Seele von der Materie befreien kann, verehrt.

Mit derart außergewöhnlichen Fähigkeiten hätten Tibeter bei Olympischen Spielen große Erfolge errungen, der Name ihres Landes wäre in der Welt besser bekannt geworden. Ihr Leben zwischen vier- und sechstausend Meter Seehöhe hätte ihnen auch ohne ihre übersinnliche Begabung und ohne Doping Vorteile gegenüber anderen Nationen gebracht. Natürlich konnte ich diese Idee nur mit meinen engsten Freunden besprechen, denn für die Tibeter waren die Tranceläufe der Lung Gompa eine rein religiöse Zeremonie; jegliche profane Nutzung ihrer übernatürlichen Fähigkeiten hätte den Unwillen des mächtigen Regenten heraufbeschworen. Er hatte ohnehin schon meinen Freund Scholkhang Wangdü degradiert, weil er für ein Foto »wie ein Fremder in die Knie gegangen war«, eine eines Beamten in Mönchskleidung unwürdige Pose.

Eines Tages überraschte mich Tagtsel Rinpotsche, den auch ich mittlerweile Norbu nannte, mit der Nachricht, dass die Dobdob seines Klosters mit mir sportliche Wettkämpfe bestreiten wollten. Er lebte in Drepung, dem größten Kloster der Welt, acht Kilometer westlich von Lhasa. Die Dobdob wurden bei den großen Zeremonien, wenn bis zu zwanzigtausend Mönche in Lhasa waren, als Mönchspolizisten eingesetzt. Sie waren riesengroß und in ihren weiten Mönchskutten nicht nur äußerlich eine Furcht erregende Erscheinung. Sie malten sich mit Ruß Ornamente ins Gesicht und wickelten sich eine rote Stoffbinde um den rechten Bizeps, damit er noch mehr heraustrete. Bei großen Veranstaltungen beherrschten sie die Menge, und wenn die Massen bei dem Auftritt eines Abtes nicht gleich Platz machten, brüllten sie und schwangen ihre Peitsche. Sie hatten keine Ahnung von den heiligen Schriften und widmeten sich nur der körperlichen Ertüchtigung.

Ich hatte an Neujahr in Kyirong ja bereits schlechte Erfahrungen beim Wettlauf gemacht, eine andere Disziplin bestand darin, Steine zu heben und an eine vorbestimmte Stelle zu tragen. Dies kam für mich nicht in Frage, denn die Steine waren rund, glatt und wogen mindestens hundert Kilo. Nun sollte ich gegen die Dobdob im Weitsprung antreten. Sie hatten gehört, dass der Rekord bei acht Metern liege, und wetteten mit mir, dass sie sehr viel weiter springen könnten. Unterhalb der Klosterstadt war ein leicht geneigter sandiger Hang mit kleinen, dornigen Pflanzen bewachsen. Hier hatten die Dobdob aus Grasziegeln eine feste Absprungbasis gebaut, und mir war sofort klar, dass ich meine Wette verlieren würde. Die Dobdob flogen barfuß durch die Luft, und ihre Kutten wirkten, vom Wind aufgebläht, wie Flugkörper. Sie sprangen bergab und erreichten mühelos zehn bis zwölf Meter. Ich hatte trotz meiner erlernten Technik mit den schweren Militärschuhen keine Chance. Hunderte Mönche, die vom Kloster als Zuschauer gekommen waren, jubelten, als sie meine kläglichen Versuche sahen. Nachdem ich den Sand aus den Schuhen entfernt hatte, gingen wir fröhlich ins Kloster und feierten in

Norbus zwei kleinen Zimmern ihren Sieg. Am Abend gab es dann die köstlichsten Momos. Dieses Lieblingsgericht der Tibeter sind mit Fleisch gefüllte, etwas größere Ravioli, die in einem speziellen Dampftopf gegart werden. Sind sie, wie hier in Drepung, richtig zubereitet, muss man sie wie einen reifen Pfirsich essen und hoch über den Kopf halten, damit der Fleischsaft in den Mund fließt. Ich blieb noch mehrere Tage bei Norbu im Kloster, und seit dieser Zeit sind wir gute Freunde.

Auch mit dem Nachfolger von Arthur Hopkinson in der britischen Handelsmission, Hugh Edward Richardson, entstand ein sehr freundlicher Kontakt. Wir spielten jede Woche Bridge und trafen uns oft bei Einladungen. Leider wurde er nach der Unabhängigkeit Indiens im August 1947 abgelöst und musste zurück nach Großbritannien. Neben seiner Tätigkeit als Botschafter fand er Zeit, eine tibetische Grammatik zu verfassen, und seine Liebe zu Blumen konnte man im Garten bewundern. Seine Lieblingssportarten Golf und Tennis bedauerte er nicht betreiben zu können, und ich machte ihm den Vorschlag, in seinem Garten einen Tennisplatz anzulegen, was seine freudige Zustimmung fand. Sofort bestellte er die notwendigen Utensilien, und ich begann den Platz zu planieren. Eine kleine Karawane, die getrockneten Yakmist von den Nomaden im Norden Lhasas brachte, lenkte ich nach Dekyi Lingka um und kaufte gleich die ganze Ladung auf. Zwei Säcke, eine Yaklast, kostete so viel wie eine Flasche Senföl, das man zum Braten benutzte. Frisch gesammelte nasse Fladen waren sehr viel billiger als der bereits mühsam getrocknete Mist. In Zinnwannen zu Brei aufgerührt, schmierten wir die klebrige Masse auf den planierten Boden. In dem ariden Klima trocknete die Oberfläche schnell, und die nächste Schicht konnte aufgetragen werden. So entstand ein gut bespielbarer Tennisplatz.

Sofort traf sich ein buntes, fröhliches Völkergemisch mindestens einmal in der Woche zum Tennisspiel. Es waren je ein Engländer, Nepali, Chinese, Inder, Tibeter und Österreicher, alle zahlten ihren Beitrag für den billigsten Tennisklub der Welt.

Eines Tages fragte mich Richardson, ob ich einen Welpen aus dem Wurf seines deutschen Schäferhundes haben möchte. Ich hätte die erste Wahl. Sicher wäre nur, dass die Mutter reinrassig sei, der Vater unbekannt, aber die Welpen seien so schön, dass vielleicht der Vater ein tibetischer Wolf hätte sein können. Das war schon möglich, denn in der Nacht konnte man sie heulen hören, und es war bekannt, dass sogar hungrige Leoparden einen der vielen Straßenhunde aus Lhasa gefressen hatten. Von nun an begleitete mich der kleine Mischling auf allen Ausflügen. Manchmal machte er sich selbständig und kam erst einen Tag nach mir zurück. Völlig erschöpft lag er dann vor meiner Haustür, weil er vergeblich eine Antilopenherde gejagt hatte.

Zweimal im Jahr ging ich zum über fünftausend Meter hoch gelegenen I-Tso, einem See, den man über das Dotital in wenigen Stunden erreichen konnte. Die Regierung hatte mir den Auftrag gegeben, von Zeit zu Zeit den Wasserstand zu kontrollieren, denn der I-Tso sei direkt mit dem See in Lhasa verbunden, auf dem der große Tsuglagkhang-Tempel steht. Die Tibeter waren überzeugt, dass es ein und dasselbe Wasser war. Ich erzählte ihnen, dass wir etwas Ähnliches in meiner Heimat hätten: Auf dem Zirbitzkogel, dem Hausberg meines Geburtsortes Hüttenberg, gibt es einen See in etwas über zweitausend Meter Höhe. Meine Großmutter, die viele Legenden kannte, erzählte uns Kindern, dass der »Wildsee« direkt in Verbindung mit dem sechzig Kilometer entfernten, viel tiefer liegenden großen Wörthersee sei. Der Beweis war vor langer Zeit erbracht worden: Ein Ochse, der in den Wildsee gefallen war, sei im Wörthersee wieder an die Oberfläche gekommen.

Um in einem Tag zum I-Tso und wieder zurück nach Lhasa zu kommen, musste ich sehr früh losgehen. Im ersten Morgenlicht näherte ich mich dem großen Kloster Sera, nicht weit davon im Osten lag Durtrö, ein gewaltiger Felsblock, der vor Jahrtausenden vom Berg abgebrochen war und durch die Verwitterung eine glatte Oberfläche erhalten hatte. Sera Durtrö war kein gewöhnlicher Ort, dort fand die tägliche »Luft-« oder »Himmelsbestattung« der in Lhasa verstorbenen Menschen statt. Ein Mönch saß auf einem Kissen und rezitierte heilige Schriften. Die Dobden zerschnitten die Leichen mit Schwertern und Messern, zerstampften Schädel und Knochen in den Vertiefungen des Felsens. Am Himmel kreisten Aasvögel, Raben und die bei uns so stolzen Lämmer-Bartgeier. In gehöriger Entfernung warteten immer einige Hunde auf Abfälle. Die Knochen und Fleischstücke wurden von den Dobden in die Höhe geworfen und noch im Flug von den Vögeln erfasst. Man hörte das Rauschen der Flügel und das eintönige Gemurmel des Lamas, der monoton seine Litaneien las. Die Luft war erfüllt vom Geschrei der Vögel, die um die besten Stücke kämpften, und trotzdem spürte man die Stille des Todes, die diesen Ort einhüllte. Meine Achtung und mein Respekt vor dieser Zeremonie ließ mich ausreichend Abstand wahren. Nie hätte ich ein Foto gemacht, wenn die Dobden innehielten und mir freundlich zuwinkten. Ich grüßte zurück und ging weiter. Der Beruf der Dobden wird von einer Generation auf die andere vererbt, und es gibt für die Ausübung dieser wichtigen Tätigkeit bekannte Dynastien in Lhasa. Sie hatten Kenntnis von Anatomie und Krankheiten, außerdem lieferten sie immer schon großes Wissen für die Medizinschulen Tibets.

Die oft als seltsam und ungewöhnlich beschriebene Art, Leichen zu entsorgen, ist nicht nur in Tibet üblich. Ich erinnerte mich an den Besuch in Bombay 1939, bei dem man uns die Türme des Schweigens als Sehenswürdigkeit zeigte. Mit Ehrfurcht und einem leisen Schauer betrachteten wir die hohen roten Steintürme und Mauern, hinter denen die Parsen, eine Religionsgemeinschaft, die sich vom Islam abgezweigt hat, ihre Luftbestattung ähnlich den Tibetern zelebrieren. Sie setzen die Toten, ohne sie zu zerkleinern, in die Mitte der Türme, wo sie von den kreisenden Aasgeiern schon gierig erwartet werden. Auch hier wahrten wir den gebührenden Abstand und hörten und sahen nur die großen Vögel, die den Himmel mit ihrem weiten Flügelschlag verdunkelten. Die Parsen in Bombay überließen alles den Vögeln, nur von Zeit zu Zeit kam einer von ihnen, um die abgefressenen Knochen in das Loch in der Mitte der Arena hinunterzuschieben.

Kurz vor dem zweiten Neujahrsfest hatten wir endlich Post aus der Heimat bekommen. Nach drei Jahren! Die Briefe waren zwölf Monate unterwegs gewesen. Es war ein gutes Gefühl, dass nun doch wieder ein Faden zwischen uns und Europa bestand, auch wenn er sehr dünn war, denn die Postverbindung wurde in all den Jahren nicht viel besser. Immerhin konnten wir Berichte aus Tibet verschicken, die dann auch zum Beispiel im *Himalayan Journal,* dessen Herausgeber Peter Aufschnaiter von früheren Expeditionen kannte, veröffentlicht wurden. Ich führte einen regen Briefwechsel mit Sven Hedin, der mir freudig schrieb, ich hätte seine Träume und Wünsche verwirklicht. Vor allem aber hatten wir endlich Kontakt zu unseren Familien. Ihr Leben in Nachkriegszeiten war beschwerlich – wie gut hatten wir es doch hier! Ich korrespondierte mit den Eltern und Geschwistern, und gegen Ende meiner Zeit in Lhasa versuchte meine Schwester Lydia sogar, mich zu besuchen. Doch dann kam der Einmarsch der Chinesen dazwischen. Auch Else Wegener schickte mir ab und zu Nachricht von meinem Sohn Peter, der nun bei ihr aufwuchs. Lotte hatte kein Glück mit ihrem neuen Ehemann, dem Offizier, gehabt. Zwar hatte sie ein Kind von ihm bekommen, aber er war schon bald darauf gefallen. So war sie mit zwei Söhnen allein zurückgeblieben und hatte die Hilfe ihrer Mutter gesucht.

Wenn ich manchmal an die Heimat dachte, dann geschah das auch in Verbindung mit dem Wunsch, eine Frau, eine Gefährtin an meiner Seite zu haben, die zu mir passte. Zwar meinten die Tibeter immer wieder, Aufschnaiter und ich sollten uns eine tibetische Frau suchen, aber ich war auch in Lhasa Europäer geblieben und fühlte mich jemandem aus meinem Kulturkreis näher. Zudem waren Geschlechtskrankheiten in Tibet weit verbreitet.

Doch es gab eine Liebe für mich in Lhasa. Meine Auserwählte war Coocoola, die Prinzessin von Sikkim, und wenn ich mich heute dieser Zuneigung erinnere, sind mir besonders die tibetischen Worte für meine Gefühle im Gedächtnis. Sich verlieben heißt »Sem schor wa« und bedeutet »Seele verlieren«, eine Frau als seine Herzdame zu bezeichnen heißt »Nying dug«, übersetzt »Das Herz treffen«. Beides war wohl der Fall. Coocoola unterschied sich von den anderen Tibeterinnen nicht nur durch ihr liebreizendes Gesicht, sondern vor allem durch ihre schlanke Gestalt, die sie nicht in mehrere Lagen dicker Stoffe verhüllte, sondern wie die Europäer eng mit bunter Seide umschloss. Wir konnten uns auf Einladungen sehen, aber kaum sprechen, und bei den Englisch-Unterrichtsstunden, die sie mir gab, waren stets Bedienstete anwesend. Sie war westlich erzogen worden und für mich wie eine Brücke nach Europa. Aber Coocoola war die Frau eines hohen tibetischen Adeligen und eine Verbindung daher undenkbar. Für ihre jüngere Schwester Kula, die in Gangtok lebte, fungierte ich als eine Art Postillon d'Amour, denn ich verfasste die Liebesbriefe von Wangdü-la an sie in Englisch. Kula war so hübsch, dass sie schon europäischen Tibetologen aufgefallen und als zukünftige Frau des Königs von Bhutan im Gespräch war.

Das Haus im Polingka bildete inzwischen nicht nur mein Heim, sondern auch einen begehrten und beliebten Aufenthaltsort für meine Freunde. Wie oft geschah es, dass unerwartet ein Bote mit der Nachricht vor meiner Tür stand, dass am Nachmittag einige Adelige kommen würden. Als Gastgeschenk brachten sie ein Schaf mit, dessen zwei Finger dicke Fettschicht als verlockendes Angebot gedacht war. Eine solche Fettschicht erfreute auch meinen Diener, denn der Wert eines Schafes wurde ausschließlich nach dem begehrten Fett bestimmt. Die Freunde kamen natürlich nicht nur wegen des Essens, ich hatte noch anderes zu bieten: Auf meinen Liegestätten konnten sie sich ausruhen und als Attraktion mein Radio einschalten. Der Außenminister hatte mir den Apparat geschenkt und mich gebeten, ihm alle politischen Neuigkeiten mitzuteilen. Wegen der Drohungen Chinas gab es in der BBC und den australischen Nachrichten häufig Berichte über Tibet, die sie interessiert anhörten. Dabei geschah es immer wieder, dass sie das englische Wort für Debatte, »debate«, als »Tibet« verstanden und erstaunt waren, dass schon wieder über ihr Land berichtet wurde. Mein Diener Nyima brachte zwischendurch heißen Tee und schließlich den dampfenden Kessel mit den gekochten Fleischstücken. Jeder nahm mit den Händen seinen Lieblingsbrocken und tauchte ihn in ein Schüsselchen Sibin, ein scharfes Gewürz, das überwiegend aus gestoßenen scharfen Paprikaschoten bestand.

Gelegentlich konnte es passieren, dass gegen Abend ein berittener Diener kam, um mich zum Haus der Eltern des Dalai Lama abzuholen. Dass ich mich dort manchmal auch als Koch betätigte, zeigt folgender Ausschnitt aus der Autobiographie von Jetsüm Pema, der Schwester des Dalai Lama, »Zeit des Drachen«:

»Ich glaube, es ist an der Zeit, von meinem ersten Kontakt mit dem Westen zu berichten. Ich war damals gerade sieben Jahre alt geworden. Zwei Österreicher, die während des Zweiten Weltkriegs in Indien interniert gewesen waren, hatten in Tibet Zuflucht gesucht. Sie waren das Stadtgespräch in Lhasa, jeder wollte die beiden sehen ... Mein Bruder Lobsang Samten freundete sich mit ihnen an, vor allem mit dem, der Heinrich Harrer hieß. Und so kam es, dass ich zum ersten Mal einen Europäer erblickte. Wenn er uns besuchte, was zunehmend häufiger geschah, stemmte er mich auf seine Schultern und trug mich herum. Er liebte die Natur und hatte sogar Pappeln und Obstbäume im Garten gepflanzt. Nur mit Mühe verbarg ich mein Staunen: Noch nie hatte ich einen derart großen, derart dünnen Mann gesehen. Er trug eine Stoffhose und ein Hemd, und was mich vor allem faszinierte, waren seine blauen Augen und die blonden, seidenweichen Haare, die ich, auf seinen Schultern thronend, immer wieder befühlen konnte ...

Heinrich Harrer speiste oft bei uns zu Hause. Eines Tages überraschte er uns mit einem westlichen Gericht. Ich sehe ihn noch vor mir, wie er mit einer dampfenden Platte das Zimmer betrat, sie auf dem Tisch abstellte, und sagte: ›Hier, probiert mal. Und dann sagt mir, ob es euch schmeckt!‹ Nach einigem Zögern kosteten meine Mutter und meine Schwester von diesem fremdartigen Gericht. Und weil es ihnen ganz offensichtlich mundete, bekamen auch wir Kinder, die wir gespannt Amalas Urteil abgewartet hatten, etwas davon ab. Seitdem gehört Brathühnchen zu meinen Leibspeisen.«

Lobsang Samten war der engste Vertraute des Dalai Lama und drei Jahre älter als sein Bruder. Er lebte bei seinen Eltern in Lhasa und war ein begehrter Gast, denn die Leute hofften, er könnte bei seinem Bruder ihre Namen erwähnen. Lobsang beteiligte sich mit großer Begeisterung an meinen sportlichen Unternehmungen. Er war sehr begabt im Eislaufen und der erste Tibeter, der den Axel-Paulsen nachmachen konnte.

Mit einem Fernglas schaute der Dalai Lama uns vom Dach des Potala interessiert zu und ließ mich über Lobsang Samten fragen, ob ich ihm im Norbulingka ein Kino bauen könnte. Obwohl ich nichts davon verstand, sagte ich sofort zu, denn ich hatte gelernt, alles zu versuchen und nie nein zu sagen. Während der Wintermonate war ich mit dem Bau des Kinos beschäftigt, und im Frühling, als die große Prozession bei der Übersiedlung des Dalai Lama vom Potala zum Norbulingka zog, war auch das Kino fertig.

Diese Prozession, die zweimal im Jahr stattfand, war ein prächtiges Schauspiel. Alle Einwohner Lhasas kamen herbeigeströmt und standen ehrfürchtig mit gefalteten Händen entlang der Straße. Mönchsdiener und eine Musikkapelle machten den Anfang, es folgten die höchsten Herren des Landes, Adelige, Lehrer des Dalai Lama und alle Würdenträger. Am Ende nahte die gelbseidene Sänfte des jungen Dalai Lama, getragen von sechsunddreißig Männern in grünseidenen Röcken.

Bereits am folgenden Tag sagte Lobsang zu mir: »Morgen musst du pünktlich um zehn Uhr vormittags im Norbulingka sein und bei meiner Mutter warten, bis du gerufen wirst. Der Dalai Lama will dich sehen.«

Audienz beim Dalai Lama

Etwa fünfzig Meter vom Tor in der gelben Mauer entfernt lag ein Bungalow, in dem die Familie des Dalai Lama während der Sommermonate wohnte. Pünktlich erreichte ich die Haustür, wo schon ein Diener mich erwartete. Die Große Mutter trank mit mir Amdotee und sagte, wir müssten warten, bis der Regent aus dem Tor herauskomme und in seinen eigenen Palast zurückginge. Der Regent Tadrag Rinpotsche war bis zur Volljährigkeit des Dalai Lama sein uneingeschränkter Vertreter, er war gefürchtet, und selbst die Große Mutter, die sonst offen und freimütig ihre Meinung sagte, vor allem, wenn es um ihre Söhne ging, war zurückhaltend und sprach mit mir über ihn nur im Flüsterton. Auch jetzt lugte sie nur durch einen Spalt des Vorhangs, bis sie leise sagte: »Jetzt geht das Tor auf, jetzt kommt er heraus, jetzt biegt er zu seinem Palast ab.«

Ich musste noch einige Minuten warten, schaute ihr über die Schulter und sah, wie der mächtigste Mann Tibets mit seiner Begleitung aus unserem Blickfeld verschwand. Dann erst sagte sie: »So, jetzt geh!« Es war wie eine Verschwörung. Mit Herzklopfen näherte ich mich dem noch geschlossenen riesigen Tor in der gelben Mauer. Auf beiden Seiten standen Hundehütten, aber nur vor der linken tobte einer der großen tibetischen Dokhyi. Er hatte um den Hals einen rot eingefärbten weißen Yakschwanz, der ihn noch böser aussehen ließ. Mit heiserer Stimme bellend sprang er immer wieder hoch, blieb aber am dicken Ziegenhaarseil hängen. Ich war froh, nach dem geheimnisvollen und leisen Öffnen des Tores im ruhigen Garten zu stehen.

Sogleich wandte ich mich zum Vorführraum, aber ehe ich noch eintreten konnte, öffnete sich die Tür von innen, und ich stand vor dem berühmten »Lebenden Buddha«. Trotz meiner Überraschung verneigte ich mich tief und überreichte ihm meine

Schleife. Er nahm sie in beide Hände und segnete mich durch leichtes Berühren meines Kopfes mit der Hand.

Wie in einem Kino üblich, hatte ich zwischen Zuschauerraum und Projektor eine Trennwand eingebaut, mit dem Gedanken, dass Seine Heiligkeit vorn Platz nehmen sollte und ich beim Projektor. Er ordnete jedoch sofort an, dass seine drei persönlichen Äbte und der oberste Kämmerer im Zuschauerraum sitzen sollten, und führte mich an der Hand in den kleinen Projektorraum. Dabei strahlte er über das ganze Gesicht und sprudelte eine Frage nach der anderen heraus. Er kam mir vor wie ein Mensch, der jahrelang einsam über verschiedenen Problemen gebrütet hatte und jetzt, da er endlich mit jemandem sprechen konnte, alles zugleich beantwortet haben wollte. Er ließ mir auch gar keine Zeit, die Antworten zu überlegen, sondern drängte mich gleich zum Apparat, um einen Film einzuspannen, den er schon lange sehen wollte. Es war ein Dokumentarfilm von der japanischen Kapitulation in Tokio. Die Hauptfigur war der US-General Douglas McArthur, den er verehrte; der Dalai Lama hatte sogar den Namen des Generals – etwas verballhornt »Warthimitar« – angenommen.

Ich muss ziemlich ungeschickt am Projektor herumgefingert haben und war ihm wohl nicht flink genug, denn plötzlich schob er mich ungeduldig beiseite, nahm selbst den Film in die Hand, und es zeigte sich, dass er viel geübter war als ich. Er erzählte mir, dass er sich schon den ganzen Winter über im Potala mit den Apparaten beschäftigt und den einen Projektor bereits zerlegt und wieder zusammengesetzt habe. Damals merkte ich zum ersten Mal, dass er es liebte, den Dingen auf den Grund zu gehen und nichts als gegeben hinzunehmen. Später führte dies dazu, dass ich wie mancher gute Vater, der vor seinem Sohn in Ehren bestehen will, viele Abende damit verbrachte, halb vergessene oder neue Themen vorzubereiten. Ich gab mir die größte Mühe, jede Frage ernst zu nehmen und gewissenhaft zu beantworten.

Als nächsten Film wählten wir die Rolle einiger von mir während des Neujahrsfestes gedrehter Szenen. Selbst die steifen Äbte vergaßen ihre Würde, als sie sich auf dem flimmernden Streifen wieder erkannten. Großes Gelächter gab es, als die Großaufnahme eines Ministers, der während der Zeremonie eingenickt war, auf der Leinwand erschien. Aber das Lachen war durchaus wohlwollend, denn jeder von ihnen hatte schon mit dem Schlaf kämpfen müssen. Trotzdem muss es sich unter den Beamten herumgesprochen haben, dass der Dalai Lama Zeuge der schwachen Stunde seines Ministers geworden war, denn wo immer ich später mit meiner Kamera erschien, warf man sich in Positur.

Die meiste Freude am Kino hatte natürlich der Dalai Lama selbst. Seine sonst so langsamen, von den Lehrern als würdig befundenen und angelernten Bewegungen wurden jungenhaft lebendig, und für jedes Bild hatte er begeisterte Kommentare. Als es wieder hell wurde, ließ er mich durch das Mikrophon das Ende der Vorstellung ansagen. Dann öffnete er die Tür zum Zuschauerraum, bedeutete seinen Äbten, dass er sie nicht mehr brauche, und entließ sie mit einer Handbewegung. Wieder sah ich, dass in ihm keine Marionette großgezogen wurde, sondern dass hier ein ausgeprägter eigener Wille die Oberhand behielt.

Als wir allein waren, setzten wir uns in den Zuschauerraum, durch dessen offenes Fenster das Sonnenlicht auf den herrlichen Teppich fiel. Ich war froh, dass ich schon große Übung im Sitzen mit gekreuzten Beinen hatte, denn in der Umgebung des Dalai Lama gab es keinen Stuhl und kein Sitzkissen. Anfänglich sträubte ich mich dagegen, mich niederzulassen, denn ich wusste, dass nicht einmal Minister in der Gegenwart des Gottkönigs sitzen dürfen; außerdem gab es hier keinen Thron, der wenigstens den Unterschied betont hätte. Aber er packte mich einfach beim Ärmel und zog mich zu sich herunter.

Er erzählte mir, dass er unser Zusammentreffen schon lange geplant habe, weil er wusste, dass er einmal diesen Schritt tun müsse, um etwas von der Welt zu erfahren. Er rechnete damit, dass der Regent sich dagegen aussprechen werde, aber er wollte auf seinem Willen bestehen und hatte sich sogar schon die Worte der Entgegnung zurechtgelegt. Er war fest entschlossen, sich neben seinem religiösen Wissen auch andere Kenntnisse anzueignen, und um dies tun zu können, schien ich ihm die geeignete Person zu sein.

Nun fragte er mich nach meinem Alter und war überrascht, dass ich erst siebenunddreißig Jahre zählte. Wie viele Tibeter hatte auch er meine »gelben« Haare für ein Zeichen des Alters gehalten. Voll kindlicher Neugier studierte er meine Züge und neckte mich wegen meiner großen Nase. Für unsere Begriffe ist sie ganz normal, aber zwischen den kleinen Mongolennasen hatte sie schon häufig Aufsehen erregt. Schließlich entdeckte er die Härchen auf meinem Handrücken und sagte, übers ganze Gesicht lachend: »Henrig, du hast ja Haare wie ein Affe!« Mir fiel gleich eine gute Antwort ein, denn ich kannte die Legende, nach der die Tibeter ihr Geschlecht von der Begegnung ihres Gottes Tschenresi mit einem weiblichen Teufel ableiten. Tschenresi hatte die Gestalt eines Affen angenommen, als er sich mit der Teufelin paarte, und da der Dalai Lama eine Inkarnation dieses Buddha ist, hatte der Vergleich nichts Beleidigendes an sich.

Die Zeit verging uns im Flug. Es war, als ob die Dämme gebrochen wären und alles auf einmal aus dem Knaben heraussprudelte. Er schlug mir vor, am nächsten Tag seine Familie im Norbulingka zu besuchen und dort zu warten, bis er mich nach Beendigung seiner Pflichten holen ließe.

Beim Hinausgehen äußerte ich noch einen Wunsch: Er möge dafür sorgen, dass der große Hund von seinem Betreuer gebändigt würde, wenn ich vorbeiging. Er hielt mich, etwas enttäuscht, für feige, bis ich ihm die Narben an meinem Unterarm zeigte und meinen Kampf gegen den Dokhyi im Himalaja schilderte. Er bedauerte und sagte wiederholt: »Nying dsche.« Das hatte ich schon vom alten Tsarong gehört, als wir bei einem Rundgang um Lhasa, am Lingkhor, zwei Verbrecher, die ihre Fußeisen abgelegt hatten, beim Betteln trafen. Wir gingen vorbei, und er sagte wiederholt: »Nying dsche«, »Das bedaure ich, du hast mein Mitgefühl«.

Langsam ging ich zum Haupttor des Norbulingka, wo ich mein Pferd bestieg. Die Wachen hatten inzwischen gewechselt und präsentierten verblüfft das Gewehr. Gedankenvoll ritt ich zurück nach Lhasa. Wäre nicht ein Kuchenbündel von der Großen Mutter am Sattel gehangen, ich hätte alles für einen Traum gehalten. Kein Freund hätte mir geglaubt, dass ich viele Stunden mit dem Lebenden Buddha zusammen gewesen war. So war ein Märchen wahr geworden, mitten im 20. Jahrhundert auf dem Dach der Welt.

Am frühen Morgen des Tages nach meinem ersten Besuch beim Dalai Lama kam der Stallmeister vom Norbulingka zu uns. Er hatte ein prächtiges Pferd mitgebracht und übergab es Nyima mit genauen Anweisungen, wie es behandelt und gefüttert werden müsse. Es stammte aus Ili und hatte dem Vater des Dalai Lama gehört, der ein großer Pferdeliebhaber gewesen und 1947 gestorben war. In einer Woche würde er wiederkommen, sagte der Stallmeister, und das Pferd gegen ein anderes eintauschen, denn es müsste immer gut im Futter bleiben. Das klang beeindruckend, war es aber nicht. Diese Pferde standen nur im Stall oder weideten im großen Garten Schugtrilingka. Wenn ich durch die Stadt ritt und hinter einer Hausecke ein Hund bellte, scheute es. In den Jahren in Tibet bin ich jedenfalls nicht annähernd so oft vom Pferd geworfen worden, wie von diesen kostbaren Tieren in Lhasa.

Mit der Begegnung im Norbulingka begann für mich ein neuer Lebensabschnitt in Lhasa. Mein Dasein hatte einen tieferen Sinn gefunden; die Unzufriedenheit, die mich gelegentlich aus dem Gefühl heraus beschlichen hatte, nicht ganz ausgefüllt zu sein, wich von mir. Ich gab meine alten Pflichten nicht auf, sammelte weiterhin Nachrichten und zeichnete Landkarten, aber die Tage wurden mir jetzt zu kurz, und ich arbeitete oft bis spät in die Nacht hinein. Vergnügungen und Steckenpferde hatten zurückzustehen, denn ich musste immer Zeit haben, wenn der Dalai Lama mich rufen ließ. Zu den Partys meiner Freunde kam ich nicht mehr am Morgen, sondern am späten Nachmittag. Doch das alles war kein Verzicht, ich war glücklich in dem Bewusstsein, eine wirkliche Aufgabe gefunden zu haben. Die Stunden mit meinem hohen Schüler waren für mich genauso lehrreich wie für ihn. Ich lernte vieles aus der Geschichte Tibets und der Lehre Buddhas. Wir hatten oft lange Religionsdebatten, und er war überzeugt davon, dass es ihm gelingen würde, mich zum Buddhismus zu bekehren.

Unsere gemeinsamen Stunden waren stets aufregend, und die Zeit verging viel zu schnell. Immer wieder fanden sich aktuelle Themen, über die mich der Dalai Lama ausfragte. Nach einem schweren Gewitter wollte er wissen, wie Blitz und Donner entstehen. Ich erklärte es ihm, und am nächsten Tag bekam ich über Lobsang einen kleinen Brief mit der Zeichnung, wie sich zwei Wolken treffen und der Blitz, der zur Erde fährt, den Feind erfasst. Ob er damit die Feinde Tibets oder die Neider meinte, die wir auch hatten, weiß ich nicht. Es gab genügend Personen, die sich Gedanken darüber machten, dass sie als Tibeter in gebückter Haltung beim Neujahrsempfang am Thron des Dalai Lama vorbeigehen mussten, während ihn ein Fremder wie ein Familienmitglied im Sommerpalast besuchen durfte. Entscheidend war sicher, dass einer seiner beiden Lehrer, Tritschang Rinpotsche, und die Große Mutter mir ihre Gunst erwiesen. Beide sahen in unserer Freundschaft die Vorteile für die Entwicklung des Dalai Lama. Trotzdem habe ich mich nie als Lehrer Seiner Heiligkeit gefühlt oder gar als solchen bezeichnet, das taten immer nur andere. Es war eher ein Sohn-Vater-Verhältnis, das zu einer großen Freundschaft reifte.

Wir führten eine Art Geheimkorrespondenz. Wir schrieben uns Briefe in tibetischer Sprache, aber damit sie wirklich »geheim« blieben, brachte ich dem Dalai Lama meine in der Schule erlernte Kurrentschrift bei. Im Rahmen eines Interviews vom 10. Juni 1998 in Wien sagte der Dalai Lama: »Es hat diese Geheimkorrespondenz gegeben, und wir waren in dieser Zeit gute Freunde, Henrig und ich. Mein Bruder Lobsang Samten hat Harrer damals zu mir gebracht. Die Hofbeamten, alles alte Mönche, waren natürlich gegen meine Freundschaft mit Harrer, und dass er mir Englisch beibrachte. Die waren froh, als er 1950 wieder wegging.«

Einmal kam Giusseppe Tucci, einer der ganz großen Tibetologen, für einige Tage nach Lhasa und hatte als kundigen Reisebegleiter Scherpa Tenzing Norgay mitgebracht, der als Gefährte des berühmten englischen Dichters und Bergsteigers Frank Smythe schon bekannt und auf Expeditionen schon über achttausend Meter hoch gestiegen war. Als Dolmetscher brauchte er ihn nicht, denn gleich beim ersten Treffen mit den Kabinettsministern bemerkte Tucci, dass er neben Tibetisch noch über zwanzig Sprachen beherrschte. Leider blamierte er mich bei einer Einladung arg, als wir über die Gestalt der Erde diskutierten, die in der Vorstellung der Tibeter eine flache Scheibe ist. Ich vertrat natürlich eifrig die Lehre der Kugelform. Meine Argumente erschienen auch den Tibetern überzeugend, und zur Bekräftigung rief ich noch vor allen Gästen Professor Tucci als Zeugen an. Zu meiner größten Überraschung stellte er sich auf die Seite der Zweifler, denn er meinte, alle Wissenschaftler müssten ihre Theorien dauernd revidieren, und eines Tages könne sich ebenso gut die tibetische Lehre als richtig herausstellen. Es folgte allgemeines Schmunzeln, da man wusste, dass ich auch Geographie unterrichtete. Professor Tucci blieb acht Tage in Lhasa und verließ mit einer reichen wissenschaftlichen Ausbeute und vielen wertvollen Büchern aus der Staatsbibliothek das Land.

Ich erzählte dem Dalai Lama von der peinlichen Lage, in die Tucci mich gebracht hatte, und dies ausgerechnet in einem Fach, welches mich besonders interessierte und das ich studiert hatte. Meine Rehabilitation kam erst 1948, als die tibetische Regierung eine Handelsdelegation aussandte, um wirtschaftliche und politische Kontakte zu knüpfen. Die vier hohen Beamten begannen ihre lange Reise von Indien Richtung Osten, kamen zunächst nach Japan, dann in die USA und weiter bis Europa, bevor sie von Westen in ihre Heimat zurückkehrten.

Sie brachten einige Kisten Werbematerial mit, und ich bekam den Auftrag, den Inhalt nach Ländern und Branchen zu sortieren. Die Handelsdelegation hatte natürlich auch die Aufgabe, Kontakte herzustellen und Hilfe von großen mächtigen Nationen zu bekommen, denn die Drohungen Chinas, Tibet »zu befreien«, wurden immer deutlicher. Die Nachrichten, die ich täglich dem Radio entnahm und dem Außenminister überbrachte, waren beunruhigend. Die Truppen Maos hatten Sinkiang eingenommen und standen nahe Amdo, dem Geburtsort des Dalai Lama.

Der in der Hauptstadt Urumtschi stationierte US-Konsul Douglas Mackiernan war mit dem jungen Studenten Frank Bessac und drei Weißrussen Richtung Tibet geflüchtet. Von Indien aus ließ er durch seine Gesandtschaft die tibetische Regierung um Durchreiseerlaubnis bitten, und Lhasa schickte sofort Eilboten nach Norden, damit die verstärkten Grenzposten und Patrouillen den Flüchtlingen keine Schwierigkeiten bereiteten. Die dreitausend Kilometer lange Strecke führte sie durch die einsame Takla-Makan-Wüste und das vergletscherte Nunkun-Gebirge bis zum tibetischen Tschangthang. Mensch und Tragtiere hatten alle Strapazen gut überstanden, als nach sieben Monaten, am 9. Mai 1950, die Odyssee von einer schrecklichen Tragödie beendet wurde. Das Unglück wollte es, dass der Bote mit der Einreiseerlaubnis aus Lhasa die Grenzstelle noch nicht erreicht hatte, an der die Fluchtgruppe tibetisches Hoheitsgebiet betrat. Bevor noch ein Zuruf oder ein Verhandeln möglich war, machten die Posten von der Waffe Gebrauch. Daran konnte wahrscheinlich nicht nur der Pflichteifer schuld gewesen sein, sondern auch die Aussicht auf die Beute von zwölf beladenen Kamelen. Der amerikanische Konsul und zwei Russen waren sofort tot. Der dritte Russe blieb verletzt liegen, und nur Bessac kam ohne Schaden davon. Er wurde gefangen genommen, und eine Eskorte machte sich mit ihm und dem Verwundeten auf den Weg zum nächsten Gouverneur. Die Behandlung war alles andere als höflich, er wurde als Eindringling beschimpft und bedroht. Die übereifrigen Grenzsoldaten machten sich sofort an die Verteilung der Beute und waren über so wertvolle Dinge wie Ferngläser und Fotoapparate nicht wenig erfreut. Aber noch bevor der Transport mit den beiden Gefangenen den nächsten Bönpo erreicht hatte, begegneten sie dem Boten mit der roten Fahne, der den Pfeilbrief trug, in welchem sie als Gäste der tibetischen Regierung willkommen geheißen wurden. Nun schlug die Stimmung um. Die Soldaten wurden kleinlaut und überboten sich an Höflichkeit. Der Vorfall war indes nicht mehr ungeschehen zu machen – er hatte drei Menschen das Leben gekostet. Der Gouverneur schickte einen Report nach Lhasa. Dort war man entsetzt über das Geschehene und bemühte sich, das Bedauern der Regierung in jeder Weise zum Ausdruck zu bringen. Ein in Indien ausgebildeter Sanitäter wurde mit Geschenken zu Bessac und dem Verwundeten gesandt. Man bat die beiden, nach Lhasa zu kommen und dort als Kronzeugen gegen die bereits verhafteten Soldaten auszusagen. Ein hoher tibetischer Beamter, der ein wenig Englisch sprach, ritt den Ankommenden, wie es der Brauch erfordert, entgegen. Ich schloss mich ihm an, denn ich konnte mir denken, dass es dem jungen Amerikaner vielleicht ein kleiner Trost wäre, sich mit einem Europäer über sein unglückliches Abenteuer auszusprechen. Ich hoffte auch, ihn davon zu überzeugen, dass die Regierung an dem Vorfall keine Schuld traf und ihn ungemein bedauerte. Bei strömendem Regen trafen wir mit dem jungen Mann zusammen – er war ein baumlanger Kerl, unter dem das kleine tibetische Pferd fast verschwand. Ich konnte mir nur zu gut vorstellen, wie dem Armen zumute war. Monatelang war die kleine Karawane unterwegs gewesen, immer auf der Flucht, immer von Gefahren umgeben, und die erste Begegnung mit den Menschen jenes Landes, von dem sie sich Asyl erhofften, brachte dreien von ihnen den Tod.

Jetzt warteten bereits neue Kleider und Schuhe in einem Zelt der Regierung, und in Lhasa stand ein Gartenhaus mit Koch und Diener bereit, um die Gäste aufzunehmen. Zum Glück war die Verwundung des Russen Vassilieff nicht lebensgefährlich, bald konnte er auf seinen Krücken durch den Garten humpeln. Die beiden blieben einen Monat in Lhasa, und ich wurde in dieser Zeit mit Bessac gut befreundet. Er hegte keinen Groll gegen das Land, das ihn so schlecht empfangen hatte; als einzige Genugtuung verlangte er die Bestrafung der Soldaten, die ihm so übel mitgespielt hatten. Man bat ihn um seine Anwesenheit beim Vollzug der Strafe, damit jeder Verdacht einer Täuschung ausgeschaltet würde. Als er aber die Auspeitschung sah, setzte er sich selbst für eine Milderung ein. Er machte von der Szene Aufnahmen, die später im *Life-Magazine* erschienen. Bessac wurde vom Dalai Lama empfangen, während man mich damit beauftragte, ihn einige Tage auf seinem Weg nach Indien zu begleiten.

Es war eine gemütliche, erholsame Fahrt. In einem Yakhautboot glitten wir den Kyitschu bis zu seiner Mündung in den Tsangpo hinunter und dann auf dem großen Strom bis Samye. Ich konnte ihm das älteste Kloster und jene Höhle zeigen, in der im Jahr 775 der indische Tantriker Padmasambhava gelebt hatte, der als Verbreiter des Buddhismus in Tibet gilt. Wir hatten viel Zeit, und immer wieder fragte er mich, was ich für Wünsche hätte, die er mir von den USA aus gerne erfüllen würde. Wirklich notwendig wären neue Filme gewesen, denn alle Rollen, die Freunde aus Indien gebracht hatten, waren überaltert und nutzlos.

Frank Bessac besaß eine alte Leica, die er von Mackiernan gerettet hatte, sie war also Regierungsbesitz. Ich zerstreute seine Bedenken, und so erhielt der Dalai Lama eine gute Kamera. Die Regierungspferde warteten schon seit zwei Tagen in Samye, wir sagten einander auf Wiedersehen, und er ritt über Sikkim nach Indien. Ich konnte Lhasa über einen Pass in einem Tag erreichen.

Während sich die Handelsdelegation in New York aufhielt, hatte der bekannte amerikanische Radionachrichten-Kommentator Lowell Thomas die Erlaubnis erhalten, mit seinem Sohn Tibet zu besuchen. Im Sommer 1949 erreichten sie nach einem langen Ritt die Hauptstadt Lhasa. Es war gerade die schönste Zeit des Jahres für alle Tibeter, denn in der Sommerresidenz des Dalai Lama, dem »Edelsteingarten«, wie der Norbulingka in der Übersetzung heißt, fanden tagelang Vorführungen von Mysterienspielen statt. Unter einem riesigen Baldachin, bestickt mit Glückssymbolen, hatte man einen Altar für Thangdong Gyalpo errichtet, der nicht nur als Konstrukteur der Kettenbrücken bekannt war, sondern auch als Gründer des tibetischen Theaters verehrt wird. Der Dalai Lama saß bei diesen Vorführungen hinter einem gelben Seidenvorhang im ersten Stock seines Palastes und bemerkte mir gegenüber später einmal, es sei für ihn die schönste Zeit des Jahres gewesen. Er fügte in seiner typischen, stets fröhlichen Art hinzu: »Da kamen keine Lehrer.«

Die beiden Außenminister hatten den Empfang für die zwei Amerikaner im Bungalow des Kabinetts vorbereitet, und der Mönchsaußenminister Liuschar Dzasa hatte mich als Dolmetscher mitgenommen. Die drei weltlichen Kabinettsminister, Liuschar Dzasa und ich saßen im üblichen Schneidersitz, während man für die Gäste bequeme Polstersitze vorbereitet hatte. Sie waren einigermaßen erstaunt, dass ich dolmetschte, und wollten Peter Aufschnaiter und mich am nächsten Tag treffen. Thomas übertrug das Interview für seine allabendliche Radiosendung nach New York und erzählte, dass er unsere Erlebnisse gerne in einem Buch festhalten würde. Wir wollten aber keine Publicity und zogen es vor, wie bisher im Stillen unter unseren tibetischen Freunden zu leben.

Ich machte eine Foto- und Filmrundtour mit Lowell Thomas. Ich hatte in den Jahren, als ich noch keine guten Filme besaß, eine Liste angelegt, die nach Jahres- und Tageszeit den Augenblick festhielt, zu dem man die besten Bilder aufnehmen konnte; vor allem für die Fassaden der Gebäude voller Fenster, Ecken und Nischen oder die Reliefs und farbigen Malereien an Felswänden war der richtige Lichteinfall wichtig. Wir stiegen von der Medizinschule über den Felsgrat hinunter zur Wohnung von Liuschar Dzasa, der uns erwartete. Sein Häuschen hatte die schönste

Wohnlage von ganz Lhasa. Direkt unter ihm leuchteten die goldenen Spitzen der Stupas des westlichen Eingangstors, und den Hintergrund bildete die sich mächtig erhebende Front des Potala. Zusammen mit Wangdü hatte ich vom Sekretär der britischen Botschaft Rimschi Pemba eine Leica erstanden. Nun besaß ich eine gute Kamera, aber weder Filme noch Blitzlicht. Als der junge Thomas seinen Film wechselte, öffnete er einen Koffer randvoll mit Fünfunddreißig-Millimeter-Farbfilmen. Nachdem ich mit seiner Kamera die Szene mit Vater und Sohn und dem Minister, im Hintergrund den Potala, fotografiert hatte, schenkte er mir zwei Rollen. Nun hatte ich einen guten Film, aber immer noch kein Blitzlicht, um Innenaufnahmen zu machen. Als wir anschließend im Potala das Grabmal des XIII. Dalai Lama besuchten, presste ich meine Kamera an eine der Säulen, öffnete die Blende, und als Lowell Thomas blitzte, bekam ich ebenfalls mein Bild. Die auf diese Weise gewonnenen Farbbilder werden bis heute in Büchern und Illustrierten oft reproduziert; anlässlich des Millenniums fand eines davon unter den Bildern des Jahrhunderts Aufnahme in einer Fotozeitschrift.

Während der Tage, die Vater und Sohn Thomas in Lhasa waren, haben wir uns oft unterhalten. Ein Satz ist mir lebhaft in Erinnerung: »You know, Henry, I shouldn't tell you, but my job is a gold mine, fourtymillion Dollars I made.« Inwieweit sie mit ihrem Besuch auch die erhoffte Hilfe für das Anliegen der Tibeter brachten, entzieht sich meiner Kenntnis. Richardson, der bei weitem erfahrenste Politiker betreffend die Situation Tibets, meinte, dass die Vorstellung der Amerikaner von dem Land auf dem Dach der Welt viel zu optimistisch gewesen sei. Ihr Bild von Tibet wurde durch den berühmten Roman »Lost Horizon« von James Hilton geprägt, der 1933 erschienen war und 1937 von Frank Capra verfilmt wurde. Obwohl Hilton seine spannende Geschichte nie als Dokument bezeichnet hatte, wurde sie doch so gesehen. Besonders Capras faszinierende Filmszenen vom »Shangri-la«, dem Synonym für überirdisch und geheimnisvoll, hatten beeindruckt. Von der Wirklichkeit und den Problemen des Landes aufgrund seiner Isolation wurde nur wenig bekannt. So war ein falsches Bild von Tibet entstanden.

1948 hatte die Repatriierung der Deutschen aus den indischen Lagern begonnen. Gern wäre ich nach Europa auf einen Besuch gefahren, aber das war eine zu kostspielige Angelegenheit. Europäisches Flair indes brachte der Besuch des Engländers Robert Ford im selben Jahr. Er war ein jugendlicher Mann, der auch für das gesellschaftliche Leben eine Bereicherung darstellte. Bob, wie er gerufen wurde, hatte Schallplatten mit neuen Melodien und Tänzen mitgebracht, wurde viel eingeladen, und die lebenslustigen jungen Frauen des Adels, vor allem jene, die Englisch gelernt hatten, feierten ausgelassen. Mein Beitrag war, dass ich einige englische Refrainlieder wie »Six green bottles hanging on the wall« ins Tibetische übersetzte. Mein größter Erfolg war das Possenlied »Mein Hut der hat drei Ecken«, das ich ihnen beibrachte. Wenn zum Schluss statt der Worte nur mit Gestik der Text ausgedrückt wurde, konnte die Runde so herzlich lachen, wie nur Tibeter lachen können.

Ford hatte bereits zwei Jahre beim Radio in Sikkim gearbeitet und wurde nun von der tibetischen Regierung angestellt. Nachdem er in Lhasa den ersten tibetischen Radiosender eingerichtet hatte, sollte er 1949 auch in Chamdo in Osttibet eine Station installieren, da die Drohungen der Chinesen immer heftiger wurden. So konnte er täglich Informationen nach Lhasa geben. Im Oktober 1950 verhafteten ihn die kommunistischen Chinesen. Er musste fünf Jahre Gefangenschaft erleiden. Später setzte er sich weltweit für das Anliegen der Tibeter ein und ist mit mir der letzte Europäer, der als Zeuge des freien Tibet den Dalai Lama unterstützen kann.

In Lhasa hörte man wilde Gerüchte über die aggressiven Pläne der Chinesen, und die Regierung gab daraufhin zwei gegensätzliche Anordnungen: Auf den Bergen wurden Abwehrzeichen und Gebetsmühlen errichtet, Schreine zur Abwehr des Feindes gebaut, und die heiligen Schriften wurden in Klöstern und Privathäusern mehr denn je gelesen. Gleichzeitig trainierten adelige Freunde von mir mit alten Maschinengewehren, Soldaten wurden rekrutiert und neue Regimentsfahnen geweiht; einige Kompanien verließen Lhasa nach Osten zur chinesischen Grenze, andere gingen nach Gyantse, wo angeblich moderne Waffen aus Indien angekommen waren.

Ich selbst errichtete in etwa fünftausendfünfhundert Metern Höhe am Mindrutsari unter den Felsblöcken ein Depot. Auch ein Revolver, den ich auf dem Markt in Lhasa erstanden hatte, wurde dort hinterlegt. Noch nie zuvor hatte ich eine Waffe besessen, aber ich hielt Vorsicht für angebracht. Am 7. Januar 1950 musste ich die Nachricht weiterleiten, dass China die »Befreiung« Tibets vorbereitete. In Lhasa wusste man natürlich nicht, wovon die Tibeter befreit werden sollten. Das Volk hatte keine Ahnung von den Drohungen, denn es gab weder Zeitung noch Radio.

Als ich in jenen Tagen einmal englische Filme bei Richardson holte, gab er mir den Rat, nachzuforschen, ob es nicht irgendwo noch die Bücher gab, die zur Zeit des XIII. Dalai Lama für eine englische Schule in Lhasa gedacht waren; der Widerstand der Mönche hatte damals die Gründung verhindert. Schon am nächsten Tag konnte ich zwei schwere Kisten mit Büchern im Außenamt abholen. Leider gelangte ich an diese Fundgrube zu spät.

Mein Zusammensein mit dem Dalai Lama ging vorläufig noch ungestört weiter. Von der indischen Botschaft in Dekyi Lingka hatte ich den Sechzehn-Millimeter-Film »Henry IV.« mit Laurence Olivier in der Hauptrolle entliehen. Es schien mir zunächst für den jungen Dalai Lama leichter, Shakespeare über den Film kennen zu lernen, als in den gesammelten Werken zu lesen, die in den Kisten lagen. Die eindrucksvolle Szene, in der es heißt: »Unruhig liegt das Haupt, das eine Krone trägt«, ließ ich wiederholt ablaufen. Sofort begriff der Dalai Lama, was ich ihm durch Shakespeares Worte sagen wollte und welch schwere Zeiten ihm bevorstanden.

Die bösen Omen häuften sich und fanden ihren Höhepunkt am Abend des 15. August 1950, als ein heftiges Erdbeben die Stadt erschütterte. Es begann um acht Uhr abends und dauerte vier Minuten – uns schien es wie eine Ewigkeit. Donnern und Krachen erfüllte die Luft, und einige glaubten, im Süden Wetterleuchten beobachtet zu haben. Am nächsten Morgen stellte man zufrieden fest, dass es keine Schäden an Häusern oder dem hoch aufragenden Potala gegeben hatte. Ein schlechtes Omen war das Beben trotzdem, außerdem war der Norbu, der als Symbol ihrer Religion gilt, von der Spitze eines Obelisken gefallen.

Dem Dalai Lama konnte ich deutlich machen, dass es ein tektonisches Erdbeben war, das mit der Kontinentalverschiebungstheorie von Alfred Wegener erklärt werden kann. Vor einiger Zeit hatte ich ihm eine Buntstiftzeichnung von meinem Sohn Peter im Alter von vier Jahren gezeigt, und jetzt konnte ich ihm erzählen, dass der berühmte Professor Peters Großvater war. Der Dalai Lama fand meine Erklärung, dass sich auch der Himalaja durch die Erdkrustenverschiebungen noch hebt, unzureichend und meinte, dass das Erdbeben etwas wahrhaft Geheimnisvolles an sich habe, das sich gegenwärtig noch jeder wissenschaftlichen Erklärung entziehe.

Mit der Übersiedlung des Dalai Lama vom Norbulingka zum Potala waren unsere glücklichen Stunden zu Ende. Meine Ideen, zum Beispiel dem Weltpostverein beizutreten, blieben unbearbeitet. Ich hatte vierzig Marken mit Serien von Blumen, Tieren, Bauten und den Glückssymbolen entworfen, die nie gedruckt wurden. Auf den freien Stufen unterhalb des Potala wollte ich hängende Gärten anlegen, sie blieben ein Traum.

Abschied von Tibet

Am 7. Oktober 1950 überschritten die Chinesen die tibetische Grenze. Da dies Hunderte Kilometer östlich von Lhasa geschah, brach keine Panik aus, aber ich beschleunigte meine Vorbereitungen, die Stadt für immer zu verlassen. Im Außenamt ersuchte ich um Urlaub und um einen Brief, der meine Anstellung bestätigte. Außerdem bat ich, »To whom it may concern«, mir für die Rückreise nach Tibet eine Erlaubnis zu geben. Das war wichtig, denn ich kannte die Gewohnheiten der indischen Regierung, Transitvisa nur zu genehmigen, wenn die Einreise von Tibet gewünscht war.

Mein Abschied zog sich bis Mitte November hin. Großzügige Geschenke, Rollbilder und Ethnographika, füllten die billigen indischen Blechkisten, die ich für die Reise organisiert hatte. Auch einige Standardwerke aus der englischen Schulbibliothek fanden Platz. Der Transport war kein Problem, ich bekam eine unbegrenzte Anzahl an Tragtieren von Minister Surkhang gestellt, denn er hatte mich gebeten, seine Frau mit Baby und Nurse nach Indien zu begleiten. Mehrere wohlhabende Kaufleute und Adelige hatten ihre Familien bereits in Sicherheit gebracht und es nicht versäumt, profane und religiöse Schätze mitzugeben.

Dann war es so weit. Die Karawane hatte Lhasa bereits verlassen, als wir uns am Kyitschu trafen, um mit einem Yakhautboot bequemer und schneller bis zum Tsangpo zu fahren. Am Ufer standen meine Freunde und warfen Glücksschleifen. Während ich noch Aufnahmen von ihnen machte, erfasste die Strömung das Boot, und bald waren auch die winkenden Gestalten verschwunden. Um meinen Hals hingen die vielen weißen Katas – Abschiedsgaben, die zugleich Glück für die Zukunft bringen sollten. Ich konnte meinen Blick nicht vom Potala abwenden, der noch lange das Bild beherrschte, denn ich wusste, dass dort der Dalai Lama stand und mir mit seinem Fernrohr nachsah. Immer wieder hatten wir in den Wochen zuvor über die Zukunft gesprochen, und schließlich hatte mein junger Freund gedrängt, dass ich abreiste. Ich tröstete mich damit, dass ich hoffte, ihn im Süden des Landes noch einmal zu treffen, denn auch für seine Flucht wurden bereits Vorbereitungen getroffen, wenn auch unter strengster Geheimhaltung.

Noch am selben Tag stieß ich zu meiner Karawane, die aus vierzehn Tragtieren, beladen mit meinem Gepäck, und aus zwei Pferden für mich und meinen Diener bestand. Der treue Nyima hatte es sich nicht nehmen lassen, mich zu begleiten. Am Yamdrok Yumtso, einem klaren See von sechshundert Quadratkilometer Größe, bezogen wir bei einem Bauern Quartier. Von Nyima wollte ich mich trennen, denn er musste zurück zu seiner Familie. Es war schwer, ihn davon zu überzeugen – genau wie in Lhasa, wenn ich am Abend eingeladen war und nicht wollte, dass er mich begleitete. Trat ich aus dem Tor meiner Gastgeber heraus, löste sich aus dem Schatten einer Mauer die Gestalt Nyimas und lief schützend hinter mir her. Als ich mich von dieser treuen Seele nun verabschiedete, konnte ich ihn kaum trösten. Ich schlug ihm vor, den Chinesen aus meinem großen Garten im Polingka Gemüse zu verkaufen und davon in Zukunft vielleicht zu leben. Es war genau sieben Jahre her, dass ich mich kurz vor dem Erreichen Tibets von Padam Chand, dem liebenswerten, treuen Inder hatte trennen müssen, jetzt, kurz vor dem Verlassen Tibets, war es wieder der Abschied von einem anhänglichen, treuen Menschen, mit dem mich gegenseitige Zuneigung verband.

Bequem ging es weiter, im Stil, wie die Tibeter gewöhnlich reisten. Die Tragtiere in der Karawane waren schon im Morgengrauen aufgebrochen, mit ihnen auch zwei Diener, und wenn wir am Tagesziel ankamen, erwarteten uns bereits der heiße Buttertee und knusprige Kekse. In Gyantse wohnten wir beim Dzongpön Surkhang Wangtschuk, der einer meiner besten Freunde in Lhasa gewesen war, bevor er Gouverneur von Gyantse wurde.

Gleichzeitig war er als jüngerer Bruder des Kabinettsministers Surkhang auch der Onkel des Babys in meiner Karawane. Sieben Tagesmärsche waren wir von Lhasa entfernt und konnten uns vor Überraschungsangriffen der Chinesen sicher fühlen. In Gyantse beschloss ich, einige Tage abzuwarten in der Hoffnung, dass den Tibetern ein Land gegen die chinesischen Aggressoren zu Hilfe käme.

Ich nutzte die Wartezeit und machte einen längeren Ausflug nach Schigatse, die zweitgrößte Stadt Tibets in der Provinz Tsang. Die Festung in Schigatse hatte die Form eines kleinen Potala, und der Posten des Gouverneurs war der begehrteste von ganz Tibet. Obwohl etwas höher als Lhasa gelegen, gedieh hier der beste Weizen. Ich hatte im Laufe der Zeit der Regierung in Lhasa immer wieder Vorschläge für wirtschaftliche Weiterentwicklung gemacht. Einer davon bestand darin, eine Streichholzproduktion anzufangen und mit dem Weizen der Provinz Tsang Kekse für den Export herzustellen. Die etwas dünkelhafte Antwort eines Beamten war: »Wir können es uns leisten, beides zu importieren!« Das war tatsächlich leicht möglich, denn Tibet exportierte hunderttausend Ballen Schafwolle und kaufte dafür alle Produkte, die für die Tibeter Luxus bedeuteten. Das Land war wirtschaftlich völlig autark.

In Schigatse hatte man weniger Angst vor den Chinesen. Gleich neben der Festung des Gouverneurs lag Traschilhünpo, eines der großen Klöster mit mehreren tausend Mönchen und dem Sitz des Pantschen Lama, des nach dem Dalai Lama zweithöchsten religiösen Führers Tibets. Seit Generationen war er von den Chinesen gegen den Dalai Lama ausgespielt worden, und der jetzige Pantschen Lama befand sich in einem Kloster unter Aufsicht der Chinesen. In Traschilhünpo glichen die Stupas unter den goldenen Dächern der verstorbenen Pantschen Lamas den Grabmälern der Dalai Lamas im Potala. Besonders beeindruckt war ich von dem höchsten Bau, dem rotfarbenen Dschampa Lhakhang. Die sechsundzwanzig Meter hohe Statue des Maitreya reichte über neun Stockwerke. Der Kopf war so riesig, dass ich über mehrere steile Leitern an der Seite hochklettern musste, um Fotos machen zu können.

Zurück in Gyantse erwartete mich mein Freund Surkhang Wangtschuk voller Aufregung mit der Nachricht, dass der Dalai Lama am 19. Dezember Lhasa verlassen hatte. Es war der Befehl gekommen, alle Karawanenstationen für seine Ankunft vorzubereiten und die Straßen instand zu setzen. Die Mutter und die Geschwister des Dalai Lama waren bereits in Gyantse angekommen. Freudige Begrüßung gab es mit Norbu, den ich drei Jahre hindurch nicht gesehen hatte. Monatelang war er bereits unterwegs gewesen, nachdem er mit viel List und Tücke den Chinesen entkommen war. Er hatte sich zum Schein bereit erklärt, seinen jüngeren Bruder zum Verbleib in Tibet zu überreden. Nun war er froh, frei zu sein, und reiste mit seiner Familie gleich weiter nach Süden.

Mit Surkhang Wangtschuk ritt ich dem Dalai Lama entgegen. Nach drei Tagen trafen wir auf dem Karopass die Vorhut seiner Karawane. Ein wilder Sturm war aufgekommen, und das Knattern der vielen bunten Gebetsfahnen übertönte die Rufe »Ki Ki so so Lha gye lo«, die Götter sollen siegen, der ersten Reiter. Ungefähr vierzig Adelige bildeten das Geleit des jungen Herrschers, und zweihundert ausgesuchte Soldaten mit modernen Maschinengewehren und einigen Haubitzen waren die militärische Schutztruppe; ein Heer von Dienern und Köchen folgte nach. Ihm schloss sich der schier endlose Zug der eintausendfünfhundert Tragtiere an, die einzeln hintereinander den Berg herauftrabten.

Mitten in der Kolonne wehten zwei Flaggen: die Nationalfahne Tibets und das persönliche Banner des XIV. Dalai Lama. Sie zeigten die Gegenwart des Herrschers an. Als ich den jungen Gottkönig langsam die Passhöhe herauffreiten sah, fiel mir unwillkürlich eine uralte Prophezeiung ein, die man manchmal in Lhasa flüstern hörte: Der XIII. Dalai Lama, so soll ein Orakel verkündet haben, wird der Letzte in der langen Reihe seiner Vorgänger sein. Vor einigen Wochen war mein Freund von der Nationalversammlung, zwei Jahre vor Vollendung seines achtzehnten Lebensjahrs, zum XIV. Dalai Lama, dem Herrscher seines Landes, ernannt worden. Die Weissagung schien sich jetzt zu erfüllen. Er war der König, aber der Feind stand im Land, und dessen Herrscher war auf der Flucht. Als er jetzt auf seinem Schimmel an mir vorbeiritt, zog ich meine Wollmütze; es erschien mir als glückliche Fügung, dass dichte Schwaden der vielen Weihrauchfeuer unsere Gesichter und damit unsere Gefühle verschleierten.

Seine Unterkunft in einem kleinen Kloster war im Vergleich zum Potala oder Norbulingka äußerst bescheiden. Der Knabe saß in einem ungastlichen Raum, wenige verstaubte Götterfiguren bildeten seine einzige Gesellschaft. Kein Ofen spendete Wärme, die papierverklebten Fenster konnten Sturm und Kälte nur notdürftig abhalten, und ein paar Butterlämpchen gaben spärliches Licht. Er war mit seinen Problemen völlig allein. Die drei Äbte waren die ungewöhnlichen Umstände, die Kälte und die dünne Luft nicht gewohnt, und genauso erging es seinen beiden Lehrern. Unglücklicherweise hatte sein Bruder Lobsang Samten, sein engster Vertrauter, kurz vor der Abreise in Lhasa einen Herzanfall erlitten, und in der ungewohnten Höhe von über fünftausend Metern wurde er ohnmächtig. Der Arzt des Dalai Lama behandelte ihn, wie wir sagen würden, mit einer Rosskur. An bestimmte Stellen des Körpers wurden mit einem in Holzkohle glühend rot gemachten Eisen kleine Löcher gebrannt, eine robuste Art von Kauterisation oder Wärmetherapie.

Lobsang erholte sich und wurde zur Schonung in der einzigen Sänfte getragen. Der Dalai Lama hatte es bei der Kälte ohnehin vorgezogen, sein Pferd zu nutzen. Nur wenn die Prozession an einem Kloster vorbeikam und alle Mönche und Nonnen betend auf den Knien lagen, bestieg er vorher die Sänfte. Die gesamte Strecke war von den Bewohnern auf beiden Seiten mit weiß getünchten Steinen eingefasst worden, um böse Geister und Dämonen am Überqueren des Fluchtwegs zu hindern. Der junge Herrscher, der bisher nichts anderes als die Umgebung Lhasas gesehen hatte, konnte diesen traurigen Anlass dazu nutzen, zum ersten Mal die Schönheiten seines Landes zu bewundern. Am Karopass war er an gewaltigen Gletschern vorbeigeritten, und jetzt, in Gyantse, stand er vor dem fünfunddreißig Meter hohen Tschörten, auf dem Hang dahinter verteilt die achtzehn Klöster der verschiedenen Schulen des Tibetischen Buddhismus.

In Gyantse traf ich auch noch einmal Peter Aufschnaiter, der sich vorgenommen hatte, in Tibet zu bleiben. Er wollte vor den heranrückenden Chinesen nach Westtibet ausweichen. Noch einmal wollte er Kyirong, das Dorf der Glückseligkeit, erleben und die Wirkungsstätte Milarepas besuchen. Später schrieb er für das Institut von Tucci in Rom eine Arbeit über den bedeutendsten Yogi Tibets. Aufschnaiter ging seinen Weg, er konnte frei und unabhängig seinen Interessen nachgehen. Diese Zeit hat er ausgekostet bis zum letzten Tag. Nur die Mutter in Tirol ließ er einmal in sein Inneres blicken, als er ihr schrieb: »Du hättest dich gewundert, wenn du gesehen hättest, wie zärtlich die achtzehnjährige Tochter des Angdi mit mir umging. Wenn nicht die Kommunisten wären, würde ich noch anfangen, Pläne zu schmieden.« Als die Chinesen dann in Lhasa einmarschierten, fühlte sich Peter auch im Himalaja nicht mehr sicher. Am 21. Januar 1952 verließ auch er mit seinem Freund Draba Angdi endgültig sein geliebtes Tibet. In Lhasa hatten wir uns oft darüber unterhalten, wohin wir gehen würden, falls Tibet kein freies Land mehr wäre; wir dachten an Australien oder die USA. Nun landete Peter Aufschnaiter im Himalaja-Königreich Nepal, wo er freundliche Aufnahme fand.

Anfang Dezember verließen wir Gyantse Richtung Süden. Ich hatte mich der Karawane des Gottkönigs angeschlossen. Während der Reise wurde es noch kälter. Typisch für den tibetischen Winteranfang, begannen mittags orkanartige Sandböen über die weiten Flächen des Hochlandes zu fegen; eilig mussten die Banner eingerollt werden. Seit Tagen sahen wir nun schon in der Ferne die gewaltige Pyramide des 7328 Meter hohen Tschomolhari, westlich davon lag die Provinzhauptstadt Phari, die unser nächstes Ziel war. Um dorthin zu kommen, mussten wir die ausgedehnte Tünaebene überqueren.

Um Erfrierungen zu vermeiden, gingen wir zu Fuß, auch der Dalai Lama, der von zwei Äbten gestützt wurde. Für alle Adeligen war es ein völlig neues Erlebnis, und das Foto, welches mir da gelang, sagt mehr aus als viele Worte. Nach stundenlangem Marsch musste für Mensch und Tier das Lager aufgeschlagen werden. Wir waren zwar noch im offenen, ungeschützten Gelände der Ebene, aber wie erwartet wurde es am späten Nachmittag windstill. Die Banner konnten wieder ausgerollt werden, und während wir, bereits im kalten Schatten, die Zelte aufstellten, konnte man auf dem Gipfelgrat des Tschomolhari eine gewaltige horizontale Schneefahne in der Abendsonne sehen.

Während des langen Marsches hatte ich Zeit gefunden, über die Sicherheit des Dalai Lama nachzudenken. Die Chinesen waren bereits seit drei Monaten in Osttibet und die über vierhundert Quadratkilometer große Tünaebene hätte für ihre Flugzeuge eine ideale Landebahn ergeben. Aber es wäre auch eine Möglichkeit gewesen, den Dalai Lama in Sicherheit zu bringen. Vor und nach der Invasion plädierte ich für das Exil, denn ich glaubte, dass es ihm bessere Aussichten gewährte, eines Tages in ein freies Tibet zurückzukehren; so ist es auch in seinen Memoiren nachzulesen. Auch im Zweiten Weltkrieg war die Flucht für viele Herrscher zur Rettung geworden.

Seit Gyantse litten wir alle unter der großen Kälte, den Anstrengungen und ersehnten Phari, wo es endlich wieder bequemer würde und uns eine warme Unterkunft in festen Häusern erwartete. Phari liegt mehrere hundert Meter höher als Lhasa und gilt in der Welt als der höchste Verwaltungsort eines Gouverneurs. Dzongpön war Targyela, der jüngere Bruder meines besten Freundes Wangdü Scholkhang in Lhasa. Schon am nächsten Morgen drängten die Minister, ohne Rasttag weiterzugehen. Alle waren froh, aus der kalten Hochebene hinunter in die warme bewaldete Landschaft des Tschumbitals zu kommen.

Ich blieb zurück, da Targyela mich eingeladen hatte, einige Tage als sein Gast in Phari zu bleiben. Dass ich diese Einladung annahm, hatte einen Grund – ich wollte den unabwendbaren Abschied aus einem Land, das mir zur zweiten Heimat geworden war, möglichst lange hinauszögern. Ich weigerte mich, die Wirklichkeit klar zu sehen, und klammerte mich an jede Möglichkeit, die mir ein längeres Verweilen bot. Hier im Hochland von Phari umgaben mich noch die endlosen Hügel, nur unterbrochen von einem eisbedeckten Gipfel mit dem Namen »Herrin der Götterberge«. Ich erlebte noch einmal die Schönheit des weiten Schneelandes. Mit Targyela machte ich eine längere Tour, um einen der Vorgipfel des Tschomolhari zu besteigen, und auf diesem Ausflug betrat ich zum ersten Mal den Boden des Königreichs Bhutan. Erst viel später sollte ich dieses Juwel unter den Himalajastaaten im Verlauf von vielen Reisen näher kennen lernen.

Jetzt war es Zeit, der großen Karawane zu folgen. Der Abstieg von Phari war steil und steinig, deshalb ging ich die über tausend Höhenmeter lieber zu Fuß, auch eingedenk des tibetischen Spruches: »Ein Pferd, das den Mann nicht bergauf trägt, ist kein Pferd, ein Mann, der bergab nicht absteigt, ist kein Mann.«

Bald erblickte ich die mit Schindeln gedeckten Häuser im Tschumbital, wo der Dalai Lama nun für längere Zeit Quartier nahm. Rund um das Kloster Dungkar Gompa, in dem er wohnte, flatterten die neuen bunten Gebetsfahnen. Ich fand Unterkunft in einem kleinen gemütlichen Bauernhäuschen, gleich neben mir wohnte Norbu. Mit ihm machte ich viele Ausflüge, oft bis zur Grenze Bhutans. Pemala war inzwischen mit ihren beiden Kusinen zur Schule nach Indien weitergeritten. Auch fünfzig Kisten, gefüllt mit Goldstaub und Silberbarren, waren bereits in Sikkim in Sicherheit gebracht. Dabei handelte es sich um den Staatsschatz Tibets, den die Tibeter retten wollten. Sein Wert wurde jedoch wie vieles andere im Zusammenhang mit Tibet von ausländischen Berichterstattern maßlos übertrieben.

Ich langweilte mich. Obwohl ich für den Mönchsaußenminister Liuschar Dzasa weiterhin Radionachrichten übermittelte, fühlte ich mich überflüssig. Die täglichen Gerüchte aus dem nahen Sikkim und von den indischen Soldaten ergaben keine klare Linie, die Kabinettsminister trafen sich täglich, ohne Beschlüsse zu veröffentlichen. Es herrschte Hektik und Unsicherheit. Der einzig ruhende Pol war die Mutter des Dalai Lama, ihre Sorge galt ihrem Sohn und nicht der Politik.

Ende Mai erreichte uns aus Peking die schockierende Nachricht, dass die Vertreter des Dalai Lama unter Führung des Ministers Ngabö ein Siebzehn-Punkte-Abkommen mit den Chinesen unterschrieben und mit dem Staatssiegel abgestempelt hatten. Es war offensichtlich, dass dieser Vertrag nur unter Zwang hatte entstehen können, denn das Staatssiegel der Regierung Tibets befand sich beim Dalai Lama im Dungkar-Kloster. Wenn es sich auf dem Dokument befand, konnte es nur von einem falschen Duplikat stammen. Tibets Schicksal schien besiegelt, denn das Abkommen ließ keinen Zweifel daran, dass Tibet als Teil Chinas angesehen wurde. Was würde der Dalai Lama nun tun? Das Abkommen akzeptieren und nach Lhasa zurückkehren oder ins Exil gehen, um gegen die Gewaltherrscher zu kämpfen?

Der Dalai Lama hatte die Nachricht im Radio gehört. Ich versuchte nachzuempfinden, was dieser junge Mensch fühlte, wie trostlos ihm alles erscheinen musste, fast noch ein Kind. Nur seine Intelligenz, sein Verantwortungsgefühl und seine Ruhe ermöglichten es ihm, dem Ansturm der wohl gemeinten widersprechenden Vorschläge der vielen Ratgeber standzuhalten. Ich bewunderte ihn, konnte ihm aber leider in dieser Situation, obwohl sein Freund, nicht helfen. Es ergab sich keine Gelegenheit mehr zum Gespräch, denn hier konnte ich ihn nicht so einfach besuchen wie im Norbulingka. Es war offensichtlich, dass die alten Mönche meine Freundschaft mit ihm argwöhnisch beobachtet hatten und mich in dieser Krise isolierten, und so verabschiedete ich mich mit einem Brief, in dem ich ihm riet: »... in Indien um Asyl anzusuchen«, wie er in seiner Autobiographie 1990 schrieb. Ein chinesischer General namens Zhang Jingliu war auf dem Weg ins Tschumbital, um den Dalai Lama zu sprechen. Ich selbst hatte endgültig beschlossen, nach Indien weiterzuziehen, denn für mich kam eine Rückkehr nach Lhasa nicht in Frage. Im März 1951 verließ ich das Tschumbital.

Genau sieben Jahre hatte meine Odyssee gedauert, und nun saß ich allein in der Sonne auf dem Natulapass, der Grenze zwischen Tibet und Indien. Wie vor sieben Jahren gab es keine Grenzsoldaten oder Zöllner. Ganz in der Nähe stand der Achttausender Kangtschendzönga, und ich hatte Zeit und Muße, darüber nachzudenken, was diese Jahre mir bedeutet hatten und welche Erkenntnisse sie mir brachten. Ich dachte vor allem an Unvergessliches, nie Erträumtes.

Alles überragend war die Zeit mit dem jungen Dalai Lama, eine Freundschaft, die bis zum heutigen Tag anhält. Ich dachte an seinen Lehrer Tritschang Rinpotsche, der immer Verständnis für meine Besuche beim Dalai Lama gezeigt hatte. In Lhasa hatte ich ihn einmal gebeten, ob er mich »unter seinen Schirm« nehmen würde – eine Redewendung, die in Tibet von großer Bedeutung ist und als Bitte um Schutz verstanden wird und der Anfang vieler Briefe ist. Während der kalten Fluchttage hatte ich Gelegenheit gefunden, mich bei ihm für seinen Schutz und seine Sanftmut zu bedanken.

Ich hatte wie im Mittelalter in einem Feudalstaat gelebt, das war nun vorbei. Dass jetzt eine feindliche Macht den unabwendbaren Fortschritt bringen sollte, bedauerte ich sehr. Unvergesslich bleibt die Gastfreundschaft fröhlicher Menschen, das herzhafte Lachen und ihre Höflichkeit bei allen Begegnungen. Statt dem gegenseitigen Händeschütteln falten sie die Hände vor der Brust, anstatt zu küssen begrüßen sich nahe stehende Menschen durch Berühren der Stirn. Der schönste Brauch ist das Überreichen einer weißen Glücksschleife. Man bietet sie mit beiden Händen dar, wie alles, was man gibt oder entgegennimmt, mit zwei Händen geschieht. Bis heute habe ich die mir lieb gewordene Gewohnheit beibehalten, meine Tee- oder Kaffeeschale mit beiden Händen zum Mund zu führen – eine der vielen kleinen Gesten, die mir selbstverständlich geworden sind.

Ich hatte in Tibet ungewöhnlich glückliche Jahre verlebt. Ich hatte mich nicht nur sehr wohl gefühlt unter den Tibetern, sondern ich war auch nützlich gewesen. Als Hansdampf in allen Gassen hatte ich immer etwas zu tun, und alles, um das man mich bat, versuchte ich auch auszuführen. Wenn man mich fragte, ob ich einen Damm, eine Brücke oder ein Haus bauen konnte, dann fragte ich Peter Aufschnaiter oder schaute in den englischen Schulbüchern nach, wie ich vorzugehen hatte. Für die Tibeter war alles neu, was ich tat, so isoliert, wie sie lebten. Aber auch für mich war vieles neu, denn häufig tat ich es zum ersten Mal. Ich habe nie abgelehnt, es hat mir Freude gemacht, alles zu versuchen. Der Lohn war das gute Gefühl, helfen zu können, und die Anerkennung, die man meiner Arbeit zollte. Wir waren so bekannt in Lhasa, dass mir die große Ehre zuteil wurde, vom Dalai Lama gerufen zu werden. Deshalb war mein Abschied von Tibet auch ein Abschied von einem erfüllten Leben, von einer Zeit, die man nirgendwo noch einmal finden kann, auch nicht mehr in Tibet.

Kalimpong

Am Ufer des kristallklaren Tsogosees, wenige Kilometer unterhalb des Passes, aber noch über der Baumgrenze, lag ein Bungalow, der mein Tagesziel war. Ich war nicht wenig erstaunt, als ein europäisch aussehender, schlanker Mann mich mit amerikanischem Akzent begrüßte: »Mister Harrer, ich bin James Burke, Vertreter des *Time-* und *Life-Magazines* in Neu-Delhi, und warte schon seit Tagen auf Sie.«

Mit meinen Gedanken und Sinnen noch ganz in Tibet, empfand ich diese erste Begrüßung als eine etwas unmittelbare Konfrontation mit einer mir fremd gewordenen Welt. Das *Life-Magazine* hatte es gelegentlich in Lhasa gegeben, aber immer war es mindestens ein Jahr alt gewesen. Burke kam aus einer Missionarsfamilie und war in China geboren, daher zeigte er großes Verständnis für meine Zurückhaltung. Von nun an begleitete er mich, und beim nächsten Stopp in Gangtok, der Hauptstadt Sikkims, fragte er, ob ich während der Flucht auch fotografiert habe. Die großen Lasten waren inzwischen mit der Surkhang-Karawane in Kalimpong in Sicherheit, aber die wertvollen Tagebücher und Filme hatte ich nicht aus der Hand gegeben. Ich konnte Burke sagen, dass auch Farbbilder von einer großen Zeremonie im Tschumbital noch auf dem Film in der Kamera sein müssten, als indische Gelehrte dem Dalai Lama eine goldene Urne mit den Reliquien Gautama Buddhas überreicht hatten. Es waren die letzten Aufnahmen, die ich vom Dalai Lama noch hatte machen können; zweifelsohne waren es auch die letzten Fotos des Gottkönigs in seinem freien Tibet. Burke schlug vor, die Filme fachmännisch in New York entwickeln zu lassen, um einen längeren Artikel über die aktuelle Situation, den er für *Life* in Arbeit hatte, zu illustrieren. Gemeinsam fuhren wir nach Neu-Delhi, wo ich im Bungalow seiner Familie ein Zimmer bekam.

Während der nächsten Tage lernte ich, was moderner Journalismus ist, wenn Geld keine Rolle spielt. Tag und Nacht arbeiteten wir. Immer wenn eine Seite fertig war, fuhr ein Bote mit dem Fahrrad zur Post und telegraphierte den Text mit doppelter Expressgebühr nach New York. Eines Morgens, wir waren noch beim Frühstück, kam ein aus mehreren Seiten bestehendes Telegramm. Burke sagte: »Henry, alle Fotos sind gut, wir bekommen sogar die Coverstory!« Die Szene des Dalai Lama mit der goldenen Urne werde als Titel-Farbseite erscheinen.

Die sieben Millionen Titelbilder für *Life* waren bereits im Druck, als die überraschende Nachricht eintraf, dass Präsident Truman General Douglas McArthur, den großen Sieger des Pazifikkrieges gegen die Japaner, entlassen hatte. Das war für die Innenpolitik der Nation eine Sensation, die Redaktion des Magazins beließ es zwar beim farbigen Cover mit meinem Foto, aber unsere zehn Seiten lange Story wurde von vorn in die Mitte verlegt. Burke war trotzdem stolz und hatte den Auftrag, über das Honorar zu verhandeln, verriet mir jedoch, dass er nicht über das Maximum von 10 000 Dollar gehen dürfe. Die Zahl schien mir so ungeheuerlich, dass ich zum Spaß sagte: »Warum nicht 9900?«

Diese Summe ermöglichte es mir, in Indien zu bleiben, und erlaubte mir auch, eine Expedition zu einem der Himalajagipfel ins Auge zu fassen; vielleicht sogar mit Tenzing Norgay zum Kantsch, wie wir bei seinem Besuch in Lhasa verabredet hatten. Vorerst musste ich mich allerdings der internationalen Presse stellen. Das Interesse an Tibet war groß, und in den indischen Zeitungen gab es täglich Berichte. Wie nach der Durchsteigung der Eiger-Nordwand wurde ich von der Aufmerksamkeit, die man mir hier plötzlich schenkte, überrascht. Ich hatte nicht gewusst, dass mein Leben im abgeschiedenen Lhasa so aufmerksam beobachtet worden war. Nun wurde ich als Zeuge befragt.

Der US-Botschafter Loy Henderson hatte mich über Jim Burke gebeten, ihn zu besuchen. Er war über die politische Situation Tibets gut informiert, und ich war froh, ihm zusätzlich Wissenswertes vermitteln zu können. Vor allem sagte ich ihm, dass der Dalai Lama intelligenter sei als seine Berater, dass er durch seine Verehrung für McArthur den Vereinigten Staaten vertraue und Hilfe von ihnen erhoffe. Sein Problem, Entscheidungen über Verbleib oder Exil zu treffen, war deshalb so groß, weil er auf zu viele Stimmen hören musste. Da waren der ältere Bruder, der eine Chinesin geehelicht hatte, ein anderer Bruder flüchtete vor den Chinesen. Alle gaben Ratschläge: zwei Kabinettsminister, der oberste Abt des Landes, seine beiden Lehrer, die Mutter, die Engländer, die Inder und die USA. Ich versuchte Henderson zu erklären, dass der gegenwärtige XIV. Dalai Lama vielleicht im Unterbewusstsein an seine Existenz als XIII. denke, der geflohen und dann erfolgreich als Herrscher in seine Heimat zurückgekehrt war. Dieser Gesichtspunkt eröffne eventuell die Möglichkeit, ihn zum Verlassen Tibets zu bewegen.

Als ich diese Gedanken äußerte, war der chinesische General bereits auf seinem Weg nach Tibet in Indien angekommen. Eile war geboten, es musste etwas geschehen, bevor er den Dalai Lama im Tschumbital traf. Fünfzig Jahre danach sind die damals geheim geführten Verhandlungen in aller Welt bekannt. Es ist in Washington Brauch, dass Dokumente dieser Art nach vierzig Jahren freigegeben werden. Bereits 1992 konnte ich dem Dalai Lama beim gemeinsamen Geburtstag am 6. Juli in unserem Ferienhaus in Kärnten die Schweizer Tageszeitung *Der Bund* zeigen, die auf der Titelseite von meinen Treffen 1951 mit Henderson berichtete. Und auch der Inhalt, die Zusicherung Hendersons zur Hilfe und Unterstützung, konnte mittlerweile dokumentiert werden. Im Jahr 2000 erschien in Amerika das vierhundert Seiten umfassende Buch von Kenneth Knaus »Orphans of the Cold War. America and the Tibetan struggle for survival« (Waisenkinder des Kalten Krieges. Amerika und der Kampf Tibets ums Überleben), das beschreibt, dass ich noch am 24. Juni 1951 dem Dalai Lama die Nachricht schicken konnte, dass Henderson den Tibetern die Zusicherung gab, dem Dalai Lama im Exil beizustehen. Es hatte zwar große Kommunikationsschwierigkeiten gegeben, aber der Dalai Lama bestätigte, dass er meinen Brief bekommen hatte.

Als ich nach dem ersten Besuch bei Henderson auf Wiedersehen sagte, meinte er: »Oh, Mr. Harrer, hier ist ein Paket für Sie.« Es war von Frank Bessac und enthielt unter anderem zwanzig Rollen Farbfilm.

Um näher am Drehpunkt der politischen Entwicklung zu sein, kehrte ich von Neu-Delhi nach Kalimpong zurück, das nur einen Tagesritt von der tibetischen Grenze entfernt liegt. Mit Mühe bekam ich ein Zimmer im Himalaja-Hotel, denn im Ort wimmelte es von Journalisten. Beim Öffnen meiner Lasten aus Lhasa gab es eine böse Überraschung: In einer der Kisten lag gleich obenauf völlig vermodert der Seidenmantel, den ich bei Empfängen in Lhasa getragen hatte. Es kam noch schlimmer, und ich erinnerte mich, dass beim Verladen des Gepäcks auf die Tsangpofähre eines der Tragtiere gescheut hatte und mit zwei der indischen Blechkoffer ins Wasser gefallen war. Es wurde zwar alles gerettet, aber jetzt, Monate später, kamen die Wasserschäden ans Tageslicht.
Die Diener des Hotels waren alle vom klein gewachsenen Stamm der Leptscha, der Urbevölkerung Sikkims. Als Buddhisten der alten Schule stöhnten sie beim Entrollen der Thangkas mit den Göttern und Heiligen, da die Bilder durch die Nässe völlig zerstört waren. Beim Ausbreiten auf dem grünen Rasen des Hotelgartens murmelten sie Gebete wie Tibeter: »Om mani padme hum«. Da alle Rollbilder alte Stücke und daher nur mit Naturfarben gemalt waren, war in dieser Last kein Exemplar unbeschädigt geblieben. Es gab aber leider einen noch größeren Verlust, als ich das Bündel Briefe öffnete, das die ganze Korrespondenz mit Sven Hedin enthielt. Einige Briefe, die der große Forscher auf der Schreibmaschine geschrieben hatte, waren noch lesbar, aber jene mit Tinte waren kaum noch zu entziffern.
Nach einigen Tagen bekam ich im Hotel im ersten Stock das

Zimmer Nummer 7, wo ich mich ausbreiten konnte und gleich für die nächsten Monate niederließ. Fließendes Wasser gab es nicht, aber in der Früh kletterte ein Leptscha mit zwei Eimern die fast senkrechte Leiter an der Außenwand des Hauses herauf zum Badezimmer, das einen eigenen Eingang hatte. In diesem Hotelzimmer begann ich auch, meine Erinnerungen an Tibet niederzuschreiben. Ich tat es Englisch, zum einen weil dies hier die Umgangssprache war, andererseits, weil mein Vokabular für Religion und Geographie beinahe ausschließlich aus englischen Büchern stammte.

Die Arbeit ging nur langsam voran, denn fast täglich gab es Einladungen. Entweder zu Drinks von den Hotelgästen aus aller Welt oder zum Abendessen in eines der vielen schönen Landhäuser mit prächtigen Gärten von Wissenschaftlern, vor allem Tibetologen oder Linguisten. Besonders freute ich mich auf den Besuch bei Prinz Peter von Griechenland und Dänemark. Er hatte das frühere Haus von George Sheriff gemietet, der als begeisterter Botaniker den Garten der britischen Handelsmission in Lhasa zu einem Juwel gemacht hatte; entsprechend schön war nun auch der Garten angelegt, in den ich eingeladen wurde. Schon in Lhasa hatte ich erfahren, dass der Prinz und seine Frau eine anthropologische Expedition für das Museum in Kopenhagen geplant hatten und in Kalimpong auf ihre Einreiseerlaubnis nach Tibet warteten. Wer es verhindert hatte, weiß ich nicht, aber es schwebte bereits die Drohung Chinas über Tibet.

Die Prinzessin war russischer Abstammung und fiel durch ihre schönen roten Haare auf, und ich konnte den Kaviar, den ich bisher weder gesehen, geschweige denn gegessen hatte, kaum genießen, weil sie so viele Fragen über zauberkundige Frauen und ihre Verbreitung in Tibet an mich richtete. »Ich schreibe ein Buch über Hexen«, begründete sie ihren Wissensdurst.

Mir fiel gleich die Geschichte aus Kyirong ein, wo Aufschnaiter und ich Ski laufen wollten und vom Dzongpön gebeten wurden, es zu unterlassen. »Bitte reitet nicht mit den Brettern auf dem Schnee«, hatte er gesagt, »es gibt bereits Klagen von Bauern, die meinen, dass Tümo, die Hexen, die Ernte zerstören würden, denn es sei allein das Privileg der Tümo zu fliegen.« Es gab an diesem Abend reichlich interessanten Gesprächsstoff, und wir wollten uns bald wieder sehen. Dazu kam es erst Jahre später in Dänemark.

Einen großen Abend gab es im Bhutanhaus, wo die einflussreiche Rani Dortsche eine Einladung gab. Ich hatte sie bereits in Lhasa kennen gelernt, jetzt war bekannt geworden, dass der König von Bhutan ihre Tochter Kesang heiraten würde. Zum ersten Mal sah ich die bunten Stoffe, die Schnitzereien und buddhistischen Kultgegenstände der Bhutaner.

Mit Jim Burke unterhielt ich weiter engen Kontakt. Eines Tages rief er mich an, er habe ein großes »Assignment«, wie er es nannte. *Life* wolle dem Monsun eine Spezialnummer widmen – ob ich nicht diesen Auftrag für ihn übernehmen könnte. Dazu müsste ich so schnell wie möglich nach Cherrapunji, den regenreichsten Platz der Welt, reisen. Dort hatte man einmal 22 987 Millimeter Niederschlag gemessen und damit den Weltrekord erzielt. Eine kaum vorstellbare Zahl, wenn man sie mit dem österreichischen Rekord im Land Salzburg von nur etwas über 1000 Millimetern vergleicht. Anfang Juli fielen in Cherrapunji für gewöhnlich in kurzer Zeit 400 Millimeter Regen.

Der Auftrag war mir willkommen, denn ich wollte ohnehin einen Ausflug nach Shillong, der bekannten Bergstation der Engländer, machen. Cherrapunji liegt nur etwa vierzig Kilometer entfernt im Süden. Von Kalimpong fuhr ich mit dem Autobus in wenigen Stunden nach Siliguri, wo ich in den Zug der Schmalspurbahn stieg. Tausend Kilometer fährt dieser Bummelzug nach Osten, ununterbrochen durch die ausgedehnten berühmten Teegärten von Assam. Am Zielort gab es kein Hotel, aber ich hatte im so genannten Post Bungalow ein Zimmer reserviert. Das »Bedding«: Matratze, Leintuch und Decke, führt man in Indien immer bei sich, und für Betreuung oder als Koch sorgt in allen

Bungalows eine Hilfskraft. Auf dem Dach des Hauses hatte man das ortsübliche Stroh längst gegen regensicheres Blech ausgetauscht. Schon während der ersten Nacht glaubte ich, das Dach würde über mir zusammenbrechen, so heftig prasselte der Regen auf das Blech. Im ersten Morgengrauen, als genug Licht zum Fotografieren gewesen wäre, hörte es leider auf zu schütten, und ich konnte lediglich die von den steilen Hängen herabstürzenden Bäche und Erdrutsche im Bild festhalten. Glücklicherweise hatte ich meinen Tennisschläger mitgenommen, sodass ich gegen Mittag mit dem Teeplantagenbesitzer auf dem schnell trocknenden Betonboden in der Sonne spielen konnte. So vergingen acht Tage, in denen auch die vorausgesagte Regenmenge vom Himmel kam, aber erst später, in Kalkutta, als innerhalb einer Stunde 600 Millimeter Regen fielen, konnte ich wirklich brauchbare Bilder von Regengüssen machen.

Inzwischen war im Tschumbital die Entscheidung gefallen. Der Regent Tadrag Rinpotsche war aus Lhasa gekommen, und zusammen mit den zwei Lehrern des Dalai Lama plädierten die alten Mönche für die Rückkehr. Die Bemühungen der anderen Ratgeber, einschließlich der Versprechungen der USA, scheiterten wohl auch daran, dass die Tibeter zwar Meister in der Auslegung ihres buddhistischen Glaubens sind, aber kein Verständnis für westliches Gedankengut aufbrachten. Sie blieben engstirnig und hatten völlig vergessen, dass der XIII. Dalai Lama jahrelang die Gastfreundschaft des südlichen Nachbarlandes Indien im Exil genossen hatte und danach Jahrzehnte in Wohlstand und Freiheit in Tibet herrschen konnte. Als sich diese ahnungslose Politik abzeichnete, verließen alle verbliebenen Familienmitglieder des Dalai Lama Tibet. Am 16. Juli 1951 traf General Zhang Jingliu im Tschumbital ein und fand nur noch Lobsang Samten, den engsten Vertrauten an der Seite des Dalai Lama.

Das Zimmer im Himalaja-Hotel behielt ich weiter als meinen Wohnsitz. Immer noch waren die Gäste international und bunt gemischt. Ein Schriftsteller hätte reichlich Stoff für einen Roman gefunden, mit exotischen Prinzessinnen, geheimnisvollen Agenten und halbwissenschaftlichen Globetrottern. Dazu gab es Geschichten über den Yeti, das Orakel und Yogis. An den Wänden des schwach erleuchteten Speiseraums hingen gute Stücke tibetischer Rollbilder, und ich hatte bemerkt, dass immer wieder eines fehlte. MacDonald gestand mir, er hätte als hoher Offizier am Feldzug nach Lhasa 1904 teilgenommen und viele Thangkas mitgebracht. Immer wenn er ein Bild verkaufte, konnte er es durch ein anderes aus seinem Bestand ersetzen. Er war nicht der Einzige, der tibetische Kunst als Beute hatte mitgehen lassen.

Bei Burke hatte ich den Piloten Jim Lassiter kennen gelernt, der im Koreakrieg mehrfach für seine mutigen Einsätze ausgezeichnet worden war und jetzt beim reichen Maharadscha von Dharbanga angestellt war. Der Herrscher hatte seine Macht 1947 zwar verloren, konnte sich aber immer noch den Luxus leisten, ein DC3-Flugzeug zu kaufen und mit Wohn- und Schlafzimmer umzubauen. Lassiter war ein Draufgänger, aber wenn er übers Fliegen sprach, sagte er: »Steig bei Schlechtwetter nie in ein Flugzeug, als Pilot hat man bei Nebel keine Kontrolle.« Diese Bekanntschaft war für mich nicht nur ein Erlebnis und Abenteuer, sie hatte noch den Sinn, dass Jim bereitstand, den Dalai Lama jederzeit irgendwo, selbst in Tibet, abzuholen und zu befreien. Die Flüge entlang der Südseite der Himalajariesen waren atemberaubend. Ich war noch nie geflogen, nun saß ich neben ihm auf dem Sitz des Kopiloten. Er verließ die Höhe von sechstausend Metern erst dann, wenn er sah, dass mein Gesicht blau anlief. Künstlichen Sauerstoff hatten wir nicht.

Dharbanga lag nicht weit westlich von Kalimpong in der Gangesebene südlich der Grenze zu Nepal. Eines Tages schickte Jim die Nachricht, dass ich nach Kathmandu mitfliegen könnte. Der Maharadscha war zum König von Nepal eingeladen und saß bereits mit seiner Familie beim Tee im Salon der Maschine, als ich zustieg. Natürlich musste ein zweiter Pilot dabei sein, und so setzte Jim mich auf den Platz des Funkers. Auf diese Weise war ich bereits 1951 in Nepal, als es für Touristen noch keine Einreiseerlaubnis gab.

Kalimpong erwies sich mit seiner Lage in eintausendvierhundert Meter Höhe als klimatisch angenehmer Platz. Berühmter jedoch war das zweitausend Meter hoch gelegene Darjeeling. Es diente den britischen Vizekönigen als Bergstation während der heißen Sommermonate, es gab viele Hotels, und der Planters Club bildete das Zentrum, wo sich die Plantagenbesitzer trafen, die den berühmten Darjeelingtee züchteten und weltweit vertrieben. Die Fahrt zwischen den beiden Orten legte man in einem der unzähligen originalen Jeeps zurück, die von den Amerikanern bei Kriegsende zurückgelassen worden waren. Bis zu zehn Passagiere klammerten sich auf der kurvenreichen Straße an das Gestänge des Wagens, sodass man am Ziel vollkommen erschöpft ankam. Von den Teakholz- und Teeplantagen konnte man bei dieser Fahrerei kaum Notiz nehmen. Allerdings gab es eine lange Pause beim Überqueren des riesigen Tistaflusses, wo genaue Passkontrollen stattfanden. Später wusste ich, wie man die Wartezeit mit Bakschisch erheblich verkürzen konnte.

Mein erster Besuch in Darjeeling galt der Frau von Gyalo Thündrub, dem drei Jahre älteren Bruder von Lobsang, der bereits auf diplomatischer Mission für den Dalai Lama nach Hongkong gereist war. Seine Frau hatte inzwischen ein Selbsthilfezentrum für tibetische Flüchtlinge gegründet und beschäftigte mit großem Erfolg Tischler, Maler und Schneider, die ihre Produkte an die vielen Touristen verkaufen konnten.

Jetzt, wo ich Zeit für meine persönlichen Interessen hatte, war mir der Besuch bei Scherpa Tenzing Norgay sehr wichtig. Als ich die steilen Betonstufen zu seinem Haus hinaufstieg, kam mir eine Meute bellender weißer Apsos entgegen. Tenzing züchtete diese beliebte tibetische Rasse und verdiente sich damit zusätzlich etwas Geld, denn das Leben in Darjeeling war sehr viel teurer als in seiner Heimat am Fuße des Mount Everest. Tenzing besaß ein Lager von gebrauchten erstklassigen modernen Bergsteigerausrüstungen. Ich erwarb unter anderem einen Eiderdaunenschlafsack des Australiers Earl Denman, mit dem Tenzing 1947 heimlich versucht hatte, den Mount Everest von tibetischer Seite zu besteigen. Denman maß 1,95 Meter, und entsprechend groß waren auch sein Schlafsack und die Eiderdaunenjacke. Ich sah mich mit dieser Luxusausrüstung schon mit Tenzing auf Expedition gehen.

Wir planten immer noch, den Kantsch zu versuchen, und so galt mein nächster Besuch der königlichen Familie in Sikkim, die ich über Prinzessin Coocoola bereits kannte. Bei einem gemeinsamen Essen im bescheidenen Palast in Gangtok brachte ich mein Anliegen vor und erhielt zunächst keine Reaktion. Es herrschte peinliche Stille, bis der junge König mich zurechtwies. »Ausgerechnet du, der du so viele Jahre mit uns gelebt hast, du müsstest verstehen, dass es überhaupt nicht in Frage kommt, diesen unseren heiligsten Berg zu besteigen.« Der König fügte noch hinzu, dass der Gipfel an der Grenze zu Nepal stehe und beide Regierungen vereinbart hätten, alle Ansuchen abzulehnen. Ich entschuldigte mich und bat, falls es eines Tages doch erlaubt sei, an mich zu denken und mir den Vorzug zu geben.

Kangtschendzönga heißt übersetzt »Die fünf Schätze des großen Schnees« und ist für Sikkim der Thron ihres Schutzgottes. Seine Maske wird in der »Geisterkammer« des Klosters Püntsoling, westlich von Gangtok, hinter Schloss und Riegel aufbewahrt. Wenn man in Püntsoling übernachtet, schaut der Gipfel buchstäblich zum Fenster herein. Damals, 1951, galt er mit 8586 Metern noch als zweithöchster Berg der Welt, genaue Messungen ergaben 1987, dass der K2 Mount Godwin Austin im Karakorum um 24 Meter höher ist. Anfang 1950 brachten Zeitungen die sensationelle Nachricht, dass der 8091 Meter hohe Annapurna in Nepal als erster Achttausender erstiegen worden war. Der Erstbesteiger und Expeditionsleiter Maurice Herzog erzählte mir später, dass er im *Himalajan Journal* einen Artikel von Peter Aufschnaiter gelesen hatte, der mit Panoramaskizzen illustriert war, die ich von Tradün aus gezeichnet hatte. Zu jener Zeit war noch keiner der vierzehn Achttausender besteigen. Maurice Herzog wählte den Annapurna, weil ihm unsere Beschreibung als Anreiz gedient hatte, und stand gemeinsam mit Louis Lachenal am 3. Juni 1950 auf dem Gipfel. Durch Erfrierungen, die er sich bei der Besteigung zugezogen hatte, verlor Herzog alle Finger und Zehenglieder.

Im Sommer 1955 wurde dann auch der Kantsch zum ersten Mal erstiegen. Ich war enttäuscht, als ich davon hörte, und zeigte dies auch ganz offen bei einem späteren Besuch bei der Königsfamilie in Gangtok. Was war geschehen? Eine englische Expedition unter Leitung von George Band hatte der nepalischen Regierung versprochen, die Spitze des Gipfels, den Thronsitz des Gottes Kantsch, nicht zu betreten, und hatte so die Erlaubnis bekommen. Sikkim, von Nepal nicht verständigt, war überrascht. Natürlich hätten auch Tenzing und ich ein solches Versprechen gegeben. George Band hatte unterhalb des Gipfels einen Pickel ins Eis gehauen und die britische und nepalische Flagge daran befestigt und fotografiert.

Bei einer späteren Expedition fand ich Gelegenheit, den Schlüsselhüter von Püntsoling allein im Kloster anzutreffen. Er holte mir die kostbare Maske aus der Kammer, und mit seinem »Thron« im Hintergrund konnte ich den Gott fotografieren. George Band bekam eine Kopie dieses Bildes.

Nach der Absage 1951 war Tenzing genauso enttäuscht wie ich, aber durch seine Bekanntheit als Sherpa hatte er keine Schwierigkeit, sein Können bei einer anderen Expedition einzusetzen. Doch auch für mich ergab sich eine Gelegenheit; nun hatte ich von Tenzing die beste Ausrüstung und wollte sie auch nutzen. Als Jim Lassiter mit mir einmal bis zu den Quellen des Ganges flog, um meine Fluchtroute von oben zu sehen, kamen wir nahe an einer Reihe von Gipfeln des Garhwal Himalaja vorbei, die im Norden an Tibet und im Westen an Nepal grenzen. Ich hatte bereits im Himalaya-Club, in dem ich Mitglied war, einiges über die entlegenen Gipfel des Gharwal erfahren. Sie trugen den Namen Panch Chuli, »Fünf Schornsteine«, und den höchsten mit

6904 Metern wollte ich besteigen. Vor zwanzig Jahren hatten bereits Engländer und Schotten von Osten her einen Versuch unternommen. Ich wollte die westlichen Gletscher erkunden und versuchen, über den Westgrat den höchsten Gipfel zu erreichen. Wie es der Zufall wollte, traf ich bei einer Einladung in einem Hotel in Neu-Delhi den Australier Frank Thomas, der zum Bergsteigen gekommen war und Anschluss suchte. So taten wir uns zusammen.

Mühsam, aber erfolgreich, fanden wir durch die Spalten und Eistürme einen Weg an der Westseite und biwakierten in etwas über sechstausend Meter Höhe auf einer kleinen Ebene, die später als Balatiplateau bezeichnet wurde. Eine Eiswand etwa von der Neigung der Felder am Eiger, nur doppelt so hoch, schien mir mit den Zwölfzackern an den Schuhen geradezu ideal. Am Morgen war ich bereits drei Seillängen, etwa hundert Meter, geklettert; mit Haken und Pickel sicherte ich Frank. Als es etwas steiler wurde und ich ihn nachkommen ließ, folgte er nicht direkt in der Falllinie, sondern querte nach rechts über einen Felskopf, was ihm leichter erschien. Noch etwa zwanzig Meter fehlten bis zu meinem Stand, als er den Halt verlor und mit dem Rücken zur Eiswand hilflos unter mir durchpendelte. Es hatte sich schon vorher abgezeichnet, aber nun war klar, dass wir aufgeben mussten. In der Mittagswärme stiegen wir durch das Labyrinth des Gletscherbruchs, als mich eine Lawine erfasste. Das Gefühl des Schwindels, wenn die Umgebung sich bewegt, kannte ich bereits von meinem Erlebnis in den Hohen Tauern, und auch diesmal gelang es mir, mich oben zu halten. Zurückblickend weiß ich, dass dieses Unternehmen meinen sonstigen Vorsätzen und meiner Einstellung zum Bergsteigen widersprach, im Besonderen zu Expeditionen im Himalaja. Zwölf Jahre nach Eiger-Nordwand und Nanga Parbat hatte ich immer noch das Verlangen, die verborgene Sehnsucht, Neuland zu betreten, aber ich hatte während der friedlichen Jahre in Lhasa den Kontakt zum Klettern verloren und musste Lehrgeld bezahlen, bis ich wieder Anschluss fand.

Die Panch-Chuli-Gipfel als Ziel waren auch viel zu hoch gegriffen, was nicht zuletzt die schwierigen Versuche von Chris Bonnington und Stephen Venables dann bewiesen. Sie waren meiner Route bis zum Balatiplateau gefolgt und hatten den Panch Chuli V erklommen. Während des Abstiegs stürzte Venables, hatte offene Beinbrüche und war froh, mit dem Leben davongekommen zu sein. Er hatte es geschafft, weil er leben wollte, er kämpfte gegen Ohnmacht und Schmerzen und überstand den Sturz, weil er mitfühlende Freunde als Kletterpartner hatte.

Im März hatte ich eine Aufenthaltsgenehmigung für sechs Monate erhalten, im Sommer wurde sie um drei Monate verlängert. Nun näherte sich auch diese Frist dem Ende. Der österreichische Botschafter in Neu-Delhi besorgte mir eine Audienz im zuständigen Innenministerium, wo mich ein junger Beamter namens Harmander Singh äußerst freundlich empfing. Der Sikh war bereits in Gangtok beim zuständigen Minister für Sikkim, Tibet und Bhutan tätig gewesen. Auf dem Tisch lag ein Stoß von Aktenordnern, die mit einer Juteschnur zusammengehalten wurden. Beim Öffnen sah man nur verschiedene Papiere mit handgeschriebenen Zeilen, an denen Zettel mit Stecknadeln befestigt waren. »Das sind alles Schriftstücke über Sie, Mr. Harrer.« Es begann 1939 mit Akten über die Nanga-Parbat-Expedition, die verschiedenen Fluchtversuche und meinen Aufenthalt in Tibet. Auch meine Aktivitäten der vergangenen Monate, den Tibetern zu helfen, waren ihnen nicht verborgen geblieben, und so meinte er, es sei schwierig, meine Aufenthaltsgenehmigung noch einmal zu verlängern. Er gab mir den gut gemeinten Rat, noch 1951 Indien zu verlassen, dann könnte ich die Frage, ob mir schon einmal ein Visum verweigert worden sei, für spätere Besuche mit Nein beantworten. Ich beschloss, seinem Rat Folge zu leisten.

Jim Burke hatte für die mir verbleibenden zwei Monate noch interessante Aufträge. *Time-Magazine* wollte ein Bild von Jawaharlal »Pandit« Nehru anlässlich einer Rede in Madras, zu der die unwahrscheinliche Zahl von einer Million Zuhörern erwartet wurde. Meine Hindi-Sprachkenntnisse reichten aus, trotz Geheimpolizei auf die Tribüne zu gelangen. Während der langen Rede kletterte ich auf das Geländer hinter Nehru, und in einem Balanceakt schoss ich einige Bilder. Die Million Menschen konnte man allerdings nur ahnen, denn von der zur Hälfte erleuchteten Rednerbühne war auf dem Foto lediglich der vordere Teil zu erkennen. Immerhin, *Time* brachte eine Nahaufnahme, und im Text wurde vermerkt, dass Nehru seine Rede in Hindi begonnen hatte, aber plötzlich mit der Bemerkung ins Englische überging, dass er in London politisch erzogen worden sei und nur in Englisch seinen Emotionen freien Lauf lassen könne.

In Delhi buchte ich auf einem italienischen Schiff, das Mitte Dezember Bombay verlassen sollte, eine Kabine und konnte nun in den letzten Tagen einige Sehenswürdigkeiten besichtigen. Dazu gehörte das Taj Mahal, das man zu den sieben Wundern unserer Erde zählt. Ich hatte das große Glück, dass in der Nähe, am Zusammenfluss des Jumna mit dem Ganges, ein Kumbha Mela stattfand, eines der großen Pilgerfeste, an denen mehr als eine Million Hindugläubige teilnehmen. Durch Baden im heiligen Strom reinigen sie Körper und Seele, gleichzeitig ist es auch ein riesiger Jahrmarkt, auf dem mit Tieren gehandelt wird, Yogis für ein paar Almosen meditieren und Fakire ihre Künste zeigen.

Die schönsten Bilder entstanden am Flussufer, wenn die Pilger aus dem Wasser stiegen. Alle Männer mit nacktem Oberkörper, wohlgenährt, blieben länger im kalten Wasser, viele von ihnen geschmückt mit der Brahmanenschnur als Zeichen ihrer Zugehörigkeit zur höchsten Kaste. Besonders fotogen sahen die Frauen aus Rajasthan aus, wenn sie in roten und gelben Saris mit triefenden Gewändern, die ihre schönen Figuren deutlich erkennbar machten, ans Ufer stiegen.

Zwei Polizisten mit Schlagstöcken kamen auf mich zu: »Kommen Sie mit!« Sie nahmen mich in ihre Mitte und führten mich ab. Der Englisch sprechende Polizeioffizier im Zelt sagte: »Sie haben nackte Frauen fotografiert!« Nach meiner Erklärung, dass sie alle bekleidet gewesen waren, tranken wir Tee, und für den

Rest des Tages stellte er mir einen uniformierten Mann als Begleitung zur Seite. Die große indische Zeitung *Illustrated Weekly* hatte meine *Life*-Bilder übernommen, was es leichter machte, Hilfe und Vorteile zu erlangen.

Inzwischen waren chinesische Truppen in Tibet stationiert und damit auch an den Grenzen zu Ladakh, das zum umstrittenen Kaschmir gehörte. Die indische Regierung war beunruhigt. Täglich gab es neue Nachrichten aus Tibet, und ich erinnere mich, wie der indische Verteidigungsminister in der UNO wütend bemerkte, dass sich alles um Tibet drehe und man völlig vergessen habe, dass Indien nach der Teilung immerhin zehn Millionen Flüchtlinge aufzunehmen hätte. Auch im Norden Nepals, in der Gegend von Mustang an der tibetischen Grenze, hatten mutige tibetische Freiheitskämpfer gut organisierte Überfälle auf die Besatzungsmacht ihrer Heimat durchgeführt.

Ich konnte verstehen, dass das Innenministerium meine Aufenthaltsbewilligung nicht mehr verlängerte, denn sowohl Verteidigungs- als auch Außenministerium hatten Mitspracherecht. So bestieg ich mit dem gesamten Lhasa-Gepäck sowie einer schweren Kiste mit alten Büchern, die ich im Antiquariat der »Oxford Library« in Darjeeling gefunden hatte, den Luxusdampfer in Bombay, der mich zurück nach Europa brachte. Was mich dort erwartete, konnte ich nur ahnen.

Rückkehr nach Europa

Als wir in den Hafen von Triest einliefen, sah ich zum ersten Mal meinen zwölfjährigen Sohn Peter, der mit seiner Großmutter Else Wegener am Pier stand. Die ersten etwas schwierigen Minuten überbrückte ich, indem ich um Erlaubnis fragte, Peter das große Schiff zu zeigen. Mit dem Zug fuhren wir danach zum Brenner, wo ich von den österreichischen Grenzbeamten bereits erwartet wurde. Ich bat sie, meine Ankunft vorerst noch geheim zu halten, denn ich hatte den Wunsch, mit meinem Sohn in Ruhe eine Woche Ski zu laufen. In Innsbruck erstand ich das Neueste und Beste an Ausrüstung, das es für meinen Lieblingssport gab. In Erinnerung an meine Studentenzeit und die jährlichen akademischen Skimeisterschaften in Kitzbühel entschied ich mich, in diesem schönen Wintersportort die Ferien mit Peter zu verbringen. Er hatte von der Schule eine Woche länger frei bekommen, und bei unseren täglichen Skiläufen erfuhr ich einiges über sein Leben bei der Familie Wegener. Er war nur unter Frauen aufgewachsen, und vielleicht war es ein Fehler gewesen, ihn nicht bei meinen Eltern unterzubringen. In Kitzbühel traf ich auch einen französischen Besatzungsoffizier und erfuhr, dass Österreich von den Siegermächten in vier Zonen eingeteilt worden war.

Als Peter ins Internat zurückmusste, fuhr ich nach Graz, um meine Eltern zu besuchen. Drei Jahre hatten sie keine Nachricht von mir erhalten und nur gewusst, dass ich aus dem Lager geflohen war, bis dann der Kontakt über das Rote Kreuz möglich wurde. Vater hatte man während des Krieges als Postbeamten nach Marburg an der Drau versetzt, und bei Kriegsende musste er die alte Bischofsstadt fluchtartig verlassen, da sie Teil Sloweniens wurde und fortan Maribor hieß. Meine Schwester Lydia war auf Geschäftsreise, Pepperl studierte noch in Graz, und Ruth war als Krankenschwester nach Kanada gegangen.

Lange Zeitungsinterviews, ein Maturatreffen und das Wiedersehen mit Sportfreunden hatten auch die Polizei auf mich aufmerksam gemacht, die mich bat, sie in der Direktion am Paulustor zu besuchen. Ich erzählte, was ich nach dem Verlassen von Graz im Jahr 1938 gemacht hatte, und der Beamte fertigte Notizen an; es galt als Entnazifizierung – es geschah freundlich und sachlich. Das Protokoll wurde in eine Mappe gelegt, die Zeitungsausschnitte und unser Hochzeitsbild enthielt. Ähnlich verlief mein Besuch bei den Engländern im Palais Meran. Der Offizier, der mich befragte, war im Vergleich zur Grazer Polizei sehr viel besser informiert und erzählte mir schmunzelnd von Zeitungsberichten, die mich als den Oberkommandierenden der tibetischen Truppen in Lhasa im Kampf gegen China hatten erscheinen lassen. Weder von den Österreichern noch von den Engländern erhielt ich etwas schriftlich, aber meine Entnazifizierung war damit beendet.

Einen Dankesbesuch stattete ich noch Familie Jäckel ab. Heinrich Jäckel war Architekturprofessor und Rektor an der Technischen Hochschule in Graz und hatte mir Pläne nach Lhasa geschickt, nach denen ich das Haus für Minister Kabschö und meinen Bungalow baute. Hilde, die Tochter des Hauses, hatte ich früher oft zum steirisch Tanzen abgeholt, und 1959 heiratete sie meinen Bruder. Ihr Sohn Florentin ist der einzige Nachfolger mit dem Namen Harrer, dieser hat einen Sohn und eine Tochter.

Mit meinem »Vermögen« aus den *Life*-Aufträgen erstand ich für meine Eltern ein kleines Grundstück. Sie hatten immer einen Schrebergarten gehabt, und nun, da Vater in Pension war, fehlte ihnen die Beschäftigung und vor allem die gesunde Ernte, die besonders meine Mutter schätzte. Bei einem Spaziergang in einer Gegend, die den schönen Namen »Himmelreich« trägt, sah ich am Wegesrand ein Schild: »Preiswert zu verkaufen«. Am nächsten Tag erstand ich das Grundstück für siebzehntausend Schilling; es war wirklich günstig. Als ich im Herbst darauf wieder zu Besuch kam, hatte sich der verwahrloste Garten verwandelt, und meine Eltern ernteten Zwetschgen, Himbeeren, Birnen und vielerlei Gemüse. Vater hatte eine Laube gezimmert, die bei Regen Schutz gab und die Geräte aufnahm.

Bei der Skiweltmeisterschaft im Februar 1952 sprach mich ein Vertreter des Ullstein Verlags wegen der Buchrechte an meiner Tibetgeschichte an, und mehrere Illustrierte zeigten Interesse an einem Vorabdruck. Ich gab Ullstein meine Zustimmung und entschied, an meinem Buch weiterzuarbeiten. Kitzbühel schien mir der richtige Ort zum Schreiben zu sein, denn hier konnte ich in der freien Zeit nach Herzenslust Ski laufen. Ich mietete bei Bekannten ein Zimmer und freute mich auf die glückliche Kombination zwischen geistiger und körperlicher Tätigkeit.

In Kitzbühel hatte die Hochsaison begonnen, und immer wieder wurde ich auf meine Tibetgeschichte angesprochen. Um die vielen interessierten Fragen beantworten zu können, nahm ich den Vorschlag eines mir gut bekannten Hotelbesitzers, in seinem Tanzsaal einen Vortrag zu halten, gerne an. Es kamen so viele Leute, dass sie auf den Simsen der geöffneten Fenster sitzen und stehen mussten. Unter Mühen hatten Freunde einen Zimmerprojektor mit einer einen Quadratmeter großen Leinwand aufgetrieben. Der arme Wirt kam aber nicht auf seine Kosten, denn an ein Servieren von Getränken war in diesem Gedränge nicht zu denken.

Noch am selben Abend sprach mich der Verleger des Liechtenstein-Verlags Graf Arthur Strachwitz an und erkundigte sich nach den Rechten für meine Tibetbilder. Er war mit der älteren Schwester des regierenden Fürsten Franz Josef von Liechtenstein verheiratet und lebte in Vaduz. Wir verabredeten uns zu einem Treffen in Vaduz, und damit begann eine erfolgreiche Zusammenarbeit, die nun schon ein halbes Jahrhundert währt. Wir schlossen einen Vertrag über die weltweiten Rechte an meinem Buch und den Bildern, in dem nur die Rechte an der deutschen Ausgabe ausgenommen waren, denn diese hatte ich dem Ullstein Verlag bereits zugesagt. Im Herbst 1952 verlegte ich meinen Wohnsitz nach Liechtenstein, wofür man damals noch bei der Fremdenpolizei in Bern vorstellig werden musste. Einige Monate später erhielt ich die Aufenthaltsgenehmigung und bekam daraufhin in Liechtenstein einen zusätzlichen Ausweis mit dem Eintrag »Niederlassungsbewilligung«, was bedeutete, dass ich über alle Rechte eines Bürgers verfügte – nur wählen durfte ich nicht. Als Erstes verschaffte mir der Verlag ein Grundstück, auf dem ich später ein Haus baute, und mein Auto, ein Mercedes 170 Diesel Roadster, das ich mir dann für die Vortragsreisen kaufte, bekam das Kennzeichen FL 2710. Die Nummer habe ich heute noch.

Doch vorerst lebte ich noch in dem kleinen Zimmer in Kitzbühel und genoss das rege Treiben im Ort. Es herrschte Hochbetrieb, und an ein regelmäßiges Arbeiten war vorerst nicht zu denken. Mit Willy Bogner senior, den ich von Skirennen kannte, und seinen beiden Söhnen unternahm ich lange Tagestouren. Der Senior erzählte von seinem erfolgreichen Unternehmen in der Sportbekleidung, das der Junior später zu einer marktführenden Weltfirma ausbaute. Mit dem neuen Skimaterial und den gepflegten Pisten konnte ich die »Streif«, die berühmteste aller Abfahrtsstrecken, schneller fahren als beim Rennen 1935, als ich mit einer Zeit von fünf Minuten noch Fünfter geworden war.

Es herrschte ein fröhliches gesellschaftliches Leben in Kitzbühel, und die vielen Gäste kamen von überallher: Emigrierte Österreicher waren zurückgekehrt, und viele Franzosen waren zum Skilaufen angereist, da Tirol zur französischen Besatzungszone zählte. Fast alle wohnten im einzigen Grand Hotel. Eines Abends rief mich dessen alter Besitzer Kofler an und lud mich zum Abendessen ein. Einer seiner Gäste, der Schriftsteller Jean Cocteau, wolle mich kennen lernen, und ich solle um acht Uhr gleich ins Stüberl kommen. Das galt beim Kofler schon als Privileg, denn er sammelte Barockmadonnen und hatte die kostbarsten im Stüberl untergebracht. Voller Erwartung ging ich hin, denn ich war neugierig auf den berühmten Franzosen.

Nach einer temperamentvollen Umarmung sagte Cocteau: »Siehst du, Jean, das ist der Mann, den du kennen lernen musst!« Ich begrüßte seinen viel jüngeren Freund Jean Marais, einen bekannten Schauspieler, von dem ich noch nie etwas gehört hatte. Es war eine völlig neue Welt, mit der ich plötzlich konfrontiert wurde. Fasziniert hörte ich zu, wie Cocteau von der Entstehung des Filmes über Henri de Toulouse-Lautrec erzählte. Das Filmlied wurde ein Schlager, und sein Freund, der es komponiert hatte, wurde berühmt und verdiente viel Geld. Marais waren diese Geschichten wohl alle bekannt, und er langweilte sich offensichtlich. »Bring bitte noch mein neues Buch aus dem Zimmer, dann kannst du gehen«, fertigte ihn Cocteau ab.

Bevor ich mich verabschiedete, machte er eine Zeichnung auf die leere Innenseite seines Buches und schrieb eine besonders freundliche Widmung. Er erkundigte sich, ob ich für mein Tibetbuch einen französischen Verleger hätte, er könne das gerne vermitteln. Ich nannte B. Arthaud, der die französischen Rechte bereits erworben hatte und den Cocteau sehr gut fand. Wenn ich in Paris sei, wolle er mich als seinen Gast in die Académie française einladen, rief er mir beim Abschied zu.

Kitzbühel war der Platz, wo man Sport trieb, aber wo man sich nach den langen Kriegsjahren auch amüsierte. Beim so genannten Five o'clock tea herrschte in der Hotelbar dichtes Gedränge. Von Zeit zu Zeit lud die Familie des hiesigen Zahnarztes in ihr Haus auf der »Sonnseite« ein. Der Zahnarzt hatte große Mühe mit mir, denn vierzehn Jahre lang hatte ich seinesgleichen nicht mehr gesehen. Gebohrt wurde noch wie vor dem Krieg mit Fußpedal. An einem dieser Abende traf ich auch den Physiker Hans Thirring und seine Frau, der in der Kernenergie forschte und sich vor allem für deren friedliche Nutzung einsetzte. Thirring hatte in der Nazizeit nicht mehr unterrichten dürfen und ertrug dieses Unrecht mit stoischer Gelassenheit. Nach dem Krieg hatte man viele entlassene Professoren wieder eingestellt, und Thirring war nun Dekan der Wiener Universität. In seiner liebenswerten Hilfsbereitschaft schlug er mir vor, doch wieder Unterricht in Geographie zu geben. Es gäbe mir finanzielle Sicherheit und würde dafür sorgen, dass ich im Semester nur fünf Vorlesungen halten müsste.

In der Universität Wien erzählte ich dann im überfüllten Audimax von den Jahren in Tibet, den Vortrag mit der Empfehlung beendend, Naturwissenschaften – im Besonderen Erdkunde – in Verbindung mit Leibesübungen zu studieren, da ein körperlich trainierter Wissenschaftler bei der Feldarbeit die Natur viel gründlicher beobachten und beschreiben kann. Auf Forschungsreisen kann man sogar ein sinnvolles Abenteuer erleben. Es blieb bei dieser einen Vorlesung, denn ich wollte frei und ungebunden bleiben.

Für alle, die am Bergsteigen interessiert waren, hatte das Ehepaar Harry und Pamela Rüttimann ein offenes Haus. Zu den Stammgästen gehörte Hias Rebitsch, der Biologie studiert hatte, aber eine große Leidenschaft für Expeditionen zu den höchsten Bergen der Welt hatte. Am Eiger hatte er 1937 mit Wiggerl Vörg als erste Seilschaft den Rückzug aus der Nordwand bei Schlechtwetter erfolgreich geschafft. Auch am Nanga Parbat war er gewesen und hatte 1938 an der Expedition teilgenommen, die mit der »Ju 52« Versuche anstellte, wie man Hochlager aus der Luft versorgen könnte.

Hias forderte jeden auf, mit ihm um die Wette Klimmzüge an den Leisten von Schränken zu machen. Wenn in einem Haushalt die Leiste fehlte, dann hatte sicher Hias dafür gesorgt. Als Letztes hatte er eine Expedition zu den Anden unternommen und schilderte mir seine Erfahrungen. Sein Partner hatte versagt und die Umkehr erzwungen. Er riet mir, den 6384 Meter hohen Ausangate zu versuchen, denn die Schwierigkeiten seien für einen geübten Bergsteiger gering.

Unter den bodenständigsten Tirolern war der Maler Alfons Walde. Gleich neben der Kirche hatte er sein Atelier, und meine regelmäßigen Besuche bei ihm sind unvergessen. Das Tirolerisch, das er sprach, klang so klobig wie die Schrift, mit der er seine

Bilder signierte oder seine Plakate entwarf: Die Buchstaben malte er typisch wie die von ihm stilisierte Gams; beide bilden heute noch, Jahrzehnte nach seinem Tod, die Wahrzeichen seiner Geburtsstadt. Er setzte einen Ölfarbenklecks an den anderen, erzählte dabei Geschichten, und wenn eine Kiste Zigarren und die Zweiliterflasche Rotwein leer waren, stellte er das fertige Bild beiseite, um einige Stunden zu schlafen. Dass er seine Bilder mehrfach kopierte, fand nicht immer ein positives Echo bei den Kunstkritikern. Da er nie Geld hatte, bezahlte er den Lebensmittelhändler und den die Rahmen anfertigenden Tischler gelegentlich mit Bildern. Sein ungebundenes Künstlerleben teilte Alfons Walde mit dem Architekten Clemens Holzmeister und dem tauben Bildhauer Gustinus Ambrosi in ihrem gemeinsamen Holzhäuschen am Hahnenkamm.

Als studierter Architekt baute Walde zudem Häuser und Hotels im Tiroler Schlossstil. Er hatte auch das etwas verkommene Schloss Mittersill zu einem Nobelhotel umgebaut. Auftraggeber war Baron Hubert Pantz, dessen amerikanische Frau Besitzerin der Kosmetikfirma Astor war und das Schloss erworben hatte. Mittersill, nur fünfundzwanzig Kilometer von Kitzbühel entfernt, lag bereits im Bereich der US-Besatzungsmacht. Auf dem Weg zur Eröffnung des neuen Hotels, zu der man auch mich eingeladen hatte, kam ich über eine Hängebrücke zum Hauptgebäude und entdeckte über dem alten Tor die kapitalen Hörner eines tibetischen Wildschafes, eines Ovis Ammon. Auf meine Frage an Hubert Pantz, wie er an diese prächtige Trophäe gekommen sei, erfuhr ich, dass Schloss Mittersill während des Krieges das Zentrum für die Aufarbeitung der Tibet-Expedition Ernst Schäfers gewesen war. Davon hatte ich nichts gewusst, gleichwohl ich nach meinem Urlaub mit Peter den Senior der Schäfer-Expedition, Ernst Krause, in München besucht hatte. Krause war der Fotograf der Expedition gewesen und hatte mir Kopien seiner Aufnahmen in Aussicht gestellt. Gemeinsam hatten wir in den dicken Alben geblättert, in die alle Schwarzweißfotos als Sechs-mal-sechs-Glanzkopien sorgfältig eingeklebt waren. Die vierzigtausend Negative seien leider verschollen, meinte er. Ohne den Expeditionsführer Schäfer fragen zu müssen, stellte er mir sofort einige Kopien zur Verfügung. Das ist insofern erwähnenswert, als sich die Expeditionsteilnehmer – genau wie bei der Deutschen Himalaja-Stiftung – dazu verpflichten mussten, die Veröffentlichung der Berichte und Bilder allein der Führung zu überlassen.

Im Hotel Schloss Mittersill konnte man außer dem präparierten Wildschafschädel keine anderen Spuren der Schäfer-Expedition entdecken. Es bestand die Hoffnung, dass die Amerikaner nach dem Einmarsch alle Unterlagen einschließlich der Negative gerettet hatten, und 2001 erfuhr ich, dass man sie in Washington gefunden hatte und sie ans Völkerkundemuseum in München weiterleiten wollte. Ich habe Ernst Schäfer nie persönlich kennen gelernt, war aber in Lhasa öfter auf den Namen der fünf Teilnehmer seiner Expedition gestoßen. Sie hatten sich sehr beliebt gemacht. Mehrmals musste ich die Beipackzettel der vielen zurückgelassenen Medikamente übersetzen.

In Kitzbühel tummelten sich auch viele Filmleute, besonders zur Hochsaison, wenn die Skirennen stattfanden und man auf Rekorde hoffen konnte. Durch die verbesserten Materialien wurden die Ski immer schneller, und geübte Skiläufer rasten die Hänge hinunter wie Rennfahrer. Bei den Filmleuten traf ich auch Etta Truxa, eine Bekannte aus der Grazer Studienzeit, die mittlerweile einen deutschen Regisseur geheiratet hatte. Schon in Graz galt sie als schöne und viel begehrte Frau, und daran hatte sich ganz offensichtlich nichts geändert. Doch nun begann Etta sich für mich zu interessieren, und rasch waren wir mehr als nur Bekannte. Etta ließ sich prompt scheiden; wir wurden ein Paar. Im Herbst 1952, nur wenige Monate nachdem wir uns kennen gelernt hatten, heirateten wir. Wieder beschlich mich das Gefühl, in die Ehe getrieben worden zu sein, und so war sie auch nur von kurzer Dauer. Bereits ein Jahr später, nach meiner ersten großen Expedition, wurden wir geschieden.

Mit der Schneeschmelze endete der Trubel in Kitzbühel, die Kühe zogen mitten durch die leere Stadt auf die Almen, und ich fand Ruhe, am Buch zu arbeiten. Da ich regelmäßig Tagebuch geführt hatte, war genug Material vorhanden; die Schwierigkeit bestand im Entziffern meiner Aufzeichnungen. Die Schulhefte und Zettel mit meinen Notizen waren dicht beschrieben mit Einheitskurzschrift, gemischt mit tibetischen Ortsnamen und Skizzen, denn in Tibet – und besonders auf der Flucht – hatte Schreibpapiermangel geherrscht.

Ende Juni fehlte mir nur noch der Schluss, in dem ich mit meinen Gedanken bei meinen tibetischen Freunden, im Besonderen dem Dalai Lama, weilen und die Hoffnung, dass sich alles zum Guten für sie wendete, ausdrücken wollte. Da erhielt ich ein langes Telegramm von der Illustrierten *Stern*, in dem ein Herr Beckmann anfragte, ob er mich besuchen dürfe. Ich war nicht wenig erstaunt, denn zuvor hatte der Chefredakteur Henri Nannen den Vorabdruck meines Buches mit dem Argument abgelehnt, dass meine Honorarforderungen zu hoch seien. Herr Beckmann kam aus Hamburg, und bereits bei der ersten Unterhaltung sollte ich die subtile Erklärung hören, warum der *Stern* plötzlich seine Meinung geändert hatte: »Nannen ist auf Urlaub, jetzt bin ich Chefredakteur.« In der Nacht hatte er das Manuskript gelesen und bot nun eine erheblich höhere Summe als jene, die Nannen abgelehnt hatte. Mindestens sechs Fortsetzungen waren geplant, tatsächlich wurden es doppelt so viele.

Die Wochen in Hamburg verliefen unbeschwert und fröhlich. Bis zur Fertigstellung eines Heftes wurde fleißig und intensiv gearbeitet, dann fuhren wir auf der Autobahn zur Ostsee, oder ich besuchte meinen Freund aus dem Lager Heins von Have, der an der Außenalster ein Haus hatte. Ich fand auch Zeit, nach Berlin zu fahren, wo ich das Buch mit den beiden Brüdern Ullstein vorbereitete. Die Zusammenarbeit mit den Gentleman-Verlegern konnte nicht besser sein. Bereits in Hamburg hatte ich zerstörte Stadtteile gesehen, aber die Ruinen hatte man meist weggeräumt. In Berlin dagegen wurde noch viel gearbeitet, und man sammelte brauchbare Ziegel aus dem Schutt. Die Stadt war in vier Sektoren geteilt, und manchmal ging ich auf den weiß gekalkten, die Grenze anzeigenden Linien.

Der Vorabdruck im *Stern* veranlasste Sven Hedin, mir einige Zeilen zu schreiben und zu berichten, mit welcher Ungeduld er jede Fortsetzung erwarte. Da ich als begeisterter Leichtathlet die Absicht hatte, im Juli zu den Olympischen Sommerspielen nach Helsinki zu fahren, fragte ich Hedin, ob ich ihn auf dem Weg dorthin in Stockholm besuchen könnte. Er antwortete umgehend und lud mich zur Geburtstagsfeier seines jüngeren Bruders ein, bei dem die ganze Familie zusammenkomme und auch sein Mitarbeiter Gösta Mantell, der ihn auf einigen Asienreisen begleitet hatte, anwesend sei.

Als ich nach langer Bahnfahrt in Stockholm ankam und zur Adresse Mälarstrand 5, Ecke Ehrenvärdsgatan gelangt war, stand ich vor einem hohen Zinshaus, in dessen Eingang eine Tafel mit dem Hinweis »IV. Stock HEDIN« angebracht war. Sven Hedins Schwester Alma begrüßte mich und stellte mich den Anwesenden vor. Um einen großen Tisch herum saßen die fünf Geschwister, alle hochbetagt, in der Mitte die bereits angeschnittene Geburtstagstorte. Neben meinem großen Vorbild sitzend, brachte ich kein Wort hervor. Gerne wollte ich ihm sagen, dass Aufschnaiter und ich mehrmals die Route seiner Transhimalaja-Expedition gekreuzt hatten und nur mithilfe seiner täglichen wissenschaftlichen Aufzeichnungen die Temperatur ermittelt hatten.

Meine Erregung und unser Schweigen wurden unterbrochen, als drei junge Verehrerinnen ins Zimmer traten. Was ich nun beobachtete, blieb mir als Vorbild mein Leben lang haften. Hedin signierte jedes Buch langsam; zuvor und danach sah er den Mädchen in die Augen, ganz bedächtig. Zum Sitzen gab es keinen Platz, aber alle Besucherinnen bekamen ein Stück Torte und Tee. Bei so viel Gastlichkeit konnte es kein Gespräch geben, deshalb verabredeten wir uns nach dem gemeinsamen Abendessen für den nächsten Tag.

Dieses Treffen ist mir, ein halbes Jahrhundert später, noch lebhaft in Erinnerung, unterstützt von Fotos mit Selbstauslöser, die die unvergesslichen Augenblicke festhalten. Auf dem Balkon zeigte er mir den Mälarsee, auf dem gerade eine Schar Vögel landete. Es sei jetzt im hohen Alter seine größte Freude, auf den blauen See zu schauen. Drei Jahre zuvor hatte er eine schwierige Augenoperation durchmachen müssen, die ihm nun ermöglichte, die vielen Zugvögel zu beobachten. Trotz seiner siebenundachtzig Jahre hielt er meine Hand fest umschlossen; mit meinen vierzig Jahren konnte ich sein Enkel sein. Als ich ihm erzählte, dass viele seiner Briefe beim Überqueren des Tsangpo beschädigt worden waren, zog er aus einer riesigen Kartei die Lade H heraus und zeigte mir, dass er unseren Briefwechsel aufbewahrt hatte.

Am Nachmittag zeigte mir seine Schwester Alma einige der Orden Hedins, die er besonders schätzte. Er hatte alle Ehren und Würden, die zu vergeben sind, erhalten: Staatsmänner, Kaiser, Könige, Gelehrte, Künstler und alle großen Universitäten hatten ihm gehuldigt. Unsterblich ist sein Name in der Erforschung unserer Erde, Flüsse und Gebirge tragen seinen Namen.

Während er seine Bücher für mich signierte, erzählte Sven Hedin auch von seiner Verehrung für das deutsche Volk. Er hatte für ein Buch über Deutschland höchste Unterstützung vom deutschen Propagandaministerium in Aussicht gestellt bekommen, dazu eine Villa am Wannsee und die Erlaubnis, alle Einrichtungen zu besuchen, die im Ausland Beunruhigung hervorgerufen hatten. Im Zusammenhang mit dem Buch besuchte er auch die Olympischen Sommerspiele 1936 in Berlin. Alle wissenschaftlichen Referenten hatten abgesagt, und so hielt er als einziger Ausländer den Vortrag: »Die Rolle des Pferdes in der Geschichte Asiens«. Als er dann das Manuskript für das Deutschlandbuch in Berlin vorlegte, bestand man auf wesentlichen Änderungen. Die führenden Männer des Dritten Reichs hatte er ohne Beschönigung beschrieben und so berichtet, wie er es gesehen und gehört hatte. Das Ansinnen, einige Stellen umzuschreiben, lehnte er ab. Das Buch erschien unzensuriert in Südamerika.

Zum Abschied schenkte mir Sven Hedin sein neunbändiges Werk »Southern Tibet«, dazu Drucke seiner Zeichnungen von Yaks und Nomaden. Dabei zeigte er sich eigentlich ganz froh darüber, dass seine Kamera kaputtgegangen war: ein Grund zu zeichnen.

Mit einer Fähre querte ich von Stockholm nach Helsinki, um den Zehnkampf und die Langstreckendisziplinen bei den Olympischen Spielen zu erleben. Paavo Nurmi, der zweiundzwanzig offizielle Weltrekorde aufgestellt hatte und den das Internationale Olympische Komitee 1932 wegen des Verstoßes gegen die Amateurbestimmungen lebenslang gesperrt hatte, wurde nun rehabilitiert und durfte wenige Tage vor meiner Ankunft die olympische Flamme zur Eröffnung der Spiele ins Stadion tragen. Als ich ihn besuchte, stand er bereits wieder bescheiden in seinem kleinen Herrenbekleidungsgeschäft in Helsinki.

Gleich nach meinem Besuch in Stockholm hatte ich eine Kopie meines Tibetmanuskripts an Sven Hedin geschickt, damit er nicht mehr die Fortsetzungen im *Stern* abwarten musste. In seinem Antwortschreiben sprach er mir sein Lob aus; besonders gefallen hatten ihm meine Erzählweise, das wenig Räuberische und Sensationsheischende meines Berichts und die Fachkenntnis. Unter den vielen positiven Urteilen, die ich im Laufe meines Lebens für das Buch erhielt, nimmt die meines großen Vorbilds Sven Hedin einen ganz besonderen Platz ein.

Zurück in Liechtenstein, hatte ich für den 26. November 1952 versprochen, meine Tibetgeschichte auch im nahen Feldkirch zu erzählen. Am Morgen desselben Tages brachten die Zeitungen die Nachricht, dass Sven Hedin in Stockholm verstorben war. Als ich am Abend den überfüllten Saal betrat, lag ein Brief auf dem Pult, den ich sofort, ohne ihn zu öffnen, als Nachricht von Sven Hedin erkannte. Ergriffen wies ich auf den Umschlag mit der Bemerkung, dass dies wohl die letzten Zeilen des großen Forschers seien. Der Familie Hedin schickte ich ein Beileidstelegramm. Die späte Antwort darauf will ich hier wiedergeben, denn sie schildert seine letzten Stunden im Familienkreis:

»Stockholm, den 9. Dezember 1952

Sehr verehrter, lieber Herr Doktor H. Harrer!

Sie finden es vielleicht sonderbar, dass Sie so lange keine Antwort auf Ihr Telegramm zu Onkel Svens Tod bekommen haben. Aber es wurde zur Seite gelegt, und ich dachte, ich wollte es ausführlicher beantworten, wenn ich endlich mit den Tausenden von Briefen und Telegrammen fertig bin.

Onkel Sven hat so oft und so enthusiastisch über Sie gesprochen. Wie sonderbar, dass Sie eben seinen letzten Brief bekamen, gleichzeitig mit der Nachricht über seinen Tod. Ja, es war sehr plötzlich gekommen. Am Sonntag, dem 23. November, hat er wie gewöhnlich gearbeitet, aber wurde am Abend sehr müde und ging schon um 21.30 Uhr ins Bett. In der Nacht wurde er plötzlich sehr krank, und wir haben den Arzt gerufen. Er behauptete, Onkel Sven hätte eine schwere Virusinfektion, eine Art Grippe, glaubte aber doch, dass er mit verschiedenen Vitamininjektionen und dem neuen Wundermittel Chloromycethin wieder gesund werden könnte. Aber er hatte große Schwierigkeiten mit der Atmung und Husten, und bevor die Krankenschwester kam, hatte ich wirklich Angst, denn wenn er die schrecklichen Hustenanfälle bekam, konnte er sich nicht allein im Bett aufsetzen. Armer Onkel Sven! Man hat sich so machtlos gefühlt, neben ihm zu sitzen und gar nichts für ihn tun zu können. Am Dienstag war er schon halb bewusstlos und hat nicht sprechen können, aber er hat uns mehrmals hilflos angesehen und unsere Hände genommen. In der Nacht war ein Spezialist da, der sagte, er könne nichts mehr tun, er hätte höchstens noch einige Stunden zu leben. Als er starb, halb im Schlafe, waren die vier alten Geschwister alle bei ihm. Man hat gar nichts gemerkt, nur dass das Atmen aufhörte.

Schon am selben Tag kamen viele Verwandte und Professoren mit Blumen und viele Telegramme. Oben, in seinem Bett, lag Onkel Sven, ruhig wie im Schlafe, in seinen gefalteten Händen lagen zwei Blumen in den schwedischen Farben, eine gelbe Rose und eine blaue tibetische Iris, und neben ihm brannten zwei Kerzen auf Silberkandelabern. Am nächsten Morgen wurde er abgeholt, und zum letzten Mal folgte ich ihm die Treppe hinunter. Die Morgensonne schien schon aufs Wasser und auf den Schnee am Ufer des Mälarsees, dessen Ansicht Onkel Sven so sehr geliebt hatte. Ganz langsam fuhr das schwarze Auto weg.

Die Beisetzung war sehr einfach und würdig. Am Donnerstag wird seine Asche ins Grab gesenkt. Bei der Beerdigung eines seiner Expeditionskameraden sagte Onkel Sven einmal: ›Sein Name ist in der Geschichte Asiens eingeritzt, ein Nachruf dauerhafter als der des Kupfers.‹ Diese Worte gelten auch für ihn selbst. Wir werden ihn niemals vergessen.

Mit vielen Grüßen von meiner Mutter und Tante Alma
Ihre ergebene

Ann Marie Wetterlind«

Ein Quellfluss des Amazonas

Im November 1952 erschienen meine Erinnerungen an die Zeit in Tibet beim Ullstein Verlag in Berlin. Ullstein als Verleger zu haben war ein Privileg, und dass auch der Meeresforscher Hans Hass und der Ethnologe Thor Heyerdahl im selben Jahr ihr Buch veröffentlichten, ein glücklicher Umstand. Die Werbung machte sich bei der Präsentation der Bücher die drei Hs zunutze. Ich kam zu verschiedenen Presseterminen, die ich gemeinsam mit Thor Heyerdahl wahrnahm, für zwei Tage nach Berlin und traf dort auch Hans Hass. Es waren interessante Begegnungen. Mich beeindruckte besonders, dass Heyerdahl mit »Kon-Tiki« ein wirkliches Abenteuer erzählt hatte, das aber auch wissenschaftlich von Interesse war. Wir verstanden uns von Anfang an und trafen auch später noch einige Male zusammen.

Mein Buch wurde überraschend schnell zum Verkaufserfolg, und bereits im Herbst auf der Frankfurter Buchmesse hatte der Liechtenstein Verlag die Übersetzungsrechte weltweit vergeben. Dabei hatten fast in allen Sprachen jene Verlage die Rechte bekommen, bei denen auch »Kon-Tiki« erschien. Für mich war dies der Anfang einer erlebnisreichen Zeit, denn in den folgenden Monaten und Jahren besuchte ich immer wieder viele der Verlage und ging auf Vortragsreise in verschiedenen Ländern, um meine Geschichte zu erzählen.

Einige Besuche sind mir besonders gut in Erinnerung geblieben. In London hatte ich bereits im Frühjahr 1953 eine Verabredung mit dem Verleger Rupert Hart-Davis. Nachdem ich das Haus am Soho Square gefunden hatte, war es schwer zu verstehen, dass in diesem schmalen unscheinbaren Bau der berühmte Hart-Davis-Verlag ansässig sein sollte. Ich wusste noch nichts vom britischen Understatement. Eine steile Holzstiege führte in das eher bescheidene Büro des großen Verlegers. Dort machte er mich mit einem Engländer bekannt, den er als seinen Freund

Richard Graves vorstellte. Graves hatte Hart-Davis um einen Übersetzungsauftrag gebeten, und nun lag die Kopie meines Manuskripts auf dem Tisch. Graves nahm es und verabschiedete sich.

Zum Dinner führte mich Rupert Hart-Davis ins berühmte Wheeler, das er als Gourmet angepriesen hatte. Das Restaurant befand sich in einem typischen Altbau von Soho. In jedem Stockwerk hatten nur zwei bis drei Tische Raum, die alle reserviert waren. Mein Gastgeber musste ein guter Kunde sein, denn ohne den üblichen Hochmut der Kellner bekamen wir einen »very dry sherry«. Dabei erfuhr ich, dass Richard Graves der ältere Bruder des berühmten Schriftstellers Robert Graves war, der Welterfolge wie »Ich, Claudius, Kaiser und Gott« geschrieben hatte. Für die englische Übersetzung schien mir dies ein viel versprechender Anfang zu sein; immer schon hatte ich eine Vorliebe für alles Britische. Hart-Davis wollte, dass ich bald wieder nach London käme, um Vorbereitungen für die Präsentation des Buches zu treffen.

Inzwischen reiften in mir Pläne für eine größere Expedition. Im Gegensatz zu Deutschland und Österreich hatten die Schweiz und Liechtenstein freie Devisen, welche die Finanzierung ermöglichten. Den Gedanken, die Erstbesteigung des Ausangate zu versuchen, die Hias Rebitsch so knapp verfehlt hatte, beschäftigte mich, und nun schien die Gelegenheit günstig. Doch anders als früher trieb mich nicht nur der Berg, sondern auch die Neugier auf ferne Länder und das Leben fremder Völker wieder auf Reisen, und das war wohl auch auf meine Zeit in Lhasa zurückzuführen. Im Unterbewusstsein konnte ich mich nicht vom Schneeland Tibet trennen; ich ertappte mich immer wieder bei der Suche nach der verlorenen Heimat Tibet. Nun wollte ich die Hochlandindianer in Südamerika besuchen und ihre Lebensart mit jener der Tibeter vergleichen. Auch war ich davon überzeugt, dass typologische Vergleiche mit nomadisierenden Bergvölkern eine interessante Arbeit ergeben würde. Endlich konnte ich meinem Wunsch folgen, lebendige Geographie zu betreiben. Dass dies der Auftakt zu meiner Liebe zu völkerkundlichen Expeditionen werden würde, die mich ein Leben lang begleitete, ahnte ich damals nicht.

Bevor ich nach Südamerika aufbrach, begab ich mich nach Wien, wo die Brüder Ullstein ein weiteres Verlagshaus besaßen und wir über einen Bildband verhandeln wollten. Ich trat die Fahrt mit etwas – wie sich herausstellen sollte, berechtigten – gemischten Gefühlen an. An der Ennsbrücke befand sich die Zonengrenze zwischen den Amerikanern und den Russen. Während die Franzosen, Engländer und Amerikaner keine Kontrollposten hatten, standen bei den Russen Wachen am Grenzübergang. Zwei von ihnen sahen sich vielsagend an, dann nickte einer mit dem Kopf zur Seite, was eindeutig hieß, dass ich parken sollte. An der Ennsbrücke gab es keine gemeinsame Sprache, und ein Auto mit der Nummer FL hatten sie noch nie gesehen. Auch die Liechtensteiner Wagenpapiere und den blauen Führerschein konnten sie nicht entziffern. Der Offizier im Grenzhäuschen wurde bemüht, und nach langer Wartezeit, in der er offensichtlich am Telefon meine Harmlosigkeit erkundet hatte, durfte ich endlich weiterfahren.

Wien kannte ich kaum. Vor dem Krieg hatte ich die Stadt mit einem Freund besucht, wir radelten die zweihundert Kilometer von Graz bis zur Donauinsel Lobau, wo wir im Freien übernachteten, da wir kein Geld für eine bessere Unterkunft hatten. Ich besichtigte die Stadt und sah, dass überall gearbeitet wurde. Die Kriegsschäden am Stephansdom wurden wieder mühsam repariert, und ein Steinmetz grüßte mich aus luftiger Höhe. Ich kannte ihn vom Klettern. Er war natürlich schwindelfrei und geschaffen für die spezielle Arbeit am Kirchturm.

Endlich verließ ich mit einem Propellerflugzeug Europa in Richtung Südamerika. Allein bis New York gab es fünf Zwischenlandungen. In Irland hatten wir einen längeren Aufenthalt, und im Dutyfreeshop sah ich ein preiswertes Angebot, nach dem US-Reisende eine Gallone Alkohol zollfrei einführen durften. Ich kaufte die viereinhalb Liter als »Medizin« für die Expedition. Den langen Flug über den Atlantik nach Gander in Neufundland verfolgte ich mit Interesse und Genuss. Vom Wasser südlich von Grönland war kaum etwas zu sehen, das Meer war bedeckt mit Eisschollen, und die tief stehende Sonne tauchte die Eisberge in prachtvolles Licht. In der nahezu leeren Maschine fanden die hübschen Hostessen Zeit zur Unterhaltung mit den wenigen Passagieren.

Auf dem Flughafen New York-Idlewild hatte ich erst am nächsten Tag Anschluss nach Peru. Der Zöllner wollte Geld für den Alkohol und klärte mich auf, dass die Erlaubnis der zollfreien Einfuhr einer Gallone Alkohols nur für US-Bürger galt. Das Gepäck wurde in einem Käfig verschlossen und ich in den Transitraum geschickt. Meinen österreichischen Reisepass musste ich abgeben, und man nahm meine Fingerabdrücke. Nach Stunden kam ein Beamter in Zivil und fuhr mit mir im Auto nach Manhattan, da es im Flughafen kein Hotel für Transitreisende gab. Beeindruckt von der berühmten Skyline, fragte ich, ob das hohe Gebäude vor uns das Empire State Building sei. Mein Geheimdienstler blieb stumm, und auch beim Einchecken in einem Wolkenkratzerhotel war alles geheim. Im achtzigsten Stockwerk setzte er sich auf einen Stuhl vor meine Zimmertür und sperrte ab. Mein Zimmer war vom gegenüberliegenden Gebäude her hell erleuchtet, das Fenster war nicht zu öffnen. Durch die Tür meines Badezimmers ließ sich nicht überhören, dass jemand meine Toilette benutzte. Der Kellner, der das Essen brachte, klärte mich auf, dass in diesem Hotel immer zwei Zimmer denselben Waschraum hatten, deshalb sei es billiger. Während der Nacht habe ich wenig geschlafen, der Grund war wohl der Zeitunterschied, aber am meisten störte, dass die Sirenen der Feuerwehr und Rettungsautos durch die Wolkenkratzerschluchten die ganze Nacht über zu hören waren.

Am nächsten Tag saß ein anderer, etwas freundlicherer Polizist vor meiner Tür, und er brachte mich dann auch wieder zum Flughafen. In der peruanischen Maschine saßen wir dicht gedrängt, alle sprachen Spanisch, und nach vier Tagen und verschiedenen Zwischenstopps war ich froh, in Lima anzukommen. Weiter ging es in einem überfüllten Bus die engen staubigen Straßen hinauf in die Anden nach Cusco. Aus Indien wusste ich, dass man mit zusätzlichem Fahrgeld den Sitzplatz neben dem Fahrer bekam. So konnte ich ihn fragen, wieso er es wagte, die engen unübersichtlichen Kurven mit voller Geschwindigkeit zu fahren. »Heute fahren alle Busse bergwärts, nur selten kommt ein Privatauto entgegen. Morgen ist Einbahn talwärts«, lautete die Erklärung.

In Cusco, das 3380 Meter über dem Meeresspiegel liegt, wollte ich mich nicht lange aufhalten. Im bescheidenen Hotel empfing man mich gleich mit einem Cuba Libre; dieses mit Cocablättern vermischte Getränk sei erfahrungsgemäß das beste Mittel gegen Kopfweh. Ich spürte tatsächlich den Sauerstoffmangel, die Akklimatisierung an große Höhen, die ich über Jahre hinweg in Tibet gewonnen hatte, war längst verflogen. In Cusco besuchte ich lediglich die Inka-Befestigungsanlage Sacsayhuaman, deren fugenlose Steinmauern den Geographen und Architekten immer noch ein Rätsel sind.

Bevor ich mich auf den Weg zu den Hochlandindianern machte, fuhr ich zur viertausend Meter hoch gelegenen Hacienda Lauramarca, wo ich mit den bayrischen Bergsteigern Fritz März, Heinz Steinmetz und Jürgen Wellenkamp verabredet war. Wir wollten die Besteigung des Ausangate in der nahe gelegenen Cordillera Vilcanota versuchen. Schon von Cusco aus sah man seine Spitze, und wenn die Sonne über dem Grat aufging, verstand man, wieso der Gipfel für die Quechuaindianer der Thron eines Gottes war. Im Basislager entlohnten wir die Träger und genossen die folgenden Tage zur Erkundung und Akklimatisation. Das Spuren und Klettern fiel mir viel leichter als in den Alpen, denn durch den hohen Sonnenstand waren der Firn weich und das Eis körnig; wir befanden uns nur zehn Grad südlich des Äquators. Vorsicht war trotzdem geboten, denn gerade die anderen Klima- und Schneeverhältnisse in den Kordilleren konnten trügerisch sein und selbst erfahrenen Alpinisten gefährlich werden. Bis auf wenige Stellen, an denen wir uns mit dem Seil sicherten, verlief der Aufstieg problemlos, und gegen Mittag standen wir vier als erste Menschen auf dem Gipfel des Ausangate. Wie bei Erstbesteigungen international üblich, befestigten wir alle Fähnchen der Nationen der beteiligten Besteiger – immer aber die des Landes, in dem der Berg steht, an oberster Stelle. Da Peru wie Österreich eine rot-weiß-rote Fahne hat, genügte ein Wimpel für beide Nationen; dazu kam Deutschland. Fahnen werden immer nur dann auf dem Gipfel hinterlassen, wenn der Berg zum ersten Mal bestiegen wird, nicht aber wenn es sich, wie bei uns damals am Eiger, nur um eine Wand handelt.

Als wir ins Basislager zurückkehrten, erwartete uns eine böse Überraschung: Die Träger, allesamt Indianer, hatten unsere Sachen mitgenommen. Schon beim Anmarsch hatten wir Schwierigkeiten mit ihnen gehabt, denn immer wieder mussten auf ihr Drängen die verschiedensten Opfer gebracht werden. Die Indianer versuchten, uns vom Besteigungsversuch abzuhalten, und warnten, dass die Götter es niemals zulassen und wir bestimmt nicht zurückkommen würden. Damit erklärten sie auch später, warum sie während unserer Abwesenheit unser zurückgelassenes Hab und Gut mitgenommen hatten. Es war für sie kein Diebstahl, sondern sie nahmen unsere Reservenahrung und Ausrüstung an sich, in der Überzeugung, dass wir nie vom Berg zurückkehren würden.

Meine bayrischen Bergsteigerfreunde erklommen noch weitere unerstiegene Gipfel, während ich mich mit dem Ausangate zufrieden gab und begann, meine ethnographischen Ziele zu verfolgen. Hinzu kam mein altes Interesse an den Quellgebieten großer Ströme. Auf der Flucht hatte ich bereits den Ursprung von Indus, Ganges und Brahmaputra in Asien erlebt und hatte vor meiner Abreise nach Peru gelesen, dass wieder einmal die Quelle des Amazonas entdeckt worden sei. Nun ist bekannt, dass dieser gewaltige Strom seinen Ursprung in nicht weniger als sieben

Ländern Südamerikas hat. Auch in Zukunft wird es für Expeditionen eine Herausforderung bleiben, zu erforschen, welcher Quellfluss den längsten Weg hat oder die größte Wassermenge aufweist. Gegenwärtig gilt der Carhuasanta, der in den Anden Perus entspringt, als Quelle. Allein die Vorstellung, dass er von seinem Ursprung in vergletscherten Bergen sechstausend Kilometer durch tropische Wälder fließt und dann in den Atlantik mündet, ist faszinierend. Da ich ohne Verpflichtung war und frei über meine Zeit verfügen konnte, hatten die nächsten Monate für mich weniger den Charakter einer Expedition als vielmehr den einer vergnüglichen Reise.

Allein und nur mit einem Rucksack ausgerüstet, konnte ich mich bei den Hochlandindianern leichter bewegen, bei ihnen essen, schlafen und meine Beobachtungen machen. Vielleicht würde ich bei einem der Stämme auch jemanden finden, mit dem ich einen der vielen Quellflüsse des Amazonas befahren konnte. Ich begann meine Reise auf dem Andenplateau am Titicacasee, dem größten Hochlandsee der Erde, der 3812 Meter hoch gelegen ist. Er ist über 8200 Quadratkilometer groß, aber Schiffe, Straßen und eine Eisenbahn erleichtern es, ihn und seine Anwohner kennen zu lernen.

Hier lebten etwa zwei Millionen Aimaraindianer. Schon am Nordende des Sees traf ich auf Fischer, die ich nach ihrer Stammeszugehörigkeit befragte. Zu meinem Erstaunen antworteten sie nicht: »Aimara«, sondern bezeichneten sich als Uru. Man darf nie suggestiv fragen, und so erfuhr ich beim Nachfragen, dass diese Indianer zwar zur großen Gruppe der Aimara gezählt werden, dass sie aber Urus und damit die Ureinwohner seien und deshalb auch die Fischereirechte hätten. Sie kehrten gerade von einem Ausflug zurück, denn im kalten klaren Fluss, der hier mündete, tummelten sich unzählige große Seeforellen. Nach erfolgreichem Fang forderten mich die gut gelaunten Männer auf, in ihr schmales Boot einzusteigen, denn auf ihrer Insel erwartete uns ein gutes Essen.

Der Aufenthalt bei diesem gastlichen Stamm war ein idealer Auftakt zu meiner Reise. Völlig unbeschwert hätte ich wochenlang hier bleiben können. Die Tageszeit ließ sich am Sonnenstand ablesen, und Jahreszeiten kannten die Urus so nahe am Äquator kaum. Die christlichen Feste, von den Konquistadoren eingeführt, brachten willkommene Abwechslung und gaben Gelegenheit, noch mehr Zuckerrohrschnaps zu konsumieren. Ich genoss den einmaligen Geruch, ein unbeschreibliches Gemisch aus Rauch, Essen und Alkohol; dazu die Laute der hautnah mit den Menschen lebenden Schweine und Hühner und am Abend die von den Indios auf Schilfrohrflöten geblasenen Melodien, die gleichermaßen fröhlich wie melancholisch klingen.

Ein Höhepunkt war das Erntedankfest, das hier anders ausfiel als die Kirchtage in den heimischen Alpen. Es gab einen Viehmarkt mit Lamas und Pferden, man verkaufte falschen Schmuck und tauschte Naturprodukte, aber am begehrtesten waren die grünen Kokablätter. Der Kokainstrauch wird in Südamerika reichlich angepflanzt, und die Blätter enthalten Alkaloide, die bereits bei den Inka als Heilmittel bekannt waren. Durch Missbrauch wurde daraus eine gefährliche Droge, ein giftiges Suchtmittel. Nach dem Markt bewegten sich die Menschenmassen zur Kirche, ein von Mauern umgebener freier Platz neben dem Friedhof, der schon gut gefüllt war. Mehrere Musikkapellen mit Trompeten verstärkten die Rohrflöten, und alle spielten im selben Rhythmus, aber mit verschiedenen Melodien um die Wette. Unterbrochen wurde nur, wenn die Schnapsflasche kreiste. Ich hatte mich den lokalen Sitten längst angeschlossen, und jedes Mal, wenn mir die Flasche angeboten wurde, schüttete auch ich vor dem Trinken etwas auf die Erde. Für die Götter der Inka galt Alkohol als das schönste Opfer, und vor jeder Brücke und auf allen Pässen hielten die Busfahrer an und gossen reichlich Schnaps hinaus. Die Tibeter machen es ähnlich, nur wird das Tschang zum Altar hin oder gegen den Himmel gespritzt.

Ich hatte auch in Tibet schon die Erfahrung gemacht, dass die Verweigerung einer dargebotenen Speise oder der Teilnahme an einem Ritus als Beleidigung empfunden werden kann, und daher trank ich, obwohl ich aufgrund der dünnen, trockenen Höhenluft die Wirkung des Alkohols bald zu spüren begann. Auch auf späteren Expeditionen hielt ich mich an meine Regel, sich wenn möglich so zu verhalten wie der Gastgeber selbst. Nur einmal, bei einem Stamm im Norden Brasiliens, beobachtete ich, wie die Frauen die stärkehaltigen Maniokwurzeln kauten und den Brei in einen großen Holztrog spuckten, wo er durch Bazillen und die Wärme bald zu gären anfing und zu Alkohol wurde. Ich hatte keine Lust, am Abend beim Gelage mitzumachen, und fand die einzige Ausrede, die respektiert wird: Ich machte aus religiösen Gründen gerade eine Zeit der Enthaltsamkeit durch. Das Gebräu hatte ich aus zwei Gründen abgelehnt: Einmal ekelte es mich vor dem Anblick der kauenden Frauen, und andererseits wusste ich, dass die milchige Flüssigkeit in der Maniokwurzel giftige Blausäure enthält.

Jahre später kam ich noch einmal zu den Hochlandindianern am Titicacasee, diesmal in Begleitung eines Kameramanns. Meine Forschungsreisen hatten als Einmannexpeditionen begonnen; ich war nicht nur allein gereist, sondern hatte weder Sponsor noch Verpflichtungen gehabt. Ich fotografierte, machte Skizzen und schrieb Tagebücher, die später in Büchern veröffentlicht wurden. Dann zeigte das Fernsehen Interesse, verlangte aber Filme. Meine Ausrüstung wurde schwerer, trotzdem blieb ich noch allein, beweglich und unabhängig. Das gelang mir über viele Jahre hinweg, und selbst die Neuguineaexpedition 1962 finanzierte ich noch allein. Das Fernsehen – immer der Hessische Rundfunk der ARD in Deutschland – kaufte das von mir mitgebrachte Material und produzierte die Serie »Heinrich Harrer berichtet«. Im Lauf der Jahre entstanden auf diese Weise vierzig Sendungen. Mit dem Honorar für einen Bericht finanzierte ich dann problemlos die nächste Expedition.

Anfangs genügten Schwarzweißaufnahmen für Foto und Film, dann folgte Farbe. Ohne Belichtungsmesser konnte man nicht arbeiten, und die Filme benötigten verschiedene Emulsionen: einmal für Eis und Schnee in den hohen Bergen, ein anderes Mal für den tropischen feuchten Dschungel. Es wurde zu viel für mich. Ich wollte mit den Berichten aufhören – nicht so die ARD. Um die Serie fortsetzen zu können, finanzierte sie einen Kameramann.

Als ich nun mit einem Profi noch einmal am Titicacasee war, machte ich interessante Beobachtungen. Die Vorstellung, Vergleiche zwischen den Hochlandindianern und den Tibetern anzustellen, erwies sich als erstaunlich zielführend. Da Vergleiche allerdings meistens hinken, blieben mir auch große Gegensätze nicht verborgen. Bei beiden Völkern entstanden monumentale Bauten ohne Kenntnis des Rades. Für den Transport tonnenschwerer Steine wurden Opfergaben dargebracht und Steinmänner auf hohen Pässen errichtet. Ich stellte fest, dass die gleichen Lebensbedingungen ähnliche Sitten und Gebräuche schaffen. Beide kannten seit Jahrtausenden die Kraft vieler Heilkräuter, beide glaubten an die Herrschaft auch lebender Gottkönige, und hier wie dort war das ganze Land mit den ausgedehnten Feldern im Besitz des Staates.

Im Gegensatz zu den Tibetern bauten die Indianer zu ihrer Versorgung viele tausend Straßenkilometer, die wegen des Regens fast immer mit Steinen gepflastert wurden, oder sie gruben nach Gold, was die Tibeter unterließen, um die Erdgeister nicht zu stören. Auch bei den Maya gab es Regenmacher, Wahrsager und Orakel, die das tägliche Schicksal der Menschen beeinflussten. Astrologen errechneten Kalender, und selbst in der Sprache lassen sich typologische Vergleiche anstellen. Für Wissenschaftler gibt es immer noch genug Forschungsarbeit. Im Frühjahr 2000 erreichte uns die Nachricht, dass in Guatemala eine mehr als tausend Jahre alte Stadt entdeckt wurde, vergleichbar mit den größten vorkolumbianischen Mayakulturfunden. Es ist bekannt, dass es noch andere Plätze zu entdecken gibt, an die sich die Indianer vor den Konquistadoren zurückgezogen haben.

Beide Hochkulturen nahmen jedoch ein trauriges Ende: Die Indianer wurden im Namen des christlichen Kreuzes vernichtet, die Tibeter von den Chinesen überfallen und unterdrückt. Die Schätze der Inka, Maya und Azteken lassen sich wie die Gegenstände tibetischer Kultur nur noch in Museen bewundern und studieren. Oft habe ich miterlebt, wie der Dalai Lama bei Ausstellungsbesuchen die kostbaren Bronzen und Malereien seines Volkes im Exil mit Staunen zum ersten Mal sah. Der Potala wurde wie die Inkafestung Saksayhuaman in Cusco als Weltkulturerbe in die Liste der UNESCO aufgenommen. Im Jahr 2000 fand in Paris das erste Bergforum statt, an dem sich hundertvierzig Länder beteiligten. Das Ziel dieses Zusammentreffens war es, eine Charta zum Schutze der Gebirgsbewohner auszuarbeiten; immerhin handelt es sich dabei um zehn Prozent der Erdbevölkerung.

Meine Sendung über die andine Hochkultur trug den Titel »Am Sonnentor von Tiahuanaco«. Die hohen Einschaltquoten der Serie waren auch der sehr günstigen Sendezeit zu verdanken: Freitag, 20.15 Uhr. Alle an der Produktion beteiligten Mitarbeiter saßen voller Erwartung im Vorführraum, in dem der Regisseur vor den vielen Monitoren die richtige Mischung herstellte. Während der Werbung kurz vor Sendebeginn sah man an den Bildschirmen in Großaufnahme die Ansagerin, wie sie den Satz »Am Sonnentor von Tiahuanaco« übte. Sie kämpfte mit dem Wort Tiahuanaco und hatte natürlich keine Ahnung, dass wir ihre Versprecher und ihren Ärger mit ansahen. Als sie dann live die Sendung ansagte, kam ihr das Wort fehlerfrei und flüssig über die Lippen. Die attraktive blonde Ansagerin war Karin Tietze, die später als »Lottofee« bekannt wurde. Für die nächste von den Maya in Mexiko handelnde Sendung vermied man für die Ansage so unaussprechbare Bergnamen wie Popocatepetl oder Iztaccihuatl.

Nach Beendigung meiner Expedition 1953 lud mich der Skiklub in La Paz ein, an einem Wochenendausflug teilzunehmen. In einem voll besetzten Bus älteren Jahrganges erreichten wir nach mehreren Vergaserstopps die über fünftausend Meter hoch gelegene internationale Wetterstation und Sternwarte. Die versprochene Aufstiegshilfe zum Skifahren in der dünnen Luft ist beschreibenswert: An das Planetarium hatte man eine Hütte angebaut, die zum Tal hin keine Außenwand besaß – die einzige Ähnlichkeit mit einer Bergstation in den Alpen. Treibstoff wurde gebracht, ein Klubmitglied setzte den alten Motor in Gang, und ein langer Treibriemen drehte die Felge eines größeren Lastautos, die wiederum ein dünnes Drahtseil in Bewegung setzte. Vergnügt setzten wir die Schwünge in den Firnschnee des etwa hundertfünfzig Meter hohen Hanges. Ich bemühte mich, besonders schön zu fahren, aber es war anstrengend, völlig außer Atem schwang ich ab. Die »Talstation« war ein Gestell, auf dem sich wie oben das Drahtseil um eine alte Autofelge drehte. Man zog mir einen Gürtel mit Haken fest um die Hüfte, und ich sollte es einfach den anderen vor mir nachmachen. Sie griffen das laufende Drahtseil, und während der Fahrt musste der Haken in das Seil gehängt werden. Durch das Körpergewicht bog sich das Seil nach unten, und man fuhr nun, ohne sich fest halten zu müssen, den Hang hinauf. Um nicht durch die obere Felge gezogen zu werden, musste durch kurzes Anziehen der Haken ausgeklinkt werden. Zu meiner Beruhigung wollte mich der Maschinist beobachten und rechtzeitig den Motor abstellen, falls ich den Zeitpunkt, den Haken zu lösen, verpasste. Es erschien mir trotzdem zu abenteuerlich, sodass ich nach zwei anstrengenden Fahrten vorgab, lieber den 6882 Meter hohen vergletscherten Illimani zu fotografieren; er ist der höchste Berg Boliviens und das Wahrzeichen von La Paz.

Unter den begeisterten Skisportlern war ein Pilot, der die Goldgräber im Tipuanital versorgen musste und mir einen Rundflug um den Illimani anbot, um mir Gelegenheit zu geben, Fotos zu schießen. Die Einladung, über den Andenhauptkamm zu fliegen, kam mir sehr gelegen, denn dies war die Gegend, in der bei der Eroberung Südamerikas die Konquistadoren aufeinander getroffen waren. Die Portugiesen und Spanier hatten sich nicht damit begnügt, die Goldschätze der Indianer zu rauben, sie wollten auch die Goldminen finden. Dabei trafen die Portugiesen, den Amazonas heraufkommend, auf die die Anden überquerenden Spanier im Tipuanital. Fast fünfhundert Jahre zuvor lieferten sie sich eine Schlacht, in der die Spanier unter Francisco Pizarro siegten. So gehört dieses Gebiet nun zum spanisch sprechenden Bolivien und nicht zu Brasilien, welches bekanntlich das einzige portugiesisch sprechende Land Südamerikas ist.

Noch bei Dunkelheit fuhren wir die dreihundert Meter hinauf zum Flughafen auf der Hochebene. Der Pilot hatte bereits voll getankt und überwachte gerade das Wiegen der Ladung. Wegen der Flughöhe von über viertausend Metern konnte nur wenig mitgenommen werden. Von den vielen wartenden Indios durften lediglich zwei einsteigen. Der Kopilot half ihnen beim Anschnallen und wies mich an, gegenüber Platz zu nehmen. Die Sitze bestanden aus Metallschalen ohne Polsterung und befanden sich an den Längsseiten des Rumpfes. In der Mitte hatte man Säcke und Kisten am Boden festgezurrt, sodass ich von den zwei Indios lediglich den Oberkörper sehen konnte. Wie versprochen flog der Pilot eine Runde um den Illimani, so nahe, dass man die Gletscherspalten erkennen konnte. Ursprünglich sollte ich zum Fotografieren ins Cockpit kommen, aber das verhinderten die Turbulenzen.

Das Indiopaar begann zu würgen, der Kopilot wollte es abschnallen und verwies auf die Toilette am Ende der Kabine, deren Tür längst aufgesprungen war. Aber zu spät. Das dunkle geschlossene Grün des Amazonasdschungels erlöste uns. Nun konnte ich auch ins Cockpit, wo ich auf dem Sitz des Kopiloten Platz nahm. Der Pilot erklärte mir, dass er nach dem Entladen sofort zurückfliegen würde, und setzte dann zur Landung im engen Tipuanital an. Er meisterte sie in der typischen Manier eines Buschpiloten, der ohne Funkorder vom Tower auskommt und die lokalen Verhältnisse genau kennt. Buschpiloten sind überall auf der Welt Menschen mit besonders abenteuerlich geprägtem Charakter, für die Risiko zum täglichen Leben gehört. Vorerst wollte ich bleiben, bedankte mich für den Flug und sagte auf Wiedersehen in La Paz.

Als Erstes kaufte ich ein Moskitonetz und bezog Quartier in einem Restaurant, dessen Blechdach vor dem täglichen Regenguss Schutz bot. Die Stadt dehnte sich in die Länge, und die breite Hauptstraße wurde auf beiden Seiten zumeist von Geschäften, Bars und Esslokalen gesäumt. In der Mitte der unbefestigten Straße stauten sich hupende Busse und Lastautos. Den vielen Fußgängern schien es vollkommen gleichgültig zu sein, dass sie mit Schlamm und Wasser bespritzt wurden. Die Bewohner waren ein Gemisch aus Indios und wenigen Weißen, die Aussteiger, Glücksritter und Flüchtlinge zu sein schienen und die man, ähnlich wie Fremdenlegionäre, besser gar nicht fragte, warum sie hier lebten. Trotz der verschiedenen Motivationen und Verhaltensweisen bildeten sie eine Gemeinschaft, und für einige Berufe gab es sogar so etwas wie eine Genossenschaft. Die für die Zimmerung der Schächte und Gruben arbeitenden Handwerker schätzte man besonders. Sie wussten genau, welche Holzart geeignet war, bauten die Stollen aus und durften nach deren Fertigstellung als Lohn einen Sack goldhaltigen Sandes mitnehmen. Die Schürfmethoden hatten sich seit Jahrhunderten nur insofern geändert, als dass man zum Auspumpen der Schächte jetzt Motoren verwendete. In einem der wenigen festen Häuser, hauptsächlich Banken, fand ich das »Officina de Claim«, wo die Schürfrechte vergeben wurden; hier erfuhr ich auch, wo gerade eine Eröffnungszeremonie für eine neue Grube stattfand.

In der religiösen Vorstellung der Minenarbeiter waren Erdgeister und Teufel die Besitzer des Erdreichs. Will man also dorthin vordringen, muss man sie zuvor mit Opfergaben wohlwollend stimmen. Die Zeremonie der Teufelbefriedung hieß Challa und der Schamane Jatiri, der bei dieser Grube die rituelle Handlung vornahm. Man schnitt einem Lama die Brusthöhle auf, riss das noch schlagende Herz heraus, und mit Zaubersprüchen schleuderte der Jatiri es gegen die Felswand, unter der die Mine liegen sollte. Da der Teufel immer durstig ist, wurde noch Zuckerrohrschnaps hinterhergegossen. Der Jatiri rief dem Teufel zu, dass er ihnen nun eine reiche Goldader geben möge. Das Fleisch des Opfertiers aßen die Bergleute, die Abfälle, Knochen und Gedärme, nähten sie später in die Haut ein und vergruben sie im Erdreich.

Nach diesem kurzen Abstecher in vergangene Zeiten wollte ich zurück nach La Paz, zurück in die reine Natur der Berge, deren Erlebnis nicht wie im Tipuanital von Abenteurern bestimmt wird. Ich beschloss, anstatt auf das Flugzeug zu warten, eines der öffentlichen Verkehrsmittel über die Anden zu nehmen. Bereits am Abend ging ich zum Kontrollposten, wo sich vor der Barriere alte Busse und offene Lastautos stauten. Während der Nacht herrschte Fahrverbot, und bei Tage wurde jedes Fahrzeug registriert, denn es lauerten unterwegs viele Gefahren. Für die wartenden Passagiere gab es Buden, in denen heißer Tee, dampfende Kartoffeln und Tortillas angeboten wurden. Selbst hier in den Niederungen des gewaltigen Amazonasbeckens war es kalt, und dicke Nebelschwaden zogen durch das Tal. Anstatt mich im Auto neben den Fahrer zu pferchen, zog ich es vor, unter den Indios auf dem Laster an der frischen Luft einen Platz zu finden. Obwohl man sich durch das Schütteln in den Lasten eine Kuhle gemacht hatte, wurde die Fahrt zur Tortur. Man muss sich vorstellen: Fünftausend Höhenmeter mussten in Hunderten Kurven und Kehren überwunden werden; selbst die Technik der Camions streikte. Auf dem Trittbrett fuhr ein Mechaniker mit, der vom bergan schleichenden Laster absprang, aus einem Gebirgsbach einen Eimer kalten Wassers über den dampfenden Kühler schüttete oder bei totalem Stillstand die Haube aufriss, um in der dünner werdenden Luft den Vergaser neu einzustellen.

Als wir Stunden später endlich die etwa viertausend Meter hohe Baumgrenze erreichten, vermehrten sich die mit farbigen Papierblumen geschmückten Steinmänner an jenen Stellen, wo Autos oder voll besetzte Busse in die Tiefe gestürzt waren. Seit wir im freien Gelände fuhren, begleiteten uns völlig abgemagerte, die Serpentinen abschneidende Hunde. Sie bekamen von den Leuten etwas zum Fressen zugeworfen, die sich dadurch Schutz während der gefährlichen Passfahrt zu erwerben hofften. Sie sagten, dass alle Lebewesen gut behandelt werden müssten, dann würden sich auch die Berggeister wohlwollend zeigen. Auf den ausgedehnten Hängen weideten friedlich die Lamas, die früher, wenn sie eine besonders seltene – etwa weiße – Färbung zeigten, in den Tempeln zu Ehren des Sonnengottes geopfert wurden. Heute sind sie nur noch das wichtigste und nützlichste Haustier der Hochlandindianer; sie liefern Fleisch und warme Wolle für die Kleidung.

An den Parkplätzen konnte man Getränke und scharf gewürzte Tortillas kaufen, und an einem Altar wurde der Erdmutter Pachamama Schnaps geopfert. Je höher wir kamen, desto öfter musste der Laster anhalten. Zu allem Überfluss steigerten sich die Qualen durch beißende Kälte. Es begann zu schneien, und als wir den über fünftausend Meter hohen Cumbropass erreichten, fegte ein wilder Sturm erbarmungslos über uns hinweg. Die vielen Kreuze und Steinburgen zur Erinnerung an erfrorene Reisende konnte man kaum erkennen, und das erhoffte Foto vom Illimani musste ich abschreiben. In meinen Schlafsack verkrochen, ergab ich mich dem Schicksal; alle Vorsätze, bei einem Unfall geistesgegenwärtig abzuspringen, waren vergessen.

Nachdem wir den Checkposten passiert und uns erschöpft der Hauptstadt genähert hatten, fiel es schwer zu glauben, dass La Paz zu den schönsten Städten der Welt zählt. Es war auch kaum zu entscheiden, welches der beiden Übel leichter zu ertragen gewesen war: fliegen oder fahren. Wer wie ich vom »Glück im Leben« sonst nicht viel hält, musste zugeben, dass ich in jenen Wochen dankbar dafür sein musste, überhaupt noch am Leben zu sein.

Nach dieser aufregenden Zeit zog es mich wieder nach Hause. Der freundliche Pilot musste am Morgen zum Flughafen, von dem aus er mich noch zur nahen Grenze brachte. Er verfügte über gewisse Privilegien, denn er besaß außer der alten Transportmaschine auch eine neuere Cessna, die er für Regierungsbeamte einsetzte und selber flog. Ich konnte bei diesem Mann nicht feststellen, ob er ein wagemutiges oder eher ein waghalsiges Leben führte. Ich dankte ihm für seine Gastfreundschaft und kam ohne Probleme zurück nach Peru.

Den letzten Teil meiner Südamerikareise konnte ich ohne technische Hilfsmittel unternehmen, das allein war schon Grund, guten Mutes zu sein. Gleich nach der Besteigung des Ausangate hatte ich einige Indios kennen gelernt, die zum Fischfang Ausflüge in die tiefer gelegenen Amazonasniederungen machten. Damals besaßen sie nur einen kleinen Einbaum, der schon leck war, deshalb hatte ich sie gebeten, ein neues, größeres Boot herzustellen, das ich ihnen dann abkaufen würde. Jetzt, einen Monat später, schaukelte am Ufer des kleinen Flusses der neue Einbaum. Die Innenwände waren vom Ausbrennen noch schwarz. Ich hatte bald den Preis ausgehandelt, und vier Männer boten sich als Begleiter an.

Die ersten drei Tage trafen wir auf zahlreiche Felsen und Stromschnellen, und ich musste mehr durch den Dschungel stolpern, als bequem im Boot zu sitzen. Dann kam eine Strecke, wo die Indios mit zwei Paddeln die flotte Fahrt kontrollierten. Vereinzelt standen Hütten am Ufer, und von den Bewohnern erfuhr ich den Namen des Flusses: Rio Inambari. Ich beabsichtigte nicht, eine neue Quelle zu entdecken, doch die Tatsache, dass ich nun einen der vielen tausend Quellflüsse des Amazonas gemütlich befahren konnte, erfreute mich. Unbeschwert ließ ich mich vom Zeitbegriff der Indios lenken. Fische, Flusskrebse und Früchte gab es in ausreichender Menge, allerdings war beim Baden Vorsicht geboten. Nur die Augen meiner Begleiter erkannten die gefährlichen Krokodile im Uferschlamm des Flusses, getarnt durch ein perfektes Mimikry.

Noch glitten wir, ohne paddeln zu müssen, im breiter werdenden Fluss dahin und hatten bereits vierhundert Kilometer im größten Stromgebiet der Erde zurückgelegt, als mein Höhenmesser kaum über hundert Meter anzeigte. Selbst wenn ich wetterbedingte Druckunterschiede im Barometer einbezog, konnte ich nur schwer begreifen, dass für die noch ausstehenden sechstausend Kilometer bis zur Mündung in den Atlantik so wenig Gefälle blieb. Doch es war tatsächlich so, und die Indios bastelten zwei weitere Ruder und arbeiteten fleißig im vollkommen ruhigen Wasser. Die Fahrt wurde eintönig und uninteressant.

Kurz vor dem Zusammenfluss mit dem großen Rio Madre de Dios erreichten wir eine Siedlung. So schön der Flussname war, so wenig vertrauenerweckend klang der des Ortes: Maldonado. Etwas oberhalb des Ufers erblickte ich einen großen Bungalow, der den Rasthäusern in den britischen Kolonien ähnelte. Der Holzbau stand auf Pfeilern und war von einer Veranda umgeben, die der Besitzer mit einem Netz vor Moskitos geschützt hatte. Das erschien mir nach den vielen Wochen armseliger Quartiere als großer Luxus. Die Tür war offen, die Räume leer, und so ließ ich meine wenigen Habseligkeiten die Böschung hinaufbringen, entlohnte die mir lieb gewordenen Hochlandindianer und schenkte ihnen den Einbaum.

Der große Garten und der Zaun schienen verwahrlost, unter den Hunderten Orangenbäumen lagen die reifen Früchte unbeachtet herum, dazwischen die zum Teil umgefallenen Bananenstauden, die offensichtlich niemand aberntete. Erst am nächsten Tag in der Stadt lernte ich den Plantagenbesitzer kennen. Er stellte sich als gebürtiger Deutscher vor und brachte mich gleich in einem offenen alten Jeep zum Bungalow zurück. Er sei nun sechzig Jahre alt, glücklich mit einer Einheimischen verheiratet, besitze ein Haus in der Stadt und wolle nicht mehr schwer arbeiten – den Bungalow und die Plantage würde er mir schenken, wenn ich es nur wollte. Während des Erzählens zeigte er mir, wie man den Durst mit frischen Orangen löscht. Mit dem Taschenmesser schnitt er ein konisches Loch in die Spitze der Frucht, setzte die Orange dann an den Mund und presste mit den Fingern beider Hände den köstlichen Saft in den Mund.

Zusätzlich zu den Erträgen des Gartens könnte ich noch viel Geld mit dem Verkauf von Krokodilhäuten und Jaguarfellen verdienen. Den größten Gewinn mache man jedoch mit der in den USA begehrten Paranuss. Diese brasilianische Kastanie brauchte man im Dschungel nur einzusammeln und zum Knacken einen kleinen Schraubstock verwenden, der es ermöglicht, die harte Schale zu öffnen, ohne den wohlschmeckenden Kern zu brechen. Nur unversehrte Nüsse brächten zehn US-Dollar pro Kilo, Sammler und Knacker gäbe es so viele, wie man wolle.

Seine Erfolgsstory konnte nur verstehen, wer wie er damit zufrieden war, in diesem gottverlassenen Ort zu leben. Die Schilderung paradiesischer Zustände bedeuteten für mich keine Verlockung und Maldonado kein Eldorado – ich wollte nach Hause. Ungeduldig wartete ich auf das Flugzeug aus Cusco; irgendwann würde es kommen, das war alles, was der unsichere Fahrplan versprach. Als wir uns dann auf der Landebahn die Hände reichten, lag sein Abschiedsgeschenk am Boden neben dem Flugzeug. Im mit Lianen verschnürten Paket befinde sich die Haut eines am Vortag erlegten Krokodils, er habe sie gesalzen, und sein Freund, der Pilot, sei damit einverstanden, das Übergewicht von fünfundzwanzig Kilogramm mitzunehmen. Er meinte, die Haut ergäbe zwei Handtaschen für meine Frau und eine Aktenmappe für mich. Der überaus nette deutsche Emigrant möge mir verzeihen, dass ich das schwere Paket beim Weiterflug nach Europa in Lima liegen ließ.

Auf Vortragsreise

Bei meinem zweiten Aufenthalt in London hatte Rupert Hart-Davies für mein Quartier gesorgt. Ich wohnte im exklusiven Saint James Club off Piccadilly. Ein Butler führte mich schweigend durch ein Zimmer, in dem ein älterer Herr in einem tiefen ledernen Lehnsessel Zeitung las, ohne aufzuschauen. Mein Zimmer konnte man nur als spartanisch bezeichnen, und mit den Worten »Breakfast at seven o'clock in the morning« übergab mir der Butler den Hausschlüssel und ging. Ich wagte kaum zu atmen, es war alles »very British«.

Beim Frühstück saß ich allein im großen Klubzimmer, und der Butler erklärte, dass es leider keine »marmalade« gäbe. Ich wunderte mich, denn zwei verschiedene Marmeladen standen auf dem Tisch. Ob ich noch Wünsche hätte, beantwortete ich mit: »Ham and eggs please.« – »Yes, Sir!« lautete die Antwort, aber keine Eier wurden gebracht. Später bekam ich vom Kulturattaché in der Österreichischen Botschaft die Erklärung: Unsere Marmelade heißt in England »jam«, und das englische »marmalade« sei der Name für Konfitüre ausschließlich aus Orangenschalen. Dass er keine Eier brachte, hatte seinen Grund wahrscheinlich darin gehabt, dass jede Nacht über eine Million davon aus Dänemark ankamen und diesmal vielleicht das Schiff wegen eines Sturmes London zu spät erreicht hatte. Dass der Butler trotzdem »Yes, Sir!« gesagt hatte, könnte damit erklärt werden, dass er eine Ablehnung einfach nicht über die Lippen brachte.

Beim Mittagessen, diesmal in einem griechischen Gourmetrestaurant, erzählte mir Hart-Davis, dass sein Sohn das Internat des Eton-Colleges besuche und es sein großer Wunsch sei, mich kennen zu lernen. Der Rektor des Colleges hatte die Erlaubnis schon erteilt. Für mich, der immer Lehrer hatte werden wollen, kam diese Einladung wie gerufen, einmal die Schule besuchen zu können, in der die Söhne einflussreicher Eltern und Adeliger erzogen wurden.

Schon die Ausmaße des Eton-Colleges konnte man nicht mit Schulen in meiner Heimat vergleichen; mehrere Plätze für verschiedene Sportarten beeindruckten mich besonders. Der Sohn meines Verlegers hatte sein eigenes Zimmer mit Bett, Tisch und Bücherregal, aber gleich kamen die Schulkameraden aus den Nachbarzimmern, um auch Fragen zu stellen.

Das Taxi hatte gewartet, und ich freute mich auf die Rückfahrt. Die London-Cabs sind die besten der Welt. Ohne sich tief bücken zu müssen, steigt man bequem waagrecht ein und sitzt mit ausgestreckten Beinen wie in einem kleinen Häuschen. Auch in der engsten Straße wendet der Fahrer, das Einschlagvermögen des Autos ist bewundernswert. Noch beeindruckender ist die Trennwand, die verhindert, dass der Taxifahrer antwortet, wenn man seinen Begleiter etwas fragt. Ich schob die Trennwand auf und fragte, wie lange die Fahrt bis zum Soho Square dauern würde. Der Fahrer hatte mein Englisch wahrscheinlich nicht verstanden, und seinen Wortschwall in Cockney-Englisch verstand ich ebenso wenig. Ich sagte: »Very sorry«, schob das Fenster zu und verzichtete auf die Information. Meiner Liebe für London und alles Britische tat diese erfolglose Unterhaltung keinen Abbruch. Für längere Strecken ist es ohnehin besser, die Untergrundbahn zu benutzen, die bis zum späten Vormittag mit Geschäftsleuten zum Bersten gefüllt ist. Viele von ihnen trugen noch Schirm und Melone, lasen die Morgenzeitung oder lösten stehend die schwierigen Kreuzworträtsel in der *Times*.

Mittags fuhr ich mit der Underground zum Kew-Garden im Stadtteil Richmond upon Thames, wo ich den britischen Offizier F. N. Bailey zum Mittagessen traf. Bailey war bereits 1904 in Lhasa gewesen, und seither liebte er Tibet. Auf einer Expedition hatte er 1913 den leuchtenden blauen Scheinmohn entdeckt, den wir jetzt im Kew-Garden gemeinsam bewunderten. Auf dem Schild stand *Meconopsis Baileyi*. Er erzählte mir stolz, dass er auf Expeditionen viele neue Schmetterlinge und Pflanzen gefunden hatte, bekannt geworden ist er durch den blauen Mohn.

Zum Erscheinen der englischen Ausgabe meines Buchs im Spätherbst 1953 war ich wieder in London. Diesmal hatte der Verleger mich im vornehmen Savoy Hotel untergebracht, wo bereits mehrere Verpflichtungen auf mich warteten. Als Erstes fuhr ich mit Hart-Davis zur Royal Geographical Society am Kensington Garden, denn dort sollte ich einen Vortrag halten. Allein die Bibliothek und der mit Landkarten gefüllte Saal waren sehenswert, und für jeden, der Expeditionen in fremde Länder macht, hätte die Einladung, hier zu sprechen, die größte Belohnung bedeutet. Nur Mitglieder des traditionellen Klubs hatten eine Einladung zu meinem Vortrag bekommen, unter ihnen auch Peter Fleming, der damals als der bekannteste Expeditions- und Reiseschriftsteller galt. Die *Times* hatte ihn als Korrespondenten überall dort hingeschickt, wo es geographisch schwierig zu erreichende Unruhen gab. Sein bekanntestes Buch »Brazilian Adventure« erzählte von seinem Versuch, das Schicksal des britischen Oberst P. H. Fawcett aufzuklären, der 1925 in Mato Grosso verschwunden war. Fleming hatte aber auch den Fernen Osten bereist, und sein Bericht darüber fand größtes Interesse vor allem deshalb, weil er gemeinsam mit der Schweizerin Ella Maillart unterwegs gewesen war und sie in ihrem Buch »Forbidden Journey« unverblümt die Gegensätze zwischen ihnen beiden schilderte. Ihre Abneigung galt seiner Liebe für Tigerjagd und Pfeifenrauchen. Aber auch Peter Fleming hatte an Ella Maillart viel auszusetzen, trotzdem taten sich beide zusammen, um monatelang Gebirge und Wüsten zu durchqueren. Als Mann und Frau waren sie sich einfach nicht hold, aber die schwierigen Umstände vereinigte beide aus Vernunft. Das zufällige Zusammentreffen der beiden an der Nordgrenze Tibets, besessen von der gleichen Idee, schaffte zwei spannende Bücher, für deren US-Neuausgabe ich ein Vorwort schrieb. Ella Maillart lebte später zurückgezogen in einem Chalet, das hoch über dem Dorf Zinal in der Schweiz liegt, wo ich sie dann bei meiner Besteigung des Zinalrothorns (4221 Meter) besuchte. Noch viel später, als ich im gegenüberliegenden Crans Montana Golf spielte, konnte ich der alten Dame einen großen Wunsch erfüllen und überbrachte ihr ein kleines Thangka, das den großen tibetischen Dichter und Yogi Milarepa darstellt.

Dass gerade Peter Fleming das Vorwort für »Seven Years in Tibet« geschrieben hatte, überraschte mich angenehm, denn ich konnte mir keinen Besseren vorstellen. Und es freute mich auch, dass er am Abend in der Royal Geographical Society einleitend lobende Worte sprach. Beim anschließenden Abendessen hatte ich Lady Ravensdale als Tischdame. Sie war die älteste Tochter des letzten Vizekönigs von Indien, Lord Curzon, und hatte als Mädchen in Indien gelebt, daher gab es reichlich Gesprächsstoff. Sie freue sich schon auf meinen Vortrag am folgenden Abend, sagte sie beim Abschied.

Rupert Hart-Davis hatte die riesige Royal Festival Hall reserviert, in der ich meine Geschichte erzählen sollte. Hart-Davis sprach beneidenswertes Oxford-Englisch, und meine Sprachkenntnisse hatte ich mir doch erst in Lhasa angeeignet, als ich mit dem Dalai Lama »BBC-news in dictation speed« im Radio hörte und mit Coocoola Konversation übte. Doch der Verleger zerstreute lachend meine Bedenken und riet mir, meinen Vortrag doch gleich mit dieser Geschichte zu beginnen. Bei ihm erfuhr ich am nächsten Tag, dass die Royal Festival Hall seit Wochen ausverkauft sei und dass Lady Ravensdale mich den dreitausend Gästen vorstellen werde.

Der aufregende Tag begann im Savoy Hotel mit der Vorstellung des Buches. Da es zum »Book of the Month« gewählt worden war, kamen außer der Presse auch andere Interessierte. Viel Aufmerksamkeit bekam Richard Graves, als er erzählte, dass er als Übersetzer den Anfang des deutschen Manuskripts so interessant fand, dass er, um die Spannung zu halten, gleich zu Beginn beschlossen hatte, jeden Tag nur ein Kapitel oder wenige Seiten im Voraus zu lesen: »To keep myself in suspense«, wie er sich ausdrückte.

Von den vielen Vorträgen, die ich im Laufe meines Lebens in der ganzen Welt gehalten habe, ist der Abend in der Londoner Royal Festival Hall sicher einer der bemerkenswertesten. Die Ereignisse überschlugen sich, schon im »Künstlerzimmer« lagen Briefe. Einen davon öffnete ich, er trug den Absender: Colonel Williams. Als ich dann auf die Bühne trat, wusste ich nicht, ob ich mich verbeugen musste oder meine Hand heben sollte. So sah ich Hilfe suchend zu Lady Ravensdale, die bereits am Rednerpult stand, um mit ihrer Einführung zu beginnen. Sie war die einzige Person in dieser überwältigenden Szene, die ich kannte. Sie erzählte von ihrer Jugend mit ihrem Vater in Indien, sie sprach charmant und witzig, sodass das Publikum mit Heiterkeit reagierte. Das löste auch in mir die Spannung, und anstatt dem Rat von Hart-Davis zu folgen und mich für mein schwaches Englisch zu entschuldigen, las ich, als ich an der Reihe war, den Brief von Colonel Williams vor: »Als Kommandant Ihres Gefangenenlagers in Indien musste ich wegen Ihrer gelungenen Flucht vom Hauptquartier Schimpf und Schande über mich ergehen lassen, doch damit nicht genug, heute Abend musste ich Ihnen auch noch Geld dafür zahlen, um zu hören, wie Sie das damals gemacht haben.« Die stehenden Ovationen galten Williams, der irgendwo im Saal saß. Mein Englisch mit österreichischem Akzent trug auch zur guten Stimmung bei und rettete den von mir mit Lampenfieber erwarteten Abend.

Peter Fleming wollte für die *Times* ein Exklusivinterview mit mir in seinem Verlagshaus machen und holte mich am Vormittag darauf mit seinem Auto ab. Es regnete, so wartete ich unter dem Vordach der Hotelauffahrt. Auf der großen Straße hielt ein gelber Rolls-Royce Oldtimer Cabriolet mit offenem Dach. Der winkende Fahrer war Peter Fleming. Wir fuhren schweigend in die Fleet Street, wo 1953 noch alle großen Zeitungen ihren Sitz hatten. Es war wieder alles typisch englisch. Fleming wollte sicher nicht angeben oder sich profilieren, er hatte sich eben nur richtig für den Regen angezogen, trug einen Schal und eine karierte Kappe. Es gefiel mir, wie alles so selbstverständlich und traditionsbewusst ablief; vielleicht ist es das neidlose Neben- und Miteinander, das mich so für die Angelsachsen einnimmt. Zu erwähnen ist noch, dass es in der Familie Tradition ist, gute Bücher zu schreiben. Sein jüngerer Bruder, Ian Fleming, wurde mit seinen Spionage- und Kriminalromanen »James Bond« international viel bekannter. Ich hatte schon Hart-Davis bewundert, wie er einen großen Verlag führte, aber nur an zwei Tagen erschien. Er wohnte im Grünen und wollte nicht in der Hauptverkehrszeit Auto fahren. Es gefiel mir auch, wie die Engländer ihr Empire verwalteten und sich rechtzeitig zurückzogen.

Aus vielen Ländern kamen Einladungen, mein Buch zu präsentieren. Da ich nicht allen folgen konnte, konzentrierte ich mich vorerst auf Europa. Außer Großbritannien wollte ich Frankreich besuchen, wo B. Arthaud, der bereits Maurice Herzogs Bestseller »Annapurna« herausgegeben hatte, die Rechte erwarb. Um beweglich zu sein, fuhr ich mit dem eigenen Auto nach Paris, wo ich ohne Schwierigkeiten ankam. Jedoch auf der Suche nach dem Verlagshaus geriet ich in den Kreisverkehr um den Arc de Triomphe, wo mein Orientierungssinn sowie meine Fahrkunst versagten. Im Verlag wurde ich bereits von dem Übersetzer Henry Daussy erwartet, der mich die folgenden zwei Wochen begleitete. Er versuchte, meine Sprachkenntnisse aus Schulzeiten zu verbessern, und übersetzte das spezielle Vokabular für meine bevorstehenden Diavorträge. Daussy wusste, wo es die beste Bouillabaisse gab, und am Abend saßen wir in kleinen Theatern, die in keinem Touristenprospekt erschienen. Daussy besaß kein Auto, und so fuhren wir immer mit der schnellen Metro zum Salle Pleyel, wo meine Vorträge stattfanden – alle schon jetzt ausverkauft. Daussy gab mir auch Unterricht in österreichischer Kulturgeschichte und erzählte, dass ein Landsmann von mir den Saal, den größten in Paris, erbaut hatte. Ignaz Joseph Pleyel hatte als Konzertmeister begonnen, gründete eine Klavierfabrik, ließ sich von Chopin beraten und versorgte ihn mit den besten Instrumenten.

Claude Arthaud, die Tochter des Hauses, hatte den Umschlag für die französische Ausgabe »Sept Ans d'Aventures au Tibet« entworfen und gab eines Abends in ihrer Wohnung einen ungezwungenen Empfang. Sie stellte mich den jungen Künstlern vor, und ich setzte mich wie alle anderen auf den Teppich. Nach den formellen Sitten bei den Engländern musste ich mich auf die Bohemienart der Franzosen erst einstellen. Ein Verlagsmann mit dicken Brillengläsern reichte mir ein Glas Rotwein und stellte eine Schale mit Walnüssen auf den Teppich. Die besten Nüsse der Welt seien aus seiner Heimat Grenoble. Dann ging er zu einem alten Beichtstuhl, den man offensichtlich zu profanen Zwecken als Telefonhäuschen umfunktioniert hatte. Eine eben angekommene junge Frau zeigte ein verwittertes Brett und sagte, das sei ihre Auslegung der soeben angebrochenen Passionszeit. Viele lange Zimmermannsnägel waren dicht aneinander in Kreuzesform kurz eingeschlagen. Ihre Idee, die Kreuzigung so darzustellen, fand großen Beifall.

Die Stunden, die ich im Kreis der jungen Künstler verlebte, waren interessantes Neuland, konnten aber nicht meine Welt sein, deshalb nahm ich Verbindung mit dem französischen Alpenklub auf, der zusammen mit Exploration du Monde, einer Organisation zur Unterstützung von Forschern, als Veranstalter meiner Vorträge zeichnete. Nach dem Krieg hatte für die französischen Alpinisten eine Ära des steilen Aufstiegs begonnen, und eine Generation bester Bergsteiger war herangewachsen. Von ihren großen Leistungen hatte ich schon in der britischen Handelsmission in Lhasa gehört, wo es eine Diskussion über Auswüchse beim Bergsteigen gegeben hatte, bei der auch die Eiger-Nordwand als typisches Beispiel kritisch erwähnt worden war. Ich hatte mich nicht zurückhalten können und gesagt, dass ich einer der vier Erstbesteiger gewesen sei. Man glaubte mir jedoch nicht ganz. Doch fair, wie die Engländer sind, schickte mir der Missionschef später einen Zeitungsausschnitt, in dem beschrieben wurde, dass im Juli 1947 den Franzosen Lionel Terray und Louis Lachenal die zweite Durchsteigung der Eiger-Nordwand gelungen war. Erwähnt wurden auch die Namen der vier Erstbegeher.

Lachenal und Terray hatten Maurice Herzog 1950 bei der Besteigung des ersten Achttausenders begleitet, konnten aber jetzt nicht nach Paris kommen, da sie als Bergführer in der Hochgebirgsschule von Chamonix Hochsaison hatten. Die einführenden Worte bei meinem ersten Vortrag hielt Maurice Herzog selbst.

Im Herbst desselben Jahres besuchte ich in Graz die zwanzigjährige Maturafeier. Es fehlten einige Schulfreunde, die nicht mehr aus dem Krieg zurückgekehrt waren. Von den Professoren konnte ich noch vier alte Herren begrüßen, die wir als Schüler sehr verehrt hatten. Darunter sprach mich Professor Hüttenbrenner gleich mit der Feststellung an, dass er zwar stolz auf mich sei, dass ich aber für sein Fach, Französisch, nicht sehr viel übrig gehabt hätte. Ich beruhigte ihn mit den Worten: »Immerhin habe ich so viel von Ihnen gelernt, dass ich sechsmal im ausverkauften Salle Pleyel in Paris meinen Vortrag über Tibet gehalten habe.«

Das Jahr 1953 war ganz nach meinen Wünschen und Vorstellungen verlaufen. Es war reich an Gegensätzen gewesen, die ich so schätze, eine Mischung aus einfachem Leben in den hohen Bergen, dem Zusammensein mit Menschen, die auch ohne Schrift glücklich sind, und dem Kontakt zum kulturellen Leben in Europa. Als ich mit dem Schiff in New York ankam, konnte ich nicht ahnen, dass auch 1954 ein Jahr voller unvergesslicher Ereignisse und neuer Erkenntnisse werden sollte. Diesmal besaß ich zwar ein Visum, aber das Verhör durch die Beamten dauerte trotzdem eine ganze Weile, bis ich dann endlich zum Zöllner kam, der in meinem Handgepäck einen Apfel entdeckte, ihn in ein Handtuch wickelte und zum Verbrennungsofen brachte. Endlich war ich frei unter ratlosen Mitreisenden. Anstelle von Trägern standen Leute mit Tafeln, die mir als Streikposten erklärt wurden. Sie hinderten willige Arbeiter daran, einen Dollar als Träger zu verdienen. Mir kamen Zweifel an der viel gepriesenen Freiheit in den Vereinigten Staaten, die allerdings beim Eintragen in das Hotel angenehm ausgeglichen wurden, denn hier musste man keine Fragebögen ausfüllen, und der Pass blieb in der Tasche.

Mein Verleger E. P. Dutton hatte für mich eine Mappe mit meinen Verpflichtungen hinterlegt, dazu die erfreuliche Nachricht, dass die amerikanische Ausgabe die englische Übersetzung und auch das Vorwort von Peter Fleming übernommen hatte. »Seven Years in Tibet« hatte bereits Platz eins auf der Bestsellerliste eingenommen. In den folgenden Wochen hatte ich eine Fülle von Terminen zu absolvieren. Ich traf Lowell Thomas wieder, der mich in seiner populären Radiosendung interviewte, und war Gast in zahlreichen Fernsehsendungen mit bekannten Showmastern. Lowell Thomas hatte sein Büro im Zentrum von Manhattan, wo ich jederzeit Karten für die Carnegie Hall oder den Madison Square Garden bekommen konnte.

Eines Tages legte mir der größte Impresario für Vorträge New Yorks, Colston Leigh, in seinem Büro in der Fifth Avenue einen Vertrag für eine Vortragsreise vor, der sehr verlockend aussah. Ich sollte im Durchschnitt dreihundert Dollar pro Vortrag verdienen – für damalige Verhältnisse viel Geld –, aber in der Liste tauchten auch Summen von fünfhundert oder für einen Abend bei IBM in Endicott sogar siebenhundert Dollar auf. Die Hälfte des Honorars behielt Leigh, dafür bezahlte er alle Eisenbahnfahrten, darunter auch zwei Tage Schlafwagen nach Miami. Die Übernachtungen allerdings gingen auf meine Kosten. Der Pferdefuß dieser verführerischen Zahlen, dass ich mich nämlich auch in den teilweise wochenlangen Pausen zwischen den Vorträgen selbst versorgen und unterbringen musste, kam mir erst später zu Bewusstsein. Vorerst mietete ich für zwei Monate ein Zimmer in einem einfachen Hotel in der Lexington Avenue und besorgte mir eine Arbeitserlaubnis. Die Vortragsliste genügte dem Beamten, aber seltsam kamen ihm die vielen Stempel in meinem Pass vor. Es war noch der Pass, den die Österreichische Botschaft in Neu-Delhi ausgestellt hatte, mit Wohnsitz Lhasa, das man in Vaduz durchgestrichen hatte. Aber auch »Fürstentum Liechtenstein« war ihm unbekannt. Schließlich genügte doch mein Retourticket mit Swiss Air nach Zürich für Dezember, dann heftete er einen Zettel mit der Arbeitserlaubnis in den Pass, auf dem das Amt vermerkt war, wo ich vor der Abreise die Steuer bezahlen musste.

Die Zeit in der riesigen Stadt verlief kurzweilig, mit Vorträgen in Frauenklubs, wo ich jeder einzelnen Dame in einer »Receivingline« vorgestellt wurde, oder ich war Gast in der Audubon Society, die mit einer halben Million Mitgliedern die älteste Naturschutzorganisation Amerikas ist. Am Abend hatte ich Verpflichtungen hauptsächlich in den umliegenden Städten, oder ich ging in ein Musical am Broadway. Bei der Ernährung bemerkte man den großen Unterschied: Was in der Heimat noch knapp war, gab es hier in Hülle und Fülle. Bei den Einladungen standen alle Köstlichkeiten auf dem Buffet, und gern hätte ich einen der berühmten Hummer aus dem Staate Main gegessen, aber nach dem Vortrag musste ich meist Fragen beantworten, denn über das Land Tibet und den Dalai Lama wusste man nur sehr wenig. Wenn ich Meeresfrüchte essen wollte, ging ich deshalb lieber zur Central Station, wo es die besten Austern oder die köstlichste »Clamchowder«, Venusmuschelsuppe, gab. Am liebsten aber hatte ich einen kleinen Delikatessenladen nicht weit entfernt von meinem Hotel. Der deutschstämmige Einwanderer freute sich, wenn ich auf dem Hocker an der Theke saß und mit Appetit seine Köstlichkeiten verzehrte. Saure »Pigknuckles«, Schweineknöchel, oder italienische Antipasti hatte er vorrätig, aber sein erfolgreichstes Angebot war Pastrami. Ähnlich wie heißer Leberkäse schnitt er vom dampfenden gepökelten Rindfleisch großzügig Scheiben ab und legte sie auf ein Brötchen. Dazu nahm man nach Belieben Ketchup oder »Relish«, gewürztes Gemüse. Um noch die Preise zu erwähnen: Eine Tasse Kaffee mit Milch und Zucker kostete zehn Cent, und für das Wochenende hatte er für mich ein »Drumstick« reserviert, das war der Schenkel einer Pute; er wog ein Pfund, und den niedrigen Preis von einem Dollar erklärte er so, dass die Amerikaner das weiße Fleisch bevorzugten. Für den Sonntag holte ich mir noch die kiloschwere *New York Times* und spürte so nicht die Tristesse der Feiertage, für die die riesige Stadt bekannt ist.

Schon im Winter 1952/53 hatte ich Besuch von Walter Edwards gehabt, einem Bildredakteur des berühmten *National Geographic Magazine* in Washington, D. C., und er hatte mir brieflich Vorschläge für einen Artikel gemacht. Nun fuhr ich zu ihm. Das Verlagshaus war ein riesiger Bau, in dem sechstausend Mitarbeiter ihre Büros hatten. Edwards brachte mich in ein Konferenzzimmer, wo mich Melville Bell Grosvenor, ein Nachfahre des Gründers, den anwesenden Bildreportern mit den Worten vorstellte: »Das ist der Mann, von dem wir im Juliheft mit fünfzig Seiten die Coverstory bringen und der nur zwei Rollen Film zur Verfügung hatte.« Als er noch hinzufügte, dass die fest angestellten Fotografen des Magazins für ihre Aufträge zweihundert Rollen bekämen, versuchte ich, die außergewöhnliche Gelegenheit als »Windfall«, als unverhofften Glücksfall zu erklären.

In seinem geräumigen Büro erzählte mir Edwards dann, dass das Magazin mit dem steuerfreien Geld der Millionenauflage auch Expeditionen finanzierte und sich auf die Herausgabe von genauen Karten spezialisiert hatte. Während der Unterhaltung wurde ein Zettel hereingereicht, der einen Hurrikan Berta für zwei Uhr nachmittags ankündigte und den Mitarbeitern beschied, das Büro zu verlassen, um rechtzeitig zu Hause alles in Sicherheit zu bringen. Ich begleitete Walter Edwards, und als wir in seinem Haus ankamen, hatte seine Frau bereits Vorsorge getroffen. Doch der tropische Wirbelsturm hatte die Gegend lediglich gestreift. Im Juli 1955 brachte das Magazin meine Geschichte, illustriert mit achtundvierzig Fotos, siebenunddreißig davon in Farbe.

In den folgenden Monaten kam ich viel im Land herum und hielt Vorträge. Die letzte Verpflichtung hatte ich in Miami. Am Abend bestieg ich die Kabine des Florida-Express-Zugs, und auf den ersten Blick schien alles perfekt: Es gab eine Toilette, Dusche, ein Bett und einen freundlichen Schaffner. Ich machte es mir bequem und genoss das Alleinsein, denn in Zügen bin ich für gewöhnlich nicht sehr mitteilsam. Doch das Abteil hatte eine Klimaanlage, und nirgendwo konnte man ein Fenster öffnen. Mit Beherrschung überwand ich die Platzangst, und nach zwei fast schlaflosen Nächten verließ ich erlöst am Morgen des dritten Tages den Expresszug. Ich brauchte nicht in einem der riesigen Hotelkästen zu wohnen, denn eine österreichische Familie, die hier lebte, hatte mich eingeladen. In einem Villenviertel hielten wir vor einem Haus, das im spanischen Stil erbaut war. In der Loggia warteten weitere Landsleute zum Frühstück, und die lange Bahnfahrt war vergessen. Sie schlugen mir vor, einen Ausflug zu den Everglades zu machen; heute zählen sie zum Weltkulturerbe. Die Audubon Society in New York hatte ihre Station von meinem Besuch benachrichtigt, und so wurde Florida ein weiterer Höhepunkt der Vortragsreise. Die Arbeit der Forscher konzentrierte sich auf die Erhaltung der Flamingos, die für die weiten Sümpfe der Everglades eine besondere Attraktion darstellten. Mich beeindruckte, dass in den USA mehr als ein halbes Jahrhundert vor uns Gegenden wie die Rocky Mountains zum Naturschutzgebiet erklärt wurden. Den Yellowstone-Nationalpark mit einer Größe von fast zehntausend Quadratkilometern hatte man bereits 1872 unter gesetzlichen Schutz gestellt.

Alaska

Mein Vortragsplan gestattete mir im Sommer eine Unterbrechung von vier Monaten, in denen ich Alaska besuchen wollte. Ich hatte kein festes Programm, aber ich war wohl auch wieder auf der Suche nach vergangenen Tagen. Immer wenn ich Tibetern Bilder von Eskimos gezeigt hatte, jubelten sie und riefen: »Aber das sind ja Brüder von uns.« Die Vorfahren der Eskimos stammten tatsächlich aus Asien und waren über die Beringstraße nach Alaska und weiter bis nach Grönland gewandert.

Um nach Alaska zu kommen, kaufte ich für 1500 Dollar in New York ein altes hellgrünes Packard-Cabrio, von dem der Händler meinte, im fernen Westen oder gar in Alaska könnte ich es leicht um den doppelten Preis wieder verkaufen. Dem Rat von Freunden folgend, wählte ich den Highway 66, übernachtete nur in vom Automobilclub empfohlenen Motels, eine angenehme Erfindung für lange Autofahrten. Ich hatte Zeit, machte in Arizona einen Abstecher zum Grand-Canyon-Nationalpark, wo an den Wänden der tiefen Schlucht die horizontal geschichteten Gesteinsformationen auch für Laien gut erkennbar sind.

Mich interessierte, ein Reservat der Navahoindianer zu besuchen, denn ihre Künstler sind dafür bekannt, dass sie, wie die Tibeter, aus buntem Sand mythische Kultbilder gestalten. Der Motelbesitzer meinte, ich bräuchte nicht so weit zu gehen, die Navaho kämen ohnehin am Nachmittag zum Motel. Und tatsächlich hielten wenig später neben einer erhöhten Tanzfläche mehrere Autos, deren Insassen mit Routine schnell in die Kleidung ihrer Vorfahren schlüpften und mit Trommeln und Singen wilde Indianertänze aufführten. Imponierend schön war der riesige Federschmuck des Häuptlings, und dazu erhielten die etwa hundert Zuschauer von einem Kodakmann Informationen über Filme, Blende und Belichtungszeit. Nach einer halben

Stunde beendeten sie die Vorstellung, denn sie mussten auch beim nächsten Motel noch auftreten.

Nach Arizona erreichte ich Kalifornien, wo ich von Santa Barbara angefangen nicht die Schnellstraße, sondern den Highway 101 entlang der Pazifikküste nahm. San Francisco und der Rotholz-Nationalpark mit seinen gewaltigen Mammutbäumen sind sehr bekannt, deshalb besuchte ich lieber den noch tausend Kilometer entfernt liegenden Nationalpark Crater Lake im Staate Oregon. In Paris hatte Haroun Tazieff, der bekannteste Vulkanologe, einen meiner Vorträge eröffnet. Er hatte unter Einsatz seines Lebens mehrere große Vulkanausbrüche erlebt und in Filmen festgehalten. Schon damals empfahl er mir, auf meiner Amerikareise Crater Lake zu besuchen. Ich fuhr mit dem Auto die zweiunddreißig Kilometer um den kreisrunden blauen See herum und konnte seine Begeisterung verstehen. Als der Vulkan in der Eiszeit explodiert war, entstand ein Krater von zehn Kilometer Durchmesser, und in der Mitte des Sees bildete sich ein weiterer Vulkankegel, der verdeutlichte, mit welcher Gewalt die Natur ihre Kräfte einsetzt.

Meine nächste Station befand sich bereits in Kanada. Ich besuchte die Stadt Victoria auf Vancouver Island. Dort sollte alles britischer sein als in Great Britain, und im Londoner Kew-Garden hatte mir Bailey empfohlen, den schönsten Blumengarten der Insel zu besichtigen. Ein junges Ehepaar aus England hatte auf Vancouver Island ein Stück Land mit einem kleinen Berg erworben. Unter der Vegetationsschicht befand sich ein Kalkfelsen, und als Victoria zur Hauptstadt der Provinz British Columbia wurde, setzte ein Bauboom ein, der die Einwanderer zu wohlhabenden Bürgern machte. Eines Tages beschlossen sie, den Steinbruch zu schließen und ein Alpinum aus ihm zu machen. Mit ihrer Liebe zu Blumen investierten sie großzügig in das neue Hobby, und so entstand eine Attraktion mit japanischen Brücken und Alpenflora; besonders stolz waren sie auf den vielen blauen Mohn, dessen Blüten im Halbschatten leuchteten.

Bis zu meinem Bestimmungsort musste ich noch etwa sechstausend Kilometer zurücklegen. Die zweite Hälfte der Reise ging über eine staubige Schotterstraße, die als ein Teil des zukünftigen Panamerican Highway bis Feuerland führen sollte. Für die endlos langen geraden Strecken hatte man mich beraten, nicht schneller als sechzig Stundenkilometer zu fahren, aber die Monotonie, die Einsamkeit und die Stunden des Alleinseins ließen den Tachometer steigen. Nur um zehn Kilometer, dann aber passierte es doch. Durch die Reibung mit dem Kies wurden Reifen und Felgen heiß, und der hintere Reifen platzte. Die Reise mit dem billigen Cabrio wurde teuer. In Fairbanks angekommen, erzählte ich meine Geschichte von Tibet, aber die anwesenden Bergsteiger wollten mehr vom Eiger hören. Alaskas Berge sind ein ideales Betätigungsfeld, und ich rate immer wieder, anstelle des teuren Himalaja doch lieber einen der vielen unbestiegenen Gipfel Alaskas zu versuchen. Da die Gletscher bis ins Meer kalben und die Gipfel bis zu sechstausend Meter hoch sind, ist die Kletterhöhe dieselbe, nur dass man sie billiger, ohne Gebühr, und mit weniger Sauerstoffproblemen erreichen kann. Ich jedenfalls wollte sie versuchen.

Unter den Zuhörern waren zwei junge Männer, die sich für meine Pläne interessierten: Fred Bekey stammte aus Seattle, wo er bei der großen Flugzeugfirma Boeing arbeitete, und verbrachte hier seinen Urlaub; Henry Meybohm war in Deutschland geboren, hatte gerade seine Himbeerfarm abgeerntet und wollte in die Berge. Mein Vorhaben war schnell erklärt. In New York hatte ich eine alte Ausgabe des *National Geographic Magazine* gefunden, in der die berühmtesten Gipfel Alaskas abgebildet waren: Mount McKinley mit 6194 Metern der höchste Gipfel, Mount Hunter (4442 Meter), der dritthöchste Gipfel, »unbestiegen«. Auf einer weiteren Seite war neben der Beschreibung eines anderen Berges in Klammern zu lesen gewesen: »Mount Deborah – unbestiegen«. Diese zwei Seiten hatte ich herausgerissen und zeigte sie den Amerikanern.

Noch am selben Abend wurde die Dreierseilschaft beschlossen. Vier Wochen mussten wir rechnen, und so schlug ich vor, dass die beiden für Proviant sorgen sollten. Meiner Erfahrung nach verbraucht man auf einer Expedition pro Tag und Person ein Kilogramm Nahrungsmittel. Sie sollten nach ihrem Geschmack auswählen, denn persönliche Leckerbissen, wie etwa Sauerkraut oder Salami, tragen viel zur guten Laune bei. Doch als wir im Basislager am Mount Deborah ankamen, gab es eine böse Überraschung. Was immer ich von ihren Einkäufen öffnete, auf jeder Packung stand: »Enthält nur … Kalorien«. Meine amerikanischen Freunde hatten die geringste Menge Kalorien mit dem höchstmöglichen Gewicht eingekauft, anstatt umgekehrt. Fred meinte, das sei wohl amerikanischer Brauch. Als Folge mussten wir mindestens ein Zwischenlager mehr einrichten, um nicht zu schwere Rucksäcke tragen zu müssen.

Bei herrlichem Wetter gelangten wir nach drei Tagen, zum Schluss über einen luftigen Grat reitend, zur jungfräulichen Spitze des Mount Deborah. Doch damit war erst unser erstes Ziel erreicht, und wir gönnten uns keine Pause. Im 1,5 Millionen Quadratkilometer großen Alaska ist Fliegen die einzige Möglichkeit für einen Ortswechsel, und man hatte sechshundert größere und kleinere Landeplätze gebaut; einer davon hieß Talkeetna. Dort trafen wir Don Sheldon, einen jungen Buschpiloten, der die erforderliche Lizenz besaß und zwei seiner kleinen Pipercubflugzeuge mit Pontons ausgerüstet hatte. Er startete in Talkeetna auf Rädern, und zur Landung auf einem der einsamen Seen zog er die Räder ein und kam sicher auf dem Wasser herunter. So flog er Fischer aus aller Welt zu ihren begehrten Fangplätzen. Neuerdings hatte er anstelle der Pontons Skier montiert, und deshalb waren wir zu ihm gekommen.

Anstatt im Freien die Zelte aufzuschlagen, durften wir im Hangar Quartier nehmen. Das Wetter war unfreundlich, aber es gab genug Abwechslung; die wenigen Einwohner betrachteten uns Bergsteiger als Kuriosum, die ein verrücktes Hobby hatten. Typisch aber für ihren Pioniergeist, wollten sie alle helfen. Jeder von ihnen besaß in der einsamen Tundra eine mit Lebensmitteln gut bestückte Hütte und bot uns an, dort unterzukommen, oder offerierte Lachs für unsere Bergtour. Am Susitnafluss hatten die Indianer und Eskimos als Ureinwohner das Privileg, Lachse zu fangen, so viel sie wollten, und hatten für diesen Zweck am Flussufer eine furchtbare Maschine aufgestellt, die sich wie ein Mühlrad drehte. Die Schaufeln waren nicht im rechten Winkel, sondern schräg zum Wasser angebracht, und dort verfing sich immer wieder ein Fisch und wurde an Land geschleudert. Nachdem sie die Lachse ausgenommen hatten, wurden sie zum Trocknen aufgehängt und verkauft. Den vielen Schlittenhunden war es das liebste Fressen, aber auch wir genossen jeden Tag ein riesiges gegrilltes Steak, und als es endlich zum Berg ging, verstauten wir noch einen der in Europa so kostbaren Fische von über zwölf Kilogramm in unserem Expeditionsgepäck.

Wir starteten sehr früh, flogen über zerklüftete Grate und einsame Seen und landeten westlich des Mount Hunter auf dem Kahiltnagletscher. Die Sonne hatte bereits die Oberfläche des Schnees aufgeweicht, und obwohl wir unser Gepäck schnell ausgeladen hatten, musste Sheldon mehrmals geschickt von einem Ski auf den anderen wackeln, bevor er wieder aufsteigen konnte. Da wir uns in der Nähe des nördlichen Polarkreises befanden und es Ende Juni war, gab es keine Dunkelheit, und wir spurten nur in den Stunden, wenn der Schnee etwas gefroren war, und schliefen, eingegraben in Schneehöhlen, wenn die Sonne hoch am Himmel stand.

So erreichten wir den Westgrat. Die Besonderheit bilden einige Wächten, vor allem aber die Beschaffenheit des Eises. Die Gletscher fließen schneller und bilden nur eine dünne Schicht auf dem Fels. Das Eis ist trügerisch, und im Vergleich zu den Alpen ist noch größere Vorsicht geboten. Der steile Gipfelaufschwung sollte zu unserer Überraschung Genussklettrei werden. Im morschen Schnee hackte ich mit dem Pickel eine senkrechte Rinne, in der ich mich wie in einem Kamin hocharbeitete. Am 4. Juli, dem Nationalfeiertag meiner Freunde, standen wir in den ersten Sonnenstrahlen als Erste auf dem Mount Hunter. In ganz Nordamerika gab es nur zwei Gipfel, die höher waren, und beide standen zum Greifen nahe: Mount McKinley und Mount Foraker.

Doch der Rückweg sollte noch Kräfte und Geduld kosten. Täglich marschierten wir neun Stunden auf der Moräne des Kahiltnagletschers talwärts. Streckenweise ging es an kleinen Bächen entlang, die von purpurroten Waldröschen gesäumt waren und zum Fotografieren einluden. Die Seitenbäche wurden größer, und das tosende Wasser musste durchwatet werden, wobei es uns bis zu den Hüften reichte. Endlich erreichten wir die Tundra mit dem Erlendschungel. Inzwischen waren wir hungrig, denn unsere Vorräte waren verbraucht. Schließlich erreichten wir eine Jagdhütte, die man uns in Talkeetna angeboten hatte. Sie war nicht versperrt, und die Regale waren gut gefüllt, darunter auch mit unbeschrifteten Konserven, deren Inhalt, wahrscheinlich Karibou- oder Rentierfleisch, uns köstlich schmeckte.

Damit hatten die Entbehrungen ein Ende, und wir legten einen gemütlichen Rasttag ein. Die Blockhütte, deren Fugen mit Moos gefüllt waren, erinnerte mich an mein Lieblingsbuch »Das tapfere Herz« von Edgar Christian, das ich in der Gefangenschaft verschlungen hatte. Zwei erfahrene Männer hatten den achtzehn Jahre jungen Edgar 1926 auf eine Expedition mitgenommen, um in der einsamen Tundra Kanadas eine neue Route zur Hudson Bay zu erforschen. Für Edgar, der soeben das College verlassen hatte, war mit einem Schlag die ganze Herrlichkeit eines Traumes Wirklichkeit geworden. Doch während des außergewöhnlich kalten Winters starben in der Blockhütte zuerst die zwei Männer und als Letzter Edgar Christian. Zwei Jahre später entdeckte man die Leichen und im Ofenloch Edgars Tagebuch, das die Leiden von über acht Monaten schilderte – ein ergreifendes Dokument von Treue und Tapferkeit, das in der langen Geschichte arktischer Abenteuer und Tragödien seinen Platz hat. Die gefundenen Filme waren verdorben, und die geschriebenen Bilder aus dem Tagebuch damit noch wertvoller. Für den inzwischen zum Mann gereiften, einsamen Edgar war das Schreiben ein Bedürfnis geworden. Auch das ist der Grund, warum »Das tapfere Herz« bis heute als Vorbild dient.

Ausgeruht marschierten wir fröhlich durch die dicht bewachsene Tundra. Don Sheldon hatte mehrere Sondierungsflüge unternommen und wusste genau, wo wir uns befanden. Seine Sorge galt der Tatsache, dass wir leichtsinnig unbewaffnet durch Gegenden marschierten, wo nicht nur Braunbären, sondern auch die gefürchteten Grizzlys lebten. Pfefferpulver hatte ich nicht dabei, aber dafür eine Geschichte: Im Geburtsort meines Landsmanns und Verfassers eines der ältesten Reiseratgeber Martin Zeiller in der Steiermark kann man in Stein graviert auf einem Denkmal lesen: »… in Gegenwart eines Beeren auf die Erde legen, und den Athem, als ob er tod wäre, stark an sich halten.« Auch die meisten anderen Ratschläge haben heute noch ihre Gültigkeit. Nicht nur die geistige Vorbereitung ist wichtig, sondern auch die körperliche Fitness, oder: Reisen bedeutet Abenteuer, und Abenteuer sollte man gut vorbereiten. Was nun die Gefahr eines Angriffes durch Bären anbelangt, so haben Forschungen von Lynn Rogers ergeben, dass in den letzten hundert Jahren vierzig Menschen von Braunbären und achtzig von Grizzlys getötet wurden, dass jedoch im Vergleich dazu in derselben Zeit in Kanada und den Vereinten Staaten 374 Menschen durch Blitzschlag ums Leben kamen.

Plötzlich hörten wir aus dem Wald das Geräusch einer Pumpe, und einer der letzten Goldwäscher kam uns entgegen. Er war ein deutscher Seemann und nach Kriegsende mit seiner Familie hierher gelangt. Wir wurden großzügig bewirtet, und auf die Frage, wie erfolgreich sein Unternehmen sei, nahm er eine Schale vom Regal und schüttete einige Nuggets auf den Tisch. Seit er den Goldsand nicht mehr mit einer Handschüssel mühsam bearbeiten musste, sondern einen starken Wasserstrahl mit einer motorisierten Pumpe erzeugte, war alles viel leichter geworden. Als Souvenir erstand ich einige der etwas größeren Körner, dafür setzte er uns auf den Traktor und fuhr uns auf einer engen, holprigen Straße nach Talkeetna – wegen unserer wund gelaufenen Füße und der Rucksäcke eine große Erleichterung.

Den Abend verbrachten wir im Heim von Don Sheldon, wo wir endlich wieder ein Lachssteak bekamen. Unser großer Lachs liegt wohl auch heute noch tiefgefroren in unserem Basislager am Kahiltnagletscher. Während meine Freunde von den Bergen genug hatten, bestieg ich noch mit dem großen Naturschützer Georg Schaller, den ich in Fairbanks zufällig getroffen hatte, ohne Probleme den Mount Drum und hatte damit alle Gipfel, die im *National Geographic Magazine* als »unbestiegen« bezeichnet worden waren, zum ersten Mal erklommen.

Da die Alaska-Zeitungen wochenlang von unseren Bergbesteigungen auf der Titelseite berichtet hatten, konnte ich mit Wissenschaftlern und Angehörigen der Air Force zusammentreffen, die an der nördlichsten Spitze des amerikanischen Kontinents ihre Arbeit verrichteten. Es war noch Sommer, und ich nahm ihre Einladung, nach Point Barrow zu fliegen, gern an. Die völlig baumlose Gegend des Nordkaps von Amerika konnte man als trostlos bezeichnen, und doch faszinierte mich die Tatsache, dass ich mich fünf Breitengrade nördlich des Polarkreises am arktischen Ozean befand. Das Treffen mit den Eskimos verlief wie erwartet: Die Bilder von Tibetern versetzten sie in Entzücken, und die wenigen Tage bei ihnen in ihrer ursprünglichen Umgebung reichten, um den Entschluss zu fassen, bald wiederzukommen. Ich fotografierte viele der lachenden Eskimos, vor allem Kinder, bewunderte die Eskimorolle mit dem Kajak und kaufte als Andenken eine fein geschnitzte Figur aus Walrosselfenbein. Erst Ende der siebziger Jahre fand ich die Gelegenheit zu einem weiteren Besuch, aber inzwischen hatte man Erdöl entdeckt, die Eskimos hatten sich angepasst und holten sich, wie überall in den USA üblich, das schwammige Brot und den Lachs im Einkaufszentrum.

Zurück in Fairbanks, stand mein Packard noch immer beim Autohändler, vom doppelten Preis in Alaska, wie beim Ankauf in New York versprochen, konnte jedoch keine Rede sein, und statt fünfhundert Dollar dafür zu nehmen, wie angeboten, entschloss ich mich, das schöne Cabrio zu behalten. Gleich am Stadtrand von Fairbanks nahm ich einen jungen Autostopper mit, der zum Studium nach Berkeley wollte. Ohne Übernachtung in einem Motel fuhren wir die Schotterstraße des Alaska-Highway abwechselnd Tag und Nacht nach Süden, hielten uns an die Vierzig-Meilen-Geschwindigkeitsbegrenzung und erreichten ohne Reifenplatzer Spokane, wo sich der Student in den Greyhound-Bus setzte.

Mein Verleger hatte mir einige Termine geschickt, die ich im Interesse des Buchverkaufs wahrnehmen sollte, darunter war auch der Besuch einer TV-Show in Seattle. Ich hatte meinen Freund Gottfried Schmidt-Ehrenberg wiedergetroffen, und gemeinsam machten wir uns auf den Weg. Auf der Fahrt wurden wir von einem alten Ford verfolgt, der dann plötzlich ein Blaulicht aufs Dach setzte, überholte und uns zur Seite winkte. Der Polizist sagte nur: »You are arrested, follow me!«

Im nächsten Ort parkten wir im Hof eines großen Gebäudekomplexes. Wortlos ging der uniformierte Gesetzeshüter zu einer metallbeschlagenen Tür mit dem Schild »Lift to jail«. Meine Gedanken kann ich nicht schildern, aber uns gleich ins Gefängnis zu stecken erschien mir sehr streng. Die Fernsehsendung jedenfalls konnte ich vergessen. Ein vornehmer älterer Herr forderte uns auf, Platz zu nehmen. Hinter ihm stand das US-Sternenbanner, und der Polizist gab seinen Bericht über unser Vergehen: dass wir sechs Meilen lang um acht Meilen über dem erlaubten Limit gefahren seien. Der Schnellrichter fragte, ob diese Zahlen stimmten, und wir bestätigten die Aussage sofort, denn der Polizist hatte deutlich weniger angegeben. Auch die Frage, ob wir bereit wären, sechzig Dollar zu zahlen, bejahten wir. Als wir erwähnten, dass ich wegen meines Tibetbuchs am Abend zu einer Talkshow in Seattle sein müsse, verabschiedete uns der nette Richter mit den Worten: »Das ist die beliebteste Sendung, da werde ich Sie wiedersehen!«

Dass wir zu spät in Seattle eintrafen, hatte den Vorteil, dass keine Zeit für die Maske blieb. Aber auch ohne die übliche Schminke wurde es eine sehr lebendige, gute Talkshow. Warum das erwähnenswert ist, will ich erklären: Ob es ein kurzer oder längerer Auftritt im Fernsehen ist, immer muss man lange vor Beginn in den Schminkraum, um von Maskenbildnern hergerichtet zu werden. Man schließt die Augen und hält den Atem an, wenn ein weicher Pinsel das Gesicht mit Puder bedeckt. Man unterdrückt den Gedanken, wie viele Male der Pinsel bereits auf anderer Haut benützt worden war. Damit die Tränensäcke kaschiert werden, muss man die Augen öffnen und nach oben schauen, dann schmiert eine schon genau so oft verwendete Puderquaste die Falten weg. Auch der Lippenstift und der Kamm würden kaum den Hygienetest bestehen. Vergeblich versuchte ich bei meinen späteren TV-Auftritten zu argumentieren, dass es in Seattle auch ohne Maske gut gegangen war.

Zurück in New York, erfuhr ich, dass die Vortragsagentur für den Herbst ausschließlich Universitäten und Orte bis zur kanadischen Grenze ausgesucht hatte. Noch einmal fuhr ich mit dem Packard durch die bunten Ahornwälder nach Lake Placid, wo die ersten Olympischen Winterspiele im Jahr 1932 stattgefunden hatten, und in Buffalo schenkte ich das treue Cabrio einem ausgewanderten Pfadfinderfreund.

Schön waren die Tage in Vermont und ganz besonders in Stowe. Lowell Thomas hatte hier eine der neuen Skilodges finanziert, und seine Liebe zu österreichischen Alpinsportlern konnte man an der Architektur des Hotels erkennen. Zur selben Zeit wohnte auch Alfred Hitchcock mit seinem Team in der Lodge. Er drehte einen seiner typischen Thriller, bei dem im Herbstlaub der Ahornwälder die Leiche versteckt worden war.

Nach meinem Tibetvortrag war ich bei der Trapp-Familie eingeladen, die später mit dem Film und dem Musical »Sound of Music« weltberühmt werden sollte. Baronin Trapp hatte zur Jause gebeten, und als ich eintraf, nahm sie mich wortlos an der Hand und führte mich in einen holzgetäfelten Raum, der, mit einem schlichten Kreuz geschmückt, die Hauskapelle sein musste. »Das ist meine Familie« – dabei zeigte sie auf die etwa zwanzig

Anwesenden. Ein christliches Lied wurde gesungen, dann knieten wir alle nieder, und die Baronin pries in einem Gebet Gott, dass er auf seine wunderbare Weise Heinrich Harrer beigestanden sei, um die großen Strapazen auf seiner Flucht nach Tibet zu überleben. Gerührt bedankte ich mich, etwas Ähnliches hatte ich noch nie erlebt. Beim Essen tauschten wir unsere Erlebnisse aus.

Ich freute mich auch, Fritz Wiesner kennen zu lernen, einen deutschen Bergsteiger, der in der Geschichte des Alpinismus bisher nicht die gebührende Beachtung gefunden hat. Er war 1910 in Dresden geboren und 1936 nach Amerika ausgewandert. 1939, zur selben Zeit, als wir am Nanga Parbat die Diamirflanke erkundeten, befand er sich mit einer Expedition sozusagen in Sichtweite von uns am K2. Wir hatten damals gehört, dass Wiesner mit seinem Scherpa Pasang nur vierhundert Meter unterhalb des Gipfels hatte umkehren müssen. Das war zwanzig Jahre vor der Erstbesteigung des zweifellos schwersten aller vierzehn Achttausender. In Vermont hatte Fritz Wiesner jetzt eine Skiwachsfabrik, und in den darauf folgenden Wintern traf ich ihn zu Tourenabfahrten in den Alpen.

»Seven years in Tibet« war inzwischen als Sonderausgabe auch für die Mitglieder des amerikanischen Buchklubs erschienen, dessen Gründer, Herr und Frau Loew, zur Präsentation in New York eine größere Einladung gaben. In ihre Wohnung in der Park Avenue hatten sie außer den Medien auch Leute geladen, die mit Asien und im Besonderen mit Tibet engen Kontakt pflegten. Namentlich willkommen geheißen wurde Pearl S. Buck, die 1938 den Literaturnobelpreis bekommen hatte. Bald nach der Begrüßung unterbrach Frau Loew die angeregte Unterhaltung und sagte, dass es reichlich Essen und Drinks gäbe, sie nun jedoch leider die Gäste allein lassen werde. Sie müsse jetzt die Fernsehsendung »Roger and Hammerstein« anschauen, die sie noch nie versäumt habe. In Österreich gab es 1953 noch kein Fernsehen, aber die Bedeutung dieses neuen Mediums wurde mir damals zum ersten Mal bewusst.

Für mich war an diesem Sonntagnachmittag die interessanteste Begegnung jene mit Pearl S. Buck. Natürlich kannte ich ihr Buch »Die gute Erde«, für das sie vor dem Krieg geehrt worden war. Ich hatte es begeistert verschlungen, und nun saß ich mit der berühmten Schriftstellerin an einem kleinen Tischchen. In West Virginia geboren, hatte sie vierzig Jahre in China gelebt, wo sie in einer typischen christlichen Abenteurerfamilie aufwuchs, die mit Idealismus und Hingebung ihre Mission erfüllte. Während wir Gedanken austauschten, befanden wir uns wie auf einer Insel im Lärm der vielen Anwesenden. Sie empörte sich über das Vorgehen der chinesischen Kommunisten gegenüber Tibet und betonte, dass es die unseligen Politiker seien, die die Schuld daran trügen, und nicht das Volk. Sie sagte voraus, dass auch ich bald, genau wie sie, Persona non grata sein würde. Sie sollte Recht behalten, doch wir betrachteten das Einreiseverbot beide als eine Ehre.

Es wurde Zeit aufzubrechen, und Pearl S. Buck fragte, ob ich sie zu Thanksgiving auf ihrem Landgut in Pennsylvania besuchen wolle. Sie würde Freunde einladen, und so könne auch ich diesen schönen Brauch Amerikas kennen lernen. Erntedankfeste gibt es seit Menschengedenken bei allen Völkern, aber in den USA ist es ein Nationalfeiertag.

Das Landhaus Green Hill Farm lag in einem Park mit alten Bäumen und einem von Trauerweiden umstandenen Teich, und die Gäste gehörten alle zur wohlhabenden Gesellschaft. Nach den Drinks setzten wir uns an eine lange Tafel, und als die beiden Köche den traditionellen Truthahn vorzeigten, wurden sie mit Beifall bedacht. Der knusprig braun gebratene Puter hatte Ausmaße, wie ich sie nie zuvor gesehen hatte, und in meiner Begeisterung sagte ich, dass es eine gute Idee wäre, zu Weihnachten meine Freunde in der Heimat mit solch einem Leckerbissen zu überraschen.

Die Dame mir gegenüber sagte spontan: »Kaufen Sie bitte keinen, ich besitze eine Farm, von der auch der Puter auf dem Tisch stammt.« Die Schwierigkeit, wie ich rechtzeitig in Besitz des Pakets kommen könnte, löste die freundliche Dame ebenfalls: Ich bräuchte ihr nur den Abreisetag zu nennen und die Flugnummer zu geben.

Bevor ich New York verließ, stattete ich noch der Steuerbehörde einen Besuch ab. Es war das erste Mal, dass ich mit dieser gefürchteten Institution zu tun hatte, aber der Beamte, der meine Akte behandelte, war überraschend freundlich. Es gab ohnehin keine Diskussion, denn mein Agent hatte die vorgeschriebenen Prozente zurückbehalten, und die Spesen wurden mir später vom Amt zurücküberwiesen.

Am Flughafen passierte ich ohne langen Aufenthalt die Ausreisekontrolle und kam zum Schalter der Swiss Air nach Zürich. Großzügig überging man das Übergewicht meiner zwei Koffer, aber da sei noch ein Paket mit fünfundzwanzig Kilo, dafür müsste ich zahlen. Die Einladung bei Pearl S. Buck mit dem Puter hatte ich vergessen, aber da war er, der Truthahn. Nun konnte ich nicht gut wie in Peru im Jahr zuvor das Krokodilhautpaket, für das pro Kilo neunzehn US-Dollar verlangt worden waren, einfach liegen lassen. Nach langem Feilschen kostete der Truthahn immer noch mehr als ein halbes Dutzend fetter Gänse in Österreich. Nicht genug, kein Ofenrohr konnte den riesigen Vogel aufnehmen. Er musste geteilt werden, und die Absicht, meinen Freunden zu imponieren, war nicht geglückt. Die freundliche Dame hat nie erfahren, dass ihre gut gemeinte Gabe ein typisches Danaergeschenk wurde.

Im Frühjahr 1955 setzte ich meine Vortragsreihe in Amerika fort, und auf der Basis der Erfahrung von der ersten Tour organisierte ich diesmal alle Reisen selbst. Mein liebstes Transportmittel war das kontinentalweite Busunternehmen Greyhound. Der zentrale New Yorker Bahnhof lag auf der anderen, der rechten Seite des Hudson und konnte mit der Subway von Manhattan aus leicht und schnell erreicht werden. Für längere Strecken stieg man am späten Abend in den Bus, stellte den Sitz zum Schlafen zurück und zahlte zum Beispiel für die etwa dreitausend Kilometer nach San Francisco sechzig Dollar. Man durfte die Fahrt beliebig unterbrechen. Beeindruckend waren die Sicherheitsvorschriften. An den wenigen unbeschrankten Bahnübergängen war der Fahrer gesetzlich verpflichtet, den Bus anzuhalten, den Motor abzustellen und die Türe zu öffnen, um das Signal eines eventuell herankommenden Zuges besser hören zu können.

Besonders mein Besuch der Eliteschulen in den so genannten Neuenglandstaaten ist mir von diesen Reisen noch gut in Erinnerung geblieben. Ich konnte auf dem Campus von Yale und Harvard wohnen und verbrachte mehrere Tage in der bedeutendsten Hochschule für Ingenieurwissenschaften, MIT (Massachusetts Institute of Technology).

Die Zeiten zwischen meinen Vortragsreisen verbrachte ich in New York. Es war immer wieder schön, Lowell Thomas zu begegnen, und wir trafen uns häufig. Lowell war sehr populär und wurde auf der Straße oder beim Baseballspiel im Stadion der New York Giants immer wieder mit »Hallo, Lowell« begrüßt. Seine Beliebtheit hatte noch zugenommen, nachdem er beim Dalai Lama in Lhasa gewesen und sein Buch »Tibet im Gewitter« ein großer Erfolg geworden war. Als Fördermitglied im Giants Club konnte er einen Gast ins stets ausverkaufte Stadion mitnehmen, und bei unserem gemeinsamen Besuch erklärte er mir die Spielregeln. Baseball ist eine komplizierte Abwandlung unseres Schlagballspiels, wie wir es mit Begeisterung im Gymnasium gespielt hatten. Neben mir saßen andere prominente Mitglieder wie Sam Snead oder Joe di Maggio, der als bester Baseballspieler aller Zeiten gilt und zusätzliche Berühmtheit erreichte, als er Marilyn Monroe heiratete.

Thomas war Präsident des New York Explorer Club und fragte mich eines Tages, ob ich vor dem Klub sprechen könnte. Ohne Bilder erzählte ich von meiner Zeit in Lhasa, wo ich ja auch Lowell Thomas zum ersten Mal begegnet war. Anwesend war nur der Vorstand des Klubs, abschließend fragte der Sekretär, ob ich die Ehrenmitgliedschaft annehmen würde. Das geschah dann später beim Jahresdinner im großen Ballsaal des Waldorf Astoria Hotels vor zweitausend Mitgliedern. Neben mir auf dem Podium saß Wernher Freiherr von Braun, den die Amerikaner bei Kriegsende in die USA geholt hatten. Nachdem man uns beide geehrt hatte, folgte eine lange Nacht mit vielen anregenden Gesprächen, in denen zahlreiche Einladungen ausgesprochen wurden.

Von Braun, der inzwischen US-Bürger geworden war, forschte im NASA-Zentrum in Huntsville, Alabama. Er bot mir an, bei ihm zu wohnen, wenn ich zu einem Vortrag käme. Vorher hatte ich bereits dem Präsidenten des Sierra Clubs in San Francisco, Bill Farquhar, zugesagt, und so kaufte ich ein Rundticket. In Huntsville zeigte man mir das Forschungszentrum mit seinen Raketentürmen, und ich staunte, wie wenige Kontrollen ich durchlaufen musste. Von Braun empfahl mir, auch Willi Luft in San Antonio zu besuchen, wo außer ihm noch andere Teilnehmer der deutschen Nanga-Parbat-Expedition am Höhenphysiologischen Institut arbeiteten.

Nach einigen Tagen in Mexiko-Stadt flog ich als einziger Passagier nach San Antonio in Südtexas. Willi Luft kannte ich bereits von den Voruntersuchungen zur Nanga-Parbat-Expedition in München. Luft war der einzige Überlebende der Tragödie von 1934 und hatte in seinem Tagebuch beschrieben, wie die anderen sieben Bergsteiger und neun Scherpa-Träger in einer Lawine tödlich verunglückten. Im darauf folgenden Jahr hatte er zusammen mit Hias Rebitsch und Wiggerl Schmaderer die Toten des Unglücks von 1934 gefunden. Nun kam dieser bewundernswerte Bergsteiger zum Flughafen, um mich abzuholen. Zum ersten Mal brauchte ich am Abend nicht von Tibet zu erzählen, alle Gespräche betrafen nur unsere gemeinsamen Freunde: »Warum musste Wiggerl sterben, und was tut der Hias«, wollte er wissen. Immer wieder sprach er von den hiesigen idealen und glücklichen Arbeitsbedingungen, aber bald hatte ich den Eindruck, dass er dies mehr zum Verbergen seines nicht so glücklichen Daseins so häufig betonte. Während Wernher von Braun sich völlig assimiliert hatte und Amerikaner geworden war, schien Luft mehr der Typ des Peter Aufschnaiter, der Emotionen für sich behielt und sich nie offen geäußert hätte. Ich fühlte, dass er gerne einmal diesem Leben im Wohlstand und dem ewig schönen, trockenen Wetter entfliehen würde; so empfahl ich ihm, Kontakt mit Don Sheldon herzustellen, um in Alaska wieder Eis und Schnee zu erleben. Der Abschied von ihm war herzlich, und er trug mir auf, seinen Münchner Bergfreunden von ihm zu erzählen. »Grüß Bayern und den Hias!«, sagte er mit belegter Stimme, als wir uns trennten.

In San Francisco hatte Bill Farquhar ein interessantes Programm vorbereitet. Ich sollte privat, bei der Familie eines wohlhabenden Klubmitglieds, wohnen, und man versprach mir, dass ich von meinem Balkon aus direkt auf die Golden-Gate-Brücke schauen könnte. Die Veranstalter davon zu überzeugen, dass ich lieber in einem Hotel wohnen möchte, fällt mir immer schwer. Sie meinen es gut, glauben, es ist schöner für mich, privat zu wohnen, und sie sparen Geld. Trotz der Zusicherung, dass ich in Ruhe gelassen werde, ist dies nur Theorie. Ich muss Rücksicht nehmen, Dankbarkeit zeigen, und nachdem ich bereits den ganzen Tag über die höflichen Fragen der Gastgeber beantwortet habe, wünsche ich mir, allein zu sein. Ich möchte auch um Mitternacht nach einem Vortrag noch die Badewanne füllen können und frühstücken ohne festgelegte Zeit. Im Hotel kann ich die Morgenzeitung lesen und das Ei zurückgehen lassen, wenn es hart und nicht weich gekocht ist; auch muss ich dem Hotel keinen Brief schicken, in dem ich mich für die großzügige Gastfreundschaft bedanke. Und dies sind nur einige der Gründe, warum das Hotel einer Privateinladung vorzuziehen ist.

Der Empfang im Sierra Club ist mir noch lebhaft in Erinnerung. Über dem Eingang stand »Here spiders don't web«, was bedeutete, dass Geschäftsgespräche nicht erwünscht waren. Als Begrüßung sang ein Chor von mindestens vierzig Männern ein Lied über die Schönheiten der Berge der Sierra Nevada. Das Hauptanliegen der Mitglieder gilt der Erhaltung der Natur und im Besonderen der Pflege der Mammutbäume. Ihr Hausberg

Mount Whitney war mit einer Höhe von 4419 Metern der höchste Gipfel der USA, bevor Alaska mit seinen sehr viel höheren Bergen der neunundvierzigste und größte Bundesstaat wurde.

Nach meinem Vortrag sorgte der Präsident dafür, dass ich einige seiner prominenten Mitglieder kennen lernte. Mit besonderer Freude traf ich hier den bekannten Fotografen Ansel Adams, den ich am darauf folgenden Tag besuchte. Sein Häuschen war von blühenden Sträuchern und Büschen zugewachsen, und ich musste mich unter wild rankende Pflanzen bücken, um durch das Tor zum Haus zu gelangen. Adams war zehn Jahre älter als ich und hatte mit seinen Bildbänden über amerikanische Landschaften viele Preise gewonnen und große Berühmtheit erlangt. Seine Bildbände genießen heute noch internationale Anerkennung. Beeindruckend für mich war das Durcheinander von Mappen, Blättern, alten Illustrierten, Büchern und Fotos. Zum ersten Mal sah ich ein Portfolio, eine Sammlung außergewöhnlicher Bilder. Seit 1999 gibt es in Amerika auch von mir ein fünfzig Exemplare umfassendes Portfolio von zehn mit Bleistift handsignierten Fotos aus dem alten Tibet. Die Nummer eins bekam der Dalai Lama, Nummer zwei hat die Library of Congress gekauft und Nummer drei die Cornell University of Ithaca. Auch das berühmte Smithonian Institute in Washington besitzt solch ein Portfolio.

Reich beschenkt mit einem signierten Buch und wertvollen Ideen eines großen Künstlers, verließ ich das grün umrankte Haus. Seit meinem Besuch bei Ansel Adams habe ich den Wunsch, auch mein Haus so mit Pflanzen einzuigeln, dass man sich beim Betreten bücken muss – fast ist es mir gelungen.

Während meines Aufenthalts in Neu-Delhi im Jahr 1951 hatte ich viel Zeit im Hause der Familie Burke verbracht, und Jims Kontakte hatten entscheidend dazu beigetragen, dass mein Honorar vom *Life-Magazine* ausreichte, um sorglos bis zum Sommer 1952 das Tibetbuch zu schreiben. Ich wollte dem Dalai Lama, der inzwischen nach Lhasa zurückgekehrt war, eine Freude bereiten und fuhr zu den Leitz-Werken nach Wetzlar, um eine Leica zu bestellen. Als Besonderheit sollte sie ein vergoldetes Gehäuse und einen Bezug aus rotem Leder haben. Der Besuch bei Leitz brachte auch mir eine neue Kamera ein, und meine alte kam in die Vitrine des Museums. Außerdem versorgte mich die Firma Leitz von diesem Zeitpunkt an großzügig für Expeditionen. Die Kamera für den Dalai Lama hatte die Seriennummer 555 555 und wurde in Illustrierten mehrmals abgebildet. Burke hatte die kostbare Leica von einem *Life*-Korrespondenten in Delhi überbracht bekommen und gab sie dem Königshaus von Sikkim zur Weiterleitung, und die Leica erreichte auch tatsächlich Seine Heiligkeit in Lhasa. Als der Dalai Lama flüchten musste, konnte er nur das Lebensnotwendigste mitnehmen, und die Odyssee der goldenen Leica fand ein unrühmliches Ende.

In November 1964 hatte ich im *Life*-Magazine einen Nachruf auf Jim Burke gelesen, der in Ausübung seines Berufes tödlich abgestürzt war. Bei meinem Aufenthalt in den USA war es mir daher ein Herzensbedürfnis, seine Witwe zu besuchen und ihr mein Beileid auszusprechen. Von ihr erfuhr ich, dass Jim in der Nähe unseres Gefangenenlagers Dehra-Dun ums Leben gekommen war. Er hatte im Auftrag von *Life* Fotos zur Illustration einer Himalajaserie und des Bestsellers »Menschenfresser« von Jim Corbett, dem legendären Tigerjäger, gemacht, als er in den aus brüchigem Sedimentgestein bestehenden Siwalikbergen abgestürzt war. Jim hatte sich für ein Foto zu weit vorgewagt und war vor den Augen seiner indischen Begleiter in die Tiefe gefallen.

Ende 1955 war ich für einige Zeit wieder in Europa und traf mich häufig mit Herbert Tichy, mit dem mich viele gemeinsame Interessen verbanden. Nachdem er im Jahr zuvor den 8201 Meter hohen Cho Oyu als Erster bestiegen hatte, planten wir nun eine gemeinsame Expedition zu den Gipfeln Api und Nampa in Westnepal; vorher wollten wir einige Zeit bei den Tibetern dieser unbekannten Gegend verbringen. Mir kam dieses Vorhaben sehr gelegen, denn seit meiner Flucht war es mir nicht gelungen, in die Nähe Tibets zu gelangen. Immer wieder hatte ich den österreichischen Botschafter in Peking um Vermittlung gebeten, aber die Chinesen waren hart geblieben. Ich war in Tibet unerwünscht.

Doch auch die Einreise nach Nepal gestaltete sich schwierig. Nepal hatte seine Tore noch nicht für den Tourismus geöffnet, und nur wenige Länder bekamen die Erlaubnis, Expeditionen dorthin zu unternehmen. Im Herbst 1956 fuhren wir nach Kathmandu in Erwartung einer Antwort auf unser Einreisegesuch. Als keine kam, ging Herbert allein zum Außenamt, um nachzufragen. Als Erklärung bekam er zu hören, dass diese Expedition nach Westnepal sehr »fishy«, faul, sei, und wenn Tichy auch noch Harrer als Begleiter hätte, würde sie noch »fishier«. Ich war bei den Nepali kein Unbekannter, und da die Regierung mit China wegen Tibet Probleme hatte, wollte man mir keine Genehmigung erteilen. Im Norden des Landes lebten seit der Besetzung Tibets Freiheitskämpfer, die offensichtlich aus der Luft versorgt wurden. Ich verließ Nepal, und Herbert ging allein auf Expedition.

Inzwischen hatte sich in Indien die Nachricht verbreitet, dass der Dalai Lama kommen würde. Der Kronprinz von Sikkim, Maharaj Kumar, war in Lhasa gewesen und hatte als Präsident der indischen Mahabodhigesellschaft den Dalai Lama gebeten, den Feierlichkeiten zum zweitausendfünfhundertsten Geburtstag Buddhas in Delhi beizuwohnen. Die Familie des Dalai Lama hatte im Stadtteil Jawalakhel eine kleine Wohnung, wo ich Norbu traf, der über die Reiseroute seines berühmten Bruders informiert war. So konnte ich meinen Freund, den Dalai Lama, nach sechs Jahren wieder sehen, aber es waren immer nur sehr kurze und flüchtige Begegnungen, und die vielen Geheimpolizisten, die um ihn waren, behandelten mich unfreundlich, da sie unser Tibetisch nicht verstanden. Die Situation ähnelte der unserer letzten Begegnung, als der Dalai Lama auf der Flucht war und nicht wusste, ob er nach Lhasa zurückkehren sollte. Auch nun stand er wieder vor einer Entscheidung und wurde hin- und hergerissen. Nehru hatte ihm sehr deutlich gesagt, dass Indien ihm nicht helfen könne, aber es meldeten sich auch indische Politiker zu Wort, die ihm versprachen, für Tibets Unabhängigkeit einzutreten. Seine Brüder versuchten wie ich, ihn zu überzeugen, nicht nach Lhasa zurückzugehen. Ein tief religiöses Volk wie die Tibeter konnte einfach nicht mit dem Kommunismus zurechtkommen. Die Chinesen machten Versprechungen, und Chou En-Lai ließ den Dalai Lama unmissverständlich wissen, dass er in den Bergen seiner Heimat der Tiger sei, in Indien aber ein Hund unter vielen. Der Dalai Lama jedenfalls beschloss zurückzukehren und es noch einmal mit den Chinesen zu versuchen. Nur sein liebster Bruder Lobsang Samten blieb aus gesundheitlichen Gründen in Indien.

Wenig später ging ich wieder auf Vortragsreise, denn Rupert Hart-Davis hatte geschrieben, dass Schottland an einem Besuch von mir interessiert sei. Ich fuhr zunächst nach Kopenhagen, da Prinz Peter von Dänemark und Griechenland mich zur Eröffnung einer Tibetausstellung im Völkerkundemuseum eingeladen hatte. Alle seine Tibetschätze schenkte er Dänemark, und für die dänische Ausgabe meines Buchs hatte er ein nettes Vorwort geschrieben.

Dann setzte ich mit der Fähre nach England über und meldete mich umgehend im Verlag am Soho Square. Ich wunderte mich, dass die ganze Mannschaft zu meinem Empfang bereitstand, aber das Rätsel löste sich rasch. Auf dem Tisch lagen die Fahnenabzüge einer angeblich authentischen Geschichte aus Tibet, geschrieben von einem tibetischen Lama – eine Hiobsbotschaft, die meinen Verlag in Aufregung versetzte, denn bislang war mein Buch ohne Konkurrenz gewesen. Voranzeigen in der Presse sprachen von einer Sensation. Ich zog mich zurück und blätterte in den Fahnen. Der Titel »Das dritte Auge«, der Autor Lobsang Rampa, der Verlag Secker & Warburg, London. Am Ende des Buches eine Erklärung des Verfassers, dass es ein

Dokumentarbericht sei und alles der Wahrheit entspräche. Diesen Nachsatz hatte sich sicher der Verleger gewünscht, weil er wohl selbst Zweifel hegte.

Nach einer halben Stunde sagte ich zu meinem Verleger, dass der Autor ein Schwindler, das Buch eine literarische Täuschung und der Inhalt eine vorsätzliche Mystifikation sei. Da Lobsang Rampa behauptete, zur selben Zeit mit mir in Lhasa gelebt zu haben, bat ich Hart-Davis, seinen Freund Frederic Warburg anzurufen und zu fragen, ob ich Lobsang Rampa treffen könnte, um mich mit ihm in tibetischer Sprache über unsere gemeinsamen Bekannten und die Zeit in Lhasa zu unterhalten.

Am Nachmittag erreichte uns die Nachricht, dass der Lama derzeit meditiere und nicht gestört werden dürfe. Einige Tage später bedauerte man wieder, denn Lobsang Rampa befände sich auf der Überfahrt nach Kanada. Inzwischen hatte sich auch Hugh Richardson den Kopf darüber zerbrochen, wer als Verfasser des Berichts in Frage kommen könne. Da wir keinen Verdächtigen fanden, engagierte Marco Pallis, ein überzeugter Buddhist, einen Detektiv, der sich als Schüler zu den Seancen des Lama einschlich. Er berichtete, dass Lobsang Rampa einen mächtigen Bart trug, im Bett saß und zwei Siamkatzen streichelte. In Tibet gab es nur selten Hauskatzen, und die Männer hatten als Mongolentypen keine Bärte. Der Detektiv wunderte sich, dass unter den Jüngern des Lama auch der englische Adel vertreten war. Er entlarvte Lobsang Rampa schließlich als den Klempnermeister Cyril Hoskins aus Devon, der sich als Hausierer und Wahrsager betätigt hatte und nie in Tibet gewesen war. Ein Autounfall im Jahr 1947 hatte seine Wandlung beschleunigt, dem materiellen Westen zu entsagen und sich seines vorherigen Lebens als tibetischer Lama zu erinnern. Der Geist eines tibetischen Lama sei in ihn gefahren, und das »dritte Auge« ermöglichte ihm, die Weisheiten des Ostens zu sehen. Der dubiose Fall von Seelenwanderung machte Hoskins Buch zum Bestseller, und wer es noch nicht besaß, kaufte es sich nach dem Skandal. Es wurde ein sehr rentables Geschäft und ermutigte ihn, weitere mysteriöse Werke zu verfassen. Es ist erstaunlich, dass es so viele Menschen gibt, die belogen werden wollen.

Bei meinen Vorträgen nannte ich »Das dritte Auge« einen Schwindel und betonte: »Stellen Sie sich vor, ich würde mir in meinen Expeditionsberichten immer von einem Anwalt bestätigen lassen, dass ich die Wahrheit sage.« Der deutsche Verleger Rampas, Klaus Piper, drohte in einem Brief, mich wegen Geschäftsschädigung auf eine ungeheure Summe zu verklagen. Anstatt zu antworten, schlug ich ein Treffen vor. Gut vorbereitet fuhr ich nach München, wo ich mit Bildern aus Lhasa und über hundert aufgezeigten Fehlern den Anwesenden leicht plausibel machen konnte, dass der Autor zwar einiges richtig abgeschrieben hatte, dass das Buch als Dokumentarbericht jedoch ein literarischer Schwindel sei. Da es keinen Widerspruch gab, wurde mir klar, dass die Rampa-Geschichte auch dem deutschen Verleger Piper fragwürdig erschien. Zum Abschied meinte der Seniorchef sogar, dass es seinem Verlag gut anstehen würde, auch einmal ein Buch von mir zu verlegen. Dann überreichte er mir den eben erschienenen Bestseller »Die Wurzeln des Himmels« von Romain Gary. Piper strich jedenfalls den Klempnermeister aus seiner Autorenliste.

Inzwischen gibt es viele Bücher, die sich die Faszination Tibets zunutze machen. Meine Versuche, solche Werke zu entlarven, habe ich aufgegeben, im Gegenteil, ich finde sie nützlich für die Tibeter, damit ihr Anliegen um Freiheit für Tibet größere Verbreitung findet.

Nach dieser Episode setzte ich meine Fahrt nach Schottland fort. Mein Weg führte durch eine liebliche Landschaft mit Schafherden und blühenden Hecken zur unsichtbaren Landesgrenze. Mein Vortrag in Edinburgh wurde vom Haus Bartholomew veranstaltet, einer renommierten Verlegerfamilie, die sich seit Generationen auf die Herausgabe von Atlanten und Landkarten spezialisiert hatte. John Bartholomew, der damalige Verleger, schenkte mir die eben neu erschienene Ausgabe von »The Times Atlas of the World«, ohne Zweifel das berühmteste Werk dieser Art. Als typisch britisch empfand ich die Widmung: »To Her Majesty Queen Elizabeth II. – The Times Atlas of the World is with the most gracious permission respectfully dedicated by Her Majesty's Carthographer John Bartholomew«.

Einige Jahre später sprach ich wieder in Edinburgh, als mitten im Vortrag ein älterer Herr nach vorne sackte und aus dem Saal getragen wurde. Die Morgenzeitungen berichteten auf der Titelseite vom Tod Bartholomews und bemerkten, dass er bei einem Vortrag über ein geographisches Thema gestorben war, wo er doch sein langes Leben der Geographie gewidmet hatte.

Ewiges Eis am Äquator

Bei einer Vortragsreise durch Belgien im Frühjahr 1957 fragte mich der Veranstalter Connaissance du Monde, ob ich bereit wäre, für einige Monate in die Kolonie Kongo zu fahren, um zu den dort stationierten belgischen Beamten zu sprechen. Es war ein willkommenes Angebot, denn die Bilder des Ruwenzorigebirges an der Grenze zwischen dem damaligen Belgisch-Kongo und Uganda zogen mich in mehrfacher Hinsicht an. Zwar gab es in Afrika mit dem Mount Kenia und dem Kilimandscharo noch zwei höhere Gebirge, aber die Vegetation am Ruwenzori war einzigartig, und auf seinen Gipfeln am Äquator gab es ewiges Eis zu bestaunen. In einem Antiquariat hatte ich den Klassiker »Der Ruwenzori. Erforschung und erste Ersteigung seiner höchsten Gipfel« von Ludwig Amadeus von Savoyen, Herzog der Abruzzen, aus dem Jahr 1909 entdeckt und verschlungen. Ich nahm das Angebot der Belgier an und verließ Europa in Richtung Afrika.

Doch in Stanleyville angekommen, musste der Ruwenzori erst einmal warten. Die belgischen Verwaltungsbeamten verwöhnten mich und ließen mich an den Vorzügen und Möglichkeiten teilhaben, die sie als Kolonialherren, ähnlich wie die Briten in Indien, genossen. Als Europäer nannte man mich respektvoll »Citoyen« und nicht »Sahib« wie in Indien. Die Distanzen, die wir im Auto auf staubigen Straßen zurücklegten, waren groß, und wenn man einmal einem anderen Fahrzeug begegnete, führte man zur willkommenen Abwechslung lange Unterhaltungen; Zeit spielte keine Rolle. Als der Urlaub begann, flogen viele Belgier in die Heimat.

Mein Begleiter war David Groote, ein junger Mann, der bereits dreimal versucht hatte, den Ruwenzori zu besteigen. Obwohl er viel von seiner Ferienzeit in einem Bungalow westlich des Berges verbracht hatte, konnte er nicht ein einziges Mal die eisbedeckten Gipfel sehen, geschweige denn bis zu ihnen vordringen. Da er Ortskenntnisse besaß, war ich froh, ihn als Partner zu haben, und gemeinsam fuhren wir nach Mutwanga, wo sich die zentrale Verwaltung des Ruwenzori-Nationalparks befand. Auch Köche für Bergsteiger und Forscher gab es hier, und viele Einheimische, die als Aufseher und Träger arbeiteten, lebten in den neu gebauten Hütten. Im Büro konnte man nachlesen, wie wenige Expeditionen aus verschiedenen Ländern bisher hier gewesen waren, und es überraschte nicht, die Namen der berühmten englischen Forscher H. W. Tilman und Eric Shipton darunter zu finden. Nur sieben Expeditionen hatten in dem halben Jahrhundert seit seiner Entdeckung den Gipfel von Westen her erreicht. An der Ostseite, von Uganda aus, hatte es weit mehr erfolgreiche Expeditionen gegeben, denn die Westseite von Belgisch-Kongo aus war sehr viel steiler und erforderte einiges Geschick im Felsklettern. Natürlich konnte das Buch des Herzogs der Abruzzen nur als Schmuckstück meiner Büchersammlung dienen, für die Besteigung des Berges hatte ich von der Royal Geographical Society aktuellere Berichte zur Vorbereitung erhalten. Darin stand, dass noch immer vieles am Berg unerforscht geblieben sei; aber das magische Wort »unclimbed«, mit dem man einige der zehn Gipfel in der Fünftausenderzone gekennzeichnet hatte, konnte ich nicht übersehen.

Im gewohnten Regen durchstiegen wir die verschiedenen Vegetationszonen, wilde Bananen, dann Baumfarne; schließlich ging es mühsam über die Wurzeln von Heidekrautbäumen. Der Wald wirkte durch Lichen, lange weiße Bartflechten, märchenhaft, und das Moos auf den Wurzeln versteckte die Hohlräume darunter, sodass man immer wieder bis zur Brust einbrach. Jeden Abend, nach etwa tausend Metern Aufstieg, fanden wir Schutz in einer Hütte. Da es im Naturschutzpark verboten ist, in irgendeiner Weise in die Natur einzugreifen, hatten mehrere Träger Kanister mit Petroleum mitgebracht. Schon während der stundenlangen Aufstiege litt man unter dem Gestank, und bis der Petroleumofen in der Hütte richtig lief, wartete man besser draußen im Regen.

Wir erreichten die dritte Hütte auf einem viertausendzweihundert Meter hoch gelegenen Platz, der Kiondo hieß. Hier wollten wir mit Geduld ausharren und uns vor der letzten Etappe akklimatisieren. David schien unruhig, aber beherrschte sich und meinte nur: »Keine Sicht, keine Aussicht, wie gehabt!«

Die unsicheren Wetterverhältnisse dieser Gegend entstehen, so erklären die Meteorologen, durch das Zusammentreffen von feuchten Luftströmen zwischen Atlantik und Indischem Ozean; am Ruwenzori befindet sich so die Wetterküche Afrikas, und von den verschiedenen Auslegungen seines Namens ist sicher die des »Regenmachers« die passendste. Trotz Nässe, Kälte und Nebel unternahmen wir Erkundungsausflüge und arbeiteten uns durch das dichte Gestrüpp der Strohblumensträucher zu einigen der bisher bekannten zweiundfünfzig Seen vor. Je nach Tiefe und Umgebung hat man ihnen die Namen »Grün«, »Weiß«, »Blau« oder »Schwarz« gegeben; an der Bergseite wurden sie von steilen Felswänden begrenzt, zur Talseite hin lagen afrikanische Almwiesen. Die bis zu acht Meter hohen Lobelien wirkten wie gigantische Königskerzen, und ohne Fernglas konnte man den wie ein Kolibri frei schwebenden Malachitsonnenvogel beobachten, wie er mit dem langen Schnabel Nektar aus den blauen Blüten der Lobelie holte. Die Landschaft sah so aus, wie sie Hieronymus Bosch in seiner Phantasie gemalt hatte. Noch gewaltiger als die Lobelie wächst die bei uns nur als niedriges Kreuz- oder Grieskraut bekannte Riesensenecie. Ihr dicker, bis zu zwölf Meter hoher Stamm ist von grünen Blättern gekrönt, aus denen die gelben Blüten leuchten.

Eines Nachmittags bestiegen wir wieder den Wasumaweso, den nächstgelegenen Gipfel, welcher den Berichten zufolge die beste Aussicht auf die gegenüberliegenden, eisbedeckten Gipfel des Ruwenzorigebirges gewähren sollte. Frierend saßen wir neben der Tafel: »Wasumaweso – 4462 Meter«, als ein heftiger Sturmwind Löcher in die Wolken riss. Ich meinte, nicht richtig gesehen zu haben, denn die vergletscherten Gipfel blitzten nur kurz auf und waren gleich wieder verschwunden. Doch als es aufklarte, lagen die »Mountains of the moon«, wie die Engländer das Gebirge nennen, in vollem Sonnenlicht vor uns. Die frisch verschneiten Felsen und die Gletscher wirkten wie eine Offenbarung und bestätigten die zweitausendvierhundert Jahre alten Berichte, dass Ägypten von schneegenährtem Wasser lebt. Noch verblüffender ist die Zeichnung des griechischen Naturforschers Claudius Ptolemäus, der die Quellen des Nil in den schneebedeckten Mondbergen entspringen lässt. Als der britische Journalist und Afrikaforscher Sir Henry Morton Stanley, der am 24. Mai 1888 das ewige Eis am Äquator als Erster gesehen hatte, seine Entdeckung veröffentlichte, gab es immer noch Zweifler und Vermutungen, dass Stanley vielleicht an Malariafieber gelitten habe, als er eisbedeckte Gipfel inmitten des heißen afrikanischen Kontinents gesehen hatte. Heute, wo man weiß, dass schon die Berichte der alten Griechen und Ägypter zutrafen, könnte man annehmen, dass bereits ihre Vorfahren unseren Planeten erforschten. Wie auch immer, es ist passend, dass der höchste Gipfel dieses sagenumwobenen Gebirges den Namen des verwegenen Engländers Stanley trägt.

Mein belgischer Partner hatte einen gesegneten Schlaf, und obwohl es regnete, weckte ich ihn lange vor Tagesanbruch, um loszugehen. Ich versuchte ihm zu erklären, dass es sinnvoll sei, bei Schlechtwetter aufzubrechen und die Besteigung zu versuchen, in der Hoffnung, dass es besser wird. Bei guten Bedingungen zu starten bedeute, es würde zwangsläufig nach einiger Zeit wieder schlechter, womöglich gerade dann, wenn man sich dem Gipfel nähert. Seine Skepsis konnte David kaum verhehlen, doch meine Logik ging auf: Als wir die steilen Felsen durchstiegen, klarte es auf. Trotzdem hinterließ ich im Abstand von einigen Metern rote Zettel und Steinmänner als Markierung, damit wir uns im Falle eines Wettersturzes beim Abstieg nicht verirrten. Oberhalb der Felsen schnallten wir die Steigeisen an, und ohne Schwierigkeiten bestiegen wir den 5119 Meter hohen Mount Stanley.

Glücklich saßen wir in der Sonne auf dem Gipfel, und die Gefühle meines Partners konnte ich nur erahnen. Der Ruwenzori hat Charakter, und er braucht viel Zeit und Ruhe, und vor allem viel Regen und Nebel, um seine einzigartige Vegetation zu erschaffen. Es ist nicht so wichtig, den Gipfel zu erreichen, viel interessanter und lohnender ist es, seine gigantische alpine Flora, die Seen und die Atmosphäre der märchengleichen Landschaft zu erleben. Für mich stand fest, dass ich wiederkommen würde.

Ähnlich wie zwei Jahre zuvor in den USA endete die Vortragsreise im Kongo mit der idealen Kombination von Arbeit und Expedition. Für den Herbst desselben Jahres hatte mein Agent viele Vorträge im deutschen Sprachraum eingeplant. Diesmal verband ich sie mit Golf, einem Sport, den ich bereits 1955 in Amerika kennen gelernt hatte. Damals spielte ich in Europa noch kleine Tennisturniere, und um diesen Sport weiter zu pflegen, hatte ich meinen Schläger auch nach Amerika mitgenommen. Damit sich der Rahmen nicht verziehen konnte, war er mit vier Schrauben in einen schweren Holzrahmen eingespannt. Zum Spielen kam ich leider nicht, denn wenn ich Zeit fand, gab es keinen Partner und umgekehrt. Inzwischen hatte ich gelernt, weniger Vorträge anzunehmen, um mehr Freizeit zu haben. Auch meine Unterbringung hatte ich verändert, denn die Städte, in denen ich zu tun hatte, waren alle von Golfplätzen umgeben, die Hotels hatten, oder die Veranstalter besaßen im Klubhaus ein Appartement. In der Umgebung von Chicago oder Los Angeles gab es Hunderte von Golfplätzen, und so brauchte ich nicht mehr trostlose Wochenenden inmitten der großen Stadt zu verbringen. Ich kaufte mir für fünfzig Dollar einen kompletten Satz Secondhandschläger mit Tasche und begab mich auf das »Putting Green« und die »Driving Range«. Ballspiele hatten mich immer interessiert, und schon nach kurzer Zeit forderte man mich auf, eine Runde mitzumachen.

Was auf diese Weise 1955 begann, ist bis zum heutigen Tag meine Lieblingsfreizeitbeschäftigung geblieben. Schon als Kind fand ich Spazierengehen langweilig, beim Golf aber laufe ich mit Vergnügen zehn oder mehr Kilometer hinter dem kleinen Ball her. Der alte Tennisschläger ist nie mehr aus seinem Rahmen herausgekommen und liegt jetzt neben anderen verwaisten Sportgeräten im Harrer-Museum in Hüttenberg.

Auf der langen Vortragstour wollte ich meinen neuen Sport weiterbetreiben, jedoch war Golf wenig bekannt, und in Bayern und Österreich gab es lediglich ein paar Neun-Loch-Plätze. Auf einer Autofahrt von Deutschland nach Vaduz sah ich an der Landstraße ein Schild: »Golfclub Lindau«. Ich fragte, ob ich spielen könnte, und da gerade ein Turnier begann, ließ man mich teilnehmen. Der Veranstalter erkundigte sich nach meinem Handicap, aber ich hatte noch keins. Er fragte: »Aber was spielen Sie denn?« – »Etwa achtzehn!« Ich gewann meinen ersten Preis, und die Golfwanze hatte mich für immer gebissen. In Kitzbühel hatten Baron Pantz und Prinz Alexander von Hohenlohe einen Golfklub gegründet, dem ich als Mitglied beitrat. Als erster prominenter Gast wurde der Herzog von Windsor mit Wallis Simpson begrüßt, später spielten hier auch Berühmtheiten wie Bing Crosby.

Im Herbst 1957 war ich in Frankfurt am Main und spielte im exklusiven Golfklub Niederrad, bevor ich abends einen Vortrag halten musste. Es waren nur wenige Gäste im Klub, sodass mich der Präsident einigen von ihnen vorstellte. Obwohl ich durch meine Bücher mittlerweile einen gewissen Bekanntheitsgrad erreicht hatte, war ich einer Golferin doch gänzlich fremd. Sie war zum Bridgespielen in den Klub gekommen, hatte keine Ahnung von der Eiger-Nordwand und dem Tibetabenteuer. Ihre Neugierde war geweckt, und ich hatte mich längst entschlossen, sie zu meinem Diavortrag am Abend einzuladen.

So begann die Bindung mit meiner Frau Carina, die bis heute gehalten hat und eine starke menschliche Gemeinschaft geworden ist. Es trafen zwei Welten aufeinander, die sich ursprünglich eher fremd waren. Auf der einen Seite das unabhängige, unkonventionelle Leben eines Forschers und Weltreisenden, auf der anderen Seite eine Frau, die ihr Leben wohl behütet im Kreise einer gesicherten Familie verbracht hatte.

Im Juni 1958 trat ich zur österreichischen Golf-Staatsmeisterschaft in Kitzbühel an und spielte mit den antiquierten Schlägern aus den USA. Gegen die etablierten Meister und einige Junge, die allesamt ein besseres Handicap spielten als ich, hatte ich keine Chance. Einen Vorteil verschaffte es mir lediglich, dass ich gerade von einer Reise nach Kenia zurückgekehrt war, denn so machte mir die außergewöhnlich große Hitze nichts aus.

Die ersten beiden Turniertage musste man je sechsunddreißig Löcher spielen, und ich hatte mein Wägelchen achtmal ohne Caddy über den bergigen Neun-Loch-Platz gezogen. Dann stand ich am Samstag im Halbfinale. Die aufregende Tatsache war nicht, dass ich mit sechsundvierzig Jahren der älteste Spieler war und erst seit drei Jahren den Sport betrieb, sondern dass ein Einheimischer überhaupt noch dabei war. Beim Endspiel am Sonntag hatte ich einen Caddy und viele aufmunternde Zuschauer. Dass ich dann tatsächlich Golfmeister wurde, hatte sicher mit meiner Ausdauer zu tun. Mein Geheimnis bestand darin, dass ich an den heißen Tagen nicht kalte Getränke zu mir nahm, sondern warmen Tee mit Zitrone aus der Thermosflasche. Es ist eine bekannte Tatsache, dass das Herz sich anstrengen muss, wenn es die Flüssigkeit von zehn Grad an die natürliche Körpertemperatur von siebenunddreißig Grad angleichen muss. Statt der Erholung gibt es daher einen weiteren Schweißausbruch.

Nach meinem Meisterschaftserfolg wurde ich vom Sportwart des Golfverbands in die Mannschaft aufgenommen, die im Herbst Österreich bei der ersten Amateurweltmeisterschaft im schottischen Saint Andrews vertreten durfte. Das Team bestand aus dem Präsidenten Hugo Eckelt, Graf Smecchia, Alexander Maculan, Hugo Hild und mir. Der starke Seewind, die riesigen Grüns und die vielen Potbunker bereiteten uns große Schwierigkeiten, aber jeder hatte einen erfahrenen älteren Caddy, der einen kleinen Hund mitführte, um die Bälle aus den undurchdringlichen Dornensträuchern neben den Fairways herauszuholen. Wir wurden Vorletzte in einem Feld von neunundzwanzig Mannschaften. Trotzdem oder vielleicht gerade deshalb standen wir jeden Tag in den Zeitungen, denn wir hatten mit Maculan den jüngsten und mit Smecchia den ältesten Turnierteilnehmer in der Mannschaft. Auch meine Story, wie ich aus britischer Gefangenschaft entkommen konnte, interessierte die Presse. Der beste Spieler war der US-Amerikaner Jack Nicklaus, der damals zum letzten Mal als Amateur antrat und anschließend bekanntlich der beste Golfer aller Zeiten wurde. Star der Veranstaltung aber war der sechsundfünfzigjährige Robert Tyre Jones, den wir alle Bobby nannten. Jones ist der einzige Spieler, dem es je gelang, den Grand Slam im Golf zu gewinnen. Dieses schier Unerreichbare glückte ihm mit Hickoryschäften innerhalb eines Jahres. Er wünschte sich mein Tibetbuch und gab mir dafür einen Plan des Old Course von Saint Andrews, den er mit einer persönlichen Widmung versah.

Trost für erfolglose Golftage spendete mir mein alter Freund Hugh Richardson. Schon im Jahr zuvor, als ich meinen Vortrag in Edinburgh hielt, hatte ich Hugh einen Besuch abgestattet. In Edinburgh hatte ich weit mehr Bücher signiert als anderswo, da viele Beamte, die ihren Dienst im großen Kolonialreich beendet hatten, sich gerne als Pensionisten in Schottland niederließen. Auch Hugh war Schotte und hatte Hulda, die Witwe eines in Dünkirchen gefallenen Generals, geheiratet. In seinem Geburtsort Saint Andrews hatten sie ein bescheidenes Häuschen gekauft; seine Abfindung als Beamter hätte nicht für ein besseres Heim gereicht, bemerkte er einmal. Nach der Unabhängigkeit Indiens waren viele Briten, die im Außendienst des Empire tätig gewesen waren, entlassen worden, und auch Hugh hatte eine Pauschalsumme für siebzehn Dienstjahre ausgezahlt bekommen. Nun lag sein unvergleichliches Wissen über Tibet brach, jedenfalls für die Außenpolitik der Briten. Doch seine großen Kenntnisse wurden vom Fernost-Institut der Universität in Berkeley hoch geschätzt, die Hugh als Professor für mehrere Semester anstellte.

Auf seinen Wunsch hielt ich einen Vortrag am Institut und sprach anschließend mit seinen Schülern. Am nächsten Tag fuhren wir zum Golfklub Pebble Beach, um eine Runde zu spielen, und schon bald verstand ich den Grund für die Berühmtheit des Platzes. Mehrmals schlägt man über tiefe Schluchten der Riffs, und der Ball trifft statt des Grüns einen Felsen und springt in hohem Bogen in den Atlantik. Es ist aufregend schön, wie ein großes Abenteuer, vorausgesetzt man hat genügend Bälle und nimmt den Verlust mit Humor. Der glückliche, wenn auch erfolglose Spieler kann sich immer noch an den Schönheiten der Natur erfreuen.

Da Hugh Mitglied des »Royal and Ancient Golf Club Saint Andrews« war, hatten wir schon bei meinem ersten Besuch auf dem berühmten Old Course eine Runde gespielt. Später führte mich Hugh zum alten Meister William Auchterlonie, der gleich neben dem Platz seine Werkstatt hatte. Ich solle wenigstens die Hölzer »tailor-made« bestellen, hatte Hugh mir geraten. Auchterlonie spielte drei Löcher Golf mit mir, dann suchte er im Geschäft aus einer Kiste mit verschiedenen Hörnern und Knochen für die Schlagfläche ein Stück heraus, und drei Tage später besaß ich zwei handgemachte Schläger vom letzten Meister dieses Fachs.

Mit Norbu, dem ältesten Bruder des Dalai Lama, hatte ich schon in Lhasa enge Freundschaft geschlossen, er liebte es, Possen zu treiben und mich zu necken. Immerhin ist er eine der höchsten Wiedergeburten im Tibetischen Buddhismus. Er verließ Tibet zur selben Zeit wie ich und setzte sich für die Anliegen seiner Heimat ein. Einige Monate lebte er mit mir im Haus meiner Freunde Rüttimann in Kitzbühel, die nur im Winter zum Skilaufen kamen. In diesen Monaten sammelte ich alle Daten und seine Erinnerungen von seinem Geburtsort bis zur Flucht, nahm sie auf einer sehr alten Maschine von zweiundzwanzig Tonbänder auf Tibetisch auf und verfasste dann das Buch »Norbu. Tibet verlorene Heimat«. Der Dalai Lama war zu dieser Zeit noch in Lhasa unter der Besatzung der Chinesen, und immer wieder ermahnte mich Norbu, manches nicht zu schreiben, um den Bruder nicht zu gefährden.

Die Nachrichten aus Tibet kamen spärlich, bis im Herbst 1958 friedlich anmutende Bilder vom Dalai Lama veröffentlicht wurden und die Nachricht, dass er in den Klöstern Drepung und Sera seine Abschlussprüfungen mit Logikdebatten hervorragend bestanden hatte und ihm der Doktorgrad einstimmig zuerkannt worden war. Dem berühmten indischen Fotografen Raghubir Singh waren Bilder gelungen, die zeigten, wie der Dalai Lama, auf einem weißen Yak reitend, die Bergspitze über Drepung Ga-Phel U-Tse, »Gipfel, der mehr Freude bringt« zum Gottesdienst erreicht. Doch diese trügerischen Bilder sollten nur die Welt täuschen, denn die Unzufriedenheit der Tibeter mit der chinesischen Besatzung wuchs von Tag zu Tag. Die Straßen von Lhasa konnten die Flüchtlinge aus dem Landesinnern kaum fassen, es brodelte unterschwellig, und später schrieb der Dalai Lama darüber: »Es war, als ob jeder wusste, dass irgendetwas von großer Wichtigkeit bevorstand.«

Das große Wichtige passierte, wie es der Dalai Lama vorausgesehen hatte. Am 10. März 1959 erreichten mich Telegramme mit dem Inhalt, dass der Dalai Lama aus Lhasa geflohen sei und in Indien erwartet würde.

Sarah Churchill rief mich an und teilte mir mit, sie sei von Lord Rothermere beauftragt, für seine Zeitung *Daily Mail* sofort nach Indien zu fliegen. Ob ich sie begleiten würde? Ihre Bemerkung, *Daily Mail* sei mit zwei Millionen Auflage die größte Tageszeitung der Welt, war nicht notwendig. Noch am selben Tag flog ich nach London. Dort traf ich den Reporter von *Life,* dem mit sieben Millionen Wochenauflage damals größten Magazin der Welt, der mich ebenfalls dabeihaben wollte. Die Rücksprache mit Miss Churchill ergab, dass *Life* für *Daily Mail* als Tageszeitung keine Konkurrenz bedeute, und so flogen wir erwartungsvoll gemeinsam nach Delhi.

Obwohl Tezpur, der Ankunftsort des Dalai Lama, in der für Ausländer verbotenen Northeast Frontier Area (NEFA) bei Assam lag, passierten wir als akkreditierte Presseleute ohne Schwierigkeiten alle Kontrollpunkte. Sämtliche Zeitungen brachten die Flucht des Dalai Lama auf der Titelseite, und auch Ministerpräsident Jawaharial Pandit Nehru befand sich auf dem Weg nach Tezpur. Meine erfahrenen Journalisten hatten das einzige Auto, das weit und breit zu bekommen war, gemietet, und obwohl alle Stoßdämpfer kaputt waren, fuhren wir voll beladen durch die Schlaglöcher der Straßen in die verschiedenen Teeplantagen, darunter auch einen Garten, der die Königin von Großbritannien mit ihrem Lieblingsgetränk versorgte.

Die Ankunft hatte sich verzögert, da Seine Heiligkeit während der wochenlangen Flucht unter schlechtesten Bedingungen an Ruhr erkrankt war. Am 18. April hatten sich Tausende Inder und Tibeter versammelt, um das religiöse Oberhaupt des Lamaismus zu empfangen. Ich kam mit Nehru zusammen, der mir erzählte, er habe mein Tibetbuch noch einmal gelesen, um sich zu informieren.

Mönche mit Schalmeien und riesigen Trompeten zeigten an, dass es so weit war. Ein Konvoi aus vier Jeeps näherte sich, der vorderste rote Wagen hatte eine NEFA-Nummer und auf dem Kühler die Nationalfähnchen mit dem Spinnrad Indiens und den Schneelöwen Tibets. Da es zuvor geregnet hatte, improvisierten Grenzsoldaten mit Zeltbodenplanen einen roten Teppich. Geheimdienst und Gurkhasoldaten formierten sich zu einer Absperrung gegen die sich in Ehrfurcht zu Boden werfenden Gläubigen.

Als der Dalai Lama mich erblickte, rief er: »Trogpo, Trogpo!« – »Freund, Freund!« Obwohl kaum drei Jahre vergangen waren, dass ich ihn zuletzt gesehen hatte, bewegte mich seine Stimme. Vergeblich hatte ich ihm 1956 abgeraten, nach Lhasa zurückzukehren. Ich freute mich, dass er mich gleich in der Menge erkannt hatte, und ich glaubte, das Wort »Trogpo« wie einen Hilferuf deuten zu können. Zum ersten Mal empfand ich, dass der junge Mann auch einen väterlichen Freund brauchte. Andererseits hatte ihn das, was er in all den Jahren hatte durchmachen müssen, aber auch zum erwachsenen Mann reifen lassen. Er hatte schmerzlich erfahren, dass Überwindung von Leid und Unheil im Leben eines Buddhisten zu den »vier edlen Wahrheiten« gehört, und diese Erkenntnis würde er nun im Exil dringend brauchen.

Im Gefolge des Dalai Lama befanden sich viele Bekannte und Freunde aus Lhasa. Eine Frau aus der Gruppe lief auf mich zu und umarmte mich unter Tränen. Es war Dekyila, die Frau des Kabinettsministers Surkhang. Genau zehn Jahre zuvor hatte ich beide in Lhasa das letzte Mal gesehen, als ich ihre Tochter, damals noch ein Baby, mit Nurse in meiner Karawane mitnahm. Unsanft und energisch wurden wir von einem eifrigen Geheimdienstbeamten getrennt.

Die Begrüßung durch Ministerpräsident Nehru war überaus herzlich. Mit Freude würde sich der Dalai Lama mit Familie und Gefolge in Indien niederlassen können. Dieser Willkommensgruß bedeutete eine große Erleichterung für den Dalai Lama, denn 1956 hatte Nehru ihn noch abgewiesen. Inzwischen war genug geschehen, was Nehru das wahre Gesicht der chinesischen Regierung erkennen ließ. Seit seinen freundlichen Worten sind vierzig Jahre vergangen, und die Gastfreundschaft Indiens, der größten Demokratie der Welt, ist ungebrochen.

Meine Aufgabe, die letzten Tage vor der Flucht in Erfahrung zu bringen, war nicht schwer, denn die Mutter des Dalai Lama gab mir Auskunft. Neben ihr der inzwischen dreizehn Jahre alte jüngste Bruder des Dalai Lama, Ngari Rinpotsche, den ich als Kind pausbackig auf dem Dach seines Elternhauses in Lhasa fotografiert hatte, ergänzte eifrig den Bericht über die abenteuerliche Nacht, als sie im Sandsturm Lhasa verließen, und nach der vier Wochen dauernden Flucht über den verschneiten Himalaja in Sicherheit waren. Weitere Informationen bekam ich vom Oberkommandierenden der tibetischen Truppen, Künsangtse Dzasa. Er war der jüngere Bruder meines Vorgesetzten im tibetischen Außenamt, Surkhang Dzasa.

Sarah Churchill zahlte dreifache Telegrammgebühren nach London, die Kosten spielten keine Rolle, denn *Daily Mail* hatte die weltweiten Rechte für die »Story des Jahres«. *Life-Magazine* brachte am 4. Mai 1959 die Titelgeschichte »Miraculous Escape«, nachdem ich acht Jahre zuvor, am 7. Mai 1951, mit »Flight of the Dalai Lama« ebenfalls die Coverstory gehabt hatte.

Im kleinen Bahnhof von Tezpur stand der Sonderzug der Assam-Eisenbahn zur Abfahrt bereit. In ein kleines Tonbandgerät schilderte ich die Zuneigung der vielen Menschen, als der wie eine Gottheit verehrte Dalai Lama einstieg. Die Tibeter warfen weiße Glücksschleifen, und die Inder riefen: »Dalai Lama sinda bad!« – »Lang lebe der Dalai Lama!« Den Abschluss meiner Tonbandaufnahme bildete das Schnaufen der langsam anfahrenden Dampflokomotive. Es war meine erste Radiosendung, und sie wurde von allen deutschsprachigen Ländern ins Programm aufgenommen.

Endstation des Sonderzugs nach einer Fahrt von dreitausend Kilometern quer durch Indien war ausgerechnet Dehra-Dun. Auf den Tag genau fünfzehn Jahre zuvor hatte meine Flucht vom selben Ort begonnen. Ich war dem Stacheldraht entkommen, und nun musste der Dalai Lama hinter Stacheldraht, denn sein Quartier in der Bergstation Mussoorie, etwas oberhalb Dehra-Duns gelegen, hatte man aus Sicherheitsgründen eingezäunt.

In der zweitausend Meter hoch gelegenen Bergstation hatte der reiche Industrielle Ghanshyam das Birla sein Landhaus zur Verfügung gestellt. Die vielen Hotels waren mit internationalen Journalisten besetzt, und sie wurden alle von der Geheimpolizei beobachtet. Einige Tage später traf ich die Mutter des Dalai Lama auf einem Spaziergang, begleitet von ihrer ältesten Tochter Tsering Drölma, und wegen deren guten englischen Sprachkenntnissen hatte sie auch Rintschen Drölma Taring zur Seite. Ihre Tochter Tsering Yangtsom, besser unter dem Schulnamen Betyla bekannt, verlas im indischen Radio regelmäßig Nachrichten in tibetischer Sprache. Aus ihrer Sendung erfuhren wir, dass viele Tibeter ihr Leben verloren, nachdem der Dalai Lama Lhasa verlassen hatte, und auch die Medizinschule auf dem Tschagpori zerstört worden war.

Bald nachdem ich die Mutter des Dalai Lama getroffen hatte, wurde ich ins Birla-Haus zu ihrem Sohn gerufen. Vom Balkon aus konnten wir die eisbedeckten Gipfel des Garhwal Himalaja sehen, kaum hundert Kilometer entfernt seine Heimat Tibet. Wir sprachen nur von belanglosen Dingen, es war nicht der Moment, um sich über vergangene Fehler oder zukünftige Pläne zu unterhalten. Dass er mit dem Leben davongekommen war und sich in Sicherheit befand, war Grund genug, dankbar zu sein. Im Tibetischen gibt es viele Begriffe, um Dankbarkeit auszudrücken, wie Karma oder Schicksal, aber nur »Güntschog Sum«, »Gott sei Dank«, konnten jetzt die richtigen Worte sein.

In Mussoorie musste der Dalai Lama ein Jahr voller Sorgen und Probleme verbringen, dann war die andere Garnisonsstadt, Dharamsala, ebenfalls zweitausend Meter hoch gelegen, hergerichtet, um ihm als Exil zu dienen. Sie bot mehr Platz und ist bis heute seine neue Heimat und der Sitz der Exilregierung. Hier besuche ich den Dalai Lama, wann immer mich eine Reise in die Nähe führt, bis ich es mir zur Gewohnheit machte, ihn jedes Jahr einmal dort zu treffen.

Bevor ich nach Europa zurückkehrte, besuchte ich mit Hilmar Pabel, einem bekannten deutschen Fotografen, und seiner Frau Romy mein altes Gefangenenlager. Unsere Baracken bewohnten Familien indischer Soldaten, ohne Stacheldraht konnte man über den Fußballplatz zur Hütte spazieren, in der wir uns für die Flucht geschminkt und verkleidet hatten. Ein pensionierter Gurkhasoldat aus der alten Bewachungsmannschaft betätigte sich als Fremdenführer für die vielen neugierigen Besucher. Pabel machte viele Fotos, darunter auch von einem Papayabäumchen mit großen Früchten, das ich vor vielen Jahren aus Samen gezogen hatte.

Der Sturz in den Wasserfall

Im Sommer 1937, als ich in den Dolomiten kletterte, um für die Eiger-Nordwand zu trainieren, hatte ich von einer holländischen Expedition gelesen, die in jenen Tagen aus dem Landesinneren West-Neuguineas zurückkehrte, wo sie vergeblich versucht hatte, die über fünftausend Meter hohe Carstenszpyramide zu besteigen. Von mit ewigem Eis bedeckten Gipfeln in Südamerika und Afrika hatte ich schon gehört, dass es aber in Äquatornähe auch im tropischen Pazifik Gletscher gibt, war kaum vorstellbar. Die Holländer hatten Gletschermessungen vorgenommen, aber die Spitze des höchsten Gipfels Neuguineas, die Carstenszpyramide, blieb unerstiegen.

Schon damals war die Vorstellung, selbst die Pyramide zu versuchen, für mich von großem Reiz, doch erst im Frühjahr 1961, als ich wieder von einer neuseeländischen Expedition las, die am Carstensz gescheitert war, fasste ich den Entschluss, in den Pazifik zu fahren. Als Kind schon hatten mich die Papua fasziniert, und in Neuguinea, der zweitgrößten Insel der Erde, würde ich sicher die Hochlandpapua besuchen können, von denen es hieß, sie lebten noch wie in der Steinzeit. Ohne Zögern fuhr ich nach Den Haag, um die Expeditionserlaubnis zu bekommen.

Zunächst ging ich zum österreichischen Botschafter. Kaum hatte ich mein Anliegen vorgebracht, drückte er auf einen Knopf am Telefon und fragte in den Lautsprecher: »Kommen deine Kinder heute Nachmittag zu uns zum Schwimmen?« Und dann: »Kann ich vorbeikommen und dir einen Österreicher vorstellen, dessen Bücher du kennst?« Am anderen Ende der Leitung war der holländische Außenminister gewesen.

Normalerweise muss man für die Vorbereitungen einer Expedition genauso viel Zeit aufwenden, wie für die Durchführung selbst. Diesmal nicht. Ich sollte fünftausend Gulden für den Fall einer Rettungsaktion hinterlegen, und zum Schutz der Hochlandpapua war ein Gesundheitszeugnis erforderlich, das vor allem belegte, dass ich keine Malaria hatte. Im Tropenmuseum zeigte man mir nicht nur Ethnographika, sondern auch den Bericht der Neuseeländer, in dem sie von Versorgungsproblemen erzählten und wie sie ihr Leben mit dem Verzehr von Wurzeln und Blättern gerettet hatten.

Im Oktober desselben Jahres fuhr ich mit dem Kitzbüheler Golfklub, dessen Präsident ich mittlerweile geworden war, und meiner zukünftigen Frau Carina zum exklusiven Greenwich Country Club nördlich von New York, um ein Retourmatch zu spielen. Vor meinem Abflug in München hatte die Lufthansa eine Pressekonferenz veranstaltet, und die Journalisten zeigten sich an meinem Neuguinea-Plan sehr interessiert. Dass ich Europa verlassen wollte, um in den unerforschten Teil einer großen Insel zu reisen, auf der etwa zweihunderttausend Menschen lebten, die schlafen gehen, wenn die Nacht kommt, Flusswasser aus der hohlen Hand trinken, noch nie durch eine Glasscheibe gesehen haben und für die ein Messer aus Bambus und eine Axt aus Stein der Höhepunkt technischer Entwicklung darstellte, war eine Nachricht in den Zeitungen wert.

Von New York aus flog ich allein weiter. Es war der Beginn einer Expedition, die mich vor ungeahnte Herausforderungen stellen sollte. Ich fand alles viel schwerer vor als erwartet: Der Dschungel war dichter, die Stromschnellen reißender, und die Menschen begegneten mir unberechenbarer als anderswo. Die Naturgesetze schienen auf den Kopf gestellt, und ihre Unterschätzung brachte mich mehrmals in Situationen, bei denen ich gerade so mit dem Leben davonkam.

Auf den Hawaiiinseln unterbrach ich den Flug und erfüllte mir als passioniertem Skiläufer einen lang gehegten Wunsch: einmal auf den Ozeanwellen zu reiten. Stehend auf einem Brett zu balancieren und das Gleichgewicht zu halten gelang mir sofort, aber als Rothaariger bekam ich beim langen Hinauspaddeln, auf

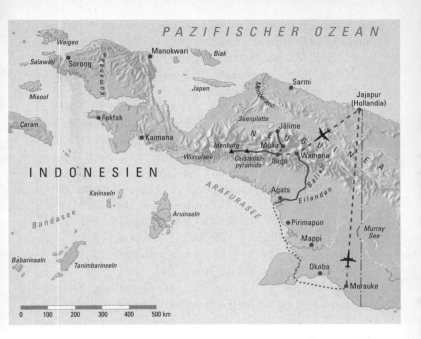

dem Bauch liegend, empfindlichen Sonnenbrand, und damit war diese schöne Sportart vergessen. Ich verließ das hawaiische Paradies, um noch ein anderes zu besuchen: Tahiti.

Hier begann meine Vorbereitung. Ich sammelte Kaurischnecken, die Währung der Hochlandpapua. Sie konnte man auf keiner Bank bekommen, aber hier am Strand gab es sie im Überfluss. So verließ ich Tahiti als »reicher« Mann und flog Richtung Neuseeland. Außer Sir Edmund Hillary zu besuchen, wollte ich in Christchurch Verbindung mit den Amerikanern aufnehmen. Es war kurz vor Weihnachten, und während der langen Tage versorgte ein Flugzeug ihre nur vierhundert Kilometer entfernt liegende Antarktisstation McMurdo-Sund. Als Ehrenmitglied des New Yorker Explorer Club hatte ich ein Empfehlungsschreiben und wollte die Chancen ausloten, im darauf folgenden Jahr eine kleine Expedition zum Mount Vinson zu unternehmen, dem mit 5140 Meter höchsten und unerstiegenen Gipfel der Antarktis. Doch es sollte bei dem bloßen Vorhaben bleiben. Zu viele andere Unternehmungen beschäftigten mich. Mit Hillary unternahm ich einen Ausflug, um den 3764 Meter hohen Mount Cook zu sehen.

Die Weihnachtszeit verbrachte ich in Sydney bei meinem Freund Collin Putt. Er war ein bekannter Hochseesegler und zeichnete mir einen detaillierten Plan, um aus zwei Einbaumbooten ein Katamaran zu bauen. Die indonesische Regierung propagierte bereits, die Papua West-Neuguineas von den Holländern zu »befreien«, und im Falle eines Krieges wollte ich mit dem Boot über die Arafurasee zum australischen Port Darwin segeln. Präsident Sukarno bekam Unterstützung für seinen Neokolonialismus von dem Bruder des amerikanischen Präsidenten, Edward Kennedy, der in Djakarta bei einer öffentlichen Rede »Merdeka«, »Freiheit« für die Papua, rief.

Die Zeit in Sydney war angefüllt mit interessanten Ereignissen, und wie so oft auf Reisen musste ich vom Eiger und von Tibet erzählen. In Neuseeland hatte ich zu Bergsteigern des Alpenklubs gesprochen, und in Australien waren es die Bushwalker, Mitglieder einer pfadfinderähnlichen Organisation, die mich einluden. Mit ihnen hatte ich bereits lange Wanderungen im einsamen Hochland unternommen und dabei immer wieder die mehrere Meter langen schwarzen Mambas in Büschen verschwinden sehen. Meine Bedenken diesen giftigen Schlangen gegenüber wurden mit der Bemerkung abgetan, ihnen zu begegnen sei in Australien völlig normal. Dieselbe Antwort bekam ich noch mehrmals. Ich lehnte es auch ab, mit ans Meer zu fahren, denn in Perth, so war zu lesen, hatte eine Seeschlange einen Mann beim Schwimmen gebissen. Sie muss einer besonders giftigen Art angehört haben, denn der Mann starb, bevor Hilfe kam. Die Sydney-Tageszeitungen beschrieben täglich auf der Titelseite den Zustand einer jungen Frau, der ein Hai ein Bein abgebissen hatte. Offensichtlich steckte noch Pioniergeist in diesen jungen Menschen, der sie die Gefahren so verharmlosen ließ.

Journalisten baten um Interviews, und als ich mich wunderte, warum ich so bekannt war, erzählten sie, dass es kaum eine australische Familie gab, die nicht das Eiger- oder Tibetbuch besaß. 1958 war mein Buch »Die Weiße Spinne« erschienen, in dem ich von der Eiger-Nordwand-Durchsteigung berichtete, und ich erinnerte mich, dass ich ein Jahr nach Erscheinen der englischen Ausgabe von »Sieben Jahre in Tibet« den Vertrag über eine große Auflage mit einem Weltverlag unterzeichnet hatte, der vor allem die Commonwealthländer versorgte. Die Presse fuhr mit mir an die südliche Steilküste, um Bilder aufzunehmen, zum schönsten und wildesten Klettergarten, den ich je gesehen habe. Über hundert Meter hohe Wände bieten, von Wind und Wasser zerklüftet, alle Schwierigkeiten und romantische Routen, denn senkrecht darunter schlagen die Wellen des Ozeans an den Fels.

Bevor ich zur Expedition aufbrach, fuhr ich in die neue Hauptstadt Canberra, eine langweilige Retortenstadt, um dem österreichischen Botschafter, der auch für Neuguinea zuständig war, einen Höflichkeitsbesuch abzustatten. Otto von Eiselsberg, der Sohn des berühmten Wiener Chirurgen, freute sich über mein Kommen. Seinem Angebot, mir zu helfen, kam er nach, als ich ihm während der Expedition ein Telegramm schickte, in dem ich um Nachschub an Kaurischnecken bat, die ich fast alle verbraucht hatte. Eiselsberg gab meine Bitte an die Presse weiter, und eine Sydney-Zeitung druckte als Titelüberschrift: »Shell out for Harrer«. Die Folge war eine Flut von Päckchen, die zur Botschaft kamen; darunter allerdings auch Angebote von Hobby-Muschel- und Schneckensammlern, die seltene Exemplare anboten, die bis zu fünfzig Dollar das Stück kosten sollten.

Europa hatte ich ohne Partner verlassen, aber in Neuseeland bot sich Phil Temple an, der bereits Neuguineaerfahrung hatte. Bei den Bushwalkern wählte ich den Medizinstudenten Russel Kippax als weiteren Mitstreiter aus, und in der Hauptstadt Hollandia stieß als letzter Mann der junge Offizier Bert Huizenga dazu. Ihm schlug ich vor, auch für kalte Tage am Berg Schuhe und Kleider mitzunehmen, denn es sei nur fair, wenn auch ein Holländer beim Besteigen des höchsten Gipfels der Niederlande dabei wäre. Ich war mehr als doppelt so alt wie meine drei Begleiter, da gab es keinen Zweifel über die Leitung; Bedenken kamen nur von Regierungsseite, die den Angriff Indonesiens befürchtete. Meine jungen Partner waren beruhigt, als ich eins der Gepäckstücke für sie öffnete, das Segelhandwerk, Nadeln, Garne und Reepschnüre enthielt. Außerdem besaß ich zwei Kletterseile und zehn mal zehn Meter Plastikstoff, der als Zeltdach oder Segel verwendet werden konnte. Medikamente und Filmmaterial gehörten zu den Selbstverständlichkeiten. Bei der Neuguineaexpedition filmte ich noch selbst, und so machten wir uns zu viert auf den Weg.

Zur Vorbereitung auf eine Expedition gehörte immer, sich mit der Landessprache zu beschäftigen. Zu Hause suchte ich mir die Ausdrücke und Wendungen, die für die Verständigung auf Reisen am wichtigsten sind, aus Wörterbüchern heraus und notierte sie auf den ersten Seiten meines Tagebuchs. Dazu gehörten die Elemente: Feuer, Wasser, Luft und Erde, sowie Holz, Begriffe für Wetter, Zeitangaben und die Zahlen. Dann kamen die lokalen Nahrungsmittel, bei den Papua vor allem Bataten, und Bezeichnungen der landestypischen Gerichte. Dabei interessierten mich nur die umgangssprachlichen Wendungen, denn nur sie würde ich brauchen. Ein Besuch bei den Landesvertretungen war obligatorisch, und später dann wandte ich mich an die Missionsstationen und fragte nach einem einheimischen Dolmetscher. Er half bei der Verständigung mit seinen Leuten und blieb bei uns, bis wir in ein anderes Sprachgebiet kamen, wo uns ein neuer Dolmetscher helfen musste, der mit dem Dialekt des ansässigen Stamms vertraut war. Bei den Papua kamen wir mit meiner Methode nicht weit, denn es gab Hunderte von Dialekten.

Um das Versorgungsproblem zu lösen, hatte ich die FMA in Philadelphia besucht, ein gut organisiertes Unternehmen, das mit Kleinflugzeugen abgelegene Missionsstationen versorgte. Wir waren froh, Hollandia verlassen zu können, denn wegen der bevorstehenden indonesischen Invasion hatten etwa sechzig Journalisten in der Hauptstadt Quartier bezogen, und die wenigen kleinen Hotels waren überbelegt. Die zwei Missionspiloten hatte man über unsere Expedition informiert, und so gab es über Preis und Organisation keine Diskussion. Es war bekannt, dass sich die Hochlandpapua vom Stamme der Dani, die ich als Träger der Ausrüstung benötigte, fast ausschließlich von Bataten und einer Art Spinat aus deren grünen Blättern ernähren. Pro Tag und Dani musste man etwa vier Kilogramm der süßen Kartoffeln veranschlagen. Die Last jedes Trägers durfte fünfundzwanzig Kilogramm nicht überschreiten, was bedeutete, dass wir viele zusätzliche Kartoffelträger für die Träger der Expeditionsausrüstung anheuern mussten. Das Errichten von Kartoffellagern auf dem Weg zum Gebirge kam wegen der täglichen Regenfälle nicht in Frage, denn die Bataten faulen und werden ungenießbar.

Mit über hundert Dani, Männern und Frauen, zogen wir los. Im Basislager angekommen, wurden bis auf zehn Mann alle sofort in ihr Heimatdorf zurückgeschickt. Diese zehn Papua wurden mit Militärsachen eingekleidet, was große Erheiterung hervorrief. Wohin mit den hinderlichen Penisköchern? Zudem hatte jeder sein eigenes Modell: größer, kleiner, gerade oder gebogen. Zu unserer eigenen Versorgung wurden Lasten von einem Flugzeug abgeworfen. Den Reis hatte ich in Doppelsäcke einnähen lassen, beim Aufprall platzte der innere Sack, aber der kostbare Reis blieb im zweiten hängen. Alle wichtigen Expeditionsabläufe, vor allem das Fliegen, mussten an jenem Vormittag erledigt sein, denn gegen Mittag kam unweigerlich der große Regen. Diese Niederschläge verursachten auch die starken Karrenbildungen im Kalk. Um die Finger beim Klettern zu schützen, hatte ich für alle Teilnehmer robuste Arbeitshandschuhe, wie sie Maurer verwenden, mitgebracht. Die Route durch die tausend Meter hohe Wand stand fest, denn bei einer Erstbesteigung wählt man stets den leichtesten Weg.

Am 13. Februar 1962 hinterließen vier Erstbesteiger aus vier Nationen in einer Blechdose ihre kleinen Wimpel auf der Spitze der 5030 Meter hohen Pyramide, über dreihundert Jahre nachdem der Holländer Jan Carstensz sie zum ersten Mal erblickt hatte. Als gutes Omen fügten wir noch das neu entworfene Fähnchen für ein freies, unabhängiges West-Neuguinea hinzu, was leider bis heute ein Wunsch geblieben ist.

Huizenga musste wieder zum Patrouillendienst, und Kippax wollte sein Medizinstudium beenden. Phil Temple begleitete mich noch zu sämtlichen kleineren Gipfeln des Gebirges, die wir alle, einschließlich des zweithöchsten Berges, des Idenburgtop, als Erste bestiegen. Dabei entdeckten wir Täler, Gletscher und Seen und gaben ihnen allen naturbezogene oder einheimische Namen – ein altes Prinzip von mir. Mit dem klingenden Namen »Dugundugu« bezeichneten die Papua das Eis, das sie bisher nur aus der Ferne gesehen hatten und nun mit Freudentänzen begrüßten.

Ich wusste, dass die holländische Expedition aus dem Jahr 1936 am Ende des großen Gletschers Steinmänner errichtet hatte. Wir fanden sie in gutem Zustand vor. Sie waren moosbedeckt, und auf den Moränen wuchsen gelbe Bodenorchideen, aus deren Halmen die Danimänner kleine Geldtäschchen zum Aufbewahren der Kaurischnecken flechten und ihre Frauen das kleine »Uleri«, die einzige Schambekleidung, anfertigen.

Die Suche nach einem Goldschatz konnte nicht aufregender sein als das Öffnen der Steinmänner. Wir fanden eine Blechdose, in der die Papiere vom Rost befallen und kaum lesbar waren. Deutlich zu erkennen war jedoch die Unterschrift des Geologen Dozy. Etwas tiefer entdeckten wir das völlig unversehrte Gedenkbuch; es steckte in einer Zinkbüchse. Diesen Schatz überreichte ich später der holländischen Regierung für das Tropenmuseum. Als Geograph nahm ich dann genaue Messungen der Gletscherbewegung vor; schon der optische Eindruck hatte gezeigt, dass es sich um eine sensationelle Zahl handeln würde: In den sechsundzwanzig Jahren seit der holländischen Expedition war der Gletscher 452 Meter zurückgegangen. Nachdem wir an der jetzigen Gletscherzunge neue Steinmänner gebaut und in einer wasserdichten Büchse meine Beobachtungen hinterlegt hatten, konnten wir befriedigt das weite Tal verlassen. Dieser ungewöhnliche Berg in einer ungewöhnlichen Gegend ist groß genug, um in nächster Zukunft weiteren Expeditionen die Möglichkeit zu bieten, neue Routen zu erschließen. Ich bin auch sicher, dass der Tag kommt, an dem die liebenswerten Dani nicht mehr als Träger, sondern wie die Scherpa als Bergsteiger die Carstenszpyramide erklettern werden.

Für den zweiten Teil meiner Expedition hatte ich die Erforschung der Lebensverhältnisse der Bergpapua geplant und wollte als dritte Etappe eine Durchquerung Neuguineas von Nord nach Süd unternehmen, die noch niemandem gelungen war. Doch zunächst besuchte ich eine Salzquelle. Ich hatte festgestellt, dass es neben der Kaurischnecke als Zahlungsmittel auch den Handel mit Salz gab. Es war sehr begehrt, aber rar. Einer der Stammeshäuptlinge, in dessen Region sich eine Quelle mit Salzgehalt befand, hatte so etwas wie ein Monopol. Die großen Blätter der wilden Banane tränkte man in der Saline, und nachdem sie in der Sonne getrocknet waren, wurden sie verbrannt und die Asche als Salz gehandelt.

An der Salzquelle genoss ich die Ruhe und Freundlichkeit der Papua. Das ganze Dorf saß still vor meinem Zelt und bestaunte die Ausrüstung. Die Männer trugen eine Steinaxt auf der Schulter, und alle Exemplare glänzten in Blau und Grün, ein Zeichen von Qualität und Wohlhabenheit. Wochenlang hatte ich immer wieder gefragt, woher sie diese ungewöhnlich harten Steine bekämen, denn so etwas wie ein Steinbruch, wo Äxte aus Schiefer hergestellt wurden, war nur im östlichen Teil Neuguineas bekannt.

An der Salzquelle erhielt ich endlich die Information, dass nur der Stamm der Wano mit diesen Steinen handeln würde. Der Häuptling sagte, dass die Wano sehr böse Menschen seien und rücksichtslos Frauen raubten; gehandelt würde allerdings auf faire Weise. Auf einer Lichtung im Dschungel, die in den

Bergen auf halbem Weg zwischen den Stammesgebieten lag, hinterlegten sie in Blätter und Bast verschnürte Salzstangen und riefen die Wano. Dann zogen sie sich zurück, und wenn die Qualität des Salzes zufriedenstellend war, tauschten die Wano es gegen Steinäxte ein. Waren sie unzufrieden, wurde weiter verhandelt, stets nur durch Rufen, die Händler sehen sich nie von Angesicht zu Angesicht. Die Steine waren immer nur roh zugehauen, und erst im Heimatdorf hatte man Gruben, in denen man mühevoll die Steinaxt in ihre Form schleifen konnte. Nun hatte ich den Stammesnamen, und bald wusste ich auch den Namen des Standorts: Er heißt Jälime, was übersetzt »Quelle der Steinäxte« bedeutet, und liegt nördlich von Mulia. Mir war unerklärlich, warum noch keine Expedition oder Administration diesen Ort erforscht hatte.

Eines hatte ich inzwischen gelernt: dass man viel Zeit braucht, um einen einmal gefassten Plan durchzuführen und zu Ende zu bringen. Phil Temple hatte die Geduld, und gemeinsam begannen wir Träger unter den Dani zu suchen, die sich bereit erklärten, uns zu den gefürchteten Wano zu begleiten. Doppelter Lohn und das Versprechen, sie vor dem wilden Stamm zu beschützen, taten ihre Wirkung, und gemeinsam begannen wir den mühsamen Weg. Im Niemandsland nördlich von Mulia überquerten wir frierend viertausend Meter hohe Bergkämme und wateten bei tropischer Hitze durch unzählige Flussläufe. Der geheimnisvolle Steinbruch im Gebiet der Wano konnte nur noch wenige Tage entfernt sein.

Eines Nachmittags hörten wir das vertraute Rauschen eines Wasserfalls. Ich ging schneller, weil ich unbedingt als Erster dort sein wollte, um zu filmen. Plötzlich stand ich davor: In mächtigen Katarakten stürzten die Wassermassen in die Tiefe, schlugen auf Felsstufen, jagten den Gischt hoch bis in die Wipfel der Bäume, stürzten weiter, brachen donnernd durch enge Rinnen im Gestein und schossen breit und übermächtig wieder hervor – ein großartiges Schauspiel. Ein gefährliches freilich auch. Aber daran dachte ich nicht. Ich wollte Aufnahmen machen.

Die Familie Penker: Tante Marianne, meine Mutter Johanna, Großmutter Johanna, Großvater Andreas, Onkel Andreas und Onkel Johann, der jung gestorben ist.

Mein Geburtshaus in Obergossen über Hüttenberg. Links die Stiege, die zum Dachboden hinaufführt.

Als Bub mit Schlitten und Wollmütze im Fotostudio.

Die Familie 1923. Vater Josef, Mutter mit meinem Bruder Pepperl auf dem Arm, vorne meine Schwester Lydia; Ruth war noch nicht geboren.

Mit der Großmutter, Tante Marianne und den Geschwistern 1935. Auf meinem Schoß die Jüngste, meine Schwester Ruth.

Mitte der 1930er Jahre.

Bei der Steirischen Abfahrtslaufmeisterschaft 1934.

In Sexten in Südtirol, wo ich 1938 eine Skischule für Hotelgäste betrieb. Zweimal in der Woche unterrichtete ich die Dorfjugend.

Stimmung auf der Tauplitz im steirischen Salzkammergut, wo ich jahrelang eine Skischule hatte. Ganz rechts mein Freund Fritz Ehrenfried.

Erstbegehung der Sturzhahn-Westwand. Zuvor war ich hier fünfzig Meter in die Tiefe gestürzt.

Jeden Sommer kletterte ich in den Dolomiten und übernachtete auf der Alm oder im Heustadel. Hier 1934.

Bei der Erstbegehung der Eiger-Nordwand im Juli 1938. Mein Anorak war zerrissen und wärmte nur mäßig.

Die vier Erstbegeher nach der geglückten Durchsteigung: Wiggerl Vörg, Anderl Heckmair, Fritz Kasparek und Heinrich Harrer *(von rechts)*.

Auf dem Frachter nach Bombay 1939. Hans Lobenhoffer und ich fetten die Bergschuhe der Nanga-Parbat-Kundfahrt ein.

Im Gefangenenlager Dehra-Dun Anfang der 1940er Jahre: Herbert Paidar, Hans Lobenhoffer, Wiggerl Schmaderer, Heinrich Harrer und Lutz Chicken *(von links)*.

Am Tschomolhari im Dezember 1950. Mit dem Bruder meines Freundes Wangdü bei einem Ausflug zur Grenze nach Bhutan.

1948 in Lhasa. Den amerikanischen Militärmantel aus Indien hatte ich auf dem Markt gekauft.

Ein Bettelmönch mit der »Yetimütze«, die in Wahrheit aus dem Fell einer tibetischen Bergziege gefertigt war.

Peter Aufschnaiter und ich im Gespräch mit den tibetischen Ministern Tsarong und Schekapa am Kyitschu, wo ein Staudamm entstehen sollte.

Coocoola, die Prinzessin von Sikkim, lebte in Lhasa und war mit dem Sohn von Minister Pünkhang verheiratet.

Peter Aufschnaiter mit Tessla, einer Tochter von Tsarong, bei einem unserer Ausflüge zum heiligen Ort Tra Yerpa.

Blick auf den Potala, den Sitz des Dalai Lama, vom Dach der Medizinschule auf dem Eisenberg. Peter Aufschnaiter vermisst das Gelände.

Meine Wohnung in Lhasa stand meinen Freunden immer offen. Links der jüngste Sohn des Außenministers, dem ich das Leben gerettet hatte, rechts Wangtschuk, der spätere Gouverneur von Gyantse.

1951 im Tschumbital. Der Dalai Lama empfängt eine 2500 Jahre alte Buddhareliquie.

Der amerikanische Radiojournalist Lowell Thomas *(ganz rechts)* besuchte 1949 mit seinem Sohn Lhasa. In der Mitte der Mönchsaußenminister Liuschar Dzasa.

Bei der ersten Begegnung mit meinem Sohn Peter im Januar 1952. Ich überreiche ihm tibetische Stiefel, die als Hausschuhe gedacht sind.

Empfang beim Ullstein Verlag in Frankfurt am Main 1957: Bruno Dechamps, Verleger Frederick Ullstein, Thor Heyerdahl und Heinrich Harrer *(von links)*.

Wenige Monate vor seinem Tod im November 1952 konnte ich Sven Hedin in seiner Wohnung in Stockholm treffen.

1954 vor dem Vorstand des Explorer Clubs in New York. Bald darauf wurde ich zum Ehrenmitglied ernannt.

1954 in Alaska. Drei Erstbesteigungen machten die Reise für mich zum Abenteuer.

Beim Spuren einer dreißig Meter überhängenden Wächte am Mount Deborah.

Edmund Hillary traf ich verschiedene Male, hier in Nepal.

Im Kitzbüheler Golfklub mit Bing Crosby *(neben mir)* und Freunden.

1964 begegnete ich dem Dalai Lama im Hirschpark von Sarnath, wo er an einem Treffen von Buddhisten aus aller Welt teilnahm.

Mit der Mutter des Dalai Lama und zwei ihrer Söhne 1959 in Genf. Zum Abendessen gibt es die traditionellen köstlichen Momos.

Heimkehr. Nach der abenteuerlichen Neuguineaexpedition empfängt mich Carina im Sommer 1962 auf dem Flughafen in Frankfurt am Main.

Auf dem Weg nach Borneo 1972. Carina verabschiedet König Leopold und mich auf dem Flugfeld in Frankfurt.

Mit Kameramann Herbert Raditschnig und König Leopold auf dem Kassikassimagipfel nach der Erstbesteigung in Surinam 1966.

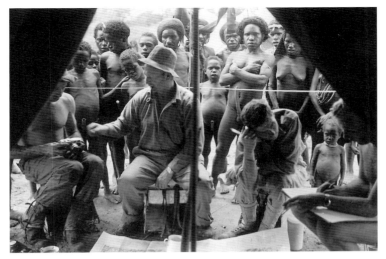

Bei der Neuguineaexpedition 1962. Meine Leica stößt auf großes Interesse.

Beim Tagebuchschreiben in Surinam. Hinter mir meine Erfindung einer Hängematte mit Regendach und Moskitonetz.

Mein Vater bei der Arbeit im Grazer Schrebergarten.

Familienbesuch in Kitzbühel Mitte der 1970er Jahre: Rechts meine Mutter, daneben Schwiegertochter Barbara, vorne Enkelin Irene, links Carina mit Enkeltochter Birgit.

Mit Carina bei Scherpa Tenzing Norgay und seiner Frau Daku in Darjeeling. Den jungen Apso, den Carina streichelt, haben wir mit nach Europa genommen.

Auf Familienreise Mitte der 1980er Jahre. Irene und Birgit halten frisches Zuckerrohr in den Händen und ich kleine indische Bananen.

Für die Gewinner des Wettbewerbs »Jugend forscht« veranstalteten Toni Sailer und ich 1970 einen Abenteuerkurs am Dachstein.

Beim fünfundsechzig Kilometer langen Dolomitenlauf in Lienz.

Auf dem Seefelder Golfplatz am achtzehnten Loch.

Mit dem Dalai Lama und Senator Günther Klinge um 1990 am Starnberger See.

Verleihung der goldenen Humboldtmedaille durch Herbert Kessler 1985 in Braunschweig.

Der österreichische Bundespräsident Thomas Klestil verlieh mir im März 1995 das österreichische Ehrenzeichen für Wissenschaft und Kunst, verbunden mit der Aufnahme in die Kurie Wissenschaft. Zwischen uns mein Freund Fritz Heppner.

Mit Jetsün Pemala, der Schwester des Dalai Lama, 1981 in Dharamsala.

Bei Rintschen Drölma Taring, einer der drei Frauen von Tsarong, 1990 in Dehra-Dun.

Mit Hermann Beilhack und Alois Anwander beim Hirsebiertrinken in Sikkim 1990.

Die Lust am großen Abenteuer begleitete mich ein Leben lang. Hier auf Expedition durch Französisch-Guyana 1969.

Am Ruwenzori. Selbst das Zelt bot kaum Schutz im feuchten äquatorialen Klima.

Die letzten Meter vor dem Gipfel des 5119 Meter hohen Mount Stanley im Ruwenzorigebirge.

An der Quelle der Steinäxte in Neuguinea 1962. Die erhitzten Steine werden für den Transport zerkleinert.

Nach dem Sturz in den Wasserfall. Die Dani haben mich nach ihrer Methode eingepackt.

Mein holländischer Begleiter Bert Huizenga entlohnt die Daniträger nach der Besteigung der Carstenszpyramide, rechts neben ihm der Dolmetscher.

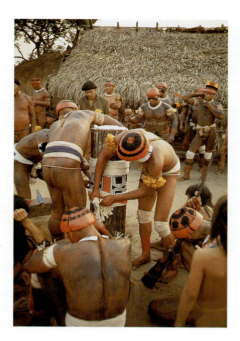

Bei den Xinguindianern in Südamerika 1966. Der Totenpfahl, Kwarup genannt, wird für eine Zeremonie vorbereitet.

»Huka-Huka« rufen die Xinguindianer beim Ringkampf. Verlierer ist, wer den Boden als Erster mit einem anderen Körperteil als den Beinen berührt.

Mit Carina neben einem der Ahnenpfähle, die ich von meiner Borneoexpedition 1972 mitgebracht hatte.

Nachdem der Magier des Dorfes in Borneo den Ahnen ein Huhn geopfert hat, darf ich den blutbespritzten Pfahl mitnehmen.

1975. Die Jarawa auf den Andamaneninseln staunen beim Anblick von uns bekleideten Europäern.

Neben einem Onge mit Nautilusmuschel, die hier früher als Trinkgefäß diente.

Ein Ureinwohner der Sentinelinsel bedroht uns mit dem Speer, als wir hundert Meter vor der Küste treiben. Sein Stamm lehnt jeden Kontakt mit der Außenwelt ab.

Aufnahmen für einen Fernsehfilm Ende der 1960er Jahre in Ostafrika.

Mit Reusen fangen die Wagenia in den Stromschnellen des Kongos ihre Fische. Wie Seiltänzer hangeln sie sich an den Stöcken über den reißenden Fluss.

Viele Reisen führten mich nach Afrika, hier mit zwei Uganderinnen.

Ein Krieger vom Stamm der Hadendoa, die ich 1971 auf einer Afrikareise besuchte, mit Schwert und Schild aus Nilpferdleder.

Die Karamodschong im Nordosten Ugandas sind Bluttrinker; das Blut der Tiere wird mit Milch verrührt.

Durch das Hörrohr verfolge ich, wie der Yogi seinen Herzschlag aussetzen lässt.

Die Waschung im eiskalten Gletscherwasser des Ganges in Gangotri gehört zu den Ritualen eines Pilgers, die ich auch auf meiner Reise 1974 zu den Gangesquellen beobachten konnte.

Abschied am Fuß des Annapurna in West-Nepal mit der üblichen Geste.

Ein Traschi Gomang, das zur Huldigung der Götter dient. Hinter seinen vielen Türen befinden sich Votivgaben und bunte Götterbilder.

Auf einem Golfplatz in Ladakh in viertausend Meter Höhe. In der dünnen Luft schlägt selbst ein Anfänger große Längen.

1987 besuchte ich mit meinem Freund Helmut Kreuzer die Semi-Nomaden der Sakteng im Nordosten Bhutans.

Besuch bei Tuksey Rinpotsche, der höchsten Inkarnation des Klosters Samdenling, in Darjeeling 1994.

1982 besuchte ich Tibet noch einmal. Hier in Lhasa im Gespräch mit alten Bekannten.

Zu meinem achtzigsten Geburtstag am 6. Juli 1992 besuchte uns der Dalai Lama im Ferienhaus in Hüttenberg.

Tibet 1982. Nur die Felswand mit dem blauen Buddha am Südhang des Eisenbergs ist von dem acht Kilometer langen Rundgang um Lhasa erhalten.

Besuch bei dem Maler Balthus im Mai 1999. Zur Begrüßung übergebe ich ihm eine tibetische Glücksschleife.

Helmut Newton kam im Auftrag von *Vanity Fair* im August 1998 nach Hüttenberg.

Mit David Thewlis und Brad Pitt, die im Film »Sieben Jahre in Tibet« die Rollen von Peter Aufschnaiter und mir spielten, im September 1996 in unserem Ferienhaus.

Der Filmregisseur Jean-Jacques Annaud besuchte uns dreimal. Hier im Heinrich-Harrer-Museum.

Am Schreibtisch mit meiner Frau Carina.

Zuerst richtete ich meine Kamera auf die am Rande des stürzenden Wassers aufwärts steigenden Träger. Dann kletterte ich an ihnen vorbei, immer am Rand dieser tobenden Wasserhölle, um die nächste Trägergruppe von oben aufzunehmen. Ich entdeckte noch einen anderen Platz, der auch besseren Stand zu bieten schien. Kurz entschlossen sprang ich auf einen Schuttkegel, der vom Wasser überspült wurde. Dann geschah das Unglück, das von den verschiedenen meiner Missgeschicke das schwerste und folgenreichste meines langen Lebens sein sollte: Kaum hatte ich den Schuttkegel berührt, da rutschte er mit mir los, genau in den oberen Rand des Wasserfalls hinein. Phil erzählte mir später, dass der Kegel sich auf einer steilen, schrägen Schieferplatte angesammelt hatte und wohl schon von einem Steintreffer in Bewegung gesetzt worden wäre. Ich aber sprang mit meinem ganzen Gewicht darauf.

Noch war ich klar bei Sinnen und versuchte, mich irgendwo mit den Händen festzuklammern oder mit den Füßen abzustemmen, damit das Wasser mich nicht weiterwirbeln konnte. Heute weiß ich, dass dies ein lächerliches Unterfangen war, denn das Wasser schoss mit unvorstellbarer Gewalt gegen meinen Körper und über die glatt gewaschenen und schlüpfrigen Felsen. Ich hatte keine Chance. Das Wasser erfasste mich, wirbelte mich herum, einen Moment lang, Kopf voran, schaute ich in den Abgrund. Dann schloss ich die Augen. In solchen Situationen bleibt einem nichts anderes übrig, als sich zu fügen, denn die Natur nimmt Gegenwehr nicht einmal zur Kenntnis.

Wann und wo ich meine Kamera losgelassen habe, weiß ich nicht mehr. Von dem Augenblick an, in dem ich den Abgrund vor mir sah, kann ich die Zeit nicht mehr einteilen. Wasser, Luftschnappen, ein dumpfer Schlag, Wasser, Sturz, Luftschnappen … ich weiß die Reihenfolge nicht mehr. Die Träger schilderten mir später, dass ich einen Felsvorsprung auf halbem Weg nur gestreift hatte, über den das Wasser in hohem Bogen in den nächsten Katarakt hinausschoss. Hätte ich den Felsen mit dem ganzen Körper getroffen, wäre ich über den nächsten Absatz hinweggeschleudert worden auf die glatte, fast senkrechte Platte, die erst fünfzig Meter tiefer endete. Ich mache mir keine Illusionen, wie der Sturz dann geendet wäre.

Sekunden, Stunden, Ewigkeiten? Ich weiß es nicht mehr. Ich erinnere mich nur noch ganz deutlich an das Gefühl der vollkommenen Machtlosigkeit, das mich plötzlich packte. Ich versuchte, die Arme schützend vor den Kopf zu halten, und krümmte mich instinktiv in eine embryonale Stellung, die mich vor inneren Verletzungen schützte. Mein Verstand blieb hellwach, ich sah zwar nicht, wie manchmal gesagt wird, mein ganzes Leben an mir vorbeiziehen, es waren eher Überlegungen, dass ich nun wusste, warum berühmte Alpinisten zu Tode gestürzt waren. Unvorstellbar müssen die Visionen von Passagieren sein, die minutenlang im Flugzeug den Absturz miterleben und viel Zeit haben, über das Sterben nachzudenken.

Nur noch halb bei Bewusstsein, erschien es mir wie ein Wunder, dass mein rasender Flug in die Tiefe plötzlich ein Ende fand. Ich konnte nichts sehen, weil mir das Blut aus den Kopfwunden die Augen verschmierte. Tastend versuchte ich, mich zu orientieren. Doch ich begriff, dass ich mich nicht zu weit aus dem Wasser zum Rand der Wanne, in der ich lag und die zum nächsten Abgrund führte, herausarbeiten durfte. Diese Kaskade ging dreimal so tief hinunter und endete in einer Felsverschneidung, in der jeder Mensch von den Gewalten des Wassers und den Felsen einfach zerrieben würde. Ich bekam fast keine Luft; jedenfalls reichte sie kaum zum Atmen. Dafür hörte ich mein eigenes Stöhnen, und ganz in der Ferne schienen Träger zu schreien. Ich glaubte, so etwas wie »Tuan, Tuan« zu hören. Das war die erste Beruhigung. Man wusste also, dass ich gestürzt war, und wahrscheinlich sah man mich auch. Phil, der gute Phil, würde also bald da sein.

Verzweifelt versuchte ich immer wieder, mir das Blut von den Augen zu wischen, um nicht mehr ganz so hilflos zu sein. Die Wanne war durch das viele Blut zu einer hässlichen roten Lache geworden. Ich hockte auf dem Fels und wartete. Über mir, neben mir und unter mir toste der Wasserfall. Und dann, ich weiß nicht, wie viel Zeit vergangen war, hörte ich Phils Stimme. Er hatte unseren Medizinkasten dabei, bettete mich, so gut es ging, auf den Fels und behandelte mich wie ein geübter Mediziner. Viel konnte er allerdings nicht tun. Er desinfizierte meine blutenden Kopfwunden, schnitt lose Hautfetzen ab und legte Bandagen an. Dann erst fragte er nach meinem Allgemeinzustand, und der war wirklich miserabel. Ich wusste nicht, wie ich mich legen sollte, der ganze Körper schmerzte. Dazu kam die langsam heranschleichende Schockwirkung. Ich stöhnte und zitterte am ganzen Körper, die Zähne schlugen aufeinander, nicht, weil ich fror, sondern weil der Schock mich schüttelte. Manchmal spürte ich, wie die dunklen Wellen einer Ohnmacht in mir hochkamen, aber ich hielt mich mit allen mir zur Verfügung stehenden Kräften bei Bewusstsein. Ich hatte das Gefühl, dass ich von einer Ohnmacht nicht mehr aufwachen würde. Deshalb bat ich auch Phil, der mich aufgesetzt hatte, mich zu einem Platz zu bringen, wo ich kräftesparend liegen konnte. Ich kroch mit seiner Hilfe am Rand der Wanne entlang und auf allen vieren zum anderen Ufer. Während ich mich mühsam weiterschleppte, merkte ich bei jeder Bewegung, dass ich außer am Kopf noch andere Verletzungen hatte. Vor allem litt ich unter Atemnot, die auf Rippenbrüche hindeutete. Wenn ich mein linkes Knie beugen wollte, glaubte ich, eine Stahlspitze bohre sich hinein, und den rechten Arm konnte ich überhaupt nicht gebrauchen. In meiner Erinnerung schätzte ich die Höhe des Wasserfalls, den ich hinabstürzte, auf etwa zwanzig Meter, aber die zwei Salzburger, die dreißig Jahre später bei einer Expedition vorbeikamen, versicherten mir, der Wasserfall sei mindestens doppelt so hoch gewesen.

Ich kroch weiter. Phil stützte mich, so gut es ging, die Träger räumten mit rührender Sorgfalt jedes Hindernis aus dem Weg, aber jeder Meter war eine Tortur. Endlich fand Phil einen ebenen Platz, groß genug, dass er das Zelt aufschlagen konnte. Ich kauerte daneben und sah ihm zu. Dann half er mir, die nassen Kleider auszuziehen, und bettete mich im Zelt auf die Luftmatratze. Noch immer hatte ich das Gefühl, hinter Nebelschleiern zu leben, was wohl auf die Tabletten zurückzuführen war, die mir Phil gegen die Schmerzen gegeben hatte.

Ich lag in einer Art Trance im Zelt, den Schlafsack hatte mir Phil nur über die Füße ziehen können, da ich mich nicht bewegen konnte. Und nun spürte ich, wie langsam in mir wieder eine Ohnmacht aufsteigen wollte. Noch nie war ich ohnmächtig gewesen, aber jetzt hatten Tabletten, Erregung und starker Blutverlust mich anfällig gemacht. Ich bemühte mich, gegen dieses unangenehme Gefühl aus Schwindel und Schmerz anzukämpfen. Nachdem ich auch diesen Anfall überwunden hatte, lag ich ruhig da und starrte gegen das Zeltdach, und die Gedanken kamen. Der Gedanke an Jälime, an die »Quelle der Steinäxte«. Ich wollte und ich will dorthin. Ich muss einfach. Dann überlegte ich wieder, ob ich nun sterben würde, ob ich vielleicht aus einer Ohnmacht nicht mehr erwachen würde. Mir fielen die Missionare in Mulia ein. Noch vor wenigen Tagen hatten sie für mich gebetet. Hatten die Gebete nicht geholfen? Oder hatten sie mich vor dem Schlimmsten bewahrt? Und natürlich kam die Frage: Wann hatte ich selbst zum letzten Mal gebetet? Aus Dankbarkeit? Oder in äußerster Gefahr?

Gleich nach der ersten Versorgung, als er gesehen hatte, dass ich nicht transportfähig war, hatte Phil zwei Träger mit einem Brief nach Mulia geschickt. Früher als wir zu hoffen gewagt hatten, kam die ersehnte Hilfe. Phil hatte sich als wunderbarer Kamerad erwiesen, und doch war ich erleichtert, als der junge Missionar Scovill und Doktor van Rhjin von der Missionsstation völlig außer Atem im Zelteingang auftauchten. Dass sie den Weg so schnell geschafft hatten, war eine unglaubliche Leistung. Schließlich war keiner von ihnen trainiert, und unten, im Jamutal, brannte die Hitze so sehr, dass sogar die Träger, die sonst selten etwas trinken, sich zum Bach stürzten.

Sie hatten eine faltbare Bahre mitgebracht, und nach einer eingehenden Untersuchung entschied sich Dr. van Rhjin für den sofortigen Transport: Herz und Lunge seien in Ordnung, und von den gebrochenen Knochen konnte er an Ort und Stelle nur die Rippen etwas entlasten.

Was nun folgte, ist in meiner Erinnerung ein einziger Alptraum. Ging es bergauf, rutschte ich zurück, bis ich mit dem Kopf gegen die Knie des hinteren Trägers stieß. Führte der Pfad bergab, rutschte ich nach vorn und stemmte die Füße auf die nackten Schultern des vorderen Trägers. Marschierten die Träger aber endlich einmal geradeaus, dann versperrten die quer liegenden Baumstämme den Weg. Die kleinen Papua mussten mich darüber hinwegheben, da jedoch meine verletzte Wirbelsäule am tiefsten im Segeltuch der Bahre durchhing, stießen sie dauernd mit ihr gegen den Stamm oder einen Fels. Ich konnte nichts weiter tun als stöhnen oder leise vor mich hin fluchen.

Erleichterung brachte eine lange Stange, an der die Dani die Trage aufhängten. Sie wickelten mich ein wie eine Mumie und schnürten mich so eng an die Tragbahre, dass Körper und Stange eine Einheit bildeten und ich weder nach vorn noch seitwärts rutschen konnte. Nun trugen sie mich, wie sie sonst ihre lebenden Schweine von Dorf zu Dorf transportieren. Über die nächsten Stunden halfen mir die Tabletten hinweg, wahrscheinlich aber habe ich auch durch die Erschöpfung die Schmerzen nicht mehr so deutlich wahrgenommen. Und die Tragweise der Papua begann sich zu bewähren. Unsere Tragbahren sind eben weder für den Dschungel noch für steile Pfade konstruiert.

Der Buschtelegraf hatte die Nachricht von meinem Unfall verbreitet, und nach und nach stießen mindestens hundert Papua freiwillig dazu. Eine Gruppe lief voran, verbreiterte den Pfad mit Buschmessern, beseitigte Hindernisse oder baute in Windeseile mit Stämmen Querungen an den steilen Hängen. Etwa zwanzig Träger liefen ständig mit mir – ja, sie liefen tatsächlich vor lauter Eifer und Hilfsbereitschaft. Jetzt, wo sie mich nach »ihrer Methode« tragen durften, wollten sie es den Tuans zeigen. Alle paar Minuten wechselten sie sich im Tragen ab, und ob es nun bergauf ging oder bergab – immer stand eine Kette von Trägern da, immer reckten sich mir Hände hilfreich entgegen, jeder versuchte nach Kräften, meine Lage zu erleichtern.

Trotzdem hielt auch die Tragmethode der Papua nicht, was sie versprochen hatte. Die Reepschnüre lockerten sich, und bald schlugen meine gebrochenen Rippen wieder gegen Felsen oder quer liegende Stämme.

Durch die seit Mittag pausenlos niedergehenden Regenfälle war das Wasser stark angeschwollen, sodass selbst die Dani zögerten, den Fluss zu durchqueren. Phil organisierte eine Kette von Männern. Mit ineinander verschränkten Armen mussten sie sich quer in den Fluss stellen, um die Strömung zu brechen. Unmittelbar unterhalb der Kette wurde ich hinübergetragen. Die Flussdurchquerung war für mich das Schlimmste. Ich hatte zum ersten Mal seit meinem Sturz Angst. Denn jetzt war ich nicht nur einer Gefahr ausgesetzt, hier, im Fluss, war ich vollkommen wehrlos. Arme und Beine fest verschnürt, Stricke um den ganzen Körper, eine Stange auf dem Leib – es war ein entsetzliches Gefühl.

Kaum hatten wir das Flussbett verlassen, da begann es zu dunkeln. Und nun schlugen die Träger mit mir ein Tempo an, dass die Tuans kaum mithalten konnten. Aber die Dani wollten noch an diesem Abend das nächste Dorf erreichen. Dort angekommen, legten sie mich einfach im strömenden Regen nieder und überließen alles Weitere den Tuans.

Während Phil mein Zelt aufbaute, kochten Scovill und van Rhjin für uns vier eine Suppe, und als Sonderzulage gab es für jeden noch einen Kognak, den der Doktor als Medizin mitgebracht hatte. Bald kehrte Ruhe ein. Betäubt von den Tabletten, nickte auch ich ein, wachte immer wieder auf und lauschte dem Rauschen des nahen Baches. Als der Tag anbrach, fühlte ich mich hundeelend. Aber ich sagte mir, dass wir bald Mulia erreicht haben würden, und das gab mir wieder Kraft.

Wieder verpackte und verschnürte man mich nach Dani-Art, aber an diesem letzten Tag behandelten mich die Träger mit äußerster Vorsicht. Ich glaube, Scovill hatte ihnen am Abend zuvor gehörig die Leviten gelesen und von meinen Schmerzen erzählt. Zum Glück hatten wir nur noch kurze Dschungelstrecken vor uns, sodass mir weitere Baumstämme erspart blieben. Dafür mussten allerdings an den Dorfgrenzen Zäune von mehr als ein Meter Höhe überwunden werden. Endlich, am frühen Nachmittag, lag Mulia in hellem Sonnenschein unter uns, die kleine Missionsstation, die wir erst vor wenigen Tagen so hoffnungsfroh verlassen hatten.

Trotz des Ernstes der Lage bemerkte ich die Komik unseres Einzugs ins Dorf. Ein ungewohntes Gedränge und Geschiebe entstand an meiner Tragstange. Ich wandte den Kopf zur Seite so weit es ging, und da sah ich die Ursache: Jeder Mann des inzwischen auf rund zweihundert Papua angewachsenen Zuges wollte mit anfassen, um im Dorf zu zeigen, dass er auch »dabei gewesen« war. Die Papua legten einen Eifer an den Tag, der kaum zu beschreiben ist. Sie kletterten über die Mauern des Flugfelds von Mulia, dann endlich gab der Arzt das Zeichen, mich vorsichtig niederzulassen. Der ärgste Teil des Transports war überstanden.

Doch jetzt am Ziel brach auch der letzte Widerstand in mir zusammen. Ich wusste, dass solche Augenblicke gefährlich sind, und ich wehrte mich dagegen. In der Eiger-Nordwand wurde Hias Noichl die Hand zerschmettert; trotzdem hatte er noch einen Rückzug gemeistert, der selbst manch Gesundem nur mithilfe eines Wunders gelungen wäre. Dann, in den weichen Polstern meines Autos, in dem ich ihn zur Klinik brachte, war er ohnmächtig geworden. Es gelang mir noch einmal, bei Bewusstsein zu bleiben. Aber ich geriet fast in Panik, weil mir jetzt das Öffnen der Verschnürungen nicht schnell genug gehen konnte. Mir war, als müsste ich ersticken, jetzt noch, im allerletzten Augenblick.

Meinen hilfsbereiten Trägern muss ich ein Lob aussprechen. Immerhin hatten sie mit mir hundert Kilo zu tragen gehabt, und das über Berg und Tal, durch pfadlosen Dschungel und Flüsse. Natürlich war es für ihre kindlichen Gemüter auch ein Stück Zirkus, eine Gelegenheit, sich zu produzieren und ihre Kraft zu beweisen. Ihr Leben ist so eintönig geworden, denn als geborene Krieger waren sie daran gewöhnt, mit Pfeil, Bogen und Speeren zu kämpfen, andere Stämme zu überfallen oder auf die Jagd zu gehen. Und nun konnten sie endlich wieder einmal zeigen, was in ihnen steckte.

Bereits in Mulia überlegte ich, ob es möglich wäre, noch einmal zur Quelle der Steinäxte aufzubrechen. Ich musste damit rechnen, dass die Dani meinen Sturz für eine Warnung der Geister hielten, die den Steinbruch vor fremden Eindringlingen schützten, denn schließlich gewannen sie aus diesem Bruch ja auch die langen, flachen Zauber- und Zeremoniensteine für die Männerhäuser, in denen die Papua zu besonderen Festtagen ihre Orgien feiern und sie als Donnerkeil bei einer Art Phalluskult verwenden. Andererseits hatten sich auch hier, wie vorher im Carstensz, freundschaftliche Beziehungen entwickelt, und vielleicht würde gerade die »alte Garde« wieder dabei sein wollen.

In Mulia übernachtete ich in Doktor van Rhjins Haus, wo man für Phil und mich ein Zimmer hergerichtet hatte. Am Abend wurde noch viel erzählt, und ein Professor aus Leyden untersuchte mich noch einmal. Puls und Blutdruck waren in Ordnung, die gebrochenen Rippen gut verpflastert, und gegen die Schmerzen gab es wieder Tabletten. Zum ersten Mal hörten wir auch von einer Invasion der Sukarno-Truppen; man sagte, die Lage sei ernst. Dann verabreichte mir die Krankenschwester eine Injektion zum Schlafen, und sanft schwebte ich hinüber. Aber sie hielt nicht lange vor. Um zwei Uhr nachts wachte ich wieder auf. Ich suchte nach Pillen, fand keine und musste den guten Phil noch einmal wecken. Der Arme hatte viel Kummer mit mir gehabt. Im Traum schlug ich immer wieder aufstöhnend gegen Baumstämme. Am nächsten Tag wurde ich mit dem Flugzeug ins Krankenhaus nach Hollandia transportiert, wo ich die nächsten Wochen verbrachte. Noch auf dem Weg dorthin hatte ich ein Telegramm nach Hause aufgegeben in der Hoffnung, dass es noch vor den Presseberichten ankam.

Die Bilanz meiner Verletzungen, die erst nach und nach diagnostiziert werden konnten, war erschreckend: Entlang der Wirbelsäule waren vier Rippen mehrfach durchgeschlagen, eine Kniescheibe war gebrochen, die Kopfwunde wurde genäht, und die anderen Schrammen wie am Oberarm mussten von selbst heilen. Zurück in Liechtenstein, wurde eine sechzigprozentige Behinderung bescheinigt, und meine Versicherung kündigte mir daraufhin den Vertrag. Die neue verlangte fünfhundert Schweizer Franken pro Expeditionstag. Jahre später entdeckten verschiedene Ärzte weitere Verletzungen, die auf den Sturz im Wasserfall zurückzuführen waren, und erst nach einigen Operationen am Brustkorb war ich endgültig wiederhergestellt.

Abenteuer Steinzeit

Eine Schar von Journalisten wartete in Hollandia auf die angekündigte indonesische Invasion und hatte meinem Unfall aus Langeweile große Aufmerksamkeit geschenkt. Plötzlich fanden der Steinbruch und der Stamm der Wano ihr Interesse, und so begann ich gleich nach meiner Entlassung aus dem Krankenhaus mit den Vorbereitungen für die neue Expedition. Ich war immer noch entschlossen, die Jälime-Quelle zu suchen, denn ich wusste instinktiv, dass ich mir jetzt kein Zögern und Zweifeln erlauben konnte. Die Gefahr, nach dem Sturz das Vertrauen in die eigenen Möglichkeiten und Fähigkeiten zu verlieren, wäre zu groß gewesen. Der Ehrgeiz trieb mich zur Eile, denn ich hatte nicht vor, meine Idee anderen zu überlassen.

Die Träger wollten mich nicht mehr begleiten; für sie stand fest, dass Dämonen mich den Wasserfall hinuntergeworfen hatten, damit kein Fremder zur Quelle der Steinäxte vordrang. Zurück im Hochland, hatte Phil die gute Idee, in einem anderen Dorf Träger anzuheuern, und mit sieben Papua marschierten wir los. Die nächsten Tage liefen wir durch dieselben kleinen Dörfer wie zuvor, wo wir Träger wechseln konnten. Einmal begleiteten uns auch zwei Frauen, die mich bedauerten, als sie beobachteten, welch große Schmerzen ich im Knie verspürte. Sie kamen mit Brennnesselblättern und rieben das kranke Bein, bis es rot und voller Blasen war. Auch die rechte Schulter schmerzte, und zur Erleichterung halbierte ich einen der langen Kampfspeere und benutzte ihn als Gehstock. Ab Mittags goss es immer in Strömen, und nur der Wille, das Ziel zu erreichen, half, die Anstrengungen zu überstehen. Der Arzt hatte mir »Exercise« empfohlen, und die neue Expedition schien mir die beste Gelegenheit dazu; nur erwiesen sich die täglichen Strapazen als etwas viel Gymnastik.

Obwohl ich einige Wochen zuvor meine Umgebung nur mit halbem Bewusstsein wahrgenommen hatte, glaubte ich mich an jeden Felsen, jede Hängebrücke und Biwakhöhle zu erinnern. Nun war ich wieder auf dem Weg in Richtung Jälime und empfand tiefe Dankbarkeit. Wir nutzten den bei der ersten Expedition freigeschlagenen Pfad durch den Dschungel; alle waren guten Muts, und die Träger verfielen trotz der Lasten in rhythmische Wawawa-Gesänge. Nur an meinem Unglückswasserfall verstummten sie plötzlich, und ohne Aufenthalt eilte die Kolonne an mir vorbei. Für die Papua waren die Dämonen gegenwärtig, sie wussten, dass die Bäume, die Felsen und der Wasserfall sprechen können und jede Entweihung, jeder Frevel von ihnen bestraft würde.

Ich setzte mich auf den Felsen, auf dem ich sieben Wochen zuvor halb bewusstlos gelegen war, und hing meinen Gedanken nach. Dass es wie damals regnete, entsprach den hiesigen Wetterverhältnissen am Äquator. Die völlig durchnässten Kleider bedeuteten nichts im Vergleich zu meinem Missgeschick und gaben keinen Grund zur Klage. Der Wunsch, geruhsamer zu leben, entstand noch nicht in meinen Gedanken, ich überlegte vielmehr, was ich falsch gemacht hatte. Mein größter Fehler bestand im Versäumnis, die Expeditionsteilnehmer mit dem richtigen Schuhwerk auszurüsten. Hätte ich Klauennägel wie in der Eiger-Nordwand verwendet, wäre ich nie beim Sprung über den Wasserstrahl im Schuttkegel ausgerutscht. Aber ich hatte mich auch einfach zu sicher gefühlt. Als ich 1985, Jahrzehnte nach dem Sturz, die Humboldtmedaille für meine Verdienste als Forscher erhielt, sprach ich in meiner Dankesrede über die Gefahr der Erfahrung, denn das war es, was ich am Wasserfall erlebt hatte. Um erfahren zu sein, muss man viel erlebt haben, man unterschätzt die Gefahren und wird nachlässig oder gar leichtsinnig. So kann Erfahrung zum Risiko werden. Auf diese Weise sind viele der Bergsteiger, die die Eiger-Nordwand erfolgreich durchstiegen hatten, später in den Bergen zu Tode gestürzt. Ich war mit dem Leben davongekommen. Mit einem Gefühl der sicheren Freude nahm ich meinen Speerstock und folgte den Trägern. Die Schutzgötter hatten über die lokalen Geister und Dämonen gesiegt.

Am Fuß einer Steilwand holte ich die Karawane ein. Wir befanden uns auf weglosem Neuland, und die Träger bauten gerade eine Leiter aus Lianen. Wir bewegten uns nun im berüchtigten dichtesten Dschungel der Welt, der dichter ist als jener im Amazonasgebiet oder in Afrika. Die Papua überquerten elegant kleine Flüsse oder tiefe Schluchten, indem sie über die glatten Baumstämme förmlich liefen, während ich sie nur langsam und unbeholfen im Reitersitz überwinden konnte. Das kostete Kraft, und mühsam erkletterten wir einen Bergkamm in der Hoffnung, endlich in der Ferne die im Norden liegende Idenburgebene sehen zu können. Aber riesige, mit Lichen behangene Eichen und Rhododendren versperrten die Sicht. Immerhin, vor uns lagen keine gefährlichen Wasserfälle mehr, und die Höhlen waren trocken und gut geeignet, Lager zu schlagen.

Plötzlich blieben die Dani stehen, flüsterten und zeigten auf schilfgedeckte runde Hütten. Phil und ich gingen langsam voraus und machten uns durch Rufen bemerkbar. Wir warteten vergeblich auf den Pfeilregen oder fröhliches Empfangsgeschnatter. Kein Mensch zeigte sich, das Dorf schien ausgestorben. Es war ein unheimliches Gefühl, als wir uns vorsichtig der ersten Hütte näherten. Und da, eng zusammengedrängt, kauerten dreißig oder vierzig Männer und starrten uns an. Mir war beim Anblick der schwarz gefärbten Gesichter mit dem unheimlichen Kopfschmuck aus Tierfellen nicht wohl zumute. Ebenso stumm und bewegungslos, aber mit abgewandten Gesichtern, saßen die Frauen und Kinder.

Es dauerte Stunden, bis das Vertrauen hergestellt war. Die Männer erhielten Tabak, die Frauen Salz und die Kinder bunte Perlen. Erst gegen Abend errichteten wir das Zelt und spannten eine große Plane zwischen zwei Pandanusbäume. Aus Sicherheitsgründen ist es klüger, nicht in einem geschlossenen Zelt zu schlafen. Es war schon vorgekommen, dass in der Nacht, meist um die Insassen zu berauben, das Zelt über den Schlafenden zum Einsturz gebracht wurde und die Räuber die hilflosen Insassen mit Knüppeln erschlugen.

Bei schönstem Wetter gelang es am nächsten Tag ein Schwein zu kaufen. Das Feilschen um das kostbare Tier hatte lange gedauert, endlich hoben meine Träger eine Grube aus und begannen, Geröllsteine zu erhitzen. Das sich heftig wehrende Schwein wird auf grausame Weise mit Pfeil und Bogen »erschossen«, zerteilt und mit Batatenblättern in der Grube gegart. Dieses »Schweinefest« machte die Träger wieder munter, und ich konnte mein Anliegen, Jälime zu sehen, dem Häuptling vortragen. Er gab uns einige Wano als Begleiter, und sie führten uns durch ein Zuckerrohrfeld zu einem Fluss, den wir mehrmals durchwateten. Bei einigen Felsblöcken blieben sie stehen und meinten, das sei Jälime.

Zu meinem Erstaunen war hier kein Steinbruch, die Papua nannten den Ort Quelle der Steinäxte, und kein anderer Name wäre zutreffender gewesen. Es war romantischer als in meiner Vorstellung: Ich befand mich mitten im Paläolithikum und erlebte die Altsteinzeit »live«, so wie wir in Europa vor siebzigtausend Jahren gelebt hatten. Es war faszinierend zu beobachten, wie die nackten Wano mit Feuer den harten Felsen brachen. Wenn sich nach Stunden kein Stein lösen ließ, sprach der Schamane mit dem Felsen und beschwor das Feuer. Dann schütteten die Papua kaltes Flusswasser auf die heißen Steine, und durch Schlagen mit Geröll lösten sich längliche Brocken. Da meine Träger für größere Stücke keine Verwendung hatten, sammelten sie Splitter und kleine Bruchstücke, um Messer daraus zu machen. Wie sensationell diese Entdeckung war, wurde mir erst langsam bewusst. Noch kein Europäer hatte diesem Schauspiel je beigewohnt und eine Zeitreise solchen Ausmaßes unternommen.

Bevor wir das Dorf der Wano verließen, hatte ich noch ein Erlebnis, das Erfahrung und Takt erforderte. Ich saß in meinem Zelt, schrieb Tagebuch, und um mich herum hockten wie gewohnt die Wano, welche nur neugierig zusehen und staunen wollten. Plötzlich kam Bewegung in die Runde. Ein Bub von etwa vier Jahren näherte sich scheu dem Zelteingang und brachte mir einen Arm voll sauber gewaschener Bataten. Mit lebhaften Gesten bedeutete man mir, nicht nur die süßen Kartoffeln, sondern auch den Kleinen als Geschenk anzunehmen. Gespannt wartete man auf meine Entscheidung. Was tun? Langsam ging ich zu seinem Vater, um mich bei ihm zu bedanken, und machte ihn dann auf meine Verletzungen aufmerksam. Die Verhandlung war schwierig und dauerte lange, da ich ihn nicht durch eine brüske Ablehnung beleidigen durfte. Ich vertröstete ihn auf später, wenn ich gesund zurückkäme und wir erneut verhandeln könnten. Die Klinge einer neuen Stahlaxt und Süßigkeiten für den Buben versöhnten beide.

Es war Mitte Mai geworden, und an der nächsten Missionsstation verabschiedete sich Phil. Er hatte sich als fähiger Partner erwiesen und fehlte mir bei den weiteren Unternehmen sehr. Ich zog nach Wamena und ließ mich vom Arzt der Regierung erst einmal behandeln. Er war entsetzt über die vielen eiternden Wunden an meinem Körper und die angeschwollenen Lymphdrüsen. Überall hatte ich Eiterungen von Blutegelbissen und Verletzungen von Dornen. Im Ordinationszimmer entdeckte ich eine Fünfkilodose mit der Aufschrift: »Ichthyolsalbe, Seefeld in Tirol«. Mit diesem Allheilmittel aus meiner Heimat bekam ich Umschläge, dazu Antibiotika, und nach einigen Tagen konnte ich den dritten Teil meiner Neuguineaexpedition, die Durchquerung der Insel nach Süden zur Arafurasee, starten.

Der holländische Geologe Gerard van der Wegen hatte den Plan, die Baliemschlucht zu erkunden, die auch auf meinem Weg lag, und half mir bei den Vorbereitungen. Durch seine Verbindungen konnten wir mit dem FMA-Missionspiloten Lebensmittelabwürfe organisieren und, was besonders wichtig erschien, zehn Muju engagieren, Männer eines Stammes, der bereits zum Christentum bekehrt war; einige von ihnen sprachen sogar etwas Holländisch. Damit sie beim Zusammentreffen mit anderen Stämmen nicht als feindliche Eindringlinge angesehen wurden, bekamen sie Hemden und Hosen und sahen aus wie Tuans.

Die politische Lage spitzte sich zu und wurde von Tag zu Tag unsicherer. Gerard äußerte sich pessimistisch über unser Vorhaben. Während ich an meinem Plan der Inseldurchquerung festhielt und das Segelhandwerkszeug wie meinen Augapfel hütete, wollte Gerard umkehren, wenn es nötig erschien. Die Informationen über den unbekannten Stamm in der Baliemschlucht, den alle als Passema bezeichneten, waren nicht gerade ermutigend, aber die Ungewissheit macht ja das Abenteuer aus. Kurz vor der Abreise bat mich der holländische Administrator in Wamena im Namen des Amerikaners David Rockefeller, an der Südküste nach dessen verschollenem Sohn Michael zu forschen.

Schließlich brachen wir auf. Die ersten Tage entlang des Baliemflusses kamen wir nur mühsam voran, aber wir konnten zusätzliche Träger und genug Bataten bekommen. Der ausgetretene Pfad war bald zu Ende, und wir kamen in eine Region, die noch kein Europäer betreten hatte und die Papua nur dann, wenn sie auf Frauenraub aus waren oder Rachezüge planten. Nach den Luftaufnahmen zu schließen, hätten wir schon in der Nähe der Passema sein müssen, aber Bergrutsche und Seitenflüsse ohne Brücken mussten bergauf, bergab umgangen werden. Wir marschierten und kletterten täglich acht bis zehn Stunden, kamen jedoch auf der Landkarte nicht mehr als drei Kilometer weiter. An einer Felswand vorbei erreichten wir den Grat eines zerklüfteten Kamms, aber wir sahen immer noch nicht das Tal der Passema. In einem dichten und sehr nassen Eichenwald gab es Unmengen von Blutegeln; vom Boden, aus den seitlichen Büschen und von den Ästen stürzten sie sich auf uns Warmblüter. Sie mit Salz und Tabak abzustreifen war Theorie, denn blieb man stehen, kamen mehr neue hinzu, als man los wurde. Also nur weiter, wenn sie voll wie kleine Würstchen aussahen, fielen sie ohnehin von selber ab.

Der Wald lichtete sich, und die Hänge waren terrassenförmig mit Batatenfeldern wie bei uns die steilen Weingärten angelegt. Ackerbau hatte jahrtausendealte Tradition, und mit den Steinen, die bei der Urbarmachung des Geländes beseitigt worden waren, hatten die Einheimischen mannshohe Mauern errichtet. Auf einer der ersten Mauern lagen zwei ausgeblichene Totenschädel, und an der Spitze eines dürren Baumes saß die Mumie des verstorbenen Besitzers und bewachte sein Feld. Die Träger verstummten, sie hatten Angst. Auch mir war eher mulmig zu Mute, aber meine Bedenken durfte ich nicht zeigen. Wir hatten in den letzten Dörfern bereits die Namen der zwei Häuptlinge gehört: Bota und Wahasuma, und sie wurden nur voller Respekt geflüstert. Etwas Unheimliches lag in der Luft, die Angst schien berechtigt. Von Nachbarstämmen wusste ich, dass die Pfeile der Passema Spitzen mit Widerhaken hatten; ob sie auch Gift verwendeten, konnte niemand sagen. Gemeinsam überlegten Gerard und ich, ob wir weit in die steilen Berge hinaufsteigen sollten, um das ganze Passemagebiet zu umgehen. Er sprach sogar von Umkehren, aber alle unsere Überlegungen waren müßig, denn plötzlich trafen wir hinter einem Bergrücken auf etwa hundert bewaffnete Papua. Die Verständigung gestaltete sich schwierig, denn hier sprach man einen anderen Dialekt. Mein Dani-Vokabular, das ich in den vergangenen fünf Monaten gelernt hatte, reichte nur zum Zählen und beinhaltete die Elemente Wasser, Feuer, Erde und Luft sowie Nahrungsmittel wie Bataten und Schwein, und auch die Träger waren hilflos. Gerard hatte eine Schrotflinte, um einen seltenen Paradiesvogel erlegen zu können. Sie kam uns nun sehr gelegen. Um den Passema zu imponieren, schoss er auf den weichen Stamm einer Pandanuspalme. Erschrocken stoben sie auseinander und rannten davon. Langsam nur kamen sie zurück und bewunderten die vielen Einschusslöcher und vor allem das zersplitterte Holz auf der anderen Seite des Stamms, wo die kleinen Kugeln ausgetreten waren. Sie klopften mit dem Daumennagel an ihre Penishüllen, ein Zeichen für Erstaunen und Bewunderung.

Wie bei den Wano hatte auch hier der Buschtelegraph eine Warnung verbreitet. Nach dem Schuss machten die Passema den Weg frei, und wir gelangten zu ihren Hütten. Es stellte sich heraus, dass Passema ein Sammelbegriff für ein großes Gebiet mit vielen Dörfern sein musste, das von den zwei Häuptlingen Wahasuma und Bota beherrscht wurde. Während üblicherweise die Stämme etwa einhundert Seelen zählten, lebten nach Schätzung der Hütten im Passemagebiet über zweitausend Papua.

Vor einer größeren Hütte begannen wir, die beiden sechs mal sechs Meter großen Zeltplanen aufzuspannen. Es regnete heftig, und der freie Platz bestand nur noch aus Schlamm. Plötzlich teilte sich die neugierige Menge, und zwei Männer erschienen; es gab keinen Zweifel, das mussten Wahasuma und Bota sein. Ich konnte verstehen, dass sie die Häuptlinge waren, denn auch ohne Bemalung und Federschmuck imponierte vor allem der etwa 1,80 Meter große Bota. Sein Körper, mit Narben übersät, zeugte von Mut und Draufgängertum, und sicher ging er im Kampf den anderen voraus, und der Pfeilregen des Feindes traf ihn als Ersten.

Um die Gunst der beiden schweigsamen Führer zu erwerben, aber auch um den Hunger der Expeditionsteilnehmer zu stillen, gab ich ein Schweinefest. Süße Kartoffeln wurden gebracht, doch die friedliche Stille konnte die Spannung nicht verbergen. Als besonderes Geschenk hatte ich seit Wamena eine glänzende neue Stahlaxt im Gepäck, speziell für diese heikle Situation gedacht. Nach meiner Erklärung, dass er mit diesem Beil einen Baum in Stunden statt in Tagen fällen könne, steckte Bota das Geschenk achtlos in das Strohdach seiner Hütte, als wolle er fragen: »Warum schneller?«

Die Situation wurde nicht gelöster, und ich musste mich entscheiden. Wieder einmal machte ich die Erfahrung, dass es besser ist, bei einem unbekannten Stamm erst am späten Nachmittag einzutreffen, sodass man, wenn die Lage brenzlig wird, so schnell wie möglich am nächsten Morgen wieder aufbrechen kann, noch bevor die Einheimischen begreifen, wie überlegen sie sind. Sich mit Gewalt zu wehren ist genauso undenkbar wie davonzulaufen.

Bei Morgengrauen waren die Zeltplanen bereits verpackt, und wir sahen nur die Speerspitzen der Männer hinter den Mauern vorbeiziehen; irgendeine Aktion der Passema war zu befürchten. Gerard schloss sich meiner Entscheidung, weiterzugehen, an. Es war wieder einmal der »Point of no return«. Hilfe konnten wir nicht erwarten, und unsere Träger trieb auch die Angst zur Eile. Geschlossen marschierten wir aus dem Dorf Richtung Süden. Manchmal tauchte ein Mann am Wegesrand auf und wies uns mit der Hand die Richtung; ob er uns aber irreführen wollte, konnten wir nicht wissen. Vielleicht war es ein ungerechter Verdacht, aber diese Steinzeitmenschen hatten eine andere Denkweise als wir, und so verließ ich mich nur auf meinen Instinkt.

Zu all den Schwierigkeiten passierte mir auch noch ein persönliches Unglück. Über einen reißenden Nebenfluss des Baliem führte eine schmale Hängebrücke. Unter meinem Gewicht und den zusätzlichen fünfundzwanzig Kilogramm meines Rucksacks riss eine Liane, ich brach mit einem Bein durch den Boden und hatte entlang des Schienbeins eine Wunde. Wir mussten weiter, und die Verletzung konnte vorerst nicht behandelt werden.

Trotz der Probleme erreichten wir auf den Tag genau am 1. Juni eine Lichtung mit Feldern und wenigen Hütten, wo wir den Abwurf der Versorgungslasten geplant hatten. Bereits eine Stunde unterhielten wir mit Laub ein Rauchfeuer, als ein kleiner gelber »Vogel« zwei Runden drehte und fünf Säcke mit Reis abwarf. Jetzt kamen die Papua aus ihren Hütten, und wir erkannten, dass alle Männer und Frauen an Frambösie litten, eine Hautkrankheit, die man in Neuguinea häufig antrifft. Ihre Haltung uns gegenüber schien alles andere als freundlich. Man wusste nicht, wer mehr Angst hatte, sie vor uns oder wir vor ihnen. Als Träger wollten sie nicht mitkommen, deshalb ließen wir die Lasten unserer zehn Muju öffnen, um unnötigen Ballast auszusortieren. Erstaunlich, was alles zum Vorschein kam, bis zu Flaschen und Haarpomade. Vor allem aber mussten sie die alten Sachen, die sie am Leib trugen, gegen die guten neuen, mit denen wir sie ausgerüstet hatten, auswechseln. Wir warfen noch die schweren Juteübersäcke der abgeworfenen Lasten auf den Haufen, und selbst von dem wertvollen Reis mussten wir etwas zurücklassen. Immer noch schwer beladen begannen wir den Weitermarsch. Als sich die stillen und unfreundlichen Papua auf den zurückgelassenen Haufen stürzten, von dem sie nicht einen einzigen Gegenstand kannten, reichte ihre Phantasie sicher nicht aus, um zu verstehen, wozu diese Dinge nützlich sein konnten.

Nun hatten wir endgültig die Region der Bergpapua verlassen und betraten das Niemandsland auf dem Weg zu den Küstenbewohnern. Nach vier Wochen wurde der reißende Baliemfluss zum ruhigen Strom. Wenn ich alle Leiden und Entbehrungen dieser letzten Etappe im Detail schilderte, man würde mir nicht glauben: Wir bauten Brücken über breite Nebenflüsse und Leitern, um senkrechte Wände zu ersteigen. Der Reis begann zu gären, die Rationen wurden immer kleiner. Die Orientierung mit dem Kompass wurde durch riesige Dolinen ungenau, wir zählten die Schritte und konnten auf der Karte tagelang nur wenige Kilometer zurückgelegte Distanz eintragen. Zu den Zecken und Läusen des Dschungel kamen wieder Blutegel, und eines Tages weigerten sich die geschwächten Träger, weiterzugehen. Gerard und ich nahmen zunächst keine Notiz davon, als die Muju sich jedoch noch immer nicht in Bewegung setzten, schoss Gerard Schrot über ihre Köpfe. Dieser Schreckschuss war nötig, denn wären sie sitzen geblieben, hätten die Blutegel sie in kurzer Zeit zu Tode gesaugt. Mir waren Fälle im Himalaja bekannt, wo Gurkhasoldaten sich verirrt hatten und nur mehr als Skelette gefunden worden waren. Es musste Böses geschehen, um Gutes zu erreichen.

Gerard hatte seine liebe Not mit der Flinte, vor allem, wenn er sich durch den nur schmal freigeschlagenen Pfad des dichten Dschungels bewegte, blieb er mit seinem Gewehr immer wieder hängen. Dabei war das Repertoire seiner nicht zu übersetzenden Flüche in holländischer Sprache unerschöpflich. Trotz aller Unbill gab es auch Momente, auf die man sich freuen konnte. Am

Abend, wenn die Planen gespannt waren, streifte ich die durchnässte Kleidung ab und ließ sie einfach im Schlamm liegen. Aus einem Plastiksack zog ich den trockenen Trainingsanzug heraus und kletterte in die Hängematte. An den Morgen, wenn man die trockenen Sachen wieder wasserdicht verstauen, die nassen Kleider auswinden und über die warme Haut ziehen musste, an den dachte ich noch nicht.

Wir befanden uns noch zweihundert Kilometer von der Küste entfernt, aber wir konnten im Fluss schon die ersten Fische fangen. Im Dschungel entdeckten wir eine morsche Sagopalme, die voller Maden war. Meine Träger weigerten sich trotz ihres leeren Magens, sie zu fällen; der Baum hatte irgendwo einen Besitzer, und es wäre unser sicherer Tod, wenn wir uns an fremdem Eigentum vergriffen. Wir einigten uns, den Wert des Baumes in Gulden zu deponieren. Die daumendicken gelbweißen Maden wurden in der Glut des Feuers gegrillt, und alle konnten sich seit Wamena das erste Mal satt essen.

Während wir ein Floß aus Balsaholz bauten, konnten wir uns gut genug erholen, um die nächsten Abenteuer zu bestehen. Voll beladen schossen wir in den Stromschnellen auf quer liegende Bäume, es krachte, einige Muju flogen in hohem Bogen ins Wasser und kamen schnell zurück, denn hier lagen bereits Krokodile von sechs bis sieben Meter Länge im Schilf des Ufers auf der Lauer. Das schöne Floß hatte seine Form bald eingebüßt, aber nach dem nächsten Krach war es wieder gerade. Der mäandrierende Strom floss träge und langsam dahin. Langeweile gab es nicht, denn der Gezeitenunterschied von der nahen Küste wirkte sich verwirrend auf die Strömung des Wassers aus und musste beobachtet werden.

Jetzt, wo wir uns in Sicherheit fühlten und die Expedition zu Ende ging, fand ich Zeit, über manches Erlebte nachzudenken. Es gehörte einfach dazu, dass es schlechte Laune, Schimpfen und Fluchen gab, es half, vorhandene Spannungen abzubauen, denn meistens musste jeder mit seinen Problemen allein fertig werden. Aber erfolgreich konnten wir nur als Team sein. Jetzt teilten wir auch die Freude, und ich konnte zufrieden sein, dass die Entdecker Neuguineas es mir überlassen hatten, wichtige Punkte der Insel zu erforschen. Ich empfand es auch als befriedigend, dass bei der Besteigung des höchsten Berges und bei der Durchquerung ein Holländer dabei gewesen war. Auch für das Selbstbewusstsein der Papua von West-Neuguinea, dem größten naturhistorischen Museum unserer Erde, wird es eines Tages, wenn sie unabhängig sind, eine große Genugtuung sein, dass Dani, Wano und Muju an der Erforschung ihrer Heimat Anteil hatten.

In Agats an der Arafurasee angekommen, sorgte der holländische Administrator De Jong dafür, dass unsere Wunden behandelt wurden, und wir erfuhren, dass die Indonesier mit der Invasion noch nicht begonnen hatten. Bevor ich die Rückreise antrat, gelang es mir noch, mehr über das Schicksal von Michael Rockefeller zu erfahren, und ich sandte folgenden Kurzbericht an seinen Vater, den ich später bei einer Einladung in New York noch persönlich kennen lernen durfte.

»Asmat, 25. Juni 1962

Die Gerüchte, dass in einem Dorf, wo es noch Kannibalismus gibt, eine Uhr gefunden wurde, stimmen nicht, hingegen ist Tatsache, dass zwei rote Kanister an Land geschwemmt wurden, die Michael Rockefeller als Schwimmgürtel verwendet hatte. Nachdem Michael im Hochland völlig furchtlos mitten im Pfeil- und Speerregen einer Stammesfehde sensationelle Bilder gemacht hatte, wollte er an der Küste für ein Museum noch Gegenstände der berühmten Asmatkünstler sammeln. Zusammen mit dem Holländer René Wassing hatte er zwei Einbäume mit Blechdach gegen den Regen zu einem Katamaran umgebaut. Um das Floß besser manövrieren zu können, verwendeten sie einen Außenbordmotor.

Bereits am frühen Morgen hatten sie Agats verlassen und in den Dörfern Per und Jepen wertvolle Objekte eingetauscht. Schwer beladen steuerten sie Eilanden an, das Michael Rockefeller nie erreichte. Der Katamaran geriet in die ins offene Meer stürmenden Winde und in die Turbulenzen der Arafurasee. Eine Welle schlug über das Boot, der Motor ging aus und machte das Boot manövrierunfähig. Das war um vier Uhr nachmittags. Die zwei Einheimischen sprangen sofort ins Wasser und schwammen zum etwa einen Kilometer entfernten Ufer. In der Nacht erreichten sie ihr Dorf und schlugen Alarm. Michael Rockefeller und René Wassing hatte die Strömung in der Zwischenzeit ins offene Meer getrieben. Die beiden verbrachten eine grausame Nacht. Noch in der Dunkelheit kenterte ihr Boot. Den jungen Männern gelang es, auf das Wrack zu klettern und sich vorerst zu retten. Selbst für einen alten Seebären wäre es ein Alptraum gewesen, denn zwischen Neuguinea und Australien staut sich das Wasser durch die enge Torresstraße zu riesigen Wellen. Der Gezeitenunterschied zwischen Ebbe und Flut erreicht hier die Rekordhöhe von elf Metern. Die beiden klammerten sich an die glatten Einbäume und überstanden unter unvorstellbaren Gefahren die Nacht.

Am Morgen meinte Wassing, sie müssten ausharren, bis Rettung kam. Michael Rockefeller war anderer Ansicht und wollte die etwa fünfzehn Kilometer ans Ufer schwimmen. Dieser Entschluss entsprach durchaus der Mentalität des vitalen jungen Mannes. Er wollte nicht tatenlos abwarten, verwendete zwei rote Benzinkanister als Schwimmkörper und begann seinen mutigen, aber unseligen Entschluss in die Tat umzusetzen. Schätzungsweise fünfzehn Kilometer bei normalen Verhältnissen zu schwimmen bedurfte schon übermenschlicher Kräfte, aber bei hohem Wellengang und dem Wechsel von Flut und Ebbe war es aussichtslos. Dazu kam die Gefahr der Haie im offenen Meer, der Krokodile an der Küste und an Land womöglich noch jene von Kannibalen – Michael hatte keine Chance.

Alle von Hoffnung getragenen Gerüchte hatten mit der traurigen Wahrheit nichts zu tun, dass der junge Forscher seinen Mut mit dem Leben bezahlen musste. René Wassing entdeckten die Suchflugzeuge, und er wurde gerettet. Er hatte die bessere Entscheidung getroffen.«

Ich erfuhr, dass Michael Rockefeller wiederholt den Wunsch geäußert hatte, einmal einen Wasserfall zu entdecken. Auf unserer Expedition hatten wir von der Quelle bis zur Mündung des Baliem viele Stromschnellen und Wasserfälle gesehen, den größten unter ihnen widmete ich Michael Rockefeller. Gerard van der Wegen, der treue und lieb gewordene Gefährte, verabschiedete sich mit dem Versprechen, mir eine Kopie der geologischen Linie, die er trotz aller Schwierigkeiten erkundet hatte, später nachzuschicken. Die zehn Träger vom Stamm der Muju bekamen zusätzlich zu ihrem Lohn die versprochene Prämie, eine Armbanduhr, reichlich Verpflegung und Tabak. Vor allem war es meine Pflicht, sie sicher in ihr Heimatdorf Tana Mera zurückzubringen. Dem holländischen Administrator De Jongh stand meine Garantiesumme, die ich zu einer eventuellen Rettung bei der Regierung deponiert hatte, zur Verfügung, um Flugzeug und Boote für sie zu finanzieren.

Jeder Muju musste mit seinem Fingerabdruck den Erhalt des Lohns bestätigen. Der Zettel ist mir ein liebes und wertvolles Dokument von Menschen, die keine Schrift kennen und im Hochland mit ihren Penisköchern als »Wilde« angesehen werden. Aber ich hatte die Muju in den zurückliegenden Wochen besser kennen gelernt, hatte ihre Gefühle, Ängste und Freuden miterlebt. Sie haben andere Sitten, auch eine andere Moral, sind aber deshalb gewiss nicht »wilder« als mancher Weißer.

Nach einem halben Jahr ging meine schwerste Expedition zu Ende. Ich denke an die Gefährten und Freunde, die mich als Seilschaften begleitet hatten: die Holländer Bert Hiuzenga und Gerard van der Wegen, den Australier Russel Kippax und den Neuseeländer Phil Temple. Jeden von ihnen würde ich gerne wieder auf einer Expedition als Partner dabeihaben.

Neuguinea bleibt meine entbehrungsreichste Expedition, und wie jedes größere Unternehmen erlebt man auch die Faszination des Abenteuers mehrmals: bei der Vorbereitung, der Ausführung und beim Betrachten und Auswerten der Bilder und Tagebücher. Auch Wunschbilder, die während der Expedition so wichtig sind, wie dass man anstelle von Moorwasser, durch verschwitzte Socken gesiebt, nur mehr gekühltes Bier trinken wird oder dass man statt süßer Bataten zu Hause geröstete Kartoffeln mit einem Spiegelei essen wird – ist man wieder zu Hause, sind sie keine Wünsche mehr und vergessen. Das Unangenehme lässt man zurück. Was bleibt, ist der Reiz, die Gegensätze zu erleben und beides zu genießen. Auch habe ich in den langen Monaten in Neuguinea wieder einmal bestätigt bekommen, dass sich die Natur nicht besiegen oder erobern lässt. Das musste ich an den elementaren Kräften des Wassers am eigenen Leib erfahren.

Von Sydney aus schickte ich Carina ein langes Telegramm, dass die Expedition glücklich zu Ende gegangen war und ich an meinem fünfzigsten Geburtstag in Frankfurt landen würde. Vor dem Abflug überreichte mir der österreichische Generalkonsul die Anfrage eines *Life*-Korrespondenten, mich zum Interview zu treffen. Meine Antwort: bei Zwischenlandungen in Singapur, Bangkok, Bombay oder in Frankfurt. Ich stieg in die Alitalia-Maschine 707 ein, und als ich in Bangkok gerade einige meiner Lieblingsfrüchte, Mangustin, kaufte, wurde ich über Lautsprecher zum Auskunftsschalter gerufen. Der *Life*-Korrespondent hatte für mich ein Zimmer reserviert, und so unterbrach ich meinen Heimflug in Bangkok.

Am frühen Morgen meldete sich ein Journalist und zeigte mir den damals noch üblichen Telegrammstreifen einer Meldung der Nachrichtenagentur Reuters: »Die Alitalia Maschine 707, die am 6. Juli in Bangkok aufgestiegen ist, ist überfällig.« Ein zweiter Streifen besagte, dass sich der österreichische Forscher Heinrich Harrer an Bord der vermissten Maschine befände. Ich erinnerte mich, dass im Flugzeug neben mir ein junger Pilot saß, der zum Urlaub nach Europa flog. Er beabsichtigte, das Matterhorn zu besteigen, und fragte, ob es gefährlich sei. Mit einem Bergführer sei das nicht gefährlicher als Fliegen, war meine Antwort gewesen.

In der Halle saß die Crew, die in Bangkok gewechselt hatte. Sie wusste inzwischen, dass die Alitalia 707 im Monsun beim Anflug auf Bombay in den Ghat-Bergen zerschellt war und keiner der siebenundneunzig Insassen überlebt hatte. Auf die Frage der vielen Reporter, warum ich den Flug unterbrochen hatte, antwortete ich: »But for *Life* I wouldn't be alive«; wenn *Life* nicht gewesen wäre, wäre ich nicht mehr am Leben.

Carina hatte bange Stunden mitgemacht. Die deutschen Sonntagszeitungen brachten auf den Titelseiten, dass ich in der verunglückten Maschine gewesen sei. Erst mein Telegramm aus Bangkok brachte ihr die erlösende Gewissheit, dass ich als einziger Passagier ausgestiegen war. Eine Lufthansamaschine brachte mich nach Bombay, und mit einem anderen Flugzeug ging es weiter nach Frankfurt. Auf der Landebahn hatte sich eine Schar von Reportern versammelt, und mitten unter ihnen wartete Carina. Einige Wochen später, am 10. August 1962, heirateten wir.

Carina gab ihren Beruf auch nach der Hochzeit nicht auf und behielt die Wohnung in Frankfurt, wie ich mein Heim in Liechtenstein. Als der Liechtenstein-Verlag in Kitzbühel den Bau eines Hauses finanzierte, das er seinen Autoren zum Arbeiten anbieten wollte, richteten wir es als unser Ferienhaus ein. Dort hielten wir uns meist auf, wenn ich in Europa war, bis wir im liechtensteinischen Mauren ein Haus bauten.

Oft waren wir monatelang getrennt und hatten kaum Nachricht voneinander. Rückblickend bin ich froh, immer auf Funkverbindung verzichtet zu haben. Es war für die in der Heimat Gebliebenen wie für mich viel besser, ohne Kontakt zu sein. Ich konnte mich auf den Ablauf der Expedition konzentrieren, und zu Hause brauchte man sich nicht zu sorgen, wenn es aus technischen Gründen keine Verbindung gab. Fern der Zivilisation war ich zeitlos, ungebunden, fühlte mich locker und entspannt. So waren Briefe der einzige Kontakt, die uns sogar im Dschungel Neuguineas erreicht hatten, wenn das Flugzeug sie mit den Lebensmitteln abwarf.

Für Carina war das Leben an meiner Seite sicher nicht immer leicht, und doch wurde auch für sie die Verbindung zur wichtigsten im Leben. Sie selbst schilderte es einmal so: »Unsere Ehe begann nach Heinrichs glücklicher Rückkehr aus Neuguinea. Ich arbeitete damals in der Werbeabteilung eines großen Chemiekonzerns. Mein Mann ging weiter auf Expedition, und ich lebte mich langsam in seine Interessensgebiete ein. Es war uns beiden von Anfang an klar, dass ich nicht in der Lage sein würde, an seinen schwierigen und strapaziösen Forschungsreisen teilzunehmen. Es blieb auch zu Hause genug zu tun: auswerten der Tagebücher, ordnen der nach Europa gesandten ethnographischen Gegenstände und meistens auch schon Vorbereitung der nächsten Reise.

Seine Liebe zu den Menschen und der Kultur vor allem Ostasiens zu teilen fiel mir nicht schwer, da mein Vater Fritz Ferdinand Haarhaus, der elf Jahre in China gelebt hatte, und dessen Vetter Eduard von der Heydt mich von frühester Kindheit an mit dieser Kultur vertraut gemacht hatten. Vetter Eduard war Bankier in Berlin und langjähriger Besitzer des Monte Verita bei Ascona. Seine Sammlung wuchs mit den Jahren, er stand mit allen bedeutenden Kunsthändlern in Paris, London, Hamburg und Köln in Verbindung. Heute kann man die von der Heydtsche Sammlung in Zürich im Rietberg-Museum und im Von-der-Heydt-Museum in Wuppertal, der Heimatstadt meiner Familie väterlicherseits, anschauen. Beiden Museen machte er seine Sammlungen, die später in Wuppertal auch Gemälde französischer Impressionisten und der Moderne aus Frankreich und Deutschland enthielten, zum Geschenk. So war es ganz selbstverständlich für mich, dass ich die Freude meines Mannes am Sammeln, vor allem tibetischer Kunst, begeistert unterstütze und mich an jedem neu erworbenen Stück erfreue.

Die Familie meiner Mutter stammte aus Thüringen. Sie war im Besitz der Sonneberger Spielwarenfabriken, und es gab für uns Kinder nichts Schöneres, als durch die Musterzimmer geführt zu werden und die wunderschönen großen und kleinen Puppen zu bewundern. Herausragend und von uns Kindern besonders geliebt war mein Großvater Oskar Dressel, der als Chemiker bei Bayer-Leverkusen 1916 das Mittel gegen die Schlafkrankheit, Germanin, entdeckt hatte. Es war eine schöne Kindheit, eingehüllt in Liebe und Fürsorge.

Da Heinrich ein fleißiger Mensch ist, bin ich froh, ihm helfen zu können und ihm manche Dinge des täglichen Lebens abzunehmen. Trotz unserer Verschiedenheit teilen wir wesentliche Standpunkte und entwickeln gemeinsame Wünsche, wie der Besuch der Festwochen in Salzburg. Wahrscheinlich führen wir kein in feste Formen geprägtes bürgerliches Leben, aber es ist eine gute und glückliche Ehe geworden, auch wenn man erst lernen muss, mit einem Forscher verheiratet zu sein.

Meinen Mann zu charakterisieren ist dem Journalisten Dietmar Polaczek gelungen, der schrieb: ›Heinrich Harrer wirkt nicht sehr europäisch. Das ist ja ein Asiate, sagte nach einem Abend mit Harrer ein Kärntner Freund zu mir. Bist du sicher, dass er aus Kärnten stammt? Na ja, sicher bin ich nicht. Der alpinistische und forschungsreisende Superlativ Harrer sagt: „Superlative werden schnell langweilig." Er ist ungeheuer ausgeglichen, fast wie ein Yogi, sozusagen ein Superlativ der von den Extremen fernen Mitte. Milde geht er über Dinge hinweg, die ihm nicht gefallen, ohne sie zu übersehen, aber auch ohne Angriffslust. Vielleicht doch ein Asiate?‹«

Einige der Steine, die ich von der Jälime-Quelle mitgebracht hatte, zeigte ich dem Grazer Geologen Professor Angel, den ich noch aus Studienzeiten kannte. Er bestimmte sie als Silex von hohem Härtegrad. Aus meinen Tagebüchern entstand ein Buch, das im Frühjahr 1963 erschien und in fünfzehn Sprachen übersetzt wurde. Es trug den Titel: »Ich komme aus der Steinzeit« und dokumentierte meine Erfahrungen auf der unvergesslichen Reise in die Vergangenheit.

Bei den Indianern am Xingufluss

In den sechziger Jahren, als immer mehr tibetische Flüchtlinge in Europa Asyl bekamen, wollten auch Carina und ich einen aus seiner Heimat vertriebenen Tibeter aufnehmen. 1964 reiste ich nach Nepal, und als ich in Neu-Delhi Station machte, ergab sich eine gute Gelegenheit. Ein junger Mann sprach mich im vertrauten westtibetischen Dialekt an und fragte, ob er als Diener mit mir mitkommen könne. Von der Exilregierung in Dharamsala und dem indischen Außenamt mussten Genehmigungen eingeholt werden, und ein halbes Jahr später holten wir Tenzing, wie der junge Tibeter hieß, am Flughafen in Zürich ab und fuhren nach Liechtenstein.

Sein Zimmer mit Dusche empfand Tenzing als Luxus, wie er ihn noch nicht erlebt hatte, und seine Dankbarkeit war überschwänglich. Er bekam ein Monatsgehalt und kochte himmlisch, ganz nach unserem Geschmack. Wenn er tibetische Gerichte oder Curry zubereitete, verwendete er reichlich Gewürze, die er mitgebracht hatte, und seine Momos waren saftig und schmackhaft. In den vier Jahren, die Tenzing bei uns blieb, duftete unsere Küche nach den wunderbarsten Gewürzen: Ingwer, Koriander, Kardamom, Kreuzkümmel und Safran.

Was Tenzing nicht einsehen wollte, war die Tatsache, dass wir doch wohlhabende Leute seien, aber in einem Haus mit Decken und Balken aus altem Holz wohnten. Unverständlich waren ihm auch die vielen Antiquitäten, die auf dem Kaminsims lagen. Eines Tages hatte er auf einer Frühlingswiese den gerissenen Riemen einer Bindung und den gebrochenen Teller eines Skistocks gefunden und stillschweigend zu den wertvollen Ethnographika gelegt: »Ihr sammelt doch alte Gegenstände.«

Tenzing hatte manchmal Atemschwierigkeiten, und im Innsbrucker Krankenhaus wurde Asthma diagnostiziert. Carina sorgte dafür, dass er jeden Tag die vorgeschriebenen Arzneien einnahm, die ihm Linderung brachten und das Leben erleichterten. Da er nur Tibetisch konnte, hatte Carina genug von seiner Sprache gelernt, um Wünsche äußern und sein Wesen besser verstehen zu können. Seine anfänglich übertriebene Gefügigkeit änderte sich manchmal zu eigenwilligen Handlungen. Einmal hatte er einen ungewöhnlichen Gefühlsausbruch; fast hysterisch meinte er, dass böse Geister ihn mit einer Geschlechtskrankheit bestraften, denn er hätte Blut im Urin, obwohl er ohne Frau lebte. Am nächsten Tag war er wieder »sauber«, und die Erklärung dafür waren Rote Beete, die wir zu Mittag gegessen hatten.

Für Carina war Tenzing mit seinem unberechenbaren Wesen immer etwas unheimlich, während ich, der fast das halbe Leben in Asien verbracht hatte, viel leichter mit ihm umgehen konnte. Eines Tages sprach er von seiner Jugend in einem hoch gelegenen Dorf, wo der Abt des Klosters ihn als Orakel in Betracht gezogen hatte. Das erklärte so manche seiner Reaktionen und erinnerte mich an die geheimnisvollen Hellseher, die nach Luft rangen und dann in Ohnmacht fielen.

Tenzing lebte zufrieden in unserem Haus und ging wie wir alle zum jährlichen Jahrmarkt, wo er meist den ganzen Abend seine Umgebung zu Brathuhn und Bier einlud. Am Tag darauf erzählte er, dass alle seine Ersparnisse verbraucht seien, und erklärte mit Stolz, dass dies der Grund sei, warum er keine Frau wolle, der er Rechenschaft ablegen müsste.

Nach vier Jahren als Junggeselle wollte er längeren Urlaub, um in der Schweiz tibetische Freunde zu besuchen. Carina gab ihm die täglich notwendigen Medikamente mit, dann hörten wir nichts mehr von ihm. Später erfuhren wir, dass er in einem Flüchtlingslager als Koch arbeitete. Sechs Monate nachdem er uns sang- und klanglos verlassen hatte, benachrichtigte uns die offizielle Schweizer Tibethilfe, dass Tenzing bei einem Asthmaanfall erstickt war. Es gab keinen Zweifel, der Ernst seiner schweren Krankheit war im Lager nicht bekannt gewesen, und er selbst hatte die regelmäßige Einnahme der Arzneien vernachlässigt.

Vielleicht ist er inzwischen in einem kleinen tibetischen Dorf als Orakel wiedergeboren worden.

Ich war mitten in den Vorbereitungen für meine nächste Expedition. Überlegungen, ob ich wieder auf Forschungsreise gehen sollte, kamen mir nicht, die Frage war nur, welches Ziel sich bot. In der Forschung allgemein und bei geographischen Expeditionen im Besonderen spielt bei der Planung die Phantasie eine große Rolle. Mögliche Überraschungen können gut einkalkuliert werden, wenn man ausreichend Zeit und Geduld schon auf die Vorbereitung verwendet. Und der Reiz, der beim Erforschen das große Abenteuer ausmacht, bleibt trotzdem erhalten. Man braucht zur Ausführung die Idee, Tatkraft, Disziplin und Optimismus, ohne mutwillig Gefahren auf sich zu nehmen. Das überlässt man dem sprichwörtlichen Mameluck, der mit religiösem Fanatismus sein Leben riskiert.

Nach Neuguinea hoffte ich, auch im Dschungel des Amazonas die Faszination des Fremden zu erleben. In der brasilianischen Provinz Mato Grosso gab es seriösen Berichten zufolge noch Stämme, die im Neolithikum, in der neuen Steinzeit lebten: die Xinguindianer. Sie waren bereits 1884 von dem deutschen Forscher Karl von den Steinen gesichtet worden, als er den zweitausend Kilometer langen Xingufluss entdeckt hatte, einen der größten Nebenflüsse des Amazonas. Mit welchen Schwierigkeiten von den Steinen zu kämpfen hatte, erfährt man aus seinen Notizen. Er war weder im Besitz einer Landkarte über den Verlauf des Xingu, noch hatte er ausreichend Medikamente im Gepäck. Wie groß dieser Mangel war, begreift man, wenn man liest: »Heute nur noch achtunddreißig Grad Fieber. Wir marschieren weiter.«

Obwohl auch ich immer bescheiden ausgerüstet war, um beweglich zu sein, muss man die Pionierleistung dieser Männer anerkennen und ihnen für ihre Forschungsarbeit dankbar sein. Wenn ich diesmal nicht der Erste war, konnte ich auf ihre Erfahrungen aufbauen, und es gab immer noch viel Neues zu sehen und zu schildern. Ich hatte den spannenden Bericht von Karl von den Steinen gelesen und alles, was ich über die Fawcett-Expedition finden konnte. Darunter auch das Buch von Peter Fleming, der auf der Suche nach Spuren des verschwundenen Oberst Fawcett und seinem Sohn das Gebiet bereist hatte. Zur weiteren Vorbereitung besuchte ich Professor Schaden, den großen Wissenschaftler für Indianerforschung an der Universität in São Paulo. Er selber war noch nicht bei den Xingu gewesen und sparte mit seinen Antworten und Informationen so sehr, dass ich ohne neue Nachrichten wieder abzog. Zum ersten Mal bin ich aus Schaden nicht klug geworden. Sein Verhalten erinnerte mich an einen Satz meines Lieblingsschriftstellers Rudyard Kipling, der in seinem Buch »Kim« schon vor mehr als hundert Jahren feststellte: »Wir Ethnologen sind alle eifersüchtig wie die Dohlen auf unsere Entdeckungen. Sie sind für keinen Menschen von Interesse als für uns selbst.«

Doch noch in derselben Stadt sollte ich genau das Gegenteil erleben. Der Deutsche Wolfgang Bücherl arbeitete seit 1939 am Butantaninstitut, dem »Haus der Gifte«, und versorgte mich bereitwillig mit Informationen, Warnungen und Ratschlägen, vor allem aber auch mit einem Serum gegen Schlangen und Skorpione. Auf allen meinen Unternehmungen war ich bisher nur selten Schlangen begegnet. Im dichten Dschungel bewegt man sich durch das geräuschvolle Freischlagen des Weges mit dem Buschmesser so laut, dass die scheuen Tiere flüchten. Nur einmal zischte eine Otter gegen meine Machete, als ein Sonnenstrahl den Stahl aufblitzen ließ. Besondere Vorsicht ist auf den neu gebauten Straßen in den Vorbergen des Himalaja geboten, denn die Tiere haben ihr Leben lang dieselben Wechsel auf Nahrungssuche benutzt und kreuzen dabei die Straßen. Seit ich einmal den tödlichen Knall beim Überfahren einer Schlange gehört habe – es klang wie ein Reifenplatzer –, mache ich jeden Fahrer darauf aufmerksam, auf Reptilien zu achten.

Im Herbst 1966 begann ich meine Reise. Um mehr Zeit zum Tagebuchschreiben zu haben, begleitete mich mein Kärntner

Landsmann Herbert Raditschnig, der die Kamera bedienen sollte, denn ich hatte wieder den Auftrag, für den Hessischen Rundfunk eine Sendung zu machen. Ich wusste, dass Herbert sich für meinen Plan interessierte und körperlich so gut war, dass er den Strapazen der Tour gewachsen sein würde. Um uns den langen Anmarsch zum Xingu zu ersparen, ersuchten wir um die Erlaubnis, in einer alten Maschine, die in Mato Grosso eine Militärstation versorgte, mitzufliegen. Es war ein abenteuerlicher Flug. Wir saßen in Metallschalen an der Wand, und zwischen uns lag ein mit Fliegen bedeckter frisch geschlachteter Ochse.

Um die Indianerstämme am Xingu zu schützen, hatte man schon in den fünfziger Jahren ein Reservat, den späteren Parque Nacional do Xingu, geschaffen, der Gummisucher, Missionare und Makler fern halten sollte. Diese hatten in der Vergangenheit

Grippeepidemien ausgelöst, die die Indianerbevölkerung drastisch reduzierten. Doch allein die Tatsache, dass man mit einem Flugzeug mitten im Reservat, in der Militärstation Posto Leonardo, landen konnte und die Indianer natürlich medizinisch versorgt wurden, öffnete zivilisatorischen Errungenschaften Tür und Tor und veränderte die einheimischen Lebensgewohnheiten. Um zum Beispiel an die farbenprächtigen Federn des Tukan, auch Pfefferfresser genannt, zu kommen, lockten die Indianer früher den Vogel mit Tierlauten heran, schossen ihn mit einem leicht vergifteten Pfeil vom Baum, zupften ihm einige der roten und gelben Federn aus und ließen ihn dann wieder fliegen. Inzwischen trugen die Indianer voller Stolz ein Gewehr und töteten den Tukan auf große Entfernung. Sie verloren die Fähigkeit, Tierlaute nachzuahmen, und Pfeil und Bogen wurden überflüssig. Auch waren sie durch schlechte Erfahrungen vorsichtig geworden, und es bedurfte einiger Mühe, ihr Vertrauen zu gewinnen.

Es gab für uns viel zu beobachten und aufzunehmen, so etwa den Anbau und die Ernte des Maniok, der wichtigsten Feldfrucht. Interessant war, wie die Frauen die Wurzeln auf einem Brett mit Piranhazähnen zu Brei rieben, um dann die giftige Blausäure herauszuwaschen und die schmackhaften Fladen zu backen. Wir filmten sie beim Fischen, wenn sie eine bestimmte Pflanze zu Brei rieben und mit dem giftigen Saft die Fische betäubten. Die vergifteten Innereien nahmen sie heraus, und so konnten sie das Fleisch essen. Offensichtlich hatten die Indianer zuvor für andere Besucher posiert, taten es gerne und erwarteten eine Belohnung. Leider beklauten sie uns auch. Eines Nachts hatten sie völlig geräuschlos eine Expeditionskiste entwendet, die sie in der darauf folgenden Nacht ebenso geräuschlos wieder zurückbrachten. Es fehlten alle für sie brauchbaren Gegenstände wie Scheren und Messer, Kameras und Objektive hingegen blieben in der Kiste.

Immer noch hoffte ich, dass es Stämme gab, bei denen die Menschen mit dem Wasser, den Bäumen und den Tieren Zwiesprache hielten. Und es musste doch auch Stromschnellen geben, wo sich Schleifgruben befanden, an denen die Neusteinzeitmenschen ihre Äxte schliffen. Das interessierte mich, das wollte ich finden.

Die Gelegenheit dazu kam in der Person Hakaneis vom Stamm der Kalapalo, der im Namen seines Häuptlings Bororó unterwegs war, um alle Stämme am Xingu zu einem Totenfest, einem Kwarup, einzuladen, das zu Ehren des verstorbenen Häuptlings Jupala veranstaltet werden sollte. Das Fest diente dazu, dem Verstorbenen den Weg in die »ewigen Jagdgründe« zu ebnen, und sollte helfen, alte Fehden zu vergessen und Frieden unter den verschiedenen Stämmen zu stiften. Es würde eine große Zeremonie werden, bei der auch Ringkämpfe, so genannte Huka-Huka, stattfinden würden. Hakanei erklärte sich bereit, uns mitzunehmen.

Wir begannen unsere Fahrt flussabwärts in Hakaneis Einbaum, den er mit einem Paddel geschickt durch die Stromschnellen lenkte. Bei einer Rast hinderte er uns daran, ein kühles Bad zu nehmen, denn im Fluss wimmele es von Piranhas, die mit ihren scharfen Zähnen sehr gefährlich seien. Er konnte auch gleich schaurige Geschichten erzählen und zeigte eine knotige Narbe an seinem Finger, die von einem Piranha stammte, der zugebissen hatte, als er noch lebend am Fangseil hing und Hakanei ihn abnehmen wollte. Fanden diese Raubfische einen blutenden Kadaver, verzehrten sie ihn in Sekundenschnelle, bis nur noch das Knochengerüst übrig blieb.

Für die Nacht wählte Hakanei ein sandiges Ufer als Lagerplatz. Augenblicklich wurden wir von lästigen Moskitos überfallen. Ich schützte mein Gesicht und vor allem die Atemwege mit einem Netz, das ich an der Hutkrempe befestigt hatte. Hakanei blieb verschont, denn er hatte seinen nackten Körper mit dem ätherischen Öl der roten Urukupflanze eingerieben. Dann verfolgte er eine Schleifspur im weichen Sand, und es dauerte gar nicht lange, da kehrte er mit einem Arm voll Schildkröteneier zurück. Die Zikaden machten einen ohrenbetäubenden Lärm, und bei Sonnenuntergang begannen die Frösche ihr Konzert. Aufgeweckt wurden wir am nächsten Morgen vom Geschrei der bunten Ararapapageien.

Der erste Stamm, den wir besuchten, war der der Yawalapiti, von dem Hakanei mit großem Respekt erzählt hatte. Er wurde als Botschafter der Kalapalo mit Ehren empfangen. Mitten auf einem offenen Platz hatte man für ihn einen geschnitzten Hocker aufgestellt, auf dem er dann mit gesenktem Haupt verharrte, bis alle Männer sich versammelt hatten. Hier erlebten wir das ursprüngliche Stammesleben, das wir suchten, und wir genossen den Anblick der muskulösen Yawalapiti, von denen man wusste, dass sie beim Ringkampf als Favoriten galten.

Den Rest des Tages verbrachten wir mit Filmen und Fotografieren der noch völlig ursprünglich lebenden Familien, und wir empfanden diese Menschen als reine Wohltat nach den Tagen in Posto Leonardo. An der Brust einer Frau saugte ganz selbstverständlich ein kleines Tierbaby; es konnte ein Tapir sein, den sie hilflos schreiend in der offenen Savanne aufgelesen haben mochte. Schon bei den Dani in Neuguinea hatte ich gesehen, wie Frauen die für sie so wertvollen Ferkel auf diese Weise fütterten.

Es war Indianersitte, dass sich Hakanei am Tag seines Besuchs nur nach den Dingen des täglichen Lebens erkundigte, zum Beispiel danach, wie die Fischzüge und die Maniokernte ausgefallen waren. Die Yawalapiti mussten ihre Neugierde beherrschen, obwohl alle wussten, mit welcher Botschaft Hakanei zu ihnen gekommen war. Die Höflichkeiten waren ausgetauscht, und zwei Frauen, deren Schönheit und Jugend längst dahingeschwunden waren, brachten dem Gast geräucherten Fisch, der in köstlich duftende Maniokfladen gewickelt war. Die Haare der Alten hingen struppig um ihren Kopf, aber aus dem faltigen Gesicht strahlten gütige Augen.

Im Xingugebiet lebten verstreut neun Stämme, die sich in ihrem Aussehen zwar ähnelten, aber große Unterschiede in der Lebensweise zeigten und ihre eigenen Häuptlinge hatten. Hakanei musste noch den Kamayura und vor allem den Waura, die als Einzige die Kunst der Töpferei beherrschten, die Einladung seines Häuptlings überbringen. Die Waura galten als hochmütig und waren nicht besonders beliebt, doch ihre großen runden Gefäße wurden von allen Indianern zur Zubereitung des Maniokbreis gebraucht. Bororó hatte Hakanei als Botschafter zu den Waura geschickt, weil er hoffte, dass er eine Waura zur Frau nehmen würde, damit sie die Kunst der Töpferei bei den Kalapalo einführte und seinen Stamm von den eingebildeten Nachbarn unabhängig machen würde. Doch Hakanei hatte sich längst für eine Yawalapiti entschieden.

Inzwischen wusste Hakanei, was mich interessierte, und so gab er mir den Rat, bis zum Kwarupfest beim großen Stamm der Kamayura zu bleiben, während er zu den Waura weiterzog. In drei Tagen würde er mich wieder abholen. Er stellte mich mit den Worten, dass ich ein Freund der Indianer sei, einem Schamanen vor, der an einer dicken Zigarre paffte, deren grüne Tabakblätter mit einem Stäbchen zusammengehalten wurden. Ich freute mich, Zeit zu haben, den Schamanen zu beobachten und ihn auf seinen Wegen zu begleiten.

Aus einer schilfgedeckten Hütte holte er einen kleinen Affen und ging mit mir zu einem Häuschen, das aus langen Stangen gebaut war und die Form eines spitzen Zeltes hatte. Schon von weitem hatte der Harpyraadler im Käfig seinen Meister erkannt und schlug freudig mit den mächtigen Flügeln, dass der Sand aufwirbelte. In mehreren Xingudörfern hielt man diesen Königsadler wie ein Maskottchen und Glücksbringer. Er wurde verwöhnt und täglich mit einem lebenden Tier gefüttert. Der Schamane schob eine der langen Stangen beiseite, und kaum hatte er den Affen hineingereicht, hatte der Adler ihn mit seinem spitzen Schnabel schon getötet und hielt seine Beute in den Krallen. Nur wenn der Schamane etwas fragte, hörte er auf zu picken und schien ihm in seiner Vogelsprache zu antworten. Schließlich stieg der Magier in das Häuschen, der Adler setzte sich auf eine Stange und ließ sich genüsslich streicheln.

Für die Nacht bekamen mein Freund Herbert und ich in einer kleinen Hütte Hängematten zugeteilt. Sie waren in sanften Farben gehalten und kunstvoll aus Pflanzenfasern in phantasievollen Mustern geflochten. Es war noch sehr früh am Tag, als im feuchten Morgennebel, der sich mit dem Rauch aus den Hütten vermischte, ein an- und abschwellendes Sausen an mein Ohr drang. Ich ging dem Geräusch nach und sah, wie auf dem Dorfplatz ein nackter Xinguindianer ein Schwirrholz drehte. An einer langen Schnur hatte er ein Stück Holz befestigt und drehte sich um die eigene Achse. Er bewegte das »Wuri-Wuri« in Wellen und erzeugte geschickt mannigfaltige Melodien. Nur einmal hatte das Holz den Boden berührt, und er musste von neuem Schwung holen, bis er wieder in rasendem Tempo besonders hohe Töne erzielte. Er konnte Blitz und Donner rufen und die Flüsse ansteigen lassen, damit viele Fische zu ihnen schwammen, wurde mir berichtet.

Ich genoss die Ruhe dieses Lebens in vollen Zügen. Die auf- und untergehende Sonne gab die Zeit vor, und jeder Tag war wie ein Fluss, der in der Vorstellung der Indianer nirgends endet. Ungern verließ ich diesen friedlichen Ort, aber als Hakanei wie verabredet nach drei Tagen zurückkam, zogen wir weiter.

Um das Stammesgebiet der Kalapalo zu erreichen, mussten wir die für mich verwirrenden Nebenflüsse des Xingu überwinden, doch Hakanei kannte den Weg. Er lebte zeitlos und ohne Eile, und ich passte mich seinem Tempo an. Zur Fischbeute wollte er noch einen Affen jagen, dessen Kleinhirn die Indianer besonders schätzen. Doch als er die Fährte eines Jaguars entdeckte, war das Geschrei der Affen eher hinderlich und vereitelte den Fang, denn es warnte den Jaguar vor der drohenden Gefahr. In Gedanken hatte sich Hakanei bereits mit einer Halskette aus Jaguarkrallen den Freunden beim Totenfest imponieren sehen.

Als wir zu den Kalapalo kamen, stattete ich als Erstes dem stolzen Häuptling Bororó einen Höflichkeitsbesuch ab. Freundlich wies er uns in einer der großen Hütten Platz zum Schlafen an. Die Hängematten waren mit einer Seite an einem dicken

Pfosten in der Mitte der Hütte befestigt und mit der anderen an den zwei Meter hohen Pfählen der halbrunden Außenwand. Die Hütte war leer, denn alle hatten mit der Vorbereitung für das Fest zu tun.

Die Männer fällten im Wald mächtige Bäume, von denen der mittlere Teil als Kwarup dienen sollte. In Begleitung zweier Schamanen, die Rasseln aus Kalebassen betätigten, wurden die Stämme bemalt, eingekleidet und jeder mit einem eigenen Diadem aus bunten Federn geschmückt. Dann wurden sie aufgerichtet, und als Proviant für die bevorstehende lange Reise ins Jenseits stellte man zweimal sechs Brötchen an den Fuß jedes Kwarup. Jeder der Verstorbenen hatte mehrere Frauen, die nun alle mit gesenktem Kopf am Boden kauerten und laut weinend den Tod ihres Mannes beklagten.

Alle Stämme waren der Einladung gefolgt; die ungeliebten Waura schenkten zwei rot bemalte Töpfe, und damit keine alten Rivalitäten aufkamen, hatte jede Gruppe ihren eigenen Lagerplatz. Vor gar nicht langer Zeit hatte man noch kleine Buben geraubt, um sie als Krieger zu erziehen, und junge hübsche Mädchen für die Stammesoberhäupter entführt, aber die zweifellos unterschwellig noch vorhandenen Ressentiments oder Hassgefühle konnten am nächsten Tag beim sportlichen Wettkampf ausgelebt werden. Vorerst tanzte man in Gruppen, und von Zeit zu Zeit machte man seinen Emotionen durch lautes Geheul Luft. Alle Männer hatten sich mit dem gelben Pikiöl und der Urukupaste kriegerisch Körper und Gesicht bemalt und trugen Halsbänder aus weißen Süßwassermuscheln oder Jaguarkrallen. Auf dem großen Dorfplatz waren beinahe zweihundert Tänzer, und es herrschte ein einziges Durcheinander, sodass wir nur einen Bruchteil des vielfältigen Geschehens im Bild festhalten konnten.

In einem Häuschen erklangen die traurigen Töne der geheimnisvollen Jakuiflöten, und alle Gaststämme hatten ihre eigenen Uruibläser mitgebracht. Die Uruiflöten bestanden aus zwei verschieden langen Bambusrohren, die nur stoßweise Töne von sich gaben. Die mit Federdiademen geschmückten Männer überquerten den Dorfplatz im Laufschritt – hin und her, von Ost nach West, so wie die Sonne auf- und unterging, denn in der Vorstellung der Xingu war unsere Erde eine flache Scheibe. Gegen Abend entzündeten sie aus langen Scheiten am Fuße der Kwarup ein loderndes Feuer. Die Toten hatten genug zu essen und brauchten nun auch nicht mehr zu frieren. In der Vorstellung der Xinguindianer weilten die Verstorbenen immer noch unter den Lebenden und sollten nun für ihren Gang ins Land der Schatten vorbereitet werden. Auf dem langen Weg entlang der Milchstraße hatten sie verschiedene Prüfungen zu bestehen und mussten einen Jaguar oder eine Anakonda besiegen. Später, im Reich der Schatten, waren alle gleichberechtigt, Böse wurden nicht bestraft und Gute nicht belohnt, und für alle gab es ausreichend Fisch und Maniok.

Der erste Festtag war anstrengend gewesen, und einige Indianer gingen zum nahen See, um sich Schweiß und Staub abzuwaschen. Dann zogen sie sich erschöpft in ihre Hängematten zurück und überließen sich ihren Träumen. Nur die Hukakämpfer wollten nicht schlafen; sie fürchteten, von einer Niederlage zu träumen, und wer träumt, dass er verliert, der verliert wirklich.

Auch Herbert und ich fanden keine Zeit zum Träumen, allerdings aus anderen Gründen. Wir hatten zu viele Schilderungen von grausamen Indianern gelesen und als Vorsichtsmaßnahme beschlossen, abwechselnd Wache zu halten. Um uns bei einem eventuellen Überfall frei bewegen zu können, verzichteten wir auf das Moskitonetz. Von Zeit zu Zeit klatschte eine Vogelspinne aus dem Strohdach auf uns herunter. In Butantan hatte man mich informiert, dass ihr Biss zwar sehr schmerzlich, aber nicht tödlich sei, aber diese Zusicherung konnte auch nicht zur Ruhe beitragen. Selbst die Brüllaffen im nahen Dschungel fanden wegen des Festes keinen Schlaf. Ihr menschenähnliches Geschrei in der schwülen Dunkelheit ertrugen wir nur, weil wir wussten, dass es von Affen stammte. Immer wieder spürte man den Luftzug eines vorbeisausenden Vampirs, und unsere Bewunderung dafür, dass diese Tiere nie irgendwo anstoßen, hatte Grenzen. Diese erstaunliche Eigenschaft wurde ohnehin von der Tatsache beeinträchtigt, dass die Vampire Zähne wie Piranhas haben und Blutsauger sind. Ihren Biss spürt der Schlafende zwar nicht, aber wenn es einmal geschehen ist, muss der Arzt dem Opfer mindestens elf schmerzhafte Spritzen um den Nabel herum verabreichen, damit er vor Tollwut bewahrt bleibt. Wir waren froh, als der Tag graute.

Um mich abzukühlen, nahm ich ein Bad im See. Im seichten Ufer musste ich mit schleifenden Schritten durchs Wasser gehen, denn dort lagen unsichtbar die flachen Rochen, und wenn man sie störte, verteidigten sie sich mit ihrem giftigen Schwanzstachel. Die schmerzhafte Wunde heilte wochenlang nicht. Wenn ich diese wenig erfreulichen täglichen kleinen Abenteuer aufzähle, frage ich mich manchmal, warum ich das alles freiwillig auf mich nahm. Doch damit nicht genug. Als ich in das fensterlose Strohhaus zurückkam, erwartete mich in der Dunkelheit ein Indianer, der bemerkt haben musste, dass ich völkerkundliche Objekte eintauschte. Er hatte einen Gegenstand, den selbst Indianer nur selten benötigten: eine Keule aus dunklem Ebenholz, die sich als Totschläger herausstellte. Der Indianer schwang die Waffe über den Kopf und forderte mich auf, ihn anzugreifen, damit er mir zeigen konnte, wie sie verwendet wird. Ich erinnerte mich an das Verschwinden der Fawcett-Expedition, und da wir allein in der Hütte waren, weigerte ich mich, seinen Vorschlag anzunehmen. Ich erstand den Totschläger später ohne Gebrauchsanweisung.

Endlich begann der mit Spannung erwartete Ringkampf. Für mich als Sportlehrer war er das wichtigste Ereignis des Totenfests. Bororó hatte seine Athleten aufgefordert, den Gegnern mit Fairness zu begegnen, und der Kampf wurde auch als Ersatz für die Kriege vergangener Zeiten angesehen. Alle Männer hatten ihre Halsketten und den Federschmuck abgelegt und ihr Haar mit roter Paste verklebt. Ihre Köpfe sahen aus wie Pilze; am Oberarm ließen enge Binden den Bizeps anschwellen.

Wie bei einer guten Inszenierung begannen zuerst jüngere Paare, dann folgten immer kräftigere und bekanntere Kämpfer. Wie die Tänzer hatten sie ihren Körper mit Pikiöl eingerieben und schlüpfrig gemacht, und es war schwierig, den Gegner zu fassen und zu Boden zu werfen. Während sie sich stehend oder auf den Knien umtanzten, riefen sie im Stakkato ununterbrochen: »Huka-Huka«. Der Sieger begleitete seinen Gegner wohlwollend zurück zu seinem Stamm.

Auch Hakanei kämpfte mit Erfolg. Doch auf dem Höhepunkt des Kampfes kam es zu einer Unterbrechung. Ein Waura hatte seinen Mut beweisen wollen und einen Kamayura herausgefordert, der mit ihm kurzen Prozess machte. Er hob den schwachen Waura in die Höhe und schleuderte ihn ohne Ringkampf gleich auf die Erde. Ein Aufschrei ging durch die Zuschauer, der Waura hatte sich den rechten Arm gebrochen, der nun schlaff am Körper herunterhing. Man führte den Verletzten zur Hütte, das Jammern wurde zum Schmerzgeschrei, das man noch durch die dicken Schilfwände hören konnte. Ein Schamane blies ihm den Rauch einer Zigarre auf den gebrochenen Arm, aber es half nichts, der Verletzte schrie wie am Spieß. Wieder wurde ein Vorurteil widerlegt, dass nämlich Indianer keinen Schmerz kennen.

Der Kalapalo-Kämpfer Kaluene kam spät; er hatte seinen Auftritt gut vorbereitet, was den Zorn der Gegner nur nährte. Er erinnerte mich an Bota bei den Passema Neuguineas. Hochmütig und selbstbewusst provozierte er seinen Herausforderer Kanato, der nicht weniger stolz auf seine Yawalapiti sein konnte. Mit frenetischen Rufen und erhobenen Armen wurden die beiden angestachelt, aber jeder konnte sehen, dass Kanato schon Fett angesetzt hatte, bald zu keuchen begann und einfach keine Chance hatte. Mannschaftssieger wurden die Kalapalo, die Einzelwertung gewann Kaluene. Hakanei klärte mich auf, dass es wohl kein Zufall sei, dass heute die Kalapalo und beim letzten Totenfest zwei Jahre zuvor die Kamayura gewonnen hatten, die damals das Fest ausgerichtet hatten.

Die Frauen brachten den erschöpften Kämpfern die köstliche Pikifrucht, damit sie schnell wieder zu Kräften kamen. Das erinnerte mich an eine alte Sitte der Chinesen: Wenn die Krieger ermattet von der gewonnenen Schlacht heimkehrten, banden ihnen die Frauen Kränze der köstlichen Litschifrüchte um die Stirn. Diese etwas glatte und schleimige Frucht sollte als Aphrodisiakum wirken. Ich habe Eichen- oder bestenfalls Lorbeerkränze bekommen.

Das Spektakel Huka-Huka war zu Ende, nun folgte die Vorführung der jungen Mädchen. Flötenspieler kamen in vollem Federschmuck, schräg hinter ihnen, die linke Hand auf der Schulter des Mannes, liefen sie Runde um Runde, anmutig und elegant mit tanzenden Schritten nach der Melodie der Flöten. Es war ein bezauberndes Bild, diese jungen Geschöpfe mit ihrer braunen Haut, den festen Brüsten und dem schwarzen Haar im Kreise schreiten zu sehen. Mit der untergehenden Sonne endete auch dieses bunte Spiel. Zum Abschluss wurden die Kwarup von den Kleidungsstücken befreit und im kühlen See versenkt.

Ruhe kehrte ein ins Dorf der Kalapalo, nur der Zauberer drehte noch das Schwirrholz. Die Indianer konnten zufrieden sein. Jünglinge wuchsen heran, gesund an Leib und Seele; sie brauchten Mut zum körperlichen Einsatz im täglichen Kampf ums Überleben. Alles musste erobert werden: der Fisch in der Strömung des Flusses und der Jaguar in der weiten Steppe. In der Natur war alles folgerichtig, und nur der Starke konnte überleben. Ich hatte eines der letzten unberührten Paradiese dieser Erde kennen gelernt und ein Stammesleben beobachtet, wie es heute schon lange nicht mehr existiert. Es erfüllt mich mit Trauer, dass viele der Ureinwohner auch im geschützten Raum des Reservats das Vordringen des so genannten Fortschritts mit dem Leben bezahlt haben.

König Leopold von Belgien

Es war an einem Januarnachmittag 1966, im tiefen Winter, als uns völlig unerwartet ein Anruf von Prinzessin de Réthy, der Gemahlin König Leopolds von Belgien, erreichte. Sie bat Carina und mich noch am selben Abend zum Essen in ihr Jagdhaus in der Hinterriss. König Leopold und ich kannten uns flüchtig von jährlichen Golfeinladungen der Amerikaner in Ramstein bei Kaiserslautern. Golfplätze gab es damals nicht viele, und in diesem bedeutenden US-Stützpunkt konnte man nicht nur Golfausrüstung kaufen, sondern auch die raren T-Bone-Steaks verzehren.

Die Enklave Hinterriss in Tirol war mir vom Klettern an den Laliderwänden und von der prachtvollen Herbstfärbung des Ahornbodens wohl bekannt, aber jetzt tobte ein Schneesturm, und die armen Grenzbeamten mussten nicht weniger als vier Mal bei der Einreise und genauso oft bei der Ausreise aus der warmen Stube, um unsere Pässe zu sehen und den Grenzbalken zu heben. Neben dem Jagdhaus drängte sich das Wild an einer Futterstelle, als ein Jäger uns empfing.

Das Jagdhaus war wunderschön stilgerecht eingerichtet, und zum Abendessen saßen wir an einem viereckigen Tisch, dessen Ahornplatte so alt war, dass man beim Hinstellen der Weingläser aufpassen musste, dass sie nicht umfielen. An interessantem Gesprächsstoff gab es keinen Mangel, denn natürlich wussten der König und ich von den Forschungsreisen des anderen. Unser Gastgeber betrieb seit Jahren ethnologische Studien und war wie ich auch in Südamerika gewesen. Freudig nahmen wir den Vorschlag an, Bilder von seiner Expedition zu den Indianern Brasiliens zu zeigen.

An diesem Abend begann für mich die Verbindung mit einem idealen Gefährten, der im Laufe der Jahre zum Freund wurde. König Leopold brachte alle Voraussetzungen eines vollkommenen Begleiters für Expeditionen mit; wir konnten frei handeln, denn keiner von uns hatte Verpflichtungen gegenüber Sponsoren oder Gönnern. Auch ergänzten sich unsere Interessen und Fähigkeiten aufs Beste. Er war Vorsitzender der belgischen Forschungsgesellschaft und ein Spezialist im Photographieren von Bäumen und ihren Wurzeln. Es gab Bäume, die hatten über hundert weit ausholende Luftwurzeln, und bei Naturvölkern wurden sie häufig als Trommeln zum Verbreiten von Nachrichten benutzt. Während König Leopold mir viel Wissenswertes über Pflanzen erzählte, brachte ich ihn mit den Menschen zusammen. Beide liebten wir es, abends, wenn alles für die Nacht bereitet war, in Ruhe unsere Beobachtungen des Tages niederzuschreiben. In manchem erinnerte er mich an Peter Aufschnaiter, mit dem ich mich auch verstanden hatte, ohne viele Worte zu verlieren. Als gemeinsame Sprache vermischten wir Deutsch und Englisch, und wenn wir uns allein unterhielten, gebrauchte ich die intimere Anredeform »Leopold« oder nannte ihn bei seinem Titel »Sire«. In Gesellschaft hielt ich es genau wie mit dem Dalai Lama und benutzte die übliche majestätische Anrede.

Während der folgenden Monate besuchte ich Leopold mehrmals in Waterloo, wo er mit seiner Familie das Schloss Argenteuil bewohnte. Nach dem Essen verschwanden wir in seinem riesigen Studio, wo alle Ergebnisse seiner Expeditionen sorgfältig geordnet und beschriftet lagerten. Aus flachen Schubladen nahm er Landkarten heraus, und zum Ausbreiten befand sich gleich daneben eine leere Tischplatte. So schwelgten wir in der Erinnerung an vergangene Expeditionen und planten für die Zukunft. Endlich sah ich auch den Film »Herrscher des Urwalds«, den er mit einem Team Ende der fünfziger Jahre in Belgisch-Kongo zu seinem gleichnamigen Buch gedreht hatte. Man erlebte noch die unverfälschte Harmonie zwischen Mensch, Tier und Natur, die ich bei meinem Besuch viele Jahre später so vermissen sollte.

Wir fuhren auch zur Universität, wo ich am naturwissenschaftlichen Institut zwei seiner Expeditionsbegleiter kennen lernte: Xaver Misonne galt als bedeutender Fachmann für Nagetiere, und Jean-Pierre Gosse war Ichthyologe und hatte bereits viele neue Fische entdeckt. Damals entstand die Idee, ein Büro zum Schutz aussterbender Volksstämme zu gründen. Wir nannten es Tribal Fund, aber nach einigen Jahren musste es wegen Geldmangel geschlossen werden; Unterstützung für ein Tierreservat zu bekommen ist leichter als für Menschenschutz.

Zum Schloss Argenteuil gehörte ein großer Park, und aus den Wurzeln der vielen alten Buchsbäume hatte der König Golfhölzer schnitzen lassen. Auf einem Green veranstalteten wir mit der Familie einen Puttingwettbewerb. Von den vielen Schlägern, die zur Verfügung standen, hatte ich einen klassischen alten Hickorystock gewählt. Als ich die Partie gewann, schenkte mir Leopold den alten Putter zur Erinnerung.

Wenig später spielten wir am Starnberger See eine Runde Golf. Der König war bester Laune, denn er war ein ausgezeichneter Spieler, und ich verlor regelmäßig gegen ihn. Plötzlich drängte er zur Eile, denn seine Frau würde uns mit Gästen zum Mittagessen im Hotel Vier Jahreszeiten erwarten. Als wir verspätet am Tisch saßen, bot der berühmte Koch Walterspiel Seiner Majestät einen besonders gut gelungenen Rehrücken an. Der König aber meinte bescheiden, ob er auch Würstel mit Sauerkraut bekommen könne. Ähnlich erging es dem Kellermeister; statt edlem Rotwein wünschte sich König Leopold ein großes bayrisches Bier.

Noch im Herbst 1966, nach meinem Besuch bei den Xinguindianern, brachen wir zu unserer ersten gemeinsamen Expedition auf. Als Ziel wählten wir Französisch-Guyana und Surinam, wo es für das ganze Expeditionsteam, bestehend aus einem Botaniker, Vogelkundler und Fischwissenschaftler, Interessantes zu erkunden gab. Mich bewegten die letzten indianischen Stämme und die ehemaligen Sklaven im Grenzgebiet zwischen Niederländisch- und dem östlich angrenzenden Französisch-Guyana; die anderen vermuteten seltene Fische und Pflanzen in der Region. Für die Leitung der gesamten Expedition hatte ich die Verantwortung übernommen, und Leopold sorgte für die Koordination der verschiedenen Wissensgebiete.

Mit dabei waren Xaver Missone, Jean-Pierre Gosse, Herbert Raditschnig und der Zoologe Peter Bolwerk. Wir flogen nach Paramaribo, die Hauptstadt Surinams, um die letzten indianischen Stämme und die Maroons, ehemalige Sklaven, aufzusuchen. Die Maroons waren vor Hunderten von Jahren aus Afrika verschleppt und von den Kolonialherren zur Arbeit auf den Zuckerrohrfeldern gezwungen worden. Einigen von ihnen war es gelungen, in den für die Bewacher undurchdringlichen Dschungel im Landesinnern zu fliehen, wo sie nun zurückgezogen lebten. Für die niederländischen Farmer war der Verlust der Arbeitskräfte groß, und sie zahlten anfangs fünfzig, später bis zu sechshundert Gulden für deren Rückbringung. Nach der Abschaffung der Sklaverei 1863 verließen auch die letzten Afrikaner ihre Arbeitsstätten, und die Plantagenbesitzer holten Inder, Javaner und Chinesen ins Land, die nun das Stadtbild von Paramaribo ausmachten.

Die Maroons unterteilten sich in Paramaccaner und Saramaccaner. Die Sklavenhändler hatten unter den Afrikanern besonders kräftige Männer und Frauen vom Stamm der Ewe und Ashanti ausgesucht, und das mag auch der Grund dafür sein, dass sie die Überfahrt und die schwere Arbeit überlebten. Völlig abgeschlossen im Dschungel, hatten sie viel von ihrer Kultur und Elemente afrikanischer Tradition bewahrt, reiner als in ihrer Heimat. Die Lebensadern dieser zwei Gemeinschaften sind die Flüsse, denn nur auf ihnen kann man sich im undurchdringlichen Dschungel fortbewegen. Auch wir mieteten mehrere Pirogen mit Außenbordmotor, um die vielen Stromschnellen überwinden zu können.

Die Dörfer der Paramaccaner und Saramaccaner lagen nie am Ufer, aber das Vorhandensein einer Siedlung erkannte man an einem halb verborgenen Vorhang aus Palmenfransen und dem niedergetretenen Strand. Bei einer der Siedlungen machten wir Halt. Unsere Mannschaft bestand ängstlich auf Einhaltung der lokalen Regeln und legte erst am Ufer an, nachdem wir durch

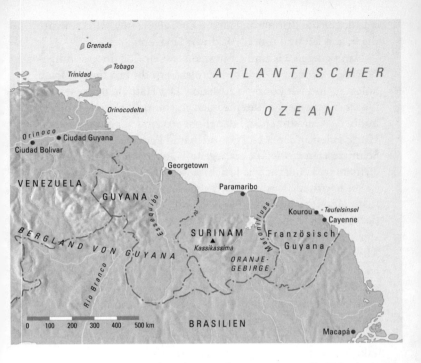

einen Boten vom Dorfoberhaupt, dem Granman, die Erlaubnis dazu erhalten hatten. Als Expeditionsleiter begab ich mich dann mit zwei Flaschen Schnaps als erstem Gastgeschenk ins Dorf und hörte mir das Palaver des Altenrates in Taki-Taki an, einer Art Pidgin, das aus mindestens acht Sprachen bestand. Wichtig für die Erlaubnis zu bleiben war die Zusicherung, dass ich nicht die Erdgeister durch Graben nach Öl oder Gold stören würde. Und ein weiteres Versprechen musste ich noch geben: ihnen kein Geld abzunehmen, denn sie hatten Angst, dass wir vielleicht holländische Steuereinheber aus der Stadt sein könnten, von denen sie gehört hatten. Dem Granman mit dem Stab als Zeichen seiner Würde musste man äußerst respektvoll begegnen, um die Gefühle seiner Stammesgenossen nicht zu verletzen. Deren Überempfindlichkeit gegenüber Unrecht oder Missachtung der Freiheit war noch eine Erinnerung an die Zeit, als sie menschenunwürdig behandelt und unterdrückt worden waren.

Dann gingen wir zum Gotteshaus, wo ein Teil unseres mitgebrachten Alkohols geopfert wurde. Jetzt erst durften unsere Boote anlegen, und wir konnten ausladen. Das Häuschen, das wir als Quartier bekamen, hatte eine reich geschmückte Front, daneben höhlten zwei Männer ein neues Boot aus, und vor einer weiteren Hütte saßen andere, die Trommeln und Paddel herstellten. Ihre Schnitzereien stellten überwiegend Häuslichkeitssymbole oder elementare Wünsche wie Fruchtbarkeit dar.

Die nächsten Tage hatten wir genug zu tun. Jean-Pierre fischte in einem Nebenarm des Flusses, und König Leopold fotografierte im Dschungel – immer nur bei bedecktem Himmel, das war sein Prinzip. Ich verbrachte viel Zeit mit einer Frau, deren Alter nicht zu bestimmen war. Sie besaß eine Sammlung aus Kämmen, Löffeln und Wäscheklopfern, die sie in ihrer Jugend von Verehrern geschenkt bekommen hatte. Die Maroons lebten ohne Schrift, hatten aber gelernt, ihre Liebe, den Rendezvous-Platz und die Uhrzeit in Schnitzkunst darzustellen. Die alte Dame musste einmal eine begehrte Schönheit gewesen sein. Ihr Taki-Taki konnte ich im Tagebuch einigermaßen gut festhalten. Mehrmals deutete sie ein Symbol als Darstellung einer Kröte, dazu meinte sie, dass der Frosch das Sinnbild der Liebe sei, denn das Männchen rufe die ganze Nacht bis zum Morgengrauen nach seinem Weibchen.

Die Schnitzkunst der Paramaccaner und das wohlriechende rötliche Holz der Zedern, das sie verwendeten, beeindruckten mich derart, dass ich bei der nächsten Gelegenheit meine Frau um die Maße der Essnische und Türe unseres Hauses bat. Als die Expedition zu Ende ging, hatten die Paramaccaner sechzig Bretter und zwei Türfassungen mit den von mir gewählten Symbolen geschnitzt.

Surinam ist ein wahres Forscherparadies, und so bewegten wir uns weiter landeinwärts nach Paloumeu, wo wir im Regierungsbungalow einen guten Standort fanden. Jetzt, im Spätherbst, war es am Äquator zwar tropisch feucht, aber die Regenzeit war vorbei, und wir brauchten beim Planen das Wetter nicht zu berücksichtigen. Auf dem Maronifluss gelangten wir zum Stamm der Wajanaindianer, um ihre Wespen- und Ameisenzeremonie zu erleben, für die sie bekannt waren. Dieser Ritus ist eine Mut- und Belastungsprobe für Jungen und Mädchen anlässlich ihres Initiationsfestes, jener feierlichen Aufnahme der Jugendlichen in die Gemeinschaft der Erwachsenen.

Die Wespenprüfung ist das Eindrucksvollste im Leben eines Wajanaindianers und findet immer im Rahmen von mystisch-magischen Festen statt. In aus Bast geflochtene Matten, die meist die Form eines Tieres, zum Beispiel eines Piranhas oder Gürteltiers, haben, werden mit einem Röhrchen bis zu zweihundert Wespen oder Ameisen hineingeklemmt, und zwar so, dass ihr Hinterteil mit dem Stachel oder der Kopf mit den Zangen auf der einen Seite herausschaut. Diese Matten presst man den Knaben und Mädchen, die sich vorher eine Nacht lang in Trance getanzt haben, auf den Rücken und auf die Brust, mit den Stacheln und Zangen zur nackten Haut. Um die Kniegelenke haben sie Bündel getrockneter Nüsse gebunden, die wie Rasseln klappernd aneinanderschlagen, wenn sie sich bewegen. Ihr Haupt ist mit den bunten Federn der Tukane und Araras geschmückt, und sie blasen auf einer kleinen Knochenflöte eine eintönige Melodie.

Die Wespen- und Ameisenmarter wenden die Indianer nicht nur bei Initiationsriten an, sondern auch bei Jagdzauber. So lassen sich Männer vor der Jagd von Wespen stechen oder von Ameisen beißen, in der festen Annahme, dass sie dadurch größeren Erfolg haben. Die Tiere oder die Form der Matten stehen in enger Verbindung mit Geistern, die die Herren des Busches, Waldes und der Tiere sind, und beim Gestochenwerden geht mit dem Gift zugleich etwas dieses Geistes auf die Männer über.

Das Dorf der Wajana lag etwas höher als der ruhige Maronifluss; die strohgedeckten Hütten hatten keine Wände, und die

Indianer schaukelten in ihren Hängematten. Für uns war es das Paradies. Leopold meinte, dass unsere Familien sich jetzt sicher vorstellen würden, wie wir uns schwitzend und erschöpft einen Weg durch den dichten Dschungel hackten, und schlug vor, ein entsprechendes Foto zu machen. Von einem unserer Träger bekam ich den khakifarbenen Tropenhelm, mit vorgeschobenem Unterkiefer hielt ich männlich eine Pfeife zwischen den Zähnen, und mit der anderen Hand wischte ich mir den Schweiß von der Stirn. Zwei Jahre später fand ich dieses Scherzbild ganzseitig in einem großformatigen Bildband über Forschungsreisen als typisches Expeditionsbild wieder.

Anapeike, der Häuptling der Wajana, hatte auf Einladung der Regierung die Hauptstadt besucht und fragte mich eines Tages: »Du hast gesagt, bei dir sei auch ein König. Er soll bei seinem weißen Kollegen in Paramaribo veranlassen, dass ich als König der Wajana ebenfalls das helle Licht bekomme!«

Nur um ihn nicht zu enttäuschen, wollte ich seine Wünsche weiterleiten, denn derzeit war es nicht denkbar, Elektizität in den tiefen Dschungel zu bringen. Aber auch hier blieb die Zeit nicht stehen, und nur einen Monat später hatte der fortschrittlich denkende Anapeika mit dem Reiseleiter des Club Méditerranée in der nahen Karibik Tagesausflüge arrangiert, bei denen gegen Entgelt Gruppen in schnellen Booten zu Besuch kamen. Männer und Frauen ließen sich die nackten Körper bemalen und tanzten mit den Wajana, dann fuhren sie zurück auf ihre Ferieninsel.

Natürlich gab es für uns alle noch viel zu beobachten. Die Wajana hatten ihre eigene Methode, Fische zu fangen. Sie klopften das giftige Rotenon aus einer Liane in den von Jean-Pierre mit einem Netz abgesperrten Bach. Bald darauf schwammen alle Lebewesen betäubt an der Oberfläche. Die Wajana nahmen die für sie essbaren Fische, schlitzten ihnen den Bauch auf und warfen die vergifteten Innereien zurück in den Bach, wie ich es auch schon bei den Xinguindianern beobachtet hatte. Jean-Pierre hingegen legte die Fische in die mit Formalin gefüllte Plastiktonne, um sie später im Institut zu bestimmen. Dabei entdeckte er immer wieder neue Arten und gab einer den Namen *Geophagus Harreri*, was »Schlammfresser« bedeutet; der Fisch ist heute im Museum zu sehen. Zwei größere Piranhas legte er für unser Abendessen zur Seite, und ich nahm einen davon in die Hand, um mir die scharfen Sägezähne anzuschauen. »Lass ihn fallen!« rief Jean-Pierre und zeigte mir dann, warum: Er nahm einen Stock, und kaum hatte er damit das Maul berührt, verbiss sich der vermeintlich tote Fisch so fest darin, dass Jean-Pierre den kiloschweren Piranha am Stock in die Höhe halten konnte.

Wie jeden Abend genossen wir das Konzert der Zikaden und den für die Tropen typischen besonders farbigen Sonnenuntergang, als die Kinder, die am Ufer spielten, laut schreiend ein im Fluss schwimmendes Faultier fingen und es mir brachten. Das niedliche Tier kuschelte sich mit seinen vier Armen ohne Sträuben völlig zahm an mich, und als Peter Bolwerk meine Zuneigung bemerkte, schlug er vor, es für mich zu präparieren. Die Vorstellung, dass ich dieses possierliche Lebewesen als totes Souvenir mitnehmen sollte, genügte mir, um es an einen Baum im Dschungel zu hängen, wo ich es fotografierte, bevor es langsam wie die Verkörperung von Gemütlichkeit im Zeitlupentempo in die Freiheit entschwand.

Nach Einbruch der Dunkelheit füllte sich die Luft mit unzähligen Leuchtkäfern. Die Glühwürmchen waren viel größer als in Europa und strahlten in mehreren Farben. Leopold erzählte von Indianerfrauen, die abwechselnd rot und grün leuchtende Käfer in Ketten einpflanzten und als Schmuck um den Hals trugen. Damit die Käfer am Leben blieben, wurden sie in einem ausgehöhlten Zuckerrohrstamm aufbewahrt.

Für Leopold hatten wir ein Feldbett im Gepäck, da er an den Folgen einer Rückenverletzung litt, die er sich auf einer früheren Tour zugezogen hatte; wir anderen schliefen wie die Indianer in Hängematten. Ohne Moskitonetz genossen wir die abendliche Brise. Von Zeit zu Zeit spürte man den Windhauch einer Fledermaus, die über das Gesicht huschte, und Peter beruhigte uns, dass es keine Vampire seien.

Jeden Tag hatten wir die steilen Flanken eines markanten Felsbergs gesehen, der den Namen Kassikassima trug. Höhe und Gefälle erinnerten uns an die Dolomitentürme und reizten zu einer Besteigung. Leopolds Vater, Albert I., war schon ein ausgezeichneter Bergsteiger gewesen, und der Sohn Leopold tat es ihm nach. Ich hatte König Albert Anfang der dreißiger Jahre in den Dolomiten kennen gelernt, bevor er 1935 im Klettergarten bei Namur tödlich verunglückte. Zur Mannschaft gehörten außer uns fünf Europäern einige Saramaccaner, die am Wasser die beste Hilfe waren, sowie fünf Indianer, die über große Erfahrung im Busch verfügten.

Ein Pfad wurde freigeschlagen, während ich mit Herbert den steilen Berg umrundete, um die leichteste Route zu finden. Es stellte sich heraus, dass die Wände nicht wie bei uns durch Temperaturunterschiede Risse, Spalten und Kamine hatten, in die man zur Sicherung Haken treiben konnte. Der Porphyr war durch Wind und Regen glatt geworden, und schließlich behalfen wir uns mit Stangen, Schlingen und Steigleitern, um wenigstens den unteren Teil des Berges zu überwinden. Die Platten waren heiß, und unseren Durst löschten wir mit Wasser, das wir in Sechslitersäcken hochhievten. Durch Dornen, Kakteen und wilde Ananas ziemlich zerschunden, erreichten wir die Scharte zwischen den beiden Gipfeln. Unter einem Überhang war ein Adlerhorst und darüber ein Loch in der Wand. Wie man mir später erklärte, sei es das Fenster zum sagenumwobenen Eldorado in Venezuela.

Der Weiterweg schien möglich, und so seilten wir uns ab und ließen alle Karabiner und Seilschlingen für den nächsten Tag zurück. Leopold hatte unsere Plackerei beobachtet, und es bedurfte einiger Überredungskunst, dass er sich uns am nächsten Tag anschloss. Es wurde eine anstrengende Tour, aber um drei Uhr nachmittags schüttelten wir uns auf dem Hauptgipfel der Kassikassimagruppe die Hände. Glücklich winkten wir ins Tal zu unseren Freunden hinunter, und selbst die Einheimischen führten Freudentänze auf. Wir breiteten die Surinamfahne aus, sodass für Flugzeuge der Ring mit den fünffarbigen Sternen deutlich sichtbar wurde. Sie symbolisieren die verschiedenen Volksgruppen Surinams, die sich vorbildlich als ethnisch unterschiedliche Verbände zu einer Nation zusammengefunden haben. Das Land ist zwar noch unterentwickelt, es ist jedoch ein Beispiel dafür, dass nicht Wohlstand allein glücklich macht, sondern der Wille der Menschen zur Verbrüderung, welcher Hautfarbe sie auch sind. Das Wort Apartheid gibt es nicht.

Wir fotografierten das im Süden liegende Oranje- und Tumac-Humac-Gebirge, unser nächstes Ziel. Um achtzehn Uhr waren wir zurück im Lager, und während Leopold sich die verdiente Ruhe gönnte, kochten wir das Abendessen. Die Auswahl war groß, denn Peter hatte ein Wildschwein, einen wilden Hahn und einen jungen Kaiman erlegt, dessen Schwanzende ein Leckerbissen ist. Unsere Träger gaben noch zwei Bergaffen als Delikatesse dazu. Alle bekamen Rum mit dem Saft einer kleinen ausgepressten Limone, und das »Hoch« galt natürlich dem Berg. Leopold hatte sich erholt und strahlte über seine erste Erstbesteigung. Wir mussten ihn bewundern, denn er war immerhin schon über sechzig Jahre alt.

Zwei Tage später erreichten uns die Glückwünsche der Regierung und die Nachricht, dass die Surinamflagge auf dem Gipfel, vom Flugzeug aus fotografiert, bereits in den Zeitungen abgebildet worden war. Noch einmal schliefen wir im Bungalow von Paloumeu. Leopold plante mit den beiden Naturwissenschaftlern Jean-Pierre und Xaver auf den Booten zurück nach Paramaribo zu fahren und dann ins östlich angrenzende Französisch-Guayana zu reisen, um von Cayenne aus den Oulemarifluss bis zur Quelle hoch zu fahren, wo wir uns wieder treffen wollten. Er hatte vollkommen Recht, als er meinte, lieber Fische und Vögel für das Institut zu fangen, als tagelang durch ein Gebirge zu marschieren.

Schon in der Hauptstadt Surinams hatte ich erfahren, dass tief im Landesinnern noch ein völlig unbekannter Indianerstamm lebte, dessen Angehörige man als gefährliche Wilde bezeichnete. Sie wurden Wayarekule genannt, und fantastische Geschichten über angebliche übermenschliche Fähigkeiten machten sie für Herbert und mich noch spannender. Sie sollten viel größer als wir Europäer sein und mit vergifteten Pfeilen schießen. Wenn sie jemanden gefangen nahmen, brachen sie ihm das Genick. Stromschnellen überquerten sie angeblich wie Stabhochspringer, ohne nass zu werden. Wie im Jägerlatein wurden ihre Körper und ihre Bögen bei jeder Erzählung größer.

Der holländische Geologe Jaap Graanoogst stieß dazu, um nach weiteren Bauxitvorkommen zu forschen, ein wichtiges Mineral zur Aluminiumherstellung und die größte Einnahmequelle Surinams. Mit Jaap und den Trägern waren wir zwölf, die sich von der Gruppe Leopolds verabschiedeten. Ich las noch einmal die Worte an der Tür unseres Bungalows, die mir bereits bei der Ankunft aufgefallen war: »Wenn du weiter ins Landesinnere gehst, sei nett zu den Menschen, die dir begegnen, denn du wirst sie auf dem Rückweg brauchen!« Das sei doch wohl selbstverständlich, sagte ich zum Verwalter. Es sei nur ein guter Rat, meinte er, denn es war einmal passiert, dass beim Verladen der Expeditionskisten jene mit den besonders wichtigen Filmen fehlte; man hatte Schwierigkeiten mit den Teilnehmern gehabt.

Eigentlich war unsere Gruppe zu groß, denn man musste für die Tour drei Wochen veranschlagen, und unterwegs gab es keine Möglichkeit, Proviant zu bekommen. Schon am ersten Tag fanden wir an kleinen Stromschnellen viele Schleifgruben, die jedoch nicht mehr zur Herstellung von Steinäxten verwendet wurden. Mit Sand und Wasser hatte man die Werkzeuge poliert, aber das war sicher schon hundert Jahre her. Wir verließen das Flussufer und mussten uns den Weg mit den Buschmessern freischlagen. Aus Rücksicht auf die Träger errichteten wir schon gegen Mittag das Lager, dann durchkämmten wir die Umgebung nach Schleifgruben. Um uns nicht zu verirren, knickten wir zur Orientierung an den Bäumen kleine Zweige in Richtung Lagerplatz.

Wir fanden alte Feuerstellen und Hölzer, die mit der Steinaxt bearbeitet worden waren, aber auf Menschen trafen wir nicht. Die Wajarekule wechselten ihr Jagdgebiet wie Nomaden und befanden sich wahrscheinlich auf der Südseite des Tumac-Humac-Gebirges auf brasilianischem Boden. Mit den Flüssen hatten auch die allabendlichen herrlichen Fischgerichte ein Ende gefunden, es musste rationiert werden; selbst das Wasser wurde spärlich, und jeder musste mit seiner Feldflasche haushalten. Das gehört zum Ablauf einer Expedition, und Neulingen fällt es schwer, sich zu beherrschen. Die Romantik am Lagerfeuer, wenn Schwärme bunter Vögel und Schmetterlinge über dem Wasser ihre Kreise zogen, war der Langeweile des trockenen Busches gewichen. Wir hatten den Kamm der Gebirgskette erreicht und befanden uns in etwa tausend Meter Höhe. Der Wald war zwar nicht besonders dicht, ein noch völlig unberührter primärer Dschungel, aber die Sicht war versperrt. Wenn man in der Hängematte lag und in der Dunkelheit die Brüllaffen zu ihrem fast menschengleichen Geschrei anhoben, musste ich mir immer wieder sagen, dass die Nacht alles übertreibt und es keine Indianer waren, die ihr Gebiet verteidigten.

Am Morgen kontrollierte ich die persönlichen Gegenstände der Träger auf vermeidbaren Ballast; einige Flaschen und moderne Stadtschuhe blieben zurück, aber Transistorradio und Spiegel musste man ihnen doch lassen. Zwei Indianer befreiten mit dem gebogenen Haumesser den Pfad von lästigen Dornen, und Jaap hielt mit Karte, Höhenmesser und Kompass die Richtung. Die Angst vor den »wilden Wajarekule« wich von den Trägern, als es bergab ging und die ersten Quellen des Ojapok unseren Durst löschten.

Lästig empfand ich, wie auch schon auf anderen Expeditionen, die vielen großen und kleinen Ameisen. Sie bissen, zwickten oder verspritzten übel riechende Säure. Nur einmal gab es eine nützliche Anwendung. Als einer der Träger sich beim Schnitzen eines Paddels geschnitten hatte, nahm er eine Ameise nach der anderen, setzte sie an die Wunde, und nachdem sie sich festgeklammert hatten, riss er ihnen den rückwärtigen Körperteil ab. Mit vier Ameisen hatte er die Schnittwunde genäht.

Eines Nachts kam das ersehnte Gewitter, es begann zu donnern, und ein tropischer Wolkenbruch folgte. Es dauerte einige Zeit, bis der Regen durch das dichte Dach der Bäume zu uns herunterkam. Es war der Augenblick, in dem mir die Idee kam, eine Hängematte mit Moskitonetz, Regendach und Kleidersack zu entwerfen, sie wurde später von einer großen Regenbekleidungsfirma verwirklicht. Sie wiegt nur zwei Kilogramm und hängt heute im Museum. Der Niederschlag hatte unseren Weg in einen Sumpf verwandelt. Gegenseitig halfen wir uns aus dem Schlamm, wobei immer wieder ein Stiefel im Dreck stecken blieb. Jetzt begriff ich auch die Warnung der Pessimisten, die meinten, in der Regenzeit sei es genauso unmöglich, das Gebirge zu überqueren, wie während der großen Trockenheit.

Die Bäche flossen nach Osten, und das bedeutete, dass wir in wenigen Tagen den Hauptfluss Oulemari und damit unser gestecktes Ziel erreichen würden. Fische und Wild gab es zuhauf, die Konserven waren überflüssig, aber wir fanden keine Anzeichen dafür, dass hier einmal Menschen gewesen sein könnten; dass wir auf keine Krokodile oder Schlangen getroffen waren, konnte ich verschmerzen.

Mit jedem Tag wurde der Unterschied zwischen den Afrikanern und Indianern in der Gruppe deutlicher. Die Afrikaner waren beim Rasten sofort laut und verrichteten die Lagerarbeit singend und tänzelnd, dann wuschen sie sich, schauten in den Spiegel und ölten ihr Haar. Der Transistor wurde angestellt, um ein Fußballspiel zu hören. Dabei bildeten sich unter den vier Trägern zwei Parteien, und ich erinnerte mich an Ruud Gullit, den berühmten Fußballer mit Vater aus Surinam, der als Mitglied der holländischen Nationalmannschaft weltberühmt wurde. Die Indianer interessierte Fußball nicht, sie gingen lieber auf die Jagd. Am Morgen drängten die Afrikaner zum Aufbruch und wollten längere Strecken gehen, sie schauten auf die Uhr, und es zog sie ganz offensichtlich nach Hause. Die Indianer lebten zeitlos und genossen ihre Urheimat und den Überfluss, den die Natur ihnen schenkte. Einer speerte einen Riesenfisch, zeigte ihn stolz und ließ ihn dann wieder schwimmen. Er tat es zum Vergnügen, als Sport, denn die Natur gab ihm alles, was er zum Leben brauchte.

Zwei Wochen Einsamkeit schienen für unser Völkergemisch eine ideale Zeitspanne, bevor man sich auf die Nerven ging. Das Gewicht der Lasten war nicht geringer geworden, denn statt des verbrauchten Proviants hatte Jaap Mineralien mitgenommen, darunter auch Knollen des begehrten rot-gelben Bauxit.

Tagebucheintragung vom 18. November 1966:

»Gestern abend dauerte es sehr lange, bis wir uns in die Hängematten legten. Auf großen grünen Blättern des Gummibaums bekamen wir weißen Reis und Fisch gereicht, es sah so appetitlich wie in einem Spezialitätenrestaurant aus und war doch nur das tägliche Gericht der Einheimischen. Dazu tranken wir Rum mit Zitronensaft, die nassen Sachen dampften an den Ästen der Bäume. Atibaya, der für alle Träger als Sprecher fungierte, erzählte, er sei bereits achtunddreißig Jahre alt und habe sieben Kinder, aber er hätte noch drei Brüder und fünf Schwestern, die auch Kinder haben. Alle sind aufgeregt, als Herbert Fotos seiner zwei Kinder zeigt, aber völlig aus dem Häuschen sind die Indianer über das Aussehen seiner Frau. Es ist ein Kompliment für ihre gesunde, gebräunte Haut, die auch den Indianerfrauen eigen ist.

Jetzt, wo ich das Tagebuch auf den Knien schreibe, sind die Männer in Begleitung von Jaap schon über eine Stunde unterwegs. An der Oberfläche des nahen Flüsschens springt von Zeit zu Zeit ein Fisch in die Höhe, und über mir schreien die bunten Ararapapageien, ich befinde mich wieder im romantischen Bubenparadies.«

Als wir am nächsten Morgen einen Fluss überqueren, trafen wir auf Leopold und seine Gruppe. Da nicht alle in den Booten

Platz hatten, schlugen wir ein Lager auf und begannen, unsere Erlebnisse auszutauschen. Für beide Gruppen kam die Wiedervereinigung zum rechten Zeitpunkt, und in einen dicken Baum wurde mit dem Buschmesser eine glatte helle Fläche geschlagen und »Reunion« mit den Namen aller Teilnehmer eingeritzt. Als aufregendstes Abenteuer berichtete Leopold von seiner Begegnung mit einer Riesenschlange, einer vor einer Höhle aufgeringelten Anakonda, der größten, die er je erblickt hatte. Als sie sich träge entrollte und begann, sich in die Höhle zurückzuziehen, schoss Peter ihr in den Kopf. Vier Mann trugen das tote Tier zum Lagerfeuer, wo Radin, der Koch, sie für das Institut in Brüssel abhäutete. Ihre Länge betrug nur sechs Meter, aber immerhin wog sie etwas über hundert Kilogramm und hatte einen Umfang von sechzig Zentimetern.

Auf der Rückfahrt sollten wir noch mehr solch abenteuerlicher Schlangenerlebnisse zu hören bekommen. Einige holländische Farmer hatten uns Nachtquartier angeboten, und beim gemeinsamen Abendessen lauschten wir der Erzählung ihres Angestellten; hätten die Farmer die Geschichte nicht bestätigt, wäre sie wohl dem Reich der Fabel zuzuordnen gewesen. Pirima, ein Wayanaindianer, berichtete, was er wenige Tage zuvor erlebt hatte. Mit seiner Familie hatte er im Fluss geangelt, als er glaubte, mit Pfeil und Bogen einen riesigen Fisch zu erlegen, doch es war der Schwanz einer Schlange. Blitzschnell umschloss ihn eine Anakonda, biss sich in seinem Knie fest und drohte, ihn mit ihrem mächtigen Leib zu erdrücken. Der Umfang der Schlange sei so dick wie der Oberschenkel eines erwachsenen Mannes gewesen. Pirimas Frau schlug mit einer Axt auf den Kopf des Ungeheuers ein, und der zehnjährige Bub stach mit dem langen Buschmesser zu. So töteten die beiden sozusagen auf dem Körper ihres Familienoberhaupts die mehrere Meter lange Anakonda, die dann von der Strömung weggetrieben und von den Piranhas gierig gefressen wurde.

Im Museum von Paramaribo ist eine sechseinhalb Meter lange präparierte Schlange ausgestellt, und es ist bekannt, dass das berühmte Naturhistorische Museum in New York für eine Anakonda, die über sieben Meter Länge misst, einen hohen Preis zahlen würde.

Viel gefährlicher als die Riesenschlange, die mit Muskelkraft ihr Opfer erdrückt, ist die kleinere Buschmeister mit ihrem Gift. Diese zur Familie der Grubenottern gehörende Schlange kommt im Norden Südamerikas häufig vor, und daher gibt es in Surinam so viele, meist tödlich endende Unglücke. In einer Bauxitmine hatte eine dieser bis zu drei Meter langen Buschmeister einen Arbeiter durch seinen Gummistiefel gebissen, und kurz darauf starb er. Zwei Wochen später zog sein Bruder den Stiefel an und starb ebenfalls. Der Arzt stellte Tod durch Schlangengift fest. Der Zahn der Buschmeister hatte sich noch in der Wand des Stiefels befunden und die Haut des Bruders eingeritzt.

Eine andere Geschichte berichtete von drei Saramaccanern, die im Auftrag des Militärs einen Pfad durch den Dschungel zum Bloumsteinsee schlugen, als sie von einer Buschmeister gebissen wurden. Einer starb auf dem Weg zur Hilfsstation, der Zweite wurde mit einer Spritze gerettet, und der Dritte starb zwei Tage später ebenfalls, weil er an das Sneki-Koti seines Medizinmanns geglaubt und die Spritze abgelehnt hatte.

Auch ich hatte neben den Spritzen von der Xinguexpedition das Sneki-Koti des Medizinmanns der Saramaccaner in meiner Apotheke. Das Koti war ein geheimnisvoller Trank – Sneki-Koti heißt »gegen Schlangen« –, und jeder Medizinmann hatte sein eigenes Rezept. Der bekannteste Koti-Hersteller trocknete für seinen Trank einen toten Vogel an einer felsigen Stelle des Flusses, wo die Geister wohnten, pulverisierte den Kadaver und fügte Kräuter und Schnaps hinzu. Beim Verkauf betonte er, dass das Mittel nur höchstens sechs Monate lang wirksam sei. Das Koti kostete viel Geld und musste vor Betreten des Dschungels getrunken werden.

Der Bedarf an diesem zweifelhaften Serum war sehr hoch, denn neben der Buschmeister gibt es noch die nicht weniger seltene giftige Klapperschlange. Durch Rasseln der am Schwanzende befindlichen Hornsegmente warnt sie jeden, der ihre Ruhe stört. Diese Warnung hatte dem Betreiber einer Bananenplantage nichts genützt. Am Abend im Dämmerlicht begann sein Hund zu bellen, und als der Farmer nach draußen ging, entdeckte er ein Riesengürteltier. Was er aber übersah, war, dass das Tier von einer Klapperschlange verfolgt wurde. Sie biss den Holländer in den Unterarm, und er tötete sie mit dem Buschmesser. Dann trank er vom Sneki-Koti, bekam jedoch in der Nacht Fieber und fuhr am Morgen mit dem Motorrad zum Arzt. Seine Frau verabschiedete ihn, aber noch in Sichtweite stürzte er und starb.

In meinem Tagebuch finden sich noch seitenweise Geschichten von Indern, die mit Schlangen lässig umgehen und damit Geld verdienen; meist haben sie ihnen die Giftzähne ausgebrochen und hantieren scheinbar mutig mit den bunten Korallenschlangen oder Buschmeistern. Mein aus Expeditionserfahrungen gewonnener Rat ist, am Morgen die Schuhe auszuleeren, denn nicht selten hat sich in der Nacht ein giftiger Skorpion oder eine kleine Schlange in die Wärme und Dunkelheit des Schuhs geflüchtet. Auch in unseren Breitengraden ist es mir passiert, dass ich am Morgen empfindlich von einer Wespe, die im weichen Hausschuh warmen Unterschlupf gefunden hatte, in die Zehe gestochen wurde. Es ist übrigens für den Expeditionsführer wichtig, zu kontrollieren, ob die Teilnehmer für ihre persönlichen Anfälligkeiten, wie Wespen- oder Bienenallergien, Vorsorge getroffen haben. Wenn das notwendige Mittel nicht zur Hand ist, kann ein Stich zum lebensbedrohenden anaphylaktischen Schock führen.

Die Expedition ging zu Ende, die Träger erhielten fünfundvierzig Gulden, der Koch das Doppelte. Wie üblich bestätigten sie den Erhalt mit dem Daumenabdruck. Mit Leopold verbrachte ich einige geruhsame Tage auf dem Fluss und unternahm einen kurzen Ausflug zur indianischen Volksgruppe der Kariben an der Küste, aber das war nach den unvergesslichen Wochen zuvor eher ein Antiklimax, denn der Tourismus hatte von der Gegend Besitz ergriffen. Am Flughafen verabschiedete ich mich von den Freunden; es war bereits Dezember, und wir wünschten einander frohe Weihnachten.

Ich musste noch bleiben, um die vielen ethnologischen Objekte, vor allem die Schnitzereien und die Bretter für unser Haus, zu verpacken, um sie per Fracht nach Europa zu verschiffen. In nur wenigen Wochen würden die kostbaren Stücke mit einem schnellen Dampfer in Amsterdam ankommen. Bei den Saramaccanern und Paramaccanern hatte ich über dreihundert Schnitzereien gesammelt, aber vergeblich versucht, von einem Granman seinen Stab zu bekommen. Dieses Zeichen höchster Macht und Würde aus edlem Holz, verziert und abgegriffen, hatte er von seinem Vater übernommen, denn der Titel Oberhaupt oder auch Orakel wurde nicht wie in Tibet immer wieder neu vergeben, sondern vererbt. Nur ein charakterloser Mensch würde sich von einem Andenken oder Erbstück je trennen. Schon bei den Hochlandindianern in den Anden hatte der Medizinmann oder Zauberer einen geschnitzten Stab genommen, wenn er zu den Berggöttern sprach oder den Ausbruch eines Vulkanes beschwor, vor dreitausend Jahren gab es bereits Zepter, und selbst die englischen Offiziere in meinem Gefangenenlager trugen einen Swaggerstick, um damit zu beeindrucken. Eine nüchterne Erklärung für den Stock könnte die Tatsache sein, dass Magier häufig Alkohol oder andere Drogen zu sich nehmen, um in Trance zu fallen. Sprichwörtlich hilft ihnen der Stab als Stütze, um ihr Schwanken zu verbergen.

Diese Schlussphase einer Expedition, wenn ich das Verschiffen meiner Sammelstücke überwachte, genoss ich immer sehr. Es war eine Zeit der Ruhe und Erholung nach den Strapazen der Unternehmung. Mittlerweile hatte ich auch ein Geschick darin entwickelt, zu entscheiden, von wo aus man die Objekte am besten auf den Weg brachte, und wie man verfuhr, wenn man selbst nicht dabei sein konnte. Man musste vertrauenswürdige Helfer finden, sie großzügig entlohnen und auf kleinere Hafenstädte ausweichen, wenn man verhindern wollte, durch aufwendige

Bürokratie zu lange aufgehalten zu werden. Doch man musste immer einkalkulieren, dass das Frachtgut unter Umständen Europa nie erreichte.

In diesen letzten Tagen in Neu Amsterdam, dem Hafen von Paramaribo, erinnerte ich mich an die beeindruckende Abenteurerin und Wissenschaftlerin Maria Sibylla Merian, die ebenfalls in Surinam gewesen war. Wie schwer musste es gerade für eine Frau gewesen sein, hier zu reisen. Als Schulbub war ich für meine Zeichnungen gelobt worden und hatte schon daran gedacht, Details von Blumen, Obst und Vögeln naturgetreu im Bild festzuhalten und dies zu meiner Profession zu machen. Als ich dann aber eines Tages in einem Kunstheft die bunte Wiedergabe von Kupferstichen aus Maria Sibylla Merians 1705 erschienenem Buch »Metamorphosis Insectorum Surinamensium« bewundern konnte, wusste ich, dass meine Berufspläne zu hoch gegriffen waren. Sybilla Merian war die begabte Tochter des berühmten Frankfurter Kupferstechers Matthäus Merian und beschloss, nachdem sie in Holland von Surinam und seiner tropischen Fauna und Flora gehört hatte, mit ihrer Tochter in die niederländische Kolonie zu fahren. Man kann sich das heute nicht mehr vorstellen, wie es auf einem kleinen Segelschiff, bei Stürmen und unzulänglicher Nahrung zugegangen ist, bis sie nach drei Monaten in Surinam landeten. Sie sammelte und zeichnete und beendete diese sinnvolle Abenteuerreise. Zwei Jahre später ging sie erneut auf eine dreimonatige Seereise, obwohl sie an einer Tropenkrankheit litt. Sybilla Merian wurde später weltberühmt, und der große schwedische Naturforscher Carl von Linné bezeichnete ihr Werk als unsterbliche Leistung. Ihr Bild zierte den deutschen Fünfhundertmarkschein.

Malaria

Im Herbst 1969 reisten Leopold und ich noch einmal nach Französisch-Guyana. Wir hatten zwei Monate Zeit, um einen Indianerstamm im Quellgebiet des Oyapock zu besuchen, und wollten zur Weihnachtszeit wieder zu Hause sein. Es sollte eine vergnügliche Fahrt ohne große Strapazen werden, doch sie nahm ein unglückliches Ende, unter dessen Folgen wir noch lange zu leiden hatten.

Wir flogen in die Hauptstadt Cayenne. König Leopold wurde vom Gouverneur empfangen, der uns einlud, beim Abschuss einer Rakete im nahe gelegenen französischen Raumforschungszentrum Kourou dabei zu sein. Wie so oft kam ich durch das Ansehen Leopolds in den Genuss von Ereignissen, die mir sonst verschlossen geblieben wären. Wir fuhren mit dem Auto die Küste entlang nach Westen bis Kourou, wo wir in einem der vielen neuen Häuser Quartier bezogen. Der Ort in der Nähe des Äquators eignete sich hervorragend als Startplatz für Satelliten und wird von der Europäischen Weltraumorganisation (ESA) benutzt. Ich hatte zweimal den Vater der Raumfahrt, Hermann Oberth, in seinem Haus bei Nürnberg getroffen und erinnerte mich auch an meinen Besuch bei seinem berühmten Schüler Wernher von Braun in Huntsville. Nun spazierte ich frei durch das Gelände, wo die Ideen von Pionieren wie diesen Männern in die Tat umgesetzt wurden.

Den Tag nutzten wir zu einem Ausflug auf die Isles du Salut, besser als Teufelsinsel bekannt. Hier befand sich bis 1945 die berüchtigte Strafkolonie, über die kurz zuvor der Bestseller »Papillon« erschienen war. Als wir nach der Landung die steilen Steintreppen durch die senkrechte Felswand in der tropischen Hitze hinaufgingen, bekam ich einen Begriff von den klimatischen Qualen der Verurteilten, aber auch von denen des Verwaltungs- und Wachpersonals. Von den vielen legendären Einrichtungen bekamen wir auch die Glocke zu sehen, die geläutet wurde, wenn ein Insasse starb und ins Meer geworfen wurde. Bei den Haien stellte sich sofort der pawlowsche Reflex ein.

Am Abend saßen wir mit dem Direktor des Kennedy-Space-Centers auf Cap Canaveral in Florida zusammen. Wir unterhielten uns über den Sinn der Raumfahrt, dass die vielen für die Menschheit nützlichen Nebenprodukte doch nicht der Zweck sein konnten, viele hundert Milliarden Dollar aufzuwenden. Der Amerikaner meinte, dass für Whisky und Kosmetik die gleichen Summen ausgegeben würden; in der Wirtschaft müsse das Geld rollen. Während wir miteinander sprachen, hörte man im Lautsprecher den Count-down. Die Spannung wuchs, und als noch zwei Stunden bis zum Zünden der Triebwerke angesagt wurden, durften wir in den großen Raum, in dem die Experten mit Kopfhörern in einer Reihe vor den Bildschirmen saßen. Dann gingen wir ins Freie, wo das Gelände taghell beleuchtet war und Scheinwerfer die Rakete anstrahlten. Jeder kennt den Start eines Satelliten aus dem Fernsehen, wenn man aber aus geringer Entfernung das Brodeln und Fauchen der Triebwerke miterlebt, wächst die Hochachtung vor den Erfindern.

Die Rakete »Vesta«, nach dem hellsten der Planetoiden benannt, löste sich langsam, wurde immer schneller, und als sie bereits einen Bogen über den Atlantik zog, erstarb plötzlich ihr Licht. Es war die Rede von einem technischen Defekt, und der vorbereitete Champagner wurde nicht geöffnet. Die meisten Startversuche verliefen jedoch erfolgreich und wurden in der Kantine dokumentiert. Hundert Starts mit »Ariane«-Raketen, zu denen auch die »Vesta« gehörte, hatte es gegeben, und in den Regalen aufgereiht lagen zweiundneunzig Champagnerkorken und nur acht Plastikverschlüsse von Wasserflaschen für die missglückten Versuche. Inzwischen ist das Raumfahrtprogramm in Kourou das erfolgreichste Satellitentransportsystem der Welt.

Meine Abenteuer waren ohne großen technischen Aufwand Wirklichkeit geworden, aber auch ich war von dem Forscherdrang und Pioniergeist getrieben, ohne den die Entwicklung der

Raumfahrt nicht denkbar ist. Immer noch registriere ich alle neuen Entdeckungen genau und beobachte, wie man weiterforscht, ja, sogar unsterblich werden kann, wenn man etwas Außergewöhnliches erkundet. Heute bewundern wir am Himmel den Hale-Bopp, einen besonders großen Kometen. Die beiden Entdecker hatten fast gleichzeitig am 22. Juli 1995 denselben strahlenden Kometen gesichtet. Als der Schweifstern neben unserem Hausberg erschien, konnte ich ihn in der klaren Luft fotografieren. Ich schätze die beiden Familienväter Hale und Bopp, die bewiesen, dass es auch ohne Ufos im Weltall »Wunder« zu entdecken gibt.

Auch die beiden Fossiliensammler Hans-Dieter und Hans Joachim Weiß beeindruckten mich, als sie im Sommer 1998 im Naturpark Altmühltal einen Saurier entdeckten, der eine Million Jahre älter ist als der bisher bekannte Urvogel. Zur selben Zeit kam die Nachricht, dass in den Felsen der Südkoreaküste hundert Dinosauriereier gefunden wurden. Die violettfarbenen Fossilien schätzen Paläontologen auf ein Alter von hundert Millionen Jahren und hoffen, in den Eiern einen Fötus zu entdecken, der beweisen soll, dass es sich um pflanzenfressende Saurier handelt. Mikrobiologen erklären, dass unzählige Kleinstlebewesen aussterben, bevor sie entdeckt werden. Deshalb war es eine Sensation und ein Schock für die Zoologen, als Wissenschaftler in einem Forschungstauchboot sechs Zentimeter lange, seltsam behaarte Würmer entdeckten. Diese Tiefseewürmer bedeuten neuen Rekord und werden die Fachwelt noch lange beschäftigen.

In den abgelegenen Winkeln unserer Erde findet man neues Leben, Affenarten, Schmetterlinge, und unter dem Eis der Antarktis ein Gebirge vom Ausmaß der Alpen. Die Welt ist noch unendlich voll mit sinnvollen Abenteuern, die auf ihre Entdeckung warten. Der Mensch sollte die Natur beobachten, sich anpassen, aber sie nicht erobern wollen. Wir sind von der Natur abhängig, daher ist es auch unsere Pflicht, dieses Erbe zu erhalten und so weiterzureichen, wie wir es vorgefunden haben.

Zurück in Cayenne, besuchten wir das Büro der Weltgesundheitsorganisation (WHO), um uns für den Ausflug ins Landesinnere medizinisch beraten zu lassen. An den Wänden hingen Landkarten mit bunten Stecknadeln, die die Verbreitung verschiedener gefährlicher Krankheiten anzeigten. Im Quellgebiet des Ojapock, unserem Ziel an der Grenze zu Brasilien, wo das Indianervolk der Oyampi lebte, gab es nach dieser Tabelle keine Gefahren. Die Regierung hatte uns die Reiseerlaubnis erteilt, aber ähnlich wie in West-Neuguinea mussten sich Besucher untersuchen lassen, um keine Krankheiten zu den Einheimischen zu tragen. Uns wurde erklärt, dass die Oyampi, die in einer Höhe von über tausend Metern in den Bergen lebten, viel gesünder seien als die Indianer an der Küste.

Als Helfer fanden wir zwei Männer vom Stamm der Oayana mit Boot. Sie galten als »zivilisiert«, nachdem sie in einer Missionsstation bekehrt worden waren. Bevor wir den letzten Ort mit westlicher Kultur verließen, übernachteten wir in einem Hotel, das man als dürftige Absteige bezeichnen konnte. Über eine steile Holzstiege erklommen wir eine Bretterbude, wo wir ein Doppelzimmer bezogen.

In den folgenden Tagen fuhren wir mit dem Einbaum langsam den Ojapok hinauf, lagerten am Ufer, schliefen gemütlich in der Hängematte und schrieben Tagebuch in der Atmosphäre, die wir so schätzten. An den seichten Stromschnellen fanden wir wieder alte Schleifgruben, und die vielen Schmetterlinge belebten die Luft. Um einen der schönsten Falter, den azurblauen *Morpho Brasiliensis,* zu fotografieren, so hatte mir einmal ein Entomologe erklärt, könne man einfach einen der blau metallisierten Aschenbecher der Air France als Lockmittel in die Sonne stellen. Bei der Zwischenlandung in Martinique hatte ich mir von der Stewardess besagten Aschenbecher erbeten, und nun erfüllte er die in ihn gesetzten Erwartungen.

Die Oyampi verhielten sich uns gegenüber so, als ob sie uns nicht bemerkten, und selbst die Kinder spielten unbeirrt weiter. Wir respektierten ihre Zurückhaltung, und ich verzichtete darauf, über den gekerbten Baumstamm zu ihrem Wohnraum hinaufzusteigen. Im Vergleich zu den Indianern im nahen Surinam war der Häuptling der Oyampi als arrogant zu bezeichnen, und bei der Verteilung von nützlichen Kontaktgeschenken mussten wir zurückhaltend sein.

Schon zwei Tage nach der Ankunft ließen wir uns mit dem Einbaum gemütlich flussabwärts treiben und rechneten damit, fünf Tage später wieder in Cayenne zu sein, als ein Hubschrauber in unserer Nähe landete. Der Gouverneur hatte die Piloten beauftragt, nach uns zu schauen. Dass wir die zwei Oayana mit dem Boot entlohnten und das Angebot, mit dem Helikopter zurückzufliegen, annahmen, sollte sich später als lebensrettend herausstellen. Am 20. Dezember landeten wir in Paris, wo wir uns mit guten Weihnachtswünschen trennten.

Wenige Tage nach der Ankunft in Europa bekam ich Schüttelfrost, Fieber und erhöhten Pulsschlag. Der Arzt sagte, dass die Grippe grassiere, und spritzte mir ein Gegenmittel. Als dies nicht half, rief meine Frau unseren Freund und Arzt Fritz Wechselberger an, der auch einen medizinischen Ratgeber für Reisen in die Tropen veröffentlicht hatte. Er schlug Alarm und beorderte mich umgehend ins Krankenhaus nach Innsbruck. Carina, die in Stresssituationen über ihre Kräfte hinauswächst, fuhr mich sofort dorthin, wo man mich halb bewusstlos mit Schüttelfrost in die Abteilung des bekannten Spezialisten Herbert Braunsteiner brachte. Mir war es gleich, dass wegen der Grippeepidemie kein Zimmer frei war und ich vorerst im Gang liegen musste.

Die nächsten Tage befand ich mich im Delirium. Vor allem erinnere ich mich an die vielen Blutentnahmen; meine Venen sind nicht dafür geeignet, und so suchte und stach man immer wieder neue Stellen. Die Blutuntersuchungen blieben ohne Anzeichen für eine bestimmte Krankheit, doch das Fieber ging nicht zurück. Meine Blutproben wurden nach Hamburg ins Institut für Tropenmedizin gesandt, und der Spezialist für Tropenkrankheiten in Tübingen schickte einen Boten mit Spritzen gegen Amöben-Hepatitis. Nichts half, das Fieber zu senken.

Der erste Schüttelfrostanfall lag bereits vierzehn Tage zurück, Schmerzen in Milz und Leber kamen dazu, und die Gruppe der Ärzte, die um mein Bett stand, wurde immer größer. Chirurgen schlugen Eingriffe vor, andere Ärzte plädierten für eine Computertomographie. Ein kräftiger Sanitäter hob meinen inzwischen um zwölf Kilogramm leichter gewordenen Körper auf ein fahrbares Bett und brachte mich zur Untersuchung. Wie angeordnet lag ich über eine Stunde völlig reglos unter dem Szintigrafen und überbrückte die Zeit abwechselnd mit düsteren Gedanken, Zitieren heiliger Mantras und profanen Ohrwürmern.

Meinen späteren Aufzeichnungen zufolge fiel ich am 16. Januar 1970 ins Koma, und im Delirium war es mir, als fasste mich eine Person an den Fußgelenken und schleuderte meinen Körper immer wieder an die Wand einer Bildergalerie, sodass aus meinem Körper verschiedenfarbige Flüssigkeiten austraten. Auf mich wirkte es wie ein abstraktes Gemälde.

Die Ärzte behandelten mich so, als ob ich sämtliche Tropenkrankheiten im Leib hätte, nur auf *Malaria tropicana* kamen sie nicht. Diese Krankheit, wissenschaftlich *Plasmodium falciparum* genannt, war damals wenig bekannt. Noch einmal erhielt ich eine größere Menge Penicillin, und am 23. Januar, nach einem zweiten Szintigramm ohne Befund, wurde die Reservierung im Operationssaal abgesagt. Am selben Tag kam ein Anruf aus Brüssel, dass König Leopold seit dem 23. Dezember schwer krank und sein Zustand ernst sei. Für mich bedeutete diese Nachricht in meiner Labilität einen großen Schock, und ich war nicht ansprechbar. Drei Tage später erfuhr Carina von Prinzessin de Réthy, dass man bei Leopold *Plasmodium falciparum* festgestellt hatte und die sofortige Behandlung mit reinem Chinin anordnete. Nun wussten auch meine Ärzte mehr.

Während meiner schlechtesten Tage hatten Reporter einer Illustrierten unter dem Vorwand, gute Freunde zu sein, Erlaubnis zu einem Besuch bekommen. Als ich den Fotografen sah, wie er eine Kamera ans Auge setzte, verkroch ich mich unter der Decke. Nun aber kamen mit Toni Sailer tatsächlich Freunde zu Besuch, die auf dem Weg zur Skiweltmeisterschaft in den Dolomiten waren und mir Schneerosen aus dem Kaisergebirge mitbrachten. Ich freute mich über das Sträußchen, während ich vorher Blumen wegen ihres Geruches, der mich an eine Aufbahrungshalle erinnerte, abgelehnt hatte. Als ich meine Decke zurückschlug und die Freunde meine abgemagerten Beine sahen, brachen sie in schallendes Gelächter aus.

Ende Januar war ich über den Berg, und Anfang Februar kam auch aus Brüssel eine ähnlich gute Nachricht. Carina wohnte während dieser Wochen im Hotel und konnte den ganzen Tag bei mir im Krankenhaus verbringen. Jeden Morgen kamen zwei Schwestern, um das Bett neu zu beziehen. In kürzester Zeit hatten sie ihre Arbeit beendet, und als letzte Handlung steckten sie routinemäßig das Leintuch mit der Wolldecke am Bettende unter die Matratze, bevor sie verschwanden. Vergeblich versuchte ich, mir mit meinen schwachen Beinen etwas Luft zu verschaffen, erst Carina gelang die Befreiung.

Nach fünfundvierzig Tagen Krankheit zählte man in meinem Blut eine vernünftige Anzahl von Leukozyten, und Professor Braunsteiner verfügte für den nächsten Tag meine Entlassung. Meine Freude wollte ich Carina zeigen, und als ich sie kommen hörte, steckte ich je eine Schneerose zwischen die Zehen meiner Füße, die aus der Decke herausschauten. Erst als ich mich aufrichtete und lachend winkte, verstand sie, dass es ein schlechter Witz gewesen war.

Auf der Heimfahrt wunderte ich mich, dass meine Frau nicht rauchte. Da sie im Krankenhaus ihrer Sucht nicht hatte frönen können, hatte sie ganz auf das Nikotin verzichtet, und das tut sie auch heute noch. So hatte die Malaria doch eine gute Seite. Leopold erholte sich in Biotte an der Cote d'Azur, und wir stellten fest, dass der Verlauf unserer Malaria auf den Tag genau übereinstimmte. Wahrscheinlich waren wir vom gleichen Anophelesmoskito infiziert worden.

Natürlich interessierte ich mich weiterhin für alle Nachrichten, die mit dieser Tropenkrankheit zu tun hatten. Das *Time-Magazine* berichtete von einem New Yorker, der nach einem Autounfall an Malaria verstorben war. Ein US-Soldat hatte in Vietnam billig Drogen konsumiert, und zurück in New York, benötigte er für seine Sucht Geld. Er spendete Blut. Man war zu diesem Zeitpunkt nicht in der Lage, im Blut den *Plasmodium-falciparum*-Erreger zu erkennen, und verabreichte es dem Verunglückten, der kurz darauf an Malaria verstarb. Ähnliche Fälle gab es in Europa, oft verursacht durch Moskitos, die sich bei der Landung in den Tropen unter den Sitzen der Passagierflugzeuge versteckt hatten.

Während meiner nächsten Vortragsreise besuchte ich das pharmazeutische Institut der Boehringerwerke in Biberach, in dem nach Malaria-Gegenmitteln geforscht wurde. Wie die Mitarbeiter kleidete man mich steril ein, und unter einer Plastikhaube setzte ich mich vor ein Mikroskop. Was ich nun im Präparat sah, erschreckte mich: Dass ich diese spitzen, sichelförmigen Erreger, die wild durcheinander sausten, noch kurz zuvor millionenfach in meinem Körper gehabt hatte, erfüllte mich mit Grausen. Trotzdem war es faszinierend, diese tödlichen Erreger vergrößert zu sehen, und dass ich diese kleinen Biester überlebt hatte, erfüllte mich mit Dankbarkeit den Ärzten gegenüber. Ich schwor weiterhin, durch Ernährung und Sport mehr für meine körperliche Verfassung zu tun, denn das Überleben dieser Krankheit verdankte ich auch meiner guten Kondition.

Jetzt, über dreißig Jahre später, ist *Malaria tropicana* mit all ihren Tücken bekannt, und die Fehldiagnosen und Verwechslungen wie in meinem Fall werden verständlich, wenn man über die Komplikationen der Infektion und ihre lebensbedrohlichen Folgen besser Bescheid weiß. Ich will jedem Reisenden meine Qualen ersparen und raten, sich zu informieren, denn gegen die vielen bislang erfolgreichen Chininpräparate gibt es inzwischen resistente Stämme, und nur der Facharzt, der mit der Weltgesundheitsorganisation in Verbindung steht, kann das richtige Prophylaktikum verschreiben.

Kriegerische Hadendoa

An Expeditionen war vorerst nicht zu denken, und so widmete ich mich 1970 anderen interessanten Unternehmungen. Der Raiffeisenverband hatte einen weltweiten Wettbewerb unter dem Titel »Jugend forscht« ausgeschrieben, und die Sieger aus allen Kontinenten erhielten als Preis die Einladung zu einem Abenteuerkurs in den Bergen Österreichs oder eine Reise. Mich hatte man zu ihrem Begleiter gemacht. In einer Schutzhütte im Dachsteingebirge veranstaltete ich eine Art Überlebenstraining mit den Jugendlichen und lehrte sie, wie man sich in freier Natur zurechtfindet. Wir übten, wie man sich ein verletztes Bein schient oder vor Schneeblindheit schützt, und im Sommer campierten wir im Freien. Reisen unternahmen wir zu Wernher von Braun nach Amerika, oder ich paddelte mit ihnen auf den kanadischen Seen.

Im Sommer nach meiner Krankheit besuchte ich mit einer kleinen Gruppe Island und machte auch einen Abstecher auf das Inlandeis Grönlands. Unvergesslich sind die drei Wochen, in denen wir Japan bereisten. Besonders die schnellen Züge, in deren Abteil man den Zeiger des Geschwindigkeitsmessers über zweihundert Stundenkilometer steigen sah, während lächelnde Hostessen kostenlos Tee servierten, beeindruckten uns. Noch imponierender aber erschien mir, dass man am Bahnsteig dort wartete, wo am Boden die Tür der Waggons gekennzeichnet war. Genau an dieser Stelle hielt der Zug; der Gipfel der Bequemlichkeit war, dass man den Waggon waagerecht betreten konnte. In Europa muss ich auch dreißig Jahre später noch auf den richtigen Wagen lauern und mit dem Gepäck laufen, um schließlich mühsam über hohe Stufen in den Zug zu steigen.

Meinem Wunsch folgend, machten wir einen Ausflug nach Yakushima, der südlichsten Insel Japans. Die einmalige Faszination Yakushimas besteht darin, dass dessen Küstenbewohner tropische Früchte ernten, während in den Bergen in über zweitausend Meter Höhe arktische Flora wächst. Auf gut, allerdings in japanischer Schrift, markierten Wegen trifft man im dichten Wald der japanischen Zeder *Cryptomeria* auf Stämme, die als »Ältester Baum der Erde – 7000 Jahre« ausgewiesen sind, und sieht Ruinen gewaltiger Zedern, in deren bis zu zehn Meter tiefen Hohlräumen Shintoschreine zum Nachdenken einladen. In der großen Höhe gibt es zwar unbewirtschaftete Unterstände zum Übernachten, aber wir froren alle und waren am Morgen froh, im nasskalten Nebel wieder in tiefere Regionen absteigen zu können. Zur Erinnerung an die vielen Blumen habe ich heute einige der prächtig blühenden *Rhododendren Yakushimensis* in meinem Garten stehen.

Natürlich fuhren wir mit dem Auto den Hang des heiligen Fudschijama hinauf und besuchten den Tempel von Nikko mit den »Drei Affen«, die Boten aus dem shintoistisch-buddhistischen Glauben, die über die Menschen Bericht erstatten und im Sinne des Abwehrzaubers: »Wir sehen, hören und sprechen nichts Böses« dargestellt sind. Gut gefiel mir auch die Tempelstadt Kobe, in der die Inschrift zu finden ist: »Wenn du Kobe nicht gesehen hast, sage nicht, es ist schön.« Im berühmten Garten suchten wir zehn Bonsais aus, die später in verschiedenen Raiffeisenbanken ausgestellt wurden und danach in unserem Heim landeten, wo sie langsam eingingen.

Die Reisen mit Jugendlichen bereiteten mir immer große Freude. Es war schön zu sehen, wenn ihre Forschungsarbeit auch öffentlich Anerkennung fand und nicht selten wichtige Posten in großen Firmen oder Patentrechte für sie einbrachte. Ähnliche Befriedigung fand ich jedes Jahr, wenn sich die International Schools zu einem Skirennen trafen, dessen Preis meinen Namen trug. Meist wählten wir als Austragungsort Seefeld, wo wir günstige Bedingungen zum Übernachten und Skilaufen bekamen und wo bei der Schlussveranstaltung auch mein alter Skilehrer Toni Seelos half, die vielen Preise zu übergeben. Diese Schulen waren teuer und beherbergten Kinder von wohlhabenden und berühmten Leuten, daher gab es viele Pokale von Sponsoren, oft ebenso viele Preise wie Teilnehmer. Was mir die größte Freude bereitete, war, dass später aus allen Teilen der Welt Eltern kamen, die ihren Kindern zeigen wollten, wo sie einmal einen »Heinrich-Harrer-Preis« gewonnen hatten. Genauso freute ich mich, wenn junge Leute zu mir kamen und berichteten, dass sie auf meinen Spuren gereist waren. Es ist immer wieder ein neues Erlebnis, wenn Freunde wie Michael Lassnig oder Walter Pfeiffer Bilder und Filme aus Tibet und Afrika bringen, die mir die veränderte Situation in einem von mir einst bereisten Land zeigen.

Bei jeder Gelegenheit besuchte ich New York, um das neueste Musical zu hören, oder ging in den Explorer Club, wo ich mir auch als Ehrenmitglied zwar kein Buch ausleihen durfte, wohl aber im gemütlichen Klub Unterlagen für weitere Expeditionen studieren konnte. Eine andere Attraktion im Klub bot das kleine Restaurant, in dem jeden Tag ein exotisches Gericht angeboten wurde. Zum Glück gab es nur einmal im Jahr gebratene Ziegenaugen – bei einem nordafrikanischen Volk ein Leckerbissen. Regelmäßig besuchte ich das im Zentrum liegende Österreichische Kulturinstitut, wo ich hauptsächlich vor Emigranten Vorträge hielt. Aber der Institutsleiter Botschafter Wolfgang Waldner lud zu diesen Anlässen nicht nur Landsleute, sondern immer auch Gäste ein.

Schon als ich 1966 auf der Heimfahrt von meiner Xinguexpedition hier Station machte, hatte ich beiläufig erwähnt, dass ich mir Gedanken über meine Altersversorgung machte und überlegte, meine umfangreiche ethnographische Sammlung zu verkaufen. Ich war schon immer ein begeisterter Sammler, und die Freude am Zusammentragen von schönen und interessanten Objekten war auch stets Motivation für meine Reisen gewesen. Früher hatte ich Briefmarken zum Thema Berg gesammelt; außerdem interessierte ich mich für Geldbörsen aus aller Welt. Ich versäumte es auch in keiner Stadt, ein Antiquariat zu besuchen. Reiche Funde hatte ich bereits 1951 in Darjeeling und Kalkutta gemacht, dann 1952 in Schottland, in London bei Madame Forbes oder in der Museumsstraße. Die Ethnographika, die ich von meinen Expeditionen mitbrachte, hatte ich meist den Einheimischen abgekauft, oder ich hatte sie eingetauscht gegen irgendetwas, das sie brauchen konnten. Nicht immer hatte ich bekommen, was ich wollte, denn häufig standen religiöse Gründe dem Verkauf im Weg, die ich natürlich respektierte. Den größten Anteil an meiner Sammlung hatten die vielen Tibetika, die ich aus Lhasa mitgebracht oder im Laufe der Jahre bei verschiedenen Besuchen in Nepal und Indien erworben hatte.

Als ich mich 1951 von meinen tibetischen Freunden verabschiedete, schenkte mir die Mutter des Dalai Lama zwei fein geknüpfte Teppiche, die heute noch bei uns im Zimmer liegen. Andere Tibeter gaben mir Thangkas zur Erinnerung, da sie von meinem Interesse für die Rollbilder wussten. Einfach im Basar kaufen konnte man sakrale Gegenstände nicht. Künstler wurden ins Haus gerufen, wo sie in oft jahrelanger Arbeit eine Serie von Rollbildern anfertigten. Als die Kulturrevolution alles zerstörte, warfen viele Gläubige ihre kostbaren Bronzen in den Fluss; man sagte, die Tibeter würden ärmer, die Flüsse reicher. 1959, als Hunderttausende Tibeter nach Indien flüchteten, versuchten viele, ihre persönlichen Schutzgötter zu retten, und um sie an den Grenzposten vorbeizubringen, wickelten sie sich die Rollbilder um den Leib oder überwanden sechstausend Meter hohe Pässe, wo noch keine Chinesen die Grenze kontrollierten.

Nach Jahren im Exil brauchten die tibetischen Flüchtlinge Geld, um ihre Kinder zur Schule zu schicken, und begannen ihre Schätze anzubieten. In Dharamsala erhielten sie nur wenig Geld dafür, denn die Exilregierung mit dem Dalai Lama zahlte ihnen nur den nominellen Preis. So konnte ich fast jedes Jahr, wenn ich die Flüchtlingslager in Indien besuchte, etwas erwerben. Es sprach sich herum, dass ich einen fairen Preis zahlte und, was ihnen das Wichtigste war, dass ich ihre schönen Gegenstände nicht entweihte. Sie konnten sich darauf verlassen, dass ich nie ein Buch auf einen Sitzplatz gelegt oder das Gesicht einer Buddhabronze mit den Fingern angegriffen hätte. Es wäre ein Sakrileg gewesen, und die Entweihung wäre an den ursprünglichen Besitzer zurückgefallen.

Anfangs gab es Kritik, aber später, als der Dalai Lama Museen und Ausstellungen mit Tibetika besuchte, lobte er meinen Einsatz sogar, denn so wurden die Schätze Tibets gerettet, und viele Besucher können diese jahrtausendealte Kultur bewundern. Ich habe die Vision, dass Tibet eines Tages wieder frei sein wird. Dann werden alle, die den Dalai Lama, sein Volk und das Schneeland auf dem Dach der Welt lieben gelernt haben, aus ihrer Sammlung ein Kultobjekt dorthin zurückbringen, woher es kommt und wohin es gehört.

Nachdem ich Waldner vom Österreichischen Kulturinstitut 1966 den Verkauf meiner Ethnographika angedeutet hatte, erklärte er sich bereit, bei den vielen Stiftungen in New York, die über Geld verfügten, nachzufragen. Bald nach meiner Rückkehr nach Österreich erreichte mich ein Anruf der Kulturabteilung des Landes Steiermark, die mit mir verhandeln wollte. Waldner hatte pflichtgemäß meine Absicht seinem Außenamt in Wien gemeldet, das die Nachricht an die Steiermark weitergeleitet hatte. Damit begann ein jahrelanges Tauziehen, das erst 1972 ein Ende fand.

Zunächst erkundigte sich der Bürgermeister von Graz, ob ich die sechzehn Säle des Schlosses Eggenberg mit meinen Exponaten füllen könne. Allein die Sammlung tibetischer Objekte mit über hundert Rollbildern, Bronzen und handgeschriebenen Büchern hätte dies leicht ermöglicht; nicht berücksichtigt waren dabei die Ethnographika aller anderen Expeditionen, die Tagebücher, Fotos, Ausrüstungsgegenstände, Geschenke und Orden. Es folgten Sitzungen, die Mappe wurde immer dicker, und auch Bedenken wegen der Finanzierung nach dem Ankauf wurden laut. Da eine Pauschalsumme schwierig zu beschaffen erschien, hielt ich den Vorschlag, mir eine Hofratspension zu genehmigen, für eine gute Idee für beide Seiten. Dies wurde mit der Bemerkung, Harrer sei »so zäh« und lebe sicher sehr lange, fallen gelassen. Darüber verflossen Jahre. Die Zeitungsberichte über das Hin und Her las auch der Direktor des Züricher Völkerkundemuseums, Walter Raunig, der Österreicher war. Eines Tages wandte er sich an mich und fragte, ob ich die Tibetsammlung eventuell auch nach Zürich geben würde.

Diesen Wunsch konnte ich nicht sofort beantworten und fragte Professor Rohracher vom Forschungsfonds in Wien um Rat. Er meinte sofort, dass es keine Bedenken gäbe, denn die Schweiz sei ein befreundeter Nachbar. Daraufhin gab ich die Liste der Exponate an das Denkmalamt und bat um Ausfuhrbewilligung. Da es um keine spezifisch österreichischen Werte ging, wurde mein Ansuchen sofort bewilligt.

Am 13. Oktober 1972 kamen sieben Kantonsräte unter der Leitung des Ministerpräsidenten Gilgen zu uns, um wenigstens einige der Exponate anzusehen, reisten jedoch noch am selben Tag ohne Kommentar wieder ab. Zwei spezialisierte Galeristen schätzten Stück für Stück, und schon nach kürzester Zeit erhielt ich die Nachricht, dass die Züricher Kantonsregierung den Kauf einstimmig beschlossen hatte. So ging ein Großteil meiner Sammlung aller Tibetika in das Völkerkundemuseum der Universität Zürich. Die *Neue Zürcher Zeitung* widmete dem Vorfall eine ganze Seite im Kulturteil unter der Überschrift: »Glücksfall für die Schweiz«. In Österreich verlangte die Presse eine Erklärung, und bei einer Konferenz konnte ich zeigen, dass ich über sechs Jahre vergeblich mit den österreichischen Behörden verhandelt hatte.

Mit einem Teil der Kaufsumme erstand ich auf späteren Indienreisen weitere Tibetika, die das Museum in Vaduz übernahm. Doch einiges behielten wir auch, und immer wieder kamen neue Sammelstücke hinzu. Ende der siebziger Jahre begannen Carina und ich ein Haus in Mauren zu errichten. Von der Garage an der Straße führte ein fünfundzwanzig Meter langer unterirdischer Gang zum Lift. Um die kalten Betonwände zu beleben, hatten wir an beide Seiten je fünfzehn tibetische Rollbilder gehängt, und in einer Nische konnten unsere Gäste Ethnographika betrachten, bevor sie in den Lift traten. Als der Dalai Lama 1991 meine Tibetausstellung in Vaduz eröffnete, kam er zu uns zu Besuch. Ich hatte mit weißem Kalk, wie in Tibet üblich, Glückssymbole auf die Straße gezeichnet, dann zeigte ich ihm die »Galerie« mit den Tibetika, aber mit dem Lift wollte er lieber nicht fahren. So gingen wir die steile Treppe durch die Rhododendren hinauf zu unseren wartenden Freunden, und er lachte über meinen Vergleich, dass ich das Vielfache im Potala gegangen war. Im Wohnzimmer nahm er gleich eine der Gebetsmühlen in die Hand und meinte, solch ein schönes Stück hätte er nicht einmal in Lhasa gesehen.

Nach der Flucht 1959 hatte er mir eine Figur geschenkt, die Tsepame, den Gott für langes Leben, darstellt, und später brachte er mir ein eigens angefertigtes Thangka mit, auf dem ein Milarepa abgebildet war. Beide Erinnerungsstücke habe ich bis heute aufbewahrt. Carina hat eine kleine Milarepafigur aus Elfenbein behalten, die ich ihr einmal geschenkt habe.

1983 entstand in meiner Geburtsgemeinde Hüttenberg das Heinrich-Harrer-Museum, das Exponate von allen meinen Expeditionen zeigt. Es hat einen Bestand von ungefähr viertausendfünfhundert Ausstellungsstücken, dazu viele Schriftstücke und das umfangreiche Bildarchiv. Der Dalai Lama eröffnete an meinem achtzigsten Geburtstag die völkerkundliche Sammlung, die meine Frau und ich meiner Heimatgemeinde geschenkt hatten, und wird im Herbst 2002 den Pilgerpfad gegenüber vom Museum segnen. Für Carina und mich ist es eine große Freude, zu wissen, dass meine in aller Welt gesammelten Gegenstände hier einen würdigen Platz gefunden haben. Mein Dank gilt dem Museumsdirektor Rudolf Schratter, der die Sammlung betreut und mein Tausende Seiten umfassendes handschriftliches Manuskript zu diesem Buch in den Computer übertrug.

In der Zeit der Genesung von der Malaria musste ich meine Kräfte langsam wieder aufbauen, was mir durch Sport gelang. Bald nahm ich wieder am Engadinmarathon teil, lief auch in Kitzbühel rund um den Wilden Kaiser oder die lange Strecke des

Lienzer Dolomitenlaufs. Bei einem Ferienaufenthalt auf Teneriffa bestieg ich den 3718 Meter hohen Pico de Teide, ziemlich unbequem und schweißtreibend unter der steilen weglosen Trasse der Seilbahn. Die Touristen winkten aus der Kabine und hielten mich für verrückt, womit sie nicht ganz Unrecht hatten; doch ich wollte meinem großen Vorbild Alexander von Humboldt nicht nachstehen, der bereits 1799 den Gipfel ohne Pfad erstiegen hatte. All diese Aktivitäten konnte man als gute Übung und Training bezeichnen, aber auf die Dauer brachten sie mir kaum Befriedigung.

Eine gute Gelegenheit, mit einer kleinen Expedition anzufangen, ergab sich, als ich erfuhr, dass die österreichische Firma Voest einen Bewässerungsdamm am Nil im südlichen Sudan errichtete. Ich hatte das Volk der Nuba schon einmal besucht und bei einem Nachbarstamm den Film »Benischoko, das Felsendorf ohne Wasser« gedreht. Es war der Bericht über Frauen gewesen, die täglich einen mühsamen Marsch von vier, manchmal sogar sechs Stunden auf sich nehmen mussten, um von einer Oase Wasser zu holen. Am Ende der Sendung hatte das Fernsehen die Zuschauer freundlich aufgefordert, dem Stamm zu helfen. Es kam zwar nur wenig Geld zusammen, aber sofort hatten mehrere große Firmen angeboten, Wasserpumpen bereitzustellen. Doch deren Transport und Einbau wollten die Firmen nicht übernehmen, und so verlief die Spende im Sand, und den Frauen von Benischoko war nicht geholfen.

Ich hatte schon mehrere solche Erfahrungen gemacht und meine Lehre daraus gezogen. Ich war zurückhaltender geworden. Nach einer meiner Sendungen hatte mich der damalige deutsche Minister für wirtschaftliche Zusammenarbeit Walter Scheel kommen lassen und mir vorgeschlagen, über die Investitionen der deutschen Regierung in den Entwicklungsländern zu berichten. Mit einem Koffer voller Unterlagen der bereits bestehenden Projekte verließ ich Bonn. Auf einer Expedition im Hochland Südamerikas besuchte ich eine große Anlage zur Stickstofferzeugung, die dazu diente, die Erde mit Kunstdünger zu versorgen und ertragreicher zu machen. Der Betonbau stand einsam in der Savanne, und ein Mann gab mir die Auskunft, dass seit Monaten nichts mehr produziert würde. Bonn hatte die Fabrik aufgestellt, doch es fehlte die verantwortungsvolle Wartung, das Know-how, wie es heute heißt. Die Kugellager der Maschinen waren ausgeschlagen, und wesentliche Maschinenteile waren nicht geölt worden.

Eine andere nicht glückliche Unterstützungsmaßnahme war die Bereitstellung moderner Mühlen zum Zermahlen von Getreide. Von überallher eilten die Einheimischen zu den Plätzen, an denen die Metallmühlen in kürzester Zeit ihre Hirse zu feinem Mehl verarbeiteten. Der Pferdefuß folgte nur zu rasch auf die gut gemeinte Hilfe: Man brauchte zwar das Getreide nun nicht mehr mühsam für jede Mahlzeit zwischen zwei Steinen zu zermahlen, aber die Spurenelemente, die für den Körper so wichtigen Mineralien, die bisher durch die Mahlsteine den Weg in die Nahrung gefunden hatten, fehlten. Bald traten Mangelerscheinungen und Krankheiten auf, die sich niemand erklären konnte.

Im Frühjahr 1971 landete ich mit meinem alten Team vom deutschen Fernsehen und meinem Freund Fritz Wechselberger, der als Jäger in den Nubischen Bergen seine Trophäensammlung von Steinböcken aus aller Welt erweitern wollte, in der sudanesischen Hauptstadt Khartum. Wir wollten die Nubische Wüste durchqueren. Die Österreichische Botschaft und ein Ingenieur von Voest beschafften Fahrzeuge und stellten Chauffeur und Helfer zur Verfügung. Wir übten, den im Sand festgefahrenen Landrover wieder flottzumachen, und beschafften dazu Metallplatten, die noch aus dem Zweiten Weltkrieg stammten.

Es fehlte nicht an Ratschlägen und Warnungen, dass wir nach der ohnedies schweren Wüstendurchquerung auf den gefährlichen Stamm der Hadendoa treffen würden. Ich kannte diese Schreckschüsse; hätte ich solche Warnungen immer befolgt, wäre nie ein Buch von mir erschienen. Es gibt zwei Gründe, warum manche Stämme isoliert bleiben: Entweder schildern sie diejenigen, die in ihrer Nähe leben, als gefährlich, damit sie eine Ausrede haben, selbst nicht hinzugehen, oder es gibt ein Buch von jemandem, der sie besucht und als besonders gefährlich geschildert hat, damit er der Einzige bleibt, der dort war.

Die Fahrt durch die Wüste zwischen Nil und Rotem Meer wurde für mich ein bisher nicht gekanntes Erlebnis, und meine Hochachtung vor den Pionieren, die als Erste die Sahara oder die Wüste Gobi durchquert hatten, wuchs mit jedem Kilometer, den wir mühsam hinter uns brachten. Trotz Vierradantrieb und Differentialsperre blieben wir immer wieder im tiefen Sand stecken. Wenn die Bolzen der Blattfedern brachen, umwickelten die Fahrer die Stahlblätter mit Teilen meines Kletterseils und reparierten andere Schäden mit Zange, Draht oder einem Stück Blech. Durch Dornenwälder musste ich mit dem Kompass die Richtung vorgeben, und in den wenigen Oasen, auf die wir trafen, behandelte Fritz im dürftigen Schatten einer Palme die Kranken.

Wasser und Nahrung mussten rationiert werden, das größte Problem aber war, dass die meisten Sudaner Moslems sind und unsere Fleischkonserven alle als Firmenetikett einen Schweinskopf aufwiesen – auch wenn sie Rind oder Huhn enthielten. Ich wusste, dass sie das für sie unreine Fleisch beim Hausbau unter der Schwelle vergruben, um böse Geister und Dämonen abzuwehren. Während wir also die in der sengenden Hitze heiß gewordenen Konserven ohne Erwärmen verzehrten, konnte man die einheimischen Begleiter nicht dazu überreden, obwohl sie Hunger hatten. Als Leckerbissen hatte ich zwei Salamistangen in Sägespänen verpackt mitgenommen. Doch die Enttäuschung beim Öffnen war groß: Das Fett hatte die Form von Wasser angenommen, und nur die Haut war als fester Bestandteil übrig geblieben. Salami schmeckt deshalb so gut, weil sie viel Fett enthält, das der Geschmacksträger ist.

Schließlich verließen wir die schwierigen Sanddünen und erreichten die Nubischen Berge, wo Fritz mit Treibern auf die Jagd ging. Eine Art Straße führte uns in eine geschichtsträchtige Gegend. Während der Kolonialzeit hatten die Briten im anglo-ägyptischen Sudan eine ihrer schmählichsten Niederlagen erlitten.

Ein Regiment biwakierte 1884 auf dem Akabapass, der sechshundert Meter über dem Roten Meer liegt und der höchste in den Nubischen Bergen ist, als Hadendoa sie angriffen. Die Krieger waren lediglich mit handgeschmiedeten Schwertern, Schlagstöcken und Schilden aus Nilpferdleder ausgerüstet, kämpften aber wie die Löwen. Wie teuer die Engländer damals für die Niederlage bezahlten, zeigt der große Friedhof unter der Passhöhe, wo mehrere hundert Gräber liegen. Die Hadendoa hatten sich schon früh gegen die Kolonialherren aufgelehnt und waren besonders mutig.

Bis zur Jahrhundertwende waren die Hadendoa die Elitetruppe des Mahdi gewesen, der als islamischer Messias auftrat und die Briten über Jahrzehnte hinweg in Partisanenkämpfe und offene Feldschlachten verwickelt hatte. Ihre Wildheit hatten sie sich erhalten, und nie sah man einen Hadendoa ohne Waffen; zumindest Schwert und Krummdolch steckten im Gürtel. Eine zusätzliche Waffe war ein leicht gebogenes Krummholz, ein Bumerang, mit dem sie eine erstaunliche Geschicklichkeit erreichten und das hauptsächlich zum Erlegen kleinerer Tiere und dem Zusammenhalten der Kamelherden benutzt wird. Die jüngeren Männer müssen sich noch heute mit Schlagstöcken im Fechten üben, wobei Lederhüllen am Griff die Hände schützen. Schreien, Singen und Händeklatschen dienen zur Anfeuerung der Kämpfenden, bis sie in Ekstase geraten. Die Krieger üben stundenlang, es ist ihr Lebensinhalt. Ähnlich wie bei den Xinguindianern am Amazonas geht es heute eher darum, im Kampf der Beste zu sein, und nur wenn jemand sie taktlos provozierte, würden sie wie früher aggressiv reagieren.

Alle Männer tragen im krausen Haarschopf einen Kamm, aus Holz geschnitzt, und jeder Künstler hat sich seine eigene Form ausgedacht. Die Kämme haben Zinken und sind mit Ornamenten verziert. Besonders kostbare Stücke werden aus Horn hergestellt und mit silbernen Knöpfen geschmückt. Die Kämme werden als reine Zierde getragen; ein Frisieren ist nicht möglich, weil ihr Haar völlig verfilzt ist.

Unweit des verfallenen Friedhofs trafen wir auf die ersten Einheimischen. Schon dem Äußeren nach zu urteilen, hätten sie die Bezeichnung »wilde Männer« verdient. Es waren Hadendoa, und es schien ratsam, gar nicht erst zu versuchen, Bilder von ihnen zu machen. Doch sie konnten kaum schwieriger sein als die Papua im Hochland Neuguineas oder die Xinguindianer am Amazonas. Und wie so oft, kam mir auch hier der Zufall zu Hilfe.

An einem Wasserloch hinter dem Friedhof trafen wir auf eine ganze Gruppe von ihnen. Die Männer begegneten uns abweisend und sehr unfreundlich. Ihr Anführer hatte völlig vereiterte Augen, und ich bot ihm an, ihn von seinem Leiden, das ganz offensichtlich Gonorrhöe war, zu befreien. Für diese weit verbreitete Augenkrankheit hätte ich in der Expeditionsapotheke immer Silbernitrat dabei, ich bräuchte allerdings mehrere Tage zur Behandlung. Da wurde er zugänglicher, und ich konnte es wagen, ihm unsere Absichten vorzutragen. Wir wollten einige Zeit bei seinem Volk leben, um dessen Sitten und Gebräuche kennen zu lernen. Im Prinzip war er einverstanden und ließ sich – als gutes Beispiel für die anderen Männer – fotografieren. Von Stunde zu Stunde verbesserte sich die Atmosphäre, und so bat ich den Anführer, uns in seinen Kral mitzunehmen. Plötzlich wurde er ernst: Das sei nicht nötig. Wir sollten ruhig hier an der Wasserstelle bleiben; er käme am nächsten Tag mit seinen Männern hierher zurück, dann könnten wir fotografieren.

Es gelang uns noch einige Gegenstände einzutauschen, wie die handgeschmiedeten Schwerter, deren Wert sich nach der Elastizität des Stahls richtet, dazu einige der Scheiden aus Leder. Sie sind über einen Meter lang und tragen sich auch am Gürtel schwer. Mit einem solchen Schwert länger als eine Minute zu fechten bedeutet einen enormen Kraftaufwand. Viel schwieriger war es, einen ihrer Schilde zu bekommen. Der Nil ist weit, und Flusspferde, die das Leder dazu liefern, sind rar geworden. Trotzdem erklärte sich ein Krieger bereit, zwei der Schilde gegen mein großes Jagdmesser einzutauschen.

Am Oberarm hatten die Männer kleine Etuis befestigt, die Koransprüche enthielten. Die wilden Männer, die bis vor hundert Jahren noch die Köpfe ihrer getöteten Feinde als Trophäe stolz auf ihren Kamelen mit sich führten, waren wie ausgewechselt, als einer von ihnen zum Musikinstrument griff und zu singen anfing. Der Inhalt des Liedes: die ruhmreichen Geschichten Mohammeds aus dem Koran. Die Hadendoa saßen stundenlang um den Sänger herum und lauschten. Die Kampfwütigkeit war verflogen, und eine Spur von Melancholie senkte sich über die Männer, die da friedlich in den Nubischen Bergen beieinander hockten.

Da weit und breit keine Frau zu sehen war, ließ ich den Häuptling fragen, ob wir nicht doch zu seinem Kral gehen könnten. Er flüchtete sich erneut in Ausreden. Die Zelte seien zu weit weg, stünden verstreut, die Nacht breche bald herein, außerdem sei es zu heiß. Höflich, aber ausweichend versuchte er, mich von meinem Vorhaben abzubringen. Als ich nicht aufgab und noch einmal fragte, sprang der gerade noch so freundliche Mann auf, ballte die Faust und schrie mich an. Der heftige Ton ihres Anführers veranlasste seine Männer, näher zu rücken. Ihr Verhalten änderte sich schlagartig, und meine Erfahrung sagte mir, dass es nun besser sei, zusammenzupacken und zu verschwinden.

Ein paar Tage später trafen wir auf eine andere Gruppe und hatten Gelegenheit, wenigstens ein paar Aufnahmen in der Nähe der Zelte zu machen. Die schwarzen Zelte bestanden aus grobem Kamelhaarfilz und waren teilweise mit losem Dornengestrüpp wie ein Kral eingezäunt. Aber auch hier flog ein Stein gegen mich, als ich mit dem Teleobjektiv eine Frau in über hundert Meter Entfernung fotografierte. Für solche Fälle hatte ich immer ein Winkelobjektiv dabei: Ich stand im rechten Winkel zum Objekt, schaute in die Linse und hatte das gewünschte Bild im Sucher. An einer Oase gelang mir so ein Bild von einer Frau, die einen schweren goldenen Ring in der Nase hatte und eine Reihe silberner Reifen am Unterarm trug.

Man muss die Abneigung der Hadendoa gegenüber fremden Einflüssen und Touristen, die ihnen mit Fotoapparaten »die Seele stehlen« wollen, als etwas Positives ansehen. Diese Haltung und ihr unbändiger Charakter werden sie noch lange davor bewahren, dem Zug in die großen Städte zu folgen, wo sie dem entwurzelten Proletariat angehören würden. Noch lange werden die Hadendoa in den Bergen zwischen dem Nil und dem Roten Meer das stolze und freie Volk bleiben, das sie von jeher gewesen sind.

In der Hafenstadt Suakin am Roten Meer genossen wir ein altes Hotel, in dem bereits Lord Kitchener als Gouverneur gewohnt hatte. Unter den schattigen Arkaden neben dem Eingang saß ein Händler, der das Gehörn eines Steinbocks an der Wand lehnen hatte. Er verlangte zwanzig Pfund, doch ich wollte es nicht für mich, sondern für Fritz erstehen und sagte, mehr zum Scherz, dass ich es für ein Pfund mitnehmen würde. Der Händler halbierte den Preis, aber das hielt ich immer noch für zu viel und ging zurück ins Hotel. Zum Abendessen brachte er mir die Hörner in einem Jutesack. Nun konnte ich nicht mehr ablehnen, gab ihm zwei Pfund, womit er zufrieden abzog. Als Fritz in der Nacht mit einer kleinen Trophäe erschien, lehnte er mein Geschenk ab, er wollte sich nicht mit fremden Federn schmücken. So endete das Gehörn des kapitalen nubischen Steinbocks im Haus der Natur in Salzburg.

Zurück in Khartoum, verabschiedete ich mich von meinem Team, ich blieb noch, um meine Schätze, vor allem die Waffen der Hadendoa, zu verpacken. Bei einem Alteisenhändler entdeckte ich den kupfernen Kessel einer alten Pauke, die Ende des 19. Jahrhunderts von den Elitetruppen des regierenden Mahdifürsten geschlagen wurde, als Horatio Herbert Kitchener den Nil heraufkam und den Fürsten in der Schlacht von Omdurman, heute ein Stadtteil von Khartoum, besiegte. Den gut erhaltenen Kessel ließ ich bei einem Häutehändler bespannen, und die Trommel gab nun wieder denselben Klang wie vor über hundert Jahren. Derselbe Handwerker fertigte aus Riemen ein Traggestell für den etwa vierzig Kilo schweren versteinerten Holzstamm, den ich aus der Wüste mitgebracht hatte. Die Pauke ist heute im Hüttenberger Museum, und jedes Kind darf darauf trommeln. Das zweihundert Millionen Jahre alte Holz liegt neben den Schwertern und Bumerangs der Hadendoa.

Im Reich der Ahnen

Borneo hatte ich bereits 1968 auf einer Weltreise besucht. Es ist nach Grönland und Neuguinea die drittgrößte Insel der Erde. Ich fand damals zwar viele Abwehrzeichen gegen Geister und Dämonen, nicht aber das, wonach ich gesucht hatte: Hampatongs, die Ahnenpfähle der Ureinwohner. Beinahe alle damals verfügbaren Bücher zu diesem Thema trugen das Furcht einflößende Wort »Kopfjäger« im Titel, und man bekam den Eindruck, dass jeder Ureinwohner Borneos mit Blasrohr und vergifteten Pfeilen nur darauf lauerte, einen Kopf für seine Sammlung zu erbeuten. Ein seriöser Bericht stammte von dem Mannheimer Arzt C.A.L.M. Schwaner, der bereits 1843, vierzig Jahre bevor Karl von den Steinen seine Entdeckungsreise zu den Xinguindianern unternommen hatte, das Land von Süden nach Norden durchquerte. Bewundernswert empfand ich den Mut und Forschergeist dieses Mannes, der ohne Sponsoren oder Anerkennung durch die Medien und ohne die Medikamente heutiger Zeit ein solches Unternehmen gestartet hatte. Schwaner wurde unsterblich, denn das Gebirge, das er dabei überquerte, trägt seinen Namen. Er überlebte die anstrengende Expedition nicht, sondern starb vierunddreißigjährig in Batavia, dem heutigen Djakarta, an ihren Folgen.

1972 beschloss ich, einen zweiten Versuch zu unternehmen, um die Hampatongs zu finden. Anders als bei meinen vorherigen Expeditionen hatte ich mich diesmal dem Angebot eines Sponsors, zu den Unkosten der Reise etwas beizutragen, nicht verschlossen. In einem Gespräch hatte mir der Präsident des österreichischen Forschungsrates, Rohracher, versichert, dass finanzielle Hilfen häufig bereits Expeditionen gewährt würden, die sehr viel weniger an Wissen und Material nach Hause brächten als ich. Daraufhin stellte ich ein Ansuchen, das umgehend genehmigt wurde. Auf diese Weise konnte ich viele Kultobjekte mitbringen, was sonst wegen Gewicht und Menge finanziell nicht möglich gewesen wäre. Für andere große Stiftungen wie VW oder Thyssen in Deutschland hatte ich schon verschiedene Male Zuschussanträge von Expeditionen anonym begutachtet. Dabei fiel das Ansuchen um Unterstützung meist sehr bescheiden aus und stimmte nicht mit der enormen Steigerung zum Beispiel der Trägerkosten überein. Ich konnte mir die Freude der Teilnehmer vorstellen, wenn ihr Zuschuss durch meine Beurteilung, statt reduziert zu werden, immer höher ausfiel als erwartet.

Eine Veränderung bahnte sich auch beim Fernsehen an. Meine Sendungen hatten gute Einschaltquoten, aber es wurde immer schwieriger, tüchtige Kameraleute zu bekommen. Jedem neuen Interessenten, der sich meldete, um mit mir auf Expedition zu gehen, wurde geraten, erst einmal ein Buch von mir zu lesen, damit er eine Ahnung bekäme, was ihm an Strapazen bevorstand. Für Borneo hatte ich mit Günther Hackbarth vom Hessischen Rundfunk noch einen sehr guten Mann bekommen, aber durch die neuen Geräte fiel wieder vieles nicht zu meiner vollen Zufriedenheit aus. Die Kameras waren größer und kostbarer geworden, sie mussten in wasserdichten Kisten transportiert werden, und wenn die Kolonne bis zu den Knien durch Schlamm und Baumwurzeln watete oder plötzlich einen Fluss zu queren hatte, befand sich der Träger mit der Kamerakiste womöglich am Ende der Reihe. Die Träger im Schlamm oder inmitten der Stromschnellen anzuhalten war unzumutbar, und das verhinderte oft genug, schwierige, spannende oder gefährliche Szenen im Film festzuhalten. Die Sicherheit aller Teilnehmer musste ohnehin immer vorrangig sein.

Wir starteten in Pontianak in Westborneo und bewegten uns im Boot auf dem Kapuas nach Osten. Es war eine angenehme Reise, denn am Flussufer gab es viele Häuser und »Restaurants«, in denen wir uns verpflegten. Wir saßen im Freien neben der offenen Herdstelle und genossen die gut gewürzten Gerichte der Einheimischen. Obwohl wir uns genau auf Äquatorhöhe befanden, blieben wir vorerst vom großen Regen verschont. Die Häuser waren zur Sicherheit hoch über dem Fluss gebaut, und man konnte daraus schließen, dass der Kapuas in der Regenzeit zu einem riesigen Strom anschwoll. Nach einer Woche verließen wir den breiten Fluss mit den Siedlungen, und der Ernst der Expedition begann.

Ich hatte vier Männer als Begleiter ausgesucht und ihnen ein Boot abgekauft, um auf einem kleinen Nebenfluss nach Süden vorzudringen. Den nördlichen Teil Borneos, der zu Malaysia gehörte, hatten wir längst hinter uns gelassen und auch vorsorglich in Wien ein Visum für Indonesien besorgt. Die Provinz, in der wir uns befanden, hieß Kalimantan, der indonesische Name für Borneo. Das Wort »Borneo« war hier völlig unbekannt, und ich erinnerte mich an die Flucht durch Tibet, wo die Nomaden ihre Heimat »Bö« nannten und das Wort »Tibet« nicht kannten. Obwohl Borneo auf der Landkarte mit vielen politischen Grenzen eingezeichnet war, gab es kaum Kontrollen. Tausende Kilometer der Insel grenzen ans offene Meer, und das mochte der Grund dafür sein, dass wir uns in einem Völkergemisch bewegten, das mit Booten an allen Ufern der Insel leicht an Land gelangen konnte.

Schon am ersten Tag bewährten sich die Einheimischen. Das Expeditionsgepäck hatten sie mit Planen wasserdicht verschlossen und geschickt im Boot verstaut, das von zwei Männern gelenkt wurde, während die anderen seitlich mitliefen und den immer dichter werdenden Dschungel mit Buschmessern freischlugen. Bei Steilstufen, die durch Treibholz unpassierbar waren, entluden sie alle Kisten und trugen sie und das Boot am Hindernis vorbei. Das benötigte Zeit und war sehr mühsam.

Inzwischen befanden wir uns auf dem Weg ins Schwanergebirge. Das Weiterkommen wurde immer beschwerlicher, eine Stromschnelle zu überwinden dauerte mehrere Stunden, und so schlugen wir immer schon am frühen Nachmittag unser Lager auf. Obwohl es noch nicht regnete, tauchten im nassen Dschungel die altbekannten Plagegeister auf: die Blutegel. Da wir seit Pontianak bereits mehrere hundert Kilometer zurückgelegt hatten, mussten wir von Zeit zu Zeit einen Rasttag einschalten. Da hieß es dann, belichtetes Filmmaterial in Silicatgel trocken zu verstauen, Knöpfe anzunähen und Wunden zu versorgen. Zur Verpflegung hatten wir reichlich Reis und vor allem den von den Einheimischen so geliebten getrockneten Fisch mitgenommen. Als Gemüse gab es genug Bambussprossen. Zwei aus der Gruppe waren Dajaks, wie die Ureinwohner im Innern Borneos genannt wurden, aber über Totenpfähle, wie ich sie suchte, wussten sie nichts oder wollten mir vielleicht auch bloß keine Auskunft geben.

Nach Überwindung der letzten Stromschnellen glitten wir im ruhigen Wasser zwischen hohen Bäumen dahin, deren Äste sich über dem Fluss zu einem grünen Dom zusammenschlossen, und erreichten das erste Dorf. Mit Kontaktgeschenken gingen meine Begleiter zum Dorfältesten und fragten, wo wir das Lager errichten dürften. Ich hatte eine kleine Wiese im Schatten eines riesigen Baumes vorgeschlagen, aber die Träger deuteten auf die vielen dicken Durianfrüchte, die uns, wenn sie herunterfielen, verletzen würden. Durian ist bei uns wenig bekannt, aber in den Tropen wegen des schmackhaften Fruchtfleischs sehr begehrt. Weil die Frucht beim Aufschneiden penetrant nach Zwiebeln riecht, wird sie auch als »Himmel und Hölle« bezeichnet. Aus den größeren Hotels wird sie verbannt, weil der Geruch durch die Aircondition verteilt wird und in alle Zimmer strömt.

Der Dorfälteste zeigte auf ein abgeerntetes Reisfeld, das abseits der Häuser lag; dort konnten wir die Zeltplanen aufspannen. In bewohnten Gegenden ist es empfehlenswert, den Lagerplatz etwas entfernt von den Hütten zu wählen, denn die Einheimischen, und besonders die Kinder, sind auf uns genauso neugierig wie wir auf sie. Ein alter Mann, wohl der Schamane, ging zu einem Pfosten, auf dem ein Häuschen stand, in dem die Knochen eines Ahnherrn aufbewahrt wurden. Als Nahrung für den Toten hinterlegte er einige aus Reis geformte kleine Figuren. Das sagte mir, dass ich auf dem richtigen Weg war, denn die Fratzen und Ornamente an den Pfosten zeugten von der Kunst der Totenpfähle.

Der Höhenmesser zeigte an, dass wir uns bereits tausend Meter über dem Meeresspiegel befanden. In der Nacht prasselte ein monsunartiger, heftiger Regen nieder, und die weiche Erde verwandelte sich in tiefen Morast. Ich konnte verstehen, dass hier eine Reissorte gedieh, die nicht die sonst übliche Bewässerung brauchte. Meine Begleiter, die aus dem wärmeren Kapuastal stammten, froren in der nassen Kälte erbärmlich und wollten zurück. Sie wurden entlohnt, und als die Dorfbewohner sahen, wie freundlich und großzügig wir mit ihnen verkehrten, gab es keine Schwierigkeiten, eine neue Mannschaft zusammenzustellen. Das Boot, das ich ihnen abgekauft hatte, durften sie auch wieder mitnehmen.

Für mich war, wie häufig auf Expeditionen, der »Point of no return« gekommen. Ich hatte die Idee, in der Mitte der Insel die Ahnenpfähle zu suchen, nur musste ich auch die Kraft und Geduld aufbringen, sie in die Tat umzusetzen. Die Hälfte der über tausend Kilometer langen Strecke hatten wir bereits zurückgelegt. Den ursprünglichen Plan, denselben Weg zurückzugehen, hatte ich aufgegeben und den Entschluss gefasst, Borneo bis zur Südküste zu durchqueren. Mit meiner neuen Mannschaft brach ich auf.

Obwohl wir uns bereits in den Bergen befanden, trafen wir immer wieder auf Felder, die zu kleinen Dörfern gehörten und durch Pfade miteinander verbunden waren. Der Boden war modrig, und jeden Tag wiederholte sich die gleiche Prozedur: Um die trockenen Schuhe und Kleider zu schonen, übersprang man Lachen und umging die Tümpel, bis man trotzdem nass geworden war und begriff, dass es weniger Kraft kostete, den Trägern sozusagen durch »dick und nass« zu folgen. Überall erkundigte ich mich nach den Pfählen oder dem möglichen Weiterweg durch das Gebirge. Unsere Suche erwies sich als sehr verwirrend, denn die Totenpfähle hatten in den verschiedenen Stammesgebieten immer andere Namen. Bisher hatte ich immer »Todschahan« verstanden, jetzt sprach man von Hampatongs.

Eines Tages trafen wir auf ein besonders großes Langhaus. Ein Mann, wohl der Dorfälteste, forderte uns auf, in seinem Haus zu übernachten, als er unsere vor Dreck und Nässe triefenden Kleider sah. Das Langhaus stand an einem Hang; an der unteren Stirnseite führte ein gekerbter Baumstamm zu den erhöhten Räumen der Familien und diente so als Stiege. Schon an den Kerben des Baumstamms entdeckte ich geschnitzte Sexsymbole, die dazu dienten, bösen Geistern den Zutritt zu verwehren. An der Längsseite des Hauses befand sich der Gang, und jede Familie hatte einen abgeteilten Raum.

In dem Bereich, der Günther und mir zugewiesen wurde, saß ein hagerer alter Mann, der ein kleines Feuer auf einer Schieferplatte unterhielt. Als wir grüßten und uns bemerkbar machten, zeigte er keinerlei Regung. Sein einziges Kleidungsstück bestand aus einer weich geschlagenen Baumrinde, in der ein kurzes Buschmesser steckte. An jedem seiner Ohren hing ein Kupferring, dessen Gewicht das Läppchen bis zur Schulter gedehnt hatte. Von der Decke baumelte ein Bündel von mindestens acht bis zehn schwarz geräucherten Totenschädeln herab, das von dünnen Rotangfasern zusammengehalten wurde. An der Wand erkannte ich zwei Meter lange Blasrohre, eines war wie eine Lanze mit einer Spitze aus Metall, daneben ein aus Bambusrohr gefertigter Pfeilköcher. Ohne auf diese gefährlichen und makaberen Objekte zu zeigen, bat ich den Kameramann, später Aufnahmen zu machen.

Die Träger brachten Tee und Gebäck, aber selbst die angebotenen Kekse erhellten die grimmige Miene unseres Zimmergenossen nicht. Am Abend, als jeder Träger seine Tagesration Zigaretten erhalten hatte und wir uns einen Zigarillo anzündeten, löste der Tabakduft auch seine Zunge. Aus der dürftigen Unterhaltung, bei der ein Träger half, erfuhr ich, dass seine Frau verstorben und seine beiden Söhne verschwunden waren; wahrscheinlich waren sie in die Stadt gezogen.

Trotz der unheimlichen Umgebung hatten wir gut geschlafen, und um unsere Sachen zu trocknen, legten wir einen Ruhetag ein. Mit Hilfe der Spezialvokabeln in meinem Tagebuch hatte ich unseren Zimmergefährten fragen können, ob er uns zu einer Begräbnisstätte im Dschungel führen könnte, und er hatte zugestimmt. Die Menschenschädel in seinem Haus hatte er schon Jahrzehnte zuvor mit dem Blasrohr erbeutet. Inzwischen versuchten Missionare und Regierung, die Ureinwohner davon zu überzeugen, dass es eine überflüssige Mutprobe sei, Menschen zu töten. Vielleicht bedrückten den Mann diese vergangenen Tage und erklärten sein anfängliches Schweigen. Im dichten Gestrüpp des Waldes befreite er zwei Steinvasen vom Moos, aber die Grabbeigaben waren verrottet, und die Vasen konnte ich wegen ihres Gewichtes nicht mitnehmen.

Am nächsten Tag, als sich alle Familien des Langhauses zu unserem Abschied eingefunden hatten, kam der alte Mann mit dem Blasrohr und dem Köcher mit den vergifteten Pfeilen, um sie uns anzubieten. Als die Leute sahen, was ich ihm dafür gab, eilten sie ins Haus und brachten weitere Blasrohre. Alles fand ich wertvoll, und ein weiterer Träger musste für den Transport der kostbaren ethnographischen Objekte mitkommen.

Stunden später hatten wir über steile Hänge und ohne richtigen Pfad unter Mühen den Pass erreicht. Die Träger überquerten ohne Zeremonie und ohne anzuhalten die Wasserscheide zwischen dem Südchinesischen Meer im Norden und dem Indischen Ozean im Süden. Ich befand mich im Herzen Borneos. Hier war nur ein von Moos und Sträuchern bewachsener Steinhaufen, vielleicht der Steinmann, den Schwaner vor über hundert Jahren errichtet hatte. Wenn mein verehrter Geographieprofessor Otto Maul das gewusst hätte! Er hätte sich mit mir gefreut. Wochenlang waren wir gegen die Strömung der Bäche gegangen, jetzt bewegten wir uns in derselben Richtung mit ihr. Der Dschungel wurde lichter, als wir die Träger einholten. Sie zeigten wortlos auf einen menschlichen Kopf, aus Holz geschnitzt, der überlebensgroß durch das Laub der Bäume auf uns herabschaute. Weniger als hundert Meter weiter erreichten wir das Dorf. Meine Aufregung verbarg ich hinter einer freundlichen

Begrüßung und indem ich wie gewohnt um Erlaubnis bat, lagern zu dürfen.

Die Träger schlugen die Planen auf, und während ich Tee trank, konnte ich mich umschauen und die vielen großen und kleinen Hampatongs betrachten, die etwas versteckt hinter Sträuchern und Bäumen hervorschauten. Mein ehrgeiziges Ziel hatte ich offensichtlich erreicht, und die Szene hätte nicht romantischer sein können. Es fiel mir schwer, nicht zu jubeln, aber ich verbarg mein Interesse.

Am nächsten Tag fragte ich den Dorfältesten, der auch der Schamane sein musste, ob es einen Hampatong gäbe, dessen Nachkommen verstorben seien, die Toten daher niemanden zu schützen hätten. Ich wollte unbedingt den einen oder anderen geschnitzten Ahnenpfahl erstehen, nicht ahnend, dass ich in den nächsten Tagen noch Hunderte davon sehen würde. Mein Wunsch könnte nur erfüllt werden, wenn der Dukun, wie der Medizinmann hier genannt wurde, einverstanden sei. Der Dukun hielt ein Blutopfer für erforderlich, und so kaufte ich ein Huhn, dem er den Hals durchschnitt und das Blut auf zwei kleine Hampatongs spritzte. Nun hatten die animistisch denkenden Dajak zwar keine Angst mehr vor der Rache der Ahnen, aber trotzdem weigerten sie sich, die zwei aus Hartholz geschnitzten Pfähle auszugraben. Ich musste sie selbst mit einiger Gewalt rütteln, dabei rutschte ich aus und riss mir eine blutende Wunde an der Hand. Ich verdeckte die Stelle mit dem Taschentuch, denn die Dorfbewohner hätten meine Verletzung als Gegenwehr der Ahnen deuten können, und ging zufrieden zum Lagerplatz – unter dem Arm die Pfähle und in der Hand das tote Huhn. Es waren bescheidene Pfähle, aber ich hatte die ersten Hampatongs im Gepäck.

Zwei Tage später wurde der Dschungel lichter, und ich traute meinen Augen nicht: Am Flussufer standen in Reih und Glied mächtige Pfähle, fünfzig oder mehr, die mich mit ihren fratzenhaften Gesichtern anstarrten. Am Dschungelrand stand ein ganzer Wald von Totenpfählen. Meine Gefühle waren nicht zu beschreiben, ähnlich wie zehn Jahre zuvor, als ich den Steinbruch in Neuguinea gefunden hatte. Alle Strapazen, die Stromschnellen und die Blutegel waren vergessen.

Das Dorf hieß Akam; die Bewohner waren freundlich und brachten uns reife Papaya. Ich beherrschte meine Gefühle, ignorierte den Wald von Pfählen, und erst am späten Nachmittag ging ich spazieren und fotografierte etwa dreißig große Hampatongs von allen Seiten. Die meisten Figuren zeigten Männer, wie sie gelebt hatten, als Fischer, Jäger oder Krieger; die Frauen hatten Babys im Arm und trugen einen Lendenschurz. Das Alter der Pfähle konnte man nur schätzen, aber der äquatoriale Regen trug sicher dazu bei, dass ältere Exemplare keine Gesichtszüge mehr aufwiesen. Einige Stämme hatten keine menschliche Gestalt, sondern waren geschnitzte Dämonen, Fratzen, und monsterhafte Gesichter, die die Zunge herausstreckten. Auf der Pfahlspitze stand eine Vase, in der die Asche oder die Knochen des Verstorbenen aufbewahrt wurden. Armut und Reichtum der Stammesangehörigen konnte man an den Gefäßen erkennen. Neben einer kostbaren Porzellanvase auf einem etwa fünf Meter hohen Pfahl stand bescheiden ein verrosteter Benzinkanister auf einem niedrigen Stamm, der kaum aus dem hohen Gras hervorschaute.

Am Abend fragte ich den Dorfältesten vorsichtig, ob ich einen der am Boden vermodernden Totenpfähle mitnehmen dürfte, aber mit Entsetzen lehnte er meinen Wunsch ab. Bis Akam war noch kein Missionar vorgedrungen. Aber nur zwei Tage später war von Ahnenkult und Blutopfer keine Rede mehr. Es war lediglich eine Frage von Geld, wie viele Pfähle ich mitnehmen konnte. Da kleine Boote für unsere Lasten zu mieten waren, erstand ich zwei große Hampatongs, und einen Tag später bei einer Missionsstation entlohnte ich die treuen Männer, die von der anderen Seite der Berge mitgegangen waren. In seiner Einsamkeit war es für den Geistlichen, als kämen wir von einem anderen Stern.

Die Spannung war vorüber, das Abenteuer der Borneoexpedition zu Ende. Nachdem wir uns erholt hatten, fuhren wir in einem Boot mit Außenbordmotor den breiter werdenden Baritofluss hinunter bis zum Hafen Bandjarmasin. Nach der Stille im Landesinnern konnte der Gegensatz nicht größer sein: Riesige Maschinen der Japaner verarbeiteten die edelsten Hölzer, die rücksichtslos in großen Mengen gefällt worden waren. Eine Transportgesellschaft verpackte unsere ethnographischen Schätze, ohne sie zu kontrollieren – in Djakarta wäre dies sicher nicht ohne Nachhilfe mit Bakschisch möglich gewesen. Auf einem Frachtschiff erreichte mein Gepäck mit den Hampatongs, Blasrohren und Totenpfählen langsam, aber billig meine Heimat. Zwei mannshohe Figuren sind im Hüttenberger Museum ausgestellt.

In einer Biographie ist kein Platz, um Skizzen und Listen unterzubringen, die für die Wissenschaft unentbehrlich sind und einer Expedition den Sinn geben. Das Wichtigste ist das Tagebuch, in dem die Beobachtungen festgehalten werden. Unentbehrlich sind aber auch ein Taschenhöhenmesser, der Kompass und viele wasserdichte Säcke für größere und kleinere Gegenstände. Alle Ethnographika müssen mit Fundort und Bezeichnung versehen werden. Die Durchquerung von Borneo 1972 war eine solche Expedition, und trotzdem hatte sie für mich auch ohne sensationelle Risiken etwas von einem großen Abenteuer. Während ich mich im Frühjahr 2002 daran erinnere, berichten die Tageszeitungen mit Überschriften wie »Massenflucht vor den Kopfjägern Borneos«, »Blutige ethnische Unruhen auf Borneo« oder »Die Ureinwohner Dajaks schlachten 3000 Einwanderer« von den jüngsten Entwicklungen in dieser Region. Einwanderer sind das Problem. Die indonesische Regierung verteilt Bewohner der dichter besiedelten Hauptinseln Java und Madura in andere Gebiete wie vor allem Kalimantan auf Borneo. Die Ureinwohner fürchten die wirtschaftliche Überlegenheit der Zuwanderer und wehren sich mit Methoden, die bereits der Vergangenheit angehörten. Neue Stammeshäuptlinge legalisierten die verbotene Sitte der Kopfjagd, und die verängstigten Zuwanderer mussten vor den Ureinwohnern flüchten und wieder evakuiert werden.

Das Problem ist nicht leicht zu lösen, denn die Aussiedler wollen ihre Heimat nicht verlassen, und die Bewohner der Gegend, in der sie sich ansiedeln sollen, wollen sie nicht haben. Ähnliche Probleme gibt es auch in Neuguinea, und ich bin froh, beide Inseln noch in friedlichen Zeiten gesehen zu haben. Mein unheimlicher Zimmergenosse im Langhaus hat die Umwälzungen wohl nicht mehr erlebt.

Die letzten Fünfhundert

Als Journalisten mir nach meinen zwei Borneosendungen im deutschen Fernsehen die übliche Frage stellten: »Und wohin führt Sie Ihre nächste Expedition?«, antwortete ich: »Zu den Andamanen.« Die Journalisten waren verunsichert: »Ist das ein Gebirge, eine Insel oder ein Stamm?«

Die Andamanen sind eine Gruppe von über zweihundert Inseln im Golf von Bengalen, etwa dreizehnhundert Kilometer südöstlich von Kalkutta und zweihundert Kilometer westlich von Burma im Indischen Ozean. Es ist eine zerstückelte Landkette von 6495 Quadratkilometern, die kurz im Indischen Ozean untertaucht, bevor sie als Nikobaren wieder aus dem Meer tritt. Entdeckt haben sie die Briten, als sie die Seewege für ihre Kolonien im Fernen Osten absicherten. Die Ureinwohner sind Pygmäen, und auf meiner Reise im Kongo 1957 hatte ich bereits einige Zeit bei der größten noch lebenden Gruppe dieser kleinen Menschen im Ituriurwald verbracht. Was ich nicht ahnte, war, dass ich auf den Andamanen Zwergvölker treffen sollte, die noch in der Vorsteinzeit leben.

1974 nahmen meine Reisepläne Gestalt an. Jahre zuvor hatte ich Pater Martin Gusinde, einen der größten Pygmäenforscher, in seiner Missionsstation in Mödling bei Wien besucht und viel über Zwergvölker erfahren. Mit seinen Informationen fuhr ich nun nach Brüssel zu König Leopold, unter dessen Obhut die Expedition stehen sollte. Wie üblich wohnte ich im Schloss Argenteuil bei Waterloo. Leopold hatte sich wie ich von der schweren Malaria schon lange wieder erholt, und wir nutzten die Gelegenheit, wie immer mit dem Captain der belgischen Nationalmannschaft Golf zu spielen. Die wenigen Tage mit Sport und dem Besuch des besten Fischrestaurants mit dem Freund waren schnell vorbei, und im Herbst desselben Jahres brach unsere kleine Gruppe auf, zu der auch wieder Leopolds Mitarbeiter Xaver Missone und Jean-Pierre Gosse gehörten.

Zunächst flogen wir nach Neu-Delhi, um uns die Einreiseerlaubnis für die Andamanen zu beschaffen, welche für Touristen geschlossen waren. Leopold und ich kannten den Präsidenten des indischen Golfverbands, Subin Malik, mit dem wir auf dem mitten in der Stadt zwischen den Tempelruinen gelegenen Golfplatz eine Runde spielten. Zum Abendessen fuhren wir zu den Maliks, die als Großindustriellenfamilie ein prachtvolles Haus mit großem Garten bewohnten. Seiner Tochter, einer bekannten Journalistin, hatte ich im Jahr zuvor versprochen, für ihre Rosenzucht einige neue Arten mitzubringen. Da wir mit Leopold als VIP geflogen waren, hatte ich keinen Landezettel ausfüllen müssen, auf dem man versprechen musste, keine Pflanzen einzuführen. So konnte ich zur Einladung anstelle von Blumen Rosenstöcke überreichen. Der Abend war kurzweilig und anregend und verlief erfolgreich. Malik hatte dem König zugesagt, Ministerpräsidentin Indira Gandhi von unseren Wünschen zu informieren und eine Audienz zu arrangieren. Es war wohl dem Charme König Leopolds und seiner Zusicherung, dass wir bei einer Begegnung mit den scheuen Ureinwohnern verantwortungsbewusst umgehen würden, zu verdanken, dass wir die Erlaubnis für die Andamanenexpedition bekamen. Glücklich verließen wir in einem Propellerflugzeug Indien.

Die kleine Maschine war bereits über zwei Stunden in der Luft, als sich anstelle der Inseln ein riesiges Flussdelta unter uns auftat. Es war der mächtige Irrawaddy, der seine Quelle im Hochland Tibets hat. Der Pilot machte zum Tanken Zwischenlandung in Rangun – für ihn Routine, für mich keine angenehme Überraschung. Burma mit einer kommunistischen Regierung hatte gute Beziehungen zu den chinesischen Besatzern von Lhasa. Zum Auftanken mussten wir vorschriftsmäßig das Flugzeug verlassen und gingen in einen streng bewachten Aufenthaltsraum für Transitreisende. Ich war erleichtert, als wir ohne Passkontrolle weiterfliegen konnten.

Der Pilot zog über unserem Ziel eine Schleife, und dabei konnte ich sehen, dass der Saddle-Peak, der höchste Berg der Andamanen, vom Meer bis zum Gipfel im tiefen Dschungel lag. Auf dem kurzen Landefeld der Hauptstadt Port Blair erwartete uns bereits der örtliche Kommissar Shri Harmander Singh. Obwohl er ein Sikh war, trug er keinen Turban und sah in europäischer Kleidung blendend aus. Er empfing König Leopold in vollendet diplomatischer Manier, mich begrüßte er ebenso höflich mit den Worten: »Das Außenamt hat mir berichtet, dass Sie, Herr Harrer, in der Gruppe sind.« Ich wusste nicht, ob er damit sein Wohlgefallen ausdrücken wollte oder meinte, dass ich schon wieder lästig geworden war. Harmander Singh war der Nachfolger von Hugh Richardson in Sikkim geworden, nachdem Indien das kleine Königreich besetzt hatte. Mehrmals hatte ich ihn in den Jahren zuvor in Gangtok besucht, um eine Erlaubnis für Nordsikkim zu erwirken, und immer wurde sie mit der Begründung abgelehnt, dass für mein Ansuchen, in eine Gegend zu fahren, die an das besetzte Tibet grenzte, drei Ministerien in Delhi zuständig seien: Innen-, Außen- und Verteidigungsministerium! Hier war er der mächtige Gouverneur, und seine Limousine hatte anstelle von Zahlen die Ashokasäule, das Symbol der indischen Republik, auf dem Nummernschild. Die Residenz lag auf einer Anhöhe mit Blick zum Meer, der Garten, die alten Bäume mit Bougainvilleen in allen Farben – alles trug noch die Handschrift der Briten, die bis zur Unabhängigkeit 1947 hier geherrscht hatten.

Die nächsten Tage stellte Xaver Fallen auf, um Ratten und Eichhörnchen für seine wissenschaftlichen Forschungen zu fangen, und Jean-Pierre als Ichthyologe interessierten die Süßwasserfische. Wir anderen begleiteten Leopold, der es als VIP-Gast gewohnt war, die Errungenschaften der lokalen Behörden und Museen zu besuchen. Wir besichtigten ein Lager, in dem Elefanten trainiert wurden. Sie schoben und zogen Baumstämme oder hoben sie mit dem Rüssel auf ein Lastauto. Wir freuten uns mit den Tieren, wie sie, von den schweren Ketten befreit, ein Rennen bestritten und anschließend Berge von Zuckerrohr verschlangen. Der Mahout, der Trainer der Dickhäuter, erzählte uns eine

Geschichte, die den Spruch beweist: Ein Elefant vergisst nie. Er hatte zwei Bullen, die miteinander rivalisierten, trennen müssen. Als sie einander zufällig nach fünfzehn Jahren wieder begegneten, tötete der Jüngere den Älteren, und als dieser bereits leblos am Boden lag, rammte er noch seine Stoßzähne in den Leib des Rivalen.

Nach der großen Meuterei in Indien im Jahr 1857 wurde die Insel zur Strafkolonie, und wir besichtigten das Celulargefängnis, in dem zwanzigtausend Inder ein erbärmliches Gefangenendasein gefristet hatten. Auch der Galgen wurde uns gezeigt und seine Funktion erklärt. Das gehörte zwar der Vergangenheit an, aber neue Probleme waren an die Stelle der alten getreten. Immer mehr Festlandinder wurden auf den Inseln angesiedelt, und zwei grundverschiedene Interessen stießen aufeinander. Für die Siedler waren die Ureinwohner, die Negritos, unkultivierte Wilde, auf die man keine Rücksicht zu nehmen brauchte. Schauergeschichten von schwarzen Ungeheuern mit Reißzähnen und von Kannibalismus ließen sie als gefährliche Raubtiere erscheinen, anstatt als die bedauernswerten Mitmenschen, die sie waren. Sie wurden verdrängt, verloren ihr großes Reich, und die wenigen hundert, die von dreitausend Waldmenschen übrig geblieben waren, flüchteten an die Westküste, wo sie heute noch leben. Diese letzten Ureinwohner waren die Jarawa, sie existierten abgeschieden und verweigerten jeden Kontakt. Sie hatten beobachtet, dass ihre Stammesgenossen verschwanden, wenn sie Berührung mit den Siedlern hatten, und blieben daher instinktiv allein.

Einige Monate vor unserer Ankunft hatte der Polizeichef der Insel, Bakhtawar Singh, endlich mit Erfolg Kontakt zu ihnen aufgenommen, nachdem er sie jahrelang beobachtet hatte und mehrere Versuche fehlgeschlagen waren. Er erklärte uns, dass es ratsam sei, zuerst die Onge zu besuchen, und inzwischen wolle er herausfinden, wo sich die Jarawa gerade aufhielten.

Die Onge waren auch Ureinwohner und wie die Jarawa schon stark dezimiert. Bei unserem Besuch lebten noch hundertzwölf dieser kleinen Inselbewohner. Sie hatten ihre Hütten auf der im

Süden liegenden Klein-Andaman-Insel, die wir mit einem Boot leicht erreichten. Für unseren Aufenthalt hatte man Hütten aus Bambus und Schilf errichtet, so war jeder frei, seinen speziellen Interessen zu folgen. Für meinen Bericht bat ich die Männer, eine Hütte zu bauen, und filmte sie auch auf dem offenen Meer, wenn sie geschickt mit ihren Auslegerbooten die Brandung querten. Die Frauen mit kleinsten Schamschürzchen fielen weniger wegen ihrer Schönheit als wegen ihres außergewöhnlich mächtigen Hinterteils auf. Die Lordose, Steatopygie genannt, machte es ihnen fast unmöglich, sich zu bücken, und ihre Tänze, von Gesang begleitet, bestanden lediglich aus langsamen Schritten. Kleine Kinder hingen in tief einschneidenden Bastschürzen auf ihrem Rücken, und am seitlich nickenden Köpfchen konnte man sehen, dass sie trotzdem schliefen.

Ihre Rituale, Schmuck oder Abwehr gegen Geister oder die Bemalung mit farbigem Lehm und Asche waren äußerst kunstvoll. Tätowieren war unbekannt, aber die Onge malten sich Ornamente mit verschiedenen Erdfarben auf den Körper oder beschmierten sich mit einer dicken Schicht Ocker und kratzten mit den Fingerspitzen schmückende Verzierungen frei. Es gab unter ihnen auch bekanntere Künstler, die nicht nur die Gesichter anderer bemalten, sondern auch deren Brust und Rücken. Das konnte nicht nur als Schmuck, sondern auch als Schutz gegen Kälte und Insekten dienen.

In der Nähe befand sich eine neu angelegte Kokospalmenplantage, in der die Onge arbeiteten. Der Inder Patrik Lobo führte die Aufsicht und musste sie zur Arbeit immer wieder auffordern, denn sie fragten: »Warum?« und »Wieso?« – was hatte die Arbeit für einen Sinn, wo doch alles, was sie zum Leben brauchten, in Hülle und Fülle vorhanden war? Neben der Arbeit in der Plantage gingen sie mit Pfeil und Bogen auf die Jagd oder zum Fischen, und in den Bäumen sah man Bienenschwärme, die kostenlos den Honig lieferten.

Ethnographika zu sammeln war nicht möglich, denn Plastik und Metall hatten bereits die alten Haushaltsgegenstände ersetzt. In einer der Hütten wollte ich eine mit Honig gefüllte schöne Nautilusmuschel erstehen, gleichgültig zeigte mir die Frau einen Misthaufen, auf dem jede Menge davon herumlagen. Die außergewöhnlich prachtvolle Nautilus hatte Künstler angeregt, kostbare Pokale, in Gold gefasst, zu schmieden. Der Müllplatz erwies sich für mich als wahre Fundgrube; es war wie bei dem Kökkenmödinger in Dänemark, an dessen einzelnen Schichten man die Gebrauchsgegenstände der Vergangenheit studieren und ablesen konnte.

Der Aufenthalt bei den Onge zeigte wieder einmal, wie die Zivilisation die althergebrachten Lebensformen verdrängte und die Ureinwohner langsam und systematisch ausrottete. Die Menschen, die wir auf Klein-Andaman kennen gelernt hatten, benahmen sich anders, als wir gelesen und gehört hatten. Die Neugierde war einseitig; ich interessierte mich für sie, aber diese Onge hatten überhaupt kein Interesse an uns. Ihr Verhalten wirkte apathisch, Männer und Frauen lagen teilnahmslos in ihren finsteren Bambushütten, und nicht einmal die Kinder freuten sich über Geschenke, die wir ihnen gaben. Spielen oder sportlichen Wettbewerb konnte ich nirgendwo beobachten. Trübe und traurig waren meine Gedanken, als ich die zerbrechlichen Nautilusmuscheln vorsichtig verpackte, und alle waren froh, das nasskalte Klima in den Bambushütten gegen die Räume der Residenz einzutauschen.

Bakhtawar Singh hatte die Jarawa weiter beobachtet und erklärte, die Gelegenheit für einen Besuch sei gekommen. Er hatte alles vorbereitet und verhielt sich so wie bei seinem erfolgreichen Kontakt einige Monate zuvor. Auf dem Mast unseres kleinen Bootes flatterten gelbe und rote Tuchstreifen, darunter hingen zwei Stauden reifer Bananen. Durch eine Öffnung im Korallenriff gelangten wir aus der Brandung ins ruhige Wasser der Lagune. Weniger als tausend Meter trennten uns vom Ufer. Ganz langsam fuhren wir näher heran, alle starrten gespannt auf den schmalen Sandstreifen vor dem dichten Wald. Würden die Jarawa überhaupt in der Nähe sein oder befanden sie sich auf der Jagd im tiefen Dschungel? Vielleicht beobachteten sie uns nur und hofften auf Geschenke, die wir am Ufer hinterlegten? Oder warteten sie ab, bis wir näher kamen, um uns sicherer mit den vergifteten Pfeilen treffen zu können? Jeder von uns verbarg die Ängste auf seine Art, die Spannung wuchs bis zum Zerreißen. Vergessen war die Zivilisation, aus der ich gekommen war. Ich dachte an den Engländer James Cook, der zweihundert Jahre zuvor durch den Indischen Ozean gesegelt war und später bei der Entdeckung Hawaiis von Ureinwohnern erschlagen wurde.

Plötzlich löste sich aus der grünen Wand des Dschungels eine schwarze nackte Gestalt, lief ein Stück am Strand entlang und verschwand wieder. Schon tauchte ein zweiter, ein dritter Jarawa auf, sie schrien und fuchtelten mit den Händen. Als Bakhtawar ihre Rufe beantwortete, gab es für die Jarawa keinen Zweifel mehr, sie sprangen und hüpften vor lauter Freude, weil sie ihren Freund wiedererkannten. Bakhtawar ordnete an, alle losen Gegenstände in der Kabine einzuschließen, denn beim ersten Treffen hatten die Jarawa Uhren, Objektive und Geldscheine ins Meer geworfen und nur Taschentücher, Hüte und Esswaren mitgenommen.

Das Wasser wurde flacher, wir warfen den Anker aus, und der Polizeichef bestieg zusammen mit zwei Indern ein Ruderboot. Alle drei hielten eine Kokosnuss über dem Kopf, woraufhin die Jarawa wild gestikulierend ins Wasser liefen und das Boot an Land zogen. Bakhtawar stieg aus, und nun sprangen die Jarawa ins Boot und wurden zu uns gebracht. Wir standen an der Reling und wurden förmlich überrannt. Die Szene kann ich nicht in Worten schildern, aber es war Donnerstag, der 21. November 1974, und ich wusste nicht, ob ich diesen Augenblick filmen oder einfach genießen sollte. Sämtliche bunten Bänder wurden vom Mast gerissen und schmückten bald Stirn, Arme, Hüften und Beine. Ein älterer Jarawa entdeckte die Jutesäcke, in denen wir Früchte mitgebracht hatten. Die reifen Orangen kannte er nicht, sie flogen über seine Schulter ins Meer. Gut, dass unsere persönlichen Habseligkeiten in der Kabine eingeschlossen waren.

Die Jarawa beiderlei Geschlechts untersuchten uns wie einen seltsamen Gegenstand, den eine Sturmflut an ihren Strand geworfen hatte. Sie taten es keineswegs behutsam, sondern heftig und ungestüm. Sie rissen uns die Knöpfe vom Hemd, um an unsere Haut zu kommen, zerrten an den Haaren, griffen uns in die Hosentaschen und zwischen die Beine. Wenn sie etwas Unerwartetes entdeckten, riefen sie die anderen hinzu, alles mit ernster und erstaunter Miene, selten mit Gelächter. Da sie keine Körperbehaarung haben, fanden sie die blonden Haare an meinen Armen so interessant wie einst der Dalai Lama, als er sagte: »Du hast ja Haare wie ein Affe!« Einer der belgischen Freunde war schlecht rasiert, was einen der Jarawa dazu veranlasste, seine Wange an dem behaarten Gesicht des anderen zu reiben. Dabei öffnete mein Freund beim Lachen den Mund und ein vergoldeter Zahn war zu sehen. Der Jarawa fasste ihn daraufhin brutal am Unterkiefer und fuhr ihm mit mehreren Fingern in den Mund. Alle Jarawa mussten das Gold sehen und befühlen.

Geduldig ließen wir die Untersuchung über uns ergehen, Leopolds blaue Augen brachten eine junge Frau dazu, an seinem Gesicht zu zerren, um mehr Blau zu erkennen. An Land fand die Aufregung ihre Fortsetzung, sie sprangen tanzend im weißen Sand herum, schauten ins Objektiv unserer Kamera, und als sie sich darin erblickten, fuhren sie mit den Fingern über das Glas, um das Bild wegzuwischen. Die netteste Szene beobachteten wir, als ein kleines Mädchen den geliebten Bakhtawar Singh von hinten umarmte, aber ihre Arme nicht reichten, den Umfang seines dicken Bauchs zu umspannen.

Im allgemeinen Wirbel konnte ich mich absetzen und mir das Gemeinschaftshaus wenige Meter weiter anschauen. Der Rundbau aus Bambus und Schilf maß mindestens zehn Meter im Querschnitt und musste mit seinem Gebälk und der Größe als Wunderwerk angesehen werden. In der Mitte brannte ein Feuer. Ich hatte gelesen, dass ein Blitzschlag in einen morschen Baumstumpf das Feuer zu den Jarawa gebracht hatte und dass sie es seitdem hüteten und nie ausgehen ließen. Sie waren angeblich nicht in der Lage, selbst Feuer zu machen. Über der Flamme wurden Wild und Meeresfrüchte gegart. Die Jarawa kannten keine Töpferei, und anstelle von Äxten benutzten sie Muscheln, die an Holzstielen befestigt waren. Sie lebten nicht im Steinzeitalter, sondern befanden sich auf einer noch früheren Stufe der Entwicklung, die man als Muschel- und Holzzeitalter oder Vorsteinzeitalter bezeichnen konnte. Ihre Sprache kannte niemand, und der Name Jarawa war ihnen von anderen gegeben worden.

Bakhtawar Singh drängte zum Aufbruch. Er fühlte sich verantwortlich für seine Schützlinge, und schon ein Husten oder Niesen von uns hätte für die Jarawa, die keine Krankheiten kannten, schreckliche Folgen gehabt. Zwei Stunden Aufregung für »seine Kinder«, fand er, seien genug, und meinte, wir könnten sie vielleicht später erneut besuchen. Dann würden wir unter Umständen auch ihre Bögen und Pfeile sehen, die sie diesmal versteckt hatten.

Die Neugier und das Interesse an uns hatten nachgelassen, und trotzdem gestaltete sich der Abschied schwierig. Das Ruderboot füllte sich mit Jarawa, und so blieben ein paar von uns für eine zweite Fahrt am Strand zurück. Einige Frauen und Kinder gingen zur Hütte hinüber, und plötzlich war der Strand leer. Ein Mann begann, die Wurzel eines riesigen Baumes mit einem Stock zu schlagen. Es geschah rhythmisch, wie Trommeln, und konnte der Buschtelegraph der Einheimischen sein. Ein gewisses Unbehagen begann sich in mir zu regen, und ich war froh, als auch wir das Schiff erreichten. Bakhtawar hatte noch seine liebe Not, und nur seinem Geschick, seiner Geduld und seiner Liebe zu den Jarawa, die sich wie widerborstige Kinder anstellten, war es zu verdanken, dass alle vom Schiff herunter an Land gebracht werden konnten.

Wie auf allen meinen Expeditionen interessierte ich mich auch auf den Andamanen für die Gebirge. Berge waren zwar schon lange nicht mehr das Ziel einer Reise für mich, aber an einem hohen, vielleicht sogar noch unerstiegenen Gipfel konnte ich nicht einfach vorbeigehen. Den Saddle-Peak hatte ich ja schon aus dem Flugzeug heraus in Augenschein genommen, auch wenn ich da noch nicht ahnen konnte, dass sich seine Besteigung als die schwierigste Bergtour meines Lebens erweisen sollte. Aus der Nähe sah ich ihn zum ersten Mal, als ich in dem Dorf Diglipur war und er kurz aus dem Wolkenschleier herausschaute. Ich erblickte zwei Gipfel, dazwischen einen Pass und verstand sofort den Namen: Saddle-Peak, Sattel und Gipfel. Er ist achthundert Meter hoch und von dichtem Dschungel bedeckt – ein Berg, der keine allzu großen Probleme erwarten ließ. Dass an seinen Flanken die größten und giftigsten Schlangen leben, dazu riesige Tausendfüßler und böse Geister, hielt ich für Gruselgeschichten der Einheimischen. Vorsichtshalber engagierte ich drei ortskundige Führer, die mir alle glaubhaft versicherten, den Berg genau zu kennen. Ganz entgegen meiner sonstigen Gewohnheit verfügte ich nun über drei Führer: zwei Männer, die sich als Polizisten herausstellten, und einen dritten, der ein »wirklicher« Bergführer zu sein schien. Ich selber hatte ebenfalls das Bergdiplom als Student erworben, so konnte nichts schief gehen.

Meinen Vorschlag, einen Kanister Wasser mitzunehmen, wiesen meine Begleiter zurück mit der Begründung, es gäbe unterwegs genug Quellen. Trotzdem füllte ich meine Feldflasche an einem der kleinen Bäche. Erste Zweifel kamen mir, als die zwei Polizisten begeistert erklärten, wie dankbar sie mir seien, zum ersten Mal auf den höchsten Gipfel ihrer Heimat zu kommen. Nun, ich hatte ja noch den »wirklichen« Bergführer. Ich schluckte meinen Ärger herunter, und wir erreichten das Dorf Kalipur. Ich glaubte, nicht recht zu hören, als sich mein dritter Begleiter bei einem Dorfbewohner nach dem Weg zum Saddle-Peak erkundigte. Vorsichtig geworden durch so viel Ahnungslosigkeit, fügte ich meiner Wasserflasche noch etwas Cornedbeef und eine Dose Käse hinzu und war froh, wenigstens meinen Kompass dabeizuhaben. Der von meinen Begleitern angekündigte »kleine Spaziergang« entpuppte sich als Mammuttour: Stundenlang marschierten wir über mit dichten Büschen bedeckte Hänge, balancierten über riesige Baumstämme und durchwateten knietiefe Sümpfe. Endlich ging es über schlüpfrige Felsen und durch dichtes Dornengestrüpp aufwärts. Ich fluchte über diesen »Weg«, als ich ausrutschte, auf einem Felsen aufschlug und sofort wusste, dass ich mir einige Rippen zumindest stark geprellt, wenn nicht gebrochen hatte; meine Brille und der Hut waren im reißenden Bach verschwunden.

Aber es musste weitergehen. Drei »Experten«, und keiner kannte die Route. Und tatsächlich gab es auch gar keine. Mir blieb nichts anderes übrig, als die Führung zu übernehmen. Instinktiv fand ich einen Pfad, der jedoch bald zu Ende war und in noch dichteren Dschungel mündete. Weiter ging es durch sperriges Gehölz, Morast und Dornenbüsche, als wir plötzlich auf dem Hauptgipfel des Saddle-Peak standen. Die Küste war kaum zu erkennen, irgendwo da unten in der Nähe von Diglipur ankerte unser Schiff. Einer der Inder, der immer wieder um einen Schluck Wasser bat, hatte mir inzwischen meine ganze Flasche ausgetrunken, und das wenige Essen hatten wir uns geteilt. Fotos hatte ich während der Besteigung nicht machen können, auf dem Gipfel brauchte ich die Kamera ebenfalls nicht, denn von Fernsicht konnte keine Rede sein; wir befanden uns immer noch inmitten von Bäumen und Büschen. Kein Gipfelkreuz, kein Steinmann lud zur Rast ein, nicht einmal ein Vermessungszeichen konnte ich entdecken. Dass wir auf dem Gipfel standen, war nur daran zu erkennen, dass es in alle vier Himmelsrichtungen bergab ging.

Der Abstieg begann – und war wie der Aufstieg: Kriechen, Fluchen, Durst und kein Weg. Die Sonne ging unter, und ich wusste, dass wir die Nacht am Berg verbringen mussten. Ich musste einen Biwakplatz finden und schlug vor, nach Osten zu gehen und den steilen Hang zu suchen, den wir aufgestiegen waren. Jetzt erwies sich mein Kompass als wertvolle Hilfe. Jeder versuchte, einen Felsen zu finden, an den er sich lehnen konnte, aber an Schlafen war nicht zu denken. Es war bitterkalt, und ich machte es wie die Papua und verschränkte die Arme über der Brust, damit das Wesentliche, der Kern des Körpers, warm gehalten wird. Mit Mühe unterdrückte ich das Zähneklappern; die Nässe, die Kälte, die Verletzung – ich fühlte mich miserabel.

Beim ersten Tageslicht krochen wir los. Volle fünf Stunden kletterten wir durch Unterholz und Dornenbüsche, bis Wasser in einem Flussbett die erste Erleichterung brachte. Wir tranken gierig, und ich setzte mich auf einen Stein und untersuchte meinen Zustand. Als ich meine Hosenbeine hochzog, erstarrte ich. Dutzende von Blutegeln saugten mir das Blut aus den Beinen. Plötzlich spürte ich, dass sie auch an anderen Stellen meines Körpers saßen. Ich konnte nichts tun, hätte ich einen entfernt, hätten mich andere überfallen, zu viele warteten im Gebüsch.

Endlich erreichten wir die Küste. Die Sonne stand im Zenith und brannte auf meinen Kopf. Ohne Hut machte ich vier Knoten in mein Taschentuch und hatte ein wenig Schutz. Beim ersten Bauern entlohnte ich die drei Inder und marschierte allein weiter. Bei jedem Siedler, an dem ich vorbeikam, stärkte ich mich mit der Milch einer Kokosnuss, bis ich ein größeres Dorf erreichte. Hier erlebte ich dann etwas, das an unfreiwilliger Komik nichts zu wünschen übrig ließ. Ein gut gekleideter junger Mann kam auf mich zu, machte eine tiefe Verbeugung und bat mich, seiner Schule einen Besuch abzustatten, die Kinder warteten angeblich schon seit dem Vortag auf mich. Ich versuchte, dem Mann meinen Zustand zu erklären, und wies auf meine verdreckte, abgerissene Kleidung. Nichts half, die Kinder liefen Fähnchen schwenkend hinter mir her. Jetzt erst begriff ich: Sie hielten mich für König Leopold! Ich überlegte – was sollte ich tun? Die Königsrolle spielen, um die Kinder nicht zu enttäuschen? Der König hätte, so sagte er mir später, Verständnis dafür gehabt. Aber ich entschied mich für die Wahrheit. Mein Hemd von oben bis unten zerrissen, das Taschentuch auf dem Kopf, verschwitzt, schmutzig und unrasiert – sah so ein König aus? Dem Lehrer schlug ich vor, die Kinder zum Schiff nach Diglipur zu bringen, dort war der echte König.

Zurück an Bord, half mir Jean-Pierre beim Duschen und wusch meinen Körper mit einem Desinfektionsmittel ab. Ich hatte starke Schwellungen in den Achselhöhlen und den Schenkelbeugen, die mit Antibiotika behandelt wurden. Ich schätzte ungefähr fünfzig Blutegelbisse, Jean-Pierre zählte nach und kam auf einhundertacht Wunden. Warum hatte ich mir eingebildet, den Saddle-Peak besteigen zu müssen? Der niedrigste Berg meines Lebens war der schwerste geworden. So gelitten hatte ich nie zuvor, aber alles war meine Schuld – schlecht vorbereitet wurde der leichte Berg zu einem schwierigen Unternehmen mit vielen Hindernissen.

Trotz der misslungenen Bergtour konnten wir mit der Expedition zufrieden sein. Jean-Pierre, der auf jeder Fahrt mit mir das Zimmer teilte, durfte sich besonders glücklich schätzen. In einer blauen Tonne neben seinem Bett hatte er in Formalin, das nach Krankenhaus roch, seine Fische konserviert, und er war sicher, einige neue Arten gefunden zu haben, denen er die Stammesnamen der Negritos geben wollte.

Auf der Rückfahrt nach Port Blair behandelte ich dann Leopold, dem ein Blutegel etwas viel Hirudin verpasst hatte. Über eine Stunde lang legte ich ihm immer wieder ein blutstillendes Pulver auf die Wunde, bis es seine Wirkung tat. Währenddessen planten wir die letzten Tage unseres Aufenthalts, denn wir wollten den Jarawa einen weiteren Besuch abstatten und hofften, auch noch zur Sentinelinsel fahren zu dürfen, der abgelegensten Insel der Andamanen.

Inzwischen hatten die indischen Siedler ihre Sensation. Im Hospital lag ein junger Jarawa, der sich im Dschungel das Bein gebrochen hatte, und nun standen sie Schlange, um ihn durch ein Fenster betrachten zu können. Fünfzig Jahre zuvor hatte auch mein Interesse für fremde Völker mit einer Menschenschau begonnen, als ich einen Papua im Zirkus gesehen hatte.

Als wir zum zweiten Mal bei den Jarawa ankerten, waren einige von ihnen am Strand. Wir hatten sie als freundliche und fröhliche Menschen kennen gelernt, und auch diesmal schienen sie sich über unsere Ankunft zu freuen, denn sie schrien und gestikulierten zu unserem Empfang. Als wir das Ruderboot zu Wasser ließen, schwammen uns elf von ihnen entgegen – ein unvergesslicher Anblick, diese muskulösen Männer mit ihrer schwarzen Haut in dem azurblauen Wasser. Kaum auf dem Schiff angekommen, griffen sie schon nach den Geschenken und schleppten sie zum Boot. Am Ufer standen sechs Frauen mit ihren Kindern und schauten sehnsüchtig zum Ruderboot herüber, das sie nicht erreichen konnten. Als wir zum Ufer kamen, drehten sich die Frauen um und gingen zur Gemeinschaftshütte. Leopold, der ihnen gefolgt war, berichtete, dass sie sich im Innern der Hütte nicht fotografieren ließen. Es war nicht so sehr die Kamera, die sie fürchteten, sondern das Blitzlicht. Sie waren auf einmal voller Angst. Aus meiner Erfahrung mit anderen Ureinwohnern wusste ich, dass man ihnen keine Bilder zeigen sollte, auf denen sie sich selbst erkennen können, und Bakhtawar Singh hatte ihnen bei seinem letzten Besuch vor unserer Ankunft solche Fotos gezeigt. Vielleicht hatte sie das außer Fassung gebracht, denn sie verhielten sich nun ganz anders.

Wir standen am Strand, die Jarawa luden ihre Geschenke ab, die von den Frauen eilig in die Hütte geschleppt wurden, als fürchteten sie, wir wollten sie ihnen wieder wegnehmen. Eine andere Frau erzählte ihrem Mann wohl, dass wir sie in der Hütte fotografiert hatten. Wütend schrie er herum, bedrohte uns, sichtlich bemüht, uns zu beeindrucken. Er tobte, durchwühlte unsere Taschen und bewarf uns mit großen, dreckigen Muscheln. Inzwischen war aus Spiel und Spaß bitterer Ernst geworden, und wir wurden unruhig. Bakhtawar Singh, der sie am besten kannte, beschwor uns, alles herzugeben, was sie wollten. Es hätte seiner Worte nicht bedurft, niemals hätten wir uns auf einen Streit mit ihnen eingelassen. Sie nahmen uns alles weg, was sie an uns entdecken konnten, und zwangen uns durch ihr wildes Verhalten, den Besuch möglichst schnell abzubrechen. Fast hätte ich meine mir unentbehrliche Sonnenbrille verloren. Sie zogen sie mir von der Nase, begnügten sich aber zum Glück mit der Kette, an der sie um meinen Hals hing.

Die Jarawa waren nicht zu bremsen. Sie schrien uns an und wurden immer zorniger. Wir erkannten, dass es keinen Sinn hatte, länger an Land zu bleiben. Die Situation konnte nur noch gefährlicher werden. Wir fuhren mit unserem Boot zurück zum Schiff und fanden dort noch neun Jarawa vor, die sich weigerten, an Land zurückzukehren. Eine Stunde fuhren wir mit ihnen die Küste entlang und mussten mit ansehen, wie sie alles auf dem Schiff betasteten und untersuchten. Schließlich fuhren wir zu unserem alten Ankerplatz zurück und setzten sie ins Ruderboot, um sie an Land zu bringen.

Von den Jarawa waren wir einmal in Freundschaft und einmal in gespannter Atmosphäre geschieden, mit den Onge hatten wir praktisch Hütte an Hütte gelebt, nun waren wir auf dem Weg zu jenen geheimnisvollen, unnahbaren Negritos, die auf der kleinen im Norden vorgelagerten Insel Nord-Sentinel lebten. Da sie völlig unbekannt waren, wurden sie einfach nach der Insel »Sentinelesen« genannt.

Shri Harmander Singh hatte die Exkursion gut vorbereitet, denn er nutzte die Gelegenheit, um selbst einmal einen Blick auf die Sentinelesen werfen zu können. Am frühen Morgen näherten wir uns der Insel von Osten, das Schiff ankerte, und wir stiegen ins Rettungsboot um. An der Seite des Königs saß ein Soldat in Zivil mit einem runden Metallschild; eine Schnellfeuerwaffe lag versteckt neben ihm. Mit solchen Vorsichtsmaßnahmen hatte ich noch nie eine Expedition unternommen. Die Spannung unter den Teilnehmern konnte man spüren.

Bakhtawar Singh hatte uns während der Fahrt erzählt, dass bei seinem ersten Kontaktversuch wenige Monate zuvor einer seiner Leute von einem Pfeil mit Metallspitze am Oberarm verletzt worden war. Sein Begleiter hatte Bilder gemacht, die noch nicht veröffentlicht waren, aber später als Sensation um die Welt gehen sollten. Ich hatte ebenfalls ein Schild zugeteilt bekommen, hielt aber lieber die Kamera mit dem Teleobjektiv hoch, um schussbereit zu sein.

Langsam, ganz langsam bewegten wir uns in sicherer Entfernung von etwa siebzig bis achtzig Metern an der Küste entlang, als wir halb verdeckt im Dschungel das Dach einer Hütte erblickten. Ausgerechnet in diesem Moment lief das Boot auf eine Sandbank auf. Für kurze Zeit befanden wir uns in einer hilflosen Situation. Der Steuermann befahl Gewichtsverlagerung, und eine Welle half, uns wieder flottzumachen. Bakhtawar hatte auch erzählt, dass die Sentinelesen beim letzten Mal in militärischer Formation gegen sie angetreten waren: der Anführer allein vorn, dann zwei, dahinter vier Mann. Es gab nur Vermutungen darüber, wie viele der Pygmäen auf der Insel lebten, man schätzte ihre Zahl auf etwa hundert.

Dann plötzlich löste sich aus dem Grün des Busches ein Mann. Muskulös, mit schwarzer Haut, schritt er selbstsicher und aufrecht über den weißen Sand. Er setzte den langen Pfeil an die Bogensehne und lief in dieser drohenden Stellung ins Wasser. Als die Wellen an seine Knie schlugen, blieb er stehen, spannte den Bogen und zielte auf uns. Inzwischen kamen weitere Sentinelesen aus dem Busch, alle mit den langen Bögen bewaffnet. Diese Menschen wehrten sich mit ihrer vertrauten Waffe gegen die Außenwelt. Sie wehrten sich instinktiv gegen eine Welt, die ihnen unheimlich erschien. Wir wollten diese tapferen Menschen nicht provozieren, warfen die Kokosnüsse ins Wasser und begannen uns zurückzuziehen – immer mit dem Gesicht zur Küste gewandt, Meter für Meter. Da entdeckten wir, dass in den Bäumen, getarnt durch die Blätter, weitere bewaffnete Männer bereit standen, um ihre Freiheit zu verteidigen.

Dies waren unvergessliche Augenblicke, und es war kein Traum, sondern Wirklichkeit. Es gab keinen Zweifel, wir erlebten gerade, wie auf dem letzten Platz unseres Planeten Ureinwohner rührend versuchten, ihr vorsteinzeitliches Leben zu verteidigen.

Rührend, weil die Männer davon überzeugt waren, uns mit ihren Pfeilen von der Landung abgehalten zu haben. Natürlich wussten sie nicht, dass zwischen ihren Pfeilen und unseren Waffen hunderttausend Jahre Entwicklung lagen. Hätte der Mann den Pfeil abgeschossen, der Deckel einer Blechtonne hätte genügt, um ihn unschädlich zu machen. Der Mann hatte gewonnen, weil wir es wollten und darauf verzichteten, ihm die fragwürdigen Segnungen unserer Zivilisation aufzudrängen. Für ihn war die Abwehr der richtige Weg, um zu überleben.

Als die Sentinelesen verstanden, dass wir unsere Landungsabsichten aufgegeben hatten, feierten sie ihren Sieg mit Geschrei, hielten Pfeil und Bogen triumphierend über die Köpfe und tanzten im Sand. Sie waren von ihrem Erfolg überzeugt, und ich fand es richtig, sie in diesem Glauben zu lassen. Es war beeindruckend zu sehen, dass es noch Menschen gab, die zufrieden auf einem schmalen Küstenstreifen lebten und ihn verteidigten, denn es war ihr großes Reich, in dem sie allein und unabhängig bleiben wollten. Ihr Misstrauen Fremden gegenüber war berechtigt, denn es konnte ihnen nicht entgangen sein, dass viele tausend Ureinwohner Fremden Platz gemacht hatten. Meist ist es ein vergebliches Bemühen, Stämme vor dem Aussterben bewahren zu wollen. Die Sentinelesen schützten sich selbst.

Der prächtige Sonnenuntergang verbreitete eine melancholische Stimmung. Ich dachte, wie sehr ich mich innerlich mit dem Leben der Urvölker auf den Andamanen angefreundet hatte. Ich fühlte Dankbarkeit für das Privileg, dieses Erlebnis geschenkt bekommen zu haben, ein Abenteuer, das ich nie vergessen werde.

Auf dem »dunklen Kontinent«

1977 reiste ich noch einmal nach Afrika, zwanzig Jahre nach meinem ersten Besuch. Ich hatte im Laufe der Jahre ein untrügliches Gespür dafür entwickelt, wann es an der Zeit war, eine Sache zu beenden, und das sollte sich auch diesmal wieder bewähren. Häufig war ich den Entwicklungen einen Sprung voraus, einfach weil ich den richtigen Moment nutzte, um etwas Neues zu beginnen, und nicht unnötig am Alten festhielt. An manchen Orten war ich der erste Europäer, an anderen sogar der erste und der letzte, weil sie heute so nicht mehr existieren. Ich hatte Bücher geschrieben und beim Fernsehen mit Bernhard Grzimek und Heinz Sielmann die große Zeit der Fernsehprofessoren erlebt, bevor ich Ende der siebziger Jahre ausstieg, als die Technik komplizierter wurde und meine Bewegungsfreiheit einzuschränken drohte.

Schon auf den Andamanen hatte ich erkannt, dass auch das Forschen Grenzen unterliegt. Man muss auf weitere Entdeckungen verzichten können, wie mir mein Besuch bei den Jarawa und Sentinelesen gezeigt hatte, um die Einheimischen zu schützen oder sich selbst vor Gefahren zu bewahren. In Afrika hatte ich viele solcher Erlebnisse. Hier bei den Naturvölkern war die Übergangszeit noch deutlicher zu spüren: Die Stämme hatten sich entweder in dichten Dschungel oder die Einöde zurückgezogen, oder aber sie lebten so, dass noch nicht entschieden war, ob sie sich unserer Form der Zivilisation angleichen oder untergehen würden. Touristen hatten Afrika als Reiseparadies entdeckt, und ihre bloße Anwesenheit veränderte die Welt derer, die sie möglichst unberührt vorfinden wollten. Sollte dieser riesige Kontinent noch lange die Heimat stolzer und selbstbewusster Nomaden, Jäger, Fischer und Krieger bleiben, dann musste man als Lernender kommen.

Afrika war ein wahres Forscherparadies: Hunderte von Stämmen und Sprachen, Pygmäen neben hoch gewachsenen Watussi, heiße Wüsten und eisbedeckte Gipfel, Dschungel neben Savannen und die größten Tierreservate – man bräuchte mehr als ein Leben, um die Vielfalt beschreiben zu können. Die Herausforderungen waren groß, denn extreme Klimaunterschiede waren ebenso zu beachten wie die Gefahr von Bilharziose und Malaria oder die kleine blutsaugende Tsetsefliege, und nicht zuletzt die politischen Verwicklungen, die das Forschen erschwerten.

Ich schickte einen Brief mit meinem Expeditionsgesuch an den Minister für Tourismus nach Kinshasa, früher Leopoldville, in Zaire, dem ehemaligen Belgisch-Kongo. Ich wollte noch einmal zum Ruwenzori. Das ewige Eis am Äquator und die alpine Vegetation inmitten Afrikas hatten mich so beeindruckt, dass ich zurückkommen und auch meinen Freunden diese einmalige Schönheit zeigen wollte. Einen Monat später erhielt ich über Brüssel die Nachricht, dass mich der Minister Citoyen Nzeza Makunsi im Sanatorium Jägerwinkel in Bad Wiessee erwarte. Citoyen war ein Synonym für »Herr« oder »Sahib«, und alle Bürger wurden nach der Unabhängigkeit Zaires so genannt. Wir hatten ein gemütliches Abendessen, beide im dunklen Anzug, und Citoyen Makunsi versprach, seinen Vertreter im Nationalpark Ruwenzori zu beauftragen, meine Expedition zu unterstützen. Mein nächster Besuch galt der Firma Mercedes-Benz in Stuttgart, wo ich problemlos einen Pkw und einen Unimog-Geländewagen zur Verfügung gestellt bekam, welcher mit einer Seilwinde ausgestattet war, mit der er sich selbst aus dem Morast ziehen konnte. Beide Fahrzeuge wurden nach Kinshasa verschifft, wo ich sie bei der Mercedes-Benz-Vertretung abholen konnte. Die einzige Auflage für die Verwendung der Fahrzeuge bestand darin, dass ich, wenn möglich, einen Artikel für die Firmenzeitung schrieb. Es war sicher meinen zahlreichen gelungenen Expeditionen zu verdanken, dass ich so bevorzugt behandelt wurde. Es ist eine alte Weisheit, dass zum Erfolg auch das Glück kommt und umgekehrt zum Misserfolg noch das Pech.

Aus der belgischen Kolonie war 1960 die unabhängige Demokratische Republik Kongo geworden, und seit meinem letzten Besuch hatten sich nicht nur die Ortsnamen verändert, mit der Unabhängigkeit kam auch das Selbstvertrauen und der Stolz auf die Eigenständigkeit. Schon bei der Landung war der Wandel nicht zu übersehen: Der Flughafen hieß nun Airport Kinshasa, und der uniformierte Beamte an der Passkontrolle war auf beiden Wangen von Tätowierungsnarben seines Stammes gezeichnet. Der Taxifahrer hatte ebenfalls eine tiefe Narbe vom Haaransatz bis zur Nasenspitze, und als er uns an dem neuen fünfundsiebzigtausend Besucher fassenden Stadion vorbeifuhr, erzählte er mit Stolz, dass er eine Karte für den Boxkampf mit Muhammad Ali besaß.

Im Hotel traf ich mein Expeditionsteam: meinen Freund Axel Thorer und den Berliner Manfred Pessel mit Kameramann, die dafür sorgen sollten, dass aus meinem Reisebericht ein professioneller Fernsehbeitrag wurde. Auf Empfehlung der freundlichen Autovertretung legten wir die ersten zweitausend Kilometer nach Kisangani, dem früheren Stanleyville, nicht auf der schlechten Landstraße, sondern per Schiff den Kongo hinauf zurück. Beides hätte etwa zehn Tage gedauert, nur so schonten wir die Autos. Es wurde eine wenig abwechslungsreiche Reise, die Autos standen festgezurrt an Deck, und ihre bequemen Sitze wurden oft der engen Kabine vorgezogen. Das Deck ähnelte einem bunten Markt mit dem Gegacker der Hühner und dem klappernden Kochgeschirr, und selbst die Gerüche von geräuchertem Fisch waren dieselben wie im Basar. Wir überwanden Stromschnellen und trafen sogar auf Felsenklippen. Mehrmals setzten wir auf Sandbänken auf, und an jeder Stadt hielt der Dampfer. Überall konnte man Früchte kaufen, und heimlich wurde sogar noch Elfenbeinschnitzerei angeboten.

Zeitweise konnte man das Ufer kaum ausmachen, und der Kongo war so breit wie ein See. Das Schiff bewegte sich nur langsam. Manchmal bedeckten Wasserhyazinthen große Flächen, die umfahren werden mussten. Ursprünglich als Zierpflanze verbrei-

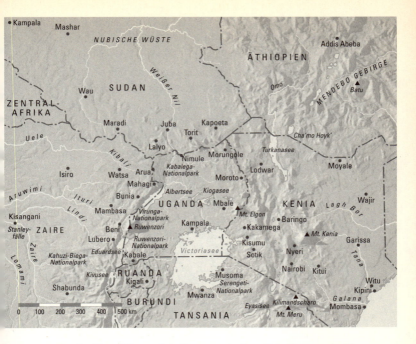

tet, wurde diese Blume in allen tropischen Ländern zum überflüssigen Unkraut. Sie verfängt sich in den Schiffsschrauben und bietet den Malaria-Moskitos Unterschlupf. Nur die kostspieligen Sprühungen von Unkrautvertilgern und Insektenvernichtungsmitteln aus dem Flugzeug bringen Abhilfe.

Endlich waren wir in Kisangani, von wo aus die Ruwenzoritour starten sollte. Ich freute mich auf die freundlichen Bergbewohner; sei es im Himalaja, in den Anden, den Alpen oder am Ruwenzori, die Hilfsbereitschaft und Gastlichkeit ist in den Bergen anders als in den Städten, wo man noch dazu Acht geben muss, dass die Habseligkeiten keine Beine bekommen. Mit den Autos fuhren wir die sechshundert Kilometer bis zum Flugplatz der kleinen Stadt Beni, wo wir die Fahrzeuge zurücklassen mussten, da wir in ein Überschwemmungsgebiet kamen. Zu Fuß ging es über schwankende Hängebrücken aus Lianen bis zum Basislager Mutwanga.

Im Gästebuch fand ich meinen Namen: »8. Besteigung 1957«. Doch von der damaligen Gemütlichkeit war nichts mehr zu spüren. Der Ruwenzori war 1960 zum Nationalpark erklärt worden und hatte seitdem großes Interesse nicht nur bei Bergsteigern, sondern auch bei wissenschaftlichen Expeditionen aus Botanikern und Klimaforschern geweckt. Da es nur wenige Unterkunftsmöglichkeiten gab, hatte der Verwalter einen genauen Plan eingeführt, und eine Organisation in Mutsora gewährleistete die reibungslose Zusammenarbeit mit den Trägern vom Stamm der Baswanga.

Von den Trägern, die mich vor zwanzig Jahren begleitet hatten, lebte nur noch Joseph Kitambale, der inzwischen sechzig Jahre alt war. Kitambale genoss hohes Ansehen, denn er hatte als erster Afrikaner den Gipfel des »Regenmachers« bestiegen und damit eine Entwicklung eingeleitet, die mit jener der Sherpas im Himalaja zu vergleichen ist, auch wenn sie am Ruwenzori noch in den Anfängen steckte. Träger im Nationalpark zu werden war ein erstrebenswerter, weil anerkannter Beruf geworden, und um sich Capo, Trägerführer, nennen zu dürfen, musste man eine längere Schulung durchlaufen. Diese Entwicklung war ein tiefer Einschnitt im Leben der Bergstämme, denn nun hatten sie Rechte und Pflichten und waren nicht mehr nur Lastenträger. Wenn in der neuen Zeit auch nicht alles immer reibungslos funktionierte, so förderte sie doch das Selbstbewusstsein der Afrikaner und wirkte sich auch positiv auf die Beziehung zu uns Europäern aus.

Joseph Kitambale klagte mir sein Leid. Gott sei verärgert, denn wegen der unsicheren politischen Verhältnisse waren nur wenige Besucher zum Ruwenzori gekommen, und er hatte nicht genug Geld zusammengebracht, um ihm das jährliche Opfer in Form eines Tieres zu bringen. Ich fragte, ob die Möglichkeit bestünde, das Versäumnis nachzuholen und damit auch die Verärgerung aus der Welt zu schaffen. Gerne wollte ich das Geld geben, damit es aber nicht in falsche Hände geriet, wollte ich noch erfahren, woher Kitambale wusste, dass der Gott verdrossen sei.

Der Alte schauderte und antwortete, man hätte ihn im Dschungel wie einen Betrunkenen singen gehört. Ich erklärte mich bereit, das Opfer zu finanzieren; doch wie sollte der Kontakt hergestellt werden?

»Wir werden drei Tage lang auf dem hölzernen Klavier spielen, dann wird sich Gott, wenn er das Opfer angenommen hat, in einen Regenbogen verwandeln und auch die Expedition schützen!«, erklärte Kitambale.

Da ich auf diese Weise das traditionelle Ritual des Glaubens der Baswanga kennen lernen würde, bedeutete für mich die Zuwendung eher das Gegenteil von Opfer. Was aber mochte das hölzerne Klavier sein?

Vor dem Abmarsch kam der Dorfschmied und bot uns Steigeisen zur Überwindung des Eises an. Natürlich hatte ich für alle Fälle meine leichten Zwölfzacker im Gepäck, aber sein Modell fand ich so schön, dass ich es für unser Museum bestellte. Der zum Volkshelden aufgestiegene Kitambale wollte als Senior wenigstens bis zum Opferplatz Ihongero mitgehen. Unser Capo namens Wambo hatte nichts dagegen und billigte auch, dass sich einige der älteren, bereits etablierten und von der Regierung genehmigten Träger am ersten Tag für die tausend Meter schlammigen und schmalen Wegs jüngere, so genannte Trägeraspiranten anstellten. In den kleinen Dörfern gab es Verwandte, die Bier und Maracujas brachten, denn uns war der Ruf vorausgeeilt, dass wir diese saftigen Früchte allen anderen vorzogen.

Nach zwei weiteren Tagen erreichten wir die Grenze zum Ruwenzori-Nationalpark, in dem die eisbedeckten Gipfel des Gebirges stehen. Hier, in einer unbewohnten Gegend, begann der beschwerliche Teil unseres Vorhabens. Stundenlanger Regen verwandelte den schmalen Pfad in eine Morastlandschaft, und dichte Nebelschwaden verhinderten die Sicht. Die Bergrücken, die wir überquerten, machten wenig Mut, denn wenn man endlich den Kamm erreicht hatte und es bergab ging, dann in dem Wissen, dass man später wieder hinaufmusste. Steilstufen im Fels konnten mittels Fixseilen überwunden werden und gaben wenigstens die Gewissheit, auf dem richtigen Weg zu sein.

An der ersten Hütte in 2138 Meter Höhe fanden wir einen Abfallkorb mit dem Schild: »Haltet den Ruwenzori sauber!« Das Trinkwasser holten wir mit Hilfe einer Konservendose an einem langen Draht aus einem Loch, dessen Öffnung kaum zehn Zentimeter breit war. Es war rostbraun. Unsere klatschnassen Kleider hängten wir an Leinen, die man quer durch den Raum gespannt hatte; trocken wurden sie jedoch erst, als wir eine Woche später wieder dem warmen Tal zustrebten. Morgens stellten wir fest, dass in der Nacht zwei Mäuse im Kaffeewasser auf dem Petroleumherd ertrunken waren.

Ob das Wetter halten würde, fragte ich den Capo Wambo, woraufhin er mit mir zu einem Regenbaum ging, dessen Stamm von früheren Befragungen schon vernarbt war. Er schlug mit dem Buschmesser eine Kerbe in die Rinde. Langsam quoll ein hellgelber Tropfen heraus. »Erst in drei Stunden wird es regnen«, lautete seine Antwort. Bei hoher Luftfeuchtigkeit und günstigen Temperaturbedingungen schwitzt der Baum, und aufgrund der Erfahrung von Generationen wusste der Capo den gelben Saft zu interpretieren. Das Wetter war nicht unwichtig, denn vor uns lagen unwegsames Gelände und über tausend Höhenmeter.

Auf halbem Weg erreichten wir eine Lichtung, von der aus man ins Tal schauen konnte: In einem Halbrund standen kleine, aus Blättern und Bambusstäbchen gebastelte, teilweise verfallene Häuschen, die Kitambale als Tempel bezeichnete. Wir hatten den Opferplatz Ihongero mit dem hölzernen Klavier gefunden, das ein einfaches Xylophon war und aus einer Reihe verschieden dicker und langer Rundhölzer bestand, die von Pflöcken zusammengehalten wurden. Kitambale nahm zwei Klöppel und begann zu spielen. Für meine Ohren hatte es wenig von einer Melodie, aber der Rhythmus war angenehm, und die schwingenden Töne wurden in der großen Höhe weit getragen.

Kitambale blieb in Ihongero zurück, um mit dem Schamanen Kasibabu Kontakt aufzunehmen; er sollte in fünf Tagen zum

Opferplatz kommen. Seinen persönlichen Träger wollte Kitambale mit meinem Geld ins Tal schicken, um einen Ziegenbock, ein weißes Huhn und weitere Opfergaben wie Salz, Tabak, Zuckerrohr und Maniok zu holen. Obwohl ganz offensichtlich nicht nur dem verärgerten Gott allein ein Opfer gebracht werden, sondern auch der Stamm der Baswanga am Fuß des Ruwenzori seinen Anteil bekommen sollte, stimmte ich stillschweigend zu.

Wir anderen marschierten weiter, bis wir Tage später die Kiondohütte erreichten, an der wir auch schon zwanzig Jahre zuvor gerastet hatten. Die Luft war hier in viertausendzweihundert Metern, immerhin der Höhe des Matterhorns, noch sauerstoffärmer. Die nassen Kleider froren selbst am Tag steif, und das in einer Zeltplane gesammelte Regenwasser musste am Morgen von der Eisschicht befreit werden. Ich überredete meine Freunde, zum Wasuwameso mitzugehen, um die fantastische Aussicht zu genießen. Die 262 Meter von der Kiondohütte weiter hinauf konnte man nur durch Klettern und Hangeln von Wurzel zu Strauch überwinden. Doch die Flüche meiner Begleiter verstummten, als sich das weiß gepanzerte Ruwenzorimassiv vor ihnen auftat. Vom Savoya bis zum Stanleygipfel und vom Margherite wehte eine kleine Pulverschneefahne, die zeigte, wie kalt es dort oben sein musste. Darunter schimmerten die vom Schmelzwasser und verschiedenen Mineralien glitzernden Felsen und wie Edelsteine eingebettet die verschiedenfarbigen Seen.

Der Kameramann war begeistert und meinte, er ginge sicher am nächsten Tag mit mir mindestens bis zur Gletscherzunge. Aber am Morgen darauf begann er zwar gemeinsam mit Wambo als Träger und mir den Aufstieg, aber nach etwa zwei Stunden verweigerte ihm sein Körper den Dienst. Mit der tröstlichen Bemerkung, dass er immerhin die Höhe des Mont Blanc erreicht hatte, ging ich allein bis zur Hütte etwas unterhalb des Einstiegs weiter. 1957 hatte ich hier noch trocken übernachten können, aber jetzt hatte das Refugium kein Dach mehr, und Aschenreste zeigten, dass frühere Expeditionen das Holz zum Feuermachen verwendet hatten. Die Bergsteiger begannen bereits von der Kiondohütte aus ihre Touren, und die obere Hütte wurde deshalb nicht mehr erhalten. Der Abstieg mit dem vielen Sauerstoff in der Lunge ging leichter und schneller und hob die Laune. Nur der Kameramann bedauerte immer wieder, mich am Vortag nicht begleitet zu haben. Beim nächsten Mal würde er sicher mitgehen. Für eine solche erstaunliche Bemerkung kurz nach dem Versagen habe ich seit Jahren mehrere Beispiele, die ich »das Wunder des Vergessens« nenne.

Kitambale hatte inzwischen das Xylophon und die kleine Trommel erneuert, und gleich nach unserer Ankunft in Ihongero begann er eine Baumtrommel zu schlagen, eine weit ausholende Wurzel eines großen Baumes, die tief in die Erde ragte und daher den Klang weit trug. Dann legte er die Hände an den Mund und rief etwas ins Tal hinunter. Von weit unten ertönte die Antwort, der Schamane Kasibabu sei müde und fühle sich nicht wohl, aber er würde gleich kommen. Kurz darauf tauchten die Gehilfen des Zauberers mit einem widerspenstigen Ziegenbock, Hühnern und weiteren Opfergaben auf. Wenig später folgte Kasibabu.

Gestützt auf einen langen Stab, das heilige Messer in einer geschnitzten Holzscheide um den Hals, ließ er sich keuchend nieder. Obwohl noch keine fünfzig, zählten seine Jahre doppelt, denn der häufige Gebrauch von Drogen, mit denen er sich in Trance versetzte, die geistige Auseinandersetzung sowohl mit der Psyche des Menschen als auch mit der Wankelmütigkeit der Götter hatten ihn geschwächt; hinzu kam die ungewohnte Höhe. Er war ein mächtiger Mann, der verfluchen und retten konnte, und die vierundzwanzig Stammesangehörigen verharrten gebeugt und ehrfürchtig, bis er geruhte, auch von uns vier Weißen Notiz zu nehmen. Mit einem Aufschrei stieß er das heilige Messer in den Boden, trank aus der mit Bier gefüllten Kalebasse und wies seine Gehilfen an, mit der Zeremonie zu beginnen.

Nachdem man vor drei Häuschen, die symbolisch den Wohnort verschiedener Geister darstellten, Opfergaben gelegt hatte, reichte ein junger Gehilfe Kasibabu ein Huhn; Kasibabu nahm es von einer Hand in die andere, und jedes Mal flüsterte er dem Tier unverständliche Worte ins Ohr. Plötzlich schlug er ihm den Kopf ab und setzte es auf die Füße. Das Hühnchen torkelte kopflos am Feuer vorbei und verendete genau vor dem Häuschen, das dem Gott des Lebens und des Glücks geweiht war. Besser hätte auch kein Orakel weissagen können.

Damit ging der erste Teil der Zeremonie zur Zufriedenheit aller vorüber. Jetzt musste der Gott auch noch den Ziegenbock billigen. Der Sohn des Schamanen bat seinen Vater um das heilige Messer und durchtrennte mit einem Schnitt die Kehle des Tieres. Das Blut wurde in einem irdenen Topf aufgefangen, während der Kopf des Bocks immer noch klägliche Töne von sich gab. Der halb volle Topf wurde mit Wasser aufgefüllt und reihum von den Männern ausgetrunken. Das Fleisch wurde aufgeteilt, und die Leber bekam Kasibabu, der die Eingeweide vor sich auf dem Waldboden ausbreitete und nach den Windungen des Darms die Zukunft deutete. Alles verlief nach Wunsch, der Stamm hatte durch Aberglauben seinen Glauben mit einem Fest bestätigt, und wir hatten ein großes Erlebnis gehabt. Kitambale, der Senior, meinte, das wäre eben der »Gott, der alle Welt kennt«. »Er ist dein und er ist mein Gott!«

Zurück im Tal, erwarteten die Familien sehnsüchtig ihre Männer, und gleich im ersten Dorf reichte mir eine hübsche junge Frau frisch vergorenen Bananensaft und fragte, ob ihr Mann auch vom geopferten Ziegenbock gekostet habe. »Natürlich, alle haben etwas bekommen!« Da fauchte sie den eben eintreffenden Capo Wambo an, ob er nicht wüsste, dass jeder, der vom heiligen Bock gegessen hatte, sich mindestens vierundzwanzig Stunden jeder sexuellen Handlung enthalten müsse. Und das, wo er über eine Woche nicht zu Hause gewesen sei!

Das Erlebnis der üppigen alpinen Vegetation in den Regenbergen ging wie jedes Abenteuer zu Ende. Ähnlich wie nach den Jahren in Tibet gelingt es mir nicht, die Landschaft richtig zu beschreiben, denn sie ist viel schöner, als ich es in Worte fassen kann. Auch ohne Gipfelbesteigung bleiben die Mondberge ein großes Erlebnis, die Anstrengungen hatten sich gelohnt, die überirdische Landschaft und die liebenswerten Urbewohner sind unvergessen.

Den letzten Abend im Dorf der Träger zu schildern fällt mir sehr viel leichter. Das süße Bananenbier, das die Frauen in irdenen Gefäßen gebracht hatten, trug zur Stimmung bei, als ich die Löhne auszahlte. Die Männer saßen im Gras, dahinter die Familien, die stolz auf ihre Männer schauten. Einige unterschrieben kaum lesbar mit ihren klangvollen Namen, die meisten bestätigten den Erhalt mit Fingerabdruck. Jeder von uns hatte nützliche Gegenstände, die er nach den kalten und nassen Tagen am Berg nicht mehr brauchte, auf einen Haufen gelegt. Die Verteilung der Sachen, darunter Transistoren und Messer, vollzog Kitambale nach seinem Gutdünken. Auch meine leichten Zwölfzacker legte ich dazu, denn vom Dorfschmied hatte ich die schweren, aber originellen Steigeisen erworben. Eine für den Kongo typische schwarze Maske, mit vielen Kaurischnecken belegt, konnte ich ebenfalls für meine Sammlung einhandeln.

Ein ausgehöhlter Baumstamm wurde herbeigebracht, und ein Mann begann mit einem Knüppel den Rhythmus zum Tanz zu schlagen; es hörte sich ganz so an wie der Buschtelegraph. Wir Europäer versuchten uns ebenfalls am Vergnügen der Tänze, aber unsere steifen Bewegungen boten den Anwesenden mehr Grund zu Mitleid und Lachen als zur Bewunderung. Der Rhythmus und die weichen Bewegungen der Einheimischen sind unnachahmlich. Es war die Atmosphäre, die Mischung von Bier, vergorenem Maniok und gesalzenem Fisch, von Feuer und Tabakrauch, die unvergleichlich ist und in älteren Forschern Europas das Fernweh weckt. Die Erlebnisse am Ruwenzori zeigten uns, dass trotz Traktoren in den großen Kupfer- und Goldminen des Kongo die alten Bräuche der Stämme nicht völlig verschwunden waren.

Auch die Wagenia, ein Stamm, der südlich von Kisangani auf einer Insel inmitten des Kongo lebte, hielten noch an ihren traditionellen Lebensgewohnheiten fest. Sie beharrten hartnäckig auf ihren uralten Rechten und galten als hochmütig und unnahbar. Doch sie hatten eine einzigartige Fischfangmethode, die ich im Film festhalten wollte. Als ich zwanzig Jahre zuvor diese Gegend besucht hatte, gab es Stammesfehden, aber nun war der Kongo unabhängig von den belgischen Kolonialherren geworden und die Zentralregierung vereinigte aus wirtschaftlichen Gründen alle Stämme in einer Gemeinschaft, der Kooperative. Den Vorsitz hatte ein Politiker in der Haupstadt, bei dem eine Gebühr entrichtet werden musste. Erst dann begann die Verhandlung mit den Wagenia. Sie sind viel zu stolz, um sich von den Behörden etwas vorschreiben zu lassen. Auch ist es ratsam, mit so hart gesottenen Männern wie ihnen, die bei ihren waghalsigen Fangmethoden täglich ihr Leben aufs Spiel setzen, vorher den Preis für einen Besuch auszuhandeln. Ist man handelseinig geworden, beginnt das nasse Abenteuer. In einem vierzehn Meter langen Boot aus dem ausgehöhlten Stamm eines einzigen riesigen Baumes paddelten achtzehn kräftige Männer durch die schäumenden Katarakte zur Insel hinüber. Nur die Anstrengung, sich festzuklammern, verhinderte, dass man sich übergeben musste.

Nach einer Stunde Fahrt durch zahlreiche Stromschnellen und Strudel erreichten wir die Insel und das Dorf. In einer Bucht reinigten Frauen Wäsche und schrubbten mit Sand die Kochtöpfe. Im Hintergrund sah man mitten in den Stromschnellen einen Wald aus Stangen, an denen Männer herumkletterten. Inmitten der tobenden Wirbel hatten sie fünf Meter hohe Holzstangen in die Felsritzen getrieben und mit gedrehten Lianen untereinander zu einem Gerüst verbunden. Halb im Wasser hatten sie trichterförmige Reusen aus Bambus mit der über einen Meter großen Öffnung an den Stangen festgezurrt. Einmal am Tag, früh am Morgen, holten sie die Beute. Die übrige Zeit turnten sie akrobatisch durch den Stangenwald, um Schäden zu reparieren. Wie gefährlich ihr Beruf war, verriet der Bericht der Kooperative, in dem stand, dass alle drei bis vier Monate ein Fischer in die Fluten stürzte und nur noch als Leiche geborgen werden konnte, wenn er überhaupt gefunden wurde. Es waren die jungen Männer, die die Kraft hatten, vom Gerüst zu den Körben hinunterzuklettern und die mit Fischen gefüllten Reusen zu erreichen. Die Alten und die Buben reparierten im Dorf die kaputten Körbe.

Um Gefahr zu signalisieren oder um sich mit dem Festland zu verständigen, gebrauchten die Wagenia einen ausgehöhlten Baumstamm mit Schlitz als Trommel, dessen Klänge auch das Rauschen der Stromschnellen übertönten. Doch meist versuchten sie sich selbst zu helfen; einen Arzt aus der großen Stadt ließen sie nicht kommen, sondern vertrauten auf ihren Stammes-Medizinmann. Ich sah, dass er in Säckchen und Gläsern über verschiedene Naturheilmittel verfügte. Vor allem für schmerzhafte Verletzungen hatte er wirksame Pülverchen, die nichts anderes waren als unsere Narkosemittel, jedoch auf rein pflanzlicher Basis. Seine Kunst beschränkte sich also nicht auf Magie und Zauber.

Vom Stammesältesten wollte ich hören, aus welcher Zeit ihr Recht, an der fischreichsten Stelle des Flusses zu leben, datiere. Er antwortete: »Immer schon!« und wollte damit wohl sagen: »Seit Menschengedenken!« Auf dieses uralte Recht pochten die Wagenia und verteidigten ihre Lebensform mit Erfolg.

Die Ituri, ein Pygmäenstamm östlich von Kisangani, hatten im Vergleich zu den Wagenia eine unglückliche Entwicklung genommen. Selbst hier, im größten zusammenhängenden Dschungel Afrikas, gab es einen Kommissar, der ihnen vorschrieb, wie sie zu leben hatten. Durch Rodungen edler Hölzer waren viele Pygmäen, die zuvor als Jäger und Sammler gelebt hatten, gezwungen worden, ihren Lebensraum zu verlassen, und betrieben Ackerbau. Jetzt saßen sie am Wegesrand der staubigen Straße und verkauften ihre Produkte. Anstelle des Lendenschurzes aus Bast oder weich geschlagener Baumrinde trugen sie bunte Baumwollfetzen, und statt der mit Ornamenten geschmückten Kürbisgefäße verwendeten sie Plastikeimer und Blechtöpfe. Zwanzig Jahre zuvor hatte ich sie beim Bau einer Lianenbrücke bewundert, doch auf die Frage, ob sie für den Film noch einmal ein solches Kunstwerk errichten könnten, erwiderte einer, das sei nicht mehr notwendig, denn im Fluss gäbe es keine Krokodile mehr, außerdem bräuchten sie dazu eine Erlaubnis.

Auf der siebenhundert Kilometer langen Dschungelstraße von Bunia nach Kisangani traf man immer wieder auf Pygmäen, die plötzlich aus dem Wald traten und um einige Münzen oder Schnaps bettelten. Für wenig Geld boten sie Musikinstrumente wie Harfen oder Trommeln an; sie trennten sich von ihren Jagdwaffen wie Pfeil und Bogen, auch von den kurzen Lanzen, mit denen sie früher Elefanten erlegt hatten. Sie schlichen sich an den Dickhäuter bis unter dessen Bauch heran und stießen mutig die Lanze in seinen Leib. Ein Pygmäe offerierte ein Netz, mit dem er früher kleine Rehe gefangen hatte. Seinen Lendenschurz hatte er mit einem Gürtel aus imitiertem Leopardenfell befestigt, auf dessen Schnalle zu lesen war: »007, you only live twice«.

Um wenigstens einige Szenen ihrer alten Lebensweise festzuhalten, schlugen wir auf einer Lichtung unser Lager auf, und nur der Kameramann und ich verschwanden im dichten Dschungel. Wir folgten in gebückter Haltung mühsam einem Pfad, den die kleinen Waldbewohner aufrecht wie einen Tunnel durchliefen, bis wir eine typische alte Siedlung aus sechs Hütten erreichten. Eine Frau versteckte das Gesicht ihres Babys an der Brust, als ich fotografierte, am Boden lagen Blechdosen, ein kaputter schwarzer Schirm und schmutzige Flaschen. Die Frau hatte blaue Tätowierungen aus Pflanzensaft als Schmuck im Gesicht, und zwei Männer zeigten in zehn Minuten, wie eine ihrer runden Laubhütten gebaut wird. Alles geschah in Eile, denn beide Seiten taten heimlich, was sie gerne wollten, aber verboten war, denn wir hatten den Besuch nicht bei der Kooperative genehmigen lassen. Angewidert kehrten wir zurück, und ich konnte verstehen, dass diese fröhlichen und gastfreundlichen Menschen resignierten und sogar unter bisher nie gekannten Ängsten litten.

Die Pygmäen befinden sich in einer schwierigen Situation: Sie wissen, dass der Urwald ihre ureigenste Welt ist, die sie schützt und die ihnen ihrer schwierigen Lebensbedingungen wegen keiner streitig macht. Wenn sie ihre Freiheit aufgeben und draußen an der Straße leben, scheint das Leben einfacher zu sein, und es bietet die vielen Verlockungen der neuen Zeit. Eine bekannt große Gefahr ist der Alkohol, in den sie sich flüchten, um ihre Probleme zu vergessen. Als intelligente Menschen leiden sie unter dem Zwiespalt, »rückständig« frei zu bleiben oder »zivilisiert« ihrer Identität verlustig zu gehen.

Im Lager wartete ein nervöser Kommissar, der sich erleichtert zeigte, als wir zurück waren. In seiner Gesellschaft befand sich ein uniformierter Pygmäe, der zum Wächter im Kahuzi-Biega-Nationalpark ernannt worden war. Ein Einzelfall, aber eine ideale Lösung, die die traditionelle Lebensweise mit der modernen Zeit verbindet. Der Beamte sagte stolz: »Wir fördern die Verbindung der verschiedenen Völker Zaires.«

Ob diese liebenswerten wehrlosen Dschungelbewohner vom selben Schicksal wie die Indianer an der Transamazonasstraße eingeholt würden, die heute das neue Proletariat Brasiliens bilden, wusste ich nicht. Wie schön wäre es, wenn man die Lieder und Klänge ihrer Musikinstrumente erhalten und pflegen könnte, wie den Rhythmus ihrer Tänze und die Gespräche des Medizinmanns mit der Natur. Doch auch bei den Pygmäenstämmen würde wohl die Zeit kommen, wie an manchen Tourismusplätzen in Tirol oder auf Tahiti, dass sie am Tage den Traktor fahren und sich am Abend als Einheimische »verkleiden«.

Von Menschen und Tieren

Was lag näher, als sich mit Lusenge Muschensi, einem der Wildhüter des Kahuzi-Biega-Nationalparks, anzufreunden, um Gorillas zu besuchen. Er fuhr mit uns nach Bukavu, das während des Kongokriegs der Stützpunkt der weißen Söldner gewesen war, um sich bei seinem Vorgesetzten zu melden. Bukavu liegt 1460 Meter hoch am 350 Meter tiefen Kivusee, dessen klares Wasser zum Schwimmen einlädt. Angeblich ist er frei von den grässlichen Saugwürmern, die Bilharziose verursachen. Prinzipiell gehe ich nie in stehende Gewässer, sondern bade nur dort, wo ein frischer Bach in den See mündet und das Wasser bewegt.

Dann ging es weiter zum Nationalpark. Auf einem Plakat am Eingang begrüßt ein Furcht erregender überdimensionaler Gorilla die Besucher, der Kasimir darstellen soll, das berühmte Männchen von legendärer Stärke und Intelligenz. Jahre zuvor hatten ihn belgische Zoologen und Verhaltensforscher beobachtet, doch mittlerweile war Kasimir gestorben, und sein stark beschädigtes Skelett stand im kleinen Museum der Parkverwaltung. Sein Nachfolger Muschamuka hatte ihn im Zweikampf getötet. Pygmäen hatten das Duell beobachtet, und so war erstmals bekannt geworden, wie Gorillas töten. Muschamuka hatte den alternden Kasimir beim ersten Angriff in Brust und Hüfte gebissen, seinen Unterarm zwischen beide Fäuste genommen, in zwei Teile gebrochen und dann den verwundeten Nebenbuhler mit Handkantenschlägen traktiert. Kasimir hatte sich nach dem Kampf im Unterholz verkrochen, und sein Kadaver konnte erst Tage später gefunden werden.

Wir wollten Muschamuka und seine Familie besuchen. Es ist keineswegs sicher, dass man die scheuen Tiere immer findet. Sie leben wild und werden nur aus der Entfernung von zwei bei der Parkverwaltung beschäftigten Pygmäen beschattet, die jeden

Abend ins Hauptquartier zurückkehren, um den Schlafplatz der Gorillaherde zu melden. Möglich also, dass die Affen – in der Nacht aufgescheucht – am Morgen ganz woanders sind. Wir hofften sie unter der Führung von Muschensi aufstöbern und aus nächster Nähe filmen zu können. Unseren Wagen stellten wir unter dem Gorilla-Plakat ab und kletterten in ein Geländeauto, das uns bis auf 2376 Meter zu einer Wetterstation brachte. Unter uns waberte leichter Nebel in den bewaldeten Tälern. Nördlich und südlich ragten die beiden Gipfel auf, die dem Park seinen Namen gegeben haben: Kahuzi und Biega. Von hier aus ging es zu Fuß weiter. Im primären Dschungel, der noch völlig unberührt von Menschenhand war, mussten wir uns den Pfad mit dem Buschmesser freischlagen; oft krochen wir auf allen vieren durch tunnelartige Gänge großer Büsche, dann lagen meterdicke umgestürzte Bäume im Weg, die zu überklettern waren. Konnte man einen Trampelpfad erkennen, war er nicht breiter als fünfzig Zentimeter, das Unterholz links und rechts aber bis zu drei Meter hoch. Muschensi führte uns fast lotrechte Schluchten hinab und an Lianen drüben wieder hinauf. Nach etwa zwei Stunden verharrte einer der Pygmäen in der feuchten Hitze, gebot uns zu schweigen, wartete eine Weile und bog dann ohne ersichtlichen Grund scharf nach links ab. »Er sagt«, flüsterte Muschensi, »er kann die Tiere riechen. Sie sind nicht mehr weit.«

Wir kamen auf eine etwa hundert mal fünfzig Meter große Lichtung mit hüfthohem Gras, auf der nur wenige Büsche standen. Warnend legte Muschensi einen Zeigefinger an die Lippen. Da – plötzlich eine Bewegung im Gras. Der Kopf eines Weibchens tauchte in zwanzig Meter Entfernung auf. Misstrauisch äugte es zu uns herüber und verschwand nach wenigen Sekunden wieder am Boden. Ganz offensichtlich hatten wir das Tier beim Fressen gestört.

Im Glauben, unser Ziel bereits erreicht zu haben, fotografierten und filmten wir drauflos. Aber es war nur der Anfang: Nach einem Standortwechsel und weiteren fünfzehn Minuten Wartens bekamen wir fast die gesamte Gorillafamilie auf etwa fünfzig

Quadratmetern ins Bild. Neun Babys turnten auf Bäumen und Büschen und beachteten uns kaum, während sie sich Blätter ins Maul schoben. Sechs jüngere Männchen balgten am Boden wie übermütige Knaben oder versuchten, uns durch Trommeln an die Brust zu beeindrucken. Nicht weniger als fünfzehn Weibchen lagen auf dem Rücken im Gras oder sammelten Nahrung. Insgesamt war die Herde einunddreißig Mitglieder stark.

Und dann kam Muschamuka, der Riese, den die Einheimischen wegen seines hinten fast weißen Fells auch »Silberrücken« nennen. Muschamuka heißt übersetzt »Familienvorstand«. Er war dreißig Jahre alt, und Muschensi schätzte sein Gewicht auf vier Zentner und seine Größe auf etwas über zwei Meter. In zehn Jahren, so meinte der Aufseher, würde ihn eines der jetzt noch kleineren Männchen im Zweikampf besiegen; Kasimir war vierzig Jahre alt gewesen, als Muschamuka ihn tötete.

Der Riese kniete in etwa siebzehn Meter Entfernung auf der Lichtung und ließ uns keinen Moment unbeobachtet. Wie auch immer wir uns bewegten – seine Augen wanderten mit. Nach etwa einer Stunde versuchte er dann, uns den Weg abzuschneiden, indem er im Dschungel verschwand und eine oberhalb liegende Plattform besetzte. »Wenn er das schafft und so steht, dass er auf uns herabschaut, dann wird es gefährlich«, warnte Muschensi. Also kletterten wir parallel zu ihm ebenfalls in die Höhe und verloren dabei glücklicherweise keine Minute lang den Blick auf die Tiere, da sie hinter ihrem Führer herwanderten.

Wir hätten uns nichts dabei gedacht, als Muschamuka plötzlich verschwand, aber die Menschen, die mit den Riesenaffen leben, kennen ihre Tricks. Muschensi war bei ähnlichen Führungen bereits zweimal angegriffen worden; er wusste genau, was er zu tun hatte: bewegungslos liegen bleiben und keinen Laut von sich geben – so wie die jüngeren Affenmännchen es in einer solchen Situation tun. Und tatsächlich akzeptierte Muschamuka die Unterwerfungsgebärde und ließ von uns ab.

Während sich die Tiere vor unseren Augen satt fraßen, hielten wir einen Abstand von fünfzehn bis zwanzig Metern. Vielleicht wäre es möglich gewesen, näher an die Herde heranzukommen, aber Muschensi hielt uns zurück. Auch dann, als Muschamuka zu fressen aufhörte, sich auf den Rücken legte und von jüngeren Männchen lausen ließ. Einige von ihnen, die etwa die Größe ausgewachsener Schimpansen hatten, waren verärgert über unsere Anwesenheit. Sie erhoben sich zu voller Größe und trommelten mit den Fäusten gegen die Brust. Ein erstaunliches Geräusch, aber doch ein wenig enttäuschend, denn es klingt nicht etwa wie das dumpfe Dröhnen, das man aus Tarzanfilmen kennt, sondern eher wie ein helles Klatschen, so als ob jemand die Hände zusammenschlägt.

Nach etwa zwei Stunden stellten wir einen durchdringenden Geruch fest. Auch schien Muschamuka unruhig zu werden. Muschensi riet zum Rückzug und erklärte, dass Gorillas in Momenten der Gefahr oder Erregung einen Duft aus einer Drüse in der Achselhöhle absondern, der für unsere Nasen nicht besonders angenehm ist. Er soll Menschen und andere Feinde schon von weitem warnen, bevor die Affen tätlich werden.

Zurück in Bukavu, erzählte uns Muschensi vom Leben seiner Schützlinge. Um acht Uhr morgens stehen die Gorillas auf und fressen zwei bis drei Stunden, danach rasten sie bis etwa vierzehn Uhr. Genau diese zwei Tagesperioden hatten wir filmen können. Dann kommt erneut Bewegung in die Herde, und es wird bis gegen achtzehn Uhr weitergefressen. Abends bauen die jüngeren Tiere aus Laub und kleineren Zweigen Nester in Baumkronen, Büschen und Astgabelungen, in denen sie die Nacht verbringen. Auf dem Weg zur Lichtung hatten wir zahlreiche alte Behausungen entdeckt und sie für größere Vogelnester gehalten. Etwa fünfzig Pflanzenarten dienen den Berggorillas als Nahrung, darunter junger Bambus, aber auch Blumen, Baumrinde, verschiedene Samenkörner und vor allem Blätter. Nur alle drei Jahre können die Weibchen ein Junges bekommen, das sie – wie die Menschen – neun Monate lang austragen. Noch nie hat man gesehen, dass Zwillinge geboren wurden.

Mir als Völkerkundler ist der Besuch bei den Gorillas als faszinierendste Tierbegegnung in Erinnerung, und der Zeitpunkt hätte nicht günstiger sein können, denn es herrschte gerade einmal Frieden. Immer wieder war das Länderdreieck Zaire, Uganda und Ruanda von gesetzlosen Rebellen heimgesucht worden, die unter dem Vorwand, für ihren Stamm zu kämpfen, alle Menschenrechte missachteten. Auch in Verbindung mit den wenigen letzten Gorillas, die hier im Dschungel noch existieren, gibt es Trauriges zu berichten. So wurde eine Zoologin, die mit den Tieren lebte, 1996 von Aufständischen ermordet, und im August 1998 wurden zwei Schweden und ein Neuseeländer entführt. Von ihnen fehlt bis heute jede Spur. Auf Safariurlaub wollte im März 1999 eine Gruppe Touristen unter Führung der französischen Diplomatin Anne Peltier die in freier Wildbahn lebenden Gorillas beobachten. Bewaffnete Männer stürmten ihre Zelte, verlangten Geld, Schmuck und Uhren und entführten die Gruppe. Nur die Kalifornierin Linda Adams entkam den Rebellen, weil sie einen Asthmaanfall vortäuschte. Die anderen acht Entführten, darunter Briten und Amerikaner, konnten nicht entkommen und starben im Nationalpark.

Der bescheidene Muschensi hatte uns zu einem erlebnisreichen Besuch bei den Gorillas verholfen und wurde von mir entsprechend belohnt. Nach Ruwenzori, Ituri und Affen hatte ich genug vom Dschungel und fragte Muschensi, was ich bei dem benachbarten Hirtenvolk der Watussi zu beachten hätte. Zum ersten Mal wurde unser sanfter Begleiter ausfallend und verweigerte die Auskunft. Die Tutsi, wie er sie nannte, seien das Übel dieser Gegend.

Die stolzen, auffallend hoch gewachsenen Tutsi waren Viehzüchter und hatten im 16. Jahrhundert die Oberhand über die Pygmäen und die Bantu, die Ackerbau betrieben, gewonnen und die Staaten Ruanda und Burundi gegründet. Sie bildeten den Adel und beherrschten die lokalen Stämme. Die Konflikte waren gegeben, wurden politisch geschürt und hatten auch den sonst so hilfsbereiten Muschensi veranlasst, keine Auskunft zu geben.

Was mich als Sportlehrer an den Tutsi interessierte, war ihr Ruf, die besten Hochspringer zu sein. Angeblich konnten sie mühelos über zwei Meter hoch springen. Nun wusste ich aus meiner Studentenzeit, dass der Amerikaner Harold Osborne den Weltrekord mit 2,03 Metern hielt. Ein Geschenk an den hochmütigen Häuptling half, dass die Tutsi eine Darbietung gaben, bei der ich auch die Lösung für die unglaublichen Hochsprungleistungen bekam: Die Schnur war tatsächlich auf zwei Meter Höhe gespannt, aber zum Absprung diente ein Sockel von etwa dreißig Zentimetern. Immerhin, die schlanken Tutsi sprangen die ansehnliche Höhe von 1,70 Metern. Ich kaufte einige ihrer langen Speere, vor allem aber erstand ich die bunt bemalte hohe Trommel, die sie stehend beim Fest schlugen.

Nach den Wochen im dichten Dschungel genoss ich die freie Landschaft des Hochlands und wollte noch mehr der Hirtenvölker kennen lernen. Es war Mitte März, als Manfred, Helmut, Axel und ich die gastliche Gegend des Länderdreiecks verließen. Ich hatte in Erfahrung gebracht, welchen Weiterweg zur Ostküste wir nehmen sollten; immerhin waren es etwa zweitausend Kilometer bis Mombasa, und die Route sollte auch etwas an Sehenswürdigkeiten bieten. Erschwerend kam hinzu, dass wir auf allen Wegstrecken neue unabhängige Länder zu durchqueren hätten, die sich feindlich gegenüberstanden. Jedenfalls füllten wir die Kraftstoffbehälter randvoll, obwohl ein Liter Benzin zwei Dollar kostete. Ohne Probleme verließen wir Zaire, wohl auch deshalb, weil die Grenzbeamten in Mahagi nicht nüchtern waren.

Es begann zu regnen, die Oberfläche der Straße war wie Schmierseife, und immer wieder mussten wir Sträucher wegräumen oder tiefe Löcher auffüllen. Über eine schmale Schlucht führte so etwas wie eine Brücke. Der Pkw überwand die schlüpfrigen Balken im Schritttempo, aber unter dem schweren Unimog krachte die »Brücke« zusammen. Hilfe gab es nicht, aber das Stahlseil vorn am Wagen reichte bis zu einem gesunden Baum, und der Geländewagen zog sich langsam, sehr langsam selber wieder aus der Misere.

Das hatte Stunden gedauert, und das Niemandsland zwischen Zaire und Uganda wurde zum ersten Abenteuer. Obwohl die unbesiedelte Strecke zwischen den beiden Ländern nur vierzehn Kilometer betrug, näherten wir uns erst am Nachmittag Uganda. Im Grenzort mit dem Namen Goli herrschte beklemmende Stille. Ein Mann in Zivil erzählte, dass schon seit zwei Jahren kein fremdes Fahrzeug hier gewesen sei. Das erklärte den verheerenden Zustand der Straße. Die Verständigung in Kisuaheli ging dank meiner Hindi- und Englischkenntnisse ganz gut. Der Mann war nicht unfreundlich, und eine Flasche Bier machte ihn noch gesprächiger. Der verantwortliche Grenzbeamte sei in der Hauptstadt Kampala, und der Zeitpunkt seiner Rückkehr sei unbekannt. Ich zeigte ihm einige bunte Prospekte, die Touristen ermutigen sollten, das schöne Uganda zu besuchen, das schon Winston Churchill als »Perle Afrikas« bezeichnet hatte. Wir wollten nur den berühmten Kabelega-Naturschutzpark, vor allem aber die gewaltigen Nil-Wasserfälle besuchen. Vorsichtshalber vermied ich die alten Namen dieser Naturwunder wie »Murchison«, um ihren Stolz nicht zu verletzen. Als er sich nicht erweichen ließ, griff ich zu einer List und sagte ihm, dass ich ein Gesuch an Idi Amin in Kampala schreiben würde, den mein Freund Axel als Journalist gut kannte. Wir wollten die Antwort hier in Goli abwarten.

Als wir begannen, unsere Zelte aufzuschlagen, wurde es dem Grenzbeamten doch ungemütlich. Er kam in Begleitung zweier Zivilisten, um uns zu fragen, ob wir noch ein Bier für sie hätten. Diesen Wunsch konnten wir erfüllen, denn ein ganzer Kasten stand gut versteckt in unserem Unimog. Plötzlich sah alles anders aus: Einer von ihnen würde uns bis zur hundert Kilometer entfernten Polizeistation Pakwak am Nil begleiten. Vor Freude gab ich ihnen den ganzen Kasten Bier, und bald darauf fuhren wir ohne Eintrag in unseren Pässen glücklich weiter, denn über das Bier hatten sie auch vergessen, uns zu begleiten.

In jedem Dorf gab es große Mengen spottbilligen Treibstoffs, mit dem wir unsere Kanister füllten. Libyen unter Oberst Moammar al Gaddhafi war der letzte Verbündete der Terrorherrschaft Idi Amins und schickte reichlich Kraftstoff nach Uganda. Als wir Pakwak erreichten, fuhren wir am stacheldrahtbewehrten Lager einfach vorbei, doch wegen der vielen tiefen Schlaglöcher konnten wir nur langsam fahren. Ein Radfahrer holte uns ein und sagte höflich, der Kommandant wolle uns sprechen.

Wir fuhren zum Lager zurück, und das Haupttor schloss sich hinter uns. Ich weiß nicht, wie es meinen drei Freunden erging, aber ich hatte ein flaues Gefühl in der Magengrube. Der hoch gewachsene Offizier, offensichtlich vom Stamm der Niloten, sprach blendend Englisch, und auf mein Kompliment hin erklärte er stolz, dass er noch vor dem Rückzug der Kolonialmacht 1962 einen Lehrgang in England besucht habe. Papiere interessierten ihn nicht, dass diese in Ordnung seien, nahm er wohl als selbstverständlich an. Er sagte nur: »Öffnen Sie den Lastwagen!« Als er unser Gepäck sah, meinte er trocken: »Das sind aber viele schöne Sachen. Was davon gehört mir?« Ich antwortete, es handele sich ausschließlich um Campingausrüstung wie Zelte und Klappbetten, im Pkw hätte ich allerdings noch eine Flasche echten schottischen Whiskys für medizinische Zwecke. Da unsere Reise zu Ende ging, könnte er sie gern bekommen. Aus Sicherheitsgründen, so erklärte er, müsse der große Wagen nach Waffen durchsucht werden. Zwei Soldaten übernahmen diese Arbeit, oberflächlich, höflich und korrekt. Dann wünschte uns der Offizier eine gute Fahrt, nahm den Whisky und ging in eine der Baracken, um dem Posten an der Nilbrücke zu befehlen, uns passieren zu lassen.

Nach Überqueren des Victorianils erreichten wir den berühmten Kabelega-Nationalpark. Im riesigen Lodge bezogen wir Quartier; außer uns, einigen Skandinaviern und Koreanern gab es keine Touristen. Für alle Fälle holte ich aus dem Whisky-Karton für »medizinische Notfälle« eine weitere Flasche heraus. Für kurze Zeit konnten wir aufatmen und den Aufenthalt von der gemütlichen Seite betrachten. Es tat gut, sich zu erholen, denn beim Verlassen Ugandas war das nächste Abenteuer zu erwarten. Am Abend saßen wir am Fluss und beobachteten die Nilpferde, die ich in der Schule unter dem fröhlichen Namen Hippopotamus kennen gelernt hatte. Die dreitausend Kilogramm schweren Flusspferde benahmen sich beim Spiel mit ihren possierlichen Jungen gar nicht so plump, wie sie aussahen. Nachdem die Hitze des Tages nachgelassen hatte, kam eine Gruppe molliger Uganderinnen und führte unter Trommelbegleitung rhythmische Volkstänze auf. Zur Abkühlung im Nil ein Bad zu nehmen, wagten wir wegen der vielen Krokodile nicht.

Am nächsten Tag fuhren wir zusammen mit den drei freundlichen Nordkoreanern mit einem Boot zu den berühmten, nur zwei Stunden entfernt liegenden Kabalegafällen, besser unter dem alten Namen Murchisonfälle bekannt. Die gewaltige Wassermenge, die hundertdreißig Meter in die Tiefe stürzt, war beeindruckend. Wir bedauerten, dass dieses Naturschauspiel wegen der politischen Situation so wenige Bewunderer fand. Auf der Rückfahrt am späten Nachmittag glitt unser Boot geräuschlos, ohne Motor den Nil hinab. Einmal verdunkelte sich der Himmel, als ein Schwarm rosaroter Flamingos über unsere Köpfe zog und zur Landung neben ausgedehnten Papyrusstauden ansetzte. Die drei Nordkoreaner waren Gäste der Regierung und befanden sich auf dem Wege zum nahen Ruwenzori, zur etwas leichteren Besteigung von der östlichen Seite konnte ich ihnen einige Ratschläge geben.

Als wir uns am nächsten Morgen zur Abfahrt bereitmachten, kam der Parkwächter und bat uns, mitzukommen und Aufnahmen zu machen. In der Nacht hatten rücksichtslose Räuber einen Elefanten vergiftet, um das kostbare Elfenbein seiner Stoßzähne zu bekommen. Der Dickhäuter lag in einer Blutlache, und seine sterbenden Augen werde ich nie vergessen. Nachdem sein trauriges Ende gekommen war, schnitt ihm der Parkwächter den kleinen Schwanz ab, um ihn bei seinem Vorgesetzten abzuliefern. Mit unseren Aufnahmen wollte er das Verbrechen anprangern.

Auf der Fahrt nach Osten, in Richtung Kenia, erreichten wir Orom, und nach den beschaulichen Tagen im Kabalegapark wurde dieser abgelegene Ort für uns zur Qual. In meinem Tagebuch steht: »Um 17 Uhr kommen wir an, werden sofort von zwölf mit Schnellfeuerwaffen ausgerüsteten Soldaten umzingelt. Ein betrunkener Sergeant richtet das Bajonett seines Gewehrs auf den Pneu des Unimogs und schreit, wenn ich noch ein Wort sagen würde, schieße er oder durchsteche die Reifen.«

Bei diesen offensichtlich einstudierten Gebärden, die uns Angst machen sollten, hieß es Ruhe zu bewahren. Ich hatte zwar einige Erfahrung mit ernsten Situationen bei Stämmen oder in der Natur, aber noch nicht mit unberechenbaren betrunkenen Menschen. Einem Mann in Zivil, der wichtig zu sein schien, erklärte ich, dass wir lediglich eine Reise nach Kenia machen wollten. Ob er mich überhaupt verstand, wusste ich nicht, aber er bedeutete uns, durch den großen Durchlass im Stacheldraht zu fahren. Inzwischen war es dunkel geworden; krächzend schloss sich das Tor hinter uns.

Wieder einmal saß ich hinter Stacheldraht. Bevor wir Gelegenheit fanden, uns zu beraten, hielt ein Militärlastwagen und richtete seine Scheinwerfer auf uns; immerhin hatten wir jetzt Licht zum Aufstellen der Zelte. Unser Lager befand sich direkt neben dem Wachpostenhäuschen, und hinter uns befand sich die Latrine. Zu besprechen gab es nun nichts mehr, jeder blieb mit seinen Gedanken allein. Ein unmelodischer Zapfenstreich ertönte, und die Scheinwerfer wurden abgeschaltet. An Schlaf war nicht zu denken, immer wieder sah ich die rot unterlaufenen Augen des betrunkenen Sergeanten vor mir, als plötzlich eine Taschenlampe aufleuchtete und ich in gutem Englisch und ruhigem Ton angesprochen wurde. Der freundliche Ugander erklärte, er sei Polizeioffizier und per Funk geholt worden, morgen früh würden wir weitersehen, vorerst sollten wir uns ausruhen.

Am Morgen, noch bevor der Trompeter mit falschen Tönen den Weckruf blies, saßen wir vor dem Zelt. Der Weiterweg führe durch seine eigene Heimat, meinte der Ugander vom Vorabend, und sei von Karamodschong besiedelt, wo wir reichlich Milch bekommen könnten. Wir sollten weiterziehen.

Erleichtert fuhren wir ab und erreichten nach zwei Tagen und mehreren Platten die Polizeistation Muruto. Sie stand in Funkverbindung mit ihrer vorgesetzten Behörde in der Hauptstadt Kampala, und diese verlangte von jedem von uns ein Foto. Da es in Muruto aber keinen Fotoapparat gab, sollten wir über Kampala nach Kenia fahren. Vor diesem Umweg bewahrte uns Manfred, indem er mit der Polaroidkamera von den anwesenden Ugandern ein Foto machte. Das imponierte und schien für diesen abgelegenen Ort eine Neuheit zu sein.

Eine Besprechung wurde einberufen. Wir vier saßen auf der einen Seite des Tisches, am Kopfende nahm der politische Kommissar Platz, und auf der anderen Seite saßen der Polizeioffizier, dann der Mann vom Militär und schließlich ein Zivilist. Die Verhandlung verlief ruhig, und während Manfred weitere Fotos schoss, legte ich meine Armbanduhr zwischen den Kommissar und mich. Ein Jeep mit sieben Soldaten sollte uns aus Sicherheitsgründen bis zur letzten Polizeistation vor der Grenze begleiten. Beim Hinausgehen gab ich dem erwartungsvoll dreinschauenden Kommissar die Uhr – natürlich nicht meine alte Rolex, sondern ein ähnliches, billigeres Produkt.

Drei Kilometer vor der kenianischen Grenze verabschiedeten wir uns von der Eskorte. Ihr Wunsch, ebenfalls Bilder zu bekommen, wurde erfüllt. Der Zustand der Straße zeigte deutlich, dass hier schon lange kein Auto mehr gefahren war. Das unangenehme Gefühl, im Nacken bewaffnete Soldaten zu wissen, schwand, als die Eskorte umkehrte und nach Muruto zurückfuhr. Fotos zu schießen ist auf einer Expeditionen eben manchmal nicht ratsam, wie unser Erlebnis bei den Jarawa auf den Andamanen gezeigt hatte, es konnte aber auch von Vorteil sein, wie hier in Uganda.

Warum die Reise durch Uganda wie ein spannendes Abenteuer verlief, kann ich im Nachhinein erklären. Idi Amin hatte mit seiner Willkür und Gewaltherrschaft den Unwillen der Nachbarländer erregt. Kenia schloss seine Grenzen und hatte damit

Uganda den einzigen Zugang zum offenen Meer abgeschnitten. Aber auch im Landesinnern begann sich Widerstand zu regen, und deshalb trafen wir wohl auf so gegensätzliche Reaktionen. Ein Jahr nach unserer Reise durch Uganda flüchtete der Despot nach Saudi-Arabien.

Afrika war von politischen Unruhen gezeichnet, und was wir in der kurzen Zeit schon an Konflikten erlebt hatten, war nur die Spitze des Eisbergs. In einigen zentralafrikanischen Ländern hatten ausländische Mächte unter dem Vorwand, Entwicklungshilfe zu leisten, großen Einfluss gewonnen. Politische Schulungen und Waffenlieferungen verursachten blutige Stammeskriege. Ein großes Problem aber war durch die Aufteilung des Kontinents in viele kleine Staaten entstanden, deren Grenzen oft mitten durch das Weideland der Stämme gezogen wurden. Wie sollte der stolze Nomade verstehen, dass er plötzlich die seit Menschengedenken zu seinem Stammesgebiet gehörende Region nicht mehr betreten durfte?

Es ging um die besten Weidegründe, die möglichst auch über das kostbare Wasser verfügten. Um zu überleben, musste jeder so hart wie sein Nachbar werden, der dasselbe wollte. Wenn ein Stammesfürst rücksichtslos handelte, organisierte er auch Rinderdiebstahl, der wiederum Rache und Vergeltung nach sich zog, und die Lage eskalierte. Aus kleinen Fehden wurden ernsthafte Kriege. Eine alte Sitte waren Stammessymbole, die jedem Tier ins Fell gebrannt wurden, und auf Gipfeln und an Flüssen konnte ich dasselbe Zeichen auch in Grenzsteine gemeißelt finden. Diese Symbole hatten nun ihren Wert verloren.

Als 1963 die Organisation für Afrikanische Einheit (OAU) gegründet wurde, hatte sie bald große Erfolge im Kampf gegen den Kolonialismus erzielt. Aber die kriegerischen Auseinandersetzungen zwischen den vielen Stämmen nahmen zu, denn der Großteil der vielen Kleinwaffen, die überall auf der Welt produziert werden, fließt nach Afrika. Hunderttausende verloren ihr Leben. Es verwundert daher nicht, dass ich jede Menge Speere, Pfeile und Bögen angeboten bekam – sie waren veraltet.

Mittlerweile ist die OAU in eine Afrikanische Union nach dem Vorbild der Europäischen Union umgewandelt worden. Gleichzeitig liest man, dass sich im bürgerkriegsgeplagten Burundi neunzehn politische Parteien trotz des Anteils der Hutu an der Gesamtbevölkerung von achtzig Prozent unter Führung eines Tutsi zu einer gemeinsamen Regierung zusammengefunden haben. Das nächste Blutvergießen ist nicht zu vermeiden, denn die Hutu vom großen Volk der Bantu sind die Mehrheit im Land, und ihre Rebellen werden Waffen bekommen und schließlich einen der ihren zum Präsidenten ernennen. Solange es Diktatoren und Uneinigkeit unter den Stämmen gibt, bleibt die Union Afrika ein Wunschtraum.

Diesen Kontinent, dreimal so groß wie Europa, konnte ich auf vielen Reisen und in unterschiedlichen Epochen – von der Kolonialzeit bis zur Unabhängigkeit von über fünfzig Staaten – beobachten, aber nicht wirklich kennen lernen. Die Probleme sind einfach zu komplex. Doch man sollte nicht nur die Schattenseiten Afrikas sehen. Nelson Mandelas Einsatz beendete die Apartheid, und er wurde dafür mit dem Friedensnobelpreis ausgezeichnet. Schon 1986 erhielt der Nigerianer Wole Soyinka als erster Afrikaner den Literaturnobelpreis, und 2001 wurde der Friedensnobelpreis dem Ghanaer Kofi Annan als weltweit anerkanntem Generalsekretär der UNO verliehen.

Im Januar 2002 erschütterte der Ausbruch des Vulkans Nyiragonga Goma und brachte weiteres Leid in die geplagte Region des Kongobeckens. Ob die Menschen, die ich 1977 traf, und die Berggorillas, die ich fotografierte, überlebten, weiß ich nicht. Es ist ein Beweis mehr, dass Naturkatastrophen von Menschen nicht verhindert werden können.

Nachzutragen wäre mein Besuch bei einigen Nilotenstämmen, darunter auch den Karamodschong, die uns der Polizeioffizier so freundlich geschildert hatte. Die Karamodschong sind Halbnomaden und leben in einem bergigen Gebiet im Nordosten Ugandas, das man nur unter Mühen zu Fuß erreichen kann. Das ist wohl auch der Grund dafür, dass sie von der Terrorherrschaft Idi Amins noch weitgehend verschont geblieben waren. Von Zeit zu Zeit mussten sie ihre Waffen abliefern und verloren Vieh an marodierende Soldaten, aber sie hatten sich ihren Stolz erhalten. Als die Regierung verfügte, dass alle Ugander Hemd und Hose zu tragen hätten, marschierten die Karamodschong nackt unter dem über eine Schulter geknoteten Tuch zu den Polizeistationen und protestierten.

Den ersten Kontakt mit den Karamodschong bekamen wir durch ein Feuer. Links und rechts der Straße, die durch das wellige Savannenland führt, brannten Bäume, Sträucher und Gras. Es war keine Brandrodung, wie wir zuerst vermutet hatten, sondern ein Feuer, das von Jägern gelegt worden war. Krieger mit Pfeil und Bogen, einige mit Speeren bewaffnet, warteten vor den Flammen auf flüchtende Tiere, um sie dann zu erlegen. Es war ein grausamer Anblick und hatte nichts mehr von einer traditionellen Jagd. Dass bei dieser Methode wertvolles Holz verloren geht, Samen verbrennt und Pflanzen bis auf die Wurzeln verkohlen, empfanden nur wir als bedauerlich.

Wir folgten den Männern durch ein felsiges Tal zu einer steinernen Plattform, die wie ein erhöhter Marktplatz neben der um das Dorf laufenden Dornenhecke aus der hellbraunen Erde aufragte. Dort machten sie Halt, Kinder liefen herbei, und schüchtern wagten sich einige alte Frauen aus den Hütten. Als ich Interesse für ihre Jagdwaffen zeigte, begannen sie sogleich mit einer imponierenden Vorführung der Qualität. Ich ging auf sie ein, und der Kontakt war hergestellt. Beim Speerwerfen konnte ich noch mithalten, aber bei der Handhabung der Bögen hatte ich keine Chance. Nur die schlanken, aber kräftigen Karamodschong konnten die harten Bögen spannen. Nach dem friedlichen Wettstreit holten die Männer zum Zeichen der Freundschaft ihre Schnupftabakbehälter aus Horn, Leder und Holz unter den ockerfarbenen Schultertüchern hervor, die kunstfertig gearbeitet waren. Die meisten waren aus den Hörnern von Ziegen, Rindern oder Gazellen gefertigt, in denen die Schnupfprise – eine Mischung aus geriebener Baumrinde, Tabak und Gewürzen – steckte. Doch Schnupfen ist nicht die einzige Methode, Tabak zu genießen. Die Karamodschong sind starke Raucher und formen den grob geschnittenen Tabak mit braunem Erdsalz zu Bällchen, bevor sie ihn in selbst geschnitzten Pfeifen aus schwarzem Wurzelholz genießen.

Ich traute meinen Augen nicht, als ein Mann sich mit einer Pfeife auf die Felsplatte setzte, in seinen Stoffbeutel griff und mit Hilfe eines Holzquirls Feuer machte. Er zog eine seiner Sandalen aus, legte ein Holzstöckchen auf die Sohle, bohrte ein kleines Loch vor und steckte ein zweites Stöckchen in die Vertiefung, das er zwischen seinen Handflächen blitzschnell hin- und herdrehte. Schon nach wenigen Sekunden stieg dünner Rauch aus dem Loch auf, er häufte getrocknetes Gras dazu, drehte weiter, und bald flackerte eine kleine Flamme. Aus dem Nichts war ein Feuer entstanden.

Ich griff in die Tasche und überreichte ihm eine Schachtel Streichhölzer. Mit einem wissenden »Ah« bedankte er sich und – steckte die moderne Errungenschaft in seinen Beutel. Die nächste Pfeife zündete er sich wieder am Feuerquirl an. Er konnte zwar nicht wissen, dass bei uns eine teure kubanische Zigarre ebenfalls nicht mit einem Streichholz angezündet wird, aber offensichtlich wollte er nicht, dass sein kostbares Genussmittel mit Schwefelgeruch vermischt wurde. Dann zeigte er mir seine rheumatisch gekrümmten Finger und sagte, der Medizinmann hätte ihm gegen die Schmerzen Tabak verordnet. Es war ganz wie bei einigen indianischen Stämmen in Südamerika, deren Magier sich mit einem kurzen Rohr die Droge Tabak in die Nasenlöcher bläst und so in den Zustand versetzt, mit Göttern und Geistern Zwiesprache zu halten.

Die Karamodschong lebten in Krals, umgeben von einem kräftigen Zaun aus Dornen, der sie gegen Raubtiere und ungebetene Gäste schützte. An einer Stange baumelten mehrere große Tontöpfe, die durch Verdunstungskälte das Wasser kühlten. Auf Reisen in heißen Ländern bekommt man nach demselben Prinzip hergestelltes kühles Trinkwasser, indem man einen wasserdichten Segeltuchstoff vor den Kühler eines Autos hängt. Auf Podesten zwischen den Hütten standen verzierte Töpfe ihres Ahnenkults. Die Urnen waren tabu, über sie bekam ich keine weitere Auskunft. In einer Hütte entdeckte ich einen kurzen Pfeil mit einer kleinen Metallspitze. Ein Mann, der zur Verzierung einen dicken Lippenpflock trug, erklärte mir, dass damit Kühe angezapft würden. Die Karamodschong sind Bluttrinker wie die Massai und die Turkana. Sie tun dies aufgrund einer Überlieferung kultischer Art, aber auch weil im Blut die Proteine enthalten sind, die in ihrer sonstigen Nahrung fehlen. Sie mischen das Blut mit Milch zu einem rosafarbenen Getränk, das besonders nahrhaft und so auch appetitlicher ist.

Wir baten den Häuptling, uns das Anzapfen einer Kuh zu demonstrieren. Es dauerte eine ganze Weile, bis sich die Männer auf ihren kleinen Hockern, den »Kom-tok-tok«, im Halbkreis versammelt hatten. Die Frauen durften nicht teilnehmen und verschwanden in den Hütten. Eine Kuh wurde geholt, von zwei Männern an den Hörnern gepackt, ein dritter hielt sie am Schwanz. Ein vierter schnürte ihren Nacken mit einem Strick ab, bis die Adern hervortraten. Der Mann legte den kurzen Pfeil mit der Metallspitze an den Bogen, trat drei Meter zurück, spannte die Sehne, zielte und schoss. Die Halsschlagader der Kuh war getroffen, und der Pfeil fiel zu Boden. Der Blutstrahl wurde in einer Kürbisschale aufgefangen, und nachdem etwa zwei Liter herausgelaufen waren und eine Schaumkrone bildeten, lösten sie den Halsstrick, und die Kuh durfte auf die Weide. Da der Stamm genügend Rinder besaß, hatte das angezapfte Tier ausreichend Zeit, um sich zu erholen. Die Schale mit Blut wurde mit frischer Milch bis an den Rand aufgefüllt und in die Runde gereicht. Auch die Buben, die eines Tages tapfere und starke Krieger werden sollten, bekamen ihren Anteil.

Abschließend gaben sie sich dem bei vielen Stämmen Afrikas verbreiteten Spieltrieb hin. Ein großes Brett, in das reliefartig vierundzwanzig kleine Schalen geschnitzt waren, wurde gebracht, und man begann mit Kiesel- und Halbedelsteinen Kalaha zu spielen. Unser Besuch bei den Karamodschong hatte mit sportlichem Wettstreit begonnen und endete nach einigen Tagen harmonisch bei einem lustigen Brettspiel. Meist verliere ich aus taktischen Gründen – beim Kalaha war es eine echte Niederlage.

In Nairobi ging die spannungsreiche Expedition zu Ende. Sie verlief erfolgreich, weil sie vom Anfang bis zur Rückkehr gut vorbereitet war. Es widerstrebt mir, sie als Expedition zu bezeichnen, denn anders als bei meinen sonstigen Unternehmungen hatten wir geographisch nichts Neues entdeckt und nur als wichtigste Erkenntnis bestätigt bekommen, dass man in Afrika, wie in Asien, viel Zeit und Geduld aufbringen muss.

Wir lieferten die Fahrzeuge bei der Mercedes-Benz-Vertretung ab. Für einen reibungslosen Ablauf bei der Visa-Beschaffung sorgte mein Kitzbüheler Freund Karl Kahr, der als Leiter des UNESCO-Büros in Kenia über beste Verbindungen zu den Behörden verfügte. Auf seinem Anwesen am Indischen Ozean konnten wir bis zur Abreise wohnen, und auf einem alten, noch von den Engländern angelegten Golfplatz spielte ich mit Axel eine Runde. Die »Grüns« bestanden aus schwarzem Teer, und das Spielen in der großen Hitze war eher qualvoll. Wenig später flogen meine treuen Begleiter zurück nach Europa, während ich Carina und unsere beiden Enkelinnen Irene und Birgit vom Flughafen abholte. Wir hatte die beiden Mädchen zu einer Reise eingeladen.

Familienabenteuer

Es war im Sommer 1977, als wir mit unseren Enkelkindern an den Turkanasee im Nordwesten Kenias fuhren. Mein Sohn Peter hatte jung geheiratet und eine Familie gegründet. 1964 und 1968 sind seine Töchter Birgit und Irene geboren, und gemeinsam mit seiner Frau Barbara hatten sie ein Haus in der Nähe von Zürich bezogen. Peter arbeitete als Trickkameramann beim Schweizer Fernsehen, er konnte sozusagen den Untergang der »Titanic« in der Badewanne nachstellen. Als die Mädchen in ein Alter kamen, das größere Reisen erlaubte, begannen Carina und ich sie mitzunehmen. Die Neugier und die vielen Fragen der Kinder waren mir sehr willkommen, denn sie bewegten andere Dinge als uns Erwachsene. Ein Kind auf eine schwierige Expedition mitzunehmen ist natürlich nicht möglich, aber der Gedanke, einmal eine Frau dabeizuhaben, war mir schon 1957 gekommen, als ich Carina kennen lernte und mich in sie verliebte. Ihr sportliches Auftreten und Aussehen veranlassten mich, darüber nachzudenken, ob eine Frau bei einer Expedition nicht Erfahrungen und Auskünfte sammeln könnte, die für mich als Mann unerreichbar sind. Carina, die ihre Grenzen kannte, verzichtete klugerweise auf meinen Vorschlag, und so habe ich alle Expeditionen ohne Frauenbegleitung gemacht. Meine Freunde Lotte und Hans Hass zählen zu den wenigen Ehepaaren, die gemeinsam erfolgreiche Expeditionen unternommen haben. Umso schöner war es, dass wir nun, wo auch ich keine allzu großen Strapazen mehr auf mich nehmen wollte, gemeinsam reisen konnten.

Kenia sollte die erste von mehreren gemeinsamen Fahrten werden, an denen auch die Enkelinnen teilnahmen. Wir versuchten immer, die Hälfte der Zeit dem reinen Vergnügen wie Schwimmen im Meer zu widmen und an den übrigen Tagen etwas für die Bildung unserer Schützlinge zu tun. Die Reise nach

Kenia hatte ich nicht ohne eigensüchtigen Hintergrund geplant. Wir besuchten Michael Wood, den Gründer und Leiter der karitativen Hilfsorganisation Flying Doctors, für die ich seit Jahren meinen bescheidenen Mitgliedsbeitrag zahlte. Er reservierte ein zweimotoriges Pipercubflugzeug für uns und sorgte dafür, dass wir in den verschiedenen Lodges auch Unterkunft fanden.

Wir landeten auf der Westseite des zweihundertfünfzig Kilometer langen Turkanasees, den der ungarische Abenteurer und Großwildjäger Graf Samuel Teleki 1888 entdeckt hatte. In seinem Expeditionsbericht schreibt er lakonisch, dass seine Tour anstrengend gewesen sei und er dabei 36 Kilo und 200 Gramm an Gewicht verloren habe. Als sich die Flugzeugtüren öffneten, standen wir inmitten einer weiten Ebene ohne Vegetation, über die eine heiße Brise wehte, die uns fast den Atem nahm. Irene und Birgit setzten sich sofort in den Schatten der Flügel unserer kleinen Maschine, wo sicher immer noch vierzig Grad herrschten, und warteten, ohne sich zu rühren, auf den Jeep, der uns abholen sollte. Nachdem der Pilot das Flugzeug auf der staubigen Piste mit dicken Seilen verankert hatte, fuhren wir mit dem pünktlich erschienenen Auto in die klimatisierte Geborgenheit unserer Lodge.

Während der nächsten Tage nutzten wir die kühlen Morgen- und Abendstunden zu kleineren Ausflügen in die Umgebung. Unser erster Besuch galt einem weitläufigen Kral, in dem die schönen, hoch gewachsenen Turkana lebten, die als besonders stolz und kriegerisch gelten. Der freundliche Häuptling bot mir einen fein geschnitzten Hocker an, über dessen lustigen Namen »Ekit scholon« sich Birgit sehr amüsierte. Sie bemerkte auch gleich die kreisrunden Narben um den Nabel des Häuptlings und fragte nach deren Bedeutung. Bereitwillig erklärte der Turkana, dass er sich von seinem Medizinmann gegen chronische Leibschmerzen mit dem Rundmesser die Schnitte hatte einritzen lassen. Damit sich die Wunde nicht so schnell schließt, würde sie immer wieder mit Ruß und Kräutersäften verunreinigt. Eine schmerzhafte Prozedur, die jedoch schöne Tätowierungen hervorbrachte, welche die nackte Haut des Mannes im Gesicht und auf dem Körper schmückte.

Besonders erlebnisreich war der Ausflug zu einer Missionsstation an der Grenze zum Sudan, bei dem wir mit dem Jeep durch die Wüste fuhren. Wir bewegten uns nur wenige Grad südlich des Äquators, und die sengende Sonne stand fast im Zenit, als sich plötzlich in der flimmernden Hitze vor uns eine Fata Morgana auftat. Die Bäume einer Oase schwebten über dem heißen Sand vor uns und standen auf dem Kopf. Verwirrt hielten wir an, auch ich hatte dieses seltene Naturschauspiel noch nie gesehen und konnte den Kindern nur erklären, dass es vielleicht schon das Ziel unserer Reise sein könnte, welches sich hier vor uns spiegelte. Der Begriff Fata Morgana stammt aus dem Italienischen und heißt Luftspiegelung auf dem Wasser und in der Wüste. Im Volksmund ist es bedeutungsgleich mit einer fantastischen, irrealen Erscheinung. In Wirklichkeit lässt sich die Luftspiegelung mit der Erdkrümmung ganz nüchtern physikalisch erklären. Nur für den verdurstenden Wüstenwanderer, den die Oase zum Greifen nah dünkt, ist dies keine Hilfe, denn das rettende Wasser ist tatsächlich noch sehr weit entfernt.

Nach einigen Kilometern Autofahrt erreichten wir dann unser wirkliches Ziel, die einsame Oase. Michael Wood hatte unseren Besuch per Funk angekündigt, und wir wurden von zwei Ordensschwestern herzlich empfangen. Es war eine Oase im wahrsten Sinne des Wortes: Aus einem tiefen Ziehbrunnen holten wir kühles Wasser, es gab Milch, und die Kinder interessierten sich kaum für die zahmen Wildtiere, sondern schmusten lieber mit den jungen Kätzchen, die überall herumliefen. Neben dem Hausaltar stand ein Regal mit Büchern, darunter auch mein Tibeterlebnis. Schon am frühen Morgen saßen im Schatten eines großen Schirmbaums die Nomaden aus der Umgebung, um von den Schwestern ärztlich versorgt zu werden. Als ich sah, was ihnen alles an Medikamenten und Instrumenten fehlte, versprach ich über die Flying Doctors eine Sendung von pharmazeutischen Artikeln, speziell für die Wundbehandlung, zu schicken.

Nach dem Phänomen der Fata Morgana wollte ich meiner Familie noch ein anderes Naturwunder zeigen. Wir fuhren zum Delta des Omoflusses, der im Norden in den Turkanasee mündet. Das Delta ist nicht nur eine geographisch-physikalische Besonderheit, sondern fällt auch politisch aus dem Rahmen: Man kann sich der Mündung nähern, wie man will – ob zu Fuß, im Boot oder mit dem Flugzeug –, man weiß nie, in welchem Land man gerade ist: in Kenia, Äthiopien oder dem Sudan. Die Einmaligkeit dieses Gewässers aber macht solche Zweifel zur Nebensache, Visum hin, Visum her. Der Omo entspringt im Hochland Äthiopiens und fließt in den Turkanasee, der mit Ausnahme der Nordspitze zu Kenia gehört. Nur fünf Kilometer nordwestlich der Mündung treffen Äthiopien und Kenia mit dem Sudan zu einem Dreiländereck zusammen, und da der Omo seinen Lauf ständig ändert, sind es in diesem Fall ausnahmsweise die politischen Grenzen, die stabil bleiben, und nicht die Natur.

Der Omo hat ab seinem Eintritt in den See Dämme aufgeschwemmt, die bis zu zwanzig Kilometer tief in die über achttausend Quadratkilometer große Wasserfläche hineinragen, und das bei einer Gesamtlänge des Sees von etwa dreihundertachtzig Kilometern. Die Dämme entfalten sich dann zu weit verzweigten Deltas von bis zu fünf Kilometer Breite. Dass der Omo nicht *in den* See, sondern sozusagen *im* See mündet, hat die Geographen und Landkartenzeichner von jeher in Verlegenheit gebracht. Chemie und Physik arbeiten zusammen, um diese nur scheinbar rätselhafte Laune der Natur im Osten Afrikas zu verstehen: Der Omo führt süßes Wasser aus dem Hochland in den Süden und reißt Sand und Geröll mit sich, die im Bett als dunkelgelbe bis hellbraune Strömung aus der Luft gut zu erkennen sind. Der Turkanasee dagegen enthält eine salzige Lauge, die sich seifig anfühlt und deren spezifisches Gewicht höher ist als das Wasser des Omos. Der »leichte« Fluss schwimmt buchstäblich auf dem »schweren« Seewasser und kann dadurch Dämme aufschütten, die an einigen Stellen inzwischen mehrere Meter breit und mit saftigem Gras bewachsen sind. Der Omo ist vom Eintritt in den See bis zu seiner wirklichen Mündung tief im See also eigentlich kein Fluss mehr, sondern ein Kanal, den die Natur gebaut hat.

Es ist beeindruckend, mit einem kleinen Flugzeug von Süden her über die Deltas zu fliegen und zu beobachten, wie das gelbe Wasser kilometerweit in die graugrüne Fläche des Sees vordringt und sich zu einer Art flüssigem Marmor entwickelt. Bittet man dann den Piloten, bis auf ein paar Meter hinunterzugehen, weil man auf der äußersten Spitze des Deltas Punkte zu erkennen glaubt, dann sieht man, dass dort auf den Rasenflächen ein Hirte seine Ziegen hütet. Sicher weiß er nicht, wessen Landes Bürger er ist.

Omo bedeutet Kultur; der Fluss erhält nicht nur die Nomaden am Leben, er speist auch den Turkanasee, der sonst verdunsten würde. Und der Omo ist die Wiege der Menschheit. Am Ostufer des Turkanasees besuchten wir Richard Erskine Leakey, dessen Eltern in der Olduvaischlucht in Tansania primitive Steinwerkzeuge und Knochen entdeckt hatten. Der junge Leakey hatte weitere solcher Funde am Omo und Turkanasee gemacht und war Direktor des kenianischen Nationalmuseums. In seiner Forschungsstation konnten wir sehen, mit welcher Akribie Paläontologen arbeiten. Zum Abschied schenkte mir Leakey die Kopie eines eineinhalb Millionen Jahre alten Menschenschädels, der nun im Heinrich-Harrer-Museum zu sehen ist. Inzwischen hat man in Äthiopien und Nordkenia bis zu vier Millionen Jahre alte Fundstücke entdeckt, sodass die Wissenschaft zu der Überzeugung gelangt ist, dass die Entwicklung der Menschheit in Afrika ihren Anfang nahm.

Die lehrreichen Tage näherten sich dem Ende, nur noch einmal übernachteten wir im Oasislodge am Ostufer des Turkanasees, wo uns einige der schönen Samburukrieger große Achate und Amethyste gegen ein geringes Entgelt anboten. Es ist wohl eine Laune der Natur, dass diese Schmucksteine in der tristen schwarzbraunen Landschaft der Lavahänge zu finden sind, und die Samburu warteten geduldig, bis ein Tourist wie ich damals für einen faustgroßen Klumpen nur zwei Mark zahlte.

Auf dem Rückweg nach Nairobi trafen wir noch auf den zahlenmäßig kleinsten afrikanischen Stamm, die El Molo. Nach den schlanken, hoch gewachsenen Samburukriegern, die, ähnlich wie die Lung Gompa in Tibet, lange Strecken in unglaublich kurzer Zeit zurücklegen können, waren die El Molo ein erschütternder Anblick. Diese Ureinwohner würden vermutlich die nächsten sein, die als Volk von unserer Erde verschwinden. Als Graf Teleki sie entdeckte, waren es noch über fünfhundert, jetzt zählte man nur noch weniger als dreihundert.

Alle Versuche, wie Trinkwasserverbesserung und Medikamente, halfen nicht gegen eine geheimnisvolle Krankheit, an der sie litten. El Molo heißt übersetzt: »Das Volk, das vom Fischfang lebt«. Einige ihrer Nachbarn bezeichnen sie als »Die Verarmten«, und beide Bezeichnungen sind zutreffend. Die El Molo sind der einzige Stamm dieser Region, der schon immer ausschließlich vom Fischfang gelebt hat. Sie jagen ihre Beute mit Harpunen und Netzen. Ob die einseitige Nahrung und der starke Fluorgehalt des Trinkwassers die Ursache für die Veränderung ihres Knochenbaus ist, kann man nur vermuten.

Ein älterer, offensichtlich verkrüppelter Mann näherte sich dem Ufer auf einem Floß aus vier Stämmen der Doumpalme. Zwei junge Frauen halfen ihm, das Floß an Land zu ziehen. Eines seiner Beine war durch Elefantiasis unförmig angeschwollen, das andere wohl durch die geheimnisvolle Krankheit dünn wie ein Spazierstock. Ich war schon 1968 hier gewesen, aber dieser El Molo war der Einzige, der sich auf meinen Bildern von damals wieder erkannte. Alle anderen waren inzwischen verstorben.

Eine weitere Besonderheit dieses kleinen Stammes sind ihre Kühe, die so etwas wie tauchen gelernt haben. Immer wenn das spärliche Gras an Land in der Trockenheit verdorrt ist, gehen die Rinder in den See, stecken den Kopf unter Wasser, halten den Atem an und fressen die frischen Gräser vom Grund. Von Zeit zu

Zeit wird dabei eine Kuh von einem Krokodil gerissen, aber am nächsten Tag treibt der Hirte seine Herde wieder zum See.

Erschütternd ist die Tatsache, dass mit der Armut und der Krankheit durch Tourismus Geld verdient werden sollte. Der Kommissar hatte den El Molo die Erlaubnis erteilt, Eintritt zu verlangen, wenn jemand sie sehen möchte. Der Häuptling, ein junger Mann, der mit geplatzten Lippen ebenfalls von der Krankheit gezeichnet war, kassierte das Geld, und erst dann durfte man Kontakt zu einem El Molo aufnehmen. Die Stammesangehörigen hatten sich verschiedene Varianten einfallen lassen, um etwas zu verdienen: Mädchen knöpften für eine Münze die Bluse auf, die sie sich vorher schnell übergestreift hatten; für etwas mehr sprangen sie auch unbekleidet in den See. Es war traurig zu sehen, wie für die Kameras der weißen Fremdlinge gegen Entgelt die dümmsten Wünsche erfüllt wurden.

In den niedrigen, strohgedeckten Hütten warteten die Alten auf den Tod, einige waren erblindet und ernährten sich von Abfällen, die man ihnen brachte. Als wir im Fortgehen an den Hütten vorbeikamen, streckte sich eine knochige Hand schweigend heraus, um ein Almosen zu bekommen; dass sie ums Überleben kämpften, das wussten sie.

Wir verbrachten noch zehn Ferientage am Strand von Mombasa, und dann ging es zurück nach Nairobi. Dort bedankten wir uns bei den Flying Doctors, im Besonderen bei Michael Wood, bevor wir die Heimreise antraten. Auf dem Flughafen in Frankfurt sagten wir Irene und Birgit Lebewohl und setzten sie in die Maschine nach Zürich. Wir hatten die gemeinsame Zeit sehr genossen und als Großeltern die Mädchen sehr verwöhnt. Kein Wunder, dass sie sich mit den Worten: »Jetzt beginnt die blöde Erzieherei wieder« von uns verabschiedeten. Aber Kenia sollte nicht unsere letzte Familienreise gewesen sein. In den Jahren darauf führten wir die Enkel in die Karibik, nach Hongkong, Bali und Thailand und besuchten einmal gemeinsam den Dalai Lama in Dharamsala.

Es war auf der Asienreise 1978, als wir in Dharamsala Station machten. Wir besuchten die Schule für tibetische Flüchtlingskinder, die nach dem Tod ihrer älteren Schwester Tsering Drölma 1964 nun von Jetsun Pemala geführt wurde. Nach einem Ständchen, das uns diszipliniert, in Reih und Glied stehend, von den Kindern gebracht worden war, umringten die gleichaltrigen tibetischen Mädchen die hellblonden blassen Enkelinnen und wollten wissen, wie man solch weiße Haut und helle Haare bekommt. Ganz so, wie es später der Film »Sieben Jahre in Tibet« zeigte, als der junge Dalai Lama Brad Pitt durch die Haare streicht und bewundernd sagt: »Golden hair!«

Die Audienz beim Dalai Lama war lange vorbereitet, und am Tor erwartete uns bereits Ngari Rinpotsche, damit wir die indische Sicherheitskontrolle schneller passieren konnten. Dann führte er uns zum Gottkönig. Schon auf mein leises »Your Holiness« antwortete der Dalai Lama mit »Guten Tag«. Er erinnerte sich an das Kinderbild, das ich ihm in Lhasa von meinem Sohn Peter, dem Vater der Mädchen, gezeigt hatte. Nach dem Überreichen der Glücksschleifen wich die Scheu, und Irene, die Ältere, überreichte mit beiden Händen, wie ich es ihr als tibetische Sitte beigebracht hatte, unser Geschenk. In Wien hatte ich im Hotel Sacher eine der berühmten Torten in eine Holzschachtel verpacken lassen, und nachdem ich erklärt hatte, worum es sich bei der Torte handelte, forderte der Dalai Lama die Kinder auf, das Paket zu öffnen, damit alle Anwesenden etwas von der Köstlichkeit bekommen konnten.

Als ich die Torte auspackte, war das Gelächter groß. Schon der dünne Holzdeckel klebte beim Öffnen, und das Innere war alles andere als eine runde schöne Sachertorte. Die feine Schokolade war während der heißen Tage auf der Reise geschmolzen und hatte sich über das viereckige Holzkästchen verteilt. Im zweitausend Meter hoch gelegenen Dharamsala war der Brei dann wieder fest geworden. Es schien trotzdem zu schmecken, und ein aufmerksamer Diener brachte eine Schüssel sowie einen Teekessel mit warmem Wasser, sodass sich jeder die klebrigen

Finger unter »fließendem Wasser« reinigen konnte. Ein Malheur hatte sich in einen Lacherfolg verwandelt.

Wir verabschiedeten uns mit dem tibetischen Gruß »Kale schu« – »Bleib gemütlich hier«, und der Dalai Lama sagte mit gefalteten Händen: »Kale phe« – »Geht in Frieden«.

Der Ganges hat viele Quellen

Nur wenige Kilometer östlich des ehemaligen Gefangenenlagers Dehra-Dun liegt die Stadt Hardwar. Sie ist einer der größten Wallfahrtsorte des Hinduismus, an dem sich zu den Khumbamela-Festtagen Millionen von Pilgern einfinden. Alle drängen über die Stufen der großen Terrassen zum Ganges, um Körper und Seele zu reinigen. Damit sie nicht von der gewaltigen Strömung fortgerissen werden, hat man an besonders gefährlichen Stellen eine Reihe von Ketten im Beton der Ghats verankert, an denen man sich fest halten kann. Trotzdem geschehen immer wieder Unfälle, und als wir bei der Andamanenexpedition im Haus des Gouverneurs Harmander Singh wohnten, hatten wir das Ehepaar in bedrückter Stimmung vorgefunden. Bei einer Pilgerfahrt nach Hardwar hatte sich die junge sportliche Tochter stark genug geglaubt, um ein Bad zu nehmen ohne sich an einer der Ketten fest zu halten. Erbarmungslos war sie von der Strömung fortgerissen worden und vor den Augen ihrer Eltern in den Fluten verschwunden.

Hardwar liegt am rechten Gangesufer und ist eine große Stadt mit einem kilometerlangen Basar. Wer sich jedoch zum Meditieren zurückziehen möchte, überquert den Strom auf einer großen schwankenden Hängebrücke und kommt in die Stille von Rishikesh am linken Ufer. Ich erinnere mich, dass der Manager der berühmten vier Beatles, als das Interesse der Anhänger etwas nachließ, die Sänger nach Hardwar zur transzendentalen Meditation schickte, wo sie mit Yogis und Sadhus fotografiert wurden und so für neue Schlagzeilen sorgten. Einen von ihnen, George Harrison, hatte die Lebensart so fasziniert, dass er ihr bis zu seinem Tod im November 2001 treu geblieben ist.

Mir geht es nicht anders, mich fesselt der ganze Subkontinent, der sich in einer Zeit von über einem halben Jahrhundert von einer unterdrückten Kolonie zur größten Republik der Welt entwickelt hat. Das unselige Kastenwesen ist abgeschafft worden, aber es sind immer noch die wohl genährten Brahmanen – erkenntlich an der Schnur, die sie als Zierde ihrer Würde quer über der Brust tragen –, die an bevorzugten Stellen der heiligen Flüsse baden, und die Sadhus und Yogis, zu denen man pilgert, um ihren Rat einzuholen. Die Bettler und Kranken sitzen in einer Reihe am Wegesrand, und man tauscht vorsorglich beim Geldwechsler die Noten in kleine Münzeinheiten um, damit jeder etwas bekommt. Beim Handel haben die sechzehn Anna einer Rupie keine Kaufkraft mehr, hier aber ist der Kreislauf der Münzen als Almosen noch von Bedeutung.

Und noch etwas, das ich so schätze, ist unverändert geblieben: der Geruch des Basars, die Schwaden der offenen Holzfeuer, vermischt mit den Düften der in eisernen Pfannen brutzelnden Fleischlaibchen, die in der deutschen Sprache eine Vielfalt an Namen haben – Frikadellen, Buletten, Fleischküchle, Klopse oder Klöße, neuerdings heißen sie Hamburger. Das Schönste ist, dass die Laibchen in Indien gar kein Fleisch enthalten, sondern aus Kartoffeln, Erbsen, Bohnen, Zwiebeln und Knoblauch bestehen. Hinzu kommt Currypulver, das allein schon mindestens ein Dutzend Gewürze wie Kardamom, Ingwer, Zimt, Pfeffer, Chili und vor allem Kurkuma beinhaltet, wobei die Kurkumawurzel Geschmack, Geruch und Farbe des teuren Safran vortäuscht. Wenn die heißen Laibchen mit »Vegetablecurry« auf den immergrünen festen Blättern des heiligen Salbaums gereicht werden, kann auch meine Frau nicht widerstehen. Sie hat sich sogar an den Tee gewöhnt, der entlang der Straße an offenen Feuerstellen angeboten wird. Jedes Mal werden frische Teeblätter genommen und mit Rohzucker und Milch aufgekocht, daher kann er bedenkenlos getrunken werden. Empfehlenswert ist es jedoch, den eigenen Becher zu benutzen. Mich befallen dann immer Kindheitserinnerungen, denn die vegetarischen Laibchen meiner Mutter aus Kartoffeln, Hülsenfrüchten und Pilzen schmeckten sogar noch besser oder waren zumindest geschmacklich nicht von Fleischfrikadellen zu unterscheiden.

Dass ich ein so hohes Alter erreicht habe, hat sicher mit den Genen zu tun, aber auch meine Ernährung, Sport und die Einhaltung des Körpergewichts haben eine Rolle gespielt. Deshalb wird es nicht verwundern, dass ich es bei keinem meiner Besuche in Hardwar versäumte, die Universität zu besuchen, an der Ayurveda, das über tausend Jahre alte Wissen der Inder um die Verlängerung des Lebens, gelehrt wird. Man empfiehlt pflanzliche Arzneien, aber auch Asche von Knochen und Mineralien finden Verwendung. Wenn ich durch den ausgedehnten botanischen Garten zum Hörsaal ging, wo ich vor Studenten über meine Zeit in Tibet und die zweitausend Jahre alte tibetische Medizin sprechen sollte, brodelten auf einer Lichtung in einer riesigen Pfanne Gesteinsbrocken des seltenen Ichthyolschiefers, aus dem Steinöl gewonnen wird.

Auf einer Ladakhexpedition hatte ich in der engen Indusschlucht beobachtet, wie Tibeter mit einem alten Vorderlader zum Überhang einer Felswand hinaufschossen, um den ölhaltigen Stein zu lösen und nach Indien zu verkaufen. In einem abgegriffenen kleinen Ratgeber für Ayurvedamedizin, den ich Jahrzehnte zuvor von einem Wanderarzt gekauft hatte, ist das Produkt als »Shilajit« (sprich: »Schiladschit«) beschrieben. Danach hilft das mit Milch gemischte Getränk bei Kopfschmerzen, Schwindelgefühl, Verdauungsstörung, Hämorrhoiden und nassen Träumen, um nur einige Beschwerden zu nennen; dass Ichthyolsalbe ein bewährtes Mittel gegen Entzündungen und Geschwüre ist, hatte ich in Neuguinea ja selbst erlebt.

Das Wissen alter Medizinschulen findet immer mehr Anhänger. So wurde kürzlich im Krankenhaus des Deutschen Ordens in Friesach, das auch für meinen Geburtsort zuständig ist, die erste Naturheilklinik eröffnet. Sie verfährt im Sinne einer komplementären Ganzheitsmedizin, deren Behandlungsmethoden sinnvoll auch Zivilisationskrankheiten und psychische Betreuung beinhalten. Ich erinnerte mich an den Dalai Lama, als ich ihn nach tibetischer Medizin befragte und er lächelnd meinte: »Ihr geht zum Check-up, und alles ist in bester Ordnung. Aber

dann fehlt doch immer etwas, und da kommen wir Tibeter dran.«
Im Kräutergarten der Naturheilklinik gibt es auch Pflanzen, die in der zweitausend Jahre alten tibetischen Medizin verwendet werden.

Ich erkundigte mich bei dem Leiter der Naturheilklinik, Georg Lexer, ob den Tranceläufern, die ich in Tibet beobachtet hatte, Kräuterextrakte als Aufputschmittel dienten. Er hielt dagegen, dass Peter Aufschnaiter und ich ein Beispiel dafür seien, dass ein trainierter Mensch gegen Hunger und Kälte aus sich heraus Abwehr- oder Betäubungsmittel entwickelt, die man als Endorphine bezeichnet. Jüngere Studien über Sportler bewiesen, dass dies möglich war. Trotz Höchstleistungen hatten die Probanden kaum veränderte Blutwerte. Dies war wohl auch die wissenschaftliche Erklärung für die Wunder der Yogis am Ganges und machte für mich besser verständlich, warum es mir nach dem Sturz in Neuguinea trotz der vielen Schmerzen möglich gewesen war, erfolgreich gegen die Ohnmacht anzukämpfen. Offensichtlich hatte ich mein eigenes Betäubungsmittel produziert, weil keine künstlichen vorhanden waren.

Im Juni 1974 unternahm ich wieder eine Reise zum Ganges, die auch ein Wiedersehen mit meiner Fluchtroute brachte. Von Hardwar aus fuhr ich durch die Vorberge des Himalaja mit ihren Salbaumwäldern nach Deoprayag, wo sich die zwei größten Quellflüsse des Ganges vereinen. Es ist der letzte Ort, um sich im Basar mit Proviant zu versorgen, bevor es in die Berge geht. Hier sind die Preise noch vernünftig, während sie später proportional zu Distanz und Höhe steigen. In einem überfüllten, niedrigen Bus, der gerade noch unter den Überhängen der in den Fels gebauten Straße hindurchpasste, folgte ich dem westlichen Quellfluss Bhagirathi. Auf dem Dach konnten jedoch nicht, wie in Indien üblich, weitere Passagiere Platz nehmen. Die Fahrt war abenteuerlich, denn ohne seitliche Befestigung bricht die Straße oft viele hundert Meter senkrecht zum Fluss ab. Es war dieselbe Strecke, die ich auf der Flucht zu Fuß zurückgelegt hatte, und an einer Stelle, wo uns ein gewaltiger Bergrutsch den Weg versperrte, hatte sich ein riesiger See aufgestaut. Da der Himalaja ein junges Gebirge ist und immer noch wächst, sind Erdbeben und Bergrutsche nichts Ungewöhnliches. Nun mussten die Pilger und ich mühsam über Berg und Tal ohne ausgebauten Pfad zu Fuß unseren Weg fortsetzen.

Tage später erreichte ich Harsil, wo ich mir das Forsthaus näher anschaute, von dessen Balkon ich 1943 gesprungen war. Ich wollte meinen Spuren folgen und mir bei Tageslicht die Strecke anschauen, die ich bei dem gescheiterten Fluchtversuch und dem gelungenen 1944 bei Nacht mit schwerem Rucksack zurückgelegt hatte. Durch einen schattigen, hohen Zedernwald kam ich zum romantischen Pilgerort Gangotri. Hier, in viertausend Meter Höhe, badeten die Pilger im bitterkalten Gletscherwasser, und einige alte oder dicke Menschen, die sich in einem Korb auf dem Rücken eines Mannes oder in einer Sänfte den Berg hatten hinauftragen lassen, kämpften mit der dünnen Höhenluft. In Gangotri zu sterben, verbrannt zu werden und als Asche im Ganges zu enden gilt als Privileg. Der Tempel ist der Dreiheit der obersten Götter im Hinduismus – Brahma, Vishnu und Shiva – gewidmet.

In Gangotri lebte Brahmarishi, ein Yogi, der so viele Interessen hatte, dass man ihn nur als außergewöhnlichen Charakter bezeichnen kann. Kennen gelernt hatte ich ihn in Neu-Delhi beim jährlichen Dinnerbankett im Himalaja-Club, wo er über seine Erstbesteigung eines Sechstausenders im Alleingang berichtete. Er wohnte in einer Höhle und stellte mir die Hütte davor als Quartier zur Verfügung. Als Yogi konnte er bis zu hundert verschiedene Körperhaltungen einnehmen und hatte auch Artikel über den Sinn und die Philosophie von Yoga veröffentlicht.

Bereitwillig führte er mich zu den verschiedenen Meditationsplätzen, die je nach Tages- oder Jahreszeit bevorzugt wurden. Ich fotografierte ihn am Rand des riesigen Wasserfalls im Gischt der zerstäubenden Wassertropfen, die einen farbigen Regenbogen wie einen Heiligenschein über seinem Kopf bildeten. Den besten Platz, um sich zu konzentrieren, bot ihm eine durch die Wassermassen des Monsunregens glatt polierte Steinplatte.

Gemeinsam stiegen wir in zwei Tagen die vierundzwanzig Kilometer bis Gaumukh, »Kuhmaul«, hinauf, wo das trübe Wasser des heiligen Flusses aus der Gletscherzunge heraustritt. Wir befanden uns weit oberhalb der Baumgrenze, und mein Freund hatte vorsorglich ein Bündel Wacholderholz mitgenommen. Am wärmenden Feuer konnte ich seine Geschichten im Tagebuch festhalten. Er absolvierte täglich eine siebenstündige Atemübung, bei der er seine Zunge nach hinten klappte. Dann erzählte er mir von einem befreundeten Yogi, der seine Sinne abschalten könne. Er ließ sich in eine nasse Yakhaut einnähen und im Ganges treiben, bis man ihn Tage später irgendwo am Ufer fand und befreite, und kam ohne Schaden davon. Diese unglaubliche Geschichte konnte man nicht anzweifeln; ich verlangte nach einem Schlafmittel – die Höhe von fünftausend Metern verursachte mir Kopfschmerzen.

Ich blieb noch einige Tage in Gangotri, ernährte mich, wie hier üblich, vegetarisch und ging mit Brahmarishi Kräuter sammeln, die er an die Ayurvedauniversität weitergab. Auch ich konnte ihm etwas bieten, das er noch nicht kannte: die kostbare und seltene tibetische Medizin Yar-tsa Gün-bu, die aus Mykorrhiza, einer Symbiose von »Sommer-Pflanze und Winter-Wurm«, gewonnen wird.

Den westlichen Quellfluss des Ganges, den Bhagirathi, hatte ich mehrmals erlebt, jetzt wollte ich auch den östlichen, den Alaknanda, kennen lernen. Die Straße durch die engen Schluchten zum heiligen Ort Badrinath war genauso gefährlich wie der Weg nach Gangotri. Wieder gab ich dem Busfahrer das Mehrfache des Fahrpreises, um zwischen zwei anderen Bakschischgebern eingepfercht vorne sitzen zu dürfen. Wenn die Fahrt überstanden ist, bringt man dem Gott Vishnu ein Opfer, der hier besonders verehrt wird. Man zieht die kürzere, aber gefährlichere Busfahrt dem langen Fußmarsch auf staubiger oder morastiger

Straße vor. Es ist ein typisches Zeichen unserer schnelllebigen Zeit, dass die Unvernunft über den Verstand siegt.

Die letzten fünfzehn Kilometer vor Badrinath legte ich zu Fuß zurück, um die geschlossene Kette von Pilgern im Bild festzuhalten. Ich brauchte den ganzen Tag, aber fand so Kontakt mit den frommen Menschen; ich war Gleicher unter Gleichgesinnten, und bei jedem Teestand konnte ich sie einladen und Fragen stellen. Badrinath ist seit über zweitausend Jahren einer der begehrtesten Pilgerorte für Hindus, und mehrere Hunderttausend kommen jährlich hierher, um sich in der heißen Quelle zu reinigen. Unterkunft bieten Herbergen, deren Wellblechdächer Monsunregengüsse abhalten, aber wegen des Ungeziefers von mir möglichst gemieden wurden. Auch in den so genannten Aschrams findet man Quartier, den Heimstätten der Besinnung, wo Gurus den Sinn hinduistischer Askese lehren.

Der Verwalter eines Aschrams, dem ich die Übersetzung meines Tibetbuchs in seiner Muttersprache Gujerati gab, berichtete mir, dass Badrinath zu einem kommerziell orientierten Ort geworden sei; auch einige der Gurus träten berufsmäßig auf. Wenn ein Inder den Yoga-Weg geht, dann geschieht es aus religiösen Gründen, leider gibt es aber auch Gaukler, die als Fakire auftreten und Geld verdienen, indem sie stundenlang ihren Kopf in der Erde vergraben. Es gibt Yogis, die in der Welt in großem Luxus umherreisen. Mein Freund in Gangotri meinte dazu einmal, dass die Frommen zu ihren Lehrern und Meistern pilgern und der Berg nie zum Propheten geht.

Der Verwalter des Aschrams erzählte mir aber auch die Geschichte von Advoot Swami Pramanand, der in einer Eremitage lebte und den ich unbedingt besuchen müsste. Advoot Swami sei im Herbst des vergangenen Jahres meditierend im Tempel Vishnus gesessen und hatte sich, auch als der Wärter Rawal kam, um den Tempel für den Winter zu schließen, nicht von seinem Platz gerührt. Rawal war ratlos, denn er hatte es eilig, zu seinem Haus in Joshimath zu kommen, wo er die bevorstehende kalte Jahreszeit verbringen wollte. Nach langem Warten sagte der

Swami schließlich mit leiser Stimme: »Tu deine Pflicht, ich tue die meine!« Als der Tempel nach den langen Wintermonaten wieder geöffnet wurde, saß Advoot noch in derselben Meditationsstellung, wie man ihn im Herbst zurückgelassen hatte. Er lebte in tiefer Versenkung, und die Kälte hatte ihm nichts anhaben können.

Erstaunliche Dinge erlebte ich an den Quellen des Ganges unter den heiligen Männern. Sie beherrschen ihren Körper, Hitze und Kälte spielen keine Rolle, und Advoot behauptete, immer glücklich zu sein und so lange leben zu können, wie er wolle. Er war auch davon überzeugt, dass es nur eine Frage der Willenskraft sei, um mit Ausdauer und Training Vollkommenheit in der Wiedergeburt zu erwerben und alle Krankheiten vom Körper fern halten zu können.

Ich wage dies für uns in Frage zu stellen. Sicher können viele die gymnastische Seite des Yoga nachahmen und erlernen, aber ich bezweifle, dass wir je zu den gleichen geistigen Ergebnissen kommen werden. Wir sind keine Asiaten, haben eine andere Mentalität, leben nach der Uhr, und der Geist dieser Menschen mit ihrer jahrtausendealten Tradition wird uns in ihren tiefsten Gründen immer verschlossen bleiben. Da hilft kein gelbes Gewand, kein geschorener Kopf und auch nicht das Erlernen vieler Yogastellungen.

Obwohl es mich einige Überwindung kostete, stieg ich in die trübe Brühe des vierzig Grad heißen Wassers und badete auf engstem Raum mit den übrigen Pilgern. Ich tat es weniger, um mich zu waschen oder geistig zu reinigen, sondern einfach weil ich fror. Immerhin befand ich mich in dreitausendfünfhundert Meter Höhe, und in den Regen mischten sich schon Schneeflocken. Nach dieser eher profanen Handlung im heiligen Wasser verfolgte ich noch einen geheimen Plan: Gleich oberhalb von Badrinath gab es einen Posten der Grenzpolizei zur Überwachung der »inneren Linie«, die von Ausländern nicht überschritten werden durfte. Ich kannte diese Regel bereits aus Sikkim und Nepal, wusste jedoch auch eine Möglichkeit, sie zu umgehen: Man muss in der Nacht, während die Polizisten schlafen, hinter dem Postenhäuschen leise vorbeischleichen. Bei Tageslicht, wenn sie Karten spielen, trägt man Rucksack und Kamera im Zeltsack verpackt auf dem Kopf und geht mit den Indern.

So stieg ich zwei Tage das immer steiler werdende Tal zum Dorf Mana hinauf. Die Grenze zum von den Chinesen besetzten Tibet war nicht weit, aber ich konnte nicht riskieren, auf den Pass zu gehen, um zum nahe gelegenen Tsaparang hinüberzuschauen, durch das ich vor über dreißig Jahren mit Peter Aufschnaiter auf der Flucht gekommen war. Ich begnügte mich mit dem Blick auf die Quelle des Alaknanda, die aus dem Gletscher des im Westen steil aufragenden Satopanth heraustritt.

Der 7075 Meter hohe Gipfel war 1947 von Schweizer Alpinisten – unter ihnen Alfred Sutter – zum ersten Mal bestiegen worden. Als die Schweiz 1960 zweitausend tibetische Flüchtlinge aufnahm, hatte Sutter mehrere Familien in seinem Unternehmen angestellt und mich als Dolmetscher nach Münchwilen eingeladen. Wir unterhielten uns über den Satopanth, und ich bemerkte, dass damals auch eine Frau, Anneliese Lohner, dabei gewesen war. Lächelnd zeigte er auf die zarte Person, die am Tisch saß, und sagte: »Da sitzt sie!« Anneliese Sutter wurde eine gute Freundin von uns.

Ich widerstand der Versuchung, über den Gletscher nach Westen zu gehen und noch einmal Gangotri zu sehen, denn auf dem Rückweg plante ich einen Abstecher in das berühmte »Tal der Blumen«, das der Bergsteiger und Dichter Frank Smythe 1931 nach seiner Erstbesteigung des 7756 Meter hohen Kamet eher zufällig gefunden hatte. Ihm, dem Poeten, bedeutete diese Entdeckung mehr als der Höhenrekord. Ich kann mich gut erinnern, wie in Lhasa von Smythes Tod in Darjeeling gesprochen wurde. Jahre später schenkte mir meine Frau ein Exemplar seiner Limited Edition über das »Valley of Flowers«. In der Kassette befindet sich ein Fach mit Samen von blauem Mohn.

In Govindghat traf ich wie verabredet den Brüsseler Botaniker Maurice Leonard. Wir waren nicht allein auf dem für die Regenzeit mit Steinplatten gut angelegten steilen Pfad, denn der Gründer des Sikhismus Guru Nanak hatte bereits im 15. Jahrhundert als Eremit in Hemkund gelebt, und viele pilgerten dorthin. Alte und Kranke wurden von kräftigen Männern in Körben auf dem Rücken getragen, wobei man bemerken muss, dass es ihr Beruf ist, den sie freiwillig ausüben. Mitleid ist daher nicht angebracht, ein Verbot würde viele Familien brotlos machen.

Im Bhyundartal trafen wir noch auf kleine Siedlungen; Frauen ernteten Hirse, die Kinder bettelten. Wir kamen durch einen hohen Zedernwald mit langen Bartflechten, es war wie eine Märchenszenerie. Nach tausend Höhenmetern gabelt sich der Weg; einer führte nach Hemkund, der andere zum Tal der Blumen. Begleitet von einem Forstbeamten, erreichten wir das Tal der Blumen mit seinen über tausend verschiedenen Arten und begannen zu sammeln und zu fotografieren. Der Anblick der blühenden Matten mit den Eisgipfeln im Hintergrund übertraf alle Erwartungen. Auch für den Botanikprofessor war es wie ein von der Natur geschaffenes Alpinum. Gemeinsam mit seiner jungen Assistentin legte er behutsam stets mehrere Exemplare in ein Herbarium, später wurden die Pflanzen noch zweimal in ein anderes Buch mit trockenem Löschpapier umgeschichtet, damit die natürlichen Farben erhalten blieben. Nach dieser feinfühligen Arbeit mit klammen Fingern war den Wissenschaftlern kalt geworden, und ich beneidete den Professor um die Wärme der jungen Assistentin in ihrem kalten Zelt.

Es war Anfang September, und wir erlebten, wie die ersten Schafherden über die Schneefelder vom Pass herunterkamen. Wir fragten nach dem Preis eines Schafes, denn seit Wochen hatten wir kein Fleisch gegessen. Vergeblich: Im Quellgebiet des Ganges wird kein Lebewesen getötet. Hier, in der ruhigen und schönsten Natur, leben die Götter, und ich konnte verstehen, dass so viele Menschen zum Meditieren hierher pilgerten. Ich trennte mich von den Botanikern und nahm gerne das Pferd, das man mir für den steilen Aufstieg nach Hemkund anbot. Über weite Strecken musste ich allerdings zu Fuß gehen, da die

Felsen schlüpfrig waren und das Reiten auf den großen, steilen Schneefeldern zu gefährlich schien. Hinzu kam, dass die einfachen Holzsättel für den ungeübten Körperteil hart und ungewohnt waren. 1061 Steinstufen führten mich dann schließlich zu Fuß nach Hemkund.

Jeder Angehörige der Sikhreligion, der in der Lage ist, die Strapazen auf sich zu nehmen, pilgert wenigstens einmal im Leben nach Hemkund, um den kleinen Tempel zu besuchen, in dem Ende des 17. Jahrhunderts der zehnte Guru, der Meister und Lehrer Gobind Singh, lebte und lehrte. Das Ritual der Sikh beginnt mit einem Bad im »goldenen See«, dessen Wasser eiskalt ist, da es von den Gletschern kommt. Jeder Sikh behält auch im Wasser jene fünf Insignien bei sich, die er verpflichtet ist, immer am Körper zu tragen: Kara, der Stahlarmreif, Kesch, das Haar, Kangha, der Kamm, Kacha, die weiße Unterhose, und Kirpan, der Dolch.

Ich ging zum Verwalter des Tempelgeländes, um die geforderte Spende zu entrichten. Dafür erhielt ich gesegneten Teig, der sehr süß schmeckte. Etwas verblüfft war ich, als er nach meiner Spende von hundert Rupien noch eine weitere Rupie verlangte. Die Erklärung gab er mir sogleich: Vor allem sei es ein gutes Omen und begünstige Reichtum, zum anderen könne man immer betonen, man habe mehr als hundert Rupien gespendet. Mit dem Geld plante man, eine breite Steinmauer zu errichten, um die Lawinen abzuhalten.

Als Gobind Singh hier lebte, fand der Legende nach ein Kampf zwischen Gut und Böse statt. Durch die Gebete des Meisters siegte das Gute, und als Belohnung ließ der Gott Brahma die vielen Blumen vom Himmel regnen; der Verwalter betonte, dass der Brahma Lotos einzig und allein in Hemkund blühen würde. Ich fand hier meine blaue Blume der Romantik: *Meconopsis aculeata*. In dieser Höhe von über viertausend Metern blühte sie prächtiger und intensiver als in anderen Gegenden des Himalaja, und im Garten meiner Heimat nimmt sie leider alle möglichen Farben an, jedoch nie das Blau von Hemkund.

Die Gläubigkeit der Sikh hatte mich tief beeindruckt, dazu die Übereinstimmung der zarten Blumen mit den Klüften und steilen Wänden der Himalajaberge – das alles im Tagebuch zu beschreiben gelang mir nur allein mit der Taschenlampe in meinem kleinen Zelt. Zurück im großen Gangestal, vertraute ich mich wieder einem der Busse an, obwohl wenige Tage zuvor ein mit fünfzig Pilgern besetztes Fahrzeug abgestürzt war. Die Ursache war unbekannt, denn in der reißenden Alaknandaschlucht konnte man nicht nach den Toten suchen. Nach dem Unglück kontrollierte ein Polizist wenigstens für kurze Zeit die vorgeschriebene Anzahl an Passagieren.

Vor dem Straßenbau brauchten die Pilger mindestens dreißig Tage bis Badrinath, und nur wenige hatten das Geld, um sich tragen zu lassen. Die bequemste, allerdings auch teuerste Art, den Wallfahrtsort zu erreichen, ist, in einem »Dandy« zu sitzen. Vier Männer tragen ein kleines Häuschen an Stangen auf ihren Schultern und murmeln im Gleichschritt gehend eine Melodie, um den Rhythmus zu halten. Solche Transporte organisierten gerissene Manager, denen die hohen Transportkosten im Voraus gezahlt werden mussten. Die Saison war kurz und brachte lediglich zwei Touren für jeden Dandy. Es hieß, dass es immer wieder vorgekommen sei, dass der Kunde auf halbem Weg über eine Klippe stürzte oder gestürzt wurde und viele hundert Meter tiefer im heiligen Ganges ertrank. Diese beklemmende Praxis, statt zwei- nun dreimal Geld zu verdienen, beendeten die Briten. Mit dem Bau der Straße verzehnfachte sich die Zahl der Pilger nach Badrinath und Gangotri, und anstelle der Dandy-Opfer und der Toten durch Erfrieren oder Hunger stürzten nun überladene Busse von der unbefestigten Straße in die Tiefe.

Bereits ein Jahr nach dem Besuch der Gangesquellen erlag ich wieder dem »Lure of the East«. König Leopold bat mich, im Frühjahr 1975 eine Expedition zum wenig erforschten Pindar, einem Seitental des Ganges, zu führen, an der er selbst nicht teilnehmen würde, wohl aber die altbekannten Wissenschaftler für Nagetiere und Fische, Xaver Missone und Jean-Pierre Gosse. Neu hinzu kam Pierre Devillers, der Ornithologe war und Vögel für das Institut sammeln wollte. Ich hatte zuvor die Führung einer Expedition nach Westafrika abgelehnt, bei der acht verschiedene Teilnehmer mitfahren sollten. So vielen Wissensgebieten gerecht zu werden, hielt ich für unmöglich. Im Pindartal musste ich nur drei Spezialisten betreuen, was sicher auch schwierig, aber doch möglich schien.

Zur Vorbereitung flog ich zwei Wochen früher nach Indien. Was ich auf dem Gebiet der traditionellen Medizin noch nicht kannte, war die Heilkunde der Muslime, die Unani genannt wird. In Delhi besuchte ich das Forschungszentrum, an dem Unani studiert werden konnte, das dazugehörige Krankenhaus und die Produktionsstätte für Arzneimittel. In den Lagerräumen waren die Grundstoffe tonnenweise gestapelt: Kümmel, Anis, Fenchel, Leinsamen, Harze, Ingwer und Rosenblätter; den teuren Safran, Edelsteine, Gold und Silber bewahrte man hinter verschlossenen Türen auf. Neben Medikamenten produzierte man hier auch Haarwaschmittel und verschiedene Aphrodisiaka – alles, im Gegensatz zum Westen, wie der Vorstand meinte, auf natürlicher Basis. In einem Raum saß ein Beamter, der Gifte wie die Wurzeln des Eisenhut und Opium betreute; die teuersten Heilmittel, nur für reichere Patienten gedacht, müssten von Goldstaub glitzern, gut riechen und wohlschmeckend sein, erklärte er uns.

Im Büro waren über zweitausend Stoffe registriert, zu den kostspieligeren zählte damals Moschus. Aus Singapur importierte man die teuerste Arznei, hergestellt aus dem Knorpel der Haie; nicht viel billiger waren getrocknete Eidechsen aus der Wüste Arabiens, Unken aus Ceylon und Hirschgeweihe. Wohl um meine neugierigen Fragen zu beenden, öffnete der Beamte ein Fass, das aus Kanada stammte. Der Gestank verschlug mir die Sprache, und ich bat ihn erst nach Schließen des Gefäßes, die Erklärung zu geben. Das Fass enthielt getrocknete Blasen eines »Flusshundes«, also eines Bibers, der sein Duftdrüsensekret namens Castoreum oder Bibergeil zur Wegmarkierung benutzt. Das Sekret hat heilende Wirkung und wird bei Krämpfen verabreicht. Doch ich kann mir keine so unerträglichen Schmerzen vorstellen, dass sie mit diesem widerlich stinkenden Mittel geheilt werden müssten.

Inzwischen waren die drei Wissenschaftler in Delhi gelandet. Als ich sie die vielen Geräte und Tonnen im Flughafen ausladen sah, beschloss ich, als Träger Tibeter anzustellen, denn das war in Dehra-Dun, wo man mich kannte, wesentlich leichter. Damit entging ich dem leidigen Feilschen um den Lohn mit lokalen Trägern, welche sich auf halbem Weg in den Bergen hinsetzten und nur weitergingen, wenn man den Tageslohn verdoppelte. Von den sechs Tibetern, die ich schnell beisammen hatte, konnte einer kochen, und ich kaufte gleich einen Satz Dikschi aus Aluminium, bei dem sechs Töpfe vom größten bis zum kleinsten ineinanderpassen, nicht viel wiegen und wenig Platz einnehmen. Im öffentlichen Bus fuhren wir die zwei Stunden nach Hardwar und freuten uns an dem gelungenen Anfang der Expedition. Vom Bezirkskommissar hatte ich die Erlaubnis für das Pindartal bekommen; wir mussten lediglich einen Leutnant der indischen Armee als Begleiter mitnehmen und versorgen.

Nach einer Woche erreichten wir das Dorf Lata, das für die Wissenschaftler ein idealer Arbeitsplatz zu sein schien. Die Dorfbewohner, die Gharwalis, scharten sich um uns, und der Dorfälteste witterte Geld. Ein nicht bebautes Feld neben einem kleinen Bach bot Platz für unser Lager. Da der Besitzer nach unserer Abreise wegen der fortgeschrittenen Jahreszeit nichts mehr anpflanzen konnte, musste ich das Geld für die ausbleibende Hirseernte bar bezahlen.

Lata liegt dreihundert Meter höher als der Pindarfluss, und die dunklen Wälder der Deodarzedern verbergen den Blick auf die höchsten Siebentausender unserer Erde. Alle waren zufrieden, bis auf Jean-Pierre, der zum Fischen mehrmals am Tag den steilen Pfad bis zum Fluss hinunter zurücklegen musste. Ich konnte in Lata meine ethnographischen Beobachtungen aufzeichnen. Im Schatten einer einzigen alten Zeder stand der kleine Tempel der schwarzen Göttin Kali, die eine Kette mit Menschenschädeln trägt. Der mich begleitende Gharwali schob eine Steinplatte zur Seite, es stank furchtbar, denn im darunter befindlichen Loch lagen als Opfer die Eingeweide einer Ziege und darauf einige Münzen. Jetzt, im April, seien dies lediglich kleine Opfergaben, meinte der Mann, im Oktober aber würden auch Ochsen geschlachtet, ganz entgegen den Bräuchen in Pilgergegenden. Das Blut von zwei Büffeln, etwa dreißig Liter, würde Kali sofort trinken, wenn man aber eine Flasche Wasser in das Loch schüttete, würde es an der Oberfläche bleiben. Es fiel mir schwer zu verstehen, dass diese schwarze Magie auserlesen sein sollte, eine solch liebliche Landschaft zu schützen.

Der Ornithologe hatte entlang des kleinen Baches den Hang hinauf ein feines, kaum sichtbares Netz gespannt, in dem sich die zum Wasser fliegenden Vögel hilflos verfingen. Am Abend präparierte Xaver die Nagetiere und Pierre die kleinen Vögel auf einer Steinplatte – Berufe, die es für die Wissenschaft wohl geben muss. Doch bald kamen etwa dreißig Frauen zu unserem Lager und zündeten das Netz an, denn ihr kostbares Wasser wurde von uns verunreinigt. Weiter oben gruben sie eine Umleitung und versetzten den Wassertrog. Nach etwa zwei Stunden war die Revolte vorbei, doch die Frauen hatten Recht gehabt. Als die Dorfbewohner dann bemerkten, dass wir unser Lager auf eine Höhe von viertausend Meter verlegen wollten, kamen sie mit handgewebten bunten Stoffen und wollten sogar die riesigen goldenen Nasenringe der Frauen verkaufen. Zwei Männer boten sich an, uns den Weg hinauf zu ihren Almen zu zeigen. Unweit des Dorfes passierten wir die Hütte des Dorfschmieds. Da Metall zu bearbeiten und Pferde zu beschlagen als minderwertige Tätigkeit gilt, die den Schmied zum Ausgestoßenen machte, durfte er nicht im Dorf leben. Unter einem Vordach hatte er ein Feuer brennen, in dem er Holzkohle mit einem Blasebalg aus Ziegenfell zum Glühen brachte. Auf einem großen Stein als Amboss formte er das Hufeisen.

Je höher wir kamen, desto dünner wurde die Luft, und die Professoren aus Belgien hatten Atemschwierigkeiten. Hier wuchs keine üppige Vegetation mehr, die Rhododendren blühten noch nicht, und nur Primeln zeigten, dass der Frühling begann. Die Holzhütte für den Sommeraufenthalt der Hirten war unter der Schneelast zusammengebrochen, aber die Träger hatten aus dem Zedernwald Holz mitgenommen, und wir kauerten um das wärmende Feuer. Am meisten fror der indische Begleitoffizier, der noch nie Schnee gesehen hatte. Xaver legte die verbliebenen Fallen aus, nachdem die meisten in Lata verschwunden waren. Dem Ornithologen gingen die schlauen Dohlen nicht ins Netz, und Jean-Pierre hatte uns erst gar nicht begleitet und war bei den Fischen im Tal geblieben. Die Expedition mit den verschiedenen Interessengebieten löste sich auf, nur ich stieg allein hinauf zum Pass und wurde reich belohnt: Vor mir lag der Pindarigletscher und darüber der gewaltige Doppelgipfel des 7816 Meter hohen Nanda Devi. Die Landschaft rund um die Gangesquellen ist in der Mythologie der Hindugläubigen die Heimat der Götter, und Devi wird als himmlisches Wesen verehrt; Flüsse und Berge tragen ihren Namen.

Während ich in den wärmenden Strahlen der Morgensonne saß, erinnerte ich mich an die Besteigungsgeschichte. Wo immer ich mich auf einsamen Plätzen in der Welt bewegte, ob in Neuguinea, am Ruwenzori oder im Himalaja, immer traf ich auf die Namen englischer Forscher wie Shipton, Tilman, Odell, Wollaston oder Smythe. Sie beschrieben mit Understatement und Herz ihre großen Abenteuer auf der Suche nach weißen Flecken auf der Weltkarte. Die Besteigung des Nanda Devi gelang im Sommer 1936 Bill Tilman und Noel Odell. Die Freude auf dem Gipfel war so groß, dass sie das Händeschütteln vergaßen. Der Geologe Odell stellte mit dem Thermometer fest, dass die Temperatur zwanzig Grad Fahrenheit (minus sieben Grad Celsius) betrug, und Tilman bemerkte, dass es ihn mit Traurigkeit erfüllte, dass der Berg den Menschen hatte nachgeben müssen und so der stolze Kopf der Göttin gebeugt worden war. Tilman und Odell stellten einen neuen Höhenrekord auf, der vierzehn Jahre später mit der Ersteigung des Annapurna um 275 Meter übertroffen wurde. Diese Pionierhöchstleistung wird in Bergsteigerkreisen bei Gipfeln registriert, wenn sozusagen nur noch der Himmel über dem Menschen ist; Odell war zwölf Jahre zuvor selbst in Höhen von über achttausend Metern geklettert. Er zählte zu der Spitzengruppe, die 1924 mit der britischen Mount-Everest-Expedition durch den Tod von George Mallory und Andrew Irvine traurige Berühmtheit erlangte.

Es gibt einige Bücher über die Tragödie, aber ich hatte das Privileg, Noel Odell selbst zu hören. Im Januar 1975 erhielten Carina und ich die Einladung vom Präsidenten des indischen Himalaja-Clubs, Ashoka Sarin, zur Uraufführung eines Mount-Everest-Films nach Bombay zu kommen. Bei der Pressekonferenz trafen wir Noel Odell. Schlank und rank stand der alte Herr auf der Bühne, verweigerte Stuhl und Wasser und erzählte von den tragischen Tagen, die er über fünfzig Jahre zuvor erlebt hatte. Am 8. Juli 1924, noch bevor Mallory und Irvine das letzte Lager am North Col für den Gipfelangriff verließen, hatte Odell ein Foto von ihnen gemacht – nicht ahnend, dass es das letzte vor ihrem tragischen Ende sein würde. Mit seinem unglaublichen Langzeitgedächtnis berichtete er auch davon, wie er in über achttausend Meter Höhe geologische Aufzeichnungen gemacht und sogar Fossilien entdeckt hatte, bis plötzlich das Wetter umschlug und die Gipfelstürmer in Nebel hüllte. Die Anwesenden hielten den Atem an, als er erzählte, wie er in dieser Höhe ohne Wasser die trockenen Haferflocken, mit Marmelade vermischt, hinunterwürgte und schließlich das Warten aufgab, aber immer noch hoffte, dass Mallory und Irvine inzwischen den Gipfel erreicht hatten.

Odell erlebte noch, wie alle vierzehn Achttausender bestiegen wurden und auch wie einer chinesischen Expedition die Nordroute auf den Mount Everest gelang, sechsunddreißig Jahre nach seinem Versuch. Mit dabei war die Tibeterin Pangthog-la, die ich bei meinem Besuch Tibets 1982 traf. Wir unterhielten uns in ihrer Muttersprache, und sie lächelte, als ich ihr meine Hochachtung aussprach, dass eine Tibeterin die Gipfelbesteigung geschafft hatte. Sie war aber offensichtlich chinesisch beeinflusst und bestätigte zwar, dass die meisten der siebzehn Teilnehmer Tibeter waren, betonte jedoch immer wieder, dass die Führung die Chinesen hatten. Da wir nicht allein waren, wollte ich sie nicht weiter drängen. Ich stellte nur fest, dass die jungen Tibeter, nicht mehr wie bisher üblich, ihre heiligen Berge nur umrunden, sondern auch ihre Gipfel besteigen. Eigentlich kann das nicht verwundern, denn auch Tenzing Norgay war in Tibet geboren. Außerdem stammen alle Scherpas aus Tibet und wurden früher, als sie in Nepal einwanderten, Scharpa – die Leute, die aus Osten kommen – genannt. Als nepalische Staatsbürger wurden sie die berühmten Tiger des Himalaja, die als Träger und neuerdings auch als Partner auf Expeditionen unentbehrlich sind.

Als Chronist kann ich noch erwähnen, dass 1999 eine Suchexpedition in achttausendzweihundert Meter Höhe die Überreste von Mallory entdeckte, jedoch keine Spur von Irvine. Es fanden sich keine Beweise, ob die beiden nach der Besteigung des Mount-Everest-Gipfels abgestürzt waren. Edmund Hillary soll dazu bemerkt haben, dass eine Besteigung nur dann zähle, wenn man nach dem Erfolg auch heimkehrt. Diese Ansicht hat bei Erstbesteigungen wohl ihre Berechtigung; bei einer Wand wie am Eiger werden Begehungen auch als vollendet registriert, wenn man später die Toten auf dem Abstieg findet.

Mit meinem Freund und Kameramann Herbert Raditschnig hatte ich eine kleine Expedition in den Norden Nepals organisiert. In einem Buch des englischen Hauptmanns Geoffrey Bruce hatte ich gelesen, dass es sein größter Wunsch gewesen war, einen Blick auf die beeindruckendste Bergszenerie der Welt, wie er meinte, zu bekommen, jenen Ort, an dem sich die zwei Achttausender Dhaulagiri und Annapurna gegenüberstehen, getrennt nur durch die Schlucht des Kali-Gandhaki-Flusses. Bruce war Arzt und lebte in Nepal, wo er Gurkhasöldner bei der Rekrutierung auf ihre körperliche Tüchtigkeit hin untersuchte. Den Engländern war es untersagt, das Tal von Kathmandu zu verlassen, und Bruce hielt sich an das Verbot. Als erfahrener Kenner der einheimischen Träger wurde er 1922 bei der ersten Mount-Everest-Expedition, welche von der tibetischen Nordseite geplant war, mitgenommen. Als Bergsteiger hatte er allerdings keine Erfahrung, und deshalb ist es besonders bemerkenswert, dass er gemeinsam mit George Finch einen neuen Höhenrekord von 27 300 Fuß (8320 Meter) aufstellte. Noch erstaunlicher ist es, wenn man auf den alten Expeditionsbildern sieht, dass die meisten Teilnehmer Pfeife rauchten. Unter den herausragenden Bergsteigern gelang es dem Südtiroler Reinhold Messner als Erstem, alle vierzehn Achttausender zu besteigen. Nicht einholbar und nicht überholbar ist die Leistung meines Freundes Kurt Diemberger, der wie Hermann Buhl zwei Achttausender erstbestiegen hat.

Der drahtige Hauptmann Bruce hätte ein Vorbild für die Erfüllung seiner Wünsche gehabt, wenn er mit einer Portion Frechheit wie der Arzt Henry Oldfield im Jahr 1855 die Vorschriften missachtet hätte. Es liegt mir sehr am Herzen, Oldfield zu erwähnen, denn als Peter Aufschnaiter und ich im Jahr 1945 fast ein Jahr in Kyirong lebten, waren wir überzeugt, als erste Europäer in dieser Gegend zu sein. Tatsächlich aber hatte Oldfield als begabter Künstler schon neunzig Jahre zuvor wunderschöne Zeichnungen von Kyirong und seiner gigantischen Bergwelt nach Europa gebracht, und seine Arbeiten sind ein bedeutender Beitrag zur Erforschung jener Region.

Wegen des schweren Expeditionsgepäcks begannen Herbert und ich unsere Reise in Bombay mit dem Zug. Wir hatten jeder für sich eine Bank reserviert, auf der wir es uns mit dem Schlafsack gemütlich machten. Drei volle Tage und zwei Nächte dauerte die Fahrt bis zur Endstation Raxaul an der Grenze zu Nepal. Die Zeit verging schnell, und bei den langen Aufenthalten an den Stationen ließen wir uns vom Catering versorgen.

Wir übernachteten in den neuen Treetophotels, wo versprochen wurde, dass man ein Rhino und einen wilden Elefanten zu sehen bekäme. Um einen Tiger zu erleben, musste man für eine Ziege zahlen, die an einen Baum gebunden wurde. Im Morgengrauen warteten wir mit Blitz und Teleobjektiv vergeblich auf das versprochene Ereignis und konnten anstelle des Gebrülls des Dschungelkönigs lediglich das jämmerliche Meckern der Ziege mit dem Tonband aufnehmen.

In Kathmandu berichtete ich dem Außenamt, dass ich im Jahr zuvor im Sultanat Brunei gewesen war, wo ich mich im Basar bei einem chinesischen Händler für lokale Produkte umsehen wollte. Wie üblich tranken wir gemütlich Tee, als ich im Regal das Horn eines indischen Panzerrhinozeros entdeckte, das aus einer Schale herausragte. Ich wusste, dass das Horn als Aphrodisiakum diente und sehr teuer war und dass es außerdem wegen der Seltenheit der Tiere verboten war, damit zu handeln. Nach einiger Zeit fragte ich scheinheilig nach der Qualität und dem Preis. Als der Chinese mein Interesse bemerkte, meinte er, dass er noch mehr davon im Lager hätte. Bei der nächsten Tasse Tee, diesmal mit dem farblosen Reisschnaps verbessert, gab er auch die Quelle preis: Der reiche Sultan von Brunei hatte als Leibgarde Gurkhasöldner unter britischen Offizieren aus Nepal, die in ihrem Tornister die kostbaren Kräftigungsmittel mitbrachten. Jeder Gurkha bekommt zum Dienst einige Schuss scharfer Munition, für die er dem Vorgesetzten gegenüber Rechenschaft ablegen muss. Da größere Summen mit dem Verkauf des Rhinohorns erzielt werden, sind vielleicht auch die Vorgesetzten beteiligt. Bekannt wurde in der Presse, dass die Prinzessin eines Himalajastaates in ihrem Diplomatengepäck einen Koffer mit der teuren Fracht mit sich führte, welche in Hongkong beschlagnahmt wurde.

Im Außenamt wurde mein Bericht protokolliert, aber die Genehmigung, über Muktinath das Annapurnamassiv im Norden zu umgehen, erhielt ich nicht. Bis etwa in eine Höhe von dreitausenddreihundert Metern genügte allerdings die allgemeine Trekkingerlaubnis, und für diese Tour bekam ich fröhliche tibetische Flüchtlinge, die für uns kochten und unsere Ausrüstung trugen.

Um die Expedition segnen zu lassen, fuhren wir im Taxi in den Vorort Bodnath, wo uns eine große Überraschung erwartete. Im neu gebauten kleinen Kloster Samtenling begrüßten mich die älteren Mönche freudig, denn sie stammten aus Kyirong und waren rechtzeitig vor den Chinesen geflüchtet. Die zwei wertvollsten Götterstatuen hatten sie mitgenommen; eine davon ist nun beim Dalai Lama in Dharamsala, die andere im tibetischen Museum in Neu-Delhi. Selbst den riesigen kupfernen Wasserkessel, wie er in jedem Kloster stand, hatten sie mitgeschleppt. Er war voller Dellen, denn sie hatten ihn einfach die dreihundert Meter der Steilstufe zur nepalesischen Grenze hinuntergeworfen. Wie richtig die Mönche gehandelt hatten, zeigt die Tatsache, dass die Chinesen das altehrwürdige Kloster Samtenling vollkommen zerstörten.

Die Mönche umringten mich und riefen zur Küche: »Norbu, your father has come!« Heraus trat ein etwa zwanzigjähriger Mann mit einer dreckigen Küchenschürze über der Mönchskleidung. Er hatte eine etwas hellere Haut als die meisten Tibeter, und die kurzen Stoppeln seines geschorenen Kopfes glänzten tatsächlich etwas rötlich. Der sonst eher zurückhaltende Rinpotsche meinte, ich solle es erst gar nicht bestreiten, dass ich der Vater sei, denn der beste Beweis dafür wäre nicht das passende Alter, sondern die Tatsache, dass Norbu der einzige Mönch sei, der sehr gut Englisch spreche. Ich konnte mich zwar nicht an das amouröse Abenteuer erinnern, aber Tibet ist ja dafür bekannt, dass hier Wunder geschehen.

Tagelang waren wir mit Blick auf das Annapurnagebirge im Osten marschiert und hatten später im Westen auch den Gipfel des Dhaulagiri gesehen. Doch als wir schließlich die Stelle erreichten, wo sich die zwei Riesen gegenüberstehen, war die Aussicht längst nicht so beeindruckend, wie Bruce sie sich vorgestellt hatte. Wir kamen in eine kilometerlange tiefe Schlucht, und an den Hängen sah man nur einige in die Felsen gebaute Eremitagen von Mönchen; wir näherten uns der Region, wo der lamaistische

Buddhismus der Tibeter weiter verbreitet ist als der in Nepal vorherrschende Hinduismus.

Am Neujahrstag erreichten wir Tatopani, was übersetzt »heißes Wasser« bedeutet. Wir legten einen Rasttag ein und badeten stundenlang im klaren Wasser der Thermalquelle. Männlein und Weiblein lagen zusammen. Mit meinen Sprachkenntnissen klappte die Verständigung ganz gut, und es gab viel zu hören und zu lachen. Am Abend bot man Hirsebier in großen Mengen, dazu die typische Musik der Nepali, hauptsächlich Trommel- und Schalmeiklänge. Als es kalt wurde, zogen die Männer weiße Jacken an, die ich für Loden hielt, aber sie waren aus rauer Brennnesselfaser gefertigt.

In Tatopani trafen wir bereits auf die ersten Polizeikontrollen, und auf Anraten des Sprechers unserer Träger wichen wir von der großen Karawanenroute ab und suchten einen lokalen Beamten auf. Er hatte seinen Amtssitz in Baglung, das von Terrassen mit Reisfeldern umgeben war, dahinter die schnee- und eisbedeckten Berge. Er hieß Bahadur Bantaba, was bedeutete, dass er in der Hierarchie des Landes einen höheren Status innehatte. Ich fragte, ob er mir die Erlaubnis geben könnte, mich in seinem Bezirk frei zu bewegen. Er reagierte gelassen und meinte nur, so eilig könne es doch nicht sein, und belehrte mich mit dem Satz: »Willst du etwas von mir oder ich von dir?« Einem der demütig gebeugten Diener ordnete er an, Tee zu machen, einem anderen befahl er, den Trägern Quartier anzuweisen.

Ich vergaß meine europäische Mentalität, und so verlief der Rest des Tages mit reger Unterhaltung und dem bekannt guten Essen, das man mit vier Fingern in den Mund schiebt. Ich erzählte, dass ich in den Jahren in Lhasa mit Kaisher Bahadur, dem Botschafter Nepals, das Essen mit Fingern gelernt hatte. Ich setzte mein »Namedropping« fort, sprach vom Dalai Lama und dem Außenminister, und am nächsten Morgen traf ich Bahadur Bantaba auf der Terrasse seines Hauses wieder. Ich reichte ihm meinen Feldstecher, damit er die Berge besser sehen und ich die Namen ins Tagebuch eintragen konnte. Er zeigte auf die hohen

Büsche am Rand der Felder und meinte, eines der profitablen Einkommen sei das handgeschöpfte Büttenpapier, das die Einheimischen aus der zähen Rinde, der Daphne, des Seidelbasts herstellten. Dann setzte er sich an eine sehr alte Schreibmaschine und tippte Buchstaben in Nepali und indischer Devanagirischrift auf glattes Papier. Wichtig waren der vorgedruckte Briefkopf und zwei Stempel. Nach dem Vorlesen sagte er zu den Anwesenden, dass man mit freundlichen Leuten, die von so weit gekommen sind, um sein Land zu sehen, Mitleid haben und nicht auf übliche Art, sondern hilfsbereit umgehen müsse. Nachdem er mir die wichtigsten Punkte des Briefes erläutert hatte, schickte er alle anderen aus dem Zimmer. Ich verabschiedete mich von Bahadur und dankte ihm, indem ich den Feldstecher vom Hals nahm und ihn nach Sitte des Landes mit beiden Händen überreichte.

In strömendem Regen erreichten wir Tukutsche, die größte Siedlung, seit wir das Kathmandutal verlassen hatten. Ein Mönch in Baglung hatte mir wichtige Tipps gegeben, wo wir besonders heilige Plätze finden würden. Er betonte allerdings immer wieder, dass es jetzt, im Winter, wegen des vielen Schnees kaum möglich sein würde, so weit nach Norden zu gehen. In einer Karawanserei fanden wir Quartier und trafen auf einen Mann aus Mustang, das sechs Tagesreisen weiter im Norden lag. Er beschrieb mir, wie ich die Höhle des heiligen Padmasambhava, Tsching Schi Rang Tschung, finden könnte. Er erklärte, dass für die Tibeter der Ort, wo wir uns befanden, nicht Tukutsche, sondern Drug-Tsche heißt, denn hier würde Gerste aus dem Süden mit Salz aus dem Norden nach Volumeneinheit genau Scheffel für Scheffel getauscht. Im Winter, in dem ihm genügend Zeit zur Verfügung stand, ging er mit seinen Tragtieren noch eine Woche weiter Richtung Kathmandu, wo er doppelt so viel Gerste oder sogar Reis bekommen würde wie hier in Drug-Tsche.

Der nächste Tag war klar, aber kalt, und wir konnten die beiden Achttausender bereits im Süden sehen, als wir an zwei Hütten vorbeikamen. Ein Mann in warmer khakifarbener Kleidung trat heraus. Ich sprach ihn auf Tibetisch an, denn es gab keinen Zweifel, dass er einer der Khampas aus Osttibet war, die hier an der Grenze zum besetzten Tibet seit zwanzig Jahren als Guerillas lebten. Natürlich wusste ich von ihrer Existenz, aber seit einigen Jahren hatten die USA ihre Hilfe eingestellt, und die nepalische Regierung entwaffnete die Kämpfer. Trotzdem war ein Zusammentreffen mit ihnen nicht ungefährlich, und deshalb bestand auch das Verbot, diese Gegend zu besuchen.

Die zwei ältesten Brüder des Dalai Lama, Gyalo Thündrub und Tubten Jigme Norbu, hatten sich 1956 mit der CIA verbündet, ohne den Dalai Lama zu informieren, um ihn nicht in einen Konflikt zu bringen. Tibeter wurden in den USA ausgebildet, mit Fallschirmen in Nordnepal abgesetzt und mit Waffen und Munition ausgerüstet. Sie überfielen chinesische Konvois, die auf der bekannten Karawanenroute von Lhasa nach Westtibet unterwegs waren. Sie taten es so erfolgreich, dass diese kürzeste Route aufgegeben werden musste. Die Aktion nannte man »Tschu-schi kang drug« – »Vier Flüsse, sechs Schneeberge«.

Doch die stolzen Khampas führten jetzt ein unwürdiges Leben. Das Gewehr, mit dem sie früher auf die Jagd gingen, hatte man ihnen abgenommen, nicht einmal das zweischneidige Schwert durften sie behalten. Sie waren enttäuscht, dass Amerika sie, um seine Handelsbeziehungen zu China nicht zu gefährden, schließlich fallen gelassen hatte. Sie hatten ihre Pflicht getan, nun brauchte man sie nicht mehr. Ihre Heimat hatten sie verloren und keine neue gefunden.

An einem kleinen Hausaltar neben dem Fenster flackerte ein Butterlämpchen, denn das Papier, das als Glasersatz im Fenster diente, hielt den Sturmwind nicht ganz ab. Aus meiner Fototasche nahm ich eine neuere Aufnahme des Dalai Lama, denn das Bild am Altar zeigte ihn als Kind. Der ältere Mann presste das Porträt, wie bei frommen Tibetern üblich, an die Stirn und stellte es neben die Butterlampe, nicht ohne zu bemerken, er sei in der Nachhut gewesen, die den Dalai Lama auf seiner Flucht vor den nachrückenden Chinesen schützte. Resignation klang aus seinen Worten, denn er war immer noch ein selbstbewusster Khampa.

Das Schicksal der tapferen Osttibeter bewegte Herbert und mich noch lange, aber es gab viel Neues zu filmen und aufzuzeichnen, denn nur wenige Europäer kannten diese interessante Gegend. Der Geleitbrief hatte uns geholfen, aber ich wusste, dass wir in dreitausenddreihundert Meter Höhe noch auf einen letzten Polizeiposten treffen würden. Im Morgengrauen passierten wir am Hang dahinter das Postenhäuschen und näherten uns zwei Tage später Muktinath, das die Tibeter Tschu-mig Gyatso nennen.

Ein nackter Yogi ignorierte uns und machte in der bitteren Kälte weiter seine Übungen. Im Süden sahen wir die gewaltige Pyramide des Dhaulagiri, bis wir zur Quelle des Krishna kamen. Im Sommer ist sie sehr ergiebig und wird auf einhundertacht Brunnen verteilt. Nun, Ende Januar, waren allerdings nur wenige tätig, denn bei Frost sind die meisten Brunnen eingefroren. In der warmen Jahreszeit, wenn es aus sämtlichen Brunnen sprüht, vollziehen die vielen Pilger im heiligen Wasser ihre rituellen Waschungen. Jetzt saß nur ein Sadhu da, eingehüllt in einen Militärmantel; die nackten Füße unter sich gezogen, betete er zum Gott Tsingpotschhe, dem ein kleiner Tempel in der Nähe geweiht ist. Er murmelte leise vor sich hin, sonst war alles still. Die Sonne schien durch die kahlen Pappeln, und ein paar Vögel badeten in den Pfützen, die der tauende Schnee hinterlassen hatte. Ein friedlicher, heiliger Ort. Störend war nur, dass alles vernachlässigt schien, und das Übernachtungsgebäude für die Pilger war eingestürzt. Inzwischen war noch ein zweiter Sadhu gekommen und hatte sich in eine Decke gehüllt; auch er war barfuß. Nachdem beide gebetet hatten, gingen wir mit ihnen zu einem entlegenen Haus, wo sie eine Frau herausbaten, die den Schlüssel für das »Feuer« hatte.

In dieser Einöde sollten wir einem Heiligtum begegnen, durch das Muktinath berühmt geworden ist: dem Tempel, in dem Feuer aus dem Wasser, der Erde und dem Felsen kommt. Die Frau trug einen langen durchlöcherten Schafspelz, und ihre fettigen schwarzen Haare, die zu vielen Zöpfen geflochten waren, hingen ihr weit über den Rücken. Keifend ging sie uns voran zu einem Haus, das weiter oben am Berg stand. Mit einem klobigen Schlüssel öffnete sie die Tür. Das war nun also der berühmte Tempel, zu dem im Sommer Tausende von Pilgern aus Tibet, Nepal und Indien kommen. Der Raum war düster, und nur durch ein Oberlicht fiel ein Lichtstrahl. In der Mitte stand der Altar, darauf das Abbild des Gottes Tschenresi, des Gottes der Gnade, und des schwarzen, teuflischen Gottes Demdring. Unter dem Altar waren drei Löcher in der Erde. Das mittlere hatte die Größe eines Fußballs und war mit zwei flachen Steinen abgedeckt. Die Frau mühte sich ab, die Steine beiseite zu schieben, die Sadhus sahen zu und machten keine Anstalten, ihr zu helfen. Als ich in das Loch blickte, sah ich eine bläuliche Flamme, und es roch nach Petroleum. Rechts neben der Flamme tropfte Wasser aus einer kleinen Quelle, das war das »Feuer aus dem Wasser«. In dem Loch links daneben flackerten blässliche Flämmchen aus der Erde: das »Feuer aus der Erde«. Als ich in ein weiteres Loch rechts hineinblickte, sah ich zunächst gar keine Flamme. Erst als ich den Kopf tiefer hineinsteckte, entdeckte ich in einem Felsspalt ein kleines Flackern: Das musste das »Feuer aus dem Stein« sein. Offensichtlich strömte hier Erdgas aus, und bei irgendeiner Gelegenheit hatte es sich entzündet und war zur heiligen Flamme geworden.

Die Frau drängelte, sie wollte heim. Wir hatten inzwischen die Kamera aufgebaut, und Herbert filmte. Die Frau lief ihm ständig ins Bild. Um ihren Zorn über die Störung zu dämpfen, schob ich ihr einige Rupien in die Hand, aber das Geld machte auf sie keinen Eindruck. Sie stopfte es irgendwo unter ihren zottigen Fellmantel und schimpfte weiter. Über dem Altar baumelten ganze Bündel kostbarer Schmuckstücke, die von den frommen Pilgern geopfert worden waren; eine Anzahl alter Rollbilder hing an der Wand. Die Mühe hatte sich gelohnt, nach einer Stunde konnte die ungeduldige Pförtnerin den Tempel des Feuers wieder schließen.

Zurück wollten wir nicht denselben Weg nehmen und beschlossen, über den 5417 Meter hohen Thorungpass im Norden des Annapurnamassivs zu gehen. Nur zwei Träger waren gegen doppelten Tageslohn bereit mitzukommen. Wir spurten abwechselnd im tiefen Schnee und hatten nach drei anstrengenden, kalten Tagen den Pass überquert und das Dorf Manangbhot erreicht, dessen Bewohner ihre Butter mit Eis vom nahen Gletscher kühlten und jedes Jahr ein großes Erntedankfest mit vielen Besuchern ausrichteten. Erst Jahre später, als diese Route geöffnet wurde und es Erfrierungen und kostspielige Rettungsaktionen mit dem Helikopter für Touristen gab, wurden die Bedingungen verschärft.

Beim Marsch durch das warme Marsyanditral trafen wir auf eine Polizeistation, die das Betreten der verbotenen Zone kontrollierte. Ein militärisches »Halt!« zwang uns stehen zu bleiben. Woher wir kämen, und wo sei unser »Permit«? Ich argumentierte, dass wir nie kontrolliert worden waren, und der Offizier sollte zufrieden sein, dass wir die verbotene Zone nun ohnehin verließen. Nach einem Gewaltmarsch und einer weiteren Polizeikontrolle erreichten Herbert und ich fünf Wochen später wieder Kathmandu.

Nach Badrinath und Muktinath fehlte mir noch Amarnath, das ich 1996 besuchte. Immer wieder war ich in Ladakh gewesen und hatte auf meinen Fahrten von Srinagar aus einen Wegweiser nach Amarnath gesehen, doch erst bei einem längeren Aufenthalt auf einem der Hausboote in Srinagar bot sich mir die Gelegenheit, dieses letzte »Nath« zu sehen.

Es war Mitte August, wenige Tage vor Vollmond, und in Pahalgam drängten sich die Pilger, um sich für den Marsch nach Amarnath vorzubereiten. Von hier aus war es nur zu Fuß über einen uralten Pilgerweg zu erreichen. Das Wetter war schön, und es kamen etwa hunderttausend Pilger zusammen, die die fünfzig Kilometer bis zum Heiligtum in vier Tagen zurücklegen wollten.

Am ersten Tag schloss ich mich ihrem Strom an und gelangte mit meinem Rucksack entlang des Lidderflusses zu einem Lagerplatz, an dem es noch nicht so kalt war und man die Nacht im Freien verbringen konnte. Hier gab es reichlich Holz, und viele Feuer machten die umliegenden Berge zu einem romantischen Biwak. Dazu der Lärm von schreienden Köchen, die ihre duftenden Fladenbrote, Tschapati genannt, und scharfen Curry anboten – eine Pilgerfahrt konnte nicht traumhafter beginnen.

Der zweite Tag brachte mich durch Wälder und über Almen zu einem tiefblauen See, über dem gletscherbedeckte Berge die Szene unwirklich machten, wie es nur in den Himalajabergen möglich ist. Der Platz hieß Wawjan, und hinter der Herdstelle, in der ich Tee und Tschapati zu mir genommen hatte, schlief ich in meinem Schlafsack auf einem Gestell mit Kokosschnüren bei monotonen religiösen Gesängen sanft ein. Bei Morgengrauen erwachte ich vom lauten Geschrei meines Ladenbesitzers; ein kalter Windstoß von den Bergen hatte die aus Bambus geflochtene Dachmatte weggerissen, ich lag im Freien, und er kochte schon Tee. Längst waren einige Pilger unterwegs, und ich packte meine Sachen, um ihnen zu folgen. Gegen den kalten Wind schützte ich mich mit meiner von Tenzing erworbenen gelben Eiderdaunenjacke. Die meisten Inder gingen mit gesenktem Kopf und hatten ihren Körper in eine Decke gehüllt. Der schützende Wald lag hinter uns, und nun ging es im offenen Gelände in Serpentinen hinauf zum viertausendsechshundert Meter hohen Mahagunaspass. Am Wegesrand saßen immer mehr Pilger, denen offensichtlich die sauerstoffarme Luft zu schaffen machte. Sie waren leicht bekleidet, und viele hatten nicht einmal Schuhe. Einige Männer trugen auf einer improvisierten Tragbahre einen leblosen Körper.

Der Wind hatte nachgelassen, aber es begann zu regnen. Auf der Passhöhe ging der Regen in Schnee über, und man konnte den Pfad kaum noch erkennen. Weinende Frauen saßen hilflos neben ihren sterbenden Vätern, und der Gedanke, dass noch Tausende Pilger unterwegs waren, ließ eine Katastrophe erahnen. Vom Pass ging es mindestens achthundert Meter hinunter zu den Almwiesen. Es regnete zwar noch immer, aber hier war es wärmer, und es gab reichlich Verpflegung.

Am vierten und letzten Tag lagen nur noch sechs Kilometer vor uns, aber je näher ich der berühmten Höhle kam, umso dichter wurde das Gedränge. Die Polizei versuchte Ordnung zu schaffen, doch es waren zu viele Menschen. Ich gab als Ungläubiger auf und konnte in der weiten Öffnung der Höhle nur ahnen, dass es sich um einen Stalagmiten handelt, der durch Tropfen aus der Höhlendecke zu einem phallusgeformten Lingam aus Eis gefroren ist. Die Polizei war machtlos, nur die Sadhus hinderten Frauen, die durch die Berührung Kindersegen erhofften, daran, ihn zu anzufassen. Sie hätten in ihrer Ekstase einen Tumult in der Höhle entfacht. Dafür gaben Priester den Segen des Shivalinga an die tief gläubigen Pilger weiter, die die mühevolle Reise auf sich genommen hatten.

Ich hatte die von den Indern so verehrte Dreieinigkeit von Badri, Kedar und Amar erlebt und kehrte zurück in meine eigene Welt. Nüchtern und sachlich fielen die Berichte der indischen Behörden in der Chronologie des Jahres 1996 aus: »Für 239 Pilger gab es im Schneesturm keinen Ausweg.« Ihr langer Marsch zum Gott im Eis endete im ersehnten Nirwana.

Das andere »Dach der Welt«

Im Nordosten Indiens gibt es eine Gegend, die sprachlich zur tibeto-burmanischen Familie gehört und deren Bewohner, die Naga, mongolische Gesichtszüge haben und als Kopfjäger berüchtigt sind. 1962 war die Region bereits zu einem Staat der Indischen Union geworden, es dauerte jedoch noch dreizehn Jahre, bis sich Indien mit den Aufständischen, welche die völlige Unabhängigkeit anstrebten, einigte. Das war gerade geschehen, als ich 1975 die Naga besuchen wollte, um ihrer Verwandtschaft mit den Tibetern nachzugehen.

Eine offizielle Einreiseerlaubnis zu bekommen war nicht denkbar, und so wählte ich einen Umweg. Als harmloser Geograph begann ich, wie ein Tourist die südlich gelegene Provinz Manipur zu bereisen. Ich wollte vorerst nur die Siedlungen der in den nördlich gelegenen Bergen lebenden Naga vom Stamm der Katscha besuchen. Mit vier kräftigen Männern vom Stamm der Kuki, die ebenfalls mongolische Gesichtszüge haben, bauten wir aus langen Bambusstangen ein Floß. Damit bewegten wir uns scheinbar ziellos auf Seen und Flüssen Richtung Norden.

Ein Sack Reis lag auf dem Floß, aber kein Geschirr, kein Gefäß zum Kochen. Ich hatte wie immer nur einen Becher und einen Löffel bei mir. Am Abend hatte ich die Lösung: Wir legten eine Querstange über das Feuer, die von zwei Gabeln gehalten wurde. Die Kuki füllten etwa zehn mittelgroße frische Bambusrohre mit Reis und Wasser, verschlossen die Öffnung mit einem Blatt, lehnten sie an die Querstange, und nach etwa einer halben Stunde begannen die grünen Bambusrohre leicht zu brennen. Mit dem Buschmesser spalteten sie nun die Rohre der Länge nach, und die weißen duftenden Reisröllchen, gar gekocht, lagen offen vor uns. Aus meinem Seesack verteilte ich zum Würzen Salz und scharfen Chili, und alle konnten sich satt essen. Um frisches Gemüse zu bekommen, brauchten sie sich nur umzudrehen und die jungen Bambussprossen am Fuße der haushohen Bambusgewächse herauszureißen.

Am Fuß der steiler werdenden Berge war die Floßfahrt zu Ende. Auch blieb mein Versuch, mit den Katscha Kontakt aufzunehmen, erfolglos. Die vier Kuki saßen die ganze Nacht über schlaflos am Feuer, hörten im Dschungel das Knacken von Ästen, das sie den schleichenden Naga zuschrieben, und weigerten sich am Morgen, ohne Schusswaffe weiterzugehen. Die Naga seien nämlich nicht nur Kopfjäger, sondern würden auch von Frauen regiert. Die Angst sprach aus ihren Augen, und auch ich spürte die Schmetterlinge im Bauch und war nur nach außen hin ruhig, um meine Begleiter nicht noch nervöser zu machen. Die Rückfahrt und Entlohnung stellte die anfängliche Harmonie wieder her, und so endete dieses Unternehmen etwas abenteuerlich ohne großes Abenteuer. Nagaland ist immer noch verbotenes Territorium. Aber inzwischen gibt es große Sammlungen von Ethnographika in Museen.

Jahre später kam ich wieder in den Osten Indiens. Nach dem Erfolg meiner regelmäßigen Fernsehsendungen wurde ich aufgefordert, der UNESCO in Paris Unterlagen über meine Tätigkeit zu schicken. Es ging um den mit tausend britischen Pfund dotierten Kalingapreis für die »Popularisierung der Naturwissenschaften«, der jährlich vergeben wird. Jeder der sechs Juroren erhielt ein ansehnliches Paket meiner Bücher, und ich nutzte die Gelegenheit, um noch einmal die Gegend im Osten Indiens zu besuchen, wo die uralte Kultur der Kalinga, schon von Plinius vor zweitausend Jahren erwähnt, ihre Wurzeln hat. Ich war also 1978 für eine Dankesrede nach der Preisverleihung gut vorbereitet. Als der deutsche Vertreter in der UNESCO begründete, warum er mich für die Auszeichnung vorgeschlagen hatte, meldete sich der Österreicher und sagte, Heinrich Harrer sei kein Deutscher, sondern Österreicher – so wurde Hoimar von Ditfurth prämiert.

Bei einer Reihe von Veranstaltungen lernte ich berühmte Mitglieder des UNICEF-Kinderhilfswerk kennen, darunter Liv Ullmann und Astrid Lindgren, die den Friedenspreis des Deutschen Buchhandels erhalten hatte. Sie verteilte in München die Auszeichnungen an die Sieger des weltweiten Zeichenwettbewerbs »Jugend forscht« und beeindruckte Kinder und Presse mit ihrer schlichten Vornehmheit. Astrid Lindgren war eine feine bescheidene Dame, und ihre liebevoll geschriebenen Kinderbücher erreichten bei Übersetzungsrechten neuen Weltrekord und überflügelten zeitgenössische Reise- und Abenteuerberichte. Astrid Lindgren starb Ende Januar 2002, und einen Tag nach ihrem Tod wurde sie für den Literaturnobelpreis 2002 genannt.

Das Fernweh packte mich immer wieder, und gern blätterte ich in Katalogen, die wissenschaftliche und abenteuerliche Reisen anboten. Im Herbst 1979 entdeckte ich eine Offerte, die mein Interesse weckte: »Pamir – das Dach der Welt auf Wegen, die noch kein Mensch betreten hat«. Die Reise war preisgünstig, Visum, Flug über Moskau nach Tadschikistan und Hotelaufenthalt inbegriffen. Ich rief meinen Gefährten Lois Anwander an, er sagte begeistert zu, und ich buchte. Als ich mich für die Reise entschied, hatte ich einen Hintergedanken gehabt: 1971 war in Moskau ein Buch über Ausgrabungen am Oxus, dem Grenzfluss zwischen Afghanistan und Tadschikistan, erschienen. Was mein besonderes Interesse geweckt hatte, war die Beschreibung über den Fund eines zerstörten Klosters und einer liegenden Buddhastatue an der afghanischen Grenze.

Am Flughafen in Zürich trafen Lois und ich auf die kleine Gruppe der anderen Abenteuerlustigen. Als »sachkundige« Reiseleiterin begrüßte uns eine hübsche junge Frau, die bei meinem Anblick staunte und den offensichtlichen Schock mit Schweigen überbrückte. Hier war ich nicht der Expeditionsleiter, sondern zum ersten Mal Tourist, der ganz ohne Verantwortung den Ausführungen der Reiseleiterin lauschte. Für die Hauptstadt Duschanbe, in die wir nun flogen, hatte ich ein Empfehlungsschreiben des Klagenfurter Bürgermeisters, Leopold Guggenberger, denn Klagenfurt war die Schwesterstadt von Duschanbe. Vorerst aber ließ ich mich gern von der Organisatorin vom Reisebüro führen, die unsere kleine Gruppe in die Berge brachte.

Anfangs trafen wir auf Karawanen, die landwirtschaftliche Produkte in die Stadt lieferten, und bewunderten die bunten Kopfbedeckungen, von denen wir die eine oder andere erstanden. Dann erreichten wir das Dorf Mukh, dessen Bewohner wir bei der Kartoffelernte auf einer ausgedehnten Moränenterrasse antrafen. Die sandige Erde und die trockene Höhe schienen ideale Bedingungen für eine gute Ernte zu sein, denn es standen bereits über zwanzig gefüllte Säcke auf dem Feld, und die Frauen mit dem Baby auf dem Rücken sortierten immer noch weitere leicht rötliche Erdäpfel. Einige Männer standen herum und warteten auf das Zubinden, Abwiegen und den Transport der Säcke. Die Kinder unterbrachen ihr Spiel und schauten neugierig, was alles aus unseren Rucksäcken zum Vorschein kam. Wir schlugen unser Lager auf, und einen der Buben, der interessiert zuschaute, wie ich mein kleines Zelt aufstellte, forderte ich auf mitzuhelfen. Ein Einheimischer holte Holz und Wasser, lief dann zu seiner Behausung und brachte einige glühende Holzkohlenstücke für das Lagerfeuer herbei.

Am nächsten Tag fand ich die freundlichen Bauern sehr kontaktfreudig. Sie befeuerten die beiden Backöfen, die im Freien standen und allen Dorfbewohnern gemeinsam gehörten. Es war wie aus einem Bilderbuch: Der weiße Rauch hob sich gegen die kahlen dunklen Felsen ab, und darüber standen die eisbedeckten Gipfel der Berge. Einige Stunden später erhielten wir die frisch duftenden Brotfladen, die so groß waren, dass sie mit beiden Händen gereicht werden mussten. Sie bestanden nur aus knuspriger Rinde und schmeckten herrlich. Bei Sonnenuntergang wurde im Haus ein Imbiss angeboten, wobei ich das Familienfoto machte und die vielen bunten Stoffe bewundern konnte, die im Winter gewebt worden waren.

Am Morgen kamen alle Dorfbewohner, um uns zu verabschieden. Auf dem Weiterweg trafen wir auf einige Jurten mit Mongolen, die ihre Felder mit Vogelscheuchen gegen Unheil schützten. Am Ackerrand fotografierte ich eine Opferstelle mit Abwehrzeichen gegen Geister und Dämonen, verziert mit Steinbockhörnern. Über Almwiesen stiegen wir langsam höher zum Bergkamm und begeisterten uns an den vielen weißen Pamirgipfeln, die alle unerstiegen waren. Weiter ging es bergab, bergauf, bis wir wieder unsere Zelte aufschlugen.

Am nächsten Morgen wollte ich von der netten Reiseleiterin erfahren, was denn unser Ziel sei. Ob wir nicht bald einen besonders schön geformten Gipfel sehen oder auf einen Bergstamm treffen würden, denn wandern könnte ich auch zu Hause in nicht so dünner Luft. Ich war etwas verärgert und erklärte ihr, dass ich mit ihrem Reiseunternehmen dreimal unterwegs gewesen wäre: das erste, das letzte und das einzige Mal, ein Satz, den ich seither öfter verwende, etwa in einem teuren Restaurant mit schlechtem Essen.

So weit das Auge reichte, sahen wir nur Berge, Täler und wieder Berge; ich fand jedenfalls bestätigt, dass Tadschikistan zu neun Zehnteln aus Bergen besteht. Von einem Bergrücken aus entdeckte ich ein Tal, das offensichtlich zum höchsten Punkt Russlands, dem 7495 Meter hohen Pik Kommunismus, führte. Lois und ich verließen die Gruppe, und später tat es mir Leid, dass ich nicht nettere Worte zum Abschied gefunden hatte. Wir versprachen, pünktlich zum Abflug in Duschanbe einzutreffen. Mit Zelt, Schlafsack und etwas Proviant marschierten wir ohne Träger los.

Unser Ausflug ins Blaue lohnte sich, denn auf der sonnigen Seite des engen Tals trafen wir auf einen mit Dornengestrüpp eingezäunten Gemüsegarten, der zur Hälfte mit üppig wachsendem Dillkraut bedeckt war. Im Felsen dahinter befand sich eine Höhle, die offenbar früher bewohnt gewesen war, und etwas tiefer im Tal stand ein kleines Häuschen, vor dem eine Frau im klaren Bächlein Geschirr spülte. Zwei Kinder spielten am Wasser, und unser Erscheinen schien sie weder zu erstaunen noch zu verängstigen. Die Frau zeigte zum Eingang und meinte damit wohl, dass wir, wenn wir Wünsche hätten, im Haus die Antwort bekämen.

Der Mann, der aus der Tür trat, war blond und hoch gewachsen wie ein Athlet. Er fragte uns, ob wir Tschai haben wollten, wobei er gleich auch das deutsche Wort »Tee« fallen ließ. Wir blieben drei Tage und lernten das Leben eines Aussteigers kennen. Als Technikstudent in Tomsk hatte Nikolai die Großstadtgesellschaft satt gehabt und nach langen Irrwegen mit seiner Freundin in diesem einsamen Tal den erwünschten Abstand gefunden. Zwei Buben von fünf und sieben Jahren hatten sie im letzten Dorf adoptiert, und er hatte von der drei Tagesmärsche entfernten Behörde die Erlaubnis erhalten, die Kleinen zu unterrichten. In die Höhle beim Gemüsegarten zogen sie lediglich während der Wintermonate, wenn es im Häuschen zu kalt war. Die aus Birkenholz mit flachem Dach gezimmerte Hütte konnte man bestenfalls als Gartenlaube bezeichnen; das Innere dagegen war zwar eng, aber heimelig. Neben dem Herd hatte Nikolai ein Brett mit schrägen Stöckchen konstruiert, auf die sechs Becher zum Trocknen gestülpt waren. Eine Wand hatte mehrere kleine Regale als Ablage, und ich zählte über vierzig Bücher: russische Klassiker in billigen Ausgaben und ein Wörterbuch Russisch–Deutsch, das uns eine große Hilfe war. Eine kleine Landkarte daneben zeigte die Gegend, in der wir uns befanden.

Tisch und Stühle gab es nicht, wir saßen auf einer vom Lehmboden erhöhten Plattform aus Brettern im Schneidersitz. Nur Lois tat sich mit seinen muskulösen Beinen schwer und brauchte mehr Platz. Eine Unterhaltung fand nicht statt, und wenn ich fragte, so geschah es in einer Mischung aus Wörtern, die ich im Wörterbuch nachschlug, von Gesten unterstützt. Zu essen gab es immer den gleichen Eintopf, dazu allerdings kaute jeder ein Bündel Dillkraut, das wohl für das gesunde Aussehen der Familie mitverantwortlich war.

Bei so viel verdauungsförderndem Essen eilten wir beide mehrmals am Tag zum Örtchen, das alles andere als verschwiegen war; schon aus etwa hundert Metern Entfernung konnte man sehen, ob es besetzt oder frei war. Über der Schlucht des tief unten liegenden Flusses befand sich ein Laubbaum ohne Laub. Nur mit

Geschick, möglichst ohne Dringlichkeit, balancierte man auf dem Baumstamm zur Vergabelung der Äste und schwebte über dem Abgrund. Ich hatte bereits auf der Haute Route und in den Dolomiten Erfahrung gesammelt, aber die Toilette im Tal zum Pik Kommunismus übertraf alles bisher Erlebte.

Zur Reinigung hatte man einen kleinen Wasserfall des Bächleins am Haus, den wir als Dusche benutzten. Beim Herumtollen am Fluss machte ich Fotos von den Kindern, und Nikolai gab mir beim Abschied die Adresse des Postamts, wohin ich die Bilder schicken sollte, denn vor Wintereinbruch würde er noch einmal den weiten Weg ins Tal hinuntergehen. Ich konnte ihm wegen seiner Trennung vom konservativen Elternhaus keinen Rat geben, denn ich war eine Generation älter und wusste keine Lösung. Ich hatte selbst während des Krieges die Vision gehabt, im bewaldeten Südtibet ein Häuschen aus Zedernholz zu bauen, durch dessen Garten das frische Bergwasser fließt.

Zurück in Duschanbe, bezog ich ein ungepflegtes Hotel, in dem ich der einzige Gast war. Lois hatte sich wieder der Reisegruppe angeschlossen. Zum Abendessen gab es überraschend eine Flasche Erlauer Rotwein, zwar nicht vom berühmten »Stierblut«, aber gute Massenware aus dem befreundeten kommunistischen Land Ungarn. Auf der kilometerlangen Hauptstraße reihten sich Warenhäuser aneinander, aber man bekam nur das zu kaufen, was gerade geliefert worden war. Dafür war die Markthalle gefüllt mit süßen Trauben, die gerade reif waren, und mehrere Stände boten Unmengen duftender Kräuter an. Die Fleisch- und Brotabteilung war offensichtlich nur gelegentlich geöffnet. Berge von Kartoffeln und Tomaten lagen vor der Halle am Boden. Äpfel hatte ich von einem Lastwagen in der »Avenue« gekauft. Ich stellte mich in die lange Schlange der Wartenden und bekam sehr billig meine Ration.

Ein Tagesausflug mit Bus brachte mich über Berg und Tal nach Rogun, einer im Bau befindlichen Talsperre, die mit 335 Metern die höchste der Welt werden sollte. Fotografieren war verboten, aber es war ein sehr beeindruckendes Bauwerk. Von der breiten Dammkrone aus machte ich schließlich doch noch einige Bilder vom siebzig Kilometer langen blauen Stausee.

Mit gemischten Gefühlen fuhr ich zu dem wenig ansehnlichen Regierungsgebäude, wo auch der Bürgermeister residierte. Ohne die lokale Sprache oder Russisch zu können, wurde ich bis in ein Zimmer weitergereicht, in dem einer der Herren etwas Deutsch und fließend Englisch sprach. Es war ein Universitätsprofessor aus Leningrad, und nachdem er mein Empfehlungsschreiben gelesen hatte, bot er mir seine Hilfe an. Er kannte meine Tibetgeschichte. Ich bat, die an der afghanischen Grenze im Süden gelegenen Fundstätten besuchen zu dürfen. Er durchschaute sofort, dass ich in Wirklichkeit die Ausgrabungen der alten buddhistischen Klosteranlage und die dazugehörige liegende Buddhastatue sehen wollte, und riet dringend davon ab, die im Verborgenen ruhende Spannung zwischen den allgegenwärtigen moslemischen Strömungen und der buddhistischen Geschichte mit dem Besuch der Statue anzufachen.

Der freundliche Professor hatte nun eine Idee, die mir statt der weiten Fahrt zur Ausgrabungsstätte mehr als tröstenden Ersatz bedeutete. Nach einem längeren Telefongespräch in Russisch sagte er: »Gehen Sie zur Universität, dort finden Sie am südlichen Rand der Anlage ein altes zweistöckiges Gebäude. Im ersten Stock sind zwei Türen, Sie klopfen dreimal an die linke, nach einiger Zeit an die rechte, und dann nochmals an die linke. Die Frau, mit der ich soeben gesprochen habe, wird Ihnen öffnen.«

Das klang schon unheimlich, aber es wurde noch gespenstischer. Ich fuhr mit dem Bus zur Universität, dann machte ich mich zu Fuß auf die Suche nach dem alten Gebäude. Ich fühlte mich beobachtet und ging beherrscht, ohne mich umzudrehen, weiter. Natürlich verfolgte mich niemand, aber ich hatte ein seltsames Gefühl in der Magengrube, als ich die ächzende Tür öffnete. Die abgetretene Holzstiege knarrte noch lauter, doch es gab kein Geländer, um mein Gewicht abzuschwächen. Als ich vor den

Türen stand, herrschte vollkommene Stille. Nachdem ich wie geheißen mit pochendem Herzen die Klopffolge endlich hinter mich gebracht hatte, öffnete sich die hohe Tür, und eine ältere Frau im weißen Arbeitskittel ließ mich eintreten. Als ich den Schlüssel hörte, der mich einschloss, fühlte ich keine Erleichterung, aber nun war ich wohl ein Verbündeter, wenn nicht gar Komplize.

Der hohe Raum war mit großen Objekten gefüllt, und in der Mitte, durch Tücher geschützt, konnte man die langen Finger einer riesigen Hand erkennen. Bei spärlichem Tageslicht schlängelten wir uns zwischen den Gegenständen hindurch zu einem Tisch, der mit archaischen Bruchstücken bedeckt war; ein Schreibtisch mit Schubladen, wie wir ihn kennen, war es jedenfalls nicht. Auf einem eisernen Ofen stand ein Teekessel und daneben ein sehr alter Radioapparat, das gleiche antiquierte Ungetüm, wie ich in Lhasa gehabt hatte. Die schlicht gekleidete Wissenschaftlerin, ihr weißes Haar zu einem Knoten gebunden, lebte hier wie eine Eremitin mit den Resten eines im achten Jahrhundert aus Lehm geformten Buddha, in Verehrung, als wenn sie das Gelübde einer Nonne abgelegt hätte. Ihr Deutsch, das sie in der Schule gelernt hatte, reichte aus, um die bewegte Geschichte des Fundes zu schildern: Ihr Volk, die Tadschiken, hatte bereits in vorchristlicher Zeit das öde Land fruchtbar gemacht. Über die nahe Seidenstraße erreichten nicht nur seltene Waren, sondern auch Religionen wie Islam und Buddhismus das Land, vor allem im Süden entstanden Klöster und andere buddhistische Sakralbauten. Dann zerstörten Araber die Anlagen. Adschina-Tepe heißt der Ort, wo man in den sechziger Jahren des 20. Jahrhunderts die Ruinen verschiedener buddhistischer Sakralbauten aus einem Erdhügel freizulegen begann. Stupas, Klosterräume mit gut erhaltenen Wandmalereien, begeisterten die Archäologen aus Duschanbe, aber als bedeutendstes Prunkstück lösten sie mit Geduld und Gefühl eine auf der rechten Seite liegende, zwölf Meter lange Kolossalstatue des Religionsgründers Buddha aus dem Grab heraus. Für Erhaltung und Restaurierung sorgten Spezialisten vom Leningrader Eremitage-Museum, darunter auch mein Gönner, dem ich die Bekanntschaft mit der Konservatorin verdankte. Da die ganze Anlage aus luftgetrocknetem Lehm bestand, bedurfte es ausgeprägter Feinfühligkeit, kennzeichnend für die Arbeit der Archäologen, vor allem in der Handhabung beim Transport.

Hier lagen sie nun vor mir, die über tausend Jahre alten kostbaren Teile des riesigen Buddha. Mit einem dünnen Stock als verlängertem Arm schob die Frau vorsichtig das Baumwolltuch von der langen Hand und erklärte, dass Strohhalme die Handfläche und dünne Stäbe die schmalen Finger des zerbrechlichen Materials zusammenhalten. Während ich Nahaufnahmen machte, dachte ich an den Künstler, der die eleganten Finger geformt hatte, aber auch an die gelehrte Frau, die diese restaurierte, um sie zu erhalten. Als Vorlage stand daneben ein Modell aus Gips.

Beim Erzählen trug sie das sanfte Lächeln Buddhas im Gesicht, seine Lehre hatte ihre Seele erheitert. Es machte der Einsiedlerin Freude, einem interessierten Zuhörer das viele in ihr aufgestaute Wissen zu vermitteln. Sie kramte noch in einem Wust von handgeschriebenen Papieren und überreichte mir ein altes Foto, das sie als junge Archäologin mit ihren Kollegen bei den Arbeiten in Adschina-Tepe zeigt. Dann schloss sich die knarrende Tür hinter mir. Sie blieb allein mit ihrem Buddha zurück, und ich trug eine unvergessliche Begegnung als Erinnerung in mir.

Damals, vor eintausendzweihundert Jahren, schrieben die Geschichtsbücher von der sinnlosen Zerstörung durch barbarische, unzivilisierte Horden. Als ich die Ruinenstätte Angkor in Kambodscha später einmal besuchte, fehlten die meisten aus Sandstein gemeißelten tausend Jahre alten Buddhaköpfe. Die *Süddeutsche Zeitung* schrieb, dass die von der UNESCO als Weltkulturerbe eingetragene Tempelstadt »seit langem als Steinbruch des Kunsthandels« fungierte.

Am letzten Abend traf sich die Gruppe im Hotel, alle hatten ihre Erlebnisse gehabt und dankten zufrieden der Reiseleiterin. Seit 1991 ist Tadschikistan ein unabhängiges Land, und der Pik Kommunismus wird nach einer mächtigen tadschikischen Dynastie Samonion genannt. Im März 2001 meldeten Nachrichtenagenturen, dass Talibanmilizen in Afghanistan die monumentalen, aus dem fünften Jahrhundert stammenden Buddhastatuen von Bamian brutal aus dem Felsen gesprengt hatten. Diesmal kam die Anordnung zur Vernichtung eines Weltkulturerbes von einer angeblich zivilisierten Regierung in Kabul. Was muss die nur wenige hundert Kilometer davon entfernt lebende Verehrerin Buddhas in ihrem engen Zimmer gelitten haben, als sie in ihrem alten Radioapparat die Nachricht hörte! Mit den Terroranschlägen am 11. September 2001 in New York und Washington brachten einige fanatische Islamisten das Fass zum Überlaufen, und die Welt begriff endlich, dass wir alle in einem globalen Dorf leben. Die Großmächte von Ost und West vereinigten sich zum Widerstand, und ihre Soldaten landeten in Duschanbe, um dem grauenvollen Treiben ein Ende zu bereiten. Zu den guten Nachrichten zählt, dass die zerstörten Buddhastatuen von Bamian wieder aufgebaut werden sollen.

Verlorene Heimat Tibet

Wie schon in den Jahren zuvor, flogen Carina und ich Anfang Dezember 1981 nach New York. Wir wollten die neuen Musicalaufführungen besuchen und mit dem befreundeten Ehepaar Shiff im Rockefeller Center das Anzünden des Weihnachtsbaums erleben. Sidney Shiff war Inhaber eines exklusiven Verlags, der sich Limited Edition Club nannte und von ausgewählten Klassikern jeweils nur dreihundert Exemplare druckte. Zu meiner großen Freude hatte er »Sieben Jahre in Tibet« und »Die Weiße Spinne« in seine Auswahl aufgenommen und wundervolle Ausgaben geschaffen. Meinen Tibetbericht hatte er nach dem Vorbild alter tibetischer Bücher gestaltet.

Syd trug statt eines Wintermantels stets nur einen langen eleganten Kaschmirschal, kannte sein New York und hatte beste Verbindungen, sodass wir nicht etwa stundenlang für eine Matisseausstellung Schlange stehen mussten. Er war zudem Gourmet, wusste, wo man eines meiner Lieblingsgerichte, den Risotto, am besten zubereitete, oder er bekam noch einen Tisch, obwohl das bekannte Restaurant ausgebucht war. Dafür luden wir Jean und Syd in den Explorer-Club ein, um das exotische Gericht des Tages zu bestellen.

Als ich diesmal beim Verlassen des Klubs die Anzeigetafel studierte, entdeckte ich das Angebot einer mehrwöchigen Reise nach Tibet. Ich trug meinen Namen in die Liste ein, und Mitte März brachen wir auf. Ich hoffte gespannt, dass ich einreisen durfte, denn unter den Teilnehmern waren gute Bekannte wie Scherpa Tenzing und Blanche Olschak, eine angesehene Tibetologin, die mit mir zur Schule gegangen war. Hongkong und Peking konnte ich problemlos passieren, und selbst in Chengtu, wo wir in eine alte russische Maschine nach Tibet umstiegen, wurde lediglich die Anzahl der Teilnehmer überprüft. Wie immer führte ich Tagebuch:

»Montag, 29. März 1982
Kein Zweifel, ich sitze in der Maschine nach Lhasa. Beim Anblick der eisbedeckten Gipfel und des weiten Hochlands denke ich an die erfrorenen Zehen bei minus vierzig Grad, während ich jetzt, fast vierzig Jahr später, bequem und warm in zwei Stunden am Ziel sein werde. Damals dauerte es zwei Jahre.

Wir fliegen über die Ströme Jangtsekiang, Mekong, Irrawaddy und Salween, die alle im Hochland Tibets ihren Ursprung haben. Die Landschaft ist unverändert, aber unten sehe ich ein zerstörtes Kloster – es ist die Wirklichkeit, von der ich gehört hatte, die ich aber nicht wahrhaben wollte.

Wir schweben über den Brahmaputra, der jetzt im Frühling kaum Wasser führt, und ich erkenne die ersten Dörfer. Jetzt müsste man eigentlich Gebetsfahnen im Wind flattern sehen und den Rauch von Yakmistfeuer riechen, denke ich beim Aussteigen. Aber stattdessen erwarten uns Chinesen in ihren einfachen, schmucklosen Uniformen. Da – inmitten dieser militärischen Eintönigkeit – plötzlich ein Gesicht: scheu, freundlich, vertraut, tibetisch. Es ist Thündrub Drölma, die jetzt fünfundvierzigjährige Frau meines alten Freundes Wangdü Scholkhang.

Zögernd gehen wir aufeinander zu. Leise frage ich die zurückhaltende Tibeterin, ob ich wie früher Drölma-la sagen dürfe oder ob ich sie nun mit Frau Scholkhang ansprechen müsse. ›Nein, nein, für dich bin ich doch die Drölma von früher‹, sagt sie schnell, aber ich spüre, es ist nicht mehr wie früher. Während wir tibetisch sprechen, kommt einer unserer chinesischen Begleiter, ein so genannter Nationaler Führer aus Peking, und fährt mich an, dass ich, sollte ich etwas brauchen, mich an ihn zu wenden habe. Aber ich höre ihn kaum. Ich suche bei Drölma nach der Anmut der Bewegungen, der Fröhlichkeit und Unbeschwertheit, die ein so typisches Merkmal der jungen Tibeterinnen gewesen waren, aber ich finde nur Ernst und Resignation.

Ihr Großvater war der große Tsarong gewesen, der mit dem XIII. Dalai Lama für die Öffnung Tibets zum Westen eingetreten war. Für ihn, den alten Helden, hatte es keine Zukunft mehr gegeben. Am Morgen des 14. Mai 1959, jenem Tag, an dem er am Fuß des Potala öffentlich vor das große Volksgericht gestellt und von seinen eigenen Dienern gedemütigt werden sollte, fand man ihn tot auf dem Lager in seiner Gefängniszelle. Er hatte den Tod freiwillig gewählt, indem er Diamantensplitter schluckte, die er, wie er mir einmal erzählte, in einem Säckchen immer an seinem Körper versteckt hielt. Der Tod bewahrte ihn vor der für ihn schlimmsten Demütigung und Ungerechtigkeit: vor dem öffentlichen Volksgericht stehen zu müssen.

Nachdem wir traditionsgemäß den weißen Glücksschal Kata zur Begrüßung getauscht hatten, fuhren wir in einem japanischen Kleinbus drei Stunden auf der holprigen Straße nach Lhasa, wo wir in Gästehäusern untergebracht wurden. Überall gab es die mit Sauerstoff gefüllten Ballons, die man vorsorglich wegen der großen Höhe bereithielt.«

Gleich am ersten Tag, es war später Nachmittag, kam ein gut aussehender Tibeter zu mir und fragte: »Erkennst du mich nicht, Henrig-la?« Ich stotterte ein wenig und sagte, dass immerhin dreißig Jahre vergangen seien und er mir helfen müsse. »Aber du hast mir das Leben gerettet, weißt du das nicht mehr?«, erwiderte er. Natürlich – jetzt erinnerte ich mich und redete ihn gleich mit Dschigme an. Es war der Sohn von Surkhang-Dzasa, dem ehemaligen weltlichen Außenminister Tibets, den Aufschnaiter und ich als Vorgesetzten hatten. Und dieser Sohn stand nun, Jahrzehnte später, leibhaftig vor mir. Er hatte Jahre in Gefängnissen und Konzentrationslagern zugebracht, war dann aber im politischen Tauwetter und dank seiner Englischkenntnisse Begleiter von Bergsteigern geworden. Zwei Jahre nach unserem Wiedersehen hörte ich, dass er mit seinem Motorrad bei einem Zusammenstoß mit einem Lastwagen tödlich verunglückte.

Bei den Besuchen in den verschiedenen Klöstern begleiteten uns Kommissare, versteckte Kameras bewachten uns, für jedes Foto musste man bezahlen, und alles war genau vorgeschrieben.

Einmal fand ich den Hinweis: »Hier ist das Fotografierverbot kostenlos.« Es ist bekannt, dass Touristen, wenn sie Bilder des Dalai Lama verschenkten, abreisen mussten, ebenso wie eine Schweizerin, die mein Buch bei sich hatte. Alte Mönche und Frauen erkannten mich, und immer wenn ich mich mit ihnen unterhielt, blieben junge Leute stehen und staunten, dass ich den Lhasadialekt sprach. Schließlich bekam ich meinen eigenen Nationalen Führer, denn die Gruppe hatte einen festen Plan, um möglichst viel zu sehen, während ich hauptsächlich Plätze besuchen wollte, wo ich als tibetischer Beamter gearbeitet hatte.

Mein Begleiter und ich setzten uns auf den Damm, den wir gegen das Hochwasser gebaut hatten, und versuchten, sachlich den Unterschied zwischen damals und heute zu diskutieren. Wie durchdrungen er von der politischen Schulung war, zeigt folgendes Beispiel: Er wollte wissen, wie viele Soldaten und Beamte der damaligen Tschiangkaischek-Regierung es denn in Lhasa gegeben hätte. »Nur einen Botschafter mit Sekretär, einen Koch und einen Funker«, gab ich zur Antwort. Nach Minuten des Schweigens meinte er: »Ja, dann waren die Tibeter damals noch freier, als sie es jetzt sind!« Bei jeder Gelegenheit machte ich ein Foto und versprach es ihm zu schicken. Wir wurden keine Freunde, aber er zeigte sich bemüht, mir meine Wünsche zu erfüllen: »Nenn mich Pau – das ist mein Name.«

Schwierig wurde die Suche nach meinem Bungalow neben dem großen Tsarong-Haus. Im früher freien Gelände standen nun viele kleine Häuser, aber im Laufe der Jahre hatten Journalisten und Freunde bereits nach meinem Wohnsitz gefragt. Deshalb führte uns ein älterer Mann durch enge schmutzige Gassen, dann legte er eine schwere Leiter an die Wand und verschwand. Ohne zu zögern, stieg ich als Erster auf das flache Dach und fotografierte zuerst das große Tsarong-Haus und dann meine Behausung. Als mein chinesischer Begleiter bereits neben mir stand, stürzte aus dem Tsarong-Haus ein gestikulierender Soldat heraus. Eingeschüchtert sagte ich zu Pau, dass wir besser gehen sollten, er winkte jedoch ab und meinte, ich solle den Mann ignorieren. Vielleicht hatten auch hier wie in Afrika die politischen Kommissare mehr Macht als das Militär. Ich hatte fotografiert, was ich festhalten wollte, und erzählte Pau, dass ich im verwahrlosten Garten Tsarongs nicht nur Blumen gepflanzt, sondern kleine Obstbäume »verheiratet« hatte, wie die Tibeter das Veredeln nannten. Außerdem hatte ich als Sensation hier den ersten Springbrunnen Tibets konstruiert. Wie in alle anderen schönen Adelshäuser hatten sich auch in meinen Bungalow chinesische Offiziere einquartiert. Vor dem großen Fenster, das mir gutes Licht zum Zeichnen der Landkarten gegeben hatte, stand kein Blumentopf, und so wollte ich nichts mehr sehen, um nicht meine schönen Erinnerungen zu zerstören.

Dieses traurige Bild fand seine Fortsetzung, als wir im Potala die kleinen Zimmer des Dalai Lama besuchten. Das Stahlrohrbett war im Gelb seiner Kirche gestrichen, und den Kalender hatte man mit dem Datum seines letzten Aufenthalts im Potala belassen. Bescheidener konnte der König eines Landes, das fast so groß wie Europa ist, nicht wohnen. Von der Terrasse mit den goldenen Dächern seiner verstorbenen Vorgänger hatte er mir zum Abschied 1950 zugewinkt, jetzt schaute ich hinunter auf ein Meer von hässlichen Wellblechdächern der Baracken und neuen Regierungsgebäude. Ich nahm von hier auch die Ruine der Medizinschule mit dem Tempel auf dem Tschagpori auf, denn die Besteigung des Eisenbergs war verboten. Ein Jahr später ersetzten die Chinesen die Ruine durch einen mächtigen Fernsehmast. Das ehemalige Gebäude unterhalb der Terrasse mit hunderttausend hölzernen Druckstöcken, mit denen man die dreihundert Bände der Heiligen Schrift herstellte, war fast hundert Spiel- und Bierhäusern mit roten Laternen gewichen, in denen sich die Soldaten der Besatzungsmacht amüsieren sollten.

Immer wieder fragte ich mich, ob ich mich in dem Lhasa und dem Tibet befand, das mir eine zweite Heimat geworden war. Was wohl aus der Familie meines treuen Dieners Nyima geworden war? Die erste Zeit, wusste ich, war es ihm mit Hilfe meines Gemüsegartens sehr gut gegangen.

Mit meiner Gruppe sah ich noch den verschont gebliebenen Kumbumstupa in Gyantse, musste aber leider feststellen, dass die sechzehn Klöster der verschiedenen Schulen in der tibetischen Form des Buddhismus verschwunden waren und die große potalaähnliche Burg in Schigatse einem Erdhaufen glich. Das sind nur zwei erschreckende Beispiele dafür, wie die Kulturrevolution ihre Politik durchzusetzen versuchte. Im Nachspann der Hollywoodverfilmung meines Abenteuers hat der Regisseur Jean-Jacques Annaud mutig festgehalten: »99 Prozent aller Sakralbauten wurden dem Erdboden gleichgemacht, und 1,3 Millionen Tibeter haben ihr Leben verloren.«

Den letzten Tag vor der Abreise nutzte ich, um noch einmal den Tsuglakhang, die größte Kathedrale der tibetischen Form des Buddhismus, zu besuchen. Herr Pau begleitete mich wieder, als wir, wie üblich, im Uhrzeigersinn auf dem Barkhor zum Heiligtum gingen. Nur die uniformierten Chinesen bewegten sich gegen den Strom. Alte Frauen begannen zu weinen, als sie mich erkannten, und baten, ihnen doch wie früher etwas von den tibetischen Objekten abzukaufen. Es gab ohnehin nur profane Gegenstände, darunter einen mit Gold- und Silberfäden verzierten flachen Bierkrug. Pau beobachtete interessiert die Szene, konnte aber kein Wort verstehen. Ich fragte ihn, ob ich dieses Gefäß kaufen könnte, ich würde es gerne für das Museum erwerben, und zudem wäre der armen Frau geholfen. »Natürlich kannst du es erstehen, aber du weißt ja, dass es dir bei der Abreise abgenommen wird.« Während der Woche, die ich ohne Pau auf der Rundfahrt nach Schigatse unterwegs gewesen war, hatte der eingefleischte Zynismus wieder vom Politiker Besitz ergriffen.

Auf dem Platz vor dem Tsuglakhang fehlte der einzige Baum der Stadt, die Weide, die die frommen Tibeter liebevoll als »Das Haar Buddhas« bezeichnet hatten, denn im Frühling, wenn die ersten hellgelben Blätter austrieben, bedeutete dies das Ende des kalten Winters. Vor dem Hauptportal streckten sich wie seit Jahrhunderten die Nomaden betend auf den glatt polierten Steinen aus, und im Inneren stand die Pilgerschlange, um die aus dem siebenten Jahrhundert stammende Statue des Dschomo Rinpotsche mit der Stirn zu berühren. Um dies alles zu besichtigen, musste man hundert Yuan zahlen.

Mit Herzklopfen hatte ich Drölma am Flughafen die für mich so wichtige Frage gestellt: »Ist Wangdü in Lhasa, und werde ich Gelegenheit haben, ihn zu treffen?« Fast dreißig Jahre waren vergangen, seit ich meinen Freund zuletzt gesehen hatte, aus zwei jungen, unbeschwerten Burschen waren ältere Männer geworden, die inzwischen viel erlebt hatten. Wie würde sich das Wiedersehen gestalten?

Es war ein mühsamer Weg über viele Behörden. Ich musste ein Gesuch an das Zweigbüro von Lüxingshe in Lhasa richten, die chinesische Touristenbehörde, und den Grund meines Wunsches angeben. Nach langem Warten, kurz vor meiner Abreise, bekam ich endlich den Bescheid: »Am Samstagabend um 19 Uhr können Sie ihn besuchen.« In einem russischen Jeep mit Chauffeur fuhr ich zum Kyitschu, an dessen Ufern Tubten Nyima, wie Wangdü jetzt hieß, wohnte. Ich war voller Freude und Unruhe, wie vor einem Abenteuer mit ungewissem Ausgang.

Ich stieg aus, es war sehr dunkel, und ich erkannte am Eingang eine Gestalt, die nun auf mich zukam und mich wortlos umarmte. Es war Wangdü, und Arm in Arm gingen wir in sein Haus. Leider waren wir nicht allein, denn außer Drölma hatte auch der Chauffeur an einem Tisch neben uns Platz genommen.
Nach den ersten schweigenden Minuten mussten wir beide lachen, als wir feststellten, dass jeder zum Lesen eine Brille brauchte. Der Bann war gebrochen. Ich fragte, ob wir noch Freunde seien, er bejahte, und wir tranken eine Tasse Buttertee miteinander. Zunächst tauschten wir unsere Erinnerungen aus, sprachen von dem sechstausend Meter hohen Mindrutsari, dem Hausberg von Lhasa, den wir zusammen bestiegen hatten. Wangdü rauchte wie früher eine Zigarette nach der anderen, während sein elfjähriger, einziger Sohn immer wieder frischen Buttertee einschenkte. Vorsichtig berührten wir die Politik, und er schil-

derte, dass es allen besser ging. Ich maßte mir nicht an, bohrende Fragen zu stellen, wusste jedoch, dass er sich von den Chinesen zu dieser Einstellung hatte bringen lassen und erstes tibetisches Parteimitglied der Autonomen Republik Tibet geworden war. Die Zeit der Kulturrevolution und Zerstörungen war auch für ihn schrecklich gewesen, und er erinnerte sich nicht gerne daran. Er versuchte mir begreiflich zu machen, dass Änderungen kommen mussten, »natürlich«, stimmte ich ihm zu, aber »von innen und nicht von außen«. Wir konnten keine Übereinstimmung erreichen, Wangdü glaubte, was er glauben wollte, und betrachtete den Andersdenkenden als Gegner. Ich wechselte das Thema und fragte ihn, ob wir nicht zusammen, jetzt, da wir beide frei seien, die von uns früher so ersehnte Tour zum unerforschten Brahmaputraknie machen könnten. Wangdü antwortete, das sei völlig ausgeschlossen, dazu brauchten wir erst eine Genehmigung eines höheren Beamten in Peking, und dort kenne er niemanden. Wangdü, der sich von der diktatorischen vaterländischen Dominanz der tibetischen Hierarchie befreit hatte, lebte heute nicht anders, nur war es jetzt die Vorherrschaft einer ausländischen Macht, der er unterstand.

Die Zeit verging wie im Flug, und mein Chauffeur begann unruhig zu werden. Ich schaute auf meine leere Teetasse, die nicht, wie früher Sitte, zum Abschied und für eine gute Wiederkehr neu gefüllt wurde, und verabschiedete mich von Wangdü in der Hoffnung, dass wir trotz aller politischen Gegensätze Freunde blieben. Einige Jahre später verständigte mich sein im Exil lebender Bruder von seinem Tod.

Schon früh am Morgen fuhr uns der Bus am Norbulingka und dem Kloster Drepung vorbei. Der Fahrer hielt auch nicht in Kyentsa Lupding, dem »Verabschiedungs- und Wiedersehensplatz«. Natürlich standen dort keine Zelte mehr, keine Polster lagen am Boden, und es gab auch keinen Tee. Niemand stand bereit, um uns eine weiße Glücksschleife um den Hals zu legen, damit uns die Götter schützten und wir gesund wiederkehrten.

Als wir die mehr als hundert Kilometer am Ufer des riesigen Yamdrok Yumtso entlangfuhren, dachte ich an jene Wochen in Lhasa vor dem Einmarsch der chinesischen Truppen zurück, als ein schweres Erdbeben die Tibeter verängstigte. Doch es hatte keinen einzigen Tempel zerstört, und nicht einmal der wolkenkratzerähnliche Potala hatte Risse bekommen. Es blieb menschlichen Händen vorbehalten, gelenkt durch politischen Hass und Fanatismus, fast alle religiösen Bauten Tibets zu vernichten. Unverändert geblieben sind die eisbedeckten Gipfel, die das Land auf dem Dach der Welt umgeben. Kein politisches System wird je den »Thron der Götter« zerstören können, und bis heute hört man in kalten Mondnächten die Wildgänse und Kraniche über Lhasa hinwegziehen. Ihr Flügelschlag klingt wie »Lha Gye lo« – »Die Götter werden siegen«. Inzwischen haben die Chinesen zur Erinnerung an die »friedliche Befreiung« Tibets auf dem Platz vor dem Potala ein siebenunddreißig Meter hohes Siegesmonument errichtet.

Im »Land des Drachen«

1982 starb meine Mutter. Seit dem Tod meines Vaters zwölf Jahre zuvor war sie viel unterwegs gewesen, um abwechselnd ihre vier Kinder zu besuchen. Sie flog im hohen Alter allein nach Neufundland, wo meine jüngste Schwester Ruth mit Bill Vetter, einem Computerfachmann an der Universität, verheiratet war und vier Kinder hatte. Mit dem Zug besuchte sie in Mannheim meinen zwölf Jahre jüngeren Bruder Josef, der ein Statikerbüro hatte. 1972 fuhren wir gemeinsam nach Mannheim, um bei seiner Einäscherung dabei zu sein. Peperl war bei einem Autounfall durch die Schuld eines rücksichtslosen Fahrers umgekommen. In Wien wohnte meine Schwester Lydia, die ihren Mann in Stalingrad verloren hatte und nun für ihre zwei Kinder sorgen musste.

In unserem Haus in Mauren hatte meine Mutter ihr eigenes Zimmer mit Türen, die zum Garten mit den vielen Rhododendren immer offen standen. Wenn ich in der Früh am Weg zum Schwimmbad vorbeikam, konnte ich sie beten hören. Dann sang sie recht und schlecht: »Die schönste Zeit im ganzen Jahr, das ist die Frühlingszeit, da wird das Herz so wunderbar durch die Natur erfreut.«

Wenn wir Mutter am Bahnhof abholten, stieg sie frisch und munter aus dem Waggon, und gleich dahinter reichten freundliche Männer mehrere gefüllte Taschen nach. Mit rotem Kopf sagte sie dann, dass während der langen Fahrt zufällig das Gespräch auch auf mich gekommen war, und stellte mich vor: »Das ist mein Sohn!« Im Hause angekommen, holte sie aus den Taschen Wacholderbeeren vom Zirbitzkogel und reichlich gewürztes hausgemachtes Sauerkraut, Äpfel, eine Flasche Himbeersaft und ein Glas mit Johannisbeergelee heraus. Wohl in der Annahme, dass es auf dem Lande im Fürstentum schwierig war, genug Essbares zu finden, hatte sie sogar Salat und das Kürbiskernöl mitgebracht. Dann nahm sie die Tasche mit Pflanzen, die in nasses Zeitungspapier eingeschlagen waren, und eilte in den Garten, um sie einzusetzen. Einmal brachte sie vom immergrünen Buchsbaum an meinem Geburtshaus einen Ableger mit, und dieses Zweiglein wuchs zu einem kleinen Lebensbaum, der heute hier in Knappenberg steht. Vom Garten kehrte sie erst spätabends zurück, denn sie hatte auf der Wiese sieben verschiedene Zutaten für den Salat geholt; ich kann mich noch an Augentrost, Spitzwegerich und Sauerampfer erinnern. Sie sagte dazu: »Jetzt hat der liebe Gott seine Apotheke aufgemacht!«

Mutter blieb nie lange, es fehlten ihr die Glaubensgeschwister, und sie meinte, im Garten am Geburtshäuschen gäbe es auch Arbeit. Sie war stets sanft und freundlich, nur einmal erlebte ich sie erregt, als ich ihr vorschlug, das Geburtshaus in Hüttenberg zu verkaufen und das Geld für ihre geliebten Reisen zu verwenden. »In zwei Weltkriegen hat dieses Häuschen mehreren Familien das Leben gerettet, nie würde ich es hergeben!«, war ihre Antwort. Viele Bekannte behaupteten, ich sei meiner Mutter sehr ähnlich, die Reiselust habe ich auf jeden Fall geerbt.

Für die Rückreise hatten wir ihr wie so oft einen leichten Koffer mitgegeben, aber als sie im April 1982 zu uns kam, hatte sie wieder nur Taschen dabei. Sie zeigte mir eine Illustrierte, die sie auf der Reise gelesen hatte. Es waren Bilder der Gartenschau auf der Insel Mainau, die sie gerne sehen wollte. Dazu kam es nicht mehr, nach Herzversagen wurde sie mit der Rettung ins nahe Krankenhaus Feldkirch gefahren, wo wir sie am nächsten Tag auf der Intensivstation besuchten. Sie erkannte die Blumen der Urenkel, die sie sich gewünscht hatte, aber sie konnte die Freude nicht mehr zeigen. Sie verstarb am 8. Mai 1982 mit dreiundneunzig Jahren. Wir beerdigten sie in Graz neben ihrem Mann. Das Grab wurde später aufgelöst, und der Stein liegt jetzt auf dem kleinen Friedhof in Hüttenberg, wo auch ihre Eltern und Geschwister einmal ein Kreuz hatten.

Nach meinem siebzigsten Geburtstag begann ich meine Forschungsreisen einzuschränken. Mein Leben, das ich organisch, Schritt für Schritt aufgebaut hatte, musste nun im gleichen Rhythmus zurückgegangen werden. So wie der Dalai Lama einmal zu mir sagte: Man kann nicht aus dem Parterre ins zehnte Stockwerk springen, und umgekehrt, würde man zehn Stockwerke hinunterspringen, bliebe kein Knochen heil. Die regelmäßigen Fernsehsendungen neigten sich dem Ende zu. Meine Reisen verliefen jetzt ohne großen körperlichen Einsatz und hatten keinen Expeditionscharakter mehr.

Schon immer hatte ich das Königreich Bhutan genauer kennen lernen wollen, das mit der besonders schönen Architektur seiner Häuser, den eisbedeckten Bergen, Klöstern und Menschen ein riesiges Betätigungsfeld bot. 1982 und in den Jahren darauf reiste ich immer wieder ins »Land des Drachen«, und schließlich schrieb die einzige Zeitung der Hauptstadt Thimpu, dass ich Bhutan besser kennen würde als die Einheimischen. Trotzdem ist der Funke nicht übergesprungen wie bei anderen Ländern, deren Sitten und Gebräuche mich faszinierten und die Seiten meiner Tagebücher füllten. In Bhutan ist alles stets gut organisiert, die Quartiere sind sauber, und die Träger verweigern selbst auf abgelegenen Trekkingrouten nie die Arbeit. Dafür sind sie teuer, man muss im Voraus bezahlen, und Rucksacktouristen, die sich selbst versorgen, erhalten kein Visum. Damit schützt das kleine Königreich zwar konsequent seine kulturellen und natürlichen Reichtümer, aber der Besucher wird auf Schritt und Tritt von Verboten begleitet, die ihm die Freiheit und Unbefangenheit nehmen. Der Charme des Landes verliert an Liebenswürdigkeit. Aber der Tourist ist an dieser Entwicklung selbst schuld, wenn er rücksichtslos mit Tonband und Blitzlicht durch die Reihen der im Gebet versunkenen Mönche geht und egoistisch seine Neugierde befriedigt. Im Stephansdom in Wien würde er nie bei einer Messe zum Altar gehen, um von der Monstranz eine Nahaufnahme zu machen. Auf sieben Bhutanbesuchen hatte ich zuvor ohne Schwierigkeit von allen wichtigen

Schreinen und Tempeln Bilder machen können, und danach, als ich Freunden diese Schönheit zeigen wollte, war die Enttäuschung groß, wenn wir keinen Zutritt bekamen.

Im Frühjahr 1983 reiste ich nach Bhutan, um das große Thangkafest in Phari zu erleben und im Film festzuhalten. Aus der Zeitung erfuhr ich, dass König Leopold von Michael de Bakey in Houston erfolgreich am Herzen operiert worden war. Zurück in Liechtenstein, erreichte mich Anfang September dann eine Einladung aus d'Argenteuil, und obwohl mein Kalender mit Terminen ausgefüllt war, ließ mich eine Ahnung und die Sorge um den König alles über den Haufen werfen, und ich reiste sofort nach Belgien. Es war wie immer, wir studierten Landkarten, betrachteten Fotografien und frischten alte Erinnerungen auf. Leopold schien genesen zu sein, und so fragte ich auch nicht, wie die Operation verlaufen war. Wie so oft überreichte er mir auch diesmal ein Säckchen mit Walnüssen. Auf einer Reise in die Nieder-Ardennen viele Jahre zuvor hatte man ihm einen Nussbaum geschenkt, der als Besonderheit so genannte »Papiernüsse« trug, deren dünne Schale man durch einfaches Drücken in der Hand brechen konnte und die fast doppelt so groß waren wie die Nüsse in meiner Heimat. Es war ein Tag der tiefen Verbundenheit, und beruhigt reiste ich wieder nach Hause.

Weniger als zwei Wochen später rief uns Jean-Pierre Gosse aus Brüssel an, um uns mitzuteilen, dass König Leopold in der Nacht seinem Herzleiden erlegen sei. Es war der 25. September 1983. Wie dankbar war ich, dass ich meiner Eingebung gefolgt war und meinen Freund noch ein letztes Mal gesehen hatte.

Im Herbst planten Carina und ich wieder eine Bhutanreise und hatten unseren Freund und Hausarzt Hermann Beilhack eingeladen, uns zu begleiten. Wir landeten auf dem Militärflugplatz Bagdogra, den die Alliierten im Zweiten Weltkrieg gebaut hatten, um über den Himalaja direkt nach China zu fliegen und Tschiangkaischek gegen die Japaner zu unterstützen. In diesem

Zusammenhang hatte Präsident Franklin Delano Roosevelt 1942 eine Mission unter Leitung von Ilia Tolstoj nach Lhasa entsandt, um von der tibetischen Regierung die Erlaubnis zu bekommen, über Tibet nach China zu fliegen. Die Tibeter gestatteten nur Hilfsgüter und nicht den Transport von Waffen. Tolstoj brachte dem siebenjährigen Dalai Lama als Gastgeschenk eine Patek Philippe mit Daten und Mondphasen mit. Wie immer wollte Seine Heiligkeit das Innere erforschen. Was bei anderen Uhren zu reparieren gelungen war, scheiterte diesmal am komplizierten Uhrwerk, und nur die Herstellerfirma in der Schweiz konnte helfen. Ilia Tolstoj habe ich später in New York getroffen, wo er mir einige seiner Lhasafotos schenkte.

Für die Fahrt von Bagdogra nach Darjeeling sollte man möglichst kein Taxi nehmen, sondern rechtzeitig die Plätze für die Schmalspurbahn reservieren. Die Dampflok muss unterwegs mehrmals mit Holz und Wasser versorgt werden und kreuzt die Autostraße mindestens fünfzigmal. Manchmal muss der Lokführer auch anhalten, weil ein Elefant auf dem Gleis steht. Die Hälfte der Strecke führt durch ausgedehnte Teegärten, und wenn der Zug die Höhe von zweitausend Metern erreicht hat, kommt man am ersten lamaistischen Kloster, Ghoom, vorbei, dahinter die alles überragende Kulisse des Kangtschendzönga.

Einmal hatten wir mit Senator Günther Klinge im großen Mount-Everest-Hotel in Darjeeling an Neujahr übernachtet, nachdem er einem tibetischen Medizinzentrum Pillendrehmaschinen geschenkt hatte. Wir saßen im ungeheizten Speisesaal vorzugsweise am offenen Kamin, wurden vorne gebraten und froren am Rücken. Mein Freund bestellte zur Feier die beste Flasche französischen Rotweins mit der üblichen Bemerkung »Zimmertemperatur bitte«. Der Kellner befolgte den Wunsch, aber den teuren Wein konnten wir bei höchstens acht Grad Zimmertemperatur nicht genießen.

Seither wohne ich lieber im kleinen Windermere Hotel. Es ist ein Traditionshaus und so alt wie seine Besitzerin Mrs. Thündrub, die ihren neunzigsten Geburtstag kurz vor unserer Ankunft gefeiert hatte. Ohne zu fragen, bekommt der Gast eine wärmende Gummiflasche in das Bett der ungeheizten Zimmer gelegt und einen Nachttopf, um sich den langen kalten Weg zur Etagentoilette ersparen zu können. Es ist ein Hotel im alten englischen Stil, wo man pünktlich zum Abendessen erscheinen muss. Das Gästebuch enthält Namen und Skizzen von berühmten Besuchern, die aus der Sommerhitze Indiens zur kühlen Bergstation geflüchtet waren.

Einen Besuch statteten wir Miss Wisdom ab, die früher den Planters Club geführt hatte. Die liebenswerte ältere Dame schenkte ihre ganze Zuneigung einer Meute von Hunden, die kläffend um sie herumsprang. Es waren vor allem Promenadenmischungen, aber mir hatte sie vor Jahren einen reinrassigen Tibetterrier-Rüden mit dem Namen Karma geschenkt. Er hatte ein so langes Fell, dass man sich wunderte, dass er überhaupt etwas sehen konnte. Diesmal konnte ich ihr berichten, dass Karma einen weiteren Spielgefährten bekommen hatte. Zu meinem fünfundsiebzigsten Geburtstag hatte mir Axel Thorer einen Welpen des rhodesischen Ridgeback geschenkt, den er aus Kenia mitgebracht hatte. Ich gab ihm in Erinnerung an unsere gemeinsame Durchquerung Afrikas den Namen Stanley. Wir hatten bereits einen schwarzen Neufundländer und als Gegenstück einen weißen Pyrenäen-Schäferhund, dazu Karma und einen goldgelben Apso, aber wer kann schon einem Hündchen widerstehen, außerdem hatten wir ein eingezäuntes großes Grundstück.

Carina und ich teilen die Liebe zu Hunden, und ein Tierarzt bemerkte einmal, er wäre gern Hund bei Harrers. Ich wurde Mitglied im österreichischen Tibet-Hunde-Klub und hatte die Aufgabe, passende tibetische Namen für Welpen zu liefern. Prominenteste Züchterin war die amerikanische Kunstsammlerin Peggy Guggenheim, die um Namen für ihre Apsos bat, welche mehrfach prämiert wurden.

Die Fahrt nach Sikkim war nur in alten Jeeps möglich. Es sind fast zweitausend Höhenmeter Talfahrt auf engen kurvenreichen Straßen, anfangs durch die steil angelegten Teeplantagen, dann folgen Laubwälder, in den Randgebieten neuerdings auch künstlich angepflanzte Bäume zur Gewinnung der gegen Malaria unentbehrlichen Substanz Chinin. Am Straßenrand saßen Frauen, die mit kräftigen Prügelschlägen die Rinde vom Holz lösten. An der großen modernen Hängebrücke über den Tistafluss wurden unsere Papiere kontrolliert, was lange genug dauerte, um Tee zu trinken und kiloschwere reife Papayas zu kaufen. Flussaufwärts mussten wir wegen entgegenkommender Militärkonvois immer wieder warten. 1975 waren indische Truppen nach Sikkim einmarschiert, hatten die Monarchie abgeschafft und das Land zum zweiundzwanzigsten Bundesstaat der Indischen Union erklärt.

In der Hauptstadt Gangtok wurden wir von der Königsfamilie eingeladen, und Coocoola und Carina begegneten sich zum ersten Mal. Auch Coocoolas erwachsene Söhne lernten wir kennen. Beim Bogenschießen im Park des Palastes war der Kronprinz der Beste, für mich war er bereits die dritte Generation, die ich erlebte, denn auch Coocoolas Vater hatte ich gekannt. Auf der anderen Talseite besuchten wir noch Rumthek, das größte Kloster Sikkims, wo mit besonderer Erlaubnis der goldene Stupa des gerade verstorbenen Karmapa Rinpotsche mit seinen reichen Votivgaben vorgezeigt wurde.

Für mich war alles nostalgische Vergangenheit. Auch meine Freunde, denen der Vergleich fehlte, schienen zufrieden zu sein, aber ursprünglich hatte ich ihnen die Menschen und die Landschaft zeigen wollen, von der ich so schwärmte – nun aber fehlte der Charme. In Gangtok hatte man hässliche große Hotels gebaut, die Straßen waren gefüllt mit Bussen und Militärfahrzeugen, und meine alten Sikkim-Freunde hatten keine Zeit, weil sie »very busy« waren.

Als wir Gangtok verließen, zeigte sich, dass seit dem Anschluss Sikkims an die Indische Union manche Neuerung durch die Nepali und Inder positive Veränderungen gebracht hatte. Die Straße war auf beiden Seiten von Plantagen des hier heimischen Kardamom gesäumt, und an den schilfartigen Stauden erkannte man die dunklen Fruchtkapseln des teuren Gewürzes. Da Kardamom zur Gattung der Ingwergewächse zählt, braucht man es wegen des brennend würzigen Geschmacks für das Weihnachtsgebäck, und es ist für Lebkuchen unentbehrlich. In der englischen Sprache heißt das Gebäck auch »Gingerbread«, Ingwerbrot, bei uns wird es Pfefferkuchen genannt.

Plötzlich mussten wir anhalten und konnten nur im Schritttempo weiterfahren, denn auf Hunderten von Metern war die Hälfte der Straße mit Bergen von Ingwerwurzeln bedeckt. An den steilen Hängen des Tistatals hatten sich die Bauern auf den »echten Ingwer« spezialisiert, und nun kamen die indischen Großhändler mit Lastwagen, um die scharf schmeckende Wurzel abzuholen. Auf dem Weltmarkt ist Ingwer nicht nur als Medizin und zum Backen, sondern auch kandiert und als Gingerale gefragt.

Sikkim lag hinter uns, und nun fuhren wir durch die Teegärten Assams zur bhutanischen Grenzstation Püntsoling. Durch einen riesigen Triumphbogen mit Drachenbildern drängten sich Inder und Bhutaner ohne Kontrolle über die Grenze. Der Tourist muss sich gedulden, bis alle Papiere geprüft sind; das erledigt der Reiseführer, während die Gäste Tee trinken. Der erste Weg führte zum Postamt, denn die Vielfalt der Marken ist ohnegleichen. Erst nach wenigen Kilometern bemerkte man, dass man sich in einem buddhistischen Land mit Stupas und Tempeln befand. Der Drache war überall zu sehen, selbst auf der gelben Nationalflagge. Die Staatsreligion Drukpa Kagyu ist eine der vielen Schulen im Buddhismus, wobei Druk, der Drache, dem Land seinen Namen, Druk Yül, gegeben hat. Wir waren also im »Land des Drachen«, dem letzten buddhistischen Königreich im Himalaja, angekommen.

Die Fahrt mit dem Kleinbus in die Hauptstadt Thimpu dauerte den ganzen Tag, und die Höhe von zweitausendfünfhundert Metern war nach der Hitze Indiens eine Wohltat. Im Stadtzentrum kann man im Swiss Coffee Shop ein Sandwich oder Schwarzwälder Kirschtorte essen, denn der Patissier hatte seine Backkunst in der Salzburger Gastronomieschule erlernt. Sonntags war

Markttag, und Gemüse und Früchte wurden in großen Mengen angeboten; nur am Fleischstand sollte man vorbeieilen, denn die vielen Fliegen können den Besucher zum Vegetarier werden lassen. Typisch ist ein Mann mit einem schweren Kasten auf dem Rücken, dessen Inhalt er nach und nach preisgibt. Unzählige Seiden- und Brokattücher werden wie Kleider abgewickelt, und zum Vorschein kommt ein Traschi Gomang, frei übersetzt: ein Glückskasten mit vielen Türen. An den vier Seiten werden die Türen an Scharnieren aufgeschwenkt, dahinter sind bunte Götterbilder und Votivgaben zu sehen, dann öffnet der Mann mit spitzen Fingern weitere kleinere Türen, und zum Schluss verwendet er einen kleinen Haken, um zum Zentrum zu gelangen, wo seine persönliche Gottheit aus Bronze sitzt. Die Menge schaut fasziniert zu, berührt den Kasten mit der Stirn und legt Geld davor. Im ganzen Land gibt es nur wenige dieser Schreine, die alle bekannt sind. Ich habe zwanzig von ihnen gesehen und musste manchmal den ganzen Tag marschieren, um den Besitzer zu treffen, der auf dem Feld arbeitete und nur zu bestimmten Festen sein Traschi vorzeigte.

Bhutan muss man mindestens zweimal besuchen: im Frühling, während der Kirschblüte, und im Herbst. Im Frühjahr sieht man die blühenden Obstgärten und erlebt das berühmte Fest in Paro, aber die Luft ist vom Rauch der Düngerfeuer auf den Feldern nicht so klar wie im Herbst. Im Laufe der Jahre habe ich viele heiße Quellen gesehen und auf einer Landkarte eingetragen. Sie zeigt die Bruchlinie im Himalaja, wo sich durch tektonische Verschiebung die Erdoberfläche öffnet. In Bhutan wurde ich von Mönchen angewiesen, mich zuerst mit Seife zu waschen, bevor ich in eins der Bassins stieg. Manchmal gibt es unterhalb des Beckens für Menschen ein größeres für die Reit- und Tragpferde, wo man ihnen die Wunden auf dem Rücken auswaschen kann. Zur Stärkung bekommen sie anschließend eimerweise das salzige heiße Quellwasser, vermischt mit Gerstenmehl.

In den ersten Jahren nach der Öffnung Bhutans für den Tourismus wurde eine Straße von West nach Ost gebaut, aber immer musste man die vierhundert Kilometer wieder zurück zum Ausgangsort fahren. Das war vor allem in der Monsunzeit schwierig, wenn durch häufige Erdrutsche die Fahrt länger als geplant dauern konnte. Heute ist es sehr viel leichter, denn eine gute Straße führt vom östlichsten Dzong Traschigang direkt zum indischen Flughafen Gauhati. So gewinnt man Zeit und kann zum Beispiel den schönsten aller Stupas Bhutans, den Tschörten Cora, im Norden besuchen. In Dogsum verlässt man die Hauptstraße und fährt über viele Serpentinen nach Nordosten. Am Anfang versäume ich nie, meinen Freunden die Kettenbrücke zu zeigen, die ich vor Jahren entdeckt hatte. Es ist wohl die letzte Brücke Thangdong Gyalpos, die bis heute, fünfhundert Jahre später, benutzt wird. Es bleibt ein Rätsel, wie es ihm damals gelang, die Kettenglieder zu schweißen und das Eisen so zu behandeln, dass es nicht rostete.

Der Cora Stupa steht frei im Gelände, und wir picknickten auf einer Wiese davor neben dem tobenden Gletscherbach, umgeben von bunten Cosmäen, der häufigsten Blume Bhutans. Von kleinen Bächen werden Gebetsmühlen bewegt, und bei jeder Umdrehung erklingt eine Glocke. Ein Wasserstrahl verschwindet in einer niedrigen Hütte, wo ein Mann an einer Drechselbank sitzt. Er ist der Einzige seines Fachs, den ich im Himalaja angetroffen habe. Die Teeschalen aus Birkenholz geben wenig Arbeit, aber am Boden liegen die kropfartigen Auswüchse von Laubbäumen, die beim Drechseln nur selten ganz bleiben. Eine Schale mit viel Maserung bringt ein Vielfaches an Gewinn. Hochrangige Mönche wie auch Adelige wickelten in Lhasa kostbare Schalen in Seidentücher, und zu ihrem Schutz auf der Reise kamen sie in fein bearbeitete Metallbehälter.

Nicht weit im Norden von Cora hat man ein Schutzgebiet für die letzten hundert Schwarzhalskraniche eingerichtet, denen es am Yamdrok Yumtso durch den Bau eines Elekrizitätswerkes zu unruhig geworden war. Zweimal im Jahr kommen die Zugvögel hierher. Im Winter harrt ein Team von Helfern unter der Leitung eines erfahrenen Vogelkundlers wochenlang in der Tarnung aus, um sie zu registrieren, denn die Schwarzhalskraniche sind äußerst scheue Vögel. Wenn die Forscher endlich einen Kranich im Netz haben, erhält dieser auf den linken Flügel einen roten Farbklecks und einen mit eingravierter Nummer versehenen farbigen Ring am rechten Fuß. Mit dem Fernglas können die Beobachter später seinen Weg verfolgen.

Es hatte zu regnen begonnen, und die zweitausend Meter Abfahrt wurden zum Abenteuer. Im Schlamm mussten wir den Wagen immer wieder anschieben, aber das war immer noch besser, als im schleudernden Fahrzeug sitzen zu bleiben. Spät am Abend erreichten wir doch noch unser Quartier in Traschigang, was schon einem glücklichen Zufall gleichkam.

Wir hatten einen bhutanischen Studenten gebeten, uns zu begleiten und manches zu erläutern. Nun kam er mit der Bitte seines Direktors, in der von Jesuiten geführten Schule zu sprechen. Das erste bhutanische College in Kanglung wird als Internat im englischen Stil geführt und gab mir die Gelegenheit, einige Fragen über die Sprache zu klären. Meist konnte ich mich mit meinem Lhasa-Tibetisch gut verständigen, aber es kam vor, dass man erklärte, nur Dzongkha und nicht Tibetisch zu sprechen. Der Sprachlehrer erzählte, dass es in der Regierung Versuche gegeben hatte, Dzongkha als Nationalsprache einzuführen; die Schrift aller heiligen Bücher sei jedoch ausschießlich Tibetisch. Nebenbei bedankte er sich für die von mir entworfene Schreibmaschine mit tibetischen Buchstaben, sie sei unentbehrlich.

Obwohl es immer enge familiäre Bindungen zwischen Lhasa und Thimpu gegeben hatte, herrschte auch eine gewisse Rivalität. Nach dem Einmarsch der Chinesen in Tibet wurde, um die Besetzung Bhutans zu verhindern, der Unterschied besonders betont. Die viertausend Tibeter, die ins Land des Drachen geflohen waren, mussten sich entscheiden, Bhutaner zu werden oder das Land wieder zu verlassen.

Die Bhutaner leben zufrieden im idealen Einklang mit der Natur, alle wesentlichen Dinge zum Leben gibt es im eigenen Land. Keiner hatte je Hunger leiden oder frieren müssen. Bhutan zählt nur zu den ärmsten Ländern der Welt, weil der Lebensstandard nach Bargeldtransaktionen bestimmt wird. In Bhutan ist jedoch immer noch überwiegend Tauschhandel mit lokalen Produkten üblich. Das Land brauchte auch kein Medium zur Selbstfindung, denn allein die einmalige Architektur der Festungen und Klosterburgen ist Beweis für die jahrtausendealte Kultur. Verlässt man in Bhutan ein Dorf mit seinen Bauern und Mönchen, dann nimmt man die Erfahrung mit, dass Lebensfreude und Genügsamkeit keinen Pessimismus aufkommen lassen. So sind die Bhutaner reiche Menschen, obwohl sie in den Statistiken unserer westlichen Welt ganz unten stehen.

Im Herbst 1988 begleitete mich wieder einmal Ernst Skardarassy, der Besitzer eines exklusiven Skihotels am Arlberg, mit dem ich bereits vor dem Krieg an Abfahrtsläufen wie dem Kandaharrennen in Sankt Anton teilgenommen hatte. Er war ein Jahr älter als ich, ging seinen eigenen gleichmäßigen Rhythmus und war nie der Erste und nie der Letzte am Tagesziel. Mit dabei waren sein Neffe Franz Moosbrugger und dessen Freund Gert Rainer. Wir schienen eine harmonische Gruppe zu sein, der sich noch Lois Anwander und das Schweizer Ehepaar Staempfli anschlossen. Auch kräftemäßig sollten wir gut zusammenpassen. Allerdings erweist sich die Höhe von fünftausend Metern als magische Grenze für jemanden, der zum ersten Mal in den Himalaja geht, und die ungewohnte Ernährung, das Schlafen im engen Zelt und die raschen Wetterwechsel tun ihr Übriges.

Wir waren schon einige Tage marschiert, und ich hatte meinen Freunden mehrmals geraten, auch bei bedecktem Himmel dunkle Brillen und Hut zu tragen, und sie aufgefordert, ab und zu ihren Puls zu kontrollieren. Wir hatten einen langen Weg vor uns, der über den Karakadungpass führte. Im Schutz eines riesigen Felsblocks unterhalb des Passes, in viertausendneunhundert Meter Höhe, biwakierten wir. In der Nacht schneite es, und das Verstauen der nassen Zelte am nächsten Morgen brauchte einige Zeit. Etwas verspätet begannen wir am Montag, dem

3. Oktober, den Aufstieg. Die Felsplatten und der Schotter waren von Schnee bedeckt, aber mit den ersten Sonnenstrahlen erreichten alle den 5040 Meter hohen Pass. Etwas tiefer, wo kein Schnee mehr lag, rasteten wir zwischen Azaleen, Enzian und Edelweiß, die auch jetzt noch in großer Vielfalt blühten. Nichts schien das Unglück anzudeuten, das über uns schwebte – vielleicht die Bemerkung von Franz, dass er in der Nacht zwei Schlaftabletten genommen hatte. Er marschierte wie alle anderen und blies am Abend im Lager am Potschufluss seinem Onkel Ernst wie an den Tagen zuvor mit dem Mund die Luftmatratze auf.

Am Morgen des 4. Oktober ging es Franz sehr schlecht. Er konnte kaum sprechen, seine Beine knickten ein, und wir versuchten, ihn auf unseren einzigen Reit-Yak zu setzen, um ihn zum tiefer gelegenen Lagerplatz Tarena zu bringen. Ich dachte zunächst an Sonnenstich und Höhenkrankheit und versorgte ihn mit Medikamenten. Jetzt erst erzählte mir Rainer, dass Franz gerade eine leichte Grippe oder Verkühlung überstanden hatte. Anstatt mit körperlichen Reserven war er in geschwächtem Zustand mitgekommen, im Glauben, dass er es schon schaffen würde. Leider war dem nicht so. Es ging ihm immer schlechter, und wir mussten handeln. Zwei unserer bhutanischen Begleiter marschierten los, um den Arzt zu holen, der in einer Gruppe vor uns dieselbe Route ging. Einer der beiden sollte sofort zur Militärstation in Lhedi weiterlaufen, um einen Hubschrauber anzufordern.

Die Nacht über wachten Ernst und ich abwechselnd an seinem Lager. Um Mitternacht richtete ich ihn ein wenig auf, gab ihm eine Maissuppe zu trinken, lobte ihn und streichelte über sein Haar. Lois kam dazu, und wir richteten die verschobene Matratze zurecht. Seine Lippen waren trocken, sein Atem schwer, seine Augen meist geschlossen. Ein einziges Mal, als ich ihm zu trinken gab, öffnete er kurz die Augen und lächelte.

Ich wollte nicht untätig sein und tat etwas vollkommen Unsinniges: Ich wollte wissen, was aus dem Hubschrauber geworden war, und machte mich am Morgen in Richtung Militärstation auf den Weg. Immer glaubte ich Hubschraubergeräusche zu hören, doch leider gab es die nur in meiner besorgten Fantasie. Es war Mittwoch, der 6. Oktober. Nach Stunden mühsamen Aufstiegs durch dichten Wald erreichte ich die offene Landschaft. Die Felder waren abgeerntet, und auf dem Hof traf ich lediglich einen betenden Mönch an, die Bauern waren bereits zu tiefer gelegenen Plätzen gezogen. Ich ging wieder zurück zu Franz und Ernst und verfehlte zu allem Unglück den Weg. Das Wetter war schlecht, es hatte die ganze Nacht geregnet, und ich kam zwischen Geröll und Schlamm nur sehr schwer voran. Bei all der Mühe sagte ich zu mir: »So, Heinrich, das sind die letzten Kilometer deines Lebens, die du in der dünnen Luft im Himalaja gehst. Das machst du in Zukunft nicht mehr!« Das gab mir die Kraft, wieder das Lager Tarena zu erreichen.

Ich sah Ernst an, was geschehen war, wir umarmten uns und saßen stundenlang neben dem toten Freund. Gegen zwei Uhr morgens kehrte einer der Bhutaner zurück und sprach von »bad luck« – den Doktor habe er nicht mehr getroffen, und der Helikopter konnte wegen des schlechten Wetters nicht starten.

Am Vormittag des 7. Oktober hatte sich das Wetter so weit gebessert, dass der Helikopter der Indian Airforce starten konnte. Um elf Uhr landete er bei uns, und die Leiche von Franz wurde in zwei Schlafsäcke gehüllt und eingeladen. Ernst und Gert flogen mit, und nach und nach transportierte der Helikopter auch uns nach Thimpu. Nach dem dritten Flug am nächsten Tag waren wir alle wieder beisammen. In einem offenen Zelt im Park unterhalb unseres Hotels stand ein einfacher Holzsarg, umgeben von sechs rot gewandeten Mönchen, die Butterlampen anzündeten und ihre Gebete sprachen. Ich war gerührt und bedankte mich bei den frommen Mönchen. Ich empfand, dass hier der ökumenische Gedanke ohne viel Worte in die Tat umgesetzt wurde. Für Ernst begannen die Formalitäten, die erfüllt werden mussten, um die Leiche nach Europa zu transportieren. Dank der Unterstützung des österreichischen Botschafters in Neu-Delhi konnten Gert und Ernst mit dem Sarg nach Hause fliegen.

In meinem langen Leben habe ich so manches Unglück mit tödlichem Ausgang erlebt. Hermann Buhl und Fritz Kasparek waren Kletterpartner von mir, beide stürzten mit brechenden Wächten ab. Im März 1936 starb Franz Kulterer vor meinen Augen durch einen Sturz auf den Fels bei einem Abfahrtsrennen am Hochreichart, sein älterer Bruder Ludwig stürzte später am Montasch in den Julischen Alpen zu Tode. Der italienische Abfahrtsläufer Sertorelli starb neben mir, nachdem er am Kreuzeck in Garmisch-Partenkirchen gegen einen Baum gefahren war; Sturzhelme waren unbekannt. Nie aber ist mir etwas so nahe gegangen wie der Tod von Franz Moosbrugger, und oft gehen meine Gedanken zurück zu jener Nacht im Himalaja, in der ich mit seinem Onkel Ernst am Sterbelager wachte.

Ich erinnere mich an Alfred Wegener, der von einer Expedition nicht mehr zurückgekehrt war. Bei ihm fand ich die geistige Einstellung, dass man etwas unternimmt, das zunächst unmöglich erscheint, vorbildlich. Als Expeditionsleiter darf man nie den Optimismus erlahmen lassen, sondern muss stets die Vortäuschung der positiven Wirklichkeit nähren, damit die Teilnehmer nicht zaghaft werden, denn das kann zur Ursache von Unglücken werden. Der ungeübte Begleiter verlässt sich auf die Erfahrung des Expeditionsführers und unterliegt dessen Ausstrahlung von Sicherheit. Alfred Wegener besaß diese Eigenschaften in hohem Maß und hat mit seinen Berichten das Abenteuer der Naturwissenschaften für den großen Leserkreis von Reiseliteratur erschlossen.

1953 hatte ich in Paris den französischen Polarforscher Paul-Emile Victor kennen gelernt, der mir den Ablauf der letzten Grönlandexpedition von Alfred Wegener erzählte, denn Victor war zwanzig Jahre später mit klopfendem Herzen genau dort im Eis gestanden, wo früher die Forschungsstation Wegeners ihren Platz hatte. Als Leiter der Expedition hatte Wegener im November 1933 das Überwintern seiner drei Mitarbeiter in der Station »Eismitte« vorbereitet und war mit dem einundzwanzigjährigen Eskimo Rasmus Villumsen losgezogen, um sie mit Lebensmitteln zu versorgen. Gemeinsam hatten sie in der Station »Eismitte« seinen fünfzigsten Geburtstag gefeiert, und bei minus fünfzig Grad nach nur einem Rasttag war Wegener mit seinem treuen Eskimo wieder aufgebrochen. Ein letztes Foto der in Pelze vermummten tapferen Männer wurde gemacht, bevor sie sich auf den vierhundert Kilometer langen Rückmarsch zur Station an der Westküste aufmachten. Dort sind sie nie angekommen.

Ladakh – Klein Tibet

Am 27. Oktober 1986 fand in Assisi das Friedenstreffen aller großen Weltreligionen statt. Der Dalai Lama war eingeladen, und es war sicher kein Zufall, dass er an der Seite von Papst Johannes Paul II. saß.

Als er 1988 zu Vorträgen und Treffen mit Politikern in Bonn und Köln nach Deutschland kam, durfte ich ihn begleiten. Dabei besuchten wir auch das Wohnhaus Konrad Adenauers und ließen uns von seinem Sohn die Räume zeigen. Ein besonderer Wunsch des Dalai Lama war es, ein Kloster in der Region zu sehen, und so fuhren wir im Konvoi zur fast tausend Jahre alten Benediktinerabtei in Maria Laach. Sein Interesse galt den Zellen, in denen Mönche in Klausur leben. Im tibetischen Buddhismus findet man nicht nur bei den Klöstern Einsiedler, sondern auch Eremiten, die sich für drei oder mehr Jahre, manche sogar auf Lebzeit in entlegene Höhlen einmauern lassen. Ein Novize versorgt sie mit dem Lebensnotwendigen, das er ihnen durch ein Loch in der Mauer reicht. Selbst diese kleine Öffnung hat einen Vorhang, denn kein Lichtstrahl soll die Haut des Eremiten treffen. Nachdem wir die Zellen besichtigt hatten, wanderten wir durch die ausgedehnte Klostergärtnerei. Der Dalai Lama bewunderte das Orchideenhaus, und ich kaufte den seltenen roten Ginster.

Meine Reisen führten mich in jener Zeit immer häufiger nach Ladakh. Den Osten dieser Region hatten Peter Aufschnaiter und ich bereits 1944 auf der Flucht gestreift, aber später wurde es schwierig einzureisen, denn Ladakh blieb Touristen wegen der Besetzung Tibets lange Zeit verschlossen. Erst 1974 begann die indische Regierung vereinzelt Einreisegenehmigungen auszustellen. Der Grund lag darin, dass die vom indischen Militär gebaute Straße entlang der Demarkationslinie zu Pakistan verlief, wo es immer wieder Grenzstreitigkeiten gibt. Mit der Öffnung »Klein Tibets«, wie Ladakh oft genannt wird, fand meine Suche nach der verlorenen Heimat Tibet, die mich immer wieder in die verschiedensten Regionen der Welt getrieben hatte, ein gutes Ende. So fremd mir Bhutan letztendlich geblieben war, so sehr wuchs mir Ladakh ans Herz. Ich machte mehr als einmal die klassische Route zu den wichtigsten Sehenswürdigkeiten, die heute, im Jahr 2002, wegen der anhaltenden Unruhen nicht zu begehen ist.

Die Fahrt beginnt in Srinagar, der Hauptstadt von Kaschmir, jenem indischen Bundesstaat, dem auch Ladakh eingegliedert ist. Unterkunft bietet das Nedous Hotel, von dem aus Sven Hedin 1904 zu seiner berühmten Expedition aufgebrochen war. Kein Ladakhreisender muss zu Fuß gehen, aber er muss bereit sein, eine Busfahrt über die Pässe auf staubigen Straßen ohne Leitschienen mit Hunderten von Serpentinen stoisch über sich ergehen zu lassen. Der einzige Weg, die Hauptstadt Leh zu erreichen, führt seit jeher über den Soji-la, der zwar nur dreitausend Meter hoch, aber bis in den Juni verschneit und unpassierbar ist. Ladakh konnte daher nur in den Sommermonaten erreicht werden, bis das Militär die Straße räumte und für Touristen freigab.

Aber es ist ein besonderes Vergnügen, auf einem der Hausboote am Wularsee die Wartezeit zu überbrücken. Im Mai ist das Wasser mit blühenden Seerosen bedeckt, und man kann einen Ausflug zur zweitausend Meter hoch gelegenen Bergstation Gulmarg unternehmen, mit Blick auf den Nanga Parbat, oder man spielt Golf auf einem Platz, wo das Gras von einer Schafherde kurz gehalten wird. Es ist ratsam, nicht eine der preiswert angebotenen Drüsen des kleinen Moschushirsches zu kaufen, denn es ist immer eine geschickt in Ziegenfell eingenähte stinkende Masse. Zwischen dem geräumigen Hausboot und dem kleinen Boot für die Küche laufen die Diener hin und her, servieren die duftenden, stark gewürzten typischen Gerichte der Kaschmiri und kalte Drinks.

Zum Übersetzen an das nahe Ufer wartet ein gondelähnliches Boot; man liegt auf Kissen, und Händler bieten Teppiche und

Schnitzereien, typische Produkte des Landes, an. Vorsicht muss man besonders bei Safran walten lassen, der auf riesigen Feldern gedeiht. Safran ist immer teuer, und daher färben die Händler täuschend ähnliche Blütenblätter gelb und bieten sie als Safran an. Wie wenig man sich auf einheimische Händler verlassen kann, erlebte ich selbst. Einmal legte ein auf tibetische Objekte spezialisierter Händler sein Boot neben das unsere und bot alte und seltene Rollbilder feil. Da es doch manchmal in einem Bündel ein seltenes Stück für meine Sammlung gibt, ließ ich mir einiges zeigen. Nachdem er ausschließlich neue und schlechte Kopien aufgerollt hatte, die ich ablehnte, meinte er: »Bedenke, Sahib, bei mir kauft auch Heinrich Harrer!«

Eine ähnliche Geschichte ereignete sich, als eine mir gut bekannte Dame eine Maske erstehen wollte und der smarte Händler ihr versicherte, dass gerade dieses seltene Stück bereits für Heinrich Harrer reserviert sei. Um mir eine Freude zu bereiten, erstand sie die Maske nach langem Feilschen und überreichte sie mir als Mitbringsel für das Museum. Mit schwarzer Schuhpaste hatte ein Meister seines Fachs die Maske täuschend echt aussehen lassen. Bei Bronzen ist besondere Vorsicht geboten; neue Stücke werden, und darin sind die Nepali Experten, einige Zeit in einer Kloake oder Gülle versenkt, und es ist bekannt, dass sich auch Fachleute von der »Patina« hatten täuschen lassen.

Hinter dem Soji-la fährt man noch einige Tage durch von Muslimen bewohntes Gebiet, und in Mulbe erkennt man mit der acht Meter hohen aus dem Felsen gehauenen Statue des Maitreya, des Buddhas der Zukunft, dass hier der Lamaismus die vorherrschende Religion ist. Die Klöster in der klaren Luft, die unbeschreiblichen Farben der Landschaft und die fröhlichen Menschen – alles erinnert an Tibet. Es fehlen auch nicht die sechs- bis siebentausend Meter hohen eisbedeckten Berge des westlichen Himalaja, wo die Götter ihren Sitz haben, und im Norden schauen noch drei Achttausender des Karakorum herüber. In Ladakh gibt es über hundert Klöster, voll besetzt mit Mönchen und Nonnen und ausgestattet mit Bibliotheken, alten

Masken und Kleidern für die berühmten Tänze und Mysterienspiele. Auf dem Fatu-la, dem nächsten, viertausendeinhundert Meter hohen Pass, flattern in fünf Farben die Fahnen mit dem Windpferd, das die Gebete zu den Göttern trägt. Oben steht das Blau für den Himmel, darunter das Weiß für Wolken, Rot für Feuer, Grün für Wasser und Gelb für die Erde. Der Steinhaufen birgt seltene Mineralien und Fossilien, die fromme Pilger auf dem Weg gefunden haben. Umrahmt von grünen Oasen, in denen die Gerste zu sprießen beginnt, steht das Kloster Lamayuru, das als Vorbild für das fantastische Shangrila hätte dienen können.

Der Abt ist freundlich und lässt Tee mit Gebäck servieren. Er weiß, dass der Eigner, Drigung Rinpotsche, mein Freund aus Lhasazeiten ist. Die vielen Dreschplätze unterhalb der Anlage zeigen, dass die Ländereien für das im zehnten Jahrhundert gegründete Kloster eine reiche Pfründe sein müssen. Einmal traf ich hier einen Mönch, der mir sechzehn Blätter eines kleinen Notenbüchleins zeigte, in dem die Wellen der Töne mit wunderschönen Vignetten illustriert waren. Die beidseitig bebilderten Blätter mussten weit über hundert Jahre alt sein und hatten fettige Stellen von den Fingern der Mönche, die zwischen den Litaneien immer wieder Buttertee trinken. Ein Blatt schenkte ich dem von uns verehrten Dirigenten Karl Böhm zum achtzigsten Geburtstag.

In einigen der über sechzig Serpentinen hinunter zum Indus ist die Kehre so eng, dass der Busfahrer das Vorderrad erst am tausend Meter tiefen Abgrund zum Halten bringt, dann zurückstößt und mit größter Kraftanstrengung, natürlich ohne Servolenkung, die Kurve bewältigt. Er kann sich des Beifalls der Fahrgäste sicher sein, denn es gibt immer wieder Berichte über Unfälle aufgrund von Bremsversagen. Die indischen Fahrer schalten bergab gerne den Motor ab und lassen sich im Leerlauf hinunterrollen, um Benzin zu sparen. Wenn ich als Reiseleiter unterwegs war, saß ich immer vorne und achtete darauf, dass bergab mit Motorbremse gefahren wurde; davon hing die Höhe des Bakschisch ab.

Über eine gute Brücke gingen wir über den Indus, der hier bereits ein breiter Fluss ist, nach Khalsi. Hier stehen die ältesten und dicksten Walnussbäume, die ich je gesehen habe. Es ist angenehm warm, und die vielen Aprikosenbäume sind voller gelber Früchte. In dreckigen Bierflaschen wird das Öl der Marillenkerne angeboten, das besonders für die Pflege von zarter Haut schöner Frauen geeignet sein soll. Flussaufwärts kommt man nach sechzig Kilometern zu einer schmalen Hängebrücke, und der Bus hält an. Es empfiehlt sich, wegen der rauen Seile beim Überqueren der Brücke feste Handschuhe zu tragen; die Mühe lohnt, denn nach etwas über einem Kilometer Fußmarsch auf dem anderen Ufer erreicht man das Kloster Alchi. Es ist reich an gut erhaltenen Fresken und Kunstwerken und gehört zum Pflichtprogramm jedes Ladakhreisenden.

Leh liegt genauso hoch wie Lhasa und ist für mich nach mehreren Besuchen ein Treffpunkt mit vielen Bekannten. Mein Ladakhbuch schenke ich der Rani, der Königin, und auch dem Baku Rinpotsche, dem ersten gewählten Volksvertreter im Parlament von Delhi. Dem jungen Drugpa Rinpotsche, der Französisch lernen möchte, bringe ich Tonbänder und seinem alten Lehrer Tuse Rinpotsche eine Brille mit eingebautem Hörgerät, die er sich gewünscht hat. Neben dem großen Tempel hat Karma eine Schneiderei, und es ist Tradition, dass sich meine Begleiter von ihm einen tibetischen Mantel anfertigen lassen. Seine Frau bereitet dann Momos. Karma ist auch beim Kauf seltener Rollbilder oder Bronzen behilflich und den schlauen Kaschmiri gewachsen.

Wenn Golfer in meiner Gruppe sind, gehe ich mit ihnen zum Offizierskasino, denn der kommandierende General ist gleichzeitig der Präsident des Golfklubs. Die achtzehn Löcher liegen auf einem vegetationslosen Platz, es gibt Caddy und Vorcaddy, die im Sand den Ball auf eine Unterlage legen und auf dem »Grün« aus schwarzem Motoröl die Puttinglinie mit einer Matte vorzeichnen. Die größte Freude macht dem durchschnittlichen Spieler, dass er in der dünnen Luft den Ball dreihundert Meter weit schlägt. Ein weltberühmter professioneller Longhitter erbot sich einmal, alle Spesen zu zahlen, wenn ich ihn nach Leh mitnähme, wo er einen neuen Weltrekord aufstellen wollte.

Die anhaltenden Unruhen in Kaschmir, an der Westseite Ladakhs mit seiner langen Grenze zu Pakistan, veranlassten das Militär, im Osten eine neue Straße zu bauen, die nun auch den Reisebüros für die Touristen offen steht. Von Delhi fliegt oder fährt man in das fruchtbare Kulutal, in dem auf hundert Kilometern Obstgärten angelegt wurden, die ganz Indien vor allem mit köstlichen Äpfeln versorgen. Bevor man zum Hotel in Manali fährt, lohnt es sich, in Naggar Halt zu machen, um das kleine Museum des russischen Philosophen und Künstlers Nicholas Roerich zu besuchen. Es ist ein mit Schieferplatten gedecktes Haus, und im Garten stehen viele alte Bäume, sodass man kaum ins Tal blicken kann. Hier lebte Roerich zurückgezogen, bis er 1947 verstarb. Den Schlüssel zum Museum hatte bei meinen ersten Besuchen noch dieselbe alte Dame, die ihm bis zu seinem Ableben die Wirtschaft geführt hatte. Im kleinen Museum hingen einige Bilder an den Wänden. Auf einem sahen wir in Tempera auf Leinwand ein Kloster mit Stupa und Bergen in vollendeter Farbe, Stimmung und Ausstrahlung, welches vor allem von Tibetern bewundert wird. Die Erklärung zu den Bildern gab die alte Dame in einfachen Worten, aber die Verehrung für den großen Maler war noch zwanzig Jahre nach seinem Ableben so lebendig wie früher, als er von bedeutenden Zeitgenossen wie Albert Einstein und George Bernard Shaw für den Friedensnobelpreis vorgeschlagen worden war.

Manali hat sich zu einem großen Ort entwickelt, und tibetische Flüchtlinge bewohnen ein Ghetto. Es gibt die Arztpraxis von Traschi Tsering, der zu meiner Zeit in Lhasa studiert hatte und wertvolle Medizinbücher, Rezepte und Instrumente rettete. Der Dalai Lama besucht jedes Jahr die heißen Quellen, und ein bekannter Künstler führt eine Schule, die das Thangkamalen lehrt. Einen sehr alten riesigen Gingkobaum hat man trotz Neubauten als Heiligtum für die Buddhisten stehen lassen und seine Geschichte auf einer Tafel festgehalten.

Schon die Busfahrt auf der neuen Militärstraße zum über viertausend Meter hohen Rotangpass führt durch Wiesen mit verschiedenen Primeln; etwas höher blüht die in den Alpen seltene Wulfenia in solchen Mengen, dass man keinen Fuß vor den anderen setzen kann, ohne einige von ihnen zu zertreten. Auch den blauen Scheinmohn sieht man an den Felsen. Zum Übernachten gibt es nur Zelte, und meine Frau, die nie eine Expedition mitgemacht hat, ja, noch nie in einem Zelt bei bitterer Kälte übernachten musste, fühlte sich immer erst dann wieder wohl, wenn sie im Bus saß. Nur die einmaligen Farben des ariden Hochlands und das Ziel entschädigen für die Fahrt über weitere Pässe, darunter den über fünftausend Meter hohen Bara Lacha-la. Am Abend wäscht man sich mit eiskaltem Wasser das Gesicht, und alle fühlen sich erst besser, wenn der Oberlauf des Indus und die ersten Dörfer und Klöster Ladakhs erreicht sind.

Die tagelange Fahrt über die Pässe hat den Vorteil, dass dem Körper Zeit bleibt, sich an die ungewohnten klimatischen Bedingungen zu gewöhnen. Die Probleme durch die sauerstoffarme, trockene Luft kann man mit viel Flüssigkeitsaufnahme verringern, und wenn man im durchschnittlich viertausend Meter hoch gelegenen Ladakh angekommen ist, fällt das Stufensteigen in den Klöstern sehr viel leichter. Dann kann man auch die im Norden liegende Provinz Nubra besuchen, was mir leider nie vergönnt war, weil sie eine der letzten »Restricted Areas« war. Am Anfang der Transhimalajastraße neben einem Stupa verkündet ein mit den tibetischen Schneelöwen bemaltes Schild: »Höchste Straße der Welt, hier kannst du Zwiesprache mit Gott halten.«

Die bei weitem beste Entwicklung für Touristen ist der Bau der Landebahn, der einen Nonstopflug nach Delhi ermöglicht. So kann der Besucher seine Zeit besser nutzen und länger hier verweilen. Als lohnend erweist sich ein Besuch des kleinen Königreichs Zanskar, das jedoch nur über einige schwierige Trekkingrouten zu erreichen ist. Der beste Weg beginnt kurz hinter dem Rotangpass, führt nach Westen, und drei Tage später erreicht man das Kloster Phugdal. Vor Hunderten von Jahren hatte ein Eremit dort in einer Höhle gelebt, bis es das Ziel von Pilgern wurde. Was aber den Tibetologen anzieht, ist eine Gedenktafel, die festhält, dass hier in der Mitte des 19. Jahrhunderts der ungarische Sprachwissenschaftler Csoma Sandor Körösi die tibetische »Bibel« zu übersetzen begann. Csoma besuchte ursprünglich den Norden Indiens auf der Suche nach der Urheimat seiner Vorfahren, der Magyaren. Er verfiel wohl auch dem Charme der Tibeter, veröffentlichte ein Wörterbuch mit Grammatik und ist heute für die jungen Tibetologen ein großes Vorbild.

Die tibetischen heiligen Schriften umfassen dreihundert Bände und werden in Narthang, südlich von Schigatse, und in Kham bei Derge hergestellt. Allein der Transport des bedruckten Papiers würde zwanzig Yaks benötigen, wenn aber die aus Holz geschnitzten Buchdeckel, welche die dreihundert Blätter zusammenhalten, dabei wären, würden doppelt so viele Tragtiere gebraucht. Mönche schnitzen im möglichst glatten, faserfreien Holz spiegelbildlich die Buchstaben; eigentlich sind die tibetischen heiligen Schriften eher Holzschnitte als Bücher. In Narthang, wo ich die Herstellung verfolgen konnte, waren einige Häuser mit über hunderttausend Druckstöcken gefüllt. Unvergleichlich wertvoller waren die Bücher, die im Haus wohlhabender Familien in jahrelanger Arbeit von mehreren Mönchen mit der Hand geschrieben wurden, wobei alle heiligen Namen mit dem gelbem Safran hervorgehoben wurden.

Für mich war die Wunderwelt des westlichen Himalaja wie eine Reise in die Vergangenheit und das eigentliche Wiedersehen mit Tibet, das ich in Lhasa 1982 so schmerzlich vermisst hatte. Die indische Regierung hatte in Ladakh mit Toleranz ein Refugium für tibetische Kultur erhalten, in dem die Menschen von der Landschaft und der Lehre Buddhas geprägt sind. Die Ladakhis haben noch immer Volksorakel, die sie in Notzeiten befragen können, Aberglaube und Wunder sind für sie noch etwas Natürliches. Riesenhaft ist die Erde, unerschöpflich ihre Vielgestalt, undurchschaubar die Unterschiedlichkeit der

Kulturen, die Menschen auf ihr errichteten. Und doch gibt es, bei aller Verschiedenartigkeit etwas, das alle teilen: den Wunsch, sich vor drohendem Unheil zu schützen, Gefahren zu bannen, Kraft und Heil zu sichern und sich zu vermehren. Nur ein überheblicher, intoleranter, von reinem Vernunftglauben besessener Fanatiker wird sich anmaßen, einen anderen zu konvertieren.

Begegnungen

Auf einer New-York-Reise hatte ich einen Agenten kennen gelernt, dessen Beruf es war, für große Filme Geld, Schauspieler und einen Regisseur zu finden und zusammenzubringen. Im Sommer 1986 bekam er in Vaduz das Optionsrecht, die Verfilmung meines Buchs »Sieben Jahre in Tibet« voranzutreiben. Verschiedene Drehbuchautoren bemühten sich, Hauptdarsteller wie Robert Redford und Kevin Costner waren im Gespräch. Jahr für Jahr wurde das Optionsrecht erneuert, und ich begann die über hunderttausend Expeditionsfotos im Heinrich-Harrer-Museum zu archivieren. 1994 erreichte mich der aufgeregte Anruf des New Yorker Agenten. Tristar Pictures war es gelungen, keinen Geringeren als Brad Pitt, den »sexiest« aller derzeitigen Schauspieler, für meine Rolle zu gewinnen, und als Regisseur hatte Jean-Jacques Annaud zugesagt.

Um mir ein Bild von Brad Pitt zu machen, schaute ich mir den Film »Aus der Mitte entspringt ein Fluss« in der Regie von Robert Redford an, in dem er die Hauptrolle spielt. Den Franzosen Jean-Jacques Annaud kannten wir bereits sehr gut und verehrten ihn, denn er hatte den in meiner Heimat viel beachteten Film »Der Bär« gedreht. Ein Jahrzehnt hatten die Bemühungen gedauert, nun wurde der Vertrag unterzeichnet, und am 28. September 1995 besuchte Annaud uns das erste Mal. Von Anfang an waren wir einander sympathisch, und der gegenseitige Respekt hat bis heute keine Trübung erfahren. Die Drehbuchautorin Becky Johnston lernten wir als hübsche und fröhliche Amerikanerin in Banff näher kennen, als der »Land-der-Berge«-Film von Lutz Maurer über mein Leben beim Bergfilmfestival den ersten Preis bekam.

Die Außenarbeiten am Tibetfilm im Himalaja verhinderten die Chinesen, aber Annaud hatte die gute Idee, den Schauplatz nach Argentinien in die Anden zu verlegen. Auf demselben Breitengrad südlich des Äquators und in der gleichen Höhenlage wie Lhasa fand er die idealen Bedingungen, und als die tibetischen Komparsen landeten, hatten sie Tränen in den Augen, da sie glaubten, in Tibet zu sein. Meine Mitarbeit war nicht nötig, denn Trethong, ein ehemaliger Minister der Exilregierung Tibets, begleitete die Arbeiten als Experte für Kleidung und Zeremonien. Ich kannte ihn gut, denn im großen Haus seines Vaters in Lhasa hatte ich 1947 das erste Weihnachtsfest mit Freunden gefeiert. Jetsün Pemala, die Schwester des Dalai Lama, spielte die Rolle der Gya-yum Tschenmo, also die ihrer eigenen Mutter. Die Produktionskosten waren sehr hoch, aber das Geld reichte aus, um sogar eine Yakherde einzufliegen.

Die großen Arbeiten hatte man bereits beendet, als am 6. September 1996 die Hauptdarsteller mit Annaud nach Österreich kamen, damit Brad Pitt noch etwas Eislaufen lernte. Sie kamen, um das Museum zu sehen, und besuchten uns im kleinen Ferienhaus hoch über dem Markt Hüttenberg. Das Zusammentreffen musste wegen Brad Pitts Beliebtheit streng geheim gehalten werden. Es war ein wunderschöner Herbsttag, Annaud hatte eine kleine Videokamera laufen, um vor allem die Gesichter von Brad Pitt und mir am Brunnen oder vor unserem Balkon mit roten Geranien festzuhalten.

Da die Dreharbeiten ohne mich abliefen und bereits weit fortgeschritten waren, versuchte ich, zwei wichtige Wünsche vorzubringen. Für meine Person, bemerkte ich, sei es gleichgültig, welche Liebesgeschichte sie hineindichteten; »Gerichtshof« sei Hollywood und jeglicher Protest sinnlos. Aber die Rolle Aufschnaiters, der bereits seit zwanzig Jahren tot war, sollte seinem edlen Charakter gemäß gespielt werden. Die ruhige Art von David Thewlis, der ebenfalls beim Tee mit am Tisch saß, und seine Erscheinung zeigten mir, dass er die ideale Besetzung war. Mein zweiter Wunsch war, dass der Sinn des Films in erster Linie dem Anliegen der Tibeter gewidmet sein müsse und dem Dalai Lama die ihm gebührende Ehrfurcht erbringen sollte.

In einem kleinen Gasthof, immer noch unerkannt, hatten wir

ein gemütliches Abendessen. Brad Pitt und ich saßen nebeneinander, und bei einigen Gläsern Bier meinte er: »Heinrich, bitte glaub nicht alles, was die Zeitungen über mich schreiben!«

Der Besuch des Filmteams war sehr harmonisch verlaufen, und Brad Pitt freute sich auf ein Wiedersehen bei der Premiere in Hollywood. Annaud schwärmte von der Musik des Komponisten John Williams. Carina und ich konnten jedenfalls in hohem Maße zufrieden sein, denn alles lief gut.

Das Jahr 1997 begann mit der ehrenvollen Einladung, Anfang Februar den Festvortrag zum fünfundzwanzigjährigen Jubiläum des Schwedischen Forscherclubs in Stockholm zu halten. Im Foyer des größten Vortragssaals warteten Carina und ich mit dem Präsidenten auf das schwedische Königspaar. Nach einer kurzen Unterhaltung gingen wir in den voll besetzten Saal, und ich hielt meinen Lichtbildervortrag. Danach sprang Seine Majestät sportlich auf das Podium und dankte für meine Schilderung. Zum Festessen saßen Carina und Königin Sylvia an einem Tisch und ich mit Carl Gustav von Schweden an einem anderen.

Wir hatten genug Gesprächsthemen. Der König hatte zweimal an dem längsten und berühmtesten Skilauf der Welt, dem fast neunzig Kilometer langen Wasalauf, teilgenommen und beide Male bis ins Ziel durchgehalten. Das ist erwähnenswert, denn viele Skiläufer werden von den Streckenkontrollen aus dem Rennen genommen, wenn sie zu langsam vorankommen. Vor allem wollte der König Details über meine Ernährung bei Kälte auf Expeditionen hören. Sein Großvater, Gustav V., hatte sich als Archäologe auf Keltenforschung spezialisiert und oft in Kärnten gearbeitet. Es gibt sogar noch einen Helfer in meiner näheren Umgebung, der stolz einen schwedischen Orden trägt. Natürlich kam das Gespräch auch auf Sven Hedin, dessen Nachlass im Stockholmer Völkerkundemuseum die wichtigste und größte Abteilung einnimmt. Ich besuchte das Museum am Tag darauf und wurde vom Direktor mit einer Mappe empfangen, die Kopien jener dreiundzwanzig Briefe enthielt, die ich mit dem legendären Asienforscher gewechselt hatte. Ich durfte die Originale seiner Zeichnungen betrachten und an seinem Schreibtisch sitzen, wo ich ihn 1952 fotografiert hatte. So begann das Jahr 1997 besonders herzerwärmend mit einer großen Begegnung und einem Wiedersehen mit tibetischer Kultur.

Das änderte sich schlagartig, als die Presse, offenkundig in direktem Zusammenhang mit der bevorstehenden Filmpremiere, meinen nun fast sechzig Jahre zurückliegenden Antrag um Mitgliedschaft in der NSDAP, vor allem meinen Beitritt zur SS veröffentlichte. Die Geschichte nahm von Österreich ihren Ausgang, aber bereits tags darauf verbreitete sich die Nachricht in Deutschland, übersprang den Atlantik und erreichte innerhalb von Stunden auch Hollywood. Ich war perplex, denn die Tatsachen waren seit meiner Rückkehr aus Tibet 1952 bekannt – ich hatte sie nie verheimlicht. Dass meine Person sozusagen über Nacht international so wichtig geworden war, machte mich nachdenklich. Ging es wirklich um mich – oder wollte man dem Film und damit der Sache Tibets schaden? Wer stand hinter dieser Aktion?

Bis zum Sommer 1998 lernten meine Frau und ich Vertreter aller großen Zeitungen und Magazine der Welt kennen. Unser Gästebuch füllen zweiundzwanzig Seiten mit Eintragungen des Dankes und der Bewunderung. Allerdings stimmten die netten Worte nur selten mit dem später Gedruckten überein.

Eines Tages erreichte uns ein Anruf des Magazins *Vanity Fair* mit der Frage, wann Helmut Newton zum Fotografieren kommen könnte. Da ich zögerte, fragte die Stimme, ob ich nicht vom berühmtesten aller Fotografen abgelichtet werden wollte. Ich hatte nichts dagegen, und als Newton mich aus Monte Carlo anrief, um das genaue Datum seiner Ankunft festzulegen, bat er, im nächsten Fünfsternehotel zwei Zimmer zu bestellen. Da ich nur Landgasthöfe anzubieten hatte, meinte er, das sei zur Abwechslung auch ganz interessant. Bald schon verbreitete sich die Nachricht wie ein Lauffeuer: Der große Helmut Newton sei bei Harrers. Freunde und Fremde kamen mit Bildbänden, die sie signiert haben wollten.

Meine Alltagskleidung, in der ich ihn empfing, erschien ihm für seine Bilder zu konservativ. Wir einigten uns auf meinen langen Lodenmantel mit hochgestelltem Kragen. Seine junge, hübsche Assistentin, eine Monegassin, war nur damit beschäftigt, Fotoapparate und Objektive für ihn bereitzuhalten. Zwei Tage fotografierte er mich stundenlang bei trübem Wetter in freier Natur und stellte mich in Positionen, wie es meinem Wesen nicht entspricht. Bereitwillig ließ ich alles mit mir geschehen. Zufrieden reiste er ab und schrieb ins Gästebuch: »Heinrich, Du bist ein wunderbares Modell, habe Dank für Deine Geduld. Dein Helmut Newton. Hüttenberg, 6. 8. 1997.« Am Ende zeigte sich, dass Newton mit seiner Kamera dasselbe tat wie seine Kollegen mit Block und Bleistift: Sie präsentierten einen Menschen, bei dem ich kaum Ähnlichkeiten mit mir entdecken konnte.

Als die Presse mit ihren Veröffentlichungen begann, mussten meine Frau und ich uns entscheiden, entweder zu schweigen oder uns zu stellen. Nach Besprechung mit unserem Anwalt in Vaduz und mit der englischen Agentur für die Weltrechte meiner Bücher entschlossen wir uns zur völligen Offenheit – ich hatte ja nichts zu verbergen. Wir ahnten damals nicht, dass die Kampagne so bösartig werden und lange dauern würde.

Meine Jugendfehler während einer Diktatur habe ich verarbeitet, sie sind Vergangenheit. Auch in Demokratien irren sich Politiker, Idealisten und Opportunisten, wobei die Letzteren meist besser abschneiden. Als ich 1938 irrte, war ich zwar bereits dem Kindesalter entwachsen, hatte aber noch keine Erfahrung. Es war ein Alter, in dem man als heranwachsender Mensch noch Fehler machen darf, um aus ihnen zu lernen. Vor meinem Gewissen ist entscheidend, ob ich damals schuldhaft gehandelt habe, wie ich danach gelebt habe und was ich heute tue. In der Bibel, dem klügsten Buch der Welt, steht: »An ihren Werken werdet ihr sie erkennen.«

Doch es gab auch Lichtblicke in dieser Zeit. Am 30. Juni 1997 hatte ich Gelegenheit, Simon Wiesenthal in Wien zu treffen und mich eine Stunde lang mit ihm zu unterhalten. Er signierte sein eben erschienenes Buch zum achtzigsten Geburtstag, und als ich versuchte, ihm von den Veröffentlichungen in den Zeitungen über mich zu berichten und wie unangenehm sie für meine Frau und mich seien, meinte er: »Schaun Sie – wir haben am Stadtrand ein kleines Häuschen, und wenn wir uns am Abend im Garten erholen, steht hinter jeder Hecke eine Wache, um uns zu schützen, aber wir haben uns daran gewöhnt, und ich betrachte sie einfach wie ein Stück Mobilar.« Eine der Sekretärinnen machte Fotos, und zum Schluss versprach Wiesenthal noch, am selben Nachmittag mit seinem Vertreter in Hollywood zu sprechen. Ich hinterließ die Kopien der aktuellsten Zeitungsberichte über meine NSDAP- und SS-Mitgliedschaft. Doch eine unmittelbare Veränderung der Situation spürte ich auch nach dieser Begegnung nicht; die Medien, vor allem die in Hollywood, fuhren fort, mich als ertappten Nazi zu präsentieren.

Tröstlich war, dass ich während dieser schwierigen Zeit den Dalai Lama sehen konnte. Er bereiste einige europäische Städte und besuchte auch Triest, wo er zum Ehrendoktor der Theologischen Fakultät in Görz ernannt werden sollte. Der Tibetologe Enrico Fasano, der vorher das Heinrich-Harrer-Museum besuchte, hatte auch mich um eine Vorlesung gebeten. Als der Dalai Lama den steifen Doktorhut mit Quaste auf den kahl geschorenen Schädel gesetzt bekam, konnte er ein Schmunzeln nicht verbergen – er sah wirklich etwas verkleidet aus. Zu seiner Dankesrede entledigte er sich der ungewohnten Kleidung und war mit seiner nackten rechten Schulter wieder so, wie ihn die Welt kennt.

Am Abend waren Carina und ich zu einer privaten Audienz in seiner Hotelsuite geladen. Ich überreichte ihm meinen letzten Bildband »Das alte Lhasa«, und er meinte beim Betrachten der alten Fotos mit belegter Stimme: »Henrig, was waren wir doch für ein glückliches Volk in einem glücklichen freien Land!« Meine persönlichen Sorgen kannte er, denn einige Journalisten hatten auch ihn über mich befragt. Seine Aufmunterung kam spontan:

»Du brauchst doch bloß die Wahrheit zu sagen und zu betonen, dass du während der schrecklichen Nazizeit in Tibet gelebt hast. Auch in unserem Kampf für Freiheit ist Wahrheit die einzige Waffe, die wir besitzen.«

Heute ist der Dalai Lama mit seinem Charisma, seinem Charme und seinen Aussagen der große Botschafter für sein Land und ein wichtiger Vertreter für Toleranz und Religionsfreiheit in der Welt. Wir sehen uns, seit er so viel reist, weniger oft, aber immer ist es eine herzliche Begegnung. Wir scherzen und verwenden ein Vokabular, das sonst in einem Gespräch mit einem Gottkönig nicht üblich ist. Er nennt mich »Greis«, und ich entgegne lachend, dass auch er bereits eine Stirnglatze bekommen hat. Ich tröste ihn mit dem englischen Spruch: »You can't have both, hair and brain.« Dann kann er so herzhaft lachen wie kein anderer und sagt verschmitzt: »Du hast immer noch Dummheiten im Kopf!« Seine Heiligkeit hat wie ich am 6. Juli Geburtstag, und ich fragte ihn einmal, ob dies Schicksal, Vorsehung, Los, Fügung, Glück, die Sterne oder einfach Zufall sei. Lachend erwiderte er: »Alles zusammen!«

Anfang 1998 erhielt ich die Einladung aus Rom, den Internationalen Literaturpreis von Fregene anzunehmen. Die Präsidentin, Marina Palletta, ließ mich wissen, dass vor mir schon Tennessee Williams, Vittorio Gassmann, Arthur Schlesinger und Henry Kissinger Preisträger gewesen waren. Eine wunderschöne Statue von Angelo Canevari erwartete mich, also fuhren Carina und ich im Juli nach Rom. Zum zwanzigjährigen Jubiläum wurde der Preis ausnahmsweise zweimal verliehen, und so wurde neben mir auch der Norweger Jostein Gaarder für seinen Bestseller »Sofies Welt« ausgezeichnet. Wir wohnten in Fregene am Meer und wurden zum festlichen Empfang zum Kapitol in Rom gebracht. Ich war angenehm berührt, dass auch der österreichische Botschafter Günter Birbaum gekommen war. Nach dem Buffet suchte ich unter den vielen Statuen berühmter Römer nach der Büste von Cato dem Jüngeren, aber vergeblich. Während der letzten Monate hatte ich nämlich mehrmals Briefe bekommen, in denen Cato zitiert wurde: »Es ist schrecklich, sich vor einer Generation verantworten zu müssen, die nicht mit uns gelebt hat.« Das sagte ein Volkstribun vor zweitausend Jahren, aber auch Goethe beklagte sich: »Der Alte verliert eines der größten Menschenrechte: Er wird nicht mehr von seinesgleichen beurteilt.«

In diese kritische Zeit fiel auch die Sechzigjahrfeier der Erstbegehung der Eiger-Nordwand im Juli 1998, zu der der Kurverein und die Bergführer von Grindelwald eingeladen hatten. In der Station »Eigerwand« wurde eine Gedenktafel enthüllt, und noch nie im Leben stand ich so vielen Fotografen und Fernsehkameras gegenüber wie an diesem Tag. Während Anderl Heckmair den Ansturm gelassen hinnahm, fühlte ich die Spannung und den Grund des Interesses. Es war wieder die Hakenkreuzfahne im Rucksack, die ich nie hatte, und der Text im ersten Eigerbuch, der unter meinem Namen geschrieben worden war. Die Grindelwalder Bergführer interessierte das wenig, aber die Presse hatte mir gegenüber kein anderes Thema.

Nach der damaligen Nordwandbesteigung hatten Souvenirjäger alles an Ausrüstung mitgenommen. Auch der oft genannte Rucksack war dabei gewesen. Bei der Vierzigjahrfeier, erzählten die Grindelwalder, hatte man ihnen meinen Rucksack angeboten. Damals aber war ihnen der Preis zu hoch gewesen, später erwarb ihn das Museum des Schweizer Alpenklubs in Bern. Jetzt, zur Sechzigjahrfeier, konnte man ihn im Heimatmuseum in Grindelwald sehen. Ich erkannte ihn sofort, denn ich hatte ihn damals signiert, und mein Name war deutlich zu lesen. Bei seinem Anblick war ich den dramatischen Tagen des Sommers 1938 wieder ganz nahe.

Als begeisterter Bergsteiger besitzt man zwei Rucksäcke. Einer ist groß und kann bis zu vierzig Kilogramm fassen, wenn man als Selbstversorger längere Zeit auf eine unbewirtschaftete Schutzhütte geht. Der andere ist viel kleiner, hat keine Außentaschen und ist zum Klettern gedacht, denn mit ihm kann man Kamine und Überhänge besser bewältigen. Als ich zum Eiger aufbrach, verstaute meine Mutter im großen Rucksack ein ganzes Kornbrot und brachte mir in letzter Minute Äpfel und eine mit Butter beschmierte Doppelscheibe Brot, die ich im kleinen Rucksack selbst verstaute. Beide Rucksäcke zurrte ich mit dem vierzig Meter langen Reserveseil auf dem Soziussitz meines Motorrads fest. Mutter wusste, dass ich für längere Zeit in die Berge ging, und gönnte es mir. Zum Abschied sagte sie: »Geh mit Gott!« Sie hatte keine Ahnung, wohin ich ging oder was ich plante, ich ahnte nicht ihre Gefühle.

Am ersten Tag in der Eiger-Nordwand, am 21. Juli, also zwei Wochen nachdem ich Abschied genommen hatte, aß ich im »Schwalbennest« das Butterbrot. Im dritten Biwak am oberen Rand der »Spinne«, wo eine Rückkehr undenkbar geworden war, warf ich alles an Reserve, auch den Brotlaib, die Wand hinunter, und für die Nacht hängte ich den kleinen Rucksack an unser Standseil. So konnte ich die in der Luft baumelnden Füße in den Sack stellen. Für die inzwischen halb erfrorenen Zehen wurde dies die Rettung. Zurück in Grindelwald, verschenkte ich alles, was ich besaß, auch den leeren kleinen Rucksack, den ich noch signierte und der sich nun dort im Heimatmuseum befand. 2001 entdeckte das Heimatmuseum Grindelwald auch noch mein Motorrad von damals, das man in demontiertem Zustand in Hasliberg gefunden hatte.

1998 wurde »Die Weiße Spinne« in einer erweiterten Ausgabe noch einmal verlegt, und »Sieben Jahre in Tibet« hatte es in USA und Italien durch den Film wieder auf die Bestsellerliste geschafft, und das fast ein halbes Jahrhundert nach der Erstausgabe. Aus London bekam ich eine Einladung von Sir Chris Bonnington, den ich bei einer Tagung von Expeditionsleitern in Darjeeling kennen gelernt hatte, beim Jahresdinner des Alpine Club, dessen Präsident er war, die Festrede zu halten. Das Angebot, vor dem ältesten Alpenklub der Welt zu sprechen, bedeutete mir sehr viel, denn damit konnte ich die Tradition fortsetzen, die

Peter Aufschnaiter und die Himalaja-Stiftung seit Jahrzehnten mit britischen Bergsteigern verband.

Der Abend fand im würdigen Rahmen des Great Hall of Saint Bartholomew Hospital statt, und ich hatte meinen Freund aus der Liechtensteiner Verlagszeit, Hans Heinrich Graf Coudenhove, mitgebracht, der sich in den Gesellschaftsformen der Briten gut auskannte. Zu Beginn standen alle auf, erhoben ihr Glas, und der Vorsitzende sagte: »The Queen!«, dann erst folgten die Begrüßung und die üblichen Agenden einer Jahreshauptversammlung.

Da nur die zweihundert Mitglieder an den Tischen saßen, sprach ich frei, ohne Mikrophon, für etwa eine Stunde. Beim Imbiss danach hatte ich viele interessante Gespräche, unter anderem mit George Band, dem Erstbesteiger des Kangtschendzönga. Er war überrascht zu hören, dass ich 1951 die Erlaubnis des Königshauses von Sikkim für den Gipfel nicht bekommen hatte, und bestätigte, dass er unterhalb der Spitze geblieben war und damit den Wunsch der Buddhisten, den Sitz ihres Gottes nicht zu betreten, erfüllt hatte. Ich konnte ihm das Foto der kostbaren Maske des Schutzgottes mit dem Kantsch im Hintergrund schenken. Der Abend im Alpine Club war ungewöhnlich, und nicht nur die Bemerkung von Chris Bonnington, dass er noch nie zuvor bei einem Clubevent stehenden Applaus für einen Vortragenden erlebt hatte, machte ihn für mich unvergesslich. Die Ernennung zum Ehrenmitglied des ältesten Alpenvereins der Welt ist gleichzustellen mit der goldenen Humboldtmedaille in Deutschland.

Zu den guten Nachrichten jener Zeit zählte auch eine besondere Auszeichnung durch mein Geburtsland Kärnten. In den Räumlichkeiten des alten Augustiner-Chorherrenstiftes des historischen Bischofssitzes Gurk wurde ein Gymnasium gegründet, und dessen Bibliothek erhielt meinen Namen. Ich schenkte der Schule eine große Wandkarte, auf der meine schwersten Expeditionen vermerkt sind, dazu je ein Exemplar der Limited-Edition-Ausgabe von »The White Spider« und »Seven Years in Tibet«, ferner handgeschriebene tibetische Gebetsbücher und ein auf Palmblättern in Singhalesisch-Sanskrit verfasstes Buch, das zweitausendfünfhundert Jahre alt ist. 1993 war ich in die Kurie des Ehrenzeichens für Kunst und Wissenschaft aufgenommen worden, und diese Auszeichnung meiner Heimat bedeutete mir gerade jetzt sehr viel. Mitglieder waren Walter Thirring, dessen Vater Hans wir bereits 1952 in Kitzbühel kennen gelernt hatten, und der berühmte Victor Emil Frankl, der Begründer der Logotherapie. Er verband in unvergleichbarer Weise Wissenschaftlichkeit mit ärztlicher Autorität und moralischer Glaubwürdigkeit. Was mich ganz besonders mit ihm verband, war seine Liebe zu den Bergen. Sein Tod im Herbst 1997 bedeutete für die österreichische Kultur einen großen Verlust.

Angesichts der Kritik, die mich in dieser Zeit zu überrollen schien, empfand ich auch Veranstaltungen in Garmisch oder im Audimax der Münchner Universität als besonders ermutigend: Mehrere tausend Menschen waren gekommen, um ohne Bilderschau einfach zuzuhören. Dabei wurde mir einmal mehr bewusst, wie sehr sich das Alter meiner Zuhörer verändert hatte; sie sind inzwischen bereits um mehrere Generationen jünger als ich.

Dazu passte auch der Brief von Thomas H. Taylor, den ich in jenen Monaten erhielt. Er erinnerte sich genau, obwohl damals nur fünf Jahre alt, dass sein Vater, zu dieser Zeit Major Taylor und zweiter Kommandierender des Gefangenenlagers in Dehra-Dun, nach Hause kam und sagte, dass einige »Germans« ausgebrochen seien, Mutter und er sollten im Haus bleiben und sie auf keinen Fall herausfordern. 1947 verließen seine Eltern Indien, und am Weihnachtsabend 1953 lag mein Buch auf dem Gabentisch, das er mit seinen vierzehn Jahren verschlang. Eine besondere Freude sind die Zusagen von Taylor und Shiff, dass sie zu meinem neunzigsten Geburtstag kommen werden.

Im März 1999 erreichte uns ein Brief von Sidney Shiff aus New York, in dem er uns mitteilte, dass der betagte Maler Balthus den

Wunsch geäußert hatte, mich kennen zu lernen. Syd hatte bereits ein Buch über Balthus in seiner Edition und arbeitete gerade an dessen Illustration von »Cosi fan tutte«. Er hatte Balthus die Limited-Edition-Ausgabe von »Sieben Jahre in Tibet« zum Geschenk gemacht und damit bei ihm den Wunsch geweckt, mich zu treffen.

Voll Freude stimmten wir zu, denn wir wussten, wie schwierig es war, Zutritt in sein Refugium zu erlangen. Nach einem langen Telefongespräch mit Setzuko, seiner japanischen Frau, fuhren wir im Mai mit dem Auto in das enge, felsige Tal im Gruyère, Richtung Bern. Unser Weg führte durch eine von Tourismus unberührte Schweiz, bis zu dem neunhundert Meter hoch gelegenen Ort Rossinière, in dem Balthus lebte, ein kleines Bauerndorf, in dessen Mitte das Grand Chalet lag. Es war leicht vorstellbar, dass Goethe auf seiner zweiten Schweizer Reise im Grand Chalet, dem damals berühmten Hotel, übernachtete und seine Pferdekutsche in der Remise einstellte, die Balthus 1977 zum Atelier umbauen ließ. Das Chalet trug seinen Namen zu Recht, nie haben wir ein größeres gesehen! Wir bewunderten die barocke Fassade aus bemaltem und geschnitztem Holz mit 113 Fenstern, wie wir später erfuhren, und aus einem schaute eine wunderschöne Katze auf uns herab. Über der ganzen Fassade zwischen den Stockwerken steht der Spruch: »… Mögest Du, Gott, Deinen Segen ausgießen darüber und über den, der heute der Besitzer ist, und über die, die es künftig sein werden …« Seit 1977 war der gewünschte Segen des Erbauers voll und reich auf Graf Balthazar Klossowski de Rola und Gräfin Setzuko ausgeschüttet worden.

Ein Asiate kam herbei, und während wir unser weniges Gepäck ausluden, kam uns mit kleinen Schritten Setzuko, die Dame des Hauses, entgegen. Sie stellte uns Dr. Liu vor, den hilfsbereiten Chinesen, der noch viele und wichtige Rollen spielen sollte, wie wir später bemerkten. Wir wurden in den Salon geführt, wo Balthus uns auf einem alten Sofa erwartete und seine Hand entgegenstreckte. Er strahlte Ruhe und Weisheit aus, und wir waren bei seinem Anblick ergriffen. Er bat mich an seine linke Seite auf das Sofa, da könne er mich am besten verstehen. Wir bemerkten sofort, dass der einundneunzigjährige Künstler ganz im Mittelpunkt stand und von jedem die volle Aufmerksamkeit bekam, selbst von einer Katze, die um seine Beine strich. Der Graf nahm von alldem kaum Notiz, sondern zog mich gleich in ein Gespräch über meine Beziehung zum Dalai Lama und meinen Aufenthalt in Lhasa. Ihn interessierte mein Leben in Lhasa, als Tibet noch ein Feudalstaat war. Es war eine wunderbare Atmosphäre, und alles geschah wie im Zeitlupentempo. Dr. Liu servierte Tee und Omeletts, und Setzuko zündete Balthus eine Zigarette an, die sie ihm zwischen die Finger schob. Nichts war hastig, nichts laut.

Sie sprachen deutsch, englisch und französisch, wir einigten uns auf Englisch, aber Balthus ließ sich immer wieder einen Satz ins Französische übersetzen. Französisch war die Umgangssprache im Chalet. Nach der Teestunde sollten wir uns etwas ausruhen und später zum Abendessen wieder treffen. Über eine steile, knarrende Treppe gelangten wir ins Zimmer Nummer 22. Da das Grand Chalet früher ein Hotel gewesen war, gab es noch dieses eine Zimmer mit der Nummer. Wir bezogen einen wunderschön englisch eingerichteten Wohn- und Schlafraum mit einem hohen Bett und einer altmodischen Badewanne, die auf drei barocken Füßen stand. Ich schaute aus einem der kleinen Fenster und sah in der Abenddämmerung eine alte Remise, umgeben von hohen Bäumen. Ein Weidenbaum zeigte die ersten gelbgrünen Blätter und erinnerte mich an den einzigen Baum in Lhasa, den die Tibeter das »Haar Buddhas« nannten. Wir genossen mit allen Sinnen das Privileg, Gast im Hause Balthus zu sein.

Später im Salon trug Balthus ein wunderschönes, lose fallendes Gewand, das an die Kleidung eines Zenpriesters erinnerte. Ich überreichte ihm eine tibetische Glücksschleife, die vom Dalai Lama gesegnet war, und musste ihm den Sinn der eingewebten Glückssymbole erklären. Setzuko wünschte sich, dass ich die Überreichung mit ihr wiederholen sollte. Sie trug einen kostbaren abendlichen Kimono, und die Grazie und Anmut, mit der sie die »Kata Ashi« entgegennahm, war so vollendet, dass ich glaubte, eine Tsarongtochter aus Lhasa vor mir zu haben. Die Unterhaltung war ein Geben und Nehmen. Immer wieder wollte Balthus Details über meine Freundschaft mit dem Dalai Lama erfahren, und ich versuchte zu schildern, wie bedeutsam diese Beziehung für mich ist. Die wichtigste, darüber waren wir gleicher Meinung, sei aber die zum kongenialen Lebensgefährten, für uns Setzuko und Carina. Natürlich sprachen wir auch über Wiedergeburt, und Balthus meinte, er sei die Wiedergeburt einer Katze und wünsche sich, auch als Katze wiedergeboren zu werden. Während dieser Gedanken rieb sich Mitsou, eine der prachtvollen edlen Perserkatzen, an seinem Bein, und sanft streichelte er ihr seidenes Fell.

Dr. Liu bat zu Tisch und half Balthus, aufzustehen. Auf der Schwelle zum Esszimmer blieb er stehen, deutete auf eine Bronzefigur und sagte, sie sei von seinem Freund Giacometti. Wir sahen zum ersten Mal, wie schwer er sich bewegte, und verstanden, warum er immer schon saß, wenn ein Gast das Zimmer betrat. Es war ein gemütliches Abendessen, und Dr. Liu servierte grünen Spargel mit einer köstlichen Sauce. Unauffällig half Setzuko ihrem Mann, reichte ihm das Glas mit Rotwein, und nichts unterbrach die Unterhaltung. Es folgte ein Reisrand mit bunten Gemüsen und Salat. Der Höhepunkt war der Nachtisch: eine Eisbombe, die Schnee und Eisberge darstellte und vom asiatischen Koch als Überraschung für mich präsentiert wurde. Bei einer Karaffe Rotwein stellte das Ehepaar mir viele wohl durchdachte Fragen, die ich gerne beantwortete. Balthus freute sich, dass einmal er der Fragende war.

Diesen langen Abend hatten wir beide sehr genossen, und mit all den Gedanken konnten wir nicht so schnell einschlafen. Wir lagen lange wach und waren dankbar und glücklich, dass uns unser Lebensweg zu dieser Begegnung geführt hatte.

Am Morgen durften wir einen Rundgang durchs Haus machen, den wir im Kaminzimmer beendeten. Es war der Ruheraum von Balthus, und vor dem Fenster stand eine große flache

Liegestatt voll bunter Kissen und Decken. Hier erzählte uns Setzuko, wie sie ihren Mann eines Nachmittags auf seinem Bett gefunden hatte, die Augen fest geschlossen. Trotz ihres leisen Zuspruchs bewegte er sich nicht. Erst später schaute er sie plötzlich mit halb geöffneten Augen wie geblendet an und sagte: »Ich habe dich gehört, konnte aber nicht antworten, denn ich habe Zwiesprache mit Gott gehalten, und alles war strahlend hell, ich war geblendet von seinem Licht.«

Da wir aus Büchern und Interviews wussten, dass Balthus sein Atelier nur ganz nahen Freunden öffnete, erwähnten wir es mit keinem Wort. Doch kurz vor unserer Abreise sagte Setzuko: »Balthus wartet auf euch in seinem Studio, gehen wir hinüber.« Wir verließen das Grand Chalet, überquerten eine schmale Straße und betraten die große Scheune. Balthus saß in einem riesigen verschlissenen Lehnstuhl und forderte mich auf, auf einem Stuhl neben ihm Platz zu nehmen. Vor uns stand eine große Staffelei mit einem Landschaftsbild. Minutenlang schwiegen wir, es war Ehrfurcht vor dem hohen Alter des Künstlers und Ehrfurcht vor den angefangenen Bildern, die auf Staffeleien um uns herumstanden. Es war ein Schweigen, das keine Minute peinlich war, angesichts des Menschen, der hier in Würde und Unabhängigkeit wirkte. Ich unterbrach die Stille und meinte, es sei eine Atmosphäre wie in einem Tempel. Balthus erwiderte mit leiser Stimme, ein irischer Pfarrer habe einmal gesagt: »Hier möchte ich beten.«

Neben seinem Sessel stand ein Rekorder, da er beim Arbeiten Musik von Mozart hörte. Wir unterhielten uns darüber, dass jeder Mensch Vorbilder brauchte, kein Künstler, Arzt oder Forscher sei der Erste, alle haben auf den Schultern ihrer Vorgänger aufgebaut. Ob er Vorbilder gehabt hätte? Ja, Piero della Francesca, Cézanne, Poussin hat er als junger Mann zum Üben kopiert.

Das ebenmäßige Licht aus dem Nordfenster machte sein markantes Gesicht weich und milde. Ich machte noch ein Foto, dann war es Zeit, sich zu verabschieden. Setzuko und Carina hatten den Raum bereits verlassen, ich stand vor ihm, und er hielt meine beiden Hände für einen Moment in seinen kräftigen

Händen. Vielleicht verstanden wir uns deshalb so gut, weil wir alten Männer unsere Jugendträume erfüllt hatten. Aus völlig verschiedenen Welten kommend, ganz unterschiedliche Wege gehend, konnten wir uns schweigend verstehen. »Komm bald wieder!« Mit diesen seinen letzten Worten schritt ich langsam zur Tür, schaute mich noch einmal um und sah, wie er langsam seine Hand zum Abschied hob.

Unter der großen Linde im Hof warteten Setzuko und Carina, wir sagten uns Adieu und wünschten ihnen beiden Gesundheit. »Er hat ja schon mit Gott gesprochen«, antwortete die Gräfin. Wir sollten uns nicht wieder sehen; am Sonntag, dem 18. Februar 2001, schlief Balthus für immer friedlich ein. Am 24. Februar wurde er im Bauernkarren zu seiner letzten Ruhestätte gebracht. Er wählte den Leichenwagen der Armen.

Auch die Begegnung mit Herbert von Karajan gehört zu den Erinnerungen, die in mir weiterleben werden. Über dreißig Jahre haben wir ihm in Konzertsälen und bei den Salzburger Festspielen zugehört. Er hatte mich schon einige Male angerufen, um mit mir über Tibet zu sprechen. Zwei Jahre vor seinem Tod luden seine Frau und er uns zu einem späten Abendessen in ihr Haus in Anif bei Salzburg ein. Wir waren die einzigen Gäste, und nur die beiden Töchter Arabel und Isabel saßen noch mit am Tisch.

Wie sympathisch war der große Dirigent in seiner häuslichen Umgebung. Er saß auf einem einfachen Stuhl, sehr bescheiden, voller Interesse und ganz vertraut. Ohne Vorreden kam er sofort zum Thema, das ihn bewegte: der Buddhismus und sein Wunsch, mit mir im Himalaja ein tibetisches Kloster zu besuchen. Leider war er gesundheitlich zu angegriffen, um solch eine anstrengende Reise zu unternehmen.

Beim Abschied sagte seine Frau Eliette zu Carina: »Ich möchte Ihnen gerne eine Freude bereiten – was kann ich tun?« Da Carina schwieg, nahm sie impulsiv aus den Vasen die schönsten Blumen heraus und legte sie Carina in den Arm. Ein Strauß, wie auf einer Wiese gepflückt.

Heimkehr

Als Wanderer in der Welt habe ich Berge auf allen Kontinenten bestiegen, die Quellen aller großen Ströme und die drei größten Inseln unserer Erde gesehen. Ich habe als Einziger die Vor-, Alt- und Neusteinzeit erlebt, ein Superlativ, der sich nicht wiederholen lässt. So konnte ich nach weiten und langen Wegen in meinen Geburtsort Hüttenberg zurückkehren und die Anerkennung wie in der Antike die Sieger des Marathonlaufes genießen. Ich wurde Ehrenbürger der Gemeinde, und statt Sandalen und Brötchen wie im alten Hellas erhalte ich auf Lebzeiten Holz und Wasser. Wenn man gesehen hat, wie Bauern im Himalaja stinkendes Petroleum zu ihrem Berghof tragen, um Tee zu kochen, oder wie Frauen in Afrika stundenlange Wege auf sich nehmen, um an einer Oase Wasser zu holen, weiß man das Geschenk zu würdigen.

Schon früh hatte ich das Elternhaus verlassen, denn einer, der immer im Dorf bleibt, kann nicht das Abenteuer eines Forschers erleben. Es ist der erste Schritt auf einem langen Weg, wie die Chinesen sagen, und auch André Gide hatte sicher Recht mit seinem Satz: Man entdeckt keine neuen Weltteile, ohne den Mut zu haben, alle Küsten aus den Augen zu verlieren. Je höher man auf einen Berg steigt, desto mühsamer wird es, aber mit jedem Meter wird der Blick weiter. Doch selbst von einem Achttausender kann man nur einen Bruchteil von unserem Heimatplaneten sehen. Vielleicht war diese Erkenntnis der Grund dafür, dass meine Passion fürs Extrembergsteigen von der Leidenschaft für Expeditionen abgelöst wurde, die mich in die weite Welt führten. Heute weiß ich, dass mein Leben reich an sinnvollen Abenteuern war, die mich, angetrieben von Erlebnishunger und Wissensdurst, in die entlegensten Gebiete brachten. So konnte es geschehen, dass ich, noch bevor ich ein Ziel erreicht hatte, in mir schon wieder die Idee für ein neues wachsen spürte, das ich sehen, erreichen, erforschen wollte. Es gab für mich kein Ausruhen, kein Zufriedengeben mit dem schon Geleisteten.

Nun ist das Füllhorn voll, und ich brauche nicht mehr danach zu streben, auf schweren Expeditionen Neues zu erleben. Heute will ich meine gesammelten Erfahrungen weitergeben. Ich hadere nicht mit dem Aufhören, denn die körperlichen Kräfte schwinden und erlauben keine ehrgeizigen Pläne mehr. Während das Kurzzeitgedächtnis nachlässt, hilft mir bei der Auswertung meiner Tagebücher und Erinnerungen ein gutes Langzeitgedächtnis. Auf Expeditionen fand ich ideale Voraussetzungen, um zu beobachten und meine Erkenntnisse festzuhalten, denn es gab keine Ablenkung. Bis heute fällt es mir nicht schwer, auch Details längst vergangener Erlebnisse wieder hervorzuholen, deshalb ist es leichter für mich, meine Expeditionen zu beschreiben als spätere Erlebnisse. Dabei benötige ich die Hilfe von Freunden, auf deren Schultern ich weiterkomme. Wie beim Klettern in schwierigem Fels gibt es auch im Leben Überhänge, über die man hinwegkommen muß. Beim Bergsteigen überwindet man die schwierige Stelle, indem der Partner als Steigbaum dient; die Engländer bezeichnen die Hilfe als »Räuberleiter«. Als Buben haben wir in Nachbars Garten die Kirschen geholt, indem einer über die gefalteten Hände auf die Schultern und sogar den Kopf des anderen stieg und so den unteren glatten Teil des Baumes überwand. Schön waren die Wochen, in denen ich bei unseren guten Freunden, dem Ehepaar Paulini, an dem Buch arbeiten konnte.

Von meinen schweren Erkrankungen habe ich berichtet, bleiben noch die Leiden und Gebrechen, die bei der unmittelbaren Berührung mit den Kräften der Natur nicht zu verhindern sind. An erster Stelle handelt es sich um Knochenbrüche; ohne zu übertreiben waren es über zwanzig. Dann gibt es Verwundungen durch Insekten, wie Fliegen, die manchmal für das freie Auge gar nicht sichtbar sind und gefährliche Krankheiten übertragen.

Mehr als ein Zehntel meines Lebens habe ich in Höhen zwischen vier- und sechstausend Metern verbracht, und als Sonnenschutz für die Haut verwendete ich Butter oder Speckschwarte, genau das verkehrte Mittel. Mein Grazer Dermatologe, Helmut Kerl, der mich mehrmals im Jahr behandelt, meinte einmal, dass er in seinem langen Berufsleben noch nie eine derart von der Sonne geschädigte Haut gesehen hatte wie die meine. Schon die alten Perser sagen, dass das Beste, was man von Reisen mit nach Hause bringt, eine heile Haut ist. Das ist mir nicht gelungen, meine musste der Dermatologe retten. Zum Schutz der Augen hatte ich keine Brille, aber eines Tages handelte ich in Tibet von einem Nomaden gegen ein Nähzeug seine Sonnenbrille ein. Sie war ein Netz aus den Haaren eines Yakschwanzes und brachte große Erleichterung.

Zweimal hatte ich bei König Leopold die Freude, den berühmten Herzchirurgen Michael de Bakey zu treffen, der sich an den Grundsatz hielt: »Ich rauche nicht und halte mein Gewicht.« Auch ich bin dieser Lebensregel gefolgt, und rückblickend kann ich feststellen, dass ich glimpflich davongekommen und trotz aller Blessuren so beweglich geblieben bin, dass ich bis heute meine gymnastischen Übungen durchführen kann, mit denen ich den Tag beginne: Vor dem Aufstehen hebt man beide Beine etwas vom Bett, um die Bauchmuskeln zu stärken; bei offenem Fenster zwanzig Kniebeugen, gefolgt von zwanzig Armbeugen, die Hände nie höher als die Tischkante; mit Einkilohanteln in jeder Hand je zehnmal vorwärts und rückwärts kreisen, dann zwanzig Sekunden lang die Arme seitwärts mit isometrischen Kontraktionen festhaltend strecken. Für den passionierten Golfer ist noch eine Schwungübung von Nutzen, indem man etwas in die Knie geht und dann nur Hüfte und Schulter in der Längsachse hin und her dreht. Nach jeder Übung die Muskeln schütteln und lockern. Alles in allem sind es etwa hundert Bewegungsvorgänge, die ungefähr acht Minuten dauern. Seit fünfundzwanzig Jahren halte ich mich an diese Übungen und erhöhe lediglich manchmal die Anzahl. Zum Schluss ziehe ich die Socken frei auf einem Bein stehend an, wobei man unbedingt auf eine Sturzzone achten muss, also möglichst nicht neben einem gusseisernen Heizkörper. Wichtig ist noch das »Brainfood«, Fische und Vitamine für Gehirn und Nerven. Obwohl ich Früchte und Gemüse liebe, nehme ich zusätzlich synthetische Vitamine. Da ich mich wohl fühle, glaube ich auch an ihre vorteilhafte Wirkung.

Die morgendlichen Leibesübungen, wie überhaupt jede körperliche Bewegung, soll man nicht übertreiben, sie muss Bedürfnis sein und Freude bereiten, dann bleibt auch das Erfolgserlebnis nicht aus. Erfolg hat, wer die Grenzen kennt und sein Können sinnvoll einsetzt. In kritischen Situationen überlebt nur jener, der dann noch Reserven hat. Auf schweren Expeditionen trifft letztendlich die Natur die Entscheidung, ob man das Ziel erreicht und heil zurückkehrt.

Als ich 1933 an der Universität Graz zur Geographie als zweites Fach Leibesübungen belegte, diente Sport ausschließlich der Gesundheit. Heute haben Athleten, Manager und Trainer ihre Preise und werden wie Ware gehandelt. Bei der Vergabe von Großereignissen sind nicht allein der Sport, sondern politische und wirtschaftliche Überlegungen maßgebend. Um für die Gesundheit der Athleten zu sorgen, werden Spezialisten für Drogen und Doping eingesetzt. Trotz Kontrollen gibt es raffinierte Schlupflöcher, und so passiert es, dass später Medaillen aberkannt werden oder eine bisher schön gebaute Frau plötzlich mit Muskeln wie ein Mann antritt. Außer den gigantischen Preisen müssen Startgelder bezahlt werden, und man wundert sich, dass gesetzte Sportler oft gegen Nobodys in der ersten Runde ausscheiden.

Die Beliebtheit des Sports füllt die Stadien und bringt den Fernsehsendern höchste Einschaltquoten. Diese Popularität ist nichts Neues, schon vierhundert Jahre vor Christus gab es im alten Griechenland den Fünfkampf und Laufwettbewerbe. Die Sieger erhielten einen Ölzweig und in ihrer Heimat Steuerfreiheit auf Lebenszeit. Vor zweitausend Jahren im kaiserlichen Rom verlangte das Volk *Panem et circenses* – Brot und Spiele. Ich schaue mit großem Interesse Sportübertragungen an und bewundere den Mut der Männer, die mit hundertvierzig Stundenkilometern die steilen Hänge hinunterfahren, oder die unglaublichen Leistungen der Turner an den Geräten. Ich hüte mich, nostalgische Bemerkungen oder Vergleiche anzustellen, da ich mich ebenfalls einmal im Spitzensport betätigte und dabei einige Knochenbrüche hinnehmen musste.

Eine erfreuliche Entwicklung im Sport hat das Laufen genommen. Im Sommer wie im Winter gibt es unzählige Wettbewerbe, an denen sich Millionen Menschen beteiligen. Obwohl sie sich nicht kennen, fühlen sie sich einer verschworenen Gemeinschaft zugehörig und trainieren, um eines Tages den Marathon in Rom oder New York zu laufen oder im Winter den Kitzbüheler Langlauf »Rund um den Wilden Kaiser« oder den Wasalauf in Schweden mitzumachen. Ich habe an vielen solcher Wettbewerbe teilgenommen, und wenn von Marathonläufen die Rede ist, werden die Erinnerungen wieder wach.

Der körperliche Höhepunkt ist keineswegs der Höhepunkt des Lebens. Dieser kommt, wenn Ehrgeiz und Unrast sich in Geduld und Nachdenken verwandelt haben. Im Zenit meines aktiven Lebens gab es noch weiße Flecken auf der Landkarte, es waren die schönen Jahre der geographischen Feldforschung. Viele Länder habe ich in Übergangszeiten erlebt, in denen es leichter war, völkerkundliche Objekte einzuhandeln und Sammlungen anzulegen. Doch selbst wenn heute jeder Fluss und Berg in den Karten der NASA dokumentiert ist, die Menschen in den Hütten, ihre Lieder und Sagen, ihre Seele und die Riten können nicht einmal Satelliten erfassen und bleiben den Forschern vorbehalten.

Heute, da ich mich damit abgefunden habe, auf große Reisen und Expeditionen zu verzichten, genieße ich das Leben auf andere Weise. Ich brauche nicht in die Fremde zu gehen, denn die Sonne, der Mond und die Wolken sind für alle Menschen gleich. Es liegt an uns, den Heimatplaneten Erde zu erhalten im Wissen, dass Tiere und Pflanzen, Gebirge und Ozeane unseres Schutzes bedürfen. Ich will keinen ewigen Frühling in der Südsee, sondern die letzten Jahre dort verbringen, wo der Wechsel von Frühling, Sommer, Herbst und Winter den Ablauf bestimmt. Wenn ich dann am Schreibtisch unseres Ferienhäuschens in Kärnten sitze, stehen viele Erinnerungsstücke meiner Abenteuer lebendig vor mir.

Wo ich auch hinschaue, sehe ich einen Gegenstand, der mir Freude bereitet. Schon der Tisch ist kein herkömmliches Schreibpult, er stand vor dreihundert Jahren in einem englischen Kloster. Aus Sumpfeiche geschnitzt, hat er eine Länge von zweieinhalb Metern, die Tiefe beträgt jedoch nur siebzig Zentimeter, denn die Mönche sollten kein unmittelbares Gegenüber haben. Die Wörterbücher und Nachschlagwerke werden seitlich von schweren Bronzefiguren gestützt: von einem Adler, meinem Wunschtier in jugendlichen Drangtagen, und von einer kauzig dreinschauenden Eule, Symbol von Ullstein, meinem ersten Verlag. Die Eule war bereits bei den alten Griechen Sinnbild für Weisheit. Was sonst noch auf diesem Tisch liegt, ist im wahrsten Sinne des Wortes nicht zu beschreiben, kein Zentimeter ist frei, und auf dem Holzbretterboden stapeln sich Bücher und Manuskripte. Nur wenn niemand abstaubt oder aufräumt, finde ich ohne Mühe im Durcheinander, was ich brauche.

Das Fenster, genauso breit wie der Tisch lang, hat auf dem Sims nur Gegenstände, die mich im Leben begleitet haben, man könnte sie auch als Souvenirs bezeichnen, einige sind Amulette oder Talismane: eine aus Elfenbein geschnitzte Zauberfigur der Bantu aus dem Kongo, ein medizinisch wirkendes Fadenkreuz vom Leibarzt des Gottkönigs, natürlich auch Tsepame, der Gott des langen Lebens, den mir mein Freund, der Dalai Lama, vor vierzig Jahren geschenkt hat. Es fehlen nicht Fossilien und seltene Kristalle, auch ein kleiner Stein vom Gipfel des Mount Everest, den mir ein Freund einmal mitbrachte. Alle diese sentimentalen Gegenstände auf dem Fenstersims sind nicht sehr hoch und lassen den Blick bis zu den nahen Karawanken und Julischen Alpen frei.

Oft werde ich gefragt, welcher Abschnitt in meinem Leben am interessantesten und schönsten gewesen sei. Immer wieder komme ich dann auf die Zeit in Tibet zurück. Es war ein Feudalsystem, bei dem Mönche und wenige Adelige eigennützig wie in einer Oligarchie herrschten; von Demokratie war keine Rede. Aber alle waren glücklich und zufrieden, selbst der Bettler hatte ein angenehmes Leben. Das Land war wirtschaftlich unabhängig, was zu hochmütigen Aussagen führte. Nach heutigen Maßstäben wäre das Bruttosozialprodukt kaum über null anzusetzen. Der Zusammenhalt und die Selbstbescheidung beruhten auf dem unerschütterlichen Glauben der Menschen und der Gewissheit der Wiedergeburt. Zu den großen Festen strömten Nomaden und Bauern nach Lhasa und bewunderten neidlos den Prunk von Klerus und Adel.

Die wichtigste Begegnung meines Lebens war ohne Zweifel jene mit dem XIV. Dalai Lama, sie hat mein Leben am stärksten beeinflusst. Ich flüchtete aus der Gefangenschaft und kam in die »verbotene Stadt« Lhasa, wo ich, obwohl den Tibetern ein völlig Unbekannter, Freund und Lehrer des jungen Gottkönigs wurde. Aus dem Jugendtraum wurde ein Märchen, das Hollywood verfilmte. Die Freundschaft mit dem Dalai Lama währt ein Leben lang. Der Schüler wurde zum Lehrer für Toleranz und Mitgefühl, der in der ganzen Welt gehört wird und den Friedensnobelpreis erhielt. Im März 2002 berichten die Zeitungen, dass der Dalai Lama in einer repräsentativen Umfrage zum weisesten lebenden Menschen gewählt wurde. Im Herbst desselben Jahres wird er an der Universität in Graz den Menschenrechtspreis verliehen bekommen.

Und doch gibt es kein Erlebnis, das mich allein geprägt hat, und jede meiner Seilschaften war zu ihrer Zeit die beste. Für mich bedeutet die zweitausend Jahre alte Kultur der Tibeter gleich viel wie die Gastlichkeit im Kral eines Stammes, die abweisende Haltung der Steinzeitpapua oder der Stolz der Niloten; es ist ihre Kultur und verdient Anerkennung. Meine Haltung fremden Völkern gegenüber war stets davon geprägt, ihre Andersartigkeit ernst zu nehmen. Gewalt war mir immer fremd, und ich habe sie nie im Leben gebraucht. Auf Expeditionen hatte ich nie eine Waffe dabei, nie habe ich einen Schuss abgefeuert.

Auf die oft gestellte Frage, welche Bücher ich auf eine einsame Insel mitnehmen würde, habe ich meine Wahl mehrmals geändert. Heute, am Ende eines langen Weges, sollte mich die Bibel begleiten, die in allen Sprachen als Buch der Weisheit anerkannt wird. Zur Aufheiterung könnte Cervantes mit seinem »Don Quichotte« beitragen, der mit dem gewitzten Knappen Sancho Pansa zum Schmunzeln und Nachdenken anregt. Vielleicht auch »Metamorphosen« von Ovid, das auf meinem Nachttisch liegt. Allein schon weil es eine der schönsten Liebesgeschichten erzählt, die es in der Literatur gibt. Darin fragt Zeus das Ehepaar nach seinen Wünschen, und Carina und ich würden den Göttern die gleiche Antwort wie Philemon und Baucis geben: nie getrennt zu werden. Ich danke Carina, dass sie mir auch bei der Arbeit an diesem Buch von früh bis spät beistand.

Gerne würde ich noch ein Taschenbuch mitnehmen, ganz einfach, weil es von Menschen erzählt und in einer Gegend spielt, die mir in glücklicher Erinnerung geblieben sind. Das Büchlein habe ich in einem Antiquariat gefunden. Es heißt »Kim« und ist von meinem Lieblingsschriftsteller Rudyard Kipling geschrieben. Es ist so alt wie ich, und obwohl es 414 Seiten und acht Kupferstiche aufweist, wiegt es nur zweihundert Gramm. Auf Seidenpapier gedruckt, mit Goldschnitt, in Saffianleder gebunden, ist es geschmeidig biegsam, nur einen Zentimeter dick und kann leicht in die Rocktasche geschoben werden. Ein vorbildliches Buch, das zur Weltliteratur zählt und bereits 1908 zum ersten Mal als Paperback herausgegeben wurde. Der Vorbesitzer meines Exemplares hinterließ keine Eselsohren oder Randnotizen, aber das sollte sich bald ändern, denn es ist eine Unsitte von mir, zu unterstreichen und Kommentare zu vermerken.

Jetzt, da die Arbeit an meiner Biographie zu Ende geht, bleibt vielleicht noch ein wenig Zeit, die Ergebnisse meiner gewonnenen Erfahrungen zu überdenken. Vor wenigen Jahren versuchte ich mich gegen Unwahrheiten, die man über mich in Zeitungen schrieb, zur Wehr zu setzen und zu protestieren. Heute, im neunzigsten Lebensjahr, sind mir Kritiken immer noch nicht gleichgültig, aber sie können mich nicht mehr verletzen.

Glück und Befriedigung bedeutet es für mich, wenn mir junge Leute Aufsätze schicken und mich nach meiner Meinung fragen oder meinen Spuren folgen und sich aus den entferntesten Ländern der Welt mit einer Ansichtskarte bei mir dafür bedanken, dass ich ihnen einen Weg gezeigt habe. Es war wie eine Belohnung, als in einem Fernsehbericht ein Tibeter in Lhasa das österreichische Fernsehteam fragte: »Lebt der Heinrich Harrer noch?«

Dankbar blicke ich auf mein langes Leben zurück. Ich durfte heimkehren in meinen Geburtsort, denn wie alle Völker und Menschen bin auch ich meiner Heimat in Liebe verbunden. Die Papua vom Stamm der Dani bleiben lieber in den kargen Bergen und weigern sich, zur fruchtbaren Küste zu übersiedeln. In Borneo wurden die Dajak aggressiv, als man sie auf eine der Südseeinseln ausquartieren wollte. Typisch für die Bewohner an tätigen Vulkanen ist, dass wie im Frühjahr 2002 am Nyiragonga die Hutu und Tutsi in das zerstörte Goma zurückkehrten, als noch der Aschenregen fiel. Vor Jahren habe ich in Washington die Vorführung des amerikanischen Films »E. T. – Der Außerirdische« gesehen. Die rührenden Worte des Spacemännchens: »I want to go home« müssen auch für den Dalai Lama und die Exiltibeter gelten, wie für alle Völker, die nicht in ihrer Heimat leben können.

Auch ich bin zurückgekehrt in meine Heimat, die im Urgestein eines Erzberges liegt, wo das Regenwasser nur langsam versickern kann. Es kommt dann spärlich als kleine Quelle an die Oberfläche, ist dafür aber beständig und zuverlässig wie die Menschen in meinem Geburtsort.

Mein Leben gleicht dem Lauf des Wassers. Es beginnt als bescheidenes Rinnsal, vereinigt sich mit vielen anderen kleinen Gewässern zu einem Bach, der über steile Hänge in einen Fluss mündet. Immer noch in den Bergen, werden in Stromschnellen die kantigen Felsbrocken in rundes Geröll verwandelt, und ähnlich wie in meinem Leben wird die Fortbewegung leichter. Kräftige Lachse und Forellen schwimmen an den letzten Stromschnellen nach oben, bevor das Wasser endgültig die Berge verlässt und in der Ebene in einen breiten Strom mündet. Eine Zeit lang kann sich das klare Wasser gegen den trüben Strom wehren und neben ihm herfließen, dann wird es verschluckt und verliert sein Gepräge. Die schwache Strömung kann das Geröll nicht mehr kollern, es entsteht ein langsames Geschiebe. Es gibt noch keine Staudämme, keine Flussbegradigungen mit senkrechten glatten Betonwänden. Es ist ein Genuss, durch Haine zu gleiten, die Fische springen vergnügt aus ihren Verstecken unter den Wurzeln heraus, und die bunten Vögel zwitschern in den Uferbäumen, wo sie sichere Nistplätze haben, um ihren Nachwuchs zu füttern.

So erreicht der Strom die ersten großen Städte, wo Kanäle der Abwässer münden. Sie bringen Probleme, die bisher unbekannt waren, aber auf dem langen Weg durch den Kontinent muss man lernen, damit umzugehen. Der Strom mündet ins Meer, wo er sich ausbreiten kann. Die große Oberfläche und Wärme ermöglichen die Verdunstung und Entstehung von Wolken. Das gereinigte Wasser fällt in den Bergen als Regen oder Schnee und schließt damit den Kreislauf.

Zum ersten Mal kann ich nicht mehr vorausplanen, früher die Basis und Voraussetzung für das Gelingen einer Expedition. Stattdessen habe ich gelernt, jeden Tag wie ein Geschenk zu genießen. Was dann unabwendbar geschieht, kann ich nur mit Ruhe und Vertrauen abwarten.

Anhang

Chronik der wichtigsten Expeditionen und Reisen

1938	Erstbegehung der Eiger-Nordwand
1939	Nanga Parbat, Erkundung der Diamirflanke
1944–51	Tibet
1953	Anden und Amazonas, Erstbesteigung des Ausangate
1954/55	Alaska, Erstbesteigung des Mount Hunter, Mount Deborah und Mount Drum
1957	Kongo, Ruwenzori
1962	Neuguinea, erstmalige Nord-Süd-Durchquerung, 31 Erstbesteigungen im Carstenszgebirge, Entdeckung von Jälime, der Quelle der Steinäxte
1964	Nepal
1966	Amazonas, bei den Xinguindianern, Surinam
1968	Weltreise, Suche nach Schutz- und Abwehrzeichen
1969	Französisch-Guyana
1970	Grönland
1971	Sudan
1972	Borneo, Nord-Süd-Durchquerung
1973	Nepal
1974	Manipur, Indien, Ladakh, Nepal
1975	Andamaneninseln
1976	Ladakh
1977	Zaire, Ruwenzori, Uganda und Kenia
1978	Sikkim
1979	Sikkim, Ladakh, Indien
1980	Sikkim und Bhutan
1981	Nepal
1982	Tibet, Bhutan
1983	Bhutan
1985	Bhutan

1986	Bhutan
1988	Bhutan
1991	Ladakh
1996	Bhutan

Verzeichnis der Bücher Heinrich Harrers

Abenteuerreisen zu vergessenen Völkern. Die letzten Paradiese der Menschheit. Augsburg 1990

Borneo. Mensch und Kultur seit ihrer Steinzeit. Innsbruck 1988

Das alte Lhasa. Bilder aus Tibet. Berlin 1997

Das Buch vom Eiger. Innsbruck 1988

Der Himalaja blüht. Blumen und Menschen in den Ländern des Himalaja. Innsbruck 1980

Die Götter sollen siegen. Wiedersehen mit Nepal. Frankfurt am Main, Berlin, Wien 1978

Die letzten Fünfhundert. Expeditionen zu den Zwergvölkern auf den Andamanen. Frankfurt am Main 1983

Die letzten Paradiese der Menschheit. Abenteuerliche Reisen zu den vergessenen Völkern. Gütersloh 1979

Die Lust am großen Abenteuer. Innsbruck 1968

Die Weiße Spinne. Das große Buch vom Eiger. München 2001

Entdeckungsgeschichte aus erster Hand. Berichte und Dokumente von Zeitgenossen aus drei Jahrtausenden. Gütersloh 1978 (Herausgeber)

Erinnerungen an Tibet. Frankfurt am Main 1993

Flucht über den Himalaja. Gütersloh 1953 (Mit Wilhelm Baumann)

Geheimnis Afrika. Innsbruck 1979

Geister und Dämonen. Magische Erlebnisse in fernen Ländern. Frankfurt am Main 1993

Huka-Huka. Bei den Xinguindianern im Amazonasgebiet. Frankfurt am Main 1979

Ich komme aus der Steinzeit. Ewiges Eis im Dschungel der Südsee. Berlin, Frankfurt am Main, Wien 1977

Impressionen aus Tibet. Gerettete Schätze. Innsbruck 1974 (Mit Martin Brauen)

Ladakh. Götter und Menschen hinter dem Himalaja. Frankfurt am Main 1988

Meine Forschungsreisen. Innsbruck 1986

Meine Tibetbilder. Seebruck am Chiemsee 1953 (Mit Heinz Woltareck)

Rinpotsche von Ladakh. Innsbruck 1981

Sieben Jahre in Tibet. Mein Leben am Hofe des Dalai Lama. München 2002

Tibet und seine Medizin. Innsbruck 1992

Tibet, verlorene Heimat. Wien 1961 (Mit Thubten Jigme Norbu)

Tibeter Teppiche. Innsbruck 1987

Tips, Tabellen und Geschichten für die Jugend. Gütersloh 1974 (Herausgeber)

Unter Papuas. Mensch und Kultur seit ihrer Steinzeit. Frankfurt am Main 1979

Unterwegs. Handbuch für Reisende. Wiesbaden 1980 (Unter Mitarbeit von Axel Thorer und K. R. Walddorf)

Wiedersehen mit Tibet. Berlin 1997

Register

A

Adams, Ansel 258
Adams, Linda 421
Adenauer, Konrad 508
Admont 23
Adschina-Tepe 480 f.
Afghanistan 51, 61, 77, 474, 482
Afrika 69, 97, 265, 267 f., 279 f., 334, 344, 361, 402, 414, 423, 428 f., 432 f., 437 ff., 455, 487, 497, 533
Agats 309
Aglar 71, 81
Ägypten 268
Ahmednagar 53, 55, 58 f.
Akabapass 369
Akam 382
Alabama 256
Alaknanda 451, 454
Alaska 242, 244 f., 249 f., 257 f.
Albert I., König von Belgien 340
Alexander der Große 51
Ali, Muhammad 404
Alpen 9, 20 f., 29 f., 83, 97, 215, 218, 222, 243, 246, 252 f., 405
Altmühltal 353
Amarnath 469

Amazonas 211, 216 f., 223, 225, 227, 318, 369, 416
Ambrosi, Gustinus 203
Amdo 132, 144, 163
Amerika 17, 84, 184, 239, 243, 246, 252 ff., 258, 269, 359, 466
Amin, Idi 423 f., 427, 430
Amsterdam 349
Anapeike (Häuptling der Wajana) 338
Andamanen 385 ff., 393, 397, 401 f., 427, 443
Anden 34, 202, 215, 217, 222 f., 225, 320, 349, 405, 517
Angkor 481
Anif 532
Annan, Kofi 429
Annapurna 91, 191 f., 459 f.
Annapurnamassiv 462, 469
Annaud, Jean-Jacques 488, 517 ff.
Antarktis 281, 353
Antwerpen 42, 44
Anwander, Alois 474, 476 ff., 502 ff.
Api 259
Äquator 13, 218, 265, 268, 279, 299, 337, 375, 403, 436, 518

549

Arafurasee 282, 302, 309 f.
Argentinien 517
Arizona 242 f.
Arlberg 503
Arthaud, B. 201, 235
Arthaud, Claude 236 f.
Aschenbrenner, Peter 50
Ascona 314
Asien 29, 56, 70, 207, 216, 242, 252, 314, 317, 433, 441
Asmat 309
Assam 187, 274, 499
Äthiopien 437 f.
Atibaya 345
Atlantik 214, 217, 228, 267, 352, 520
Auchterlonie, William 273
Auer von Welsbach, Carl 141
Aufschnaiter, Peter 43–53, 58 ff., 62, 64, 76, 79, 85 ff., 94 f., 97 f., 103 f., 106 f., 110 f., 115–118, 120, 130, 137 f., 140–145, 152, 166, 176, 181, 186, 191, 206, 256, 332, 446, 451, 461, 485, 508, 518, 526
Ausangate 202, 212, 215 f., 227
Australien 176, 282, 310

B
Babusarpass 47
Bad Gastein 199
Bad Wiessee 403
Badrinath 448 ff., 454
Bagdogra 495 f.
Baglung 464 f.
Bahadur, Bantaba 464
Bahadur, Kaisher 464 f.
Bailey, F. N. 231, 243
Baku Rinpotsche 512
Balatiplateau 193
Bali 64, 440
Baliemfluss 307, 311
Baliemschlucht 302 f.
Balthus (Balthazar Klossowski de Rola) 527, 532
Bamian 482
Band, George 192, 526
Bandjarmasin 383
Banff 517
Bangkok 312 f.
Bara Lacha-la 514
Baritofluss 383
Barka 88
Bartholomew, John 263 f.
Batavia 374
Bauer, Paul 43
Bayern 257, 270
Beatles 443
Beckmann 205
Beigel, Ernst 110
Beilhack, Hermann 495
Bekey, Fred 244 f.
Belgien 265, 331, 468, 495
Bell, Charles 58, 77, 135
Belutschistan 51
Bengalen 141
Beni 405
Beringstraße 242

Berkeley 250, 272
Berlin 36, 54, 205, 207, 211, 214
Bern 200, 524, 528
Bertram, Hans 37
Bremerhaven 37
Bessac, Frank 163 ff., 185
Bhagirathi 448, 450
Bhutan 153, 178, 187, 194, 494 f., 500, 503, 509
Bhyundartal 452
Biberach 358
Biega 418
Biotte 357
Birbaum, Günter 523
Bloumsteinsee 347
Bodnath 463
Bogner, Willy, jr. 200
Bogner, Willy, sen. 200
Böhm, Karl 511
Böhmen 37
Bolivien 222 f.
Bolwerk, Peter 334, 339, 341, 346
Bombay 45, 53 f., 57 f., 66, 151 f., 195, 312 f., 459
Bonn 366 f., 508
Bonnington, Sir Chris 194, 525 f.
Bopp 353
Borneo 374 ff., 378, 383, 541
Bororó (Häuptling der Kalapalo) 322, 324 f., 328
Bosch, Hieronymus 267
Bozen 44

Brahmaputra (tib.: Tsangpo) 89, 96, 106 f., 138, 145, 165, 171, 216, 484, 490
Brahmarishi (Yogi) 447 f.
Brasilien 223, 354, 416
Braun, Wernher Freiherr von 256, 351, 359
Braunsteiner, Herbert 355, 357
Bremerhaven 37
Brenner 197
Breslau 36 f.
British-Columbia 243
Bruce, Geoffrey 460 f., 463
Bruck an der Mur 14, 17 f., 21
Brunei 462
Brüssel 346, 357, 385, 403, 495
Bücherl, Wolfgang 319
Buck, Pearl S. 252 ff.
Buffalo 251
Buhl, Hermann 34, 49 f., 461, 506
Bukavu 417, 420
Bunia 415
Burke, James 182 f., 187, 189, 194, 258 f.
Burma 385
Burundi 421, 429
Butantan 327

C
Canberra 283
Canevari, Angelo 523

Cap Canaveral 352
Capra, Frank 167
Carhuasanta 217
Carl Gustav, König von Schweden 519
Carstensz, Jan 286
Carstenszpyramide 279, 287, 289, 296
Cato 523
Cayenne 341, 351, 354 f.
Cervantes 540
Cézanne, Paul 531
Chamberlain, Arthur Neville 40
Chamdo 168
Chamonix 237
Chengtu 483
Cherrapunji 136, 187
Chicken, Lutz 43–46, 48, 67
Chilas 47
China 153, 163, 169, 179, 182, 198, 253, 260, 314, 466, 495
Cho Oyu 259
Chopin, Frederic 235
Chou En-Lai 261
Christchurch 281
Christian, Edgar 247
Churchill, Sarah 274, 276
Churchill, Winston 40, 423
Civetta 28
Cocteau, Jean 200 f.
Coocoola, Prinzessin von Sikkim 152 f., 191, 233, 498
Cook, James 391
Corbet, Jim 259
Cordillera Vilcanota 215
Costner, Kevin 517
Côte d'Azur 357
Coudenhove, Hans Heinrich Graf 526
Crans Montana 233
Crater Lake 243
Crater-Lake-Nationalpark 243
Crosby, Bing 270
Cumbropass 226
Cusco 215, 221, 229

D

da Vinci, Leonardo 107
Dachsteingebirge 359
Daladier, Edouard 40
Dalai Lama, XIII. 167, 169, 174, 188, 484
Dalai Lama, XIV. (tib. Gyalpo Rinpotsche; Kundün) 125 f., 130 ff., 136, 144 f., 147, 154–162, 165 f., 168 ff., 172–175, 177–185, 188 ff., 205, 221, 233, 239, 255, 258–261, 273–278, 332, 362 f., 365, 392, 440 ff., 445, 463 f., 466, 486 f., 494, 496, 508, 513, 518, 522 f., 529 f., 538 f., 541
Dänemark 180, 230, 261, 390
Darbhanga 60, 189

Darjeeling 46, 136, 145, 190, 196, 361, 451, 496, 525
Daussy, Henry 235
de Bakey, Michael 495, 536
De Jon 309, 311
de Réthy, Prinzessin 331, 356
Dehra-Dun 60, 62, 64, 66, 86 f., 129, 134, 141, 259, 277, 443, 456, 527
Dekyila 276
Den Haag 279
Denman, Earl 191
Deolali 59 f.
Deoprayag 446
Derge 515
Deutschland 37, 49, 58, 142, 207, 212, 216, 219, 244, 270
Devillers, Pierre 455, 457
Dharamsala 278, 316, 362, 440 f., 463
Dhaulagiri 91, 460, 463, 467
Di Maggio, Joe 255
Diamirflanke 43, 48 ff., 252
Diamirtal 47
Diemberger, Kurt 461
Diglipur 394 ff.
Ditfurth, Hoimar von 473
Djakarta 282, 374, 383
Dogsum 501
Dolomiten 26, 28, 32, 51, 279, 340, 357, 478
Dotital 150
Dozy 286
Draba Angdi 176

Drau 197
Dresden 252
Dressel, Oskar 314
Drigung Kyabgön Tschetsan Rinpotsche 145, 511
Drölma-la 89
Drölma-la (Ehefrau von Kuscho Tsenam-la) 137
Drugpa Rinpotsche 512
Drug-Tsche siehe Tukutsche
Druk Yül 499
Dschamna 72
Dschigme 146, 485
Dünkirchen 272
Durban 66
Durtrö 151
Duschanbe 474, 476, 478, 482
Dutton, E. P. 238
Dzonga 102
Dzongkar 96, 103, 105

E

Eckelt, Hugo 271
Edinburgh 263 f., 272
Edwards, Walter M. 240
Eiger 26, 34–38, 42, 44, 110, 143, 183, 193, 202, 216, 236, 270, 279, 282, 295, 299, 460, 524 f.
Eilanden 309
Einstein, Albert 513
Eischberg, Anton von 28
Eiselsberg, Otto von 283
Eldorado 229, 340

England 130, 230, 243, 261, 424
Europa 49, 51, 53, 58, 61, 134, 152 f., 162, 168, 196 f., 213, 229, 235, 246, 259, 265, 269, 278, 280, 383, 301, 312 ff., 316, 339, 349, 355, 358 f., 429, 433, 461, 487, 505

F
Fairbanks 244, 249 f.
Farquhar, Bill 257 f.
Fasano, Enrico 522
Fatu-la 511
Fawcett, P. H. 232, 319, 328
Feldkirch 208, 493
Feuerland 244
Finch, George 461
Fleming, Ian 235
Fleming, Peter 232 ff., 238, 319
Florida 241, 352
Ford, Robert 168
Francesca, Piero della 531
Frankfurt a. M. 270, 312 f., 440
Frankl, Viktor E. 40, 527
Frankreich 37, 130, 315 f.
Französisch-Guyana 333, 341, 351
Fregene 523
Frick 37
Friesach 445
Fudschijama 360

G
Gaarder, Jostein 523
Gaddhafi, Moammar al 424
Gander 214
Gandhi, Indira 386
Ganges 72 f., 192, 195, 216, 443, 446 ff., 450, 452, 454
Gangesquellen 454, 458
Gangestal 454
Gangotri 44 ff., 451, 454
Gangtok 153, 182, 191 f., 194, 384, 573
Garmisch-Partenkirchen 24, 506, 527
Gartok 88
Gary, Romain 263
Gassmann, Vittorio 523
Gauhatí 501
Gaumukh 448
Geiger 25
Gerlosplatte 42
Ghanshyam das Birla 277
Gharwal Himalaja 83, 192, 278
Ghat-Berge 53, 313
Giacometti, Alberto 530
Gide, André 533
Gilgen 364
Gilgit 50, 123
Gobi-Wüste 368
Goethe, Johann Wolfgang von 524
Golf von Bengalen 385
Goli 423
Görtschitztal 9

Görz 522
Gosainthan 106
Gosse, Jean Pierre 333 f., 336, 338 f., 341, 385, 387, 397 f., 455 f., 458, 495
Govindghat 451
Graanoogst, Jaap 342 f., 345
Grand-Canyon-Nationalpark 242
Graves, Richard 212, 233
Graves, Robert 212
Graz 17, 21, 23, 26 f., 38 ff., 42, 118, 197 f., 204, 213, 237, 315, 363, 493, 536
Grenoble 236, 261
Griechenland 186, 261, 536
Grindelwald 30, 36, 38, 524 f.
Grob, Ernst 54
Grönland 214, 242, 374
Groote, David 265, 267 f.
Großbritannien 37, 149, 235, 275
Großglockner 24
Grosvenor, Melville Bell 240
Gruyère 528
Grzimek, Bernhard 402
Guatemala 220
Guggenberger, Leopold 474
Guggenheim, Peggy 497
Gullit, Ruud 344
Gulmarg 51, 509
Gunga 55
Guring-la 122, 143
Gurk 526
Gurla Mandhata 89
Gusinde, Martin 385
Gustav V., König von Schweden 519
Guttaring 13
Gyabnak 88, 90, 95
Gyak Bongra 117
Gyalo Thündrub 190, 466
Gyantse 147, 169, 172 ff., 176 ff., 488
Gya-yum Tschenmo (Mutter des XIV. Dalai Lama) 132, 155 f., 160 f., 174, 179, 184, 276 ff., 362, 518

H
Haarhaus, Fritz Ferdinand 314
Hackbarth, Günther 375, 379
Hadow 50
Hafelekar 50
Hahnenkamm 24
Hakanei 322–325, 329
Hale 353
Halifax 66
Hamburg 205, 314, 355
Hardwar 443, 445 f., 456
Harrer, Barbara 434
Harrer, Birgit 434 f., 440
Harrer, Carina 270, 280, 312 f., 316 f., 331, 355 ff., 364 f., 433 f., 459, 483, 495, 497 f., 519, 522 f., 530 ff., 540

Harrer, Florentin 198
Harrer, Hilde 197
Harrer, Irene 434 f., 440 f.
Harrer, Johanna (Mutter) 9, 11, 13–17, 22 f., 26, 38, 79, 197 f., 314, 444, 492 f., 525
Harrer, Josef (Bruder) 15, 197 f., 492
Harrer, Josef, (Vater) 14, 197 f., 492
Harrer, Lotte, geb. Wegener 27, 41 f., 152
Harrer, Lydia 15, 152, 197, 492
Harrer, Peter 58, 152, 171, 197, 434
Harrer, Ruth 15, 197, 492
Harrison, George 443
Harsil 76, 447
Hart-Davis, Rupert 211 f., 230, 232–235, 261
Harvard 255
Hasliberg 525
Hass, Hans 211, 434
Hass, Lotte 434
Have, Heins von 65, 78, 89, 205
Hawaii 281, 391
Haydn, Joseph 64
Heckmair, Anderl 32 ff., 38, 524
Hedin, Alma 206 f.
Hedin, Sven 21, 28 f., 61, 89, 113, 120, 122, 152, 185, 206–209, 509, 519

Heidelberg 39
Heifetz, Sascha 64
Helsinki 206
Hemkund 452 ff.
Henderson, Loy 183 ff.
Henkel von Donnersmark, Graf 12
Herrlighoffer, K. 50
Hertrampf 57, 78
Herzog von Windsor 270
Herzog, Maurice 191 f., 235, 237
Heydt, Eduard von der 314
Heyerdahl, Thor 211
Hild, Hugo 271
Hillary, Sir Edmund 281 f., 460
Hilton, James 167
Himalaja 28 f., 41–45, 47, 50, 58–62, 69, 71, 96, 100, 108 f., 118, 122, 130, 136, 138, 143 f., 170, 176, 178, 183, 188 f., 193, 244, 276, 301, 319, 405 f., 446 f., 454, 458, 460, 462, 470, 495, 499 ff., 505 f., 510, 514 f., 517, 532 f.
Hinterriss 331
Hitchcock, Alfred 251
Hitler, Adolf 37 f., 40
Hochreichart 506
Hofmann, Heinrich 37
Hohenlohe, Prinz Alexander von 270
Holland 350

Hollandia 284 f., 296, 298
Hollywood 518–520, 522, 539
Holzmeister, Clemens 203
Hongkong 190, 440, 462, 483
Hopkinson, Arthur 133, 149
Hoskins, Cyril 262
Houston 495
Hudson 247, 254
Huizenga, Bert 238, 311
Hülsen, Hans Peter 65
Humboldt, Alexander von 366
Huntsville 256, 351
Hüttenberg 9, 11 f., 150, 270, 365, 373, 383, 493, 518, 521, 533
Hüttenbrenner 237

I

Idenburgtop 286
Ihongero 407 f., 410
Illimani 222 f., 226
Indien 35, 42, 45, 51, 53–56, 58, 60 f., 65, 68, 73, 76, 84 ff., 90, 98, 108, 134, 143, 149, 154, 162–165, 169, 171, 178 ff., 180, 183 f., 187 f., 194, 196, 215, 233 f., 260 f., 265, 272, 274–277, 362, 386, 388, 444–446, 455, 468, 472 f., 497, 499, 513, 515, 527

Indischer Ozean 58, 267, 380, 385, 391, 433
Indonesien 284, 376
Indus 51, 216, 445, 511 f., 514
Innsbruck 50, 197, 355
Irland 213
Irrawaddy 386, 484
Irvine, Andrew 459 f.
Island 359
Isles du Salut, siehe Teufelsinsel
Italien 51, 525
Ithaca 258
I-Tso 150
Ituriurwald 385
Iztaccihuatl 221

J

Jäckel, Heinrich 198
Jälime 288, 292, 296, 298 f., 301, 315
Jamutal 292
Jangtsekiang 484
Japan 64, 162, 359
Jatiri 224
Java 64 f., 383
Jepen 309
Jetsun Pema (Jetsün Pemala) 154, 178, 442, 518
Johannes Paul II., Papst 508
Johnston, Becky 517
Jones, Robert Tyre 272
Joshimath 449
Judenburg 26

Julische Alpen 9, 19 f., 506, 538
Jumna 195
Jupala (Häuptling der Kalapalo) 322

K
K2 Mount Godwin Austin 191, 252
Kabalegafälle (Murchisonfälle) 425
Kabalega-Nationalpark 423 f., 426
Kabschö 145, 198
Kabul 482
Kaghan 47
Kahiltnagletscher 246 f.
Kahr, Karl 433
Kahuzi 418
Kahuzi-Biega-Nationalpark 418 f.
Kailas 88 f.
Kairo 44
Kaisergebirge 357
Kaiserslautern 331
Kalifornien 243
Kali-Gandhaki-Fluss 460
Kalimantan 376, 383
Kalimpong 141, 145, 182, 185 ff., 189 f.
Kalipur 394
Kalkutta 188, 385
Kaluene 329
Kambodscha 481
Kamet 451
Kampala 423, 427
Kanada 66, 197, 243, 247 f., 262
Kanato 329
Kandahar 51
Kanglung 504
Kangtschendzönga (Kantsch) 43, 110, 180, 183, 191 f., 496, 526
Kapstadt 66
Kapuas 375 f.
Kapuastal 378
Karajan, Arabel von 532
Karajan, Eliette von 532
Karajan, Herbert von 532
Karajan, Isabel von 532
Karakadungpass 503
Karakorum 193, 510
Karatschi 45, 51 ff.
Karawanken 538
Karibik 338, 440
Karma 512
Karmapa Rinpotsche 498
Kärnten 7, 9, 184, 315, 519, 526, 538
Karopass 174
Kasapuling 84
Kaschmir 47, 50, 67, 73, 196, 509, 513
Kasibabu 408, 410
Kasparek, Fritz 28, 30–34, 506
Kassikassima 340
Kathmandu 94 f., 98, 189, 260, 261 f., 465, 469

Kathmandutal 465
Kenia 265, 271, 426 f., 433 ff., 437 f., 440
Kennedy, Edward 282
Kennedy, John F. 40
Kennedy, Joseph P. 40
Kerl, Helmut 535
Kesang Dortsche 187
Khalsi 512
Kham 114 f.
Khartoum 367, 372 f.
Kilimandscharo 265
Kinshasa (ehem. Leopoldville) 403 f.
Kinshofer, Toni 49
Kiondo 267
Kipling, Rudyard 319, 540
Kippax, Russel 286, 311
Kisangani (ehem. Stanleyville) 265, 404 f., 412 ff.
Kissinger, Henry 523
Kitambale, Joseph 406–412
Kitchener, Lord Horatio Herbert 372
Kitzbühel 24, 197, 199, 201, 203 ff., 270 f., 273, 313, 365, 527, 537
Kivusee 417
Klagenfurt 474
Klein-Andaman-Insel 389 f.
Klinge, Günther 496
Klossowski de Rola, Setzuko 527, 531
Knappenberg 9, 493
Knaus, Kenneth 184

Kobe 360
Kofler 200
Köln 314, 508
Kolumbus, Christoph 84
Kongo 265, 269, 385, 404, 412
Kongo, Demokratische Republik 404
Kongpo 137
Kopenhagen 186, 261
Kopp, Hans 55, 79, 83, 86, 91, 94, 99, 120,
Köppen, Wladimir 38
Kordilleren 215
Korelapass 92
Körösi, Csoma Sandor 515
Kosifluss 99, 104 f.
Kourou 351 f.
Krämer, Edi 55 f., 83
Krause, Ernst 203
Krishna 467
Kula 153
Kulterer, Franz 506
Kulterer, Ludwig 506
Kulutal 513
Künsangtse Dzasa 276
Kuscho Tsenam-la 137
Kyirong 95, 103, 106 f., 124 f., 131, 145, 148, 176, 186, 461, 463
Kyitschu 146, 165, 171, 489

L
La Paz 221 ff., 225 f.
Lachenal, Louis 192, 236,

Ladakh 144, 196, 445, 469, 508 ff., 513, 519 ff.
Lahore 45
Lake Placid 251
Lalidererwände 331
Lantschner, Inge 25
Lantschner, Ludwig 41f.
Laptschi Kang 106
Las Bela 51
Lassiter, Jim 189, 192
Lassnig, Michael 361
Lata 456, 458
Leakey, Richard Erskine 438
Leh 512 f.
Leigh, Colston 238
Leningrad 479
Leonard, Maurice 451
Leopold III., König von Belgien 34, 331, 336, 338–341, 345 f., 348, 351, 356, 385 ff., 396, 398, 454, 495, 535
Lexer, Georg 446
Ley, Robert 36, 566, 87 f., 92–95
Lhasa 50, 56, 87 f., 92–95, 98 f., 101, 103, 108, 111 f., 115 f., 121–127, 129–135, 137 f., 140 f., 143 ff., 147, 150 ff., 154 f., 159 f., 162–169, 171–177, 179–183, 185–189, 193, 196, 198, 204, 212, 231, 233, 236, 238, 255, 259–263, 273–277, 362, 365, 368, 441, 451, 464, 466, 480, 484–489, 491, 496, 501 f., 512 f., 515, 518, 522, 529 f., 539, 541
Lhedi 504
Lhölung 88
Libyen 424
Liechtenstein 200, 208, 211 f., 238, 259, 297, 313, 316, 495
Liechtenstein, Franz Josef Fürst von 299
Lima 215, 229
Lindau 270
Lindgren, Astrid 474
Linné, Carl von 350
Littledale 122
Liu 528
Liuschar Dzasa 137, 165
Lobau 213
Lobenhoffer, Hans 43 f., 46, 48, 63, 66
Lobo, Patrik 389
Lobsang Rampa 261 ff.
Lobsang Samten 132, 154 ff., 161, 175, 188, 190, 261
Loew 252
London 40, 48, 195, 211 f., 230 ff., 261, 274, 276, 314, 362, 525
Longda 97
Louis, Joe 21
Luft, Willi 44, 256
Lüxingshe 489

M

Mackiernan, Douglas 163, 165
Maculan, Alexander 271
Madras 194
Madura 383
Magener, Rolf 57 f., 64 ff., 69, 79 f., 89
Mahagi 422
Mahagunapass 470
Maharaj Kumar, Kronprinz von Sikkim 260
Mahdi 369
Mähren 37
Maillart, Ella 232
Mainau 493
Makunsi, Nzeza 403
Mälarsee 207, 210
Malaysia 376
Maldonado 228 f.
Malik, Subin 386
Mallorca 212
Mallory, George Leigh 29, 459 f.
Mana 451
Manali 513
Manangbhot 469
Manasarowarsee 89
Manaslu 91
Mandela, Nelson 429
Mangart 19 f., 23
Manhattan 214
Manipur 472
Mannhardt, Anderl 49
Mannheim 492
Mantell, Gösta 206
Marais, Jean 201
Marburg a. d. Drau 197
Marchese 69–74, 76 f., 79
Margherite 409
Maria Laach 508
Maribor 197
Maronifluss 337
Marsyandital 469
Martinique 354
März, Fritz 215
Mato Grosso 232, 318
Matterhorn 312, 409
Maul, Otto 27, 380
Mauren 313, 364, 492
Maurer, Lutz 517
Mazenokamm 48
McArthur, Douglas 157, 183 f.
McDonald 189
McMurdo-Sund 281
Mekong 484
Mendelssohn Bartholdy, Felix 143
Merian, Maria Sibylla 350
Merian, Matthäus 350
Messner, Reinhold 461
Mexiko 221
Mexiko-Stadt 256
Meybohm, Henry 244
Miami 238, 240
Milarepa 97, 131, 176, 233
Mindrutsari 144, 169
Minutillo, Christoph von 28

Missone, Xaver 332, 334, 341, 385, 387, 455, 457 f.
Mixnitz 19
Mölltal 9
Monroe, Marilyn 255
Mont Blanc 409
Monte Carlo 520
Möntshe 88
Moosbrugger, Franz 503–506
Moskau 476
Mount Cook 282
Mount Deborah 244 f.
Mount Drum 249
Mount Everest 29, 50, 106, 190 f., 460 f.
Mount Foraker 247
Mount Hunter 244, 246
Mount Kenia 265
Mount McKinley 244, 247
Mount Stanley 268
Mount Vinson 281
Mount Whitney 258
Mozart, Wolfgang Amadeus 64, 531
Mukh 475
Muktinath (tib.: Tschumig Gyatso) 462, 467 f.
Mulbe 510
Mulia 288, 292, 294–296
Mummery, Alexander 48, 50
München 29, 37, 42 ff., 49, 203 f., 256, 263, 280
Münchwilen 451
Mur 23
Muruto 427
Muschensi, Lusenge 417–422
Musger, Franz 18
Mussoorie 60 f., 278
Mustang 198, 465
Mutsora 406
Mutwanga 266, 407

N
Nag Tibba 62
Naggar 513
Nairobi 433, 439
Nam Tsho (Tengri Nor) 122
Nampa 259
Namur 340
Nanda Devi 62, 458
Nanga-Parbat 29, 39–44, 48–51, 58, 61, 143, 193, 202, 252, 509
Nannen, Henri 205
Narthang 515
Natulapass 180
Nehru, Jawarhal Pandit 194 f., 261, 275 f.
Nelang 76, 79, 83
Nepal 29, 88, 92, 94 f., 98 f., 101 f., 104, 149, 176, 189, 190 ff., 259 f., 316, 362, 460 ff., 464, 468
Neu Amsterdam 350
Neu-Delhi 60, 143, 182, 185, 193 f., 238, 258 ff., 274, 316, 386 f., 447, 455 f., 463, 505, 512 ff.
Neufundland 214, 492

Neuguinea 279, 283, 287, 306, 309–315, 318, 323, 329, 370, 374, 382, 384, 445, 458
Neuseeland 282 f.
New York 165 f., 182 f., 213 f., 237 f., 240 ff., 244, 249, 251 f., 254 f., 280 f., 309, 347, 358, 361, 363, 482 f., 496, 517, 525, 527, 537
Newton, Helmut 520 f.
Ngabö 179
Ngakhyü 88
Ngari Rinpotsche 144 f., 276, 441
Ngari 87
Nicklaus, Jack 272
Niederländisch-Guyana 333
Niederländisch-Indien 64
Nikobaren 385
Nikolai (Aussteiger) 477 f.
Nil 268, 366, 368, 370, 372, 423 ff.
Nil-Wasserfälle 423
Noichl, Hias 295
Nord-Sentinel 399
North Col 459
Norwegen 37
Nubische Berge 367 ff., 371
Nubische Wüste 367
Nubra 514
Nunkun-Gebirge 163
Nurmi, Paavo 208
Nürnberg 351
Nyentschenthangla 128

Nyentschenthangla-Gebirge 122, 144
Nyima 146, 154, 160, 172, 487
Nyiragonga Goma 429, 541

O

Obergossen 9, 12, 16, 22
Oberstdorf 35
Oberth, Hermann 351
Odell, Noel 458 f.
Ojapok 343, 351, 354
Oldfield, Henry Ambrose 461
Olduvaischlucht 438
Olivier, Laurence 169
Olschak, Blanche 483
Omdurman 372
Omo 437 f.
Oregon 243
Orom 426
Osborne, Harold 422
Österreich 14, 27, 42, 49, 129, 197, 212, 216, 252, 270 f., 359, 363 f., 518, 520
Ovid 540
Oxus 474

P

Pabel, Hilmar 278
Pabel, Romy 278
Padam Chand 76 ff., 82 f., 172
Padmasambhava 165, 465

Pahalgam 469
Paidar, Herbert 53, 87
Pakistan 46, 508, 513
Pakwak 423
Palletta, Marina 523
Pallis, Marco 262
Paloumeu 336, 341
Pamir 474, 476
Panch Chuli V 192, 194
Pangthog-la 459
Pantschen Lama 173
Pantz, Hubert Baron 203, 270
Paramaribo 334 f., 338, 346, 350
Paris 40, 201, 221, 235, 237, 243, 314, 355, 473, 506
Paro 500
Parque National do Xingu 320
Pau 486 ff.
Paulini (Ehepaar) 534
Pauluzzi 26
Pazifik 273, 279
Peking 260, 483
Pelgu-Tsho-See 106
Peltier, Anne 421
Pemakö 136
Penk 9, 11
Pennsylvania 253
Per 309
Persien 51, 61
Perth 282
Peru 214, 216 f., 227, 254

Pessel, Manfred 404, 422, 427
Peter, Prinz von Griechenland und Dänemark 186, 261
Pfeiffer, Walter 361
Phari 176 ff., 495
Philadelphia 284
Pico de Teide 366
Pik Kommunismus 476, 478, 481
Pillewitzer, Wolfgang 49
Pindar 454
Pindarigletscher 458
Pindartal 455 f.
Piper, Klaus 263
Pirima 346
Pitt, Brad 441, 517 ff.
Pizarro, Francisco 223
Pleyel, Ignaz Joseph 235
Plinius 473
Point Barrow 249
Polaczek, Dietmar 315
Pontianak 375, 376
Popocatepetl 221
Port Blair 397 f.
Port Darwin 282
Port Said 44
Posto Leonardo 321, 323
Potschufluss 504
Poussin, Nicolas 531
Pramanand, Advoot Swami 449 f.
Ptolemäus, Claudius 268
Püntsoling 499
Putt, Collin 282

Q
Quelle der Steinäxte
  siehe Jälime

R
Radin 346
Raditschnig, Herbert 320, 324, 327, 334, 342, 345, 460 f., 467 ff.
Ragaschar 145
Rainer, Gert 503 ff.
Rajasthan 195
Rakaposchi 48
Rakhiot 44, 48 f.
Rakra Rinpotsche 114
Ramstein 331
Rangun 89, 386
Rani Dortsche 187
Rani, Königin von Ladakh 512
Raunig, Walter 364
Ravensdale, Lady 233 f.
Rawal 449
Rawalpindi 46 f.
Raxaul 461
Rebitsch, Hias 31, 202, 212, 256 f.
Redford, Robert 517
Richardson, Hugh Edward 135, 149 f., 167, 169, 262, 272, 387
Richardson, Hulda 272
Rintschen Drölma Taring 277
Rio Inambari 227
Rio Madre de Dios 228
Rishikesh 443
Rockefeller, David 303
Rockefeller, Michael 303, 309 ff.
Rocky Mountains 241
Roerich, Nikolas 513
Rogers, Lynn 248
Rogun 478
Rohracher 364, 374
Rom 176, 523, 536
Roosevelt, Franklin Delano 496
Rossinière 528
Rössner, Fredl 25
Rotangpass 514 f.
Rotes Meer 368 f., 372
Rothermere, Lord 274
Rotholz-Nationalpark 243
Ruanda 421
Russland 476
Rüttimann, Harry 202, 273
Rüttimann, Pamela 202
Ruwenzori 8, 265, 267 f., 403, 405 f., 408 f., 411 f., 421, 425, 458
Ruwenzori-Nationalpark 266, 403, 406

S
Saddle-Peak 386, 394 f., 397
Sahara 368
Sailer, Toni 357
Saint Andrews 271
Salween 484

Salzburg 187, 315, 372, 532
Samonion 482
Samye 165
San Antonio 256
San Francisco 243, 255 ff.,
Sankt Anton 503
Sankt Johann 12, 25
Santa Barbara 243
Sao Paulo 319
Sarin, Ashoka 459
Satopanth 451
Sattler, Kurt 81 f.
Saudi-Arabien 428
Savoya 409
Savoyen, Ludwig Amadeus
  von 265 f.
Schaden 319
Schäfer, Ernst 203 f.
Schaller, Georg 249
Schamtshang 88
Schangdab Risur 145
Schangtse 86
Scheel, Walter 366
Schigatse 147, 173, 488, 515
Schipkipass 87
Schlagintweit, Adolf 50
Schlesinger, Arthur 523
Schlossberg 23
Schmaderer, Wiggerl 53, 61,
  67, 86 f., 256
Schmeling, Max 21
Schmidt-Ehrenberg, Gottfried 250
Schottland 261, 263, 272, 362

Schratter, Rudolf 365
Schubert, Franz 64
Schwaner, C. A. L. M. 374, 380
Schwanergebirge 376
Schweiz 34, 92, 212, 232, 317, 364
Scovill 292, 294
Seattle 244, 250 f.
Seefeld 302, 360
Seelos, Toni 360
Sellatürme 28
Semmering 14
Sentinelinsel 397
Sersok 88
Sertorelli 506
Sexten 26
Shakespeare, William 169
Shaw, George Bernard 513
Sheldon, Don 245 f., 248 f., 257
Sheriff, George 186
Shiff, Jean 483
Shiff, Sydney 483, 527 f.
Shillong 187
Shipton, Eric 266, 458
Sielmann, Heinz 402
Sierra Nevada 257
Sikkim 53, 136, 152, 165, 168, 178 f., 182, 185, 191 f., 194, 387, 450, 497 ff., 526
Silesius, Angelus 8
Siliguri 187
Simla 87

Simpson, Wallis 270
Sindhwüste 46, 53
Singapur 312, 455
Singh, Bakhtawar 388, 390, 392 f., 398 ff.
Singh, Gobind 453
Singh, Raghubir 274
Singh, Shri Harmander 194, 397, 399, 443
Sinkiang 163
Siwalikberge 259
Skardarassy, Ernst 503–506
Slowenien 197
Smecchia, Graf 271 f.
Smythe, Frank 29, 162, 451, 458
Snead, Sam 255
Soji-la 509 f.
Sonneberg 314
Sonthofen 36
Soyinka, Wole 429
Spiti 86 f.
Spokane 250
Srinagar 50, 469, 509
Staempfli, Ed 503
Stalingrad 492
Stanley, Sir Henry Morton 268
Stanleygipfel 409
Starnberger See 333
Steiermark 14, 22, 248, 363
Steinen, Karl von den 318 f., 374
Steinmetz, Heinz 215
Stockholm 206, 208 f., 519

Stowe 251
Strachwitz, Graf Arthur 199
Strower 47 f.
Stuttgart 403
Suakin 372
Südamerika 208, 212 f., 217 f., 222 f., 227, 279, 331, 347, 366, 431, 433
Sudan 366, 369, 436 f.
Südchinesisches Meer 380
Südsee 537, 541
Suezkanal 45
Sukarno 282
Sultan von Brunei 462
Sumatra 64
Surinam 333 f., 336, 341 f., 344, 347, 350, 355
Surkhang Dzasa 137, 146, 171, 173, 182, 276, 485
Surkhang Wangtschuk 176
Susitnafluss 246
Sutter, Alfred 451
Sutter, Anneliese 451
Sydney 282, 312
Sylvia, Königin von Schweden 519

T
Tadrag Rinpotsche 156, 188
Tadschikistan 474, 476, 481
Tagtsel Rinpotsche (Norbu) 89, 144, 148 f., 174, 178, 260, 273
Tahiti 281, 416
Takla-Makan-Wüste 163

Tal der Blumen siehe Valley of Flowers
Talkeetna 245
Tana Mera 311
Tansania 438
Targyela 177 f.
Tatopani 464
Tauern, Hohe 25, 193
Tauern, Niedere 25
Tauplitz 26 f.
Taylor, Major 527
Taylor, Thomas H. 78, 527
Tazieff, Haroun 243
Teleki, Graf Samuel 435, 439
Temple, Phil 283, 286, 288–292, 296, 298, 300, 302, 311
Teneriffa 366
Tent Peak 53
Tenzing Norgay 162, 183, 190 ff., 460, 483
Tenzing (Koch) 316 f.
Terray, Lionel 236 f.
Teufelsinsel 351
Tezpur 274 f., 277
Thailand 440
Thangdong Gyalpo 107, 165, 501
Thangme 128 ff., 137
Thewlis, David 518
Thimpu 494, 499, 502, 505
Thirring, Hans 201, 527
Thirring, Walter 527
Thoktschhen 88
Thomas, Frank 167, 193

Thomas, Lowell 165 ff., 238, 251, 255
Thorer, Axel 404, 422, 497
Thorungpass 469
Thuling 86
Thündrub Drölma 484, 489, 497
Tiahuanaco 221
Tibet 29, 35, 56, 61, 71, 73, 79, 81, 84–88, 92 f., 95 ff., 101, 110, 114, 121, 126, 129 f., 132 f., 135 f., 142, 147, 151 f., 154, 160, 163, 165, 167 f, 171, 173 f., 176–184, 186, 188 f., 192 194, 196, 202, 205, 208, 211 f., 215, 218, 231, 233, 236–239, 244, 252 f., 256, 258, 260–263, 272 ff., 278, 283, 349, 361, 363, 365, 376, 387, 411, 439, 441, 445 f., 451, 460, 463, 466, 468, 483, 487, 490, 496, 502, 508 ff., 515, 517 f., 520, 523, 525, 528 f., 532, 535, 539
Tichy, Herbert 89, 259 f.
Tietze, Karin 221
Tilman, H.W. 266, 458
Tipuanital 222 f.
Tirol 176, 200, 302, 331, 416
Tistafluss 190, 498
Tistatal 499
Titicacasee 217, 219 f.
Tokar 122

Tokio 90, 157
Tolstoj, Ilia 496
Tomsk 477
Torresstraße 310
Toulouse-Lautrec, Henri 201
Tradün 90 f., 93 ff., 144, 191
Traktschen 106
Trapp-Familie 251
Traschi Tsering 513
Traschigang 88, 501 f.
Treipel, Bruno 79, 86
Trethong 139, 518
Triest 197, 522
Tritschang Rinpotsche 160, 180
Truksum 88
Truman, Harry 183
Truxa, Etta 204
Tsangpo siehe Brahmaputra
Tsangtschokla 84
Tsaparang 87, 143, 451
Tsarong jn. (gen.: George) 145
Tsarong 137 ff., 144 ff., 159, 484, 487
Tsatschu 91
Tschangthang 94, 96, 108 f., 112, 114, 119, 122 f., 125, 127 f., 139, 164
Tschiangkaischek 495
Tsching Schi Rang Tschung 465
Tschomolhari 176 ff.
Tschumbital 177 f., 180, 182, 184, 188
Tschung Riwotsche 106 f.
Tsering Drölma 277, 441, 573
Tsering Yangtsom (Betyla) 277
Tsogosee 182
Tübingen 356
Tubten Jigme Norbu 466
Tucci, Giusseppe 162, 176
Tukutsche 465
Tumac-Humac-Gebirge 341, 343
Tünaebene 177
Turkanasee 434 f., 437 f.
Tuse Rinpotsche 512

U

Uganda 265 f., 421, 423 ff., 427
Ullman, Liv 473
Ullstein (Brüder) 199, 205, 211, 213
Ungarn 478
Urchs, Oswald 54, 58 f.
Urumtschi 163
USA 165, 176, 184, 188, 229, 241, 249, 253, 256, 258, 269, 271, 466

V

Vaduz 15, 199, 270, 364 f., 517, 521
Valley of Flowers 451 f.
van der Wegen, Gerard 302 ff., 306 f., 311

van Rhjin 292, 294, 296
Vancouver Island 243
Vassilieff 164
Venables, Stephen 194
Venezuela 340
Vermont 251
Vetter, Bill 492
Victor, Paul-Emile 506
Victoria 243
Victoria-Nil 424
Villumsen, Rasmus 506
Vörg, Wiggerl 31, 202

W

Walde, Alfons 202 f.
Waldner, Wolfgang 361, 363
Walterspiel 333
Wambo (Capo) 407 ff., 411
Wamena 302 f., 305, 308
Wangdü 139, 147, 153, 177, 484, 489 f.
Warburg, Frederic 261 f.
Washington, D.C. 184, 204, 240, 258, 482
Wassing, René 309 f.
Wasuwameso 267, 409
Waterloo 332, 385
Wechselberger, Fritz 355, 367 ff., 372
Wegener, Alfred 27, 39, 170, 506
Wegener, Else 27 f., 38, 142, 152, 197
Wegener, Käthe 27
Weiß, Hans-Dieter 353
Weiß, Hans-Joachim 353
Wellenkamp, Jürgen 215
Western Ghats 53
West-Neuguinea 282, 286, 309, 354
Wetterlind, Ann Marie 210
Wetzlar 259
Whitacker, Sergeant 78
Wien 143, 161, 201 f., 213, 363 f., 376, 385, 441, 492, 494, 521
Wiesenthal, Simon 522
Wiesner, Fritz 252
Williams, Colonel 77, 234
Williams, John 519
Williams, Tennessee 523
Wollaston 458
Wood, Michael 435–438, 440
Wörthersee 150
Wularsee 50, 509
Wuppertal 316

X

Xingufluss 316, 318, 320
Xingugebiet 323

Y

Yakushima 359
Yale 255
Yamdrok Yumtso 172, 491, 501
Yangtschen-la 145

Yellowstone-Nationalpark 241

Z
Zaire (ehem. Belgisch-Kongo) 265 f., 323, 403, 416, 421 ff.
Zanskar 144, 514
Zeiller, Martin 248
Zell am See 24
Zhang Jingliu 179
Zinal 232
Zinalrothorn 233
Zirbitzkogel 12, 150
Zürich 239, 254, 314, 316, 364, 434, 440, 474

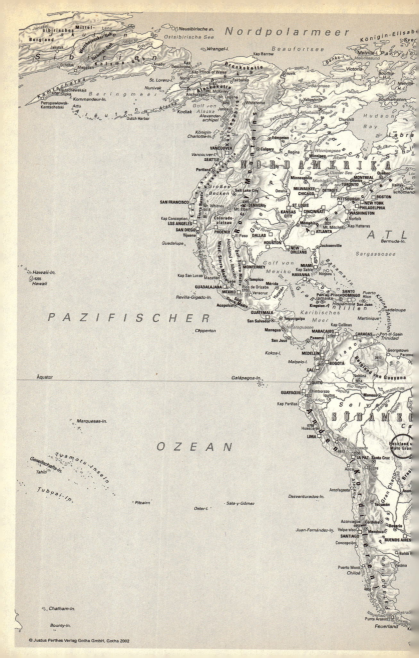

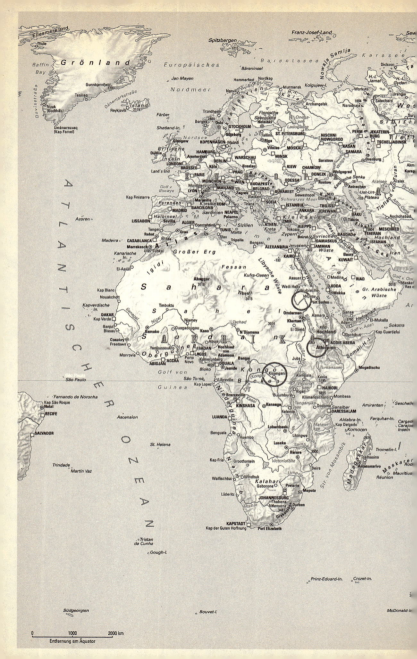

Sieben Jahre in Tibet

Nach seiner spektakulären Flucht über den Himalaja nach Tibet lebte Heinrich Harrer als einziger Europäer am tibetischen Königshof und wurde zum persönlichen Freund des Dalai Lama. Übersetzungen in mehr als vierzig Sprachen und Auflagen in Millionenhöhen ließen seine Erinnerungen zu einem Weltbestseller werden.

Heinrich Harrer
Sieben Jahre in Tibet
Mein Leben am Hofe des Dalai Lama

Mit zahlreichen Abbildungen

ULLSTEIN TASCHENBUCH